COLLANA **LUOGHI VERTICALI**

EDIZIONI **VERSANTE SUD**

Erste Ausgabe: März 2002
Zweite Ausgabe: April 2007
ISBN: 88-87890-43-9

Copyright © 2007 VERSANTE SUD Milano via Longhi,10 Tel. +39027490163
www.versantesud.it

Alle Rechte vorbehalten, insbesondere das der Übersetzung,
der elektronischen Speicherung, der Vervielfältigung und der
teilweisen oder gänzlichen Bearbeitung.

Umschlag: Samuele Mazzolini *Sudomagodo* (Foto T. Cardelli)

Topos und Zeichnungen: Diego Filippi

Fotografien mit eingezeichneten Routen: Diego Filippi

Übersetzung: Gerd Zimmermann

Danksagungen
Vor allem möchte ich mich bei meinen Seilpartnern bedanken, die mich an vielen Tagen begleitet haben. Ein besonderer Dank geht an Roly und Andrea für die unzähligen gemeinsam eröffneten Routen und an Matteo, der mit mir die Wege wiederholte, die schon lange in Vergessenheit geraten waren. Ein Dankeschön auch an Heinz Grill, der in den vergangenen Jahren wunderschöne Routen eingebohrt hat und mir dazu genaueste Infos lieferte.
Ich möchte an dieser Stelle nochmals allen Alpinisten danken, die mit ihrem Forschergeist und ihrer Leidenschaft neue Wege schufen und damit das Sarcatal noch schöner und interessanter machten. Ein ganz besonderer Dank für viele neue Routen geht an:
R. Galvagni: via Moana, Pilastro Massud, Pantarei, Autobahn, Solaris, South Park, Hasta Siempre
M. Maceri: via Codice K, Via degli ignoranti, Transeamus, Salsa dell'Orso
I. Maghella e D. Bonaglia: via Oxygen, Il solco della Pesca, Sudomagodo, Ape azzurra
A. Zanetti: via Orizzonti Dolomitici, Amazzonia, Profondo Bush, Amelie, Airone Cenerino
G. Mantovani: via Molla Tutto, Penelope, Ape Maia, Giù dalle Brande, Sindrome da Makita
S. Banal: via Anima Fragile, Soleado, Vertical Trash
T. Zanetti und G. Bonvecchio: via Resentin, Milwaukee, Emodialisi, Samarcanda
M. Brighente: via Clivus, Spinelo, Quadrifoglio, Perla Bianca, Aspettando Daniele
H. Grill: via della Speranza, via dell'Angelo, Caldissimo Sole, Athene, Helena, Archangelo

HINWEIS
Klettern ist ein potenziell gefährlicher Sport und geschieht immer auf eigene Gefahr. Alle Hinweise in diesem Führer beruhen auf Informationen, die zum Zeitpunkt der Drucklegung aktuell waren. Es wird empfohlen, sich vor der Begehung einer Route über den aktuellen Stand zu informieren.

Diego Filippi

HOHE WÄNDE IM SARCATAL
KLASSISCHE UND MODERNE ROUTEN

EDIZIONI **VERSANTE SUD**

Tu' nur das, was dir gefällt,
was dir gut tut und was deiner Umgebung gut tut.
Tu nur das, was ein Lied in dir erweckt
und um dich herum ansteckende Freude schafft.
Diese Art von Leben nenne ich religiös.
Es hat keine Prinzipien, keine Disziplin, keine Gesetze.
Es hat nur einen Ansatz: mit Verstand leben!

Osho

VERZEICHNIS UND KARTE

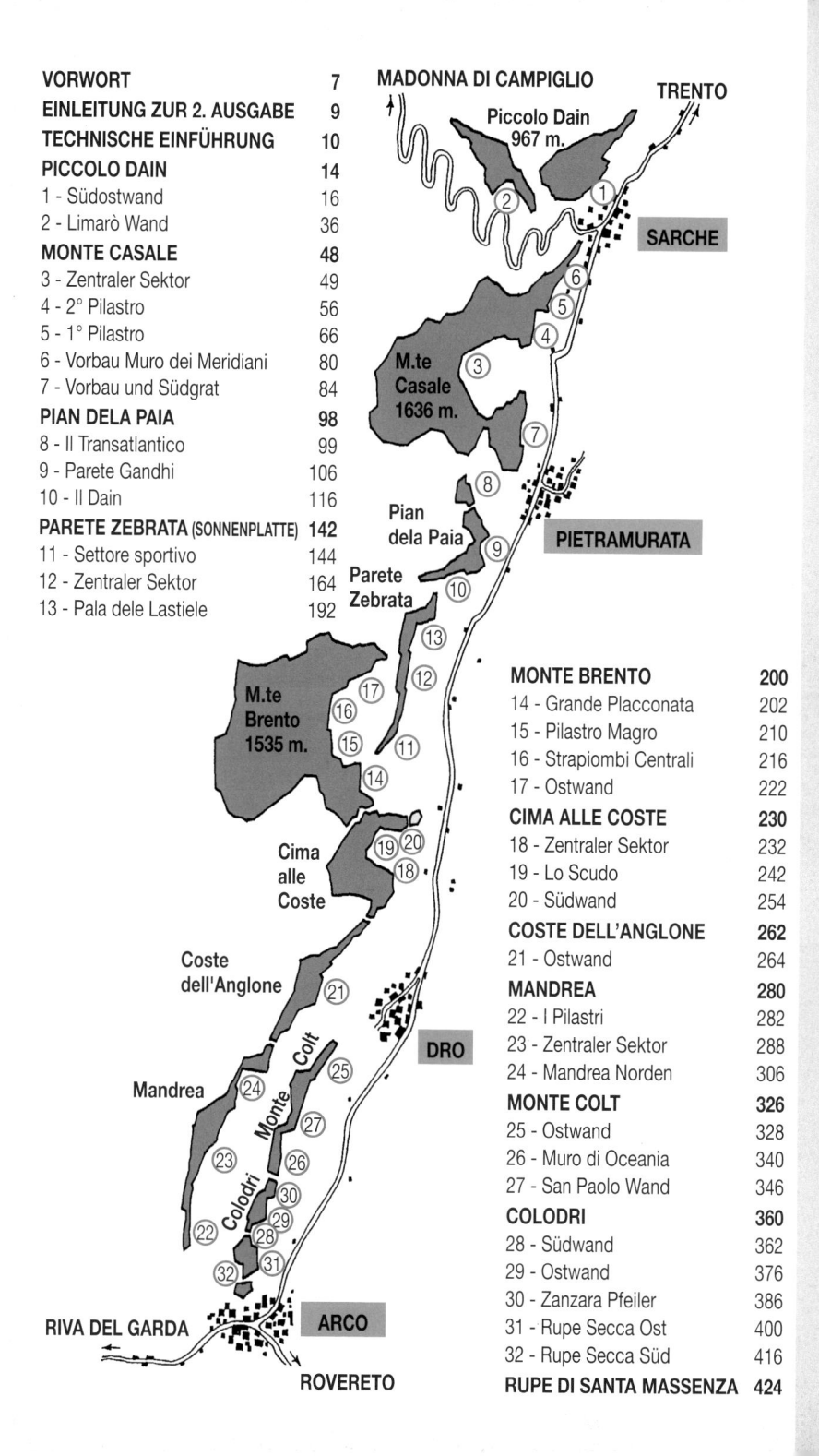

VORWORT	7
EINLEITUNG ZUR 2. AUSGABE	9
TECHNISCHE EINFÜHRUNG	10
PICCOLO DAIN	14
1 - Südostwand	16
2 - Limarò Wand	36
MONTE CASALE	48
3 - Zentraler Sektor	49
4 - 2° Pilastro	56
5 - 1° Pilastro	66
6 - Vorbau Muro dei Meridiani	80
7 - Vorbau und Südgrat	84
PIAN DELA PAIA	98
8 - Il Transatlantico	99
9 - Parete Gandhi	106
10 - Il Dain	116
PARETE ZEBRATA (SONNENPLATTE)	142
11 - Settore sportivo	144
12 - Zentraler Sektor	164
13 - Pala dele Lastiele	192
MONTE BRENTO	200
14 - Grande Placconata	202
15 - Pilastro Magro	210
16 - Strapiombi Centrali	216
17 - Ostwand	222
CIMA ALLE COSTE	230
18 - Zentraler Sektor	232
19 - Lo Scudo	242
20 - Südwand	254
COSTE DELL'ANGLONE	262
21 - Ostwand	264
MANDREA	280
22 - I Pilastri	282
23 - Zentraler Sektor	288
24 - Mandrea Norden	306
MONTE COLT	326
25 - Ostwand	328
26 - Muro di Oceania	340
27 - San Paolo Wand	346
COLODRI	360
28 - Südwand	362
29 - Ostwand	376
30 - Zanzara Pfeiler	386
31 - Rupe Secca Ost	400
32 - Rupe Secca Süd	416
RUPE DI SANTA MASSENZA	424

DAS SARCATAL

Wir verbinden den Begriff 'Abenteuer' oft mit dem Exotischen, mit Dingen, die weit über das Naheliegende und leicht zu Verwirklichende hinaus gehen.
Abenteuer sind meist deshalb interessant, weil sie weit von uns entfernt scheinen und diese Entfernung verwechseln wir gerne mit dem Unbekannten.
Aber es ist nicht immer so.
Unseren persönlichen Erfahrungen liegt ein bestimmtes Bild zu Grunde, und sehr oft ist dieses Bild subjektiv, vorgefertigt oder sogar abwegig. Wir lassen uns immer wieder von nichtssagenden Erwartungen beeinflussen oder mitreißen und was wir eigentlich suchen, bestimmen wir nicht selbst, sondern Andere oder Anderes.
Darüber sollten wir nachdenken, sollten etwas tiefer in uns gehen, dorthin, wo Emotionen entstehen, wo unser „Fühlen" erwächst.
Und dort werden wir auch entdecken, dass unsere schönsten, tiefsten und emotionalsten Erfahrungen nicht die sind, die wir schon immer gewollt hatten oder die, denen wir lange hinterherlaufen mussten. Im Gegenteil: Es sind die, über die wir beinahe gestolpert sind, die uns der Zufall geschenkt hat, die aus einem eigentlich ganz alltäglichen Umstand enstanden und dadurch zu etwas sehr Außergewöhnlichem wurden.
Wenn ich hin und wieder im Tagebuch meiner Erinnerungen blättere und auf Seiten stoße, die aus dem Alltäglichen heraus ragen, dann bin ich zwar immer zeitlich weit entfernt, aber physisch doch ganz nah. Nicht irgendwo an einem exotischen Ort, sondern in der unmittelbaren Umgebung meines Heimatortes Rovereto.
Und oft befinde ich mich im Sarcatal.
Ich sehe mich, wie ich die hohen Wände betrachte, aufmerksam Risse studiere, Stimmungen aufnehme und die ideale Linie suche: unabdingbar für das künftige Projekt und dessen Verwirklichung. Dann folgen Fotos, die ersten Erkundungen und das Warten auf den richtigen Augenblick, wenn die Vorstellung sich konkretisiert und die Fortbewegung im Fels zur Wirklichkeit wird.
Schon kurz nach meinen ersten Klettererfahrungen war ich von dieser senkrechten Welt, die richtige Abenteuer versprach, regelrecht angezogen. Ihr Zauber und die damit verbundene Unsicherheit verführte mich und bald war ich in den hohen Wänden um Arco herum unterwegs, schon damals ein Sklave ihrer Faszination und noch heute gefangen von dem, was sie zu bieten haben.
Klettern kann viele Spielarten haben, es kann sportlich oder rein wettbewerbsmäßig orientiert sein, aber auch geistige, um nicht zu sagen romantische und intime Motive spielen eine Rolle.
Jeder von uns kann selbst bestimmen, was er sucht, was er als Anerkennung ansieht oder worin er Befriedigung finden will.
Dies gilt nicht nur für das Leben allgemein, sondern auch für die Fortbewegung im Fels. Zum sportlichen und gefühlsbetonten Apekt gesellt sich hier der nicht zu vernachlässigende Faktor Natur bzw. die natürliche Umgebung und diese rückt Körper und Geist in weniger praktische, weniger pragmatische Dimensionen.
Das ist es, was wir leben, fühlen, uns beweisen, wenn wir im Sarcatal klettern gehen. Die Farben, Gerüche, Lichter, Schatten, Pflanzen, das Wasser und der Fels: All dies verwandelt sich in eine ganz bestimmte, aber nicht genau beschreibbare Atmosphäre. Und diese erlebt man, wenn man bei diesem Spiel mitmacht, wenn dieses Spiel zur Erfahrung und schließlich zu einem Teil des Lebens wird.
Das ist mein 'Sarcatal'.

Maurizio Giordani

VORWORT

Diego Filippi
Aspirante Guida Alpina e Accademico del C.A.I.

cell. 3487658394
premojas1967@libero.it

EINLEITUNG ZUR 2. AUSGABE

Einige Jahre sind nun seit der ersten Ausgabe vergangen und immer mehr Seilschaften klettern die klassischen und abgesicherten Routen, die darin beschrieben sind. Wer sich aufmerksam umsah, konnte viele Möglichkeiten für neue Routen entdecken. Und so entstanden in den letzten Jahren unzählige neue Wege, oft sportklettermäßig abgesichert, in fast jedem Winkel des Sarcatals. Ein Zeichen dafür, dass in diesen Wänden auch in Zukunft noch viel zu tun ist.

Aber immer wieder stehen diese neuen Routen auch in der Kritik: zu leicht, zu erwungene Linien, zu viele Bohrhaken .... und so weiter. Ich für meinen Teil bin allen sehr dankbar, die neue Wege eröffnen. Jede Art von Route ist mir willkommen: sei sie von oben oder von unten eingebohrt, in grasigem Gelände oder brüchig, mit Normal- oder Bohrhaken abgesichert, lang oder kurz, schön oder schlecht. Regeln für das Klettern und das Eröffnen neuer Wege sollte es nicht geben, mehr noch: es sollte nur eine einzige, nämlich ganz einfache, geben: respektiere die klassischen Routen!

Aber auch diese einfachste aller Regeln scheint nicht zu genügen und wird nicht respektiert. Viele klassische Routen wurden mittlerweile mit Bohrhaken abgesichert: so zum Beispiel 'Black Macigno' und 'Cismon'93' an der Rupe Secca, 'Decima Sinfonia' und 'DDT' am Colodri und schließlich auch 'Bepi Mazotti' am Piccolo Dain. In allen diesen Wegen gibt es Seillängen, die technisch geklettert wurden, und nur mit der diskutablen Begründung, diese frei klettern zu wollen, wurden sie mit Bohrhaken versehen.

Wer neue Routen im Sarcatal eröffnen will, muss mit viel Zeit, Mühe und Arbeit rechnen und benötigt viel Kreativität und Forschergeist. Sobald ich von einer neu eröffneten Route höre, bin ich umgehend vor Ort, klettere sie und werde überraschenderweise nie enttäuscht!

Ich möchte darüber hinaus daran erinnern, dass die Hälfte der Felsen im Sarcatal von Vegetation bedeckt und oft auch brüchig ist. Perfekter Fels wie in Finale, im Verdon oder bei Briancon ist hier nicht zu erwarten. Ich erinnere mich an den ursprünglichen Zustand der Routen an der Parete Zebrata vor über 20 Jahren und ich weiß, wie sie jetzt aussehen: Kaum zu glauben, dass eine Route im Laufe der Jahre derart sauber werden kann. Mit etwas Geduld werden also selbst die schlimmsten „Schrotthaufen" durch die vielen Begehungen allmählich zu wirklichen kleinen Schmuckstücken.

Im Sarcatal treffen Kletterinnen und Kletterer vieler Nationalitäten aufeinander. Nicht nur aus Italien (insbesondere aus dem Trentino, aus Venetien und der Lombardei), sondern auch aus Österreich, Deutschland, ja selbst Tschechien kommen sie hierher und klettern und eröffnen neue Routen, mit dem eigenen Stil und der eigenen Sichtweise. Eine derart unterschiedlich geartete Routenvielfalt ist sonst kaum zu finden. Aus diesem Grund ist das Sarcatal sicherlich einzigartig im ganzen Alpenraum. Hier gibt es leichte und kurze Wege bis zum 6. französischen Grad, extrem schwierige und lange Sportkletterrouten, klassische und traditionell abgesicherte Alpinrouten für alle Geschmäcker und schließlich ein breites Spektrum an Routen für die Liebhaber technischer Kletterei.

In dieser neuen Ausgabe wurden einige Fehler, vor allem bei den Schwierigkeitsangaben, korrigiert. Alle Fotos mit den eingezeichneten Routen sind neu und über 80 Routen kamen hinzu. Ich wünsche diesem Kletterführer genauso viel Erfolg wie dem vorhergehenden.

Gardolo, im November 2006

TECHNISCHE EINFÜHRUNG

ANFAHRTSWEGE

Die in diesem Führer beschriebenen Wände des Monte Casale und Monte Brento liegen am Weg von Sarche nach Arco bzw. auf der orographisch rechten Seite des Tales. Sowohl der kleine Ort Sarche als auch Arco liegen am Eingang bzw. Ausgang des Tals und sind leicht von der Brennerautobahn erreichbar. Aus Richtung Norden verlässt man die Autobahn an der Ausfahrt Trento Centro und folgt den Wegweisern Richtung Lago di Garda oder Madonna di Campiglio (von der Ausfahrt bis Sarche ca. 30 Min.). Aus Richtung Süden fährt man an der Ausfahrt Rovereto Sud von der Autobahn ab und folgt den Wegweisern Richtung Lago di Garda und Arco (20 Min. von der Autobahn bis Arco).

STANDORTE

Kletterer (notorisch knapp bei Kasse..) sind am besten auf den Campingplätzen in Arco und Pietramurata aufgehoben. Ersterer liegt unterhalb der Wände des Colodri beim großen Schwimmbad, letzterer hinter dem Hotel 'Daino' an der Hauptstraße. Viele weitere Hotels und Restaurants findet man im ganzen Tal. Neben den unzähligen Gaststätten in Arco möchte ich euch das kleine alimentari (Lebensmittelgeschäft) 'Lunelli alle Sarche' ans Herz legen: Hier gibt es panini (belegte Brötchen) in allen Größen und für alle Geschmäcker.

DIE WÄNDE

Der größte Pluspunkt des Sarcatals sind die vielen unterschiedlichen Kletterrouten sowohl für Sportkletterer als auch für Alpinisten. Letztere finden alles für ihr Vergnügen an und in den hohen Wänden des Brento oder Casale. Zum Trainieren reichen allemal die Wände von Pian dela Paia oder Mandrea, wo zwar kurze, aber wahre alpinistische Meisterwerke zu finden sind. Die Sportkletterer haben eigentlich nur die Qual der Wahl: Im ganzen Tal gibt es Routen in allen Schwierigkeitsgraden und Längen.

MATERIAL

Dazu möchte ich nicht viele Worte verlieren, denn jeder hat seine Vorlieben und Erfahrungen. Einige Ratschläge möchte ich dennoch geben.
Für alle alpinen Wege ist immer eine gute Auswahl an Haken, Klemmkeilen und einigen Friends nötig und auch eine Trittleiter kann erforderlich sein. Genügend Schlingen und Reepschnüre für einen eventuellen Rückzug aus der Route sind ebenfalls wichtig.
Für die technischen Routen sollten immer ein Handbohrer und einige Haken dabei sein. Es wäre schade, auf den Durchstieg verzichten zu müssen, nur weil ein alter Haken nachgegeben hat.
Auch in den Sportkletterrouten könnte eine Trittleiter und einige Cliffs hilfreich sein, um notfalls sehr schwere Passagen schneller durchsteigen zu können... vor allem in den Ausstiegslängen der ganz langen Routen, wenn die Kraft schon langsam nachlässt.
Ein Doppelseil (HalbseiSL) oder auch ein Zwillingsseil ist immer Pflicht! Einfachseile gehören in den Klettergarten, nicht in Mehrseillängenrouten.
In den Sommermonaten solltet ihr immer genügend Trinkwasser mit dabei haben. Denkt daran, dass es auch an schönen Tagen in den anderen Jahreszeiten nachmittags wegen des aufkommenden Windes sehr kalt werden kann.

WETTER

Die zuverlässigste Wettervorhersage gibt die Region Trentino unter http://www.provincia.tn.it/meteo/ oder der Telefonnummer 0461238939 heraus.

EMPFEHLUNGEN UND RATSCHLÄGE

Obwohl ich diesen Führer mit der größtmöglichen Sorgfalt geschrieben habe, werden sich doch Unzulänglichkeiten und Unvollständigkeiten eingeschlichen haben. Hierfür bitte ich schon jetzt um Entschuldigung und bitte euch gleichzeitig um eure Mithilfe: schickt eure Hinweise an den Verlag, damit diese für eine neue Ausgabe verwendet werden können.
Ein Ratschlag: lasst das Auto immer leer und unverschlossen. Nur so entgeht ihr even-

tuellen Diebstählen und den damit oft verbundenen aufgebrochenen Schlössern und eingeschlagenen Scheiben.
Und schließlich ein Empfehlung für diejenigen Kletterer, die immer einen Handbohrer dabei haben: Setzt keine zusätzlichen Haken in den klassischen Wegen! Es ist ganz und gar nicht kreativ und nimmt der Route ihren Charakter und das Abenteuer. Auch ihre historische Bedeutung schwindet und schließlich und endlich wird ihre Wertstellung dadurch verringert.

ZUM GEBRAUCH DES FÜHRERS
Die zehn Kapitel des Buches beziehen sich auf die zehn Hauptklettergebiete des Tales. Jedes Gebiet seinerseits ist wiederum in Sektoren unterteilt. In jedem Sektor werden alle momentan existierenden Routen entweder beschrieben oder zumindest genannt.
Für jedes Gebiet gibt es eine allgemeine Beschreibung mit (manchmal geschichtlichen) Hinweisen sowie eine Karte mit Zufahrtsstraßen, Parkmöglichkeiten und den entsprechenden Sektoren.
Jeder Sektor erhält eine fortlaufende Nummer sowie die Bezeichnung der Gebietszugehörigkeit.
Nach einer kurzen Einführung werden weiter beschrieben:
- der Zustieg mit Wegmarkierungen und Zeitangaben. Der Einstieg wird bei den Routenbeschreibungen genauer ausgeführt.
- Der Abstieg mit Wegmarkierungen und Zeitangaben, die im Allgemeinen für alle Routen desselben Sektors gleich sind
- eine Aufzählung der beschriebenen Routen mit Länge und Typ (Alpin- oder Sportkletterwege)
- die Beschreibung der Routen mit Topo, Foto und technischen Daten
- die weiteren Routen, mit einer Aufzählung der uninteressanten oder unbekannten Wege.
Jede Route wird danach eingestuft, wie schön und empfehlenswert sie ist. Beachtet bitte, dass Urteile über die Schönheit der Route absolut subjektiv sind und sich ausschließlich nach klettertechnischen Kriterien richten.

BEWERTUNG DER SCHÖNHEIT EINER ROUTE
✫ Nicht empfehlenswert, einfach vergessen...
✫✫ OK; wer schon alles gemacht hat
✫✫✫ Schöne Route, sollte man klettern
✫✫✫✫ Wunderschöne Route, empfehlenswert
✫✫✫✫✫ Traumhafte Route, eine der schönsten im Sarcatal, ein MUSS!

BERWERTUNG DER ROUTEN
Bei der riesigen Anzahl und der Unterschiede der Routen in einem Kletterführer wie diesem, ist es äußerst schwierig, einen klaren und schnellen Weg für eine Klassifizierung zu finden. Ich habe deshalb eine neue Bewertungsskala erstellt, die vermutlich noch nicht perfekt, aber schon ausreichend ist. Diese Skala entstand in den letzten Jahren zusammen mit bekannten Kletterern, Alpinisten und Routenerschließern wie Maurizio Oviglia, Erik Svab, Valerio Folco und Nicola Tondini.
Dieses Bewertungssystem trennt die allgemeine Schwierigkeit einer Route (Lage, Entfernung vom Tal, Routenlänge, psychologischer Einsatz) von der Schwierigkeit, die aus dem Abstand oder der Art der Sicherungen resultiert. Es wird darin nicht die technische Schwierigkeit berücksichtigt, die gemeinhin mit der Französischen oder der UIAA-Skala ausgedrückt wird.
Deshalb sind drei Parameter zu bewerten und drei verschiedene Skalen bei der Beschreibung einer Route anzuführen: die technische Schwierigkeit, die Möglichkeit der Absicherung und die allgemeine Schwierigkeit.
Um nun eine Route genauestens zu beschreiben, sollten immer alle drei Bewertungsmaßstäbe herangezogen werden, weil keiner für sich allein den Wiederholern ausreichend Informationen bietet.

TECHNISCHE SCHWIERIGKEIT
Die UIAA-Skala mit römischen Ziffern verwende ich für die klassischen Wege, für die Routen mit geschlagenen Haken oder für die nicht abgesicherten Routen. Dies geschieht einerseits, weil eine gewisse Kontinuität bei den Kletterführern und der alpinistischen Traditionen des Sarcatals erhalten bleiben soll, andererseits deshalb, weil sonst alle Wege an das französische Bewertungssystem hätten angepasst werden müssen.
Für alle modernen Sportkletterrouten sowie die mit Bohrhaken abgesicherten Wege wird die französische Skala verwendet.

DIE ABSICHERUNG
Nur Abstand und Zuverlässigkeit der Sicherungspunkte werden in der verwendeten Skala berücksi-

chtigt (mit dem Buchstaben 'R' wie Risiko). Bei mit Bohrhaken (it. 'spit') abgesicherten Routen wird der Buchstabe R durch S ersetzt und die Bewertung berücksichtigt ausschließlich den Abstand der Sicherungen. Bei teils klassischen, teils modernen Wegen entsteht dann eventuell die Bezeichnung 'RS'

DIE ALLGEMEINE SCHWIERIGKEIT

Hinsichtlich der Bewertung der allgemeinen Schwierigkeit, der Umgebung, der Schwierigkeiten eines Rückzugs und der Entfernung vom Tal einer Route, ersetzten wir die klassische französische Skala mit dem amerikanische Bewertungssystem der Big Walls, das mit römischen Ziffern von I bis VII (nach oben offen) ausgedrückt wird und das sich u.a. auch an der technischen Schwierigkeit orientiert.

	DIE ABSICHERUNG
S1	Absicherung mit Bohrhaken wie im Klettergarten. Der Abstand ist nie größer als 3-4 Meter zwischen den Haken. Potentielle Sturzlänge beträgt höchstens ein paar Meter und Sturz ist ohne Folgen!
S2	Größerer Hakenabstand mit zwingenden Kletterpassagen. Potentielle Sturzlänge beträgt höchstens 10 Meter und Sturz hat keine Verletzungen zur Folge!
S3	Großer Hakenabstand mit meist zwingenden Kletterpassagen. Der Abstand kann auch größer als 5 Meter sein, daher lange Stürze aber ohne schwere Folgen!
S4	Sehr großer Hakenabstand über 7 Meter mit zwingenden Kletterpassagen. Sturz kann Verletzungen zur Folge haben!
S5	Sehr großer Hakenabstand über 10 Meter mit zwingenden Kletterpassagen. Sturz auf Terrassen, Bändern oder Boden hat sicherlich Verletzungen zur Folge!
S6	Nur teilweise mit Bohrhaken abgesichert, weit ab von den Schlüsselstellen mit Abständen bis zu 20 Meter. Ein Sturz kann tödlich sein!
R1	Leicht abzusichern, mit guten und zahlreichen Zwischensicherungen! Sehr wenige zwingende Kletterpassagen. Potentielle Sturzlänge beträgt wenige Meter und Sturz ist ohne Folgen!
R2	Mittelmäßig abzusichern, mit guten, aber weniger Zwischensicherungen! Zwingende Kletterpassagen zwischen den Sicherungspunkten. Potentielle Sturzlänge beträgt höchstens ein paar Meter und Sturz ist ohne Folgen!
R3	Schwer abzusichern, mit nicht immer guten und weit entfernten Zwischensicherungen! Lange zwingende Kletterpassagen. Potentielle Sturzlänge beträgt maximal 7-8 Meter und Sturz kann Verletzungen zur Folge haben!
R4	Schwer abzusichern, mit schlechten oder unzuverlässigen und weit entfernten Zwischensicherungen, die nur einen kurzen Sturz halten würden! Lange zwingende Kletterpassagen. Potentielle Sturzlänge beträgt bis zu 15 Meter mit der Möglichkeit, dass Zwischensicherungen herausbrechen und Sturz hat wahrscheinlich Verletzungen zur Folge!
R5	Schwer abzusichern, mit schlechten und unzuverlässigen und weit entfernten Zwischensicherungen, die nur einen kurzen Sturz halten würden! Lange zwingende Kletterpassagen. Lange Stürze sind wahrscheinlich und dass Zwischensicherungen herausbrechen. Sturz hat sicher Verletzungen zur Folge!
R6	Unmöglich abzusichern, außer für kurze Stellen und weit ab von den Schlüsselstellen. Ein Sturz kann tödlich sein!

	DIE ALLGEMEINE SCHWIERIGKEIT
I	Kurze Route in Nähe der Straße mit bequemen Zustieg. Sonnige Lage, kurze Kletterzeit und einfacher Rückzug möglich.
II	Mehrseillängenroute an einer über 200 m hohen Wand. Leichter Zustieg, und einfacher Rückzug möglich.
III	Mehrseillängenroute an einer über 300 m hohen Wand in alpinem Gelände. Lange Kletterei mit anstrengendem Zustieg und komplizierter Rückzug.
IV	Sehr lange Route an einer über 500 m langen Wand in strengem alpinem Gelände weit ab vom Talgrund. Kletterzeit beträgt einen ganzen Tag, komplizierter Rückzug, nicht immer entlang der Aufstiegsroute.
V	Sehr lange Route im „Big-Wall" Stil, der normalerweise ein Biwak in der Wand erfordert. Der Rückzug in alpinem Gelände kann äußerst schwierig sein.
VI	Eine „Big Wall" Route, die einige Tage in der Wand erfordert, in hochalpinem Gelände; der Rückzug ist äußerst schwierig.
VII	Route kann mit einer „Big Wall" aus dem Himalaja verglichen werden; große alpinistische Schwierigkeiten werden mit Hilfe einer Expedition bewältigt.

SYMBOLE

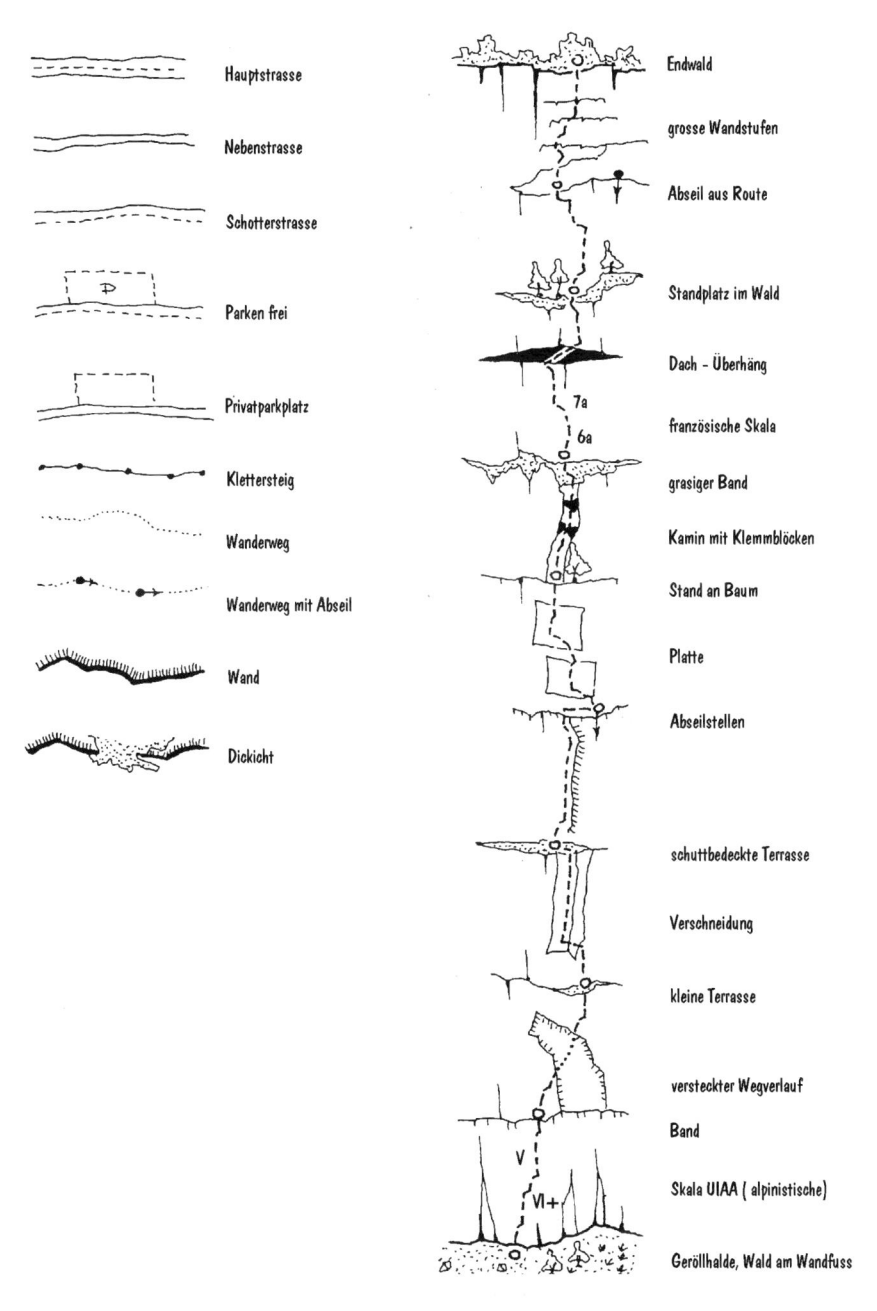

PICCOLO DAIN

Als letzte hohe Erhebung in der Paganella-Gruppe gehört der Piccolo Dain geografisch eigentlich zu dieser Region, aber seine Felswände verbinden ihn viel eher mit der Kette Casale - Monte Brento. Richtung Südost und West prägen zwei spektakuläre hohe Wände sein Gesicht. Südöstlich ragt eine seiner senkrechten Wände direkt über dem Ort Sarche auf, westlich zeigt sich eine wilde, beeindruckende Wand über der tiefen Schlucht des Limarò. Über die Ostseite verläuft der spektakuläre und schwierige Klettersteig 'Rino Pisetta'.

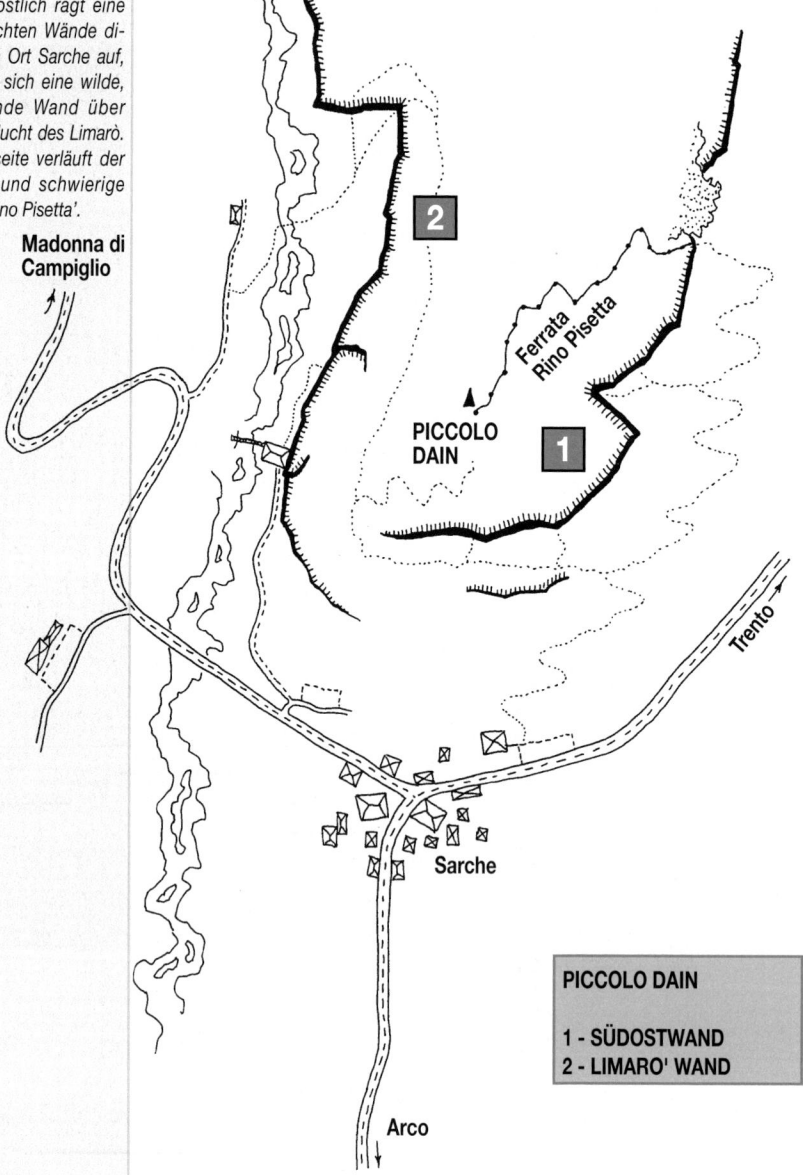

PICCOLO DAIN

1 - SÜDOSTWAND
2 - LIMARO' WAND

'Loss-Pilati'. Piergiorgio Dallapé in der sechsten Seillänge

1 SÜDOSTWAND

Piccolo Dain

Die sonnige, senkrechte, kompakte und attraktive Südostwand scheint das ganze Tal zu beherrschen. Die historische Bedeutung resultiert aus den Begehungen der besten Alpinisten aus dem Trentino wie z.B. B. Detasis, C. Maestri und B. Loss. Die junge Generation der Sportkletterer schuf in dieser Wand Routen von hoher Schwierigkeit und großem ästhetischen Wert. Die Wand wird von einer langen und geradlinigen Verschneidung unterteilt, in der die Route 'Canna d'Organo' verläuft. Der linke Teil wird als Parete sud (Südwand) und der rechte Teil als Parete sud-est (Südostwand) bezeichnet.

ZUSTIEG: 1 Std.
Von Sarche auf den Wanderweg Richtung Klettersteig „R. Pisetta". An der ersten Kreuzung links und bei den weiteren Abzweigungen immer linkshaltend Richtung Wand. Nach einem längeren Steilstück erreicht man eine Abzweigung (Wegweiser 'via Ferrata'). Zu den Routen der Südostwand (1-10) nun links Richtung Ranzo. Nach einer Wegpassage mit Stufen und Drahtseilen befindet man sich direkt unterhalb der Wand. Zu den anderen Routen (11-14) auf dem Wanderweg noch weiter, bis etwas später ein mit roten Punkten und Steinmännchen gekennzeichneter Pfad links weg und unter die Südostwand führt.

ABSTIEG: 1 Std. 30 Min.
Zu den Routen der Südwand linkshaltend steil auf Pfadspuren abwärts, bis man den Hauptweg erreicht, der den Wald in der Höhe unterteilt. Auf diesem zurück nach Sarche. Zu den Routen der Südostwand siehe jeweilige Routenbeschreibungen.

1	LE STRANE VOGLIE DI AMELIE	250 m.	
2	JOHN COFFEY	140 m.	
3	DUDAEV	180 m.	
4	SCIROCCO	200 m.	
5	BORTOLO FONTANA	180 m.	
6	DIRETTISSIMA LOSS	250 m.	
7	LA ROSA DEI VENTI	250 m.	
8	SENZA CHIEDERE PERMESSO	300 m.	
9	LUCE DEL PRIMO MATTINO	400 m.	
10	BEPI MAZZOTTI	450 m.	
11	CANNA D'ORGANO	350 m.	
12	VECIOTI E ZOVENOTI	450 m.	
13	FRECCIA NEL CIELO	450 m.	
14	PILASTRO MASSUD	200 m.	

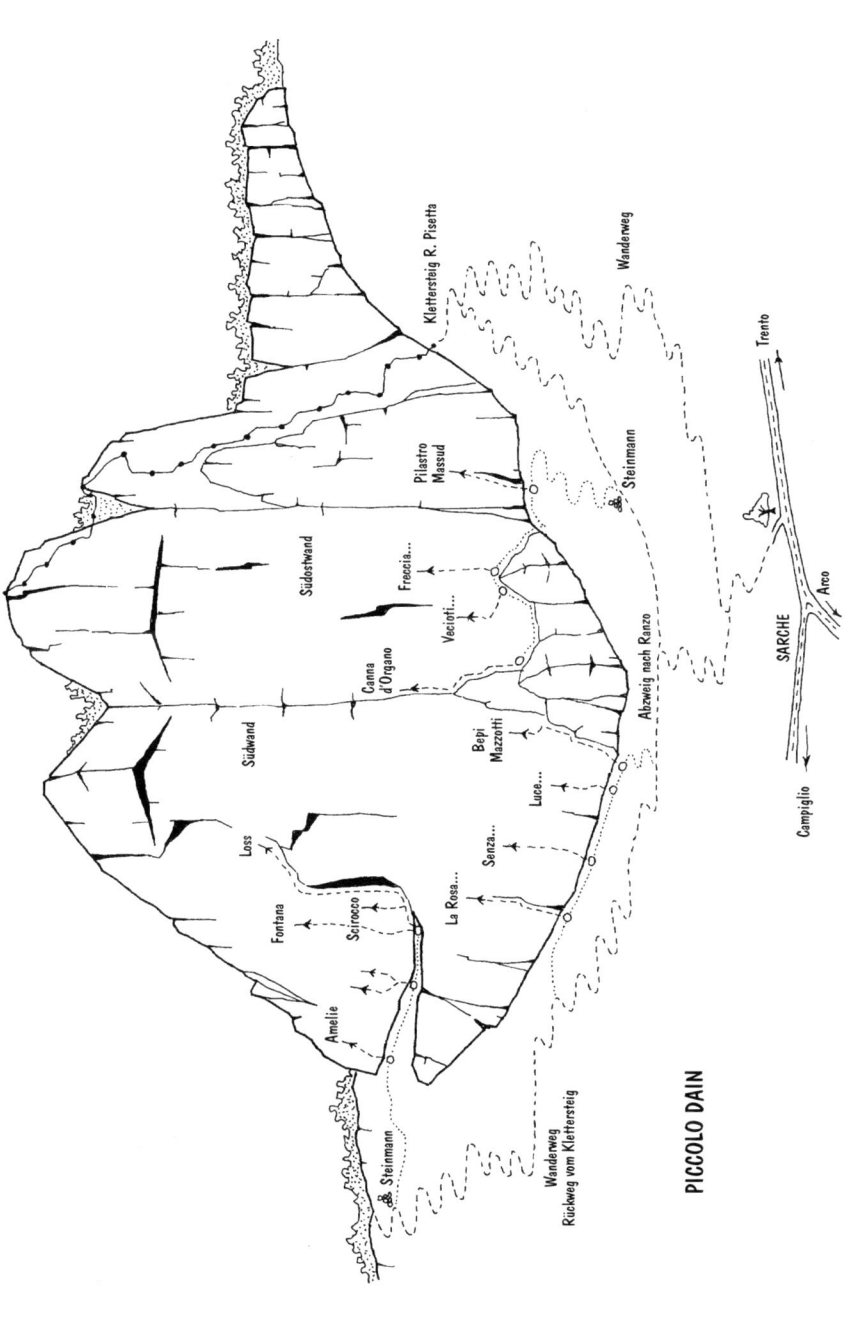

1 LE STRANE VOGLIE DI AMELIE ✹✹✹
A. Zanetti, D. Filippi 2005
250 m. (8SL)
5b, 5c (5b obl.)/S1/II

Leichte Genussroute, manchmal durchaus exponiert. Sie verläuft an der Südwestkante des Piccolo Dain, charakteristisch ist die geradlinige und klar ersichtliche Verschneidung im unteren Wandbereich. Den anfänglichen Routenverlauf gibt diese Verschneidung vor, den späteren die die ausgeprägte Kante. Abwechslungsreiche Verschneidungs- und senkrechte Plattenkletterei herrscht vor, aber auch Reibungsstellen entlang abschüssiger Risse sind nicht selten. Der Fels ist fest und die Absicherung mit Bohrhaken perfekt. Charakteristisch für diese Route sind die homogenen Schwierigkeiten. Sie ist auch eine perfekte Verlängerung der Routen am Lomarò wie z.B. 'Orizzonti Dolomitici' oder 'Amazzonia'.

Einstieg: nach der Abzweigung nach Ranzo und den mit Drahtseilen gesicherten Stufen auf dem Weg weiter bis zu einem eindeutigen Bergrücken. Kurz danach führt ein deutlich sichtbarer Pfad etwa in Höhe der großen Verschneidung ('via Loss') rechtshaltend Richtung Wand (Steinmann und rote Markierung). Brüchiger Fels und Büsche kennzeichnen den weiteren Verlauf des Pfades. Bei einem bequemen Band weist ein Bohrhaken auf den Einstieg der Route hin.

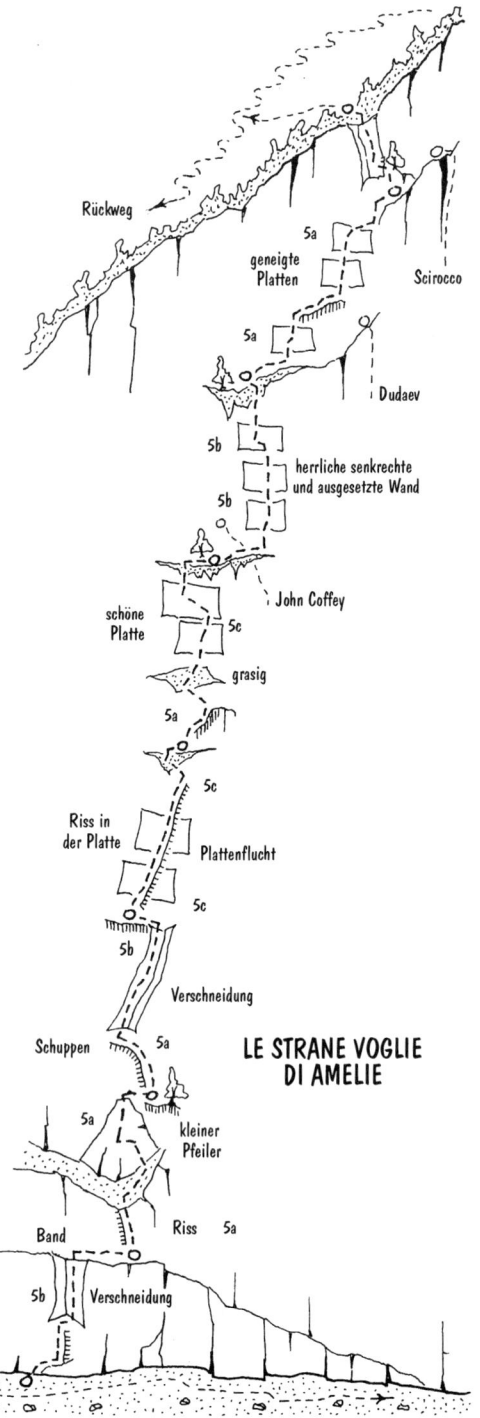

PICCOLO DAIN

2 JOHN COFFEY ✿✿✿
E. Salvaterra, F. Cavallaro 2001
140 m. (5SL)
7b+ (7a obl.)/S2/II
„Die Route wurde als letzte in dieser Wand eingebohrt, im Frühjahr 2001, die erste onsight-Begehung ist von mir. Sie führt im ganz linken Wandteil nach oben und ist deshalb viel kürzer, aber deswegen nicht weniger schwer. Ausdauernde, schwere und homogene Kletterei, vor allem Fußtechnik ist gefragt" (R. Larcher).
Einstieg: von 'Amelie' noch etwas auf dem ausgesetzten Band weiter und bis zu einer schönen gelben Platte, die ersten Bohrhaken sind dann sichtbar.

3 DUDAEV ✿✿✿
D. Bonvecchio, D.Hall, R. Pedrotti 1995
180 m. (6SL)
7c (7b+ obb)/S3/II
Sehr schwierige Sportkletterroute mit weitem Hakenabstand über senkrechte Platten und überhängende Wandteile.
„Schöner Weg, neuer als 'Scirocco'. Den reinen Zahlen nach zwar schwieriger, aber dank der vertrauenswürdigeren Absicherung am Schluss doch 'nur' im Bereich von 'Scirocco'. Die Linie ist sehr ästhetisch und erreicht in der letzten Seillänge die größten Schwierigkeiten: eine der schönsten und elegantesten Routen im ganzen Sarcatal" (R. Larcher).
Einstieg: fast bei 'John Coffey', aber etwas weiter links.

4 SCIROCCO ✿✿✿
R. Larcher e compagni 1988
200 m. (8SL)
7c+ (7b obl.)/S2/II
„Dies ist meine Lieblingsroute. Sie war der Wendepunkt in meinem Kletterleben und hat mittlerweile eine fast historische Bedeutung sowohl im Sarcatal als auch in ganz Italien. Sie war im Tal die erste und in ganz Italien erst die zweite Route, die frei und von unten mit dem Bohrmeißel eingebohrt wurde (nach 'Tempi Modernissimi' in der Marmolada). Nach mittlerweile über 13 Jahren kann man dieses Projekt als mehr als gelungen bezeichnen, wenn man die damaligen geringen technischen Voraussetzungen berücksichtigt. Hier wurde mir zum ersten Mal bewusst, dass scheinbar unbezwingbare Wände auch frei geklettert werden können. Hier entdeckte ich, dass sich meine Vorstellungen von Alpinismus und schwerster Sportkletterei vereinbaren lassen. 'Scirocco' ist eine der wenigen Routen, die ich nach der Erstbegehung immer wieder kletterte" (R. Larcher).
Einstieg: von 'John Coffey' und 'Dudaev' noch etwas weiter rechts bis zum Endes des Bandes. Auf der leichten, kurzen Einstiegsrampe hoch (wie bei 'Via Loss) und bis zu den ersten sichtbaren Bohrhaken.

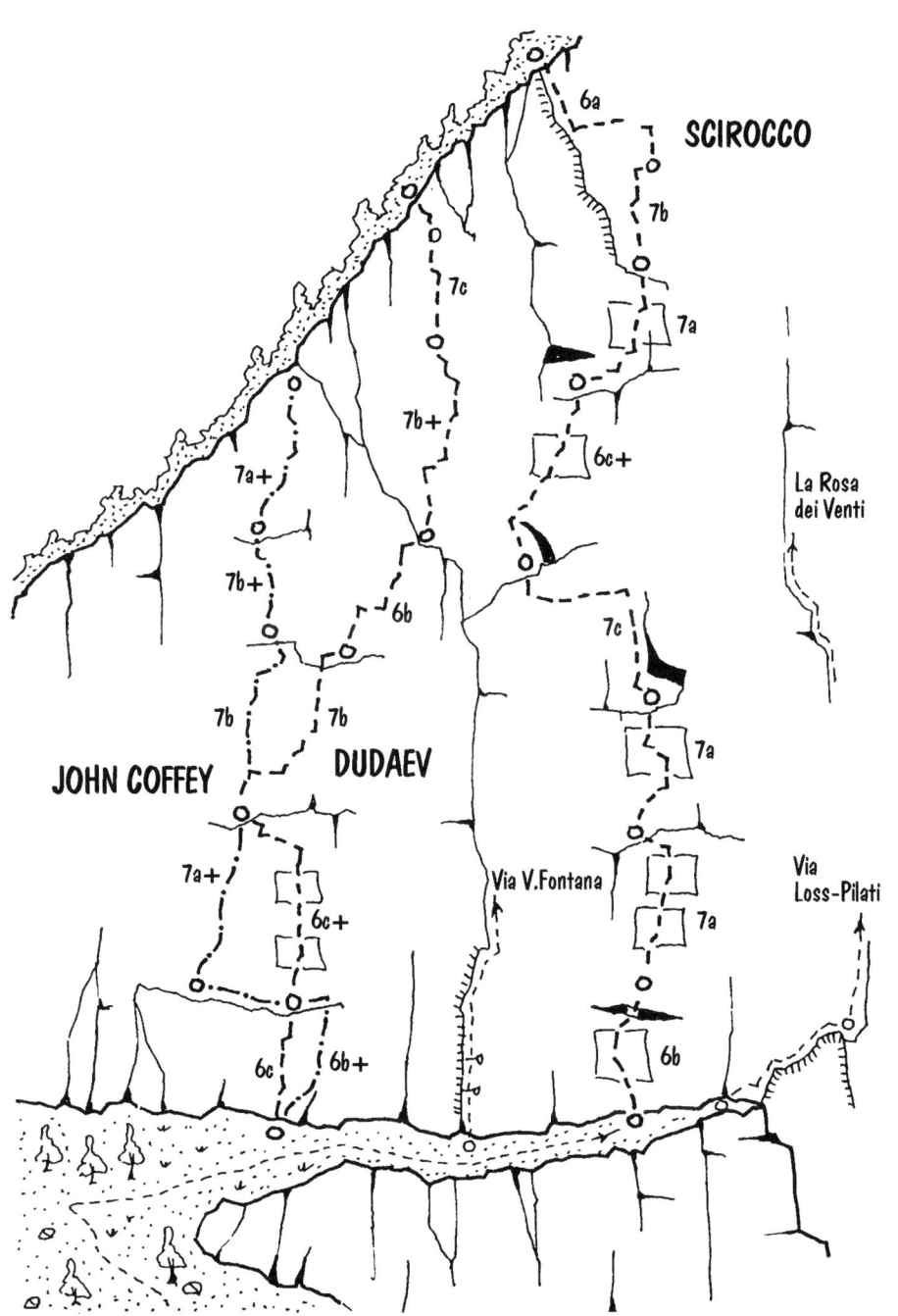

5 BORTOLO FONTANA ✵✵✵✵✵
A.Ursella, A.Andreotti, M.Rossi, T.Pedrotti 1970.
180 m. (5SL)
VI, A2/R3/III
Prima libera: P. Antenhofer, O. Celva 2000
VII+, VIII

Wunderschöne Route mit technischer Kletterei, eine der schönsten und ausgesetztesten im Sarcatal. Dieser historische Weg führt über die große und kompakte Südwand des Piccolo Dain. Die Wegführung ist äußerst logisch: ein schmaler und ewig langer Riss, der vom Tal aus kaum sichtbar ist, führt vom Einstieg bis zum Gipfel. Viele Haken wurden hier gesetzt und belassen und somit ist die Route fast durchgängig „vernagelt". Die wenigen fehlenden Absicherungen sind leicht durch Klemmkeile, kleine und mittlere Friends zu ersetzen. Einige Passagen im durchwegs festen Gestein können auch frei geklettert werden. Für die besten Kletterer ist auch ein ganz freier (und nicht einmal zu extremer) Durchstieg möglich. Alle Standplätze sind perfekt, dennoch sollte man für alle Fälle einige Haken und einen Hammer dabei haben.

Einstieg: am Ende des Bandes bei 'Scirocco' und 'Via Loss' über eine Verschneidung, die etwas höher zu einem Riss wird. Die beiden großen Ringhaken sind dann sichtbar.

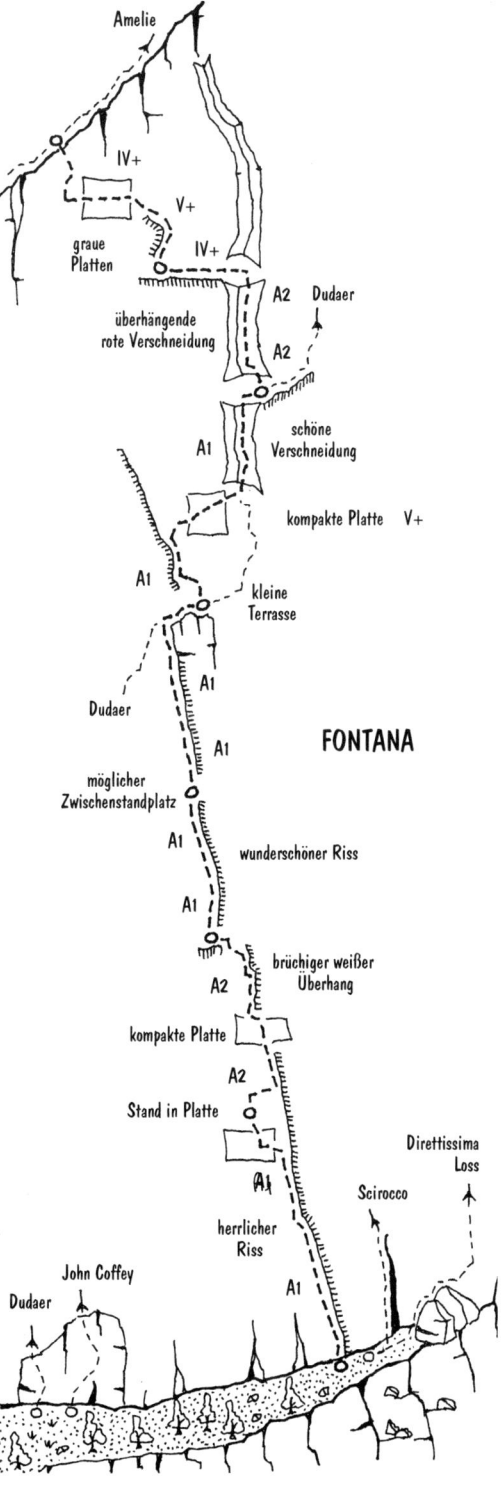

6 DIRETTISSIMA LOSS ✻✻✻✻

B. Loss, V. Degasperi, M. Pilati, V. Chini 1970
250 m. (8SL)
VI+, A1/R3/III

Von den historischen Kletterrouten des Sarcatals ist dies ist sicherlich die schönste und wird am meisten wiederholt. Auf fast der ganzen Routenlänge ist das Gestein sehr fest, die Absicherung ist bis auf die ersten Seillängen ausreichend. Nach der ersten leichten Seillänge führt die Route über die Schlüsselstelle, eine schwierige überhängende Verschneidung, bei der mittlere bis große Friends und Klemmkeile gebraucht werden. Dann folgen schöne graue Platten, die technisch geklettert werden und eine lange, gelbe Verschneidung, die mit einem Dach endet. Sehr ausgesetzt geht es darüber hinweg (Trittleitern sind nützlich), bevor man mit einer letzten, leichten Seillänge aus der Wand aussteigt.

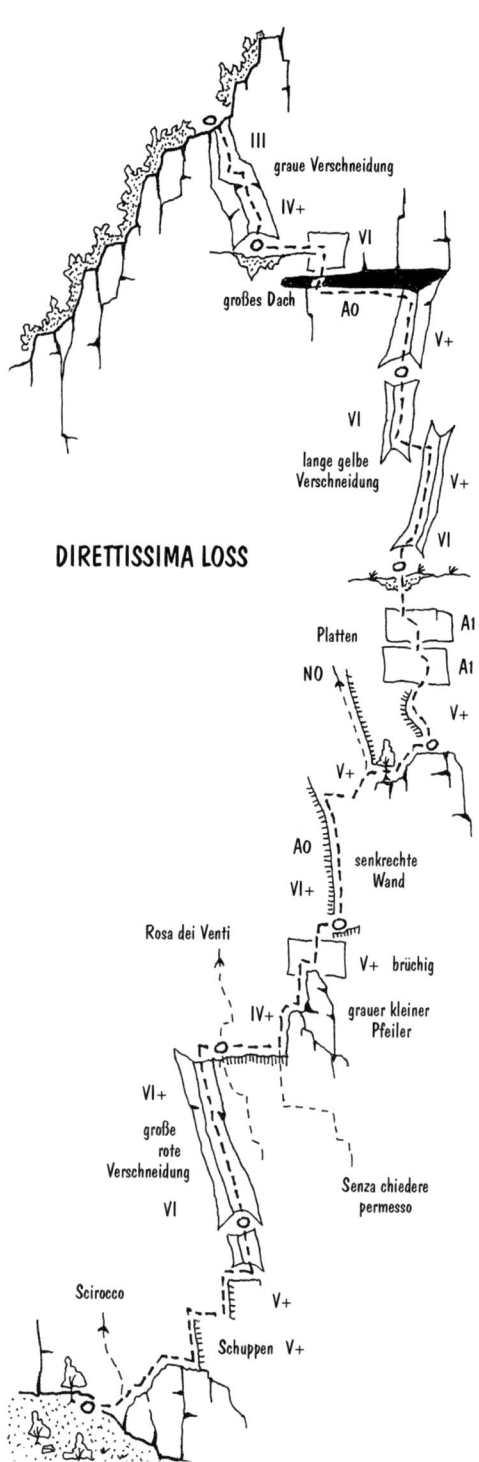

7 LA ROSA DEI VENTI ✤✤✤✤
R. Larcher, M. Cagol, E. Svab, 1998
250 m. (8SL)
7c+ (7b+ obl.)/S3/III

„Schöne und schwere Route, in diesem Stil sicherlich die härteste im Sarcatal. Sie führt als einzige mit Bohrhaken abgesicherte Route durch die gesamte Wand. Laut der wenigen Wiederholer ist die Bewertung etwas hart" (R. Larcher).

Zustieg: von Sarche auf den Wanderweg Richtung Ranzo und nach den Stufen über die Zunge des Geröllfeldes. Weiter, bis man eine Pfadspur erkennt, die rechtshaltend über bewachsene Aufschwünge bis zu einem Busch am Einstieg führt (insgesamt 25 Min.). Zur Orientierung: noch etwas weiter oben führt an einer Abzweigung ein sehr gut sichtbarer Pfad rechts weg zum Einstieg von 'Scirocco' und 'Via Loss'.

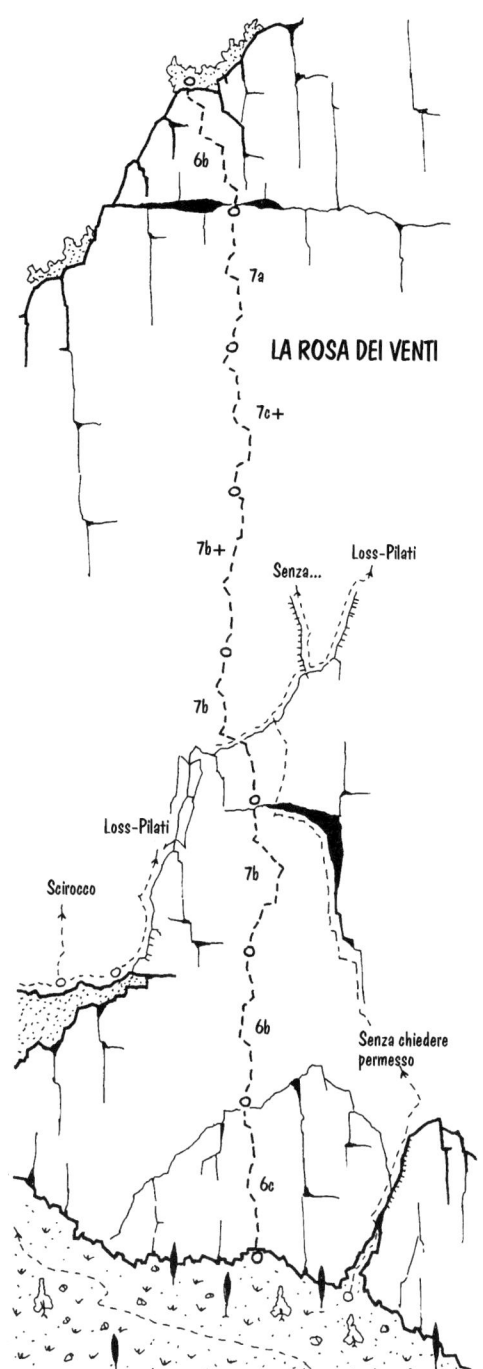

8 SENZA CHIEDERE PERMESSO ❄❄❄
E. Boldrin, G. Damian, M. Peretto 1996
300 m. (12SL)
VI+, A1/R3/III

Der erste Teil bis zur Kreuzung mit der 'Via Loss' ist etwas dreckig und uninteressant, der zweite Teil hingegen ist wegen des guten Gesteins und der abwechslungsreichen Kletterpassagen schön. Für die Absicherung wurden sowohl Bohrhaken als auch geschlagene Haken verwendet. Stand- und Zwischenhaken sind vorhanden, die Route sollte dennoch als alpiner Weg betrachtet werden. Im unteren Bereich ist der Fels eher schlecht, im oberen Teil gut bis sehr gut (zumindest laut einem der Wiederholer).

Einstieg: der untere Teil der Südwand wird von einer charakteristischen Abfolge von kleinen Dächern gekennzeichnet. Über eine Grasrampe, die fast senkrecht darunter liegt, steigt man leicht rechts bis zum Einstieg in Falllinie dieser Dächer hoch.

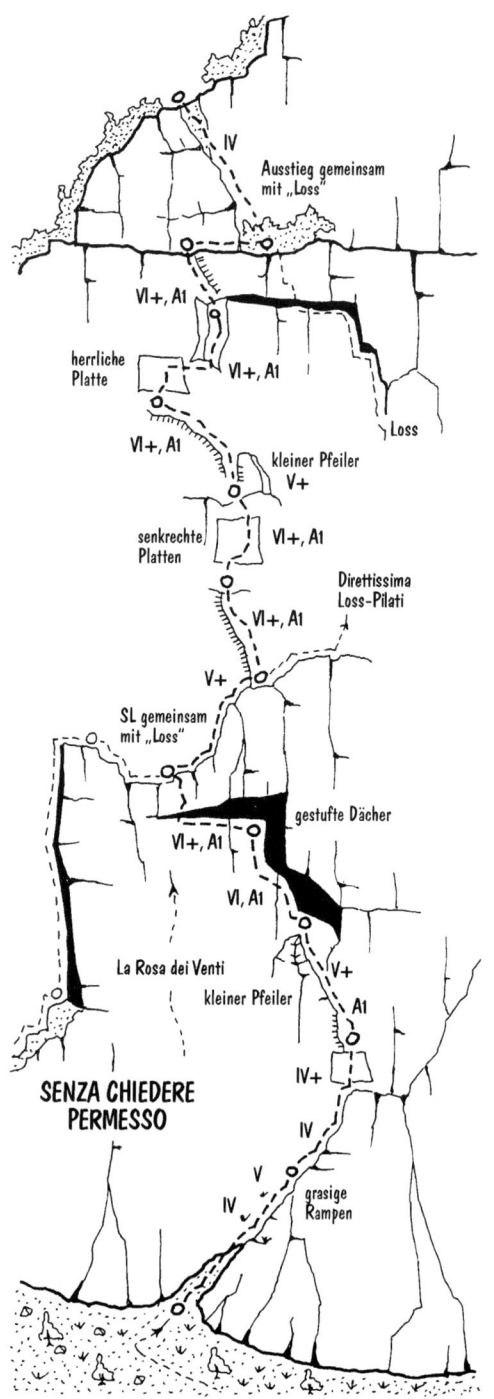

9 LUCE DEL PRIMO MATTINO ✱✱✱✱
A. Andreotti, M. Furlani 1991
400 m. (14SL)
VII, A2/R2/III

Lange, ausgeprägte Route und aus alpinistischer Sicht sicherlich die interessanteste der gesamten Südwand. Ausdauernde und schwierige Kletterei über Verschneidungen, Risse, Platten und Überhänge. Nur in wenigen Bereichen ist Vorsicht wegen des brüchigen Gesteins angebracht. Die Passagen mit technischer Kletterei verlangen viel Geschick im Umgang mit den Trittleitern, im übrigen ist die Absicherung gut und der Fels fest.

Zustieg: nach dem kurzen Klettersteig wird der Weg ebener. Jetzt bei einem Steinmann in den Wald und auf einer gut sichtbaren Pfadspur bis unter die Wand. Über eine schwierige gelbe Platte hoch (Haken und Schlingen).

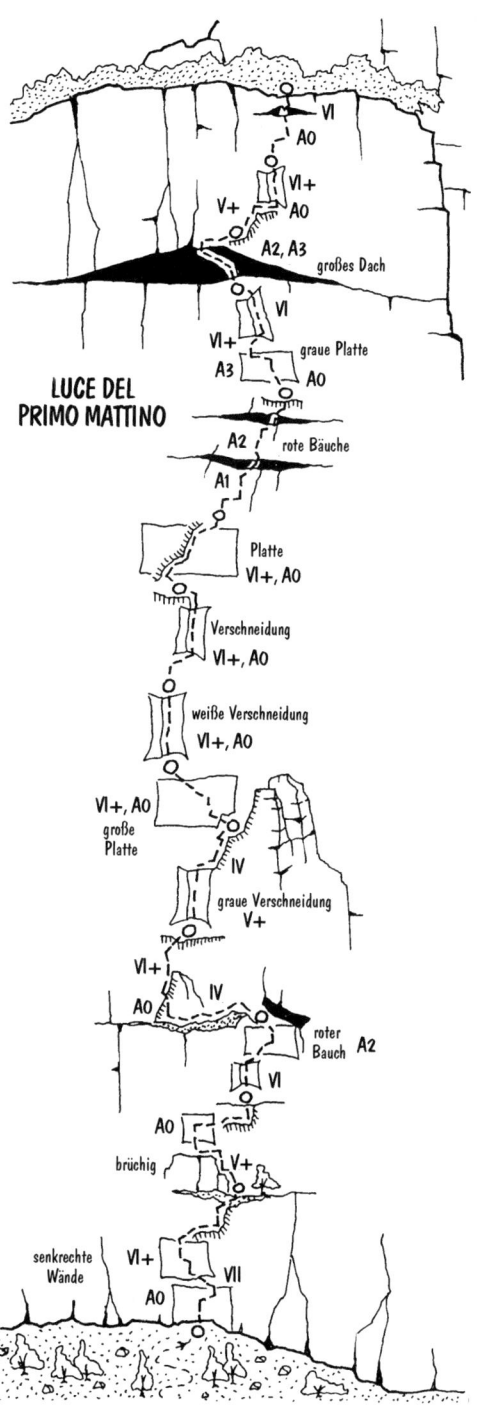

10 BEPI MAZZOTTI ✻✻✻✻✻
U. Marampon, L. Zulian 1985
450 m. (13SL)
A1, A2, VI/R2/III
Prima libera: R. Larcher 2006
7c+, 8a

Wunderschöner, logischer und spektakulärer Weg in der schmalsten Wand des Piccolo Dain und ein Meisterwerk von U. Marampon. Im ersten Teil folgt die Route Rissen, Verschneidungen und grauen Platten und im zweiten Teil gelben, senkrechten bis leicht überhängenden Plattenwänden. Die Absicherung ist immer sehr gut, nur die ersten Seillängen müssen mit Klemmkeilen und eventuell Normalhaken zusätzlich abgesichert werden. Das Gestein ist meist fest, aber in der vierten, leichten Seillänge mit brüchigem Fels sollte man etwas vorsichtiger sein. Alle Standplätze sind gut mit Schlingen oder Normalhaken ausgestattet, die letzten Stände sind von R. Larcher für eine freie Begehung mit Bohrhaken ausgerüstet worden.

Zustieg: wie bei Nr. 9 über den kurzen Klettersteig und auf dem ebenen Wegstück bei einem Steinmann in den Wald. Auf dem gut sichtbaren Pfad bis unter die Wand und etwas rechts von 'Luce di primo mattino' über eine mit Büschen bewachsene, rampenartige Verschneidung hoch.

Abstieg: weiter hoch in den Wald und dann links querend auf einen Pfad, der westwärts nach unten führt. Man erreicht kurz darauf den Ausstieg der 'Via Loss' und der Abstiegsweg, der allen weiteren Routen gemeinsam ist.

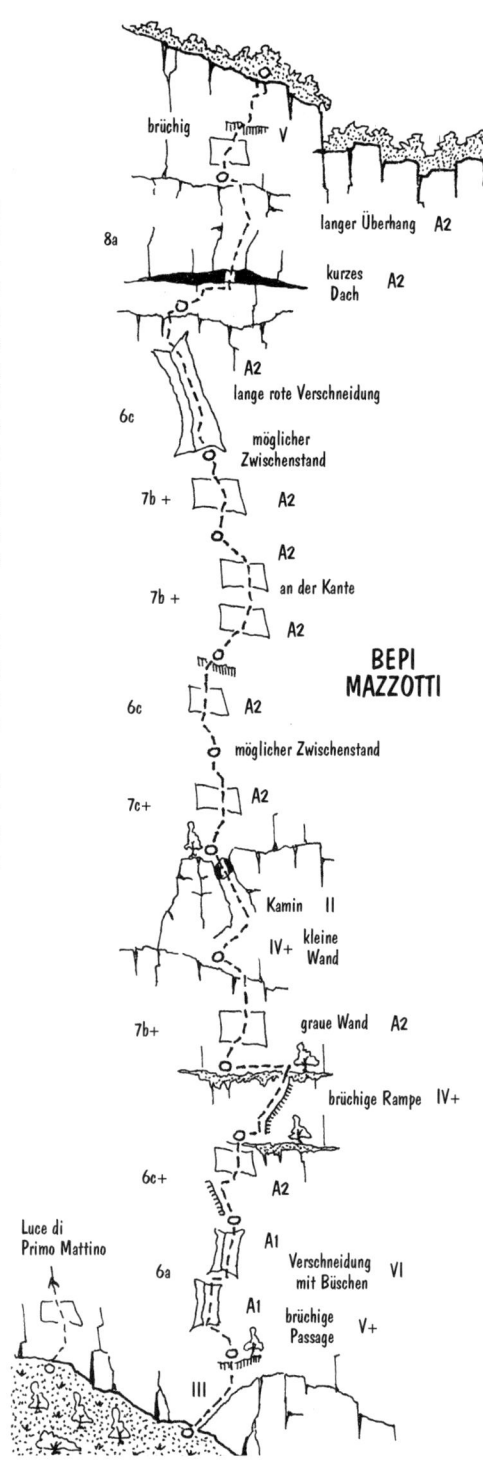

Rolando Larcher. 'Via Bepi Mazzotti' *(Larcher)*

11 CANNA D'ORGANO ✺✺
B. Detassis, R. Costazza 1938
350 m (11SL)
V+, VI/R3/III

Die Route ist kennzeichnend für die klassische alpine Kletterei im Sarcatal. Sie führt über die riesige und geradlinige Verschneidung, die die Südostwand des Piccolo Dain unterteilt und ist laut Bruno Detassis einer seiner schwierigsten neuen Wege. Die Kletterei ist anhaltend schwierig, die Absicherung ist schlecht und auch das Gestein ist ab und zu ziemlich brüchig. Die Route wird kaum wiederholt.

Zustieg: von der Abzweigung nach Ranzo noch etwas auf dem Weg weiter und bald darauf linkshaltend auf einen mit roten Markierungen und Steinmännern gekennzeichneten Pfad, der zum deutlich sichtbaren Einstieg des 'Pilastro Masud' führt. Nun noch weiter links queren und in dem ausgeprägten, tiefen Kamin bis zum kleinen Waldstück. Ein großer Baum mit Schlingen kennzeichnet den Einstieg von 'Freccia nel Cielo'. Hier lässt man sich einige Meter bis zu einem anderen kleinen Baum mit Schlingen ab (Einstieg von 'Vecioti e Zovenoti'). Hier nochmals ca. 30m über die grasige Rampe abseilen und zum Beginn der Verschneidung queren.

Abstieg: weiter hoch in den Wald und dann links querend auf einen Pfad, der westwärts nach unten führt. Man erreicht kurz darauf den Ausstieg der 'Via Loss' und den Abstiegsweg, der allen weiteren Routen gemeinsam ist.

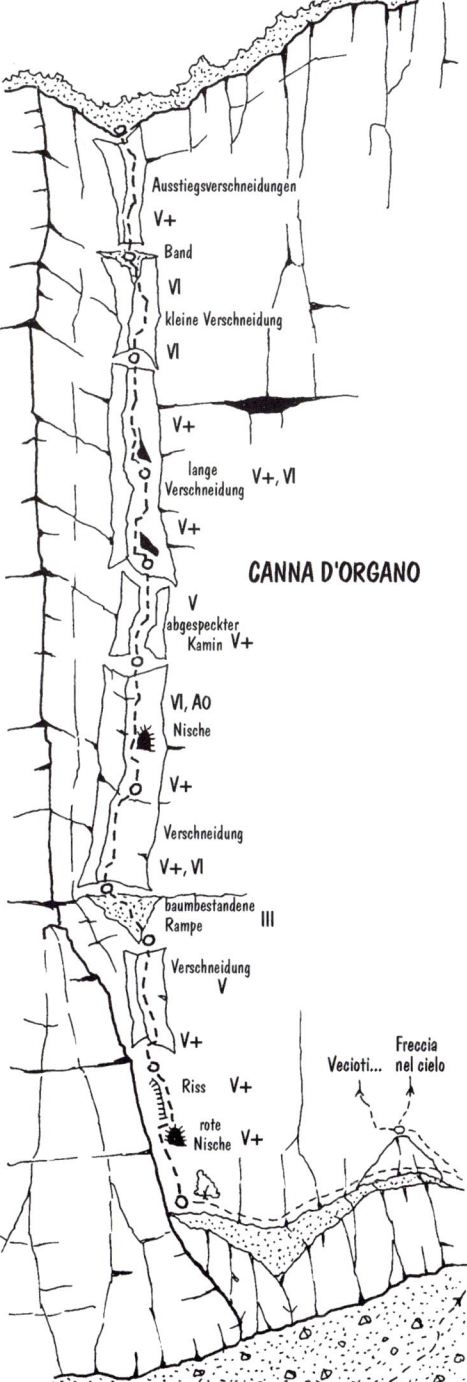

12 VECIOTI E ZOVENOTI ✻✻✻
M. Furlani, I. Rabanser, A. Andreotti, F. Bretoni
1993
450 m. (12SL)
VI+, A1/R3/IV

Schwieriger, alpiner Weg, der bis zur Drucklegung dieses Führers nur einmal wiederholt wurde. Viele Büsche und schlechte Absicherungsmöglichkeiten wegen des brüchigen Gesteins (vor allem in der 8. und 9. Seillänge) machen die schöne Linie aber nicht gerade attraktiv. Auch Klemmkeile und Friends sind schwierig zu positionieren, aber wenigstens sind alle Standplätze vorhanden.

Zustieg: von der Abzweigung nach Ranzo noch etwas auf dem Weg weiter und bald darauf linkshaltend auf einen mit roten Markierungen und Steinmännern gekennzeichneten Pfad, der zum deutlich sichtbaren Einstieg des 'Pilastro Masud' führt. Nun noch weiter links queren und in dem ausgeprägten, tiefen Kamin bis zum kleinen Waldstück. Ein großer Baum mit Schlingen kennzeichnet den Einstieg von 'Freccia nel Cielo'. Hier lässt man sich einige Meter bis zu einem anderen kleinen Baum mit Schlinge ab. Der Einstieg beginnt mit einer Platte, ein Busch mit einer Schlinge ist zu sehen.

Abstieg: am besten vom Ausstieg der Route bis zum Gipfel des Piccolo Dain. Ein Drahtseil führt zu einer Lichtung am Waldrand. Von hier weiter auf dem bequemen Wanderweg Richtung Ranzo (2 Std. bis Sarche).

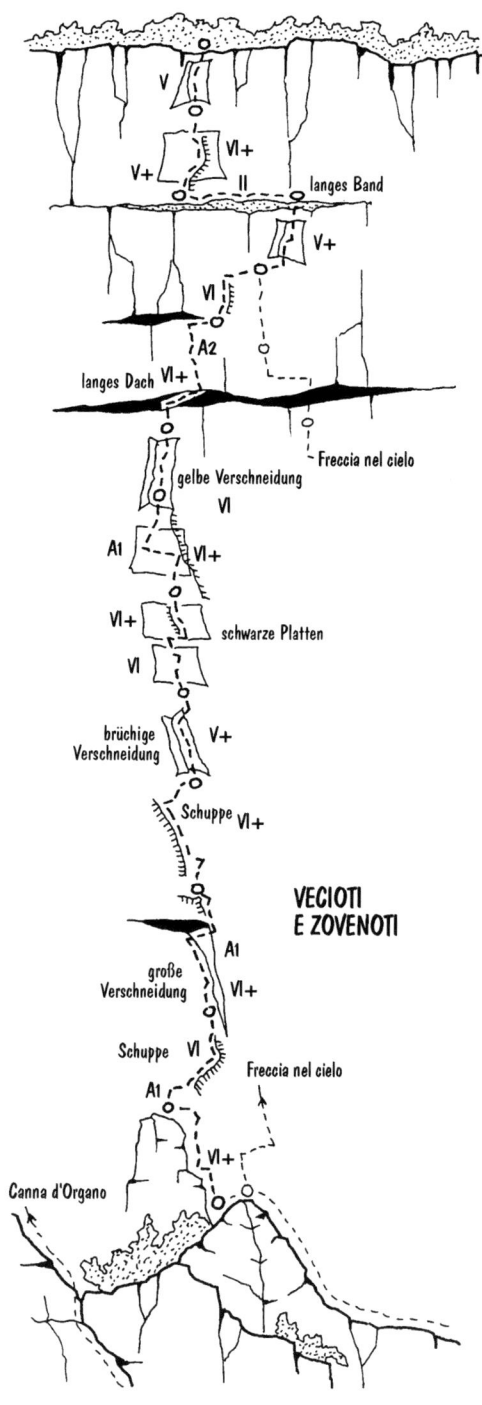

13 FRECCIA NEL CIELO ✽✽✽✽

I. Rabanser, S. Comploi, P. Mazzotti, M. Scarpellini 1992
450 m (15SL)
VI+, A0/R4/IV

Die Route führt über die Wand rechts der markanten Verschneidung ('Via Canna D'Organo') und folgt einer Linie, die den geringsten Widerstand verspricht. Die Dächer und Überhänge im mittleren Bereich werden über die rechte, am wenigsten steile Seite überwunden. Die Kletterei in meist festem Gestein ist interessant, ausgesetzt und weist auch schwierige Passagen auf. Die Erstbegeher beließen die Haken der Standplätze und einige Zwischenhaken. Ein Satz Klemmkeile, mittlere und große Friends und ein kleines Hakensortiment sollten mitgeführt werden.

SL1: Über einen kleinen Riss in der grauen Platte bis zu einem Busch (Schlinge), dann rechtshaltend und nach einem weiteren Busch (Schlinge) in einer kleinen Verschneidung bis zum Stand (2 Haken).

SL2: Über eine kurzen Überhang, dann linkshaltend, über eine kleine Verschneidung und dann wieder rechts queren (1 Haken). Über eine Schuppe piazend bis zu einem Vorbau mit Busch (1 Standhaken).

SL3: Über die leicht geneigte Platte bis zu einem diagonal verlaufenden Dach, auf der steilen Platte links queren und dann senkrecht hoch (1 Haken) bis zum Dach. Auf der linken Seite schwierig über dieses hinweg und über eine Verschneidung zum Stand an einem Busch.

SL4: Einer Schuppe folgen und schwierig bis zu einem Busch (Schlinge), dann rechtshaltend (brüchig und dreckig) und dann senkrecht bis zu einem großen Busch (2 Standhaken).

SL5: Schräg linkshaltend über zwei kleine Dächer, dann über einen überhängende Wandstelle (2 Haken) und bis zu einem Sims, der linkshaltend in leichteres Gelände führt. Nun rechtshaltend auf einem buschbestandenen Band bis zum Beginn einer ausgeprägten Verschneidung.

SL6: Über eine steile Platte in die Verschneidung und darin weiter bis zum Stand an einem Baum.

SL7: Zuerst immer noch in der Verschneidung weiter, dann linkshaltend in Richtung eines abgestorbenen Baumes, weiter über eine wunderschöne Schuppe und den anschließenden Überhang bis zu einem schmalen Sims (3 Standhaken).

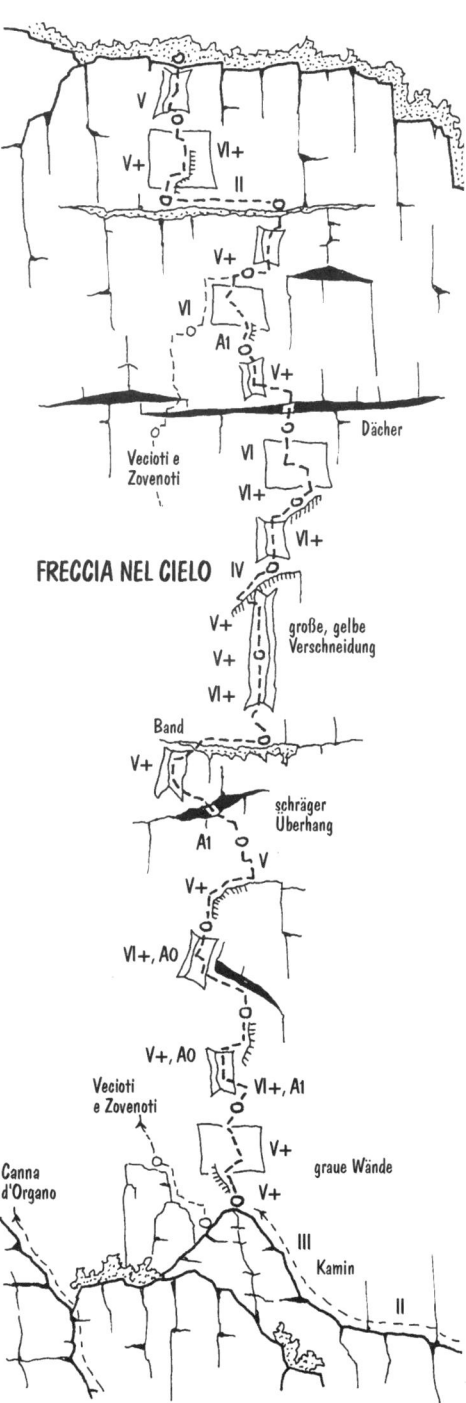

SL8: Über die teils überhängende Verschneidung, dann mit einer heiklen Passage rechtshaltend aus ihr heraus, und über die teils grasbewachsene Platte zum Stand (2 Haken).

SL9: Über die mit Grasbüscheln bewachsene Platte (2 H) bis zu einer kleinen brüchigen Terrasse, über der die markanten Dächer und Überhänge der Wandmitte aufragen (2 Standhaken).

SL10: Über ein kleines Dach, dann etwas links und in der kleinen Verschneidung bis zum Stand (2 Haken).

SL11: Dem kleinen Riss folgen, über eine Platte (2 H) und zu einem unbequemen Stand (2 Haken).

SL12: Jetzt leicht rechts und in der gelblichen Verschneidung hoch auf ein breites baumbestandenes Band (Biwakplatz der Erstbegeher).

SL13: Auf dem nach links enger werdenden Band bis zum Stand (1 H).

SL14: Jetzt direkt über die senkrechte Platte, die von einer kleinen grauen Verschneidung unterteilt wird (1 H). Eine gelbe Verschneidung und bewachsener Fels führen zum nächsten Stand mit nur einem Haken.

SL15: Durch die Schlussverschneidung mit zwei kleinen bauchigen Stellen zum Stand mit 2 Haken.

(Routenbeschreibung von Ivo Rabanser)

Zustieg: von der Abzweigung nach Ranzo noch etwas auf dem Weg weiter und bald darauf linkshaltend auf einen mit roten Markierungen und Steinmännern gekennzeichneten Pfad, der zum deutlich sichtbaren Einstieg des 'Pilastro Masud' führt. Nun noch weiter links queren und in dem ausgeprägten, tiefen Kamin bis zum kleinen Waldstück. Ein großer Baum mit Schlingen kennzeichnet den Einstieg.

Abstieg: entweder wie bei der vorhergehenden Route beschrieben oder nach dem Ausstieg schräg rechtshaltend über grasige Bänder zu einer tiefen Rinne, nach der man den Klettersteig „R. Pisetta" erreicht.

14 PILASTRO MASSUD ❄❄❄❄
R. Galvagni, D. Filippi 2003
200 m. (8SL)
6a, 6c (6a obl.)/S1/II

Ein markanter großer Pfeiler kennzeichnet die Südwand des Piccolo Dain, kurz bevor sie in Richtung Norden etwas weniger steil wird. Auf diesem Pfeiler führt die Route führt nach oben (noch etwas weiter rechts davon ist der Klettersteig 'R. Pisetta'). Die 'Massud' ist ein klassischer, alpiner Weg entlang von Verschneidungen, Rissen und Kaminen. Im zumeist guten Fels, der nur ab und zu etwas Vegetation aufweist, sind die technischen Schwierigkeiten gemäßigt. Mit der perfekten Absicherung ist schönes, schnelles immer abwechslungsreiches Klettern gesichert. Die Route endet im Klettersteig, über den man dann wieder absteigt. Vorsicht: der Klettersteig ist sehr ausgesetzt und athletisch, weshalb man besser gesichert bleiben sollte. Am unteren Teilstück die linke Variante nehmen: sie ist leichter!

Zustieg: von der Abzweigung nach Ranzo noch etwas auf dem Weg weiter und bald darauf linkshaltend auf einen mit roten Markierungen und Steinmännern gekennzeichneten Pfad bis zum deutlich sichtbaren Einstieg.

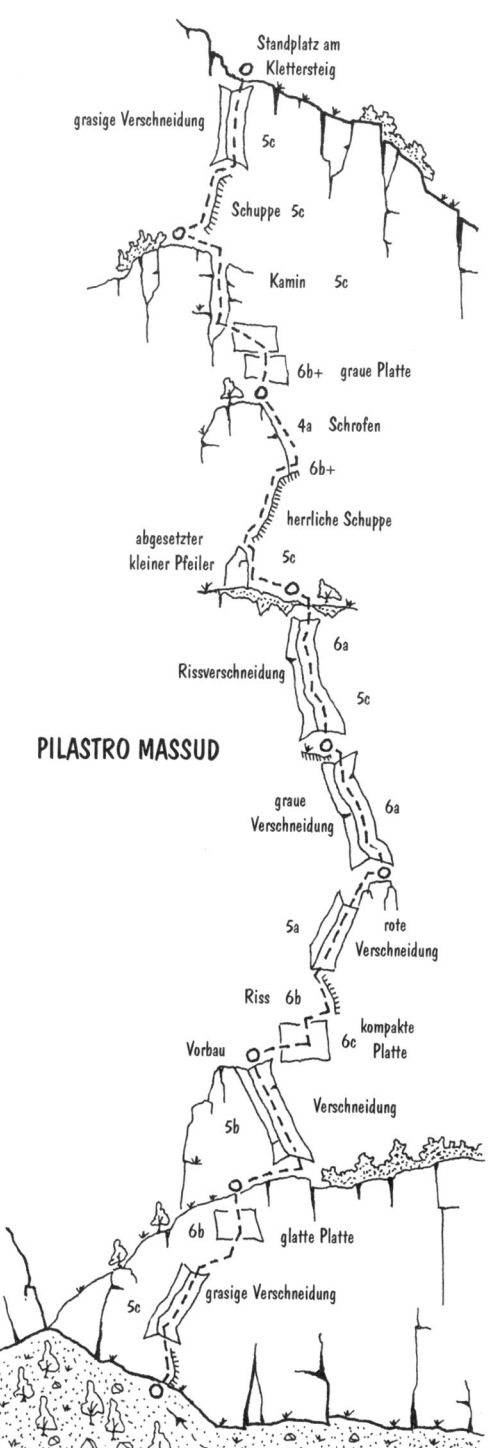

2 LIMARO' WAND

Piccolo Dain

Wie ein riesiges offenes Buch steht diese Wand vor einem, gekennzeichnet von einer im gesamten Alpenraum fast einmaligen Verschneidung. Der Name rührt von der gleichnamigen tiefen Schlucht, die die Sarca hier gegraben hat. Während der rechte Teil bislang unberührt blieb, sind links der riesigen Verschneidung viele Routen entstanden.

ZUSTIEG: 10 Min.
Von Sarche Richtung Campiglio und kurz nach der Brücke links auf eine kleine Straße. Hier dann gleich rechts parken. Auf der Straße bis zur ersten Kehre weiter und auf einer Forststraße in die Schlucht. Über die erst vor kurzem errichteten großen Schutzmauern einfach über den Bach.

ABSTIEG: 40 Min.
Von den Ausstiegen der Routen durch den Wald in Richtung Osten und auf den Wanderweg, der hinunter nach Sarche führt.

15	LA SALSA DELL'ORSO	120 m.
16	VIA GADOTTI	400 m.
17	VIA PEGORETTI	400 m.
18	LUCE RIFLESSA	400 m.
19	LA CADUTA DEGLI DEI	400 m.
20	DIEDRO MAESTRI	400 m.
21	VIA IL RAZZISMO DAL MODO	200 m.
22	AMAZZONIA	250 m.
23	ORIZZONTI DOLOMITICI	250 m.
24	DODICI ALBERI	220 m.

PICCOLO DAIN

15 LA SALSA DELL'ORSO ❋❋❋❋
M. Maceri, E. Boldrin 2003
120 m. (7SL)
6b+, A2 (6b obl.)/S1/II

Hohe Wände mit charakteristischem gelbem Gestein, Überhängen und Dächern sind links der markanten Verschneidung zu sehen. An der linken Begrenzung entstand hier ein sehr origineller Weg für die Liebhaber technischer Kletterei. Wer einsame Begehungen und große Ausgesetztheit liebt, wird hier fündig. Der Fels ist fest, die Absicherung mit Bohrhaken ist perfekt, es werden nur Expressschlingen und zwei Trittleitern benötigt.

Zugang: von Vezzano nach Ranzo und nach dem Dorf bei einem Bildstock parken. Auf der Forststraße weiter bis zu einer Kurve mit Wegweiser (Beschriftung 'Pisetta') und ca. 70 m weiter. Rechts weist ein Steinmännchen auf den Zustieg zur Wand hin. Etwas unterhalb führt nun ein Fixseil bis zur ersten Abseilstelle. Man seilt nun vier Mal ab, zwei Mal an Bohrhaken, zwei Mal an Bäumen mit Schlingen. Jetzt am Wandfuß entlang bis zum Einstieg (gut sichtbare Bohrhakenplättchen). Achtung: Wenn man einmal abgeseilt hat, ist die Route der einfachste Weg, um wieder aus der Schlucht zu gelangen.

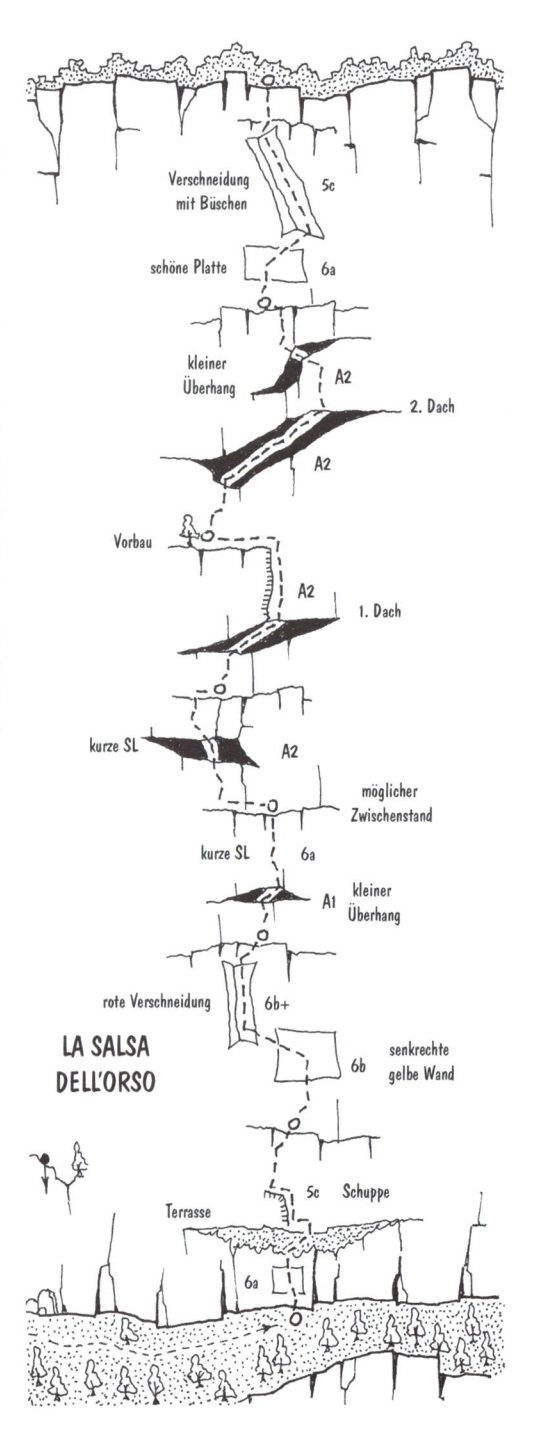

16 VIA GADOTTI ✹✹✹
A. Andreotti, F. Gadotti 1972
400 m (12SL)
VI+, A1/R3/III

Die Wand links der großen Verschneidung wird im oberen Bereich nochmals von einer grauen, geradlinigen Verschneidung unterteilt. Hier verläuft diese Route die in der senkrechten Verlängerung unterhalb dieser Verschneidung beginnt. Die ersten plattigen Wandbereiche werden mit vorwiegend technischer Kletterei überwunden. Mit einem weiten Bogen durch die baumbestandenen Zonen nach links erreicht man dann den unteren Teil der Verschneidung. Ab hier wird die Kletterei auch deutlich besser, weil guter Fels vorherrscht und die Ausgesetztheit zunimmt. Insgesamt gesehen ist dies ein großartiger Anstieg, zwar komplex und schwierig, aber äußerst befriedigend. Die Erstbegeher beließen vor allem in den ersten Seillängen viele Haken, weshalb nur Klemmkeile, Friends und wenige Haken für eine Wiederholung notwendig sind. Das Gestein ist meist fest, in einigen Bereichen sollte man auf lose Blöcke Acht geben.

Einstieg: etwa 70 m links der großen Verschneidung ('Diedro Maestri') bedeckt eine große Efeupflanze die Wand. Man steigt dort ein, wo das Efeu etwas zurückweicht. Nach ca. 35 m reiner „Efeukletterei" erreicht man den ersten Standplatz.

17 VIA PEGORETTI COVI ✹✹✹✹
M. Pegoretti, E. Covi
400 m. (15SL)
VI+, A1/R3/IV

Die Route weist fast die dieselben Merkmale auf wie die vorhergehende. Und in der Tat verläuft sie auch fast parallel zu dieser. Der Einstieg erfolgt über die Plattenwand rechts der 'Via Gadotti', in der Höhe kreuzt sie diese und folgt dann linkerhand der grauen Verschneidung und schmalen Rissen.

Zustieg: rechts der 'Via Gadotti'.

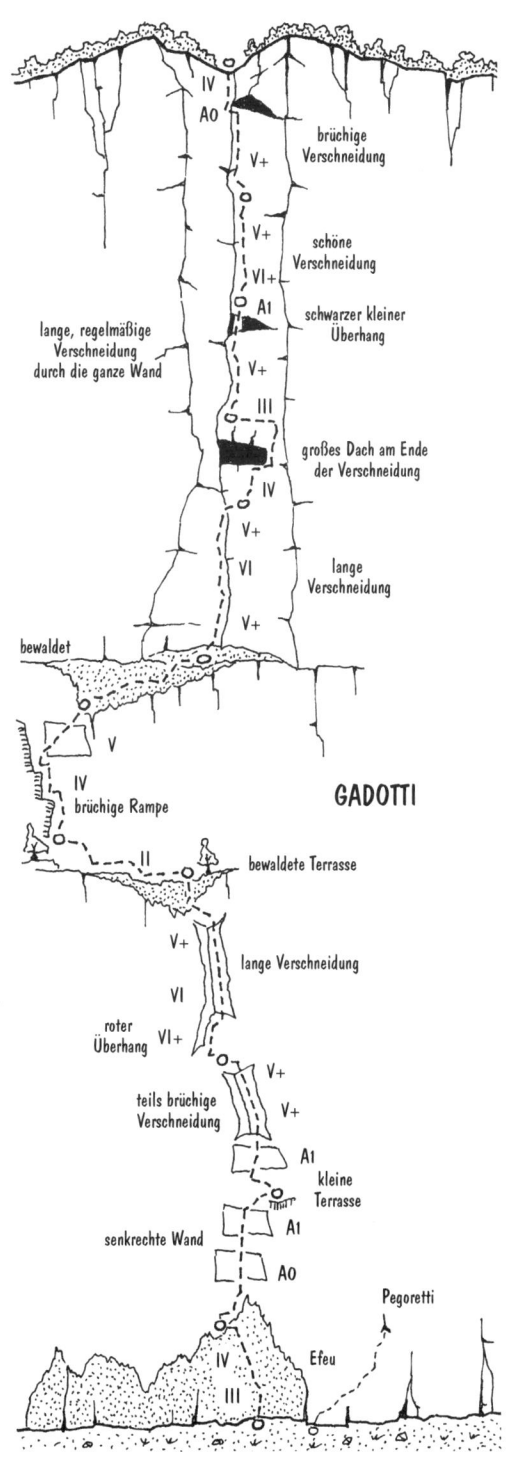

18 LUCE RIFLESSA ✤✤✤
M.Concini. 1998
400 m. (15SL)
7b+ (7a obl.)/S3/III

Anhaltend schwierige Sportkletterroute in gutem Fels, mit etwas weiten Hakenabständen. Sehr lang und ausdauernd, nur wer mindestens 7a klettern kann, wird hier glücklich werden. Es ist ratsam, zuerst diese Route zu klettern, bevor man sich an ' La caduta degli dei' versucht, denn hier gibt es Fluchtmöglichkeiten über die sie durchziehenden Bänder.

Einstieg: auf der ganz linken Seite der Wand, leicht erkennbar durch den einzigen Korridor, den das Efeu frei lässt.

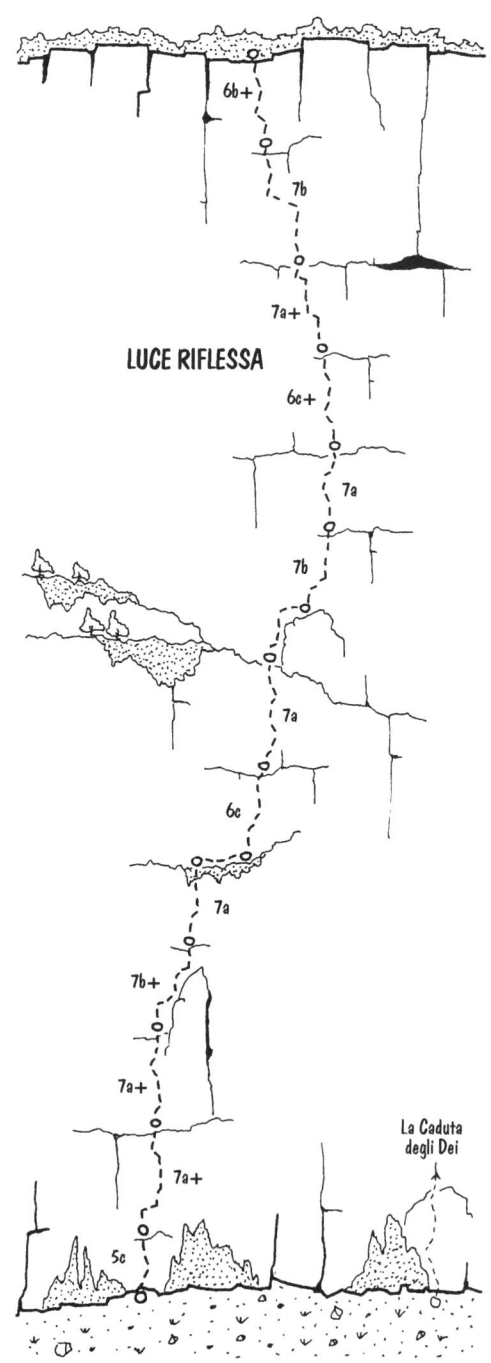

19 LA CADUTA DEGLI DEI ✻✻✻
M. Concini, B. Malfatti 1996
400 m. (13SL)
7c (7b obl.)/S3/III

Langer, schwieriger und Ausdauer fordernder Weg. Auch in den Ausstiegslängen ist die Beherrschung des Schwierigkeitsgrads 6c+ zwingend erforderlich. Die Route verläuft im senkrechtesten, am meisten ausgesetzten und spektakulärsten Bereich der ganzen Wand. Schöne und lohnende Kletterei, die laut einiger Wiederholer vor allem wegen der Länge derart schwierig ist.

Einstieg: etwas links der großen Verschneidung ('Diedro Maestri')

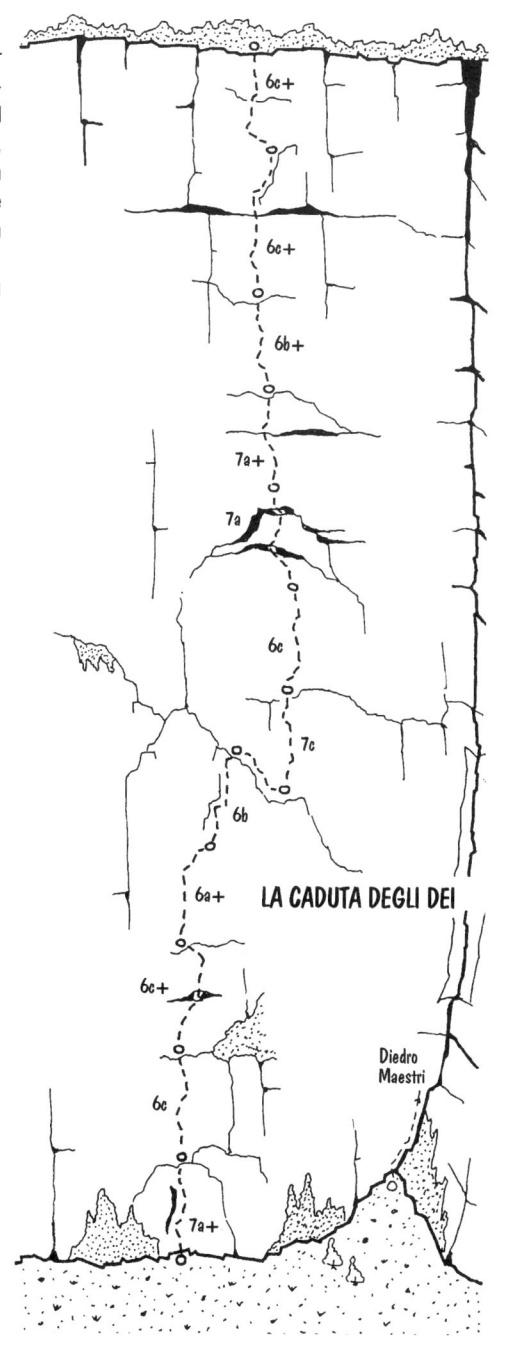

20 DIEDRO MAESTRI ✹✹✹✹✹
C. Maestri, C. Baldessari 1957
400 m. (12SL)
VI+, A0/R3/III

Spektakuläre, grandiose Kletterei und aus alpinistischer Sicht äußerst interessant. Es ist unmöglich, diese riesige und elegante Verschneidung nicht zu bemerken, wenn man auf der Straße Richtung Campiglio hoch fährt. Cesare Maestri benötigte vier ganze Tage mit viel technischer Kletterei, um diese Route zu bezwingen. Die Route ist anstrengend, schwierig und definitiv als klassisch zu bezeichnen mit den Verschneidungen und Kaminen sowie dem brüchigen Fels und der schlechten Absicherung.

Einstieg: in Falllinie der großen Verschneidung, über einen Riss, der weiter oben von einem Überhang begrenzt wird.

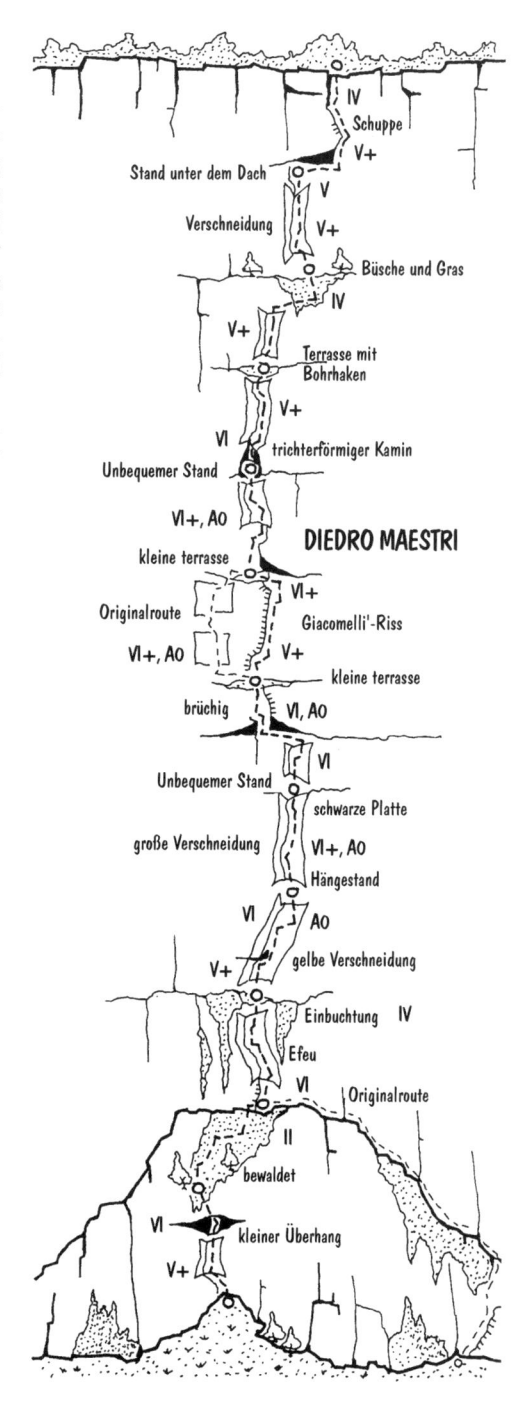

PICCOLO DAIN

21 VIA IL RAZZISMO DAL MONDO ✻✻✻✻
G. Stenghel, F. Sartori 1983
200 m. (8SL)
V+, VI+/R3/II

Eine klassische 'Stenghel-Route', mit absolut logischer Linienführung, wenigen Sicherungsmöglichkeiten und schwierigen Passagen. Sie folgt fast durchgehend dem langen, grauen Riss, der am Beginn der Schlucht von Limarò beginnt und die ganze Wand unterteilt. Auch wenn viel Vegetation das Fortkommen manchmal behindert, so ist das Gestein doch meist gut bis sehr gut. Die Schlüsselseillänge ist sehr athletisch und verlangt viel Können beim Positionieren der Sicherungen. Die Ein- und Ausstiegsseillängen bleiben hingegen im klassischen Schwierigkeitsbereich und sind oft gut an Büschen und Bäumen abzusichern. Alle Stände sind an soliden Bäumen und im Allgemeinen bequem. Insgesamt eine sehr befriedigende Route in eindrucksvoller Umgebung. Das laute Rauschen des darunter liegenden Flusses macht die Verständigung manchmal schwierig. Die Erstbegeher widmeten diese Route Pater Renato Chizito Cerezo.

Zustieg: vom Parkplatz wieder zurück Richtung Sarche, nach der Brücke links Richtung ENEL Stromzentrale. Der Einstieg ist etwa 40 m nach dem Gebäude bei einer deutlich sichtbaren Verschneidung mit Büschen.

22 AMAZZONIA ✹✹✹✹✹
A. Zanetti 2005
250 m. (11SL)
5b, 5c/S1/I
Die schöne und genussvolle Route verläuft nahe bei und parallel zu 'Orizonti Dolomitici' und weist daher auch ähnliche Charakteristiken auf. Aus den einzelnen Seillängen in festen, senkrechten und ausgesetzten Plattenwänden ragt eindeutig die letzte, schwierige SL heraus: technisch anspruchsvolle und elegante Kletterei ist hier angesagt.
Einstieg: wie bei 'Orizzonti Dolomitici', die ersten beiden SL verlaufen gemeinsam.

23 ORIZZONTI DOLOMITICI ✹✹✹✹
A. Zanetti 2003
250 m. (11SL)
5b/S1/I
Sehr schöne und unterhaltsame Kletterei entlang fester Platten. Die Route ist so etwas wie ein kleines Juwel im Sarcatal, sehr empfehlenswert, mit mittlerweile sehr vielen Begehungen, was auf Grund der sehr guten Absicherung auch in mittleren Schwierigkeitsgraden nicht verwunderlich ist. Wer einmal ganz relaxed und mit guter Absicherung klettern möchte, ist in dieser Route mit der wunderschönen Umgebung sehr gut aufgehoben.
Zustieg: vom Parkplatz in Sarche auf der Straße Richtung Campiglio weiter und an der ersten Kreuzung rechts auf die kleine Straße die zur Stromzentrale ENEL führt. Der Einstieg ist direkt am Tor.

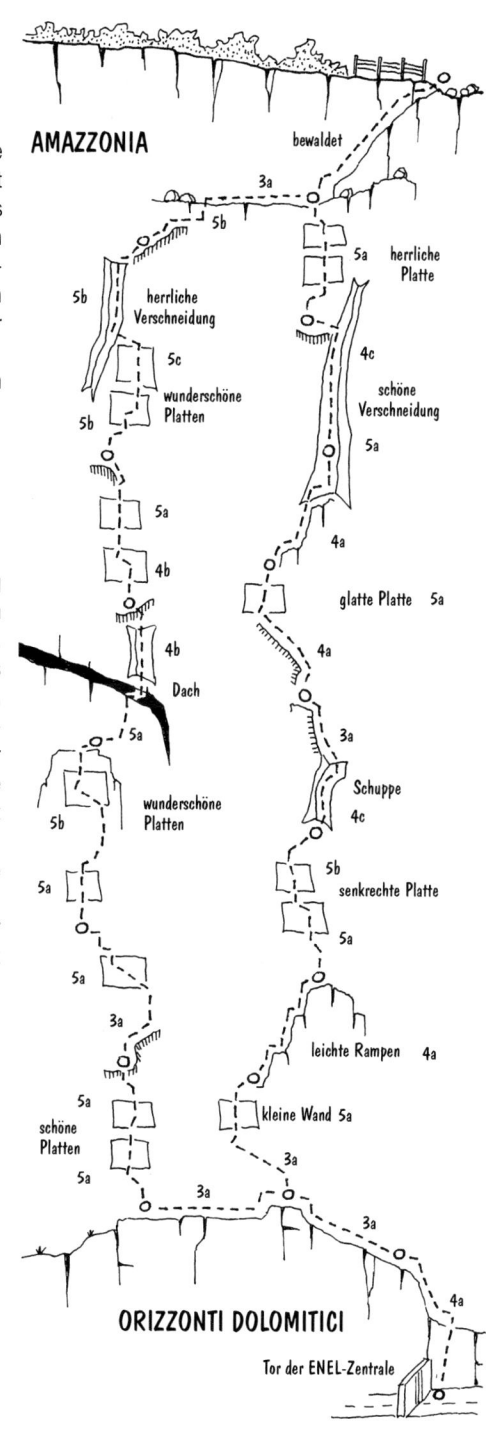

24 VIA DEI DODICI ALBERI ✹✹✹

H. Grill, F. Kluckner, U. van Groten, F. Heiss 2006
220 m. (12SL)
V+, VI+/R3/II

Schöne, schwierige und Befriedigung schaffende alpine Route. Sehr logische Linienführung entlang eines Risses, der durch die ganze Wand läuft. Die erste Seillänge ist etwas grasbewachsen und brüchig, die Verschneidungen im Mittelteil entschädigen dafür aber mit wunderschöner Kletterei in festem Gestein. Die Absicherung ist gerade ausreichend, ein kompletter Satz Friends ist empfehlenswert.

Einstieg: 30 m rechts von 'Orizzonti Dolomitici', Routenname angeschrieben

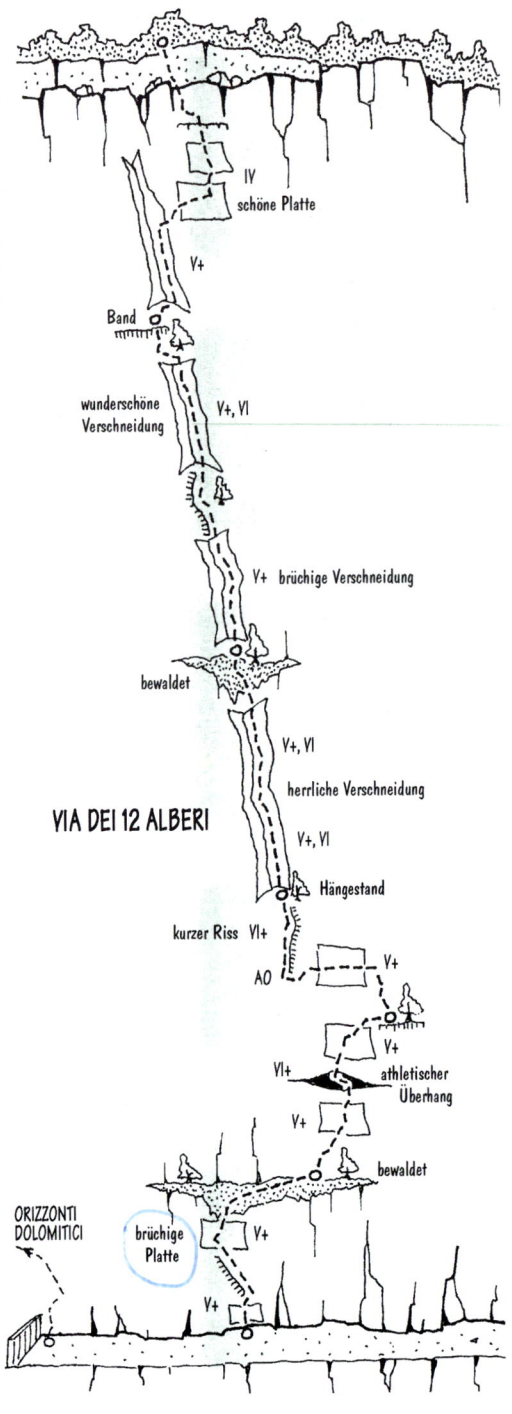

UP

published
each
march

ANNUAL CLIMBING REPORT • THE BEST OF THE YEAR IN MOUNTAINEERING ROCKS BOULDERING AND ICECLIMBING

website www.up-climbing.com
shop on-line www.versantesud.it

ph. Fred Moix

MONTE CASALE

Die beeiendruckendste Felswand des ganzen Sarcatals ist sicherlich die Ostwand des Monte Casale mit ihren 1500 Meter Höhenunterschied. Obwohl die Art der Kletterei an sich nicht gerade lohnend ist, sind die alpinen Wege in dieser Wand doch einmalig und von historischer Bedeutung. Die besten Routen führen über die senkrechten Pfeiler beiderseits der großen Wand. Hier gibt es sowohl klassische als auch moderne Wege, die alle oft begangen werden.

MONTE CASALE

3 - PARETE CENTRALE
4 - II° PILASTRO
5 - I° PILASTRO
6 - MURO DEI MERIDIANI VORBAU
7 - VORBAU UND SÜDGRAT

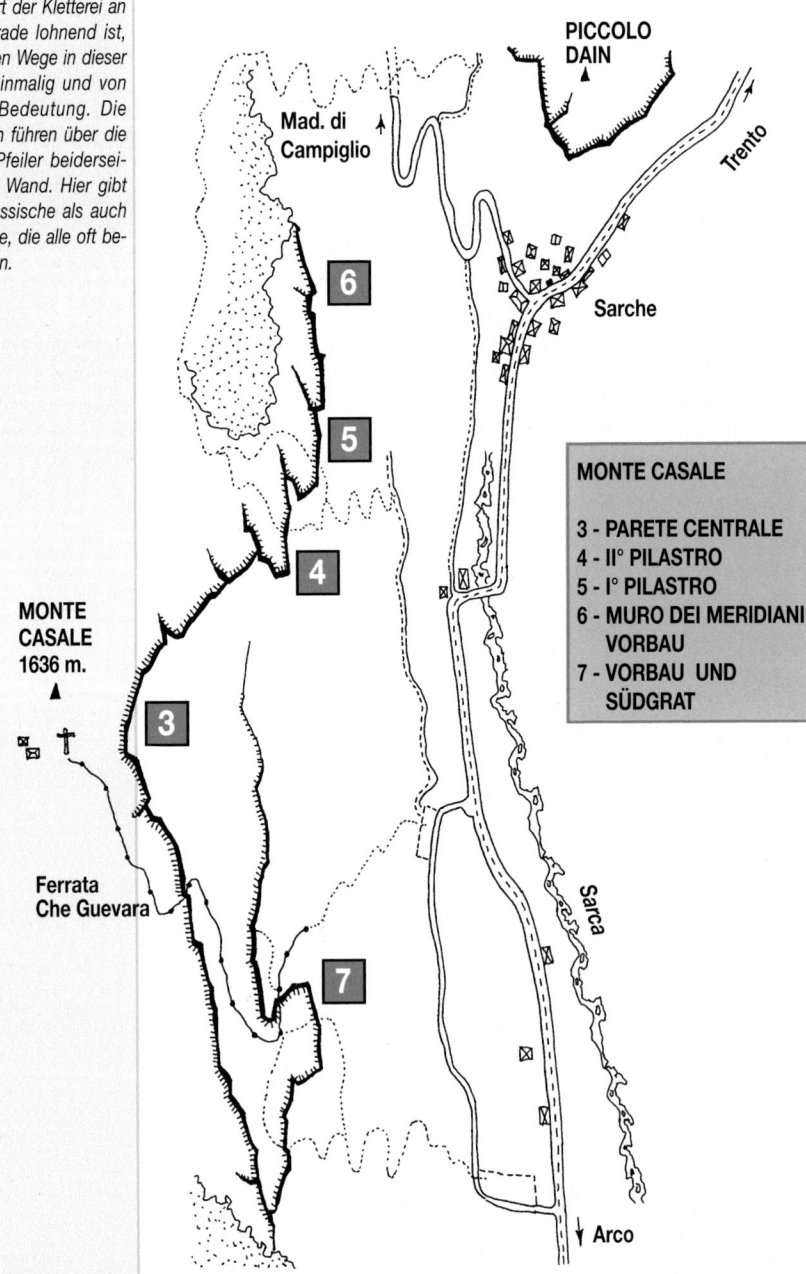

3 ZENTRALER SEKTOR

Monte Casale

Die Wand sieht aus wie eine senkrecht stehende riesige Schüssel, im Innern derer senkrechte Pfeiler, beeindruckende Überhänge und tiefe Schluchten die einzigen Orientierungspunkte darstellen, wenn man sich je darin verirren sollte. Die kaum wiederholten Routen in dieser Wand sind lang und komplex und bleiben Kletterern mit großer alpiner Erfahrung, Orientierungssinn und Ausdauer vorbehalten. Haken und Begehungsspuren sind meist bloßes Wunschdenken, denn die Linienführung der Routen folgt keiner zwingenden Logik.

Es ist fast unmöglich, die Routen genauer zu beschreiben, denn die Erstbegeher haben kaum dokumentiert, wie die Routen verlaufen und existierende Berichte sind verwirrend und wenig hilfreich. Darüber hinaus finden sich auch in älteren Führern kaum Übereinstimmungen der Linienführungen. Die 'Via Friederichen Miori' ist zum Beispiel die erste in dieser Wand eröffnete Route, ein Jahr später wurde sie von Detassis und Gefährten wiederholt. Später erkannte man, dass sie aber eine neue Route eröffnet hatten. Auch ein Solokletterer aus dem Trentino, F. Gadotti, war mit einem neuen Weg erfolgreich: Hier entdeckte man später, dass er in großen Zügen der Route von Detassis gefolgt war. Bis heute ist nicht ganz geklärt, worin nun eigentlich der Unterschied bei diesen beiden und der Route von Gadotti liegt. Vielleicht ist es auch ganz einfach: alle folgen mehr oder weniger der gleichen Linie. Später eröffneten weitere Seilschaften neue Routen in dieser Wand (z. B. 'via Fiore di melo' oder 'via Steinkotter Comper'), aber genau besehen verlaufen auch hier viele Passagen gemeinsam mit schon bestehenden Wegen.

Kurzum: die Wand ist einfach riesig, die Routen sind über 1400 m lang, die Schwierigkeiten sind eher gemäßigt, besondere Orientierungspunkte gibt es selten, auch zwingende Passagen findet man nicht oft und Begehungsspuren eigentlich gar keine... deshalb konnte so viel Verwirrung über die Routen in dieser Wand erst entstehen.

ZUSTIEG: 1 Std.
Vom Parkplatz auf der linken Seite des Steinbruchs (Eurotex-Fabrik) dem Wegweiser „Sentiero Croz die Pini" folgen. Beim großen Steinblock mit der Aufschrift „quota 550" den Weg verlassen und rechtshaltend zum Wandfuß.

ABSTIEG: 2,5 Std.
Von den Ausstiegen der Routen durch den Wald in Richtung Piccolo Dain und bis zum Wanderweg, der zurück ins Tal führt.

#	Route	Länge	
1	DIRETTISSIMA VIA FOLLIA	1400 m.	
2	FRIEDERICHEN - MIORI	1400 m.	
3	DEPAOLI – D'ACCORDI	1600 m.	
4	VIA DEL GRAN DIEDRO	1400 m.	
5	VIA GADOTTI	1400 m.	
6	FIORE DI MELO	1400 m.	
7	STEINKOTTER COMPER	1400 m.	
8	PILASTRO GOBBO	900 m.	
9	VIA CHOBIN	200 m.	

MONTE CASALE

1 DIRETTISSIMA VIA FOLLIA ✻
G. Stenghel, F. Sartori, F. Nicolini, G. Gerola 1983
1400 m.
V+, VI/R4/V
Die schwierige bis extreme Route, die bislang wegen des brüchigen Gesteins nicht wiederholt wurde, ist Grace Kelly gewidmet. Sie führt im mittleren Bereich durch die gesamte Ostwand des Casale. Nur richtige Abenteurer sollten sich hieran versuchen, denn sie ist sicherlich die verrückteste Route im ganzen Tal, die so einfach nicht wiederholt werden wird. Vom Klettersteig aus hat man weit oben einen kleinen Einblick in die Schlüsselseillängen, die die überhängenden Bereiche durch die roten Verschneidungen überwinden. Ein Blick genügt, um jeden Gedanken an eine Wiederholung sofort sein zu lassen.

2 FRIEDERICHEN-MIORI ✻✻
M. Friederichen, F. Miori 1933
1400 m.
IV+, V/R3/IV
Dieser Weg hat eine große historische Bedeutung, denn er war nicht nur die erste alpine Route in dieser Wand, sondern auch im ganzen Sarcatal. Trientiner Alpinisten erkannten daraufhin die Bedeutung dieser Wände und begannen mit ihrer Erforschung. Als erste Route in dieser Wand folgt die 'Friederichen-Miori' sicherlich der leichtesten kletterbaren Linie.
Zustieg: bis zum Fuß des großen, vom Wasser ausgewaschenen Streifens in der Wandmitte. Einstieg links des Streifens bei einer breiten Verschneidung.

3 DEPAOLI – D'ACCORDI ✻✻
G. Depaoli, C. D'Accordi 1975
1600 m
IV+, V/R3/IV
Auch diese Route verläuft im interessantesten Bereich des Casale, aber durch dessen „schwächste" Zone und deshalb auch oft brüchiges Gelände. Wie bei den vorhergehenden Wegen ist auch hier die Absicherung kaum vorhanden und der Weg lang. Eine richtige Abenteuerroute.
Zustieg: bis zum Fuß des großen, vom Wasser ausgewaschenen Streifens in der Wandmitte. Einstieg links des Streifens bei einer breiten Verschneidung.

3a VARIANTE BORTOLAMEDI – VANZO
R. Bortolamedi, C. Colpo, M. Furlani, C. Vanzo 1978
300 m.
V+, VI/R3/IV
Sehr logische Variante. Nachdem man auf der 'Depaoli-Daccordi' die große Terrasse erreicht hat, steigt man rechtshaltend aus der Wand über einen tiefen und brüchigen Kamin aus.

4 VIA DEL GRAN DIEDRO ✻
B. Detassis, M. Stenico, R. Costazza 1935
1400 m.
V+, VI/R3/IV
Aus historischer und alpinistischer Sicht ein sehr bedeutender Weg durch diese Wand. Im unteren Teil folgt er einer eigenständigen und unabhängigen Linie, weiter oben in weiten Zügen der 'Via Friederichen Miori'. Haken sind kaum vorhanden und der Fels ist teilweise brüchig. Alpine Entdeckerroute, die richtigen Abenteurern vorbehalten bleiben sollte.
Zustieg: Deutlich ist eine ausgeprägte Verschneidung im mittleren Bereich des Wandfußes erkennbar. Der Einstieg liegt ca. 50 m rechts der Falllinie dieser Verschneidung. Eine Rissverschneidung führt auf ein bequemes Band, das wiederum linkshaltend zu der o.a. Verschneidung führt.

5 VIA GADOTTI ✻
F. Gadotti in solitaria 1974
1400 m.
V+, VI/R3/IV
Im ersten Kletterführer über das Sarcatal, herausgeben von der Sektion Arco, steht folgender Bericht: „Fälschlicherweise wurde die Erstbegehung der großen Verschneidung bisher dem starken Kletterer F. Gadotti aus dem Trentino zugeschrieben. Diesem gelang im Jahre 1974 eine Solobegehung dieser Linie in Rekordzeit und mit einem einzigen Haken. Niemand kann seine Leistung schmälern, auch wenn ihm die Seilschaft Detasis-Stenico-Costazza ohne sein Wissen zuvorgekommen war. Erst vor kurzem wurde mittels eines Fotos bewiesen, dass Gadotti genau dieselbe Route kletterte wie Detassis und Gefährten 39 Jahre zuvor." Ich persönlich bezweifle, dass Gadotti nichts davon wusste, das bedeutet, dass er entweder eine Solobegehung machen oder doch einen eigenständigen Weg finden wollte. Niemand kann genau sagen, welchen Verlauf die Route von Gadotti hatte. Ich glaube deshalb, dass es richtig ist, seine Route als eigenständige Linie zu betrachten.

MONTE CASALE

6 FIORE DI MELO ❋❋❋

G. Azzoni, V. Amigoni, A. Zanchi, S. Della Longa 1980
1400 m.
V+, VI/R3/IV

Der lange Weg führt durch den Mittelteil der Casale-Wand. Eine genaue Routenbeschreibung ist praktisch unmöglich. Riesige Plattenwände geben auf viele Seillängen hin nur grob die Richtung vor. Im allgemeinen ist das Gestein auf der ganzen Länge gut, Haken findet man fast keine. Wie die vorhergehenden Routen sehr alpin, nur etwas für Entdecker und Abenteurer und vielleicht zusammen mit der 'Via Steinkotter-Comper' die einzige Route in dieser riesigen Wand, deren Wiederholung lohnt.

Zustieg: wie bei 'Gran Diedro' ist deutlich eine ausgeprägte Verschneidung im mittleren Bereich des Wandfußes erkennbar. Der Einstieg liegt ca. 50 m rechts einer gedachten senkrechten Linie unterhalb dieser Verschneidung. Eine Rissverschneidung führt auf ein bequemes Band, das wiederum linkshaltend zu der o.a. Verschneidung führt.

7 STEINKOTTER – COMPER ❋❋

H. Steinkotter, R. Comper 1970
1400 m.
V+, VI/R3/IV

Langer und schwieriger Aufstieg, der fast wie 'Fiore di melo' verläuft, diese Route auch immer wieder kreuzt und auch beinahe dieselben Charakteristika aufweist. Eine exakte Wiederholung der Route erscheint mir unmöglich, da der Verlauf über die riesigen Platten nicht zwingend vorgegeben ist und auch kaum Haken stecken. Beide Wege verlaufen aber über den interessantesten mittleren Wandbereich und bieten alles für Abenteurer.

Zustieg: vom Einstieg von 'Gran Diedro' und 'Fior di melo' rechtsquerend einige hundert Meter zu leichten Bändern, die zu einer deutlich sichtbaren Nische führen.

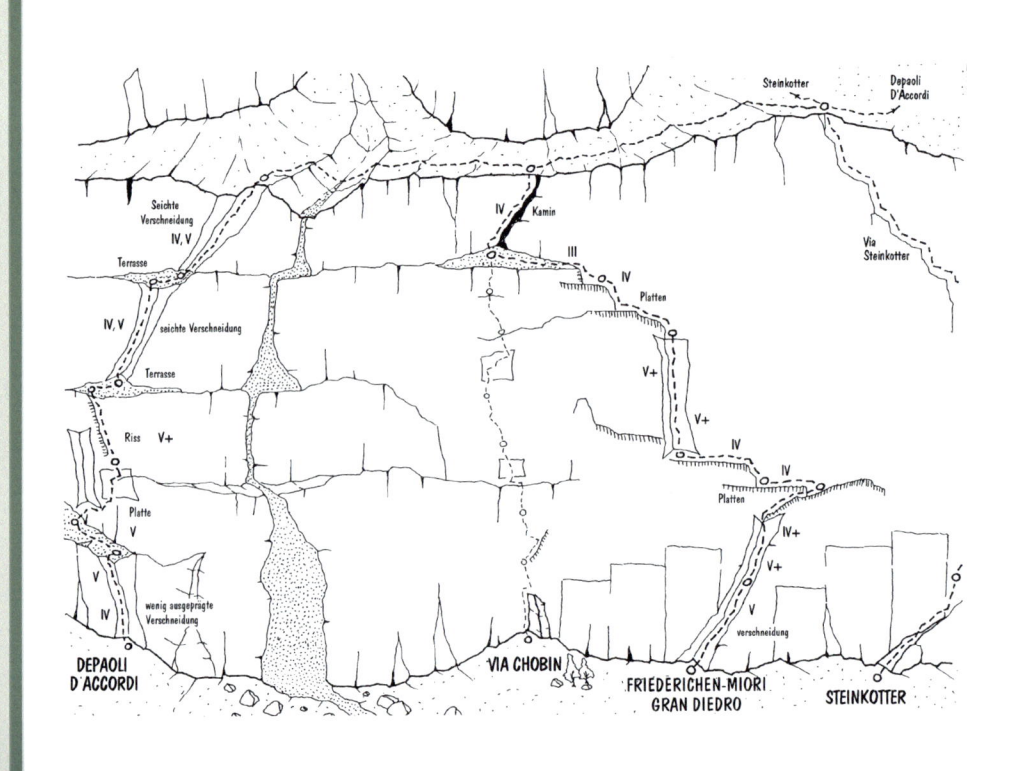

MONTE CASALE

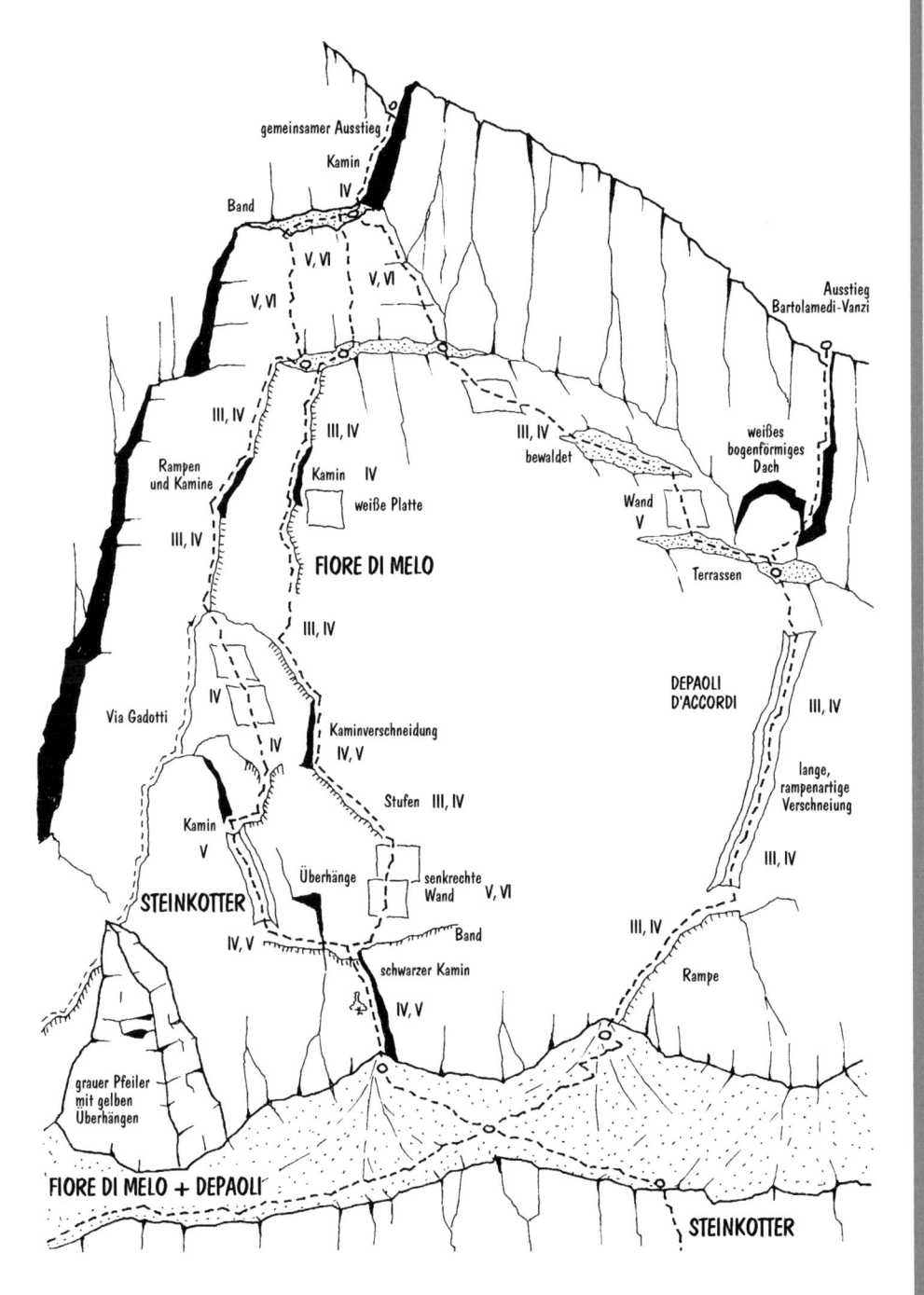

gemeinsamer Ausstieg
Kamin IV
Band
V, VI
V, VI
V, VI

Ausstieg Bartolamedi-Vanzi

III, IV
Rampen und Kamine
III, IV
Kamin IV
weiße Platte

III, IV
bewaldet

weißes bogenförmiges Dach

Wand V

FIORE DI MELO

Terrassen

III, IV

DEPAOLI D'ACCORDI

III, IV

lange, rampenartige Verschneidung

III, IV

Via Gadotti
IV

Kaminverschneidung
IV, V

Stufen III, IV

Kamin V

Überhänge

senkrechte Wand V, VI

STEINKOTTER

IV, V

Band

III, IV

schwarzer Kamin
IV, V

Rampe

grauer Pfeiler mit gelben Überhängen

FIORE DI MELO + DEPAOLI

STEINKOTTER

53

8 PILASTRO GOBBO ❋❋
G. Groaz, P. Baldo, R. Bassi, F. Stedile 1981
900 m.
IV+, V/R3/IV
Eine graue, „buckelige" Kante begrenzt die tiefe Schlucht, die wiederum den zentralen Wandbereich des Casale vom „Zweiten Pfeiler" trennt. Die ausgesprochen alpine Route verläuft auf dieser scheinbar attraktiven Kante, wurde aber kaum oder gar nicht wiederholt. Das Gestein ist durchschnittlich, Haken findet man kaum. Die Schlusslängen mit Passagen durch steinschlaggefährdete Rinnen sind sehr gefährlich und brüchig. Wer seine alpine Erfahrung auskosten will, abenteuerlustig ist, gerne Haken setzt und sich in hohen Wänden wohl fühlt, ist hier am richtigen Platz.
Zustieg: wie bei 'Steinkotter-Comper'

9 CHOBIN ❋❋❋❋
S. Bazzanela, D. Filippi 1995
200 m. (7SL)
6b (6a+ obl.)/S2/II
Schöne Sportkletterroute über die festen Platten im mittleren Bereich des Wandsockels. Die weiße Wand in der 3. SL ist etwas schlecht abgesichert, darüber gibt es einige grasige Passagen. Abstieg durch Abseilen über die Route.
Zustieg: vom Parkplatz Richtung Klettersteig und beim Steinblock mit der Aufschrift „quota 550" rechtshaltend in Richtung eines kleinen Wäldchens am Wandfuß. Der Einstieg ist links am Waldrand bei einem am Vorbau angelehnten kleinen Pfeiler.

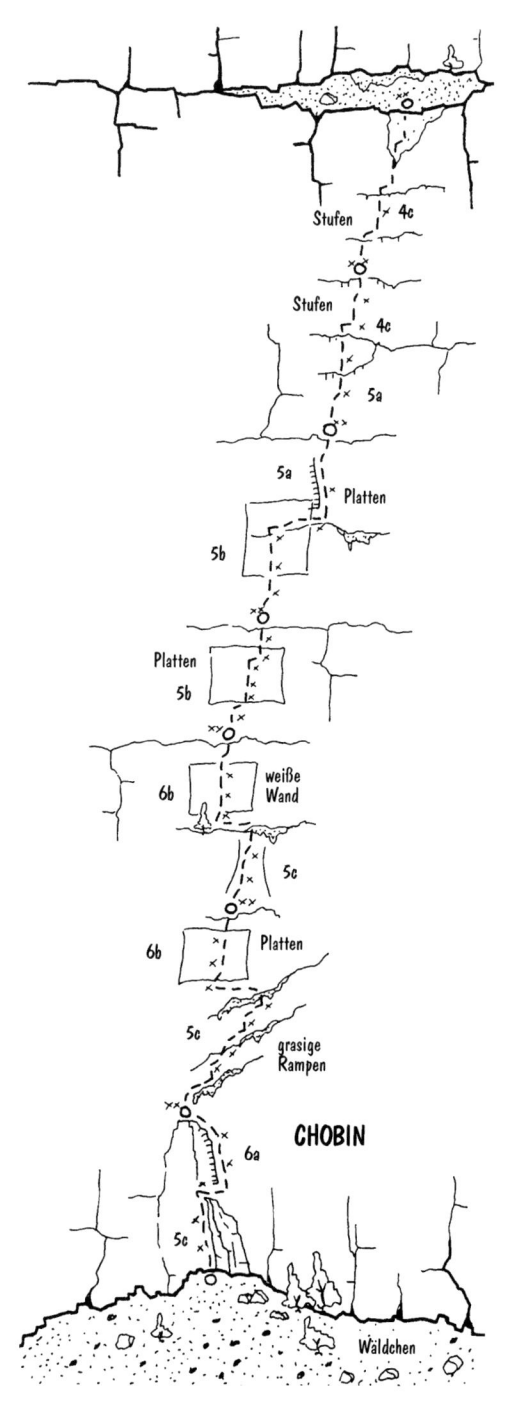

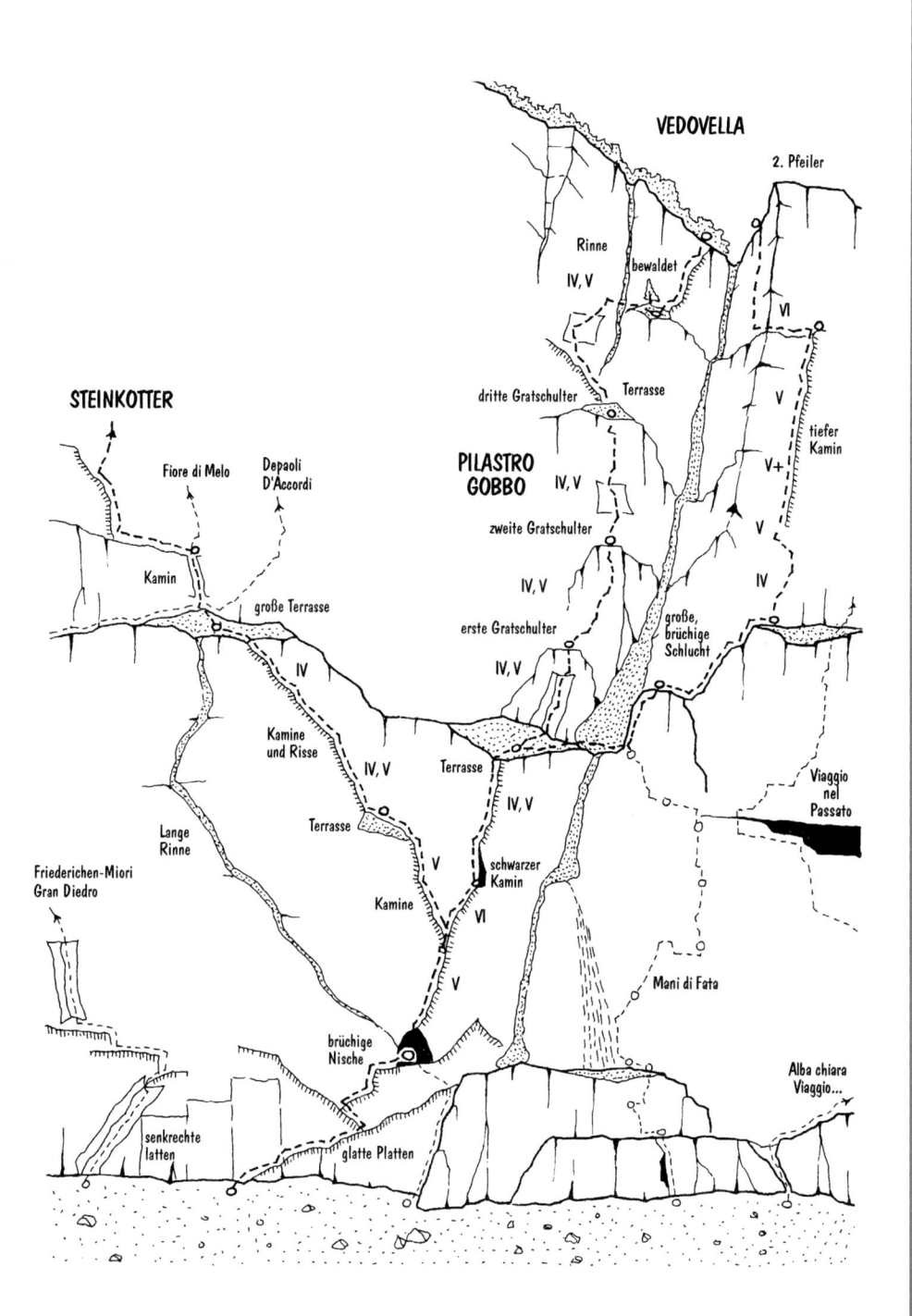

MONTE CASALE

VEDOVELLA

2. Pfeiler

Rinne
IV, V
bewaldet
VI
dritte Gratschulter
Terrasse
V
tiefer Kamin
V+
STEINKOTTER
Fiore di Melo
Depaoli D'Accordi
PILASTRO GOBBO
IV, V
V
Kamin
zweite Gratschulter
IV
große Terrasse
IV, V
IV
erste Gratschulter
große, brüchige Schlucht
IV, V
Kamine und Risse
IV, V
Terrasse
Viaggio nel Passato
Lange Rinne
Terrasse
IV, V
V
schwarzer Kamin
Friederichen-Miori Gran Diedro
Kamine
VI
V
Mani di Fata
brüchige Nische
Alba chiara Viaggio...
senkrechte latten
glatte Platten

4 SECONDO PILASTRO

Monte Casale

Wunderschöner senkrechter und schlanker Pfeiler, der von der übrigen Wand durch eine tiefe dunkle Schlucht getrennt wird. Eine weite und breite, rinnenartige Verschneidung trennt diesen Pfeiler von seinem kleineren „Bruder", dem Primo Pilastro. Durch die breite, 700 m hohe Ostwand verlaufen mehrere schwierige und sehr anstrengende Routen.

ZUSTIEG: 1 Std.
Vom Parkplatz rechts des Steinbruchs auf einer Forststraße Richtung Norden und in den Wald. Am Ende der Straße auf steilen Pfaden über Geröllfelder bis zum Wandfuß.

ABSTIEG: 2 Std.
Vom Ausstieg der Routen durch den Wald in Richtung Piccolo Dain und bis zum Wanderweg, der zurück ins Tal führt.

10	VEDOVELLA	700 m.	
11	MANI DI FATA	300 m.	
12	VIAGGIO NEL PASSATO	700 m.	
13	ALBA CHIARA	700 m.	
14	SPIRITO LIBERO	700 m.	
15	SUPERGRAFITE	700 m.	
16	LE PLACCHE DI UGAND	700 m.	

MONTE CASALE

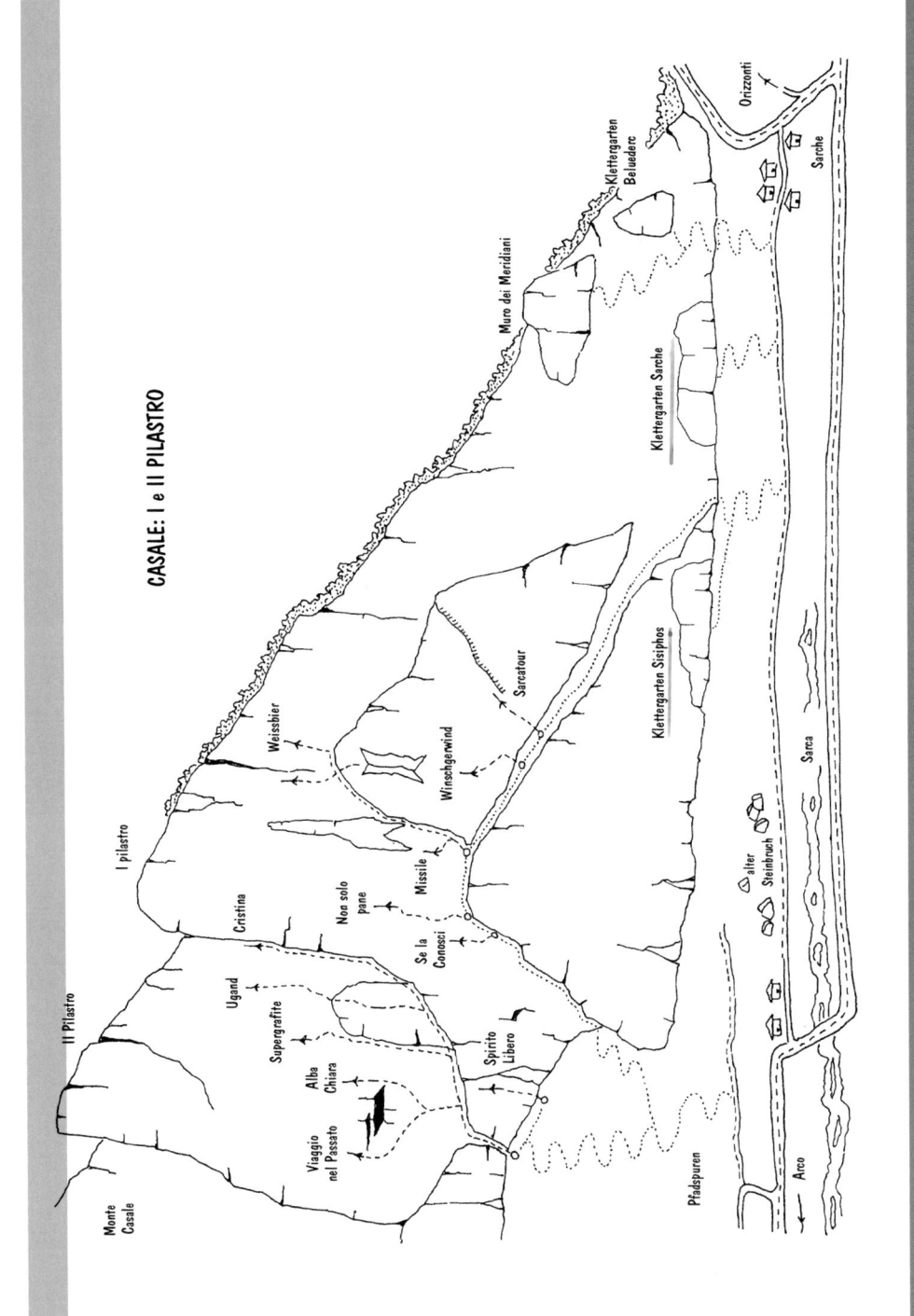

CASALE: I e II PILASTRO

MONTE CASALE

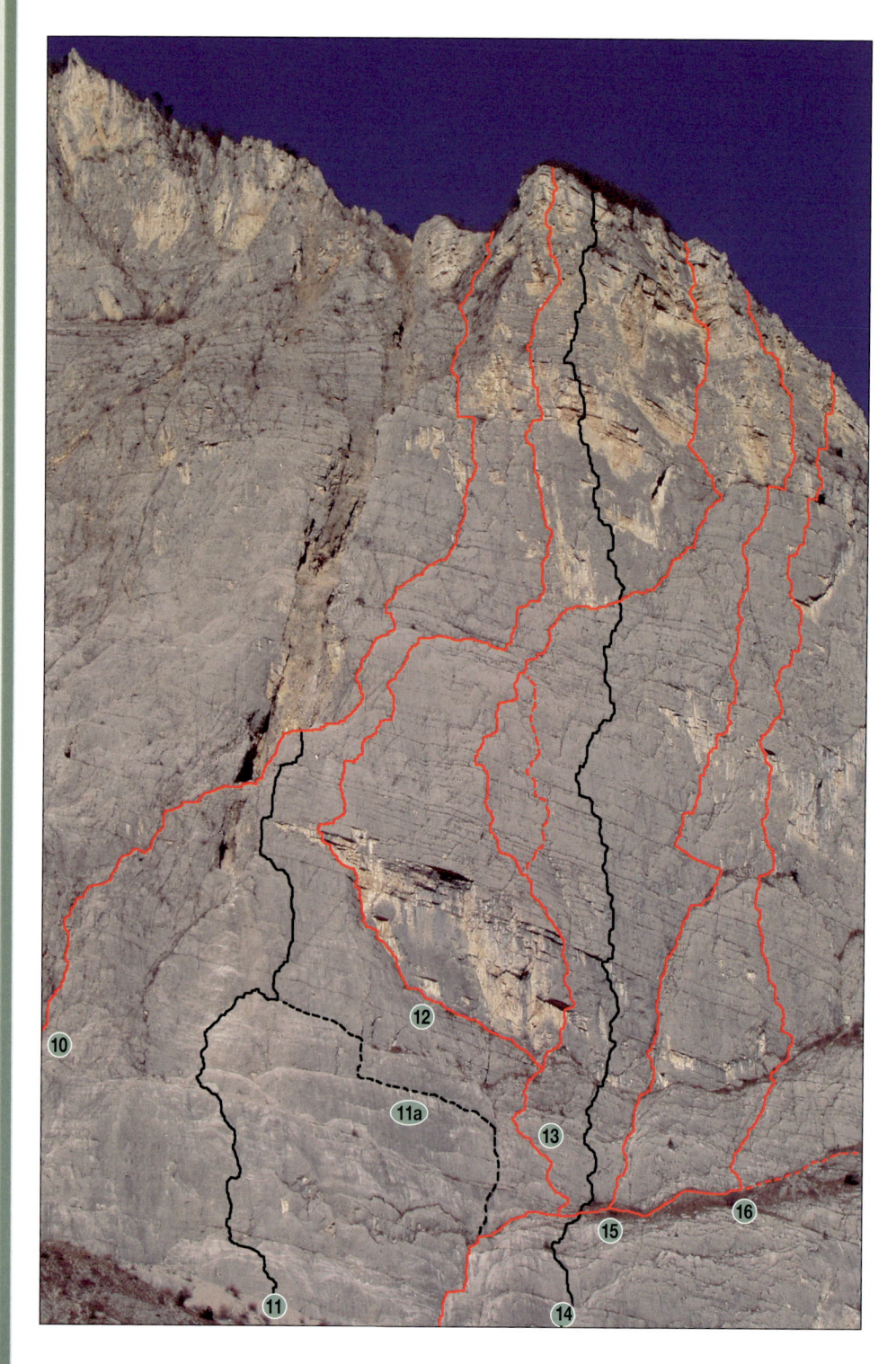

10 VIA VEDOVELLA ✱✱✱
M. Rossi, F. Gadotti 1976
700 m. (23SL)
V+, VI/R3/IV

Lange und schwierige Kletterei mit Passagen in unglaublich brüchigem Gestein. Die erste Route, die auf dem Pfeiler eröffnet wurde.

SL1: Wie bei den Routen 'Steinkotter-Comper' und 'Pilastro Gobbo' Einstieg über leichte Bänder auf geneigten Platten und zuerst linkshaltend einige und rechtshaltend wenige Seillängen aufwärts bis zu einer tiefen und ausgeprägten Nische.

SL2: Über eine brüchige Rampe rechtshaltend bis zu einer schwarzen Kaminverschneidung

SL3: Über den Kamin und kleine Schluchten erreicht man eine große Geröllterrasse. Hier führt die 'Via Pilastro Gobbo' direkt senkrecht weiter.

SL4: Von der Terrasse rechtsquerend über die brüchige Schlucht und über eine kleine Verschneidung auf einen Rücken. Jetzt hat man die Kante des Secondo Pilastro erreicht.

SL5: Von der Kante in Richtung einiger Kamine, die den darüber liegenden Wandbereich teilen. Durch diese sehr brüchigen Kamine und an deren Ende linksquerend wieder in Richtung der Kante.

SL6: Über grasbewachsene und brüchige Platten bis zum Ausstieg.

Einstieg: wie bei der Route 'Steinkotter-Comper'.

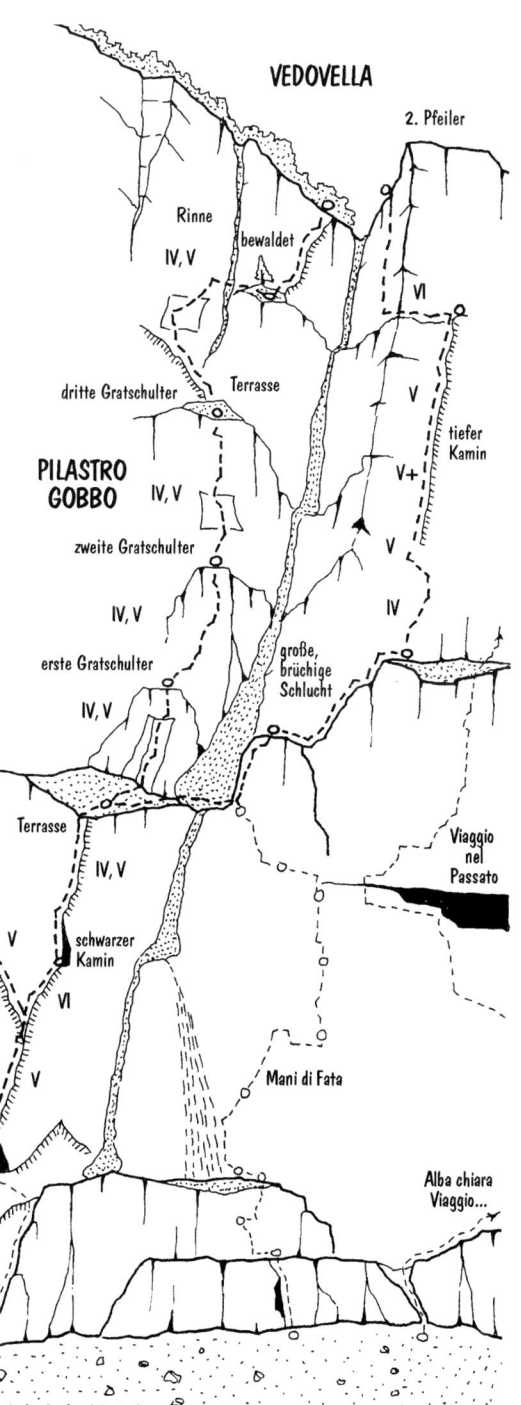

11 MANI DI FATA ✺✺✺✺
D. Filippi, S. Bazzanella 1997
300 m. (12SL)
6b+, A0 (5c obl.)/S2/II
Schöne Sportklctterroute, die leider wegen möglichen Steinschlags auf den ersten Seillängen etwas gefährlich ist (Helm). Meist Plattenkletterei in festem Gestein. Eine gewisse alpine Erfahrung ist erforderlich, um auf den Schuttbändern und beim Abseilen zurecht zu kommen.
Einstieg: etwas links von 'Cristina' und 'Alba Chiara' auf einer von einer Verschneidung geteilten Platte (schwarze Bohrhaken).
Abstieg: Abseilen über die Route.

11a VARIANTE DEGLI ELFI
D. Filippi, S. Bazzanella 1997
150 m.
V+, VI/R3
Nach der Einstiegsrinne von 'Cristina', 'Alba Chiara' usw. schräg linkshaltend über Platten und senkrechte Wandstellen bis zum großen Schuttband und der Route 'Mani di Fata'.

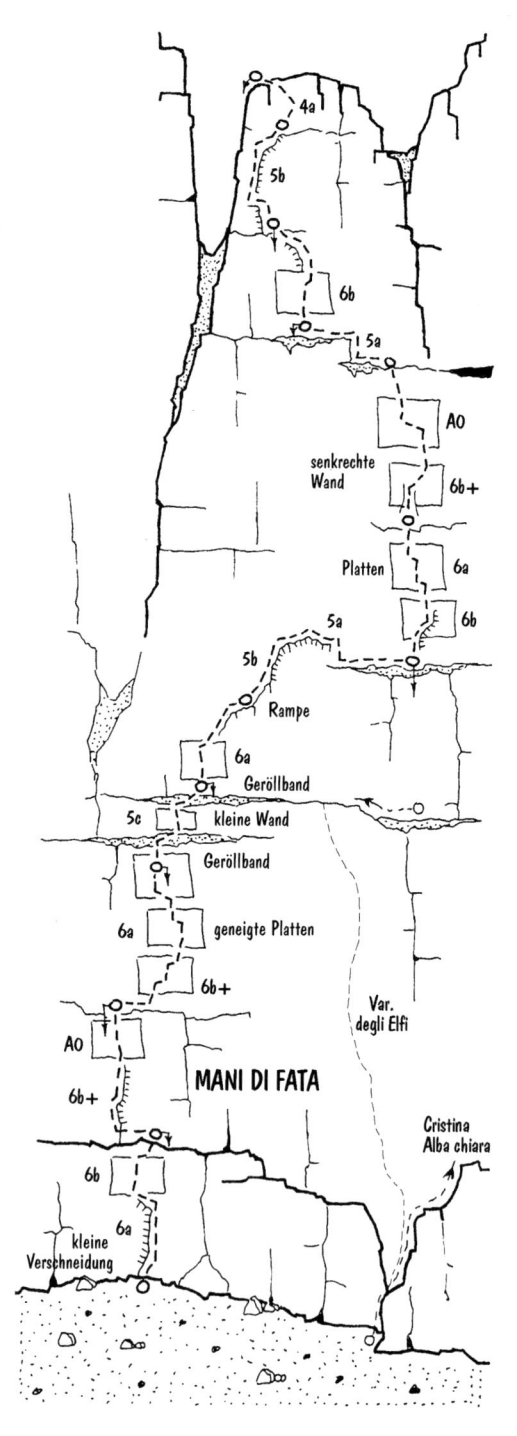

12 VIAGGIO NEL PASSATO ✺✺✺✺
R. Larcher, D. Sebastiani 1988
750 m (18SL)
VI+, VII/R3/IV

Die Route ist A. Scherana gewidmet, einem jungen Kletterer aus dem Trentino, der am 1. Juni 1986 bei der Rückkehr von der Cima Tosa tödlich verunglückte. Einige Passagen im Grad VI+ bis VII sind schwer abzusichern, deshalb gehört diese Route zu den schwierigeren im Sarcatal. Charakteristisch ist die ca. 70 m lange Verschneidung im mittleren bis oberen Bereich der Wand. Klemmkeile und Friends in allen Größen sind unerlässlich, die Standplätze müssen meistens zusätzlich abgesichert werden. Die Route würde mehr Begehungen verdienen, aber die wenigen Haken scheinen viele Kletterer von dieser Route fernzuhalten. Mit wenigen Ausnahmen klettert man aber in festem Gestein.

SL1: Wie bei 'Alba Chaura' durch die Verschneidung/Rinne

SL2-SL3: Vom Band in Richtung des gut sichtbaren Streifens auf der linken Seite, der unterhalb der Überhänge endet. Stand an einem Baum.

SL4: Über die heikle Wand (1 Haken) oberhalb des Standes, aus der Rinne/dem Riss heraus und linksquerend über grasbewachsene Platten zum Stand.

SL5: Direkt aufwärts über eine Platte links der Verschneidung, nach ca. 20 Metern in die Verschneidung und bis zu einem guten Haken. Ab hier schwierig nach links querend bis zum Stand.

SL6: Direkt hoch in Richtung eines Hakens, um die Kante herum und mit einer langen Linksquerung zum Stand über den Dächern (40m).

SL7: Über nicht gerade guten Fels gerade hoch, mit Hilfe einer überstehenden senkrechten Schuppe über das kleine Dach und auf der Platte sehr exponiert weiter. Nach dem zweiten Haken 10 Meter nach rechts queren und hoch zum Stand. Diese Seillänge ist sehr anstrengend, wegen des kompakten Gesteins kaum abgesichert und ähnelt sehr den besten Seillängen in der Marmolada.

SL8: In einer Verschneidung weiter und dann ganz leicht rechtshaltend über eine leichte Platte bis zum Stand.

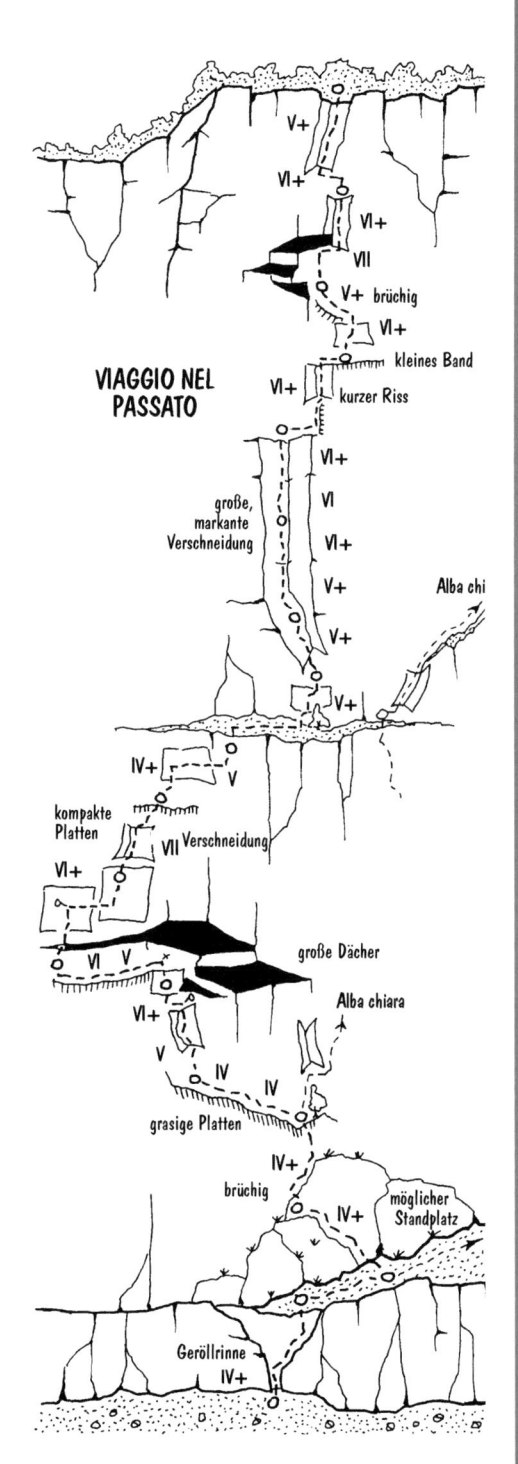

SL9: Über etwas brüchigen Fels gerade hoch bis zu einem Ringhaken, weiter zum nächsten Haken

und über eine heikle Stelle in kompaktem Fels. 10 Meter nach rechts queren und weiter in Richtung des großen Bands aufsteigen. Stand knapp unterhalb des Bandes.

SL10: Auf dem Band ganz nach rechts bis zu einem Baum, hier schräg rechtshaltend in Richtung der großen Verschneidung, zuerst in einer Rinne, dann über unterbrochene Platten, hoch.

SL11: Verschneidungskletterei bis zum Stand

SL12-13: Jetzt folgen zwei anstrengende SL in der fantastischen, überhängenden Verschneidung, die schon vom Tal aus gut zu sehen ist. In fast durchwegs athletischer Piazkletterei überwindet man diese SL, zur Absicherung werden Friends gebraucht.

SL14: Vom Stand 5 Meter nach rechts queren und über einen kurzen Riss hoch, dann über eine Verschneidung weiter bis zu einem kleinen Band und rechts zum Stand.

SL15: Rechts von einer Grasrinne gerade hoch. Dann schräg nach links queren und gerade hoch über etwas brüchigen Fels in Richtung eines breiten Risses, rechts von kleinen Dächern. Etwas darüber ist der Stand.

SL16: Direkt bis unterhalb des Daches, rechts daran vorbei und auf der Kante bis zu einem Riss in einer Platte. Im Riss hoch und in einer kurzen Verschneidung weiter bis zum Stand.

SL17: Vom Stand auf die linke Kante und weiter hoch bis zu einem Haken, dann in die Schlussverschneidung und zum Ausstieg.

Zustieg: wie bei 'Alba e Chiara' zum Beginn der gelben Verschneidung, dann über eine graue Platte nach links.

13 VIA ALBA CHIARA ✻✻✻✻
M. Furlani, V. Chini, M. Degasperi, R. Mazzalai
1981
700 m. (20L)
VI+, A2/R3/IV

Grandioser, klassischer Weg, der die senkrechte Ostwand des Zweiten Pfeilers (Secondo Pilastro) genau in der Mitte überwindet. Platten, Risse und Verschneidungen: alles ist hier zu finden, aber die schlechte Felsqualität erfordert besondere Vorsicht und Erfahrung. Alle Seillängen sind zusätzlich selbst abzusichern.

Einstieg: eine Reihe gelber Dächer über einer großen schwarzen Plattenwand kennzeichnet den „Secondo Pilastro" im seinem unteren Wandbereich. In Falllinie der Dächer steigt man bei einem grauen Streifen, der zum großen Schuttband führt, ein (Vorsicht bei einer schwierigen Passage im Einstiegsbereich). Auf dem Band ca. 50 m rechts weiter und dann in Richtung einer großen gelben Verschneidung unterhalb der Überhänge.

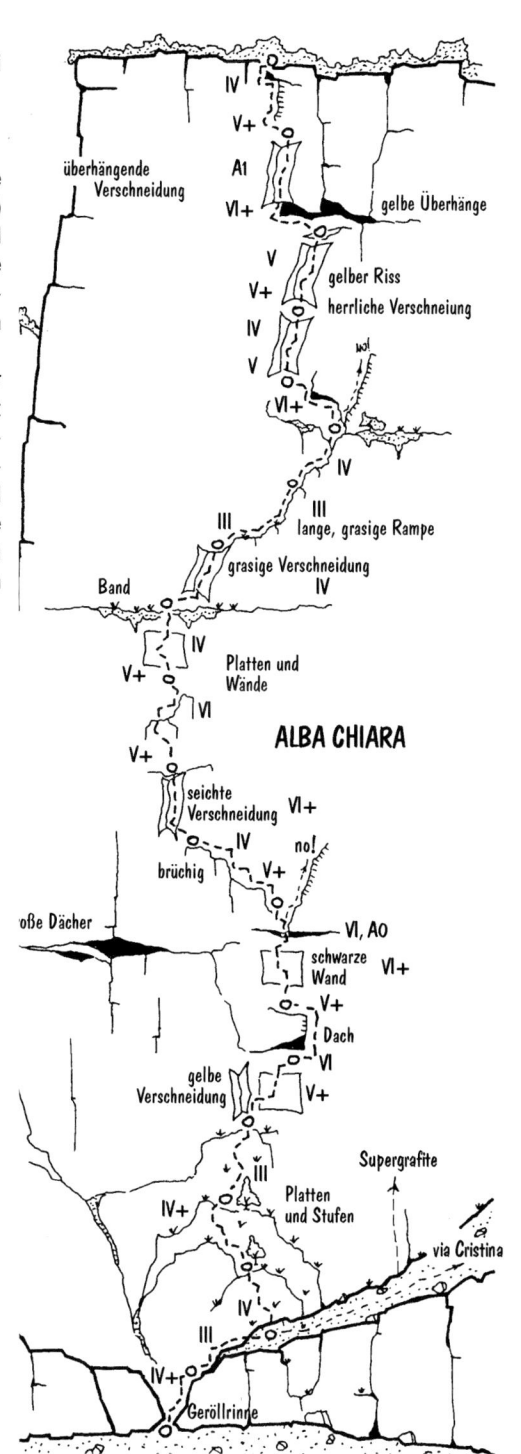

14 SPIRITO LIBERO ✼✼✼✼✼
C. Dalbosco, S. Matassoni e amici 2006
700 m. (17SL)
7b, 7c+, A3 (7b obl.)/S3/IV
Alpin angehauchte, mit Bohrhaken abgesicherte Sportkletterroute, die von unten eingebohrt wurde. Wunderbare Kletterei, die jedoch physisch und psychisch alles fordert. Leicht geneigte, glatte Platten wechseln ab mit senkrechten Wänden, mit Leisten und Rissen durchzogen. Auch einige kleine Überhänge fehlen nicht. Wegen der weiten Hakenabstände sollte man einige Felshaken dabei haben. In der Ausstiegslänge ist ein Friend mittlerer Größe von Nutzen, aber ansonsten sind Keile und Friends nicht gerade zur Absicherung zu gebrauchen: eine schöne Herausforderung! Aber wenigstens kann über die Route abgeseilt werden (Beschreibung der Erstbegeher).

15 SUPERGRAFITE ✼✼✼
M. Pegoretti, E. Covi
700 m. (20SL)
VI+, A1/R3/IV
Die extreme Route ist ein weiteres Meisterwerk der Seilschaft Pegoretti-Covi. Sie führt in freier Kletterei über die großen, grauen Plattenfluchten rechts von 'Alba Chiara' und 'Viaggio nel passato'. Die Absicherung und auch die Felsqualität sind nicht gerade gut.
Zustieg: über den gleichen Streifen wie bei 'Alba Chiara' und 'Viaggio nel passato' zum großen Schuttband, dann rechts bis unterhalb der grasigen Verschneidung, die eine schildförmige Plattenwand auf der linken Seite abgrenzt.

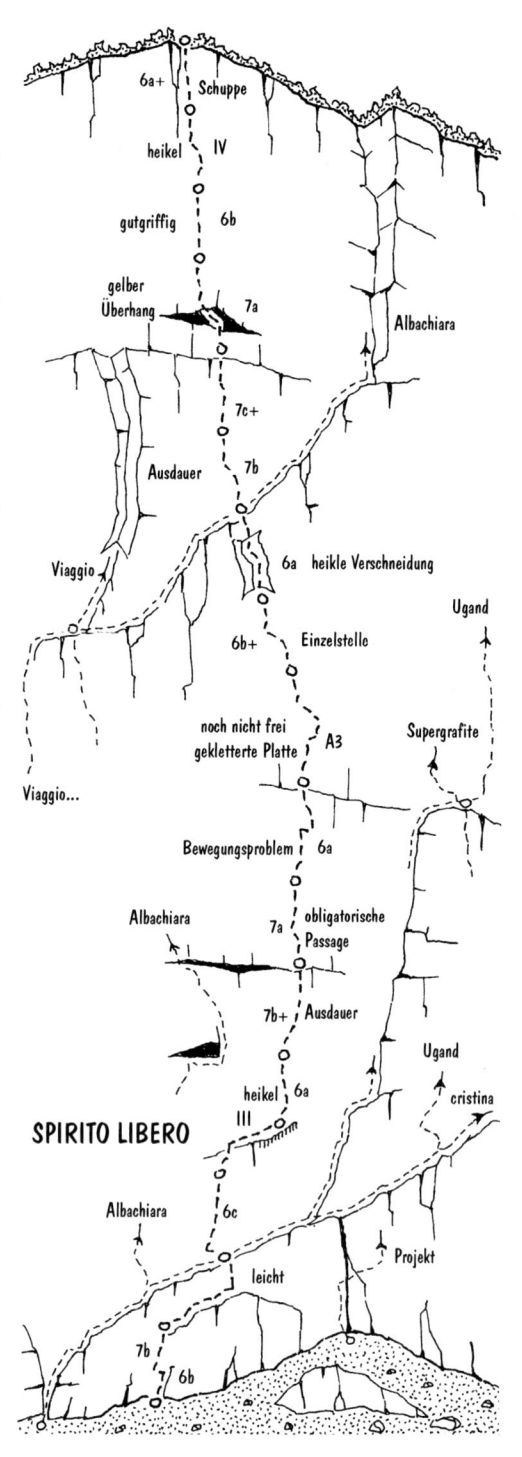

16 LE PLACCHE DI UGAND ✻✻✻✻
A. Zanetti, U. Elfer 1993
700 m. (18SL)
VII+, A2/R2/IV

Schöner und schwieriger Weg über eine lange Reihe von Platten. Auch wenn die Absicherung und die Gesteinsqualität (bis auf die letzten Seillängen) gut sind, so sollte diese Route doch nicht unterschätzt werden.

Zustieg: wie bei den anderen Routen auf das Schuttband und weiter bis unterhalb der schildförmigen Platten.

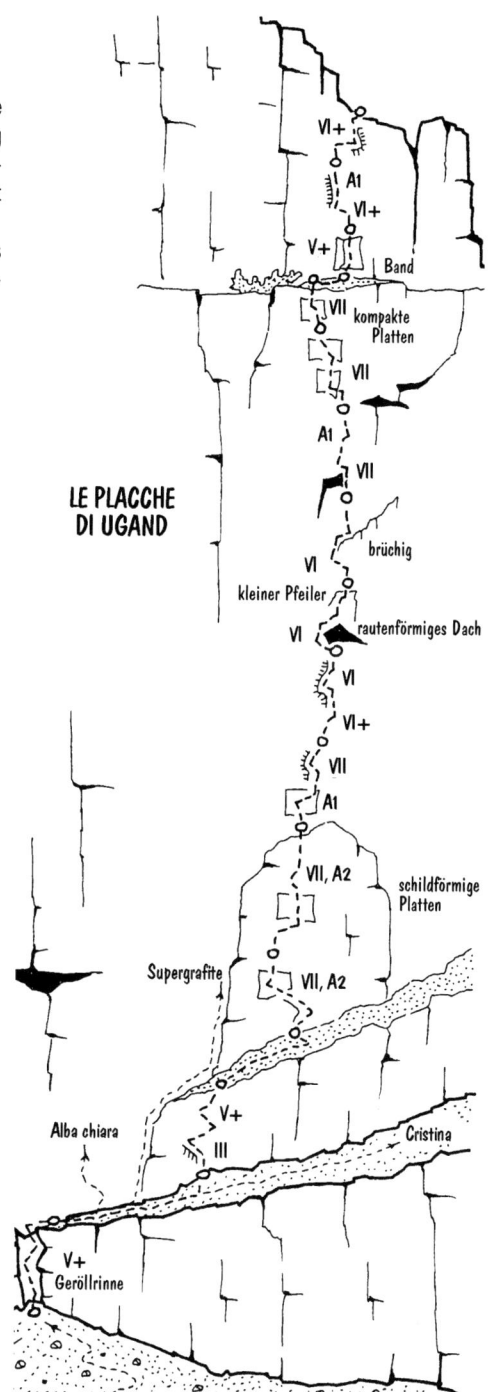

5 PRIMO PILASTRO

Monte Casale

Ein Hauptpfeiler („Pilastro Cristina") und eine hohe senkrechte Wand („Pilastro Giusti") sind formgebend für den Primo Pilastro del Casale. Auf dem Pilastro Giusti verlaufen auch die schönsten und interessantesten Routen, allesamt in gutem Gestein und sehr abwechslungsreich. Die 'Via del Missile' gehört sicherlich zu den besten Routen im Sarcatal. Auf dem eigentlichen Pilastro Cristina gibt es hingegen nur wenige Routen. Aus diesen im allgemeine brüchigen Routen hier ragt nur die 'Via Cristina' etwas heraus und ist auch empfehlenswert.

ZUSTIEG: 1 Std.
Vom Parkplatz rechts des Steinbruchs auf einer Forststraße Richtung Norden und in den Wald. Am Ende der Straße auf steilen Pfaden über Geröllfelder bis zum Wandfuß.

ABSTIEG: 2 Std.
Vom Ausstieg der Routen durch den Wald in Richtung Piccolo Dain und bis zum Wanderweg, der zurück ins Tal führt.

17	VIA CRISTINA	400 m.
18	UGO MERZ	450 m.
19	SE LA CONOSCI LA EVITI	400 m.
20	NON SOLO PANE	400 m.
21	GIUMA	400 m.
22	VIA DEL MISSILE	400 m.
23	WEISSBIER	400 m.
24	VINSCHGERWIND	350 m.
25	SARCATOUR	350 m.

MONTE CASALE

17 VIA CRISTINA ✻✻✻✻
M. Furlani, L. Puiatti 1980
400 m. (12SL)
V+, VI/R3/III

Verschneidungs- und Risskletterei in meist festem Gestein. Nur eine einzige brüchige Passage, die aber sehr gefährlich ist, findet sich in den ersten Seillängen. Die insgesamt schöne und empfehlenswerte Route ist ein weiteres gutes Beispiel für die klassische alpine Kletterei im Sarcatal.

Zustieg: senkrecht unterhalb der Dächer des Secondo Pilastro über die rinnenartige Verschneidung zum Schuttband, dann ganz nach rechts bis einem grasigen Kamin.

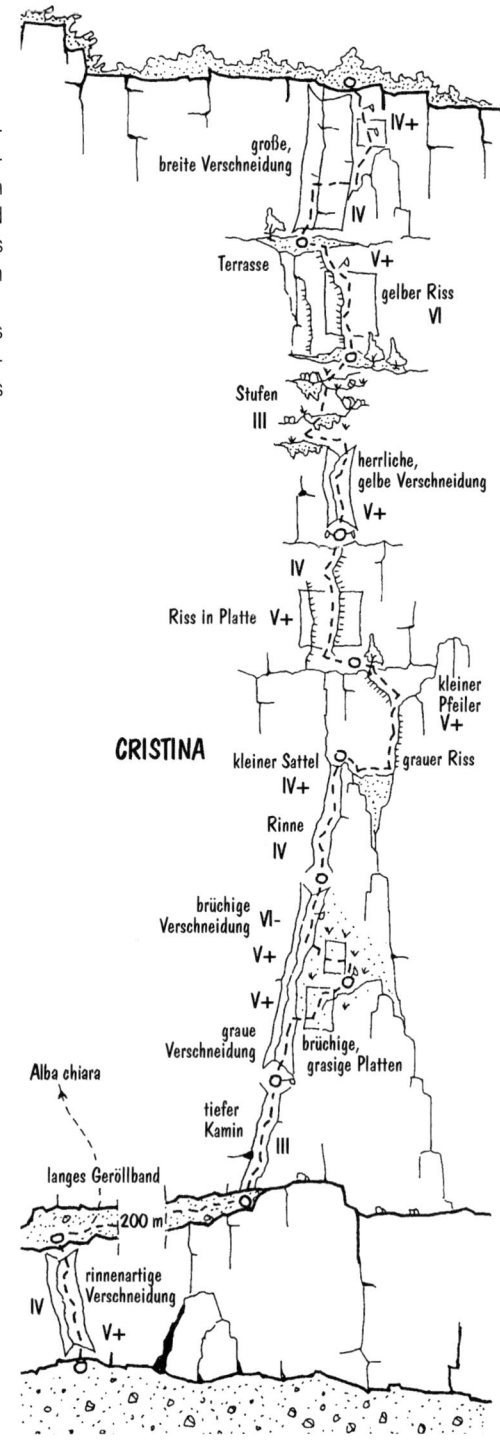

18 UGO MERZ
R. Larcher, S. Ventura 1983
450 m. (15SL)
V+, VI/R3/III

Die Route ist Ugo Merz gewidmet, der in jungen Jahren in der Monzoni-Gruppe sein Leben ließ. Die direkteste Linie am Pilastro Cristina verläuft in klassischer Kletterei durch Verschneidungen, Kamine und Risse. Nachdem die Linie die 'Via Cristina' kreuzt, wird der Fels etwas brüchig, davor ist seine Qualität gut. Fast alle Standplätze befinden sich an Bäumen bzw. Büschen und nur wenige Haken wurden belassen. Wer sich hier „auf die Reise" begibt, wird die ursprünglichste Art der Kletterei im Sarcatal auf interessante Art und Weise kennen lernen.

Einstieg: in Falllinie des charakteristischen gelben Flecks, der durch eine Verschneidung geteilt wird. Eine Rampe führt rechtshaltend zur gelben Verschneidung, wo die eigentliche Route beginnt.

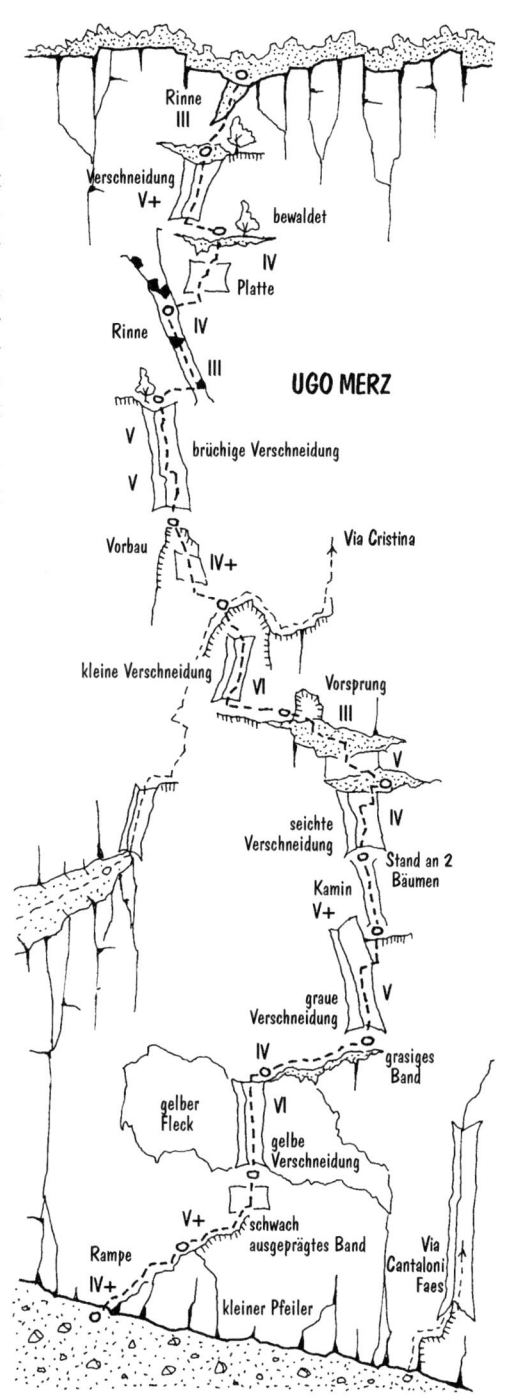

19 SE LA CONOSCI LA EVITI ✺✺✺✺

E. Boldrin, G. Damian, M. Peretto 1994
400 m. (16SL)
VII+, A0/R2/III
Gut abgesicherte alpine Route in festem Gestein, die wegen der schönen Kletterpassagen zu den interessantesten im Tal gehört. Die traditionelle Absicherung ist ausreichend und gepflegt, dennoch sollten ein paar Haken mitgeführt werden... (Beschreibung S. Scalet).

Zustieg: auf dem bewaldeten Wandsockel über stufiges Gelände und Pfadspuren bis zum Einstieg, knapp unterhalb eines Felsaufschwunges im Wald.

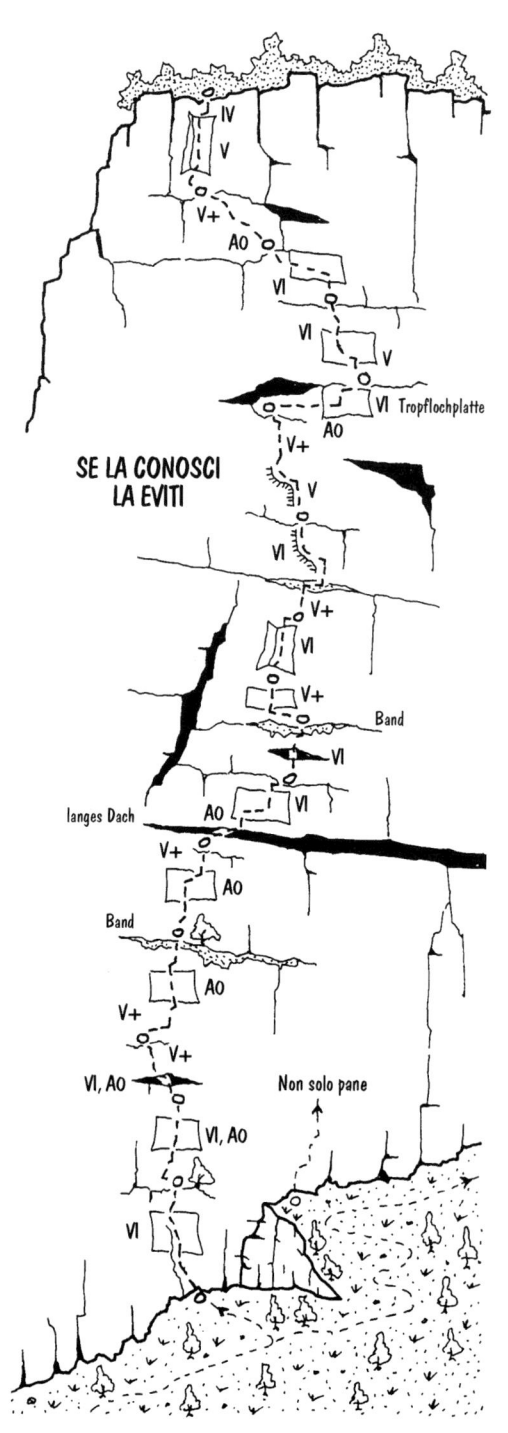

"Se la conosci la eviti".

20 NON SOLO PANE ❄❄❄❄❄
E. Boldrin, G. Damian 1992
400 m. (14SL)
VII, A1/R2/III

Einer der schönsten Wege im Sarcatal: Der gute Fels, die perfekte Absicherung und die besonders elegante Kletterei lassen nichts zu wünschen übrig. In der 4. SL benötigt man zum Überwinden eines Daches eventuell zwei Trittleitern. Frei geklettert fordert das Dach die Beherrschung des Grades 7b+.

Zustieg: auf dem bewaldeten Wandsockel über stufiges Gelände und Pfadspuren bis in Falllinie des gelben und weit ausgestellten Daches. Einstieg links davon über eine graue Platte und grasige Risse.

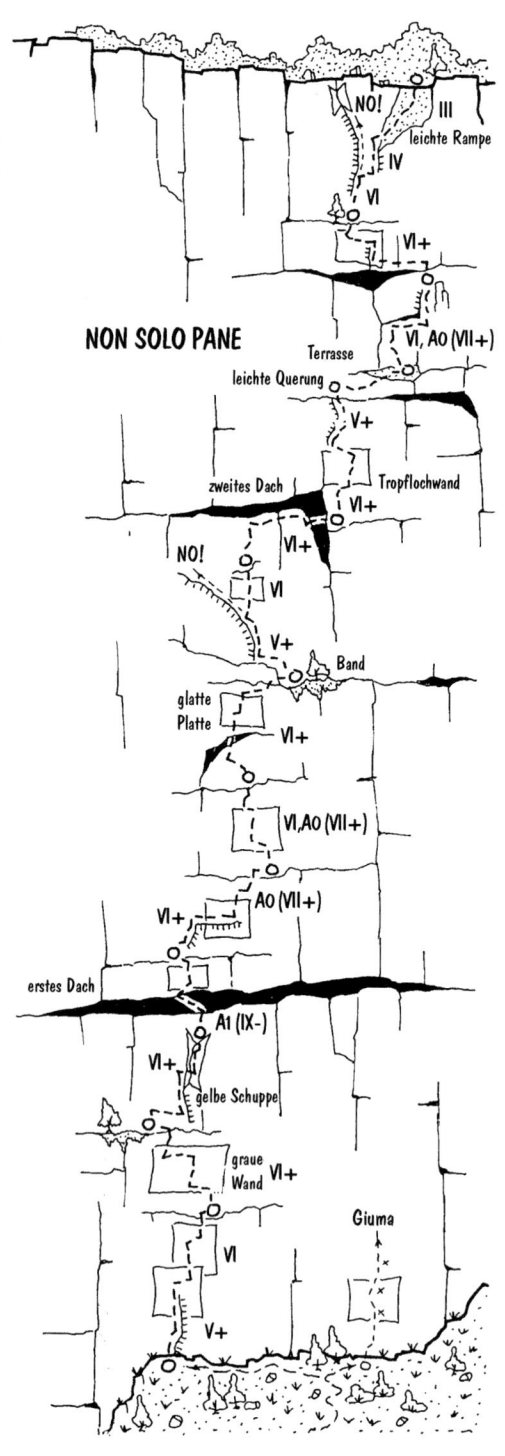

Diego Filippi. "Non solo pane"

MONTE CASALE

21 GIUMA ✹✹✹✹
A. Andreotti, F. Bretoni 1998
400 m. (11SL)
VI+, A1/R2/III

Insgesamt schön, sehr athletisch und anstrengend. Guter Fels und gute Absicherung, die nur in der ersten Seillänge besser sein sollte.
Einstieg: etwa 20 m links von 'Non solo pane' ist auf einer grauen Platte sehr weit oben ein Bohrhaken zu sehen.

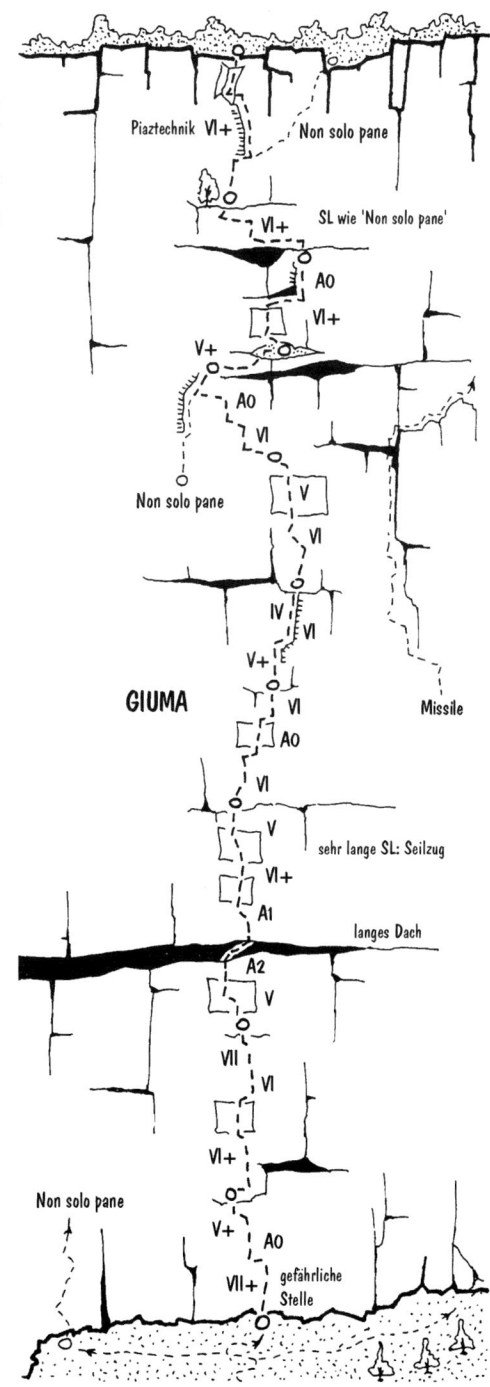

22 VIA DEL MISSILE ✺✺✺✺✺
G. Stenghel, A. Baldessarini 1981
400 m. (11SL)
V+, VI/R3/III

Ein Meisterwerk der Logik und Intuition. Bester Fels und beispielhafte Linienführung machen den Aufstieg spektakulär und äußerst genussvoll.
Zustieg: vom Einstieg von 'Non solo pane' und 'Giuma' noch etwas weiter rechts, auf der bewaldeten Rampe hoch, bis kleine Bänder zum ersten Kamin führen.

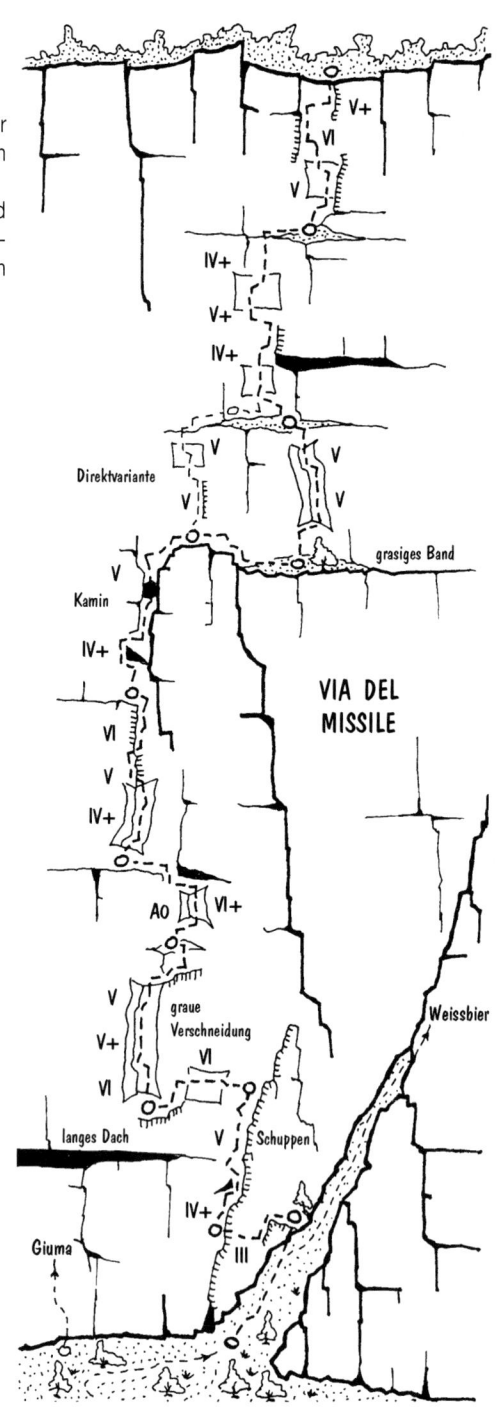

23 WEISSBIER ❋❋
C. Baratto, D. Filippi 1994
400 m. (10SL)
IV+, V/R3/III

Route, die Entdeckerqualitäten fordert. In den ersten Seillängen in der Rinne stört die dichte Vegetation sehr, erst die Ausstiegslängen mit Platten und kurzen Verschneidungen sind schöner. Vorsicht: die erste SL ist brüchig und gefährlich.
Einstieg: wie 'Via del Missile', dann weiter durch die mit Bäumen bestandene Rinne.

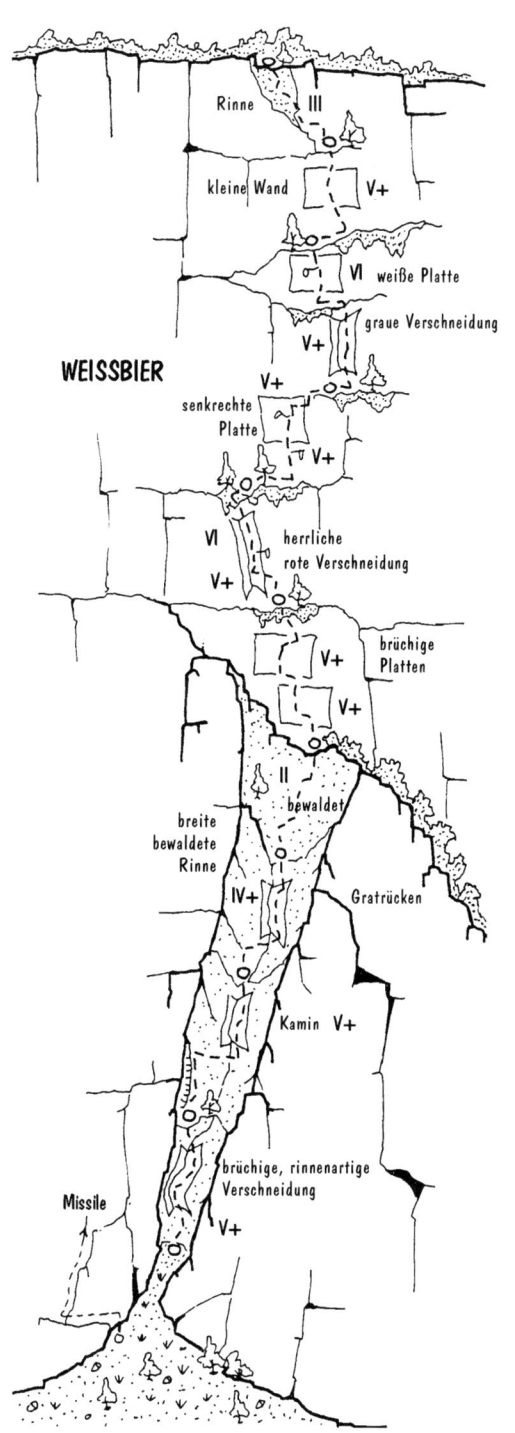

24 VINSCHGERWIND ❋❋❋❋

H. Schnitzer, M. Abler, W. Mairosl, M. Huber 2005
350 m. (14SL)
V, VI, VII+/R3/III

Schöner und schwieriger Weg, rechts der 'Via del Missile', mit logischer Linienführung entlang einer Verschneidung und dem folgenden großen Pfeiler. In der Route wurden geschlagene Haken und Bohrhaken zur insgesamt ausreichenden Absicherung der Risse, Platten und Verschneidungen verwendet. Zusätzlich können aber auch Keile und Friends gelegt werden. Die große Verschneidung im mittleren Teil ist nur schlecht absicherbar: hier ist deshalb etwas Vorsicht angebracht. Nur selten ist das Gestein etwas brüchig.

Einstieg: unterhalb des gelben Daches.

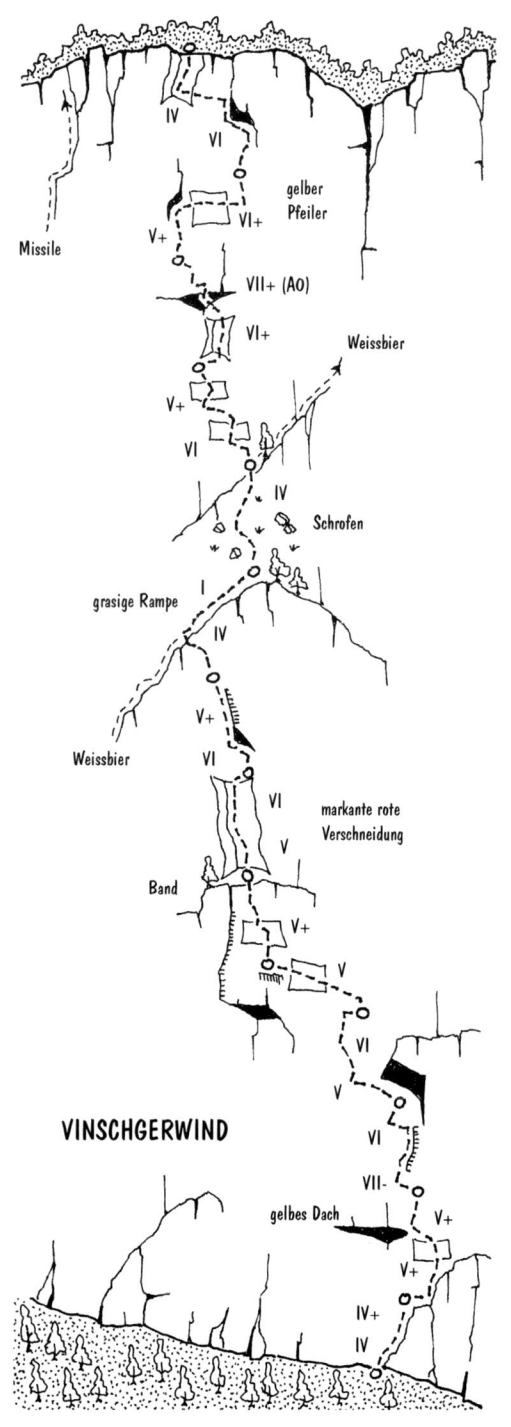

25 SARCATOUR ✻✻✻
R. Iacopelli, A. Zanetti, C. Gianola 1994
350 m. (12SL)
VI, A0/R3/III

Im Grunde genommen eine Entdeckerroute und eigentlich als klassisch zu bezeichnen, wenn nicht ab und zu moderne Sicherungsmethoden verwendet worden wären. Hier ist fast alles zu finden: freie und technische Kletterei, Bohrhaken und Holzkeile, kompakter Fels und grasige Rampen... kurzum, Langeweile kommt nicht auf. Die Linienführung ist ziemlich klar und folgt den schwachen Stellen der Wand. Der unbequeme Zustieg und der lange Abstieg sind nur das i-tüpfelchen bei dieser schwierigen, wenn auch nicht gerade homogenen Unternehmung. Mehrere Seilschaften gleichzeitig wird es hier wohl nie geben (Beschreibung von F. Milani).

Zustieg: rechts des Primo Pilastro ist die Wand mit Stufen und einzelnen kleinen Wäldchen durchsetzt. Im schönsten und kompaktesten Teil führt die durch einen langen, schrägen Riss vorgegebene Linie durch die Wand.

Weitere Routen:

A - VIA DELLA DISPERAZIONE: M.Giordani und R. Manfrini 1982. Eine breite, brüchige und grasige Rinnenverschneidung trennt Primo und Secondo Pilastro. Vom langen Band der 'Via Cristina' erreicht man den Beginn der Verschneidung und steigt darin hoch. Entdeckerroute, von geringem alpinistischen Interesse. 500 m. V+

B – CANTALONI - FAES: M. Cantaloni, C. Faes, S. Fruet, F. Toldo 1981. Rechts des Einstieges von 'Cristina' und links von einer großen roten Wandtafel teilt eine lange, sehr geradlinige Verschneidung die Wand. Die Linie führt durch diese Verschneidung und über die folgenden Risse. Brüchiger Fels. 450 m. V+,VI

C – FURLANI – GIORDANI: M. Furlani und M. Giordani 1988. Entdeckerroute, die sich weiter oben mit den anderen Wegen verbindet. Brüchiger Fels und schlechte Absicherung. 300 m. V+, VI

D – NAPPULE: Danilo Bonvecchio und R. Pedrotti. Die extreme Kletterei verläuft über den deutlichen Pfeiler oberhalb des Klettergartens 'Sisiphos'. Einstieg links bei einem gelben Streifen.

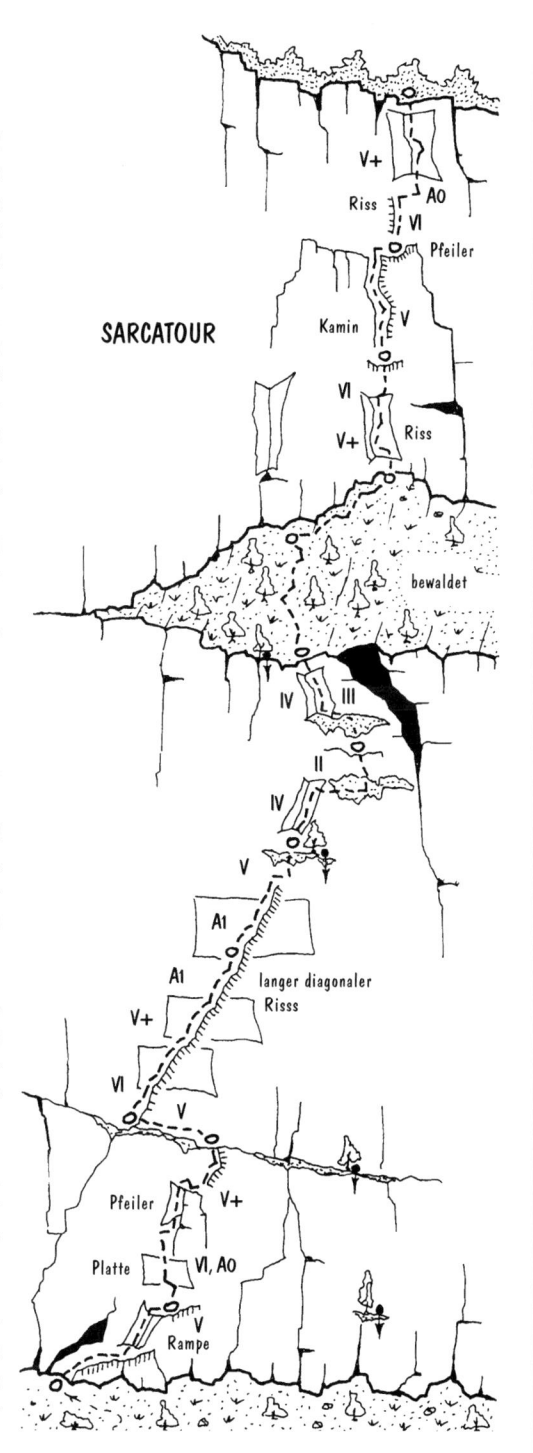

6 MURO DEI MERIDIANI - VORBAU

Monte Casale

Die Höhe des Primo Pilastro del Casale wird Richtung Sarche (nach dem Wandteil mit der 'Via Sarcatour') immer geringer und die Felswand weist einige interessante Formen auf. Genau oberhalb des Klettergartens 'Panoramica' befindet sich eine kleinere, aber wunderschöne Wand, durchzogen von horizontalen Rissen, die an Meridiane erinnern.
In dieser Wand verlaufen einige schöne, sehr lohnende Routen in bestem Fels und einer perfekten Absicherung mit nahen Hakenabständen.

ZUSTIEG: 40 Min.
Von Sarche Richtung Campiglio, nach der Brücke links und gleich parken. Auf der Straße in Richtung der hohen Wände weiter und auf den ersten Pfad, der steil in den Wald führt (Zustieg zum Klettergarten). Dann bei den ersten Fixseilen nach links (und nicht rechts zum Klettergarten) und über stufiges Gelände steil durch den Wald zum Wandfuß. Zum Einstieg von 'Equinozo delle banane' zum rechten Wandteil, zu allen anderen Routen linkshaltend mit Hilfe eines Fixseils über einen kleinen brüchigen Vorbau.

ABSTIEG: 30 Min.
Bei 'Le Fate ignoranti' und 'Equinozo delle banane' nach rechts queren, durch den lichten Wald und dann in Richtung der Straße absteigen, bis man auf den Wanderweg trifft. Dieser führt zurück nach Sarche. Bei allen anderen Routen abseilen.

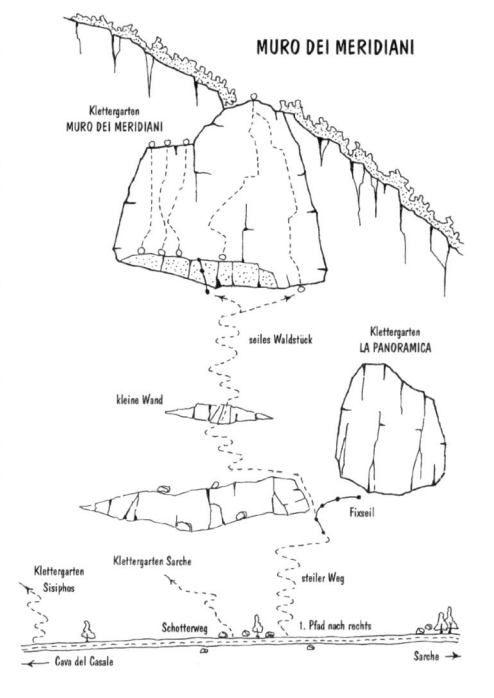

#	Name	Länge	
26	NEW ENTRY	90 m.	𝄞
27	POPOL WUH	80 m.	𝄞
28	EUPHORYA	90 m.	𝄞
29	LE FATE IGNORANTI	140 m.	𝄞
30	EQUINOZIO DELLE BANANE	140 m.	𝄞

MONTE CASALE

26 NEW ENTRY ✻✻✻✻
R. Galvagni, D. Filippi 2004
90 m. (3SL)
5c, 6a (6a obl.)/S1/II
Wunderschöne, leider sehr kurze Kletterei in bestem Tropflochfels mit kurzen Verschneidungen. Nur beim Ein- bzw. Ausstieg ist etwas Vorsicht wegen des etwas losen Gesteins geboten.

27 POPOL WUH ✻✻✻✻✻
R. Galvagni 2004
80 m. (3SL)
6c (6a obl.)/S1/II
Drei außergewöhnliche Seillängen in traumhaftem Fels. Technisch anspruchsvolle Kletterei, die viel Sinn für Bewegung und Gleichgewicht fordert.

27a VAR. HOMO SAPIENS ✻✻✻✻✻
R. Galvagni 2005
35 m. 6c
Variante von 'Popol Wuh', ohne deren ersten beiden Seillängen. Technisch anspruchsvolle, elegante und kurze Route mit vielen Gleichgewichtspassagen. Verbunden mit der 3. SL von 'Popol Wuh' ist dies zweifellos die spektakulärste und ästhetischste Linie der ganzen Wand.

28 EUPHORYA ✻✻✻✻✻
R. Galvagni 2004
90 m. (3SL)
6c (6a obl.)/S1/II
Nach der ersten kurzen Seillänge beginnt die wunderschöne „Reise", zunächst über eine griffige Wand, dann einen Bereich mit Leisten und schmalen Rissen.

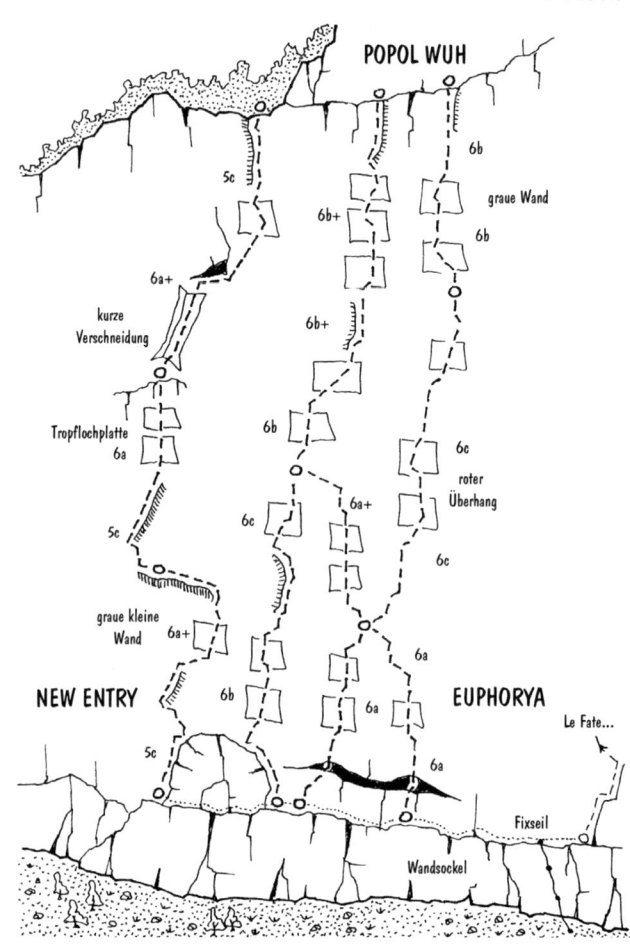

29 LE FATE IGNORANTI ✽✽✽✽
R. Galvagni, D. Filippi 2004
140 m. (5SL)
6c (6a obl.)/S1/II

Die schöne und stark gegliederte Route in fantastischem Gestein verläuft über den zentralen Wandbereich. Die erste Seillänge ist etwas athletisch, die zweite über die Platte hingegen sehr technisch. Die dritte SL endet auf einer schönen Terrasse. In der 4. SL klettert man über einen kleinen Überhang und dann eine technisch sehr schwierige und sehr anspruchsvolle Platte. Die Ausstiegslänge ist dann wieder leichter.

30 EQUINOZIO DELLE BANANE ✽✽✽✽
R. Galvagni, D. Filippi 2005
140 m. (5SL)
6c (6a obl.)/S1/II

Wunderschöne Route am rechten Rand der Wand. Hier herrscht Plattenkletterei in sehr gutem Fels vor. Die 4. SL, in der ein Überhang rechts umgangen wird, ist sehr spektakulär. Nur selten ist wegen brüchiger Passagen etwas Vorsicht geboten.

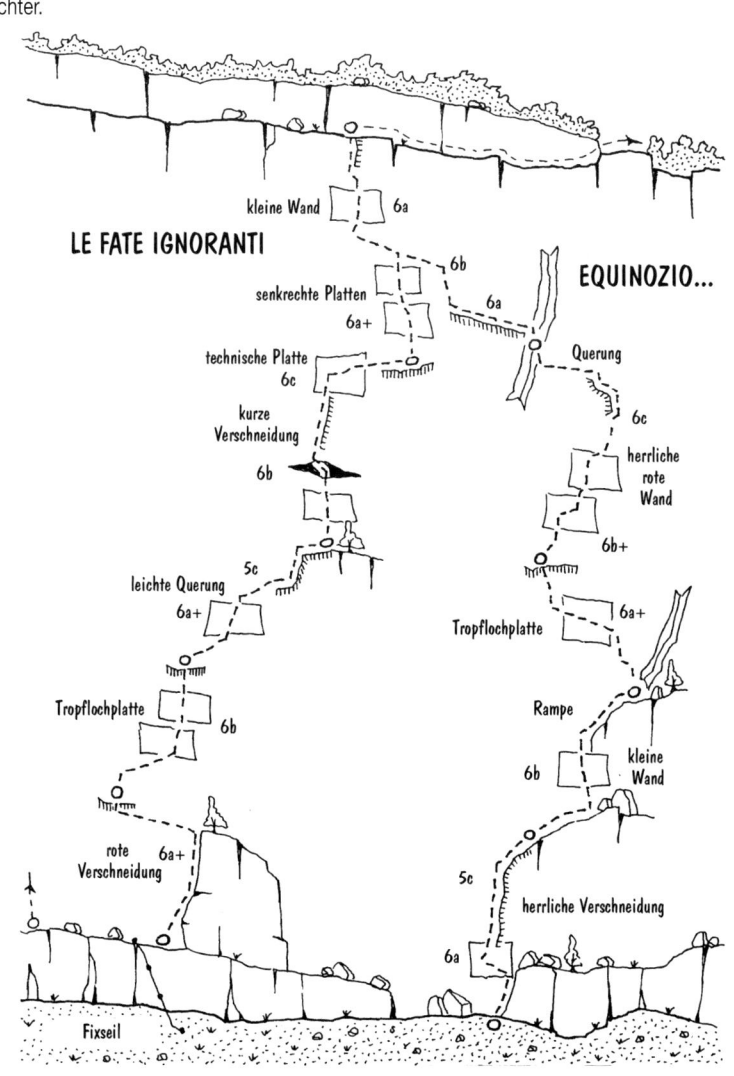

MONTE CASALE

7 CASALE: VORBAU UND SÜDGRAT

Monte Casale

Die große südliche Bergrücken des Monte Casale weist in Richtung Tal einige sehr interessante Bereiche auf, die gemeinhin als „avancorpo" (Vorbau) bezeichnet werden. In Richtung Osten ist dies der „Croz dei Pini", links oberhalb von diesem sind es die Plattenfluchten des „Spalla Sud".

CROZ DEI PINI - VORBAU
Im Vergleich mit der großen zentralen Wand oder den senkrechten Pfeilern scheint dieser Sektor fast verschwindend klein zu sein. Es gibt hier jedoch Routen, die alles andere als kurz oder leicht sind. Wegen der Nähe des Steinbruchs ist es nicht gerade schön hier, aber der perfekte Fels und die wunderschönen kurzen und langen Routen sind allemal einen Besuch wert.

ZUSTIEG: 30 Min.
Vom Parkplatz links des Steinbruchs (Fabbrica Eurotex) den Wegweisern Richtung „Croz dei Pini" folgen und, sobald der Weg in den Wald führt, rechts auf einen Pfad. Steil durch den Wald hoch (Steinmännchen) und kurz darauf zum Wandfuß und dem Einstieg von 'Impero di Sensi'.

ABSTIEG: 1 Std.
Vom Ausstieg der Routen rechtshaltend dem gesicherten Steig folgen.

SÜDGRAT
Diese große und unverwechselbare graue Plattenflucht liegt links oberhalb des Avancorpo (Vorbaus) Croz dei Pini.

ZUSTIEG: 30 – 60 Min.
Vom Parkplatz links des Steinbruchs (Fabbrica Eurotex) den Wegweisern Richtung „Croz dei Pini" folgen. Kurz darauf befindet man sich unterhalb der efeubewachsenen Grotte. Zu den Einstiegen von 'Fort Apache' und Gianpaolo Ravasio' jetzt den Wanderweg verlassen und bis unter die Wand. Zum Einstieg von 'Brutti sporchi e cattivi' auf dem gesicherten Steig weiter bis zum höchsten Punkt des Croz dei Pini.

ABSTIEG: 1 Std. 30 Min.
Durch eine steile, schwierige Felsrinne, die sehr gestuft und mit Bäumen bestanden ist. Am besten hält man sich immer auf der linken Seite. Nicht zu tief in die Rinne, denn wegen sehr rutschiger Passagen muss dann abgeseilt werden.

31	PUSSY POWER	260 m.
32	PEACE ON EARTH	240 m.
33	IL PARADISO PUO' ATTENDERE	350 m.
34	L'IMPERO DEI SENSI	400 m.
35	HASTA SIEMPRE COMANDANTE	400 m.
36	VIA EINSTEIN	350 m.
37	TUTTO RELATIVO	350 m.
38	FORT APACHE	500 m.
39	GIANPAOLO RAVASIO	600 m.
40	BRUTTI SPORCHI E CATTIVI	300 m.

MONTE CASALE - VORBAU UND SÜDFRAT

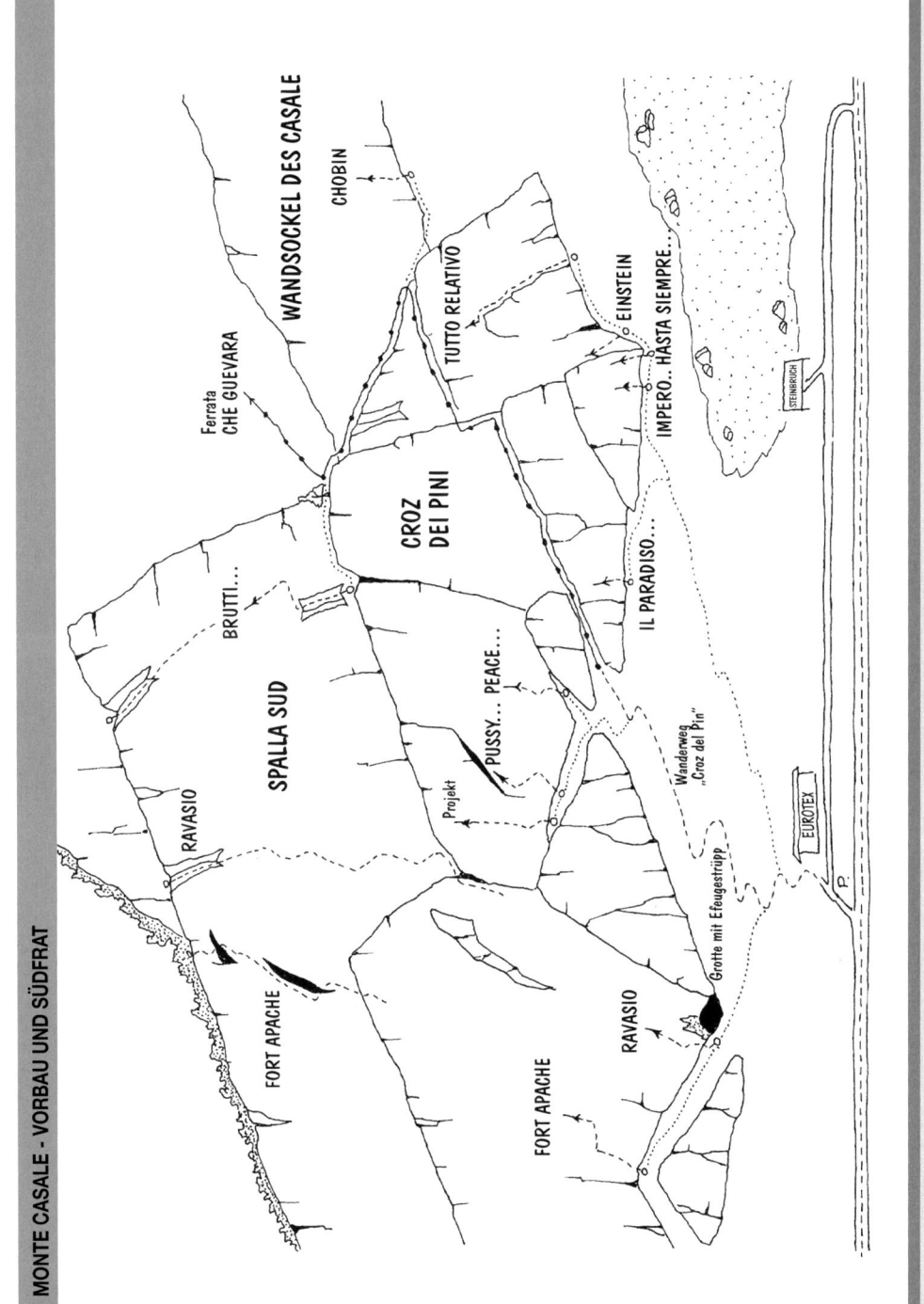

MONTE CASALE

WANDSOCKEL DES CASALE

CHOBIN

Ferrata CHE GUEVARA

TUTTO RELATIVO

EINSTEIN

CROZ DEI PINI

IMPERO... HASTA SIEMPRE...

STEINBRUCH

BRUTTI...

SPALLA SUD

PUSSY... PEACE...

IL PARADISO...

RAVASIO

Projekt

Wanderweg „Croz del Pin"

EUROTEX

P.

FORT APACHE

Grotte mit Efeugestrüpp

RAVASIO

FORT APACHE

MONTE CASALE

31 PUSSY POWER ✱✱✱
D. Filippi, A. Zanetti, M. Paoletto 2005
240 m. (8SL)
V+, VI+, A0/R2/II
V+, VI+, A0 / R2 / II

Der Weg ist aus alpinistischer Sicht zwar logisch und auch interessant, wer allerdings guten Fels sucht, sollte hier nicht einsteigen. Die Route führt durch Verschneidungen und über Bänder durch die gelbe und überhängende Wand. In den mittleren Seillängen wird es ziemlich ausgesetzt, mit einer akrobatischen Pendelpassage erreicht man die leichten Ausstiegsrampen. Die Route ist nicht sehr lang, komplett mit Bohrhaken abgesichert und ideal für einen kurzen Wintertag. Der Fels ist im Allgemeinen fest und mittlerweile geputzt, Wiederholer benötigen nur Expressschlingen. In den Ausstiegslängen gibt es einige Büsche und hier sollte man auch mit Vorsicht klettern: das etwas brüchige Gestein und große, lose Blöcke sind nicht ungefährlich.

Zustieg: vom Parkplatz in Richtung 'Croz dei Pini' und kurz bevor der Klettersteig beginnt, links auf einen Pfad mit gelben Markierungen und Steinmännchen. Nach einer Rinne (Fixseil) erreicht man den Wandfuß. Abstieg über den Klettersteig.

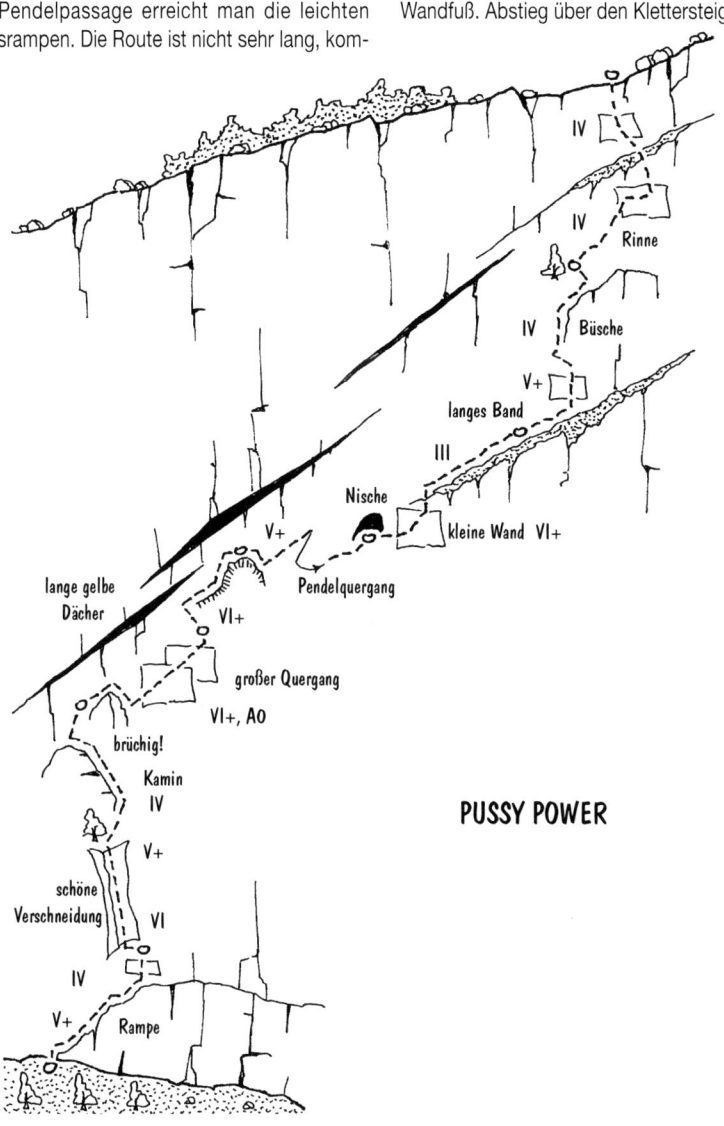

PUSSY POWER

32 PEACE ON EARTH ✽✽✽
S. Bailoni, A. Tizzoli, P. Bailoni 2002
240 m. (6SL)
VI+, A1/R3/II

Schöne, interessante und anstrengende Route, die einer logischen Linie entlang einer Reihe von Verschneidungen und Rissen folgt. Die lange dritte Seillänge in der von Rissen durchzogenen Platte ist charakteristisch für die Art der Kletterei. Das Gestein ist meist gut, aber die Absicherung etwas ungenügend: ein kleines Hakensortiment, Friends und Klemmkeile sollten mitgeführt werden.

Zustieg: wie bei 'Pussy Power', aber am Ende der Fixseile, statt nach links, im Wald rechtshaltend noch etwas weiter hoch bis zu einer gut sichtbaren Rissverschneidung.

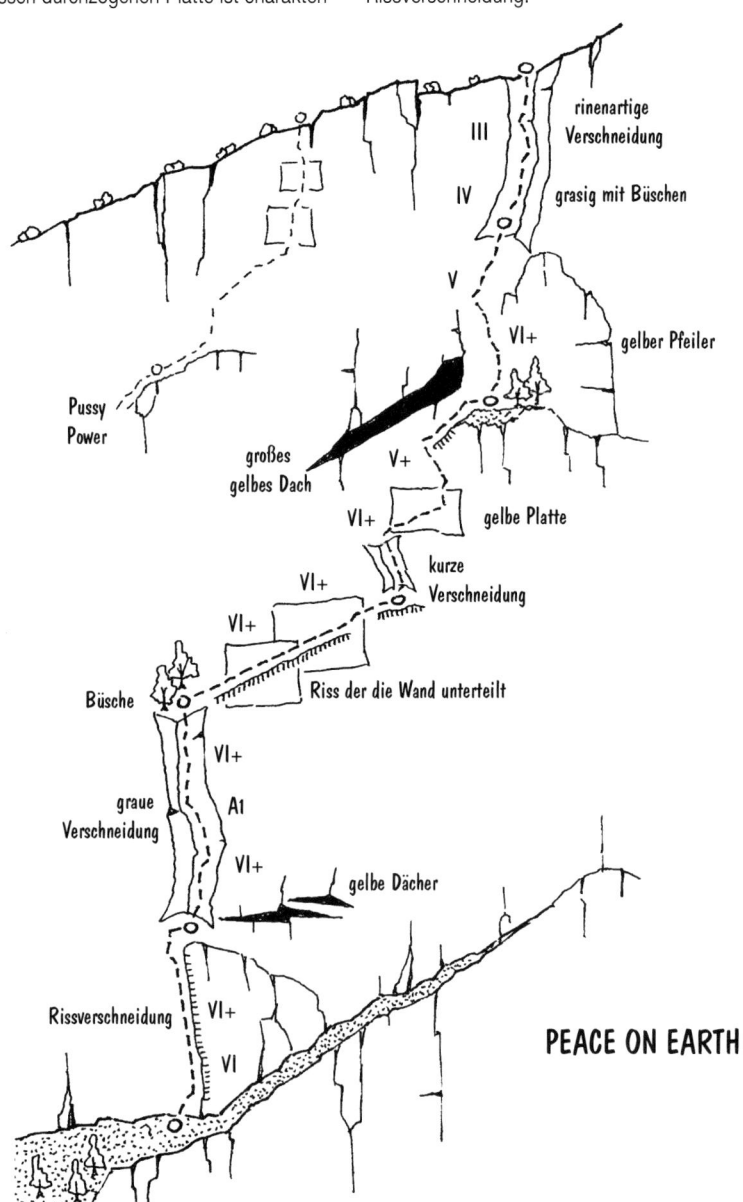

MONTE CASALE

33 IL PARADISO PUO' ATTENDERE ✻✻✻✻
M. Maceri, R. Comis 1999
350 m. (11SL)
VI+, VII, A1/R2/II

Schöne, logische und alpine Route, die mit vielen Normalhaken abgesichert ist. Sie führt in schöner Kletterei über den linken senkrechten Bereich des Vorbaus. In der vorletzten Seillänge kann eine Trittleiter sehr hilfreich sein.
Einstieg: von 'Impero dei Sensi' linkshaltend 50 m bis zu einer Platte queren (Haken sichtbar).

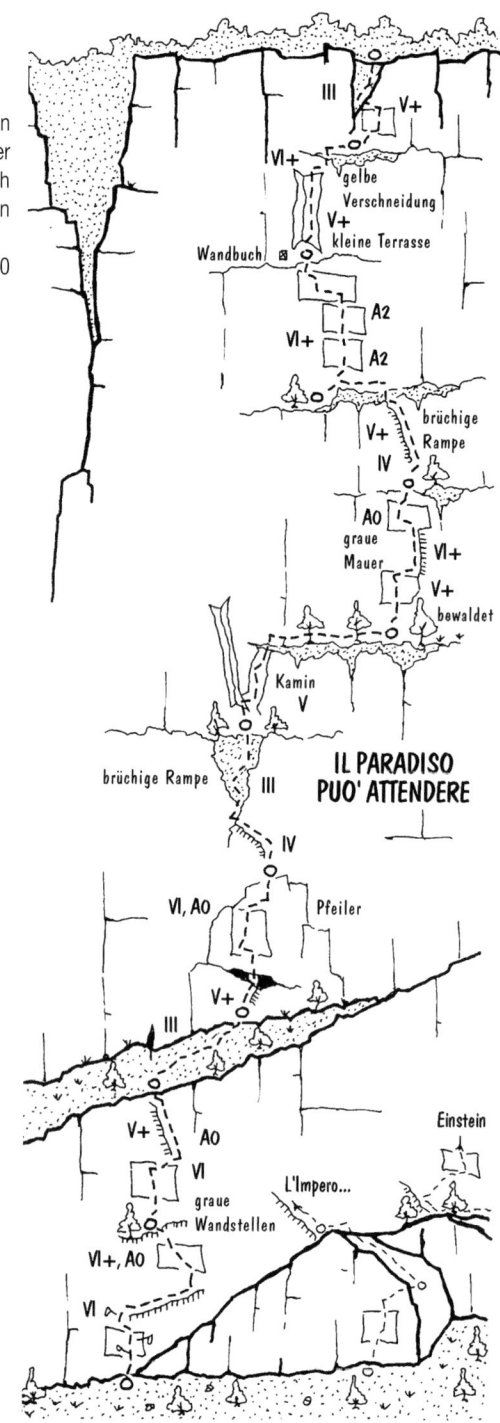

34 L' IMPERO DEI SENSI ✯✯✯✯✯
R. Galvagni, M. Pfitscher 1996
400 m. (12SL)
7a (6b+ obl.)/S2/II

Wunderschöne, sehr gut abgesicherte Sportkletterroute über sehr festen, plattigen Fels. Die Schwierigkeiten bewegen sich meist bei 6b+, die Einstiegslänge ist 7a, muss aber nicht obligatorisch geklettert werden. Dennoch ist die Route anstrengender, als es auf den ersten Blick scheinen mag.

Roly Galvagni *(M. Manica)*

Antonella Cicogna *(M. Manica)*

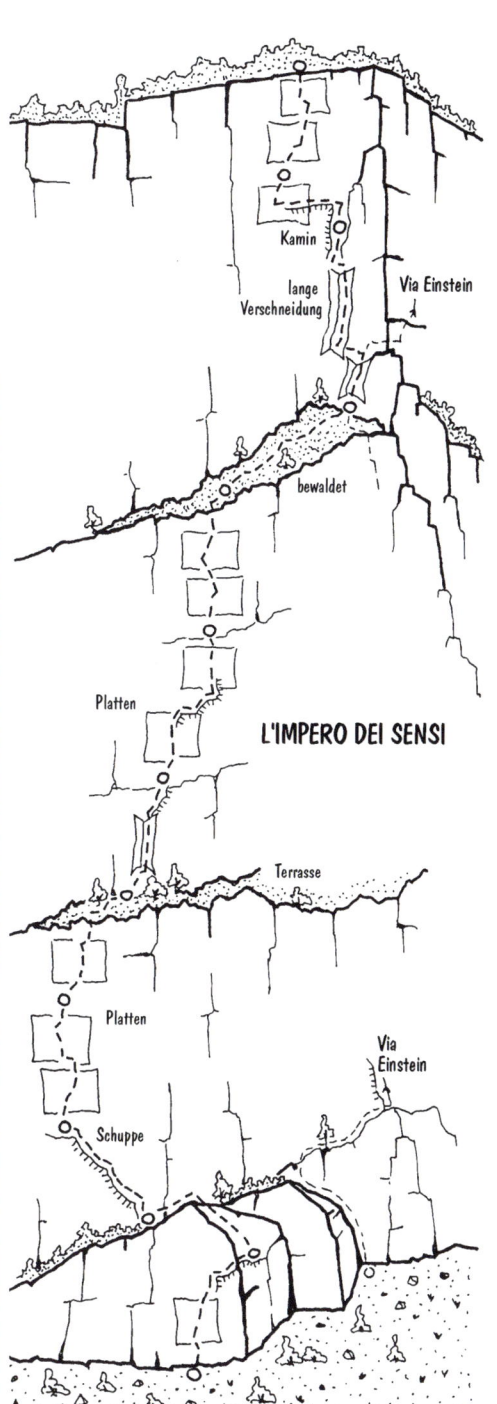

35 HASTA SIEMPRE COMANDANTE ✻✻✻✻
R. Galvagni, D. Filippi 2005
400 m. (13SL)
6b (6a obl.)/S2/II

Platten, Verschneidungen und Risse sind kennzeichnend für diese Route, die auch nicht ganz so schwer ist wie die Nachbarroute 'Impero dei Sensi'. Der Kletterstil wechselt zwischen senkrechter Plattenkletterei, die technisch schwierig und auch anstrengend ist, und reiner Reibungskletterei in seichten Verschneidungen. Aber wegen dieser Abwechslung ist die Route auch nie richtig ermüdend und macht richtig Spaß. Einige Seillängen sind besonders schön, wie z.B. die vierte mit der Schuppenpassage, die sechste mit der seichten Verschneidung oder auch die Ausstiegslänge. Der Kamin in der vorletzten Seillänge ist leider etwas brüchig und einige große Blöcke sind zudem gefährlich. Aber ansonsten klettert man fast immer in sehr festem Gestein und auch die Absicherung mit Bohrhaken ist sehr gut.

Einstieg: etwas rechts von 'Impero dei Sensi'.

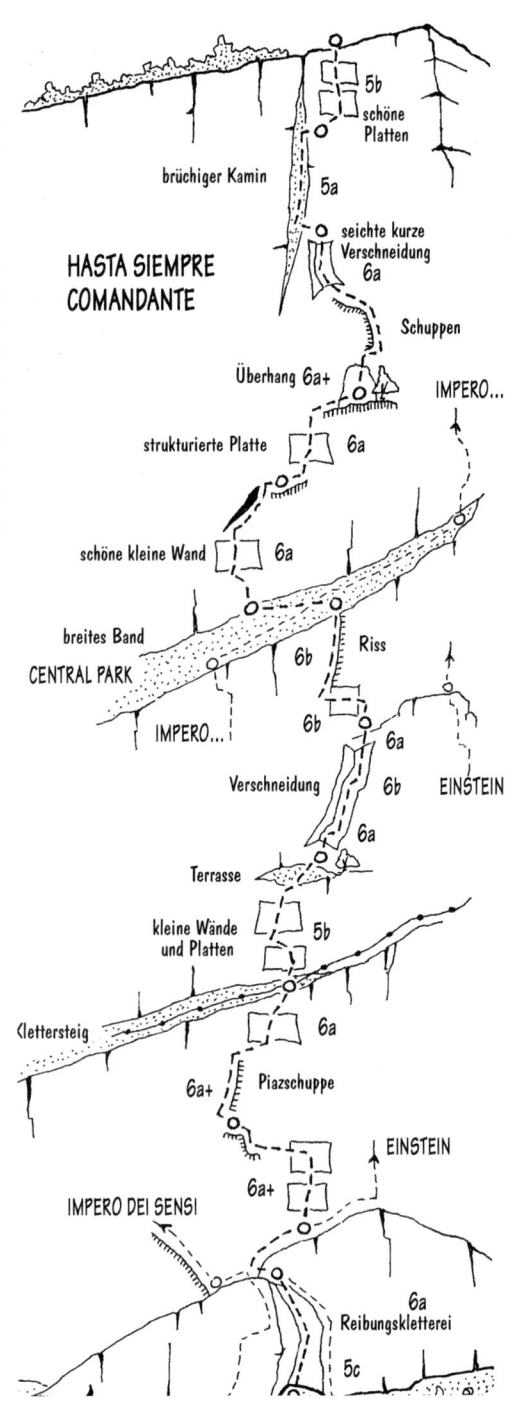

36 VIA EINSTEIN ✹✹✹✹✹
G. Stenghel, F. Sartori 1982
350 m (10SL)
V+, VI+/R3/II

Wunderbare Route in bestem Fels mit überra[schender], aber logischer Linienführung und d[eshalb] mit eine der schönsten Routen im ganze[n] Sarcatal. Sie führt über die zentrale Kante de[s] Vorbaus und nutzt deren Schwachstellen.

Einstieg: etwas rechts von 'Impero dei Sensi' [in] einer mit Büschen bewachsenen Verschneidung[.]

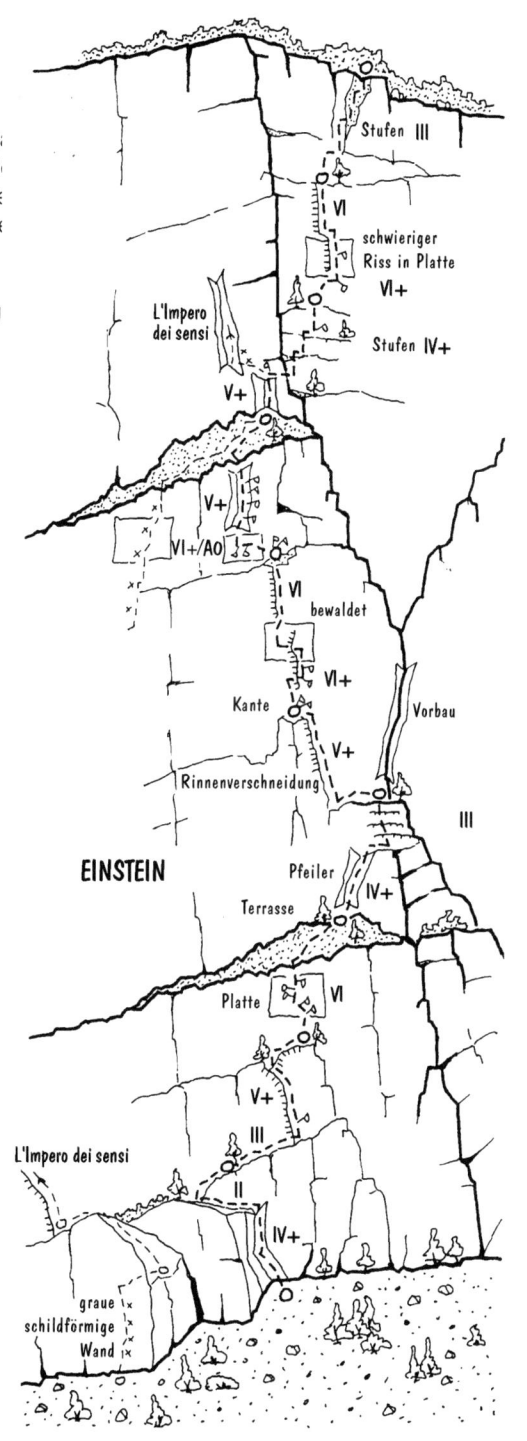

MONTE CASALE

37 TUTTO RELATIVO ✹✹✹✹
S. Bazzanella, D. Filippi 1999
350 m. (10SL)
VI+, VII/R3/II

Klassischer, abwechslungsreicher Weg entla
von Verschneidungen und Rissen. Die Schlüss
seillänge liegt in der langen, schönen Verschn
dung im oberen Wandbereich. Hier benötigt m
Friends mit kleinen Größen.

Einstieg: von 'Impero dei Sensi' und 'Einste
nach rechts bis zu einer gut sichtbaren Versc
neidung. Die Route beginnt hier.

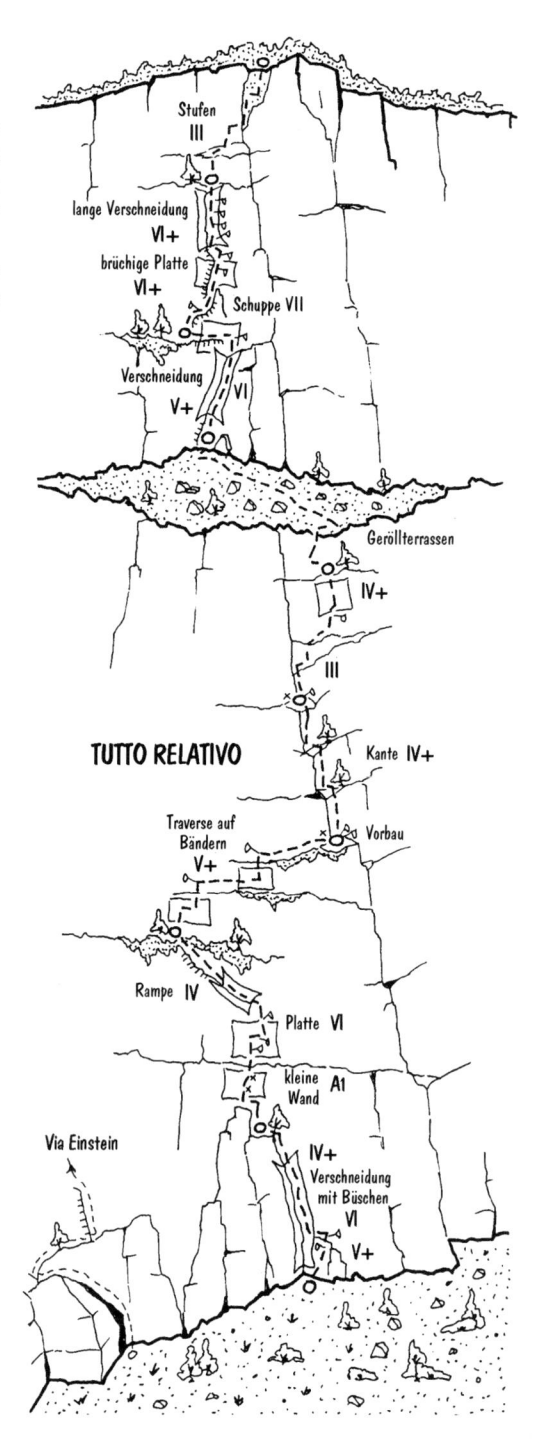

38 FORT APACHE ✻✻✻

E. Morandi, R. Cavicchioli 1997

500 m. (16SL)

VII+, A0/R1/III

Sehr lange und schöne Route in gutem Fels, teils klassisch alpin mit geschlagenen Haken in Rissen, teils sportklettermäßig mit Bohrhaken auf Platten. Weit oben in der Wand führt die Route über das ausgeprägte dreieckige Dach, das auch vom Tal gut zu sehen ist.

Zustieg: Vom Parkplatz links des Steinbruchs (Fabbrica Eurotex) den Wegweisern Richtung „Croz dei Pini" folgen. Kurz darauf befindet man sich unterhalb der efeubewachsenen Grotte. Diese lässt man rechts liegen und steigt dann linkshaltend eine grasige Rampe hoch. Einstieg bei einer schwarzen Platte (geschlagene Haken).

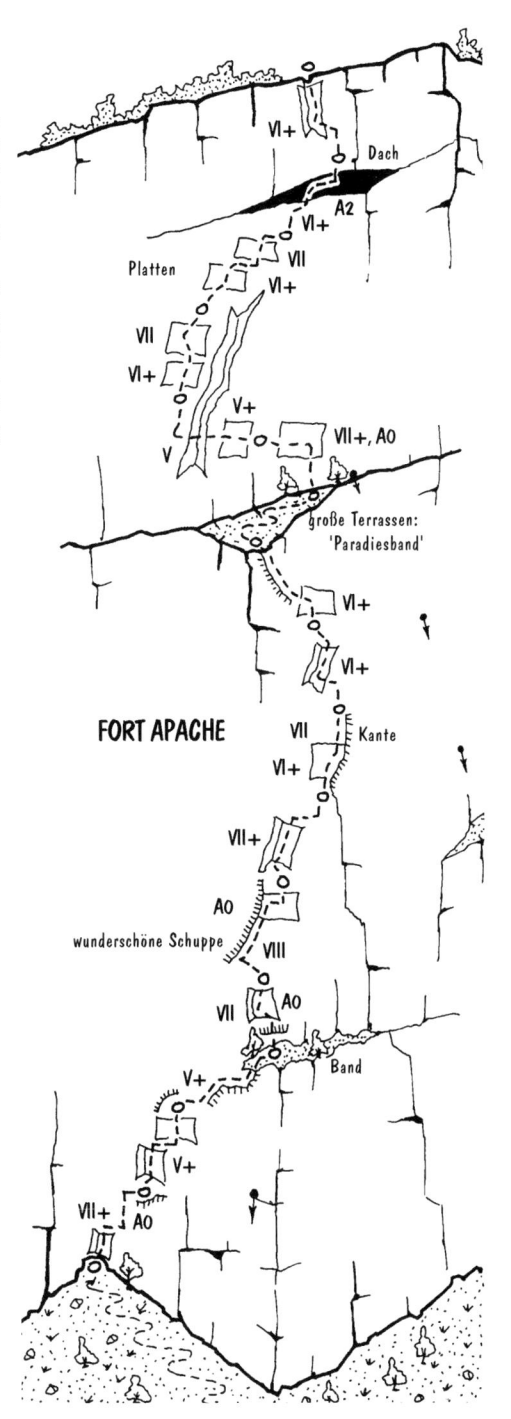

39 GIANPAOLO RAVASIO ✻✻✻
I. Maghella, D. Bonaglia 2000
600 m. (15SL)
7b+ (6b obl.)/S2/III

Die Route läuft parallel zu 'Fort Apache' über eine Reihe von grauen Platten. Auch wenn der erste Eindruck dies nicht vermuten lässt, so ist die Linie insgesamt doch schön, denn sie führt durch meist kompakten, geputzten Fels und macht Spaß, weil sie gut abgesichert ist. Einen Hauch von Abenteuer bietet die doch recht „wilde" Umgebung der mittleren Seillängen.

Zustieg: Vom Parkplatz links des Steinbruchs (Fabbrica Eurotex) den Wegweisern Richtung „Croz dei Pini" folgen. Kurz darauf befindet man sich unterhalb der efeubewachsenen Grotte, ein kleines Schild bezeichnet den Einstieg.

Elisa Erani

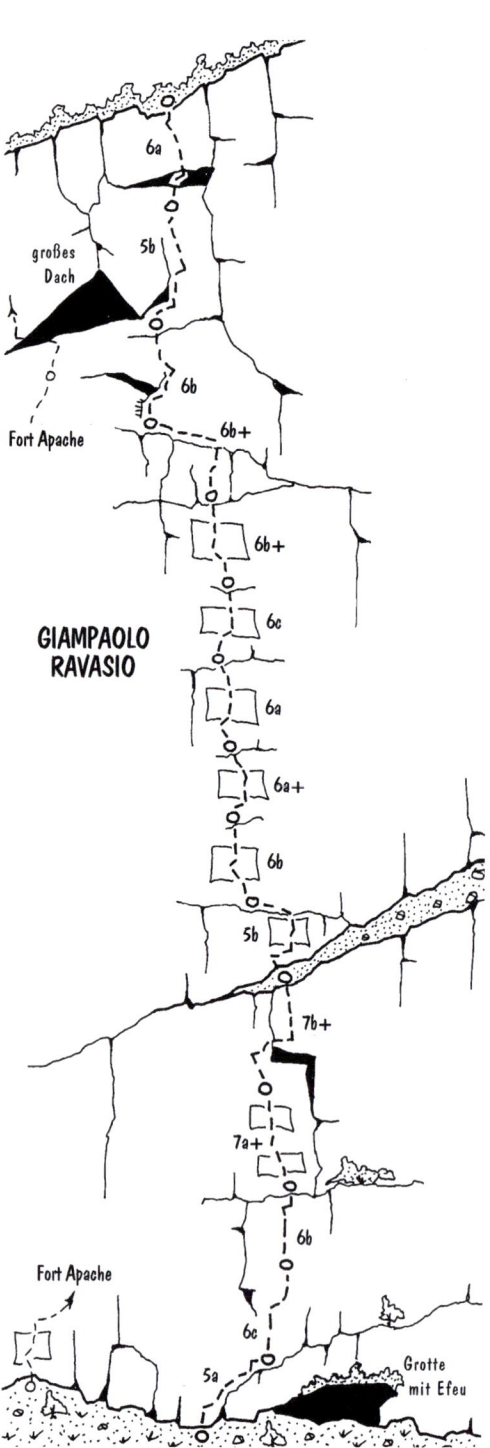

40 VIA DEI BRUTTI, SPORCHI E CATTIVI ✱✱✱
M. Cantaloni, S. Fruet 1981
300 m (10SL)
V+, VI /R3/III

Logischer, schöner Weg. Er führt zu Beginn über eine Verschneidung, die wegen ihrer Brüchigkeit Respekt einflößt. Dann folgen aber viel kompaktere Plattenbereiche, die den Aufstieg doch noch angenehm machen.

Zustieg: Vom Parkplatz links des Steinbruchs (Fabbrica Eurotex) den Wegweisern Richtung „Croz dei Pini" folgen. Den ganzen Vorbau hoch (ca. 1 Std.), dann in die Rinne absteigen. Über eine weitere grasige Rinne wieder hoch und in die markante Verschneidung.

Weitere Routen:
A – PARETE SUD EST (Südostwand): G. Groaz, P. Baldo und H. Steinkotter 1980. Die Hauptwand des Casale wird im Norden von einem großen Kamm begrenzt: in der Wand links davon verläuft diese Route. Zu Beginn führt sie durch die breite Rinne, die zum „Spalla Sud" (Südgrat) führt. Man verlässt die Rinne am logischsten Punkt und wechselt in die darüber liegende Wand. Reine Entdeckerroute in brüchigem, grasbewachsenen Fels. 800 m. IV
B - CRESTA SUD EST (Südgrat): H. Steinkotter solo 1981. Über den langen Grat, der die Hauptwand des Casale nach Norden abschließt. Wie bei der vorhergehenden Route zunächst durch die breite Rinne, die zum „Spalla Sud" führt (diese Rinne wird für den Abstieg von den Routen 'Fort Apache' u.a. benutzt). Am Ende der Rinne schwierig auf die eigentliche Gratkante und auf dieser hoch (kleine Wäldchen und Felspassagen) bis zu den Wiesen auf dem Gipfel. 1200 m. III,V
C - FRONZA-BONVECCHIO: M. Fronza und D. Bonvecchio 1985. Kurze Route, sehr alpin, und wegen der hohen technischen Schwierigkeiten der freien und technischen Kletterei sehr anstrengend. Einstieg etwas links von 'Brutti sporchi e cattivi'. Die Route ist den Kindern der Erstbegeher gewidmet. 200 m. VI,VII, A2

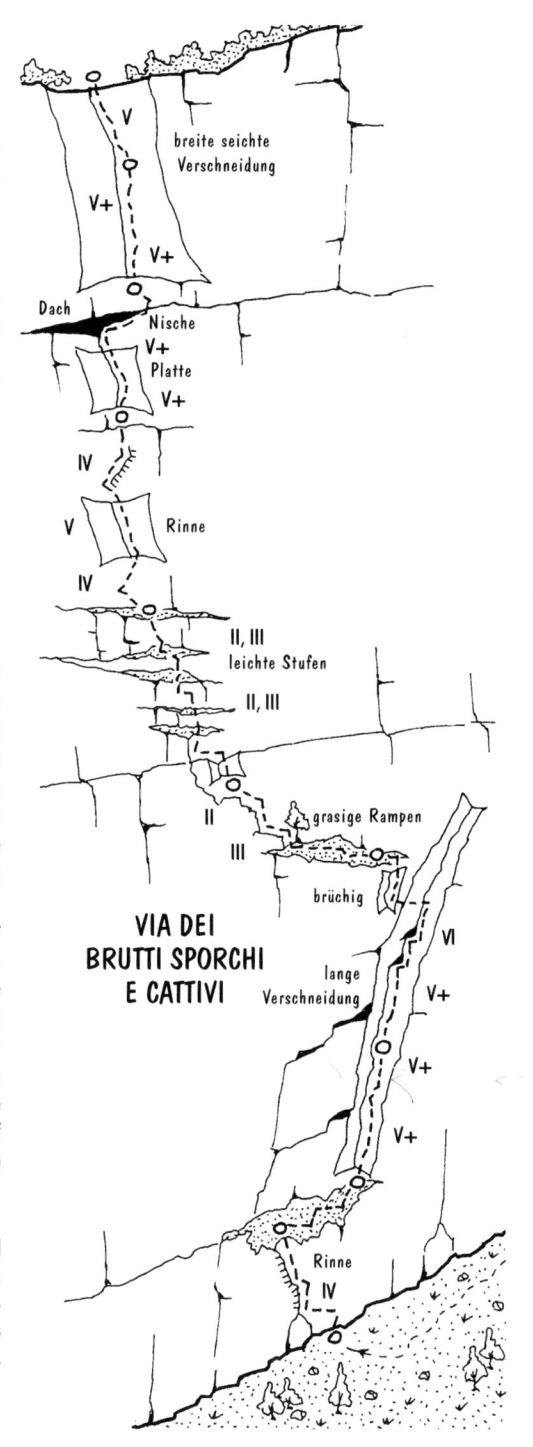

PIAN DELA PAIA

Am Fuße der kleinen bewaldeten Hochebene liegen kleine Felswände, die aus Kletterersicht äußerst interessant sind. Eine unglaubliche Anzahl unterschiedlicher Routen kennzeichnet diesen Bereich: schöne Plattenrouten in der Parete Gandhi, Verschneidungen und Risse in der Wand des Dain und extreme Sportkletterrouten im Sektor Transatlantico.

PIAN DELA PAIA

8 - IL TRANSATLANTICO
9 - PARETE GANDHI
10 - IL DAIN

8 IL TRANSATLANTICO

Pian dela Paia

Kleines Massiv mit senkrechten und überhängenden Wänden und deshalb extremen und sehr ästhetischen Routen. Die Wand war immer vernachlässigt worden, bis eines Tages Roly Galvagni, einer der aufmerksamsten und gewissenhaftesten Erschließer im Tal, sich an die Arbeit machte und hier mehrere Routen eröffnete, allesamt in sehr gutem Fels und perfekt mit Bohrhaken eingerichtet.

ZUSTIEG: 30 Min.
Vom Parkplatz (siehe Karte) um die Motocrosspiste herum, steil durch den Wald und auf eine Forststraße. Etwa 100 Meter nach der Kehre führt links ein steiler Pfad hoch zum Wandfuß.

ABSTIEG: 45 Min.
Meist über die Routen abseilen oder nach dem Ausstieg aus der Route durch den Wald in Richtung Monte Casale und bis zu einer Forststraße, die zurück ins Tal führt.

#	Name	Länge	
1	FRUIT & VEGETABLE	100 m.	🔗
2	ONANATOR	100 m.	🔗
3	MURUROA	100 m.	🔗
4	IL DELTA DI VENERE	100 m.	🔗
5	VOLO FELICE	80 m.	🔗
6	LA FATTORIA DEGLI ANIMALI	80 m.	🔗
7	LAND ART	80 m.	🔗
8	CONTROVENTO	80 m.	🔗
9	QUARTO POTERE	60 m.	🔗
10	PANGEA	60 m.	🔗

PIAN DELA PAIA

1 FRUIT & VEGETABLE ✸✸✸✸✸
R. Galvagni 1994
100 m. (5SL)
7a (6b obl.)/S1/I
Schöne Genussroute. Die 3. Seillänge mit der grauen Wand ist technisch sehr anspruchsvoll.

2 ONANATOR
F. Gerwald, C. Danker 2003
100 m. (5SL)
7b, 7c (7a obl.)/S1/I
Die Route führt zwischen 'Mururoa' und 'Fruit & Vegetable' hoch (Einstieg gemeinsam mit 'Mururoa', kurz nach dem 1. Stand dann links; Wandbuch am letzten Standplatz). Da die Route perfekt mit Bohrhaken eingerichtet wurde, reichen 14 Expressschlingen völlig aus. Es kann über die Route abgeseilt werden.

3 MURUROA ✸✸✸
B. Malfatti, A. Nobile 1995
100 m. (5SL)
7b (6b obl.)/S1/I
Die ersten beiden Seillängen machen viel Spaß, dann folgt eine anstrengende SL über eine überhängende Platte.

4 IL DELTA DI VENERE ✸✸✸✸✸
R. Galvagni, M. Pfitscher 1995
100 m. (5SL)
6c (6b obl.)/S1/I
Mit Sicherheit die schönste Route in diesem Sektor. Technisch schwierige Wände und eine schöne Piazpassage im Ausstieg.

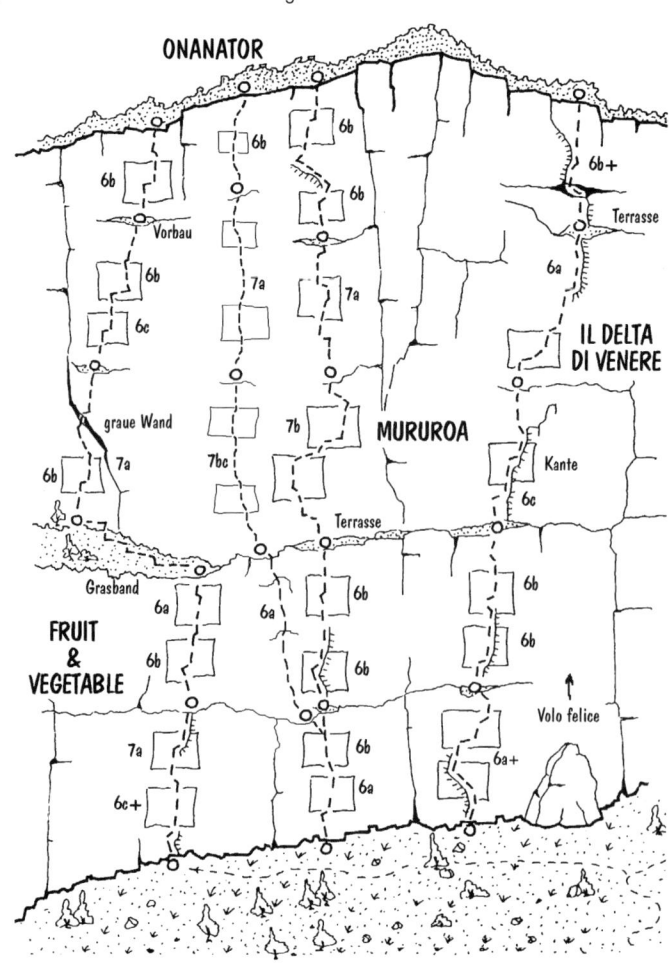

R. Galvagni. "Il delta di Venere". *(M. Manica)*

PIAN DELA PAIA

5 VOLO FELICE ✻✻
B. Malfatti, M. Concini 1996
80 m. (3SL)
7b+ (6c obl.)/S1/I
Sehr technische senkrechte Platten.

6 LA FATTORIA DEGLI ANIMALI ✻✻✻✻✻
R. Galvagni 1995
80 m. (4SL)
7a (6c obl.)/S1/I
Wunderschöne Kletterei über Platten und entlang von Rissen.

7 LAND ART ✻✻✻✻✻
D. Bonvecchio 1995
80 m. (4SL)
7c (7b obl.)/S2/I
„Sehr schwierige Route, die aber in der ersten SL in einer Passage eine ziemlich erzwungene Linienführung hat. Wenn die Route von unten eingebohrt worden wäre, dann wäre diese Passage wohl nicht möglich gewesen. Von oben, durch Abseilen eingebohrte Wege spiegeln bei der Linienführung leider den Willen des Erschließers und nicht die natürlichen Gegebenheiten wider" (R. Larcher).

8 CONTROVENTO ✻✻✻✻✻
R. Larcher, R. Galvagni, M. Cagol 1996
80 m. (3SL)
7c+ (7c obl.)/S2/I
„Entgegen der allgemein üblichen Praxis wurde diese Route absichtlich von unten eingebohrt. Sie ist hart und anstrengend, vor allem in den obligatorischen Passagen, die meines Wissen noch nicht wiederholt wurde. Die Felsqualität ist perfekt" (R. Larcher).

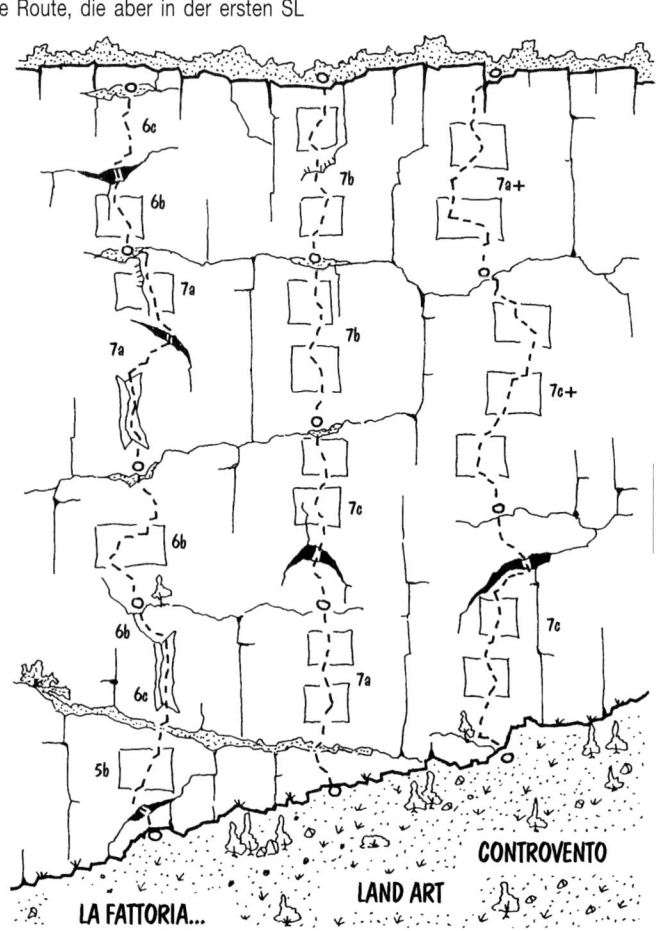

Transatlantico. R. Galvagni und Pfitcher. 'Fattoria degli animali' (*M. Manica*)

PIAN DELA PAIA

9 QUARTO POTERE ✹✹✹✹✹
R. Galvagni, M. Pfitscher 1995
60 m. (3SL)
6b+ (5c obl.)/S1/I
Zuerst zwei super schöne Plattenseillängen, dann eine wunderschöne Ausstiegsverschneidung.

10 PANGEA ✹✹✹✹✹
R. Galvagni. 1996
60 m. (2SL)
6c+ (6a obl.)/S1/I
Einstieg mit schwieriger Passage, dann schöne Genusskletterei.

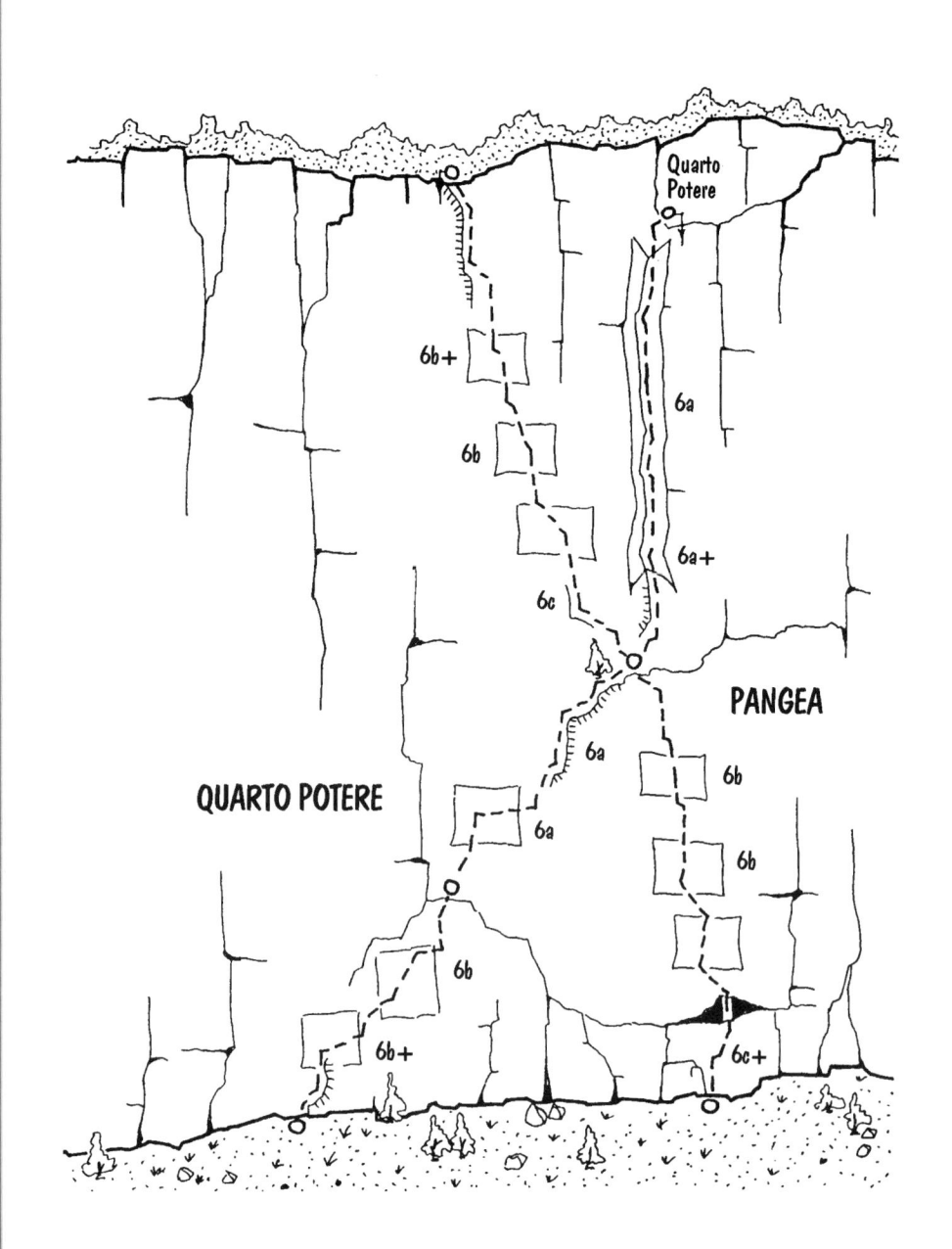

Il Transatlantico *(arch. Manica)*

PIAN DELA PAIA

9 PARETE GANDHI

Pian dela Paia

Schöne Wand aus grauem Gestein mit kurzen und schönen Routen. Die kompakten Platten (über die einige Sportkletterrouten verlaufen) werden von Rissen und grasigen Verschneidungen durchzogen, durch die wunderschöne alpine Wege führen. G. Stenghel ist es zu verdanken, dass in dieser Wand diese außerordentlich schönen, klassischen Routen entstanden sind.

ZUSTIEG: 30 Min.
Vom Parkplatz (s. Zeichnung) um das Motocrossgelände herum, dann steil im Wäldchen aufwärts und auf die Forststraße. In der Kehre auf einen Pfad, durch den Wald und bis zum Wandfuß.

ABSTIEG: 45 Min.
Im Wald in Richtung Monte Casale queren und bis zur Forststraße, die zurück ins Tal führt.

11	VIA DELLA FORBICE	350 m.	
12	VIA IL CASINO DAL CICLAMINO	250 m.	
13	ASTRONOMY	200 m.	
14	ANDREA CALLIARI	250 m.	
15	NIKOTINA	200 m.	
16	DIANA	200 m.	
17	VIA IL MAGNESIO DALLA ROCCIA	200 m.	
18	RAFFAELLLA	200 m.	

PIAN DELA PAIA

PIAN DELA PAIA

11 VIA DELLA FORBICE ✼✼✼
F. Milani, D. Lunel 2001
350 m. (10SL)
V, VI/R3/II
Die Route führt im unteren Teil links von 'Via il casino dal Ciclamin' und im oberen Teil rechts davon hoch. Auf dem großen Band geht man 60-70 m abwärts bis zu einer schwarzen Verschneidung (am Rand einer Platte). Nach der Verschneidung dann ca. 100 m schräg rechtshaltend bis zur Kante des Vorbaus (mit der 'Via Calliari') und dann linkshaltend bis zum Gipfel.

Zustieg: Als Orientierungspunkt dient unabhängig vom Parkplatz ein kleiner sumpfiger See zwischen dem Parkplatz, der innerhalb der Motocrosspiste liegt, und einem umzäunten Feld mit Apfelbäumen. Von hier steigt man in Falllinie eines Pfeilers, der links von einem baumbestandenen Kamin abgegrenzt wird, hoch bis zum Wandfuß. Der Vorbau mit der Route 'Calliari' befindet sich noch weiter rechts, nach der Wandkante. Der Einstieg ist am linken Rand eines an der Wand angelehnten Felsblocks, der für den Seilzweiten besten Schutz bietet. In ca. 3 Meter Höhe ist eine rote Sanduhrschlinge zu sehen.

SL1: Über den Block, dann rechts und in eine kleine Verschneidung, die zu einer Zone mit kleinen Aufschwüngen führt. Dann rechtshaltend hoch und Stand bei den ersten großen Bäumen. Dies SL verläuft teilweise gemeinsam mit 'Via il casino dal Ciclamino'. 50m. V,V+. 1 Haken (H), 1 Sanduhr (SU).

SL2: Linkshaltend aufsteigen, um die Bäume herum und bis unter eine Platte. Wieder links zu einer Verschneidung und einem Riss. Dann rechtshaltend zu einem Baum (Stand). 40m. V,V+. 2 H.

SL3: Rechtshaltend hoch bis unter ein Dach, das rechts in einem Riss umgangen wird. Dann gerade hoch bis zu einer Rissverschneidung. In dieser wenige Meter hoch, dann nach rechts auf die Platte und nach einer schwierigen Passage zum bewaldeten Band. 35m. V,VI. 2 H.

SL4: Auf dem Band durch Bäume und Gebüsch 60-70 abwärts bis zum rechten Rand der großen Platte, bei einer schwarzen Rissverschneidung. 70m. Leicht.

SL5: Hoch zu einem Baum, weiter durch eine Verschneidung und bis zu einem Band. Stand links. In dieser SL wurden ein Keil und eine Sanduhrschlinge von einer früheren Begehung gefunden, die vermutlich über die darüber liegende Verschneidung führt. 25m. VI. Klemmkeil.

SL6: Auf dem Band nach rechts und in einen langen, diagonal nach rechts führenden Riss. Nach einer letzten kleinen Wand erreicht man ein mit Bäumen bestandenes Band. 50m. IV. 1 SU.

SL7: Nochmals rechtshaltend über einen diagonalen Riss bis zur Kante des Vorbaus (und der 'Via Calliari'). Über rissdurchsetzte Platten links davon gerade hoch zu Stand an einem Baum. 50m. V.

SL8: Über eine kleine Wand und einen kleinen Pfeiler, dann linkshaltend und leicht zu Bäumen. Gleicher Stand wie 'Via Calliari'. 25m. IV. 1 SU.

SL9: Weiter wie 'Calliari', nach ca. 15m (2 H) nach links zu Büschen. An ihnen vorbei und linksquerend zu einem Einschnitt in der Kante (am Beginn der Traverse wurden 2 Haken einer direkteren Variante gefunden.. vielleicht durch die schwarze Verschneidung?). 40m. V,V+. 1 H.

SL10: Über dem Stand linkshaltend und dann wieder rechts über eine strukturierte Wand. Linkshaltend über eine letzte kleine Platte zu einem Band mit Bäumen. 25m. V.

SL11: Auf dem Band nach rechts, an Bäumen vorbei und über einen brüchigen Bereich zum Wald auf dem Gipfel. 50m. Leicht.

(Beschreibung von Franco Milani)

12 VIA IL CASINO DAL CICLAMINO ✼✼✼
F. Milani, R. Ribiani 2001
250 m. (7SL)
IV, V/R3/II
Die Route entstand eher aus Zufall an einem Februarsamstag. Sie führt über die Wand links von 'Calliari' und wird unterteilt von einem großen bewaldeten Band, das nach rechts unten bis zum Wald am Wandfuß reicht. Den ersten Teil erklettert man senkrecht bis zu einer Kante an einem Pfeiler, dann rechtshaltend zu besagtem Band. Der zweite Teil beginnt etwas höher auf dem Band, folgt einem diagonalen Riss nach links und führt dann durch leichteres, gestuftes Gelände.

Zustieg: wie bei der 'via Forbice'. Einstieg 15 m rechts eines angelehnten Felsblocks und in Falllinie eines schönen Baumes. In etwa 3 m Höhe ist eine gelbe Reepschnur im Riss zu sehen..

SL1: Über Platten, eine überhängende kleine Verschneidung und einen Riss zum Stand. 25m. V, V+.

SL2: Links zu einem Band, dann rechtshaltend in eine kleine Rinne und über kurze Wände zum Stand an einem Baum, unterhalb einer schwarzen Platte bei der Kante. 50m. III, IV.

SL3: Über die Platte und dann rechts von der Kante

auf dieser höher bis zu einer Platte, die man rechts bis zu einem kleinen Band erklettert. Jetzt wieder links und auf der Kante bis zum Pfeilergipfel. 50m. V,V+. 1 Haken.
SL4: Über bewaldetes Gelände nach links in Richtung eines diagonalen Risses auf der linken Seite einer großen Plattenzone.
SL5: Über eine kurze Platte hoch und zu einer Verschneidung, von der man nach links in den Hauptriss gelangt. Über diesen zum Stand an einem Baum. 25m. V.
SL6: Links zu einer Verschneidung, die leicht überhängend zu einer geneigten Wand führt. 25m. V.
SL7: Über einen Riss und die Platte, dann rechtshaltend zu einer Zone mit Felsaufschwüngen. Über diese hoch und dann rechts zu einem kleinen Baum auf einem bequemem Band inmitten der Wand. 50m. V, dann III.
SL8: Über die leichten und schönen Stufen zu einer bewaldeten Rinne, die aus der Wand heraus führt. 50m. III, IV.
(Beschreibung von F. Milani)

13 ASTRONOMY ☆
Primi salitori: ?
200 m. (8SL)
7c, A0 (6b obl.)/S1/II
Die Linie ist sehr erzwungen und nicht gerade homogen, manchmal etwas brüchiges Gestein. Die beiden letzten Seillängen verlaufen im Originalausstieg von 'Andrea Calliari'.
Zustieg: von der bewaldeten Rampe der 'Calliari' ca. 30m nach links absteigen bis zu den ersten sichtbaren Haken.

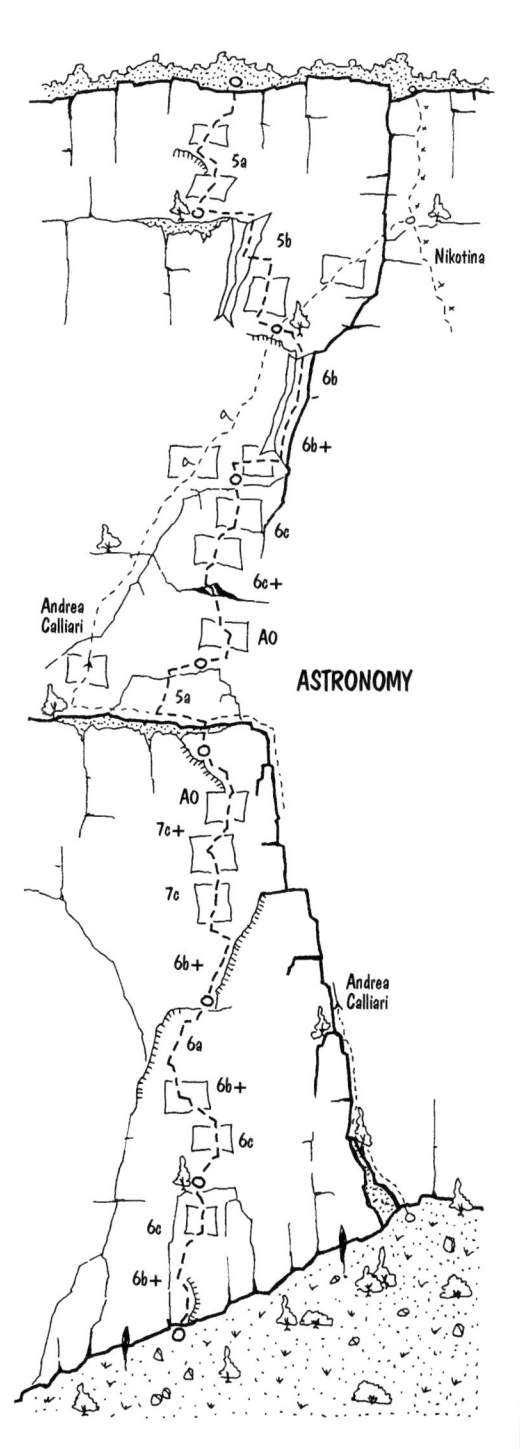

14 ANDREA CALLIARI ✱✱✱✱
G. Stenghel, F. Sartori, A. Baldessari 1981
250 m. (8SL)
V+, VI/R3/II

Sehr logische und schöne Linie, die nach dem ersten Teil in ermüdenden Kaminen über kompakte, schöne Platten führt. In der 3. SL verläuft der Originalweg tief im engen und oft nassen Kamin (alte Haken). Vorsicht beim Ausstieg aus dem Kamin: brüchige Passage.

Zustieg: im linken Teil der 'Parete Gandhi' erkennt man einen Bergrücken mit markanten Kaminen und Verschneidungen. Über die grasige Rampe erreicht man den Einstieg am ersten unteren Kamin.

14a VARIANTE DI PRIMAVERA ✱✱✱
S. Bazzanella, D. Filippi 2000
200 m.
V+, VI/R3/II

Die schöne Variante vermeidet die Kamine der Originalroute und führt über schöne und kompakte Platten. Vom Einstieg der Via Calliari' bis zu den ersten Haken der 'Via Astronomy' absteigen. Ein Riss führt linkshaltend nach oben.

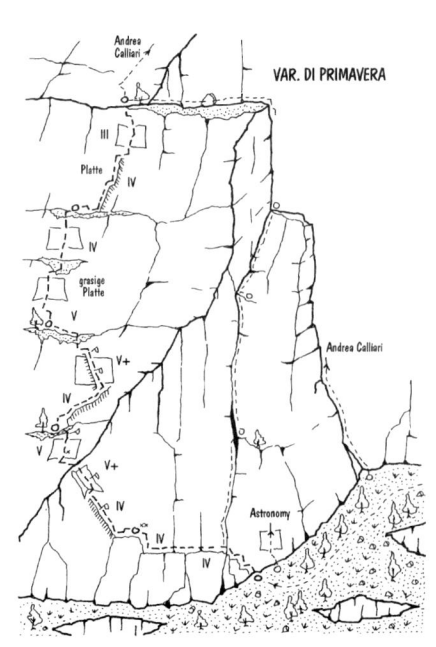

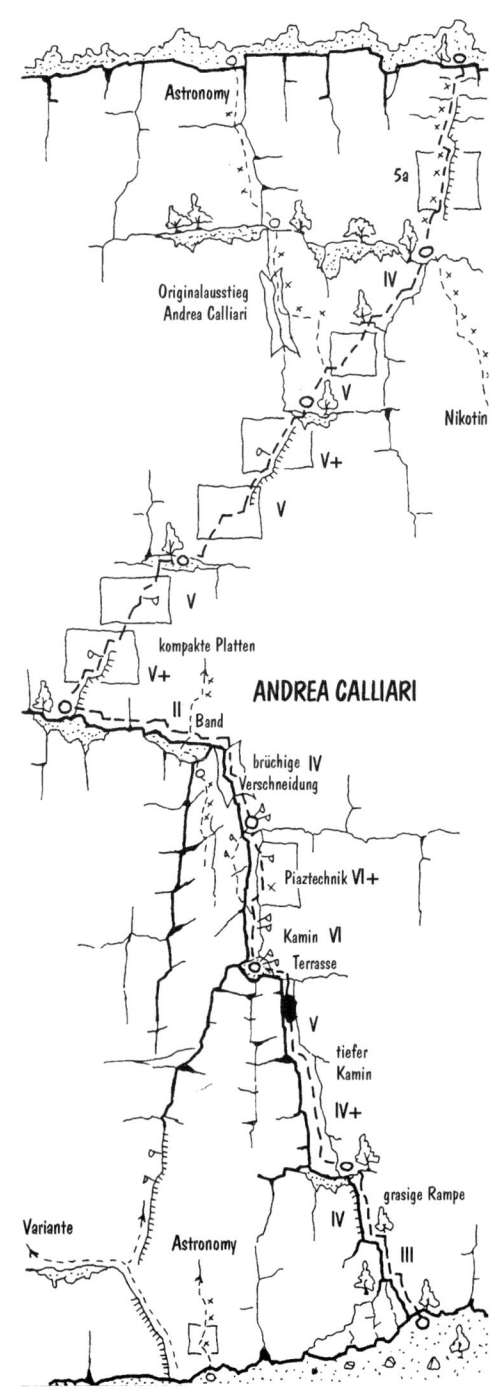

15 NIKOTINA ❄❄❄❄

M. Maceri, E. Filippi, G. Damian 1994
200 m. (7SL)
6c+ (6a obl.)/S2/II

Wunderschöne Route über Platten, Verschneidungen und Risse mit festem Gestein und sehr guter Absicherung. In der Verschneidung der 2. SL können Friends mittlerer Größe hilfreich sein.

Zustieg: rechts der 'Via Calliari', in Falllinie eines weiten Dachs. Einstieg bei einem Riss, der an einem kleinen Dach endet.

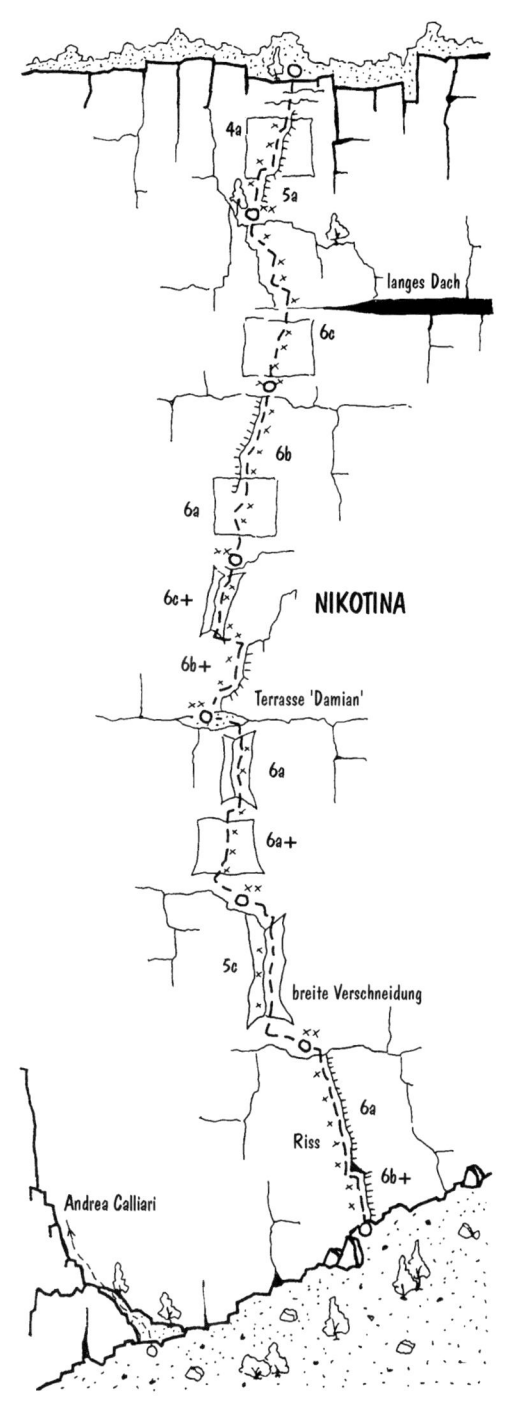

PIAN DELA PAIA

16 DIANA ✻✻✻

E. Meirginter, L.Breitenberger 1998
200 m. (7SL)
7a+, A0 (6b obl.)/S2/II
Schöner Weg mit wunderschönen Plattenpassagen: die technisch anspruchsvolle Kletterei bereitet viel Spaß.
Zustieg: etwas rechts von 'Nikotina' in der Nähe einiger angelehnter großer Felsblöcke

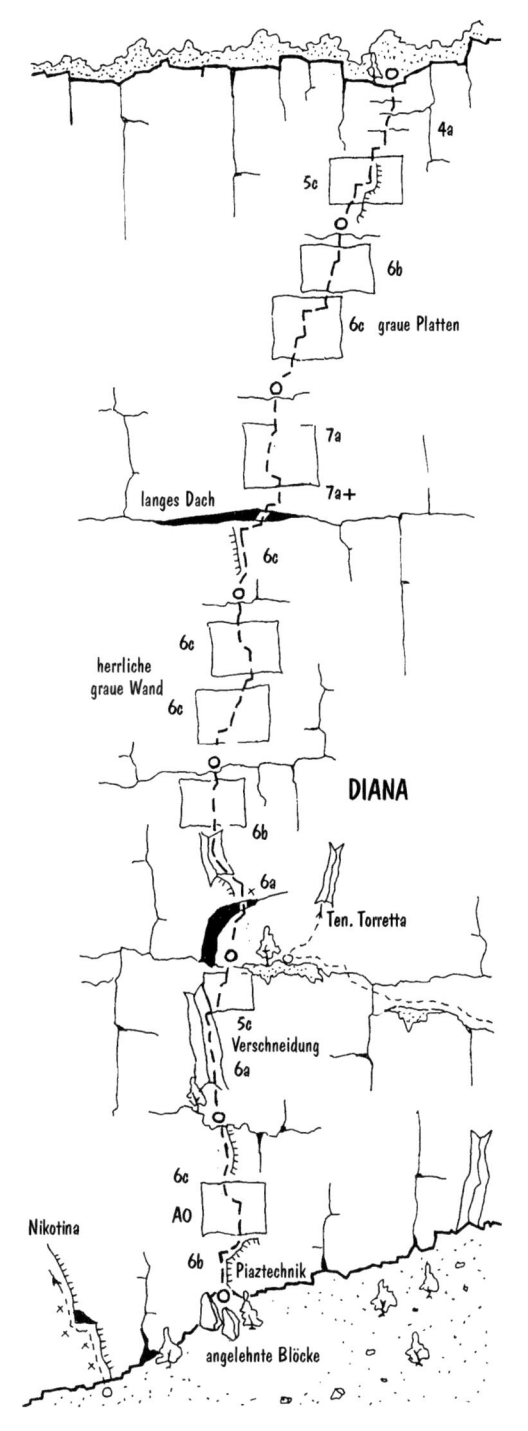

PIAN DELA PAIA

17 VIA IL MAGNESIO DALLA ROCCIA ✻✻✻✻✻
G. Stenghel, F. Sartori, F. Nicolini 1983
200 m. (6SL)
V+, VI/R3/II
Die Route hat auch den Namen 'Via Tenente Torretta', die Linienführung ist meisterhaft, logisch und schön. Die klassische Kletterei führt durch Verschneidungen, über Platten und Risse hoch. Die Piazpassage in der 4. SL ist einfach herrlich.
Zustieg: am Wandfuß nach rechts queren bis zu einer Rinne mit Büschen. In dieser etwas hoch. Einstieg links über eine Rampe mit Bäumen.

17a VARIANTE DELL' ERBA ✻✻✻✻✻
Primi salitori: ?
200 m.
VI+/R3/II
Im rechten Teil der Parete Gandhi erkennt man zwei deutliche graue Rippen. In der Verschneidung, die die linke Rippe begrenzt, führt diese wunderschöne, klassische Route in gutem Fels hoch. Eine Seillänge verläuft gemeinsam mit der 'Via Torretta'. Nach der schwierigen Platte verlässt man diese Route nach rechts zu grasigen Bändern und steigt zum Beginn der Verschneidung hoch.

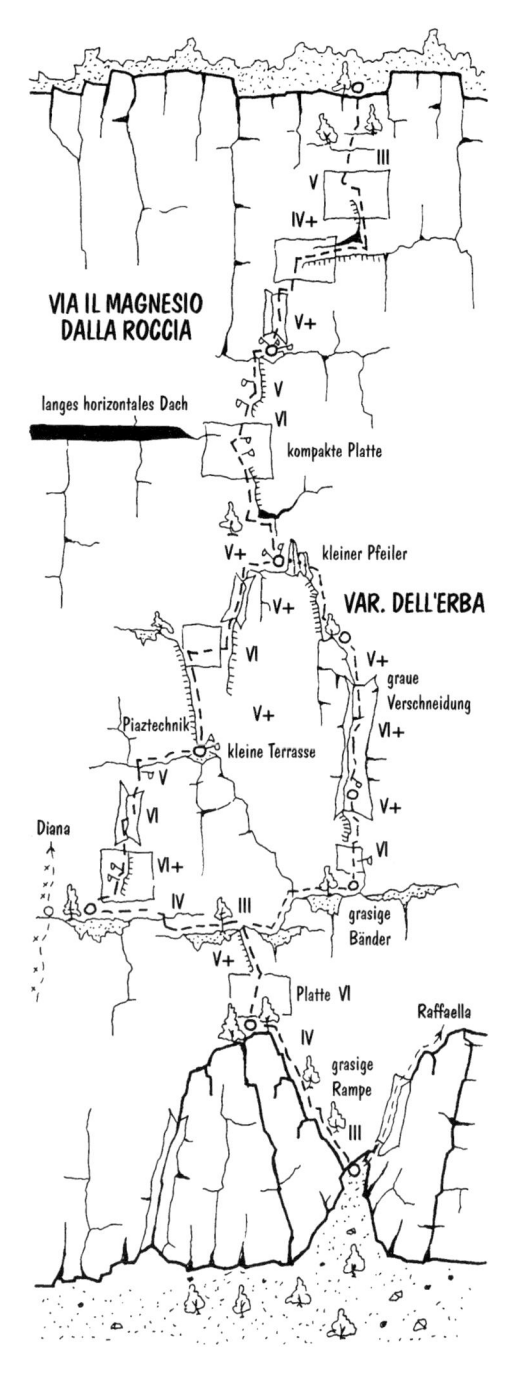

18 RAFFAELLA ✱✱✱✱✱
G. Stengel, W. Gobbi 1983
200 m. (6SL)
V+, VI/R3/II

Der logische und schöne Weg folgt der rechten der beiden grauen Rippen, die die Wand kennzeichnen. Passagen mit viel Vegetation wechseln mit fantastischen Seillängen (z.B. in der letzten Platte) ab. Nach der ersten Rampe folgt die Schlüsselseillänge mit einem schwierigen Pendelquergang.

Zustieg: wie zur 'Via Torretta' und nach der Rinne rechts in einen engen Kamin.

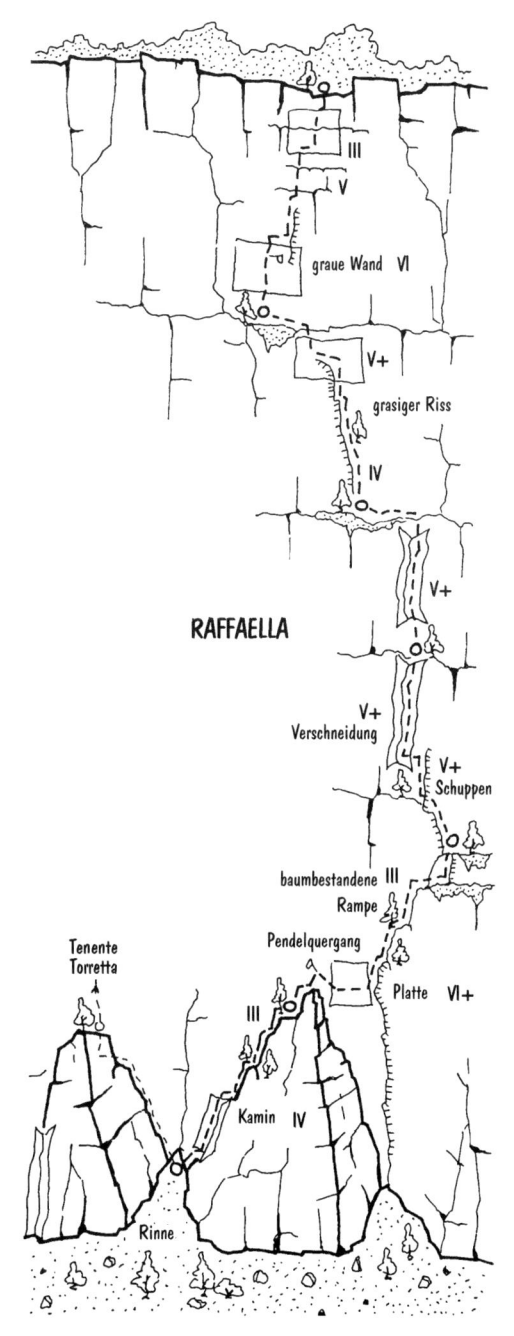

Weitere Routen:
A – VIA DEL CANALE: G. Stengel und G. Emanuelli 1983. Die Route verläuft in der weiten Rinne rechts der 'Via Raffella'. Entdeckerroute mit brüchigem und grasigen Fels. 200m. IV+.

PIAN DELA PAIA

10 IL DAIN

Pian dela Paia

Eine der schönsten und beeindruckendsten Wände im Sarcatal. Viele tiefe Kamine und die scharfen Kanten lassen die großen Pfeiler noch deutlicher hervortreten. Eine große, gut sichtbare, graue Verschneidung teilt die Hauptwand und den „Pilastro sud" (südl. Pfeiler). H. Holzer und R. Reali waren 1967 die ersten Erschließer und schufen Wege, die noch heute als sehr ernsthafte und schwierige Unternehmungen gelten.

ZUSTIEG: 45 Min.
Vom Parkplatz (s. Karte) auf der asphaltierten Straße in südlicher Richtung weiter und an der Kreuzung rechts auf die Schotterstraße. Nach einem Feld wieder rechts auf einen rot markierten Pfad, steil hoch und später eben bis zum Wandfuß.

ABSTIEG: 1 Std.
Durch den Wald in Richtung Monte Casale und bis zu einer Schotterstraße, die ins Tal führt. Nach den Ausstiegen aus den Routen nicht zu weit auf den Pfadspuren nach unten, denn ein hoher Wandabbruch wäre dann zu umgehen.

19	HOLZER-REALI	250 m.	
20	VEGETABLE	300 m.	
21	GRAN DIEDRO	300 m.	
22	CHARLIE BROWN	300 m.	
23	TRAUDI	300 m.	
24	VIA DELL'ANGELO	300 m.	
25	BIG BANG	300 m.	
26	IL VOLO DELL'AIRONE CENERINO	350 m.	
27	CESARE LEVIS	300 m.	
28	LUNA DI MIELE	300 m.	
29	KEROUAC	300 m.	
30	FACTOTUM	300 m.	
31	EMANUELE ZENATTI	300 m.	
32	BALDO-GROAZ	300 m.	
33	VIA LUISA	300 m.	
34	PAR CONDICIO	300 m.	
35	SIEBENSCHLAFER	300 m.	
36	IMPRONTE DIGITALI	350 m.	
37	GENOMA	350 m.	
38	VIA DELLO SPIGOLO	350 m.	

PIAN DELA PAIA

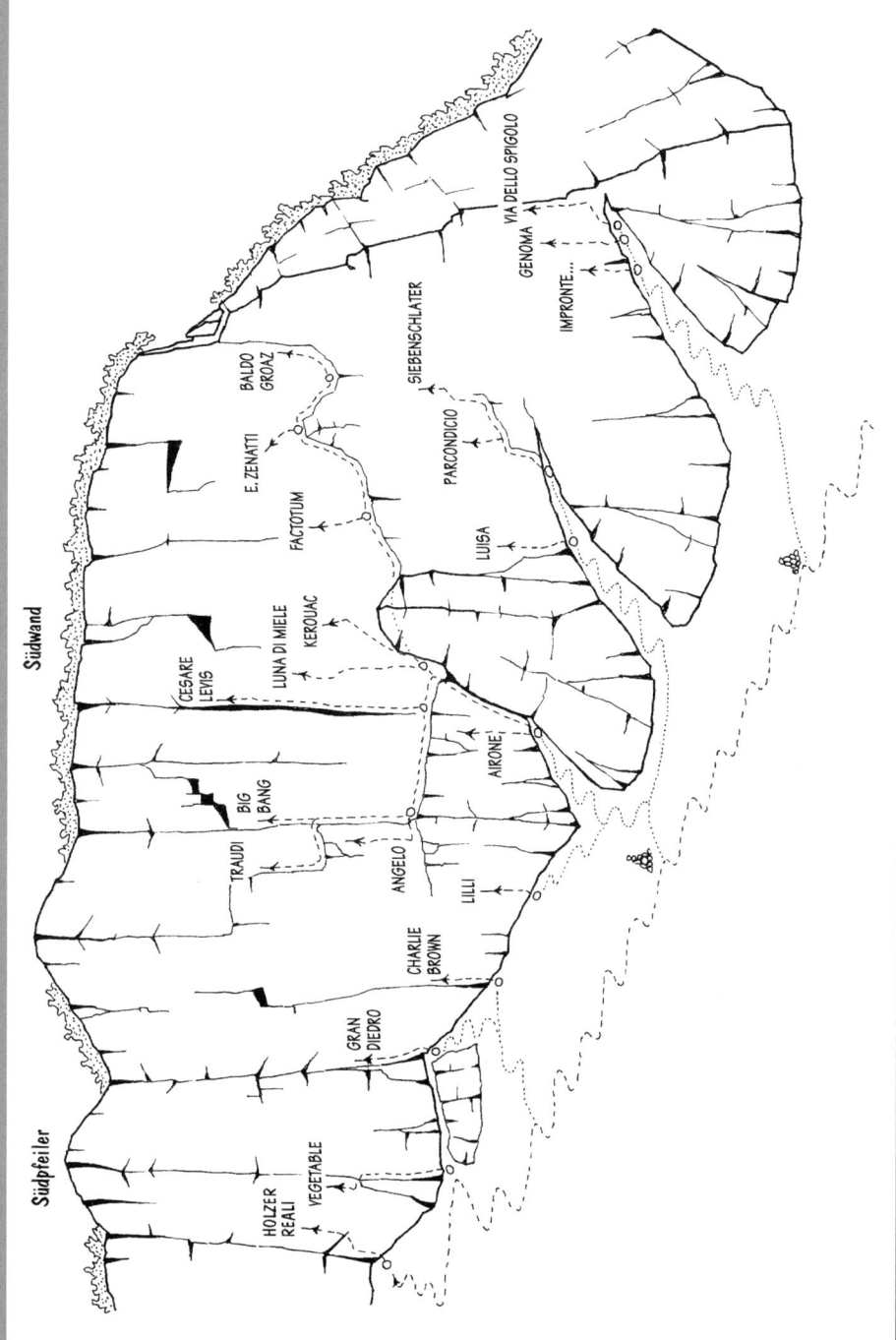

PIAN DELA PAIA

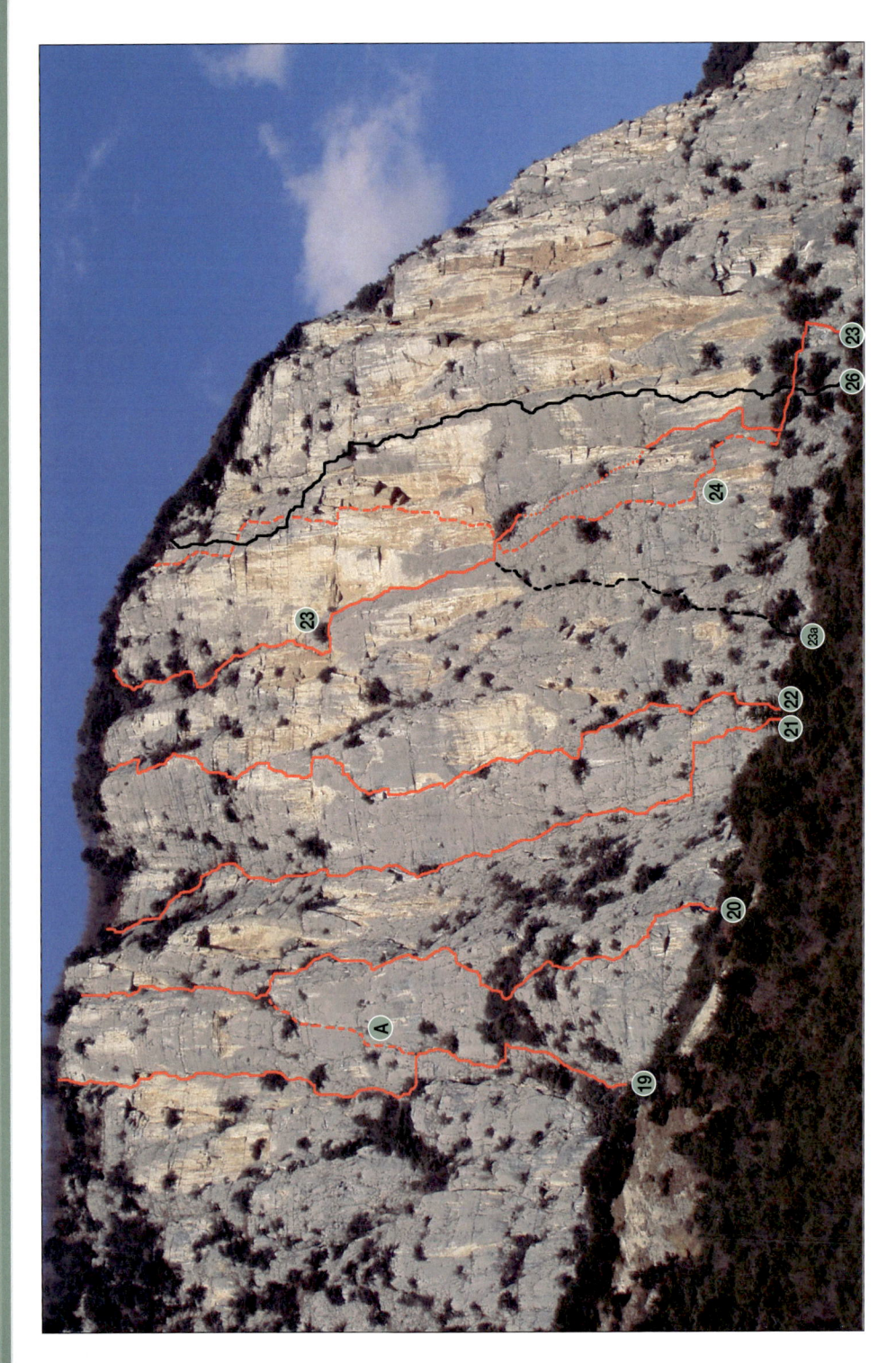

19 HOLZER – REALI ✸✸✸
H. Holzer, R. Reali 1967
250 m. (7SL)
IV+, V+/R3/II

Dies war eine der ersten Routen im Sarcatal und ist deshalb als historisch zu bezeichnen. Sie folgt einer logischen Linie von Verschneidungen und Rampen links des schlanken südlichen Pfeilers. Die ersten 5 Seillängen sind eher ungemütlich mit sehr viel Vegetation und manchmal brüchigem Fels. Nur die letzten beiden SL machen die Route wenigstens etwas interessant und schön. Hier lassen sich aber allemal alpine Erfahrungen sammeln und die Ausstiegslänge lässt vieles verschmerzen. Die Absicherung ist in den schwierigeren Passagen ausreichend, die Stände sind bis auf den in der Grotte immer an soliden Bäumen eingerichtet.

Zustieg: vom Einstieg von 'Vegetable' noch etwas im Wald höher und bei einer grasigen Rampe einsteigen (Schlinge an einem Busch).

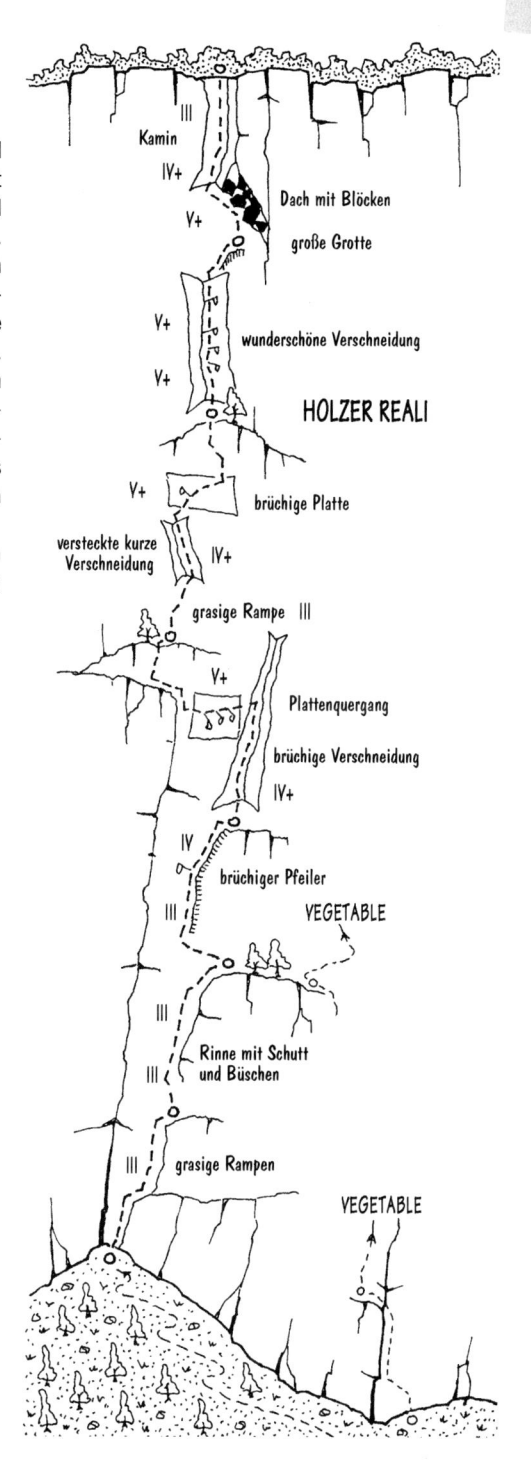

PIAN DELA PAIA

20 VEGETABLE ❊❊❊❊
G. Groaz, P. Baldo, L. Massarotto 1981
300 m. (10SL)
V+, VI/R3/II

Die Route führt über die schmalste und attraktivste Seite des südlichen Pfeilers bzw. seine ausgesetzte Kante. Klassische alpine Kletterei, typisch für das Sarcatal, über Platten, Verschneidungen und Risse. Die Absicherung ist in den schwierigeren Seillängen gut und das Gestein meist fest. Die ersten beiden schwierigen Seillängen folgen einer Variante, die eine Passage mit brüchigem und grasigem Fels vermeidet und die Schwierigkeiten dadurch etwas homogener macht. Diese Variante führt zu einer Zone mit brüchigem Gestein, Geröllterrassen und Büschen am Fuße des gut sichtbaren grauen Pfeilers, an dem sie wieder auf die Originalroute trifft. Achtung: die Kante wird heute über die steilen Platten auf der linken Seite erklettert. Dann führt die Route wieder nach rechts (deutliche und logische Linie). Schöne und schwierige Seillängen folgen, und auch der abweisend aussehende Kamin in der Ausstiegslänge ist leichter und schöner als vermutet.

Zustieg: auf dem rot gekennzeichneten Hauptweg bis in Falllinie des Pfeilers. Links eines breiten Wandsockels mit Geröll und Büschen und nahe am Pfeiler ist der Einstieg. Der erste Haken ist sichtbar und der Routenname ist angeschrieben.

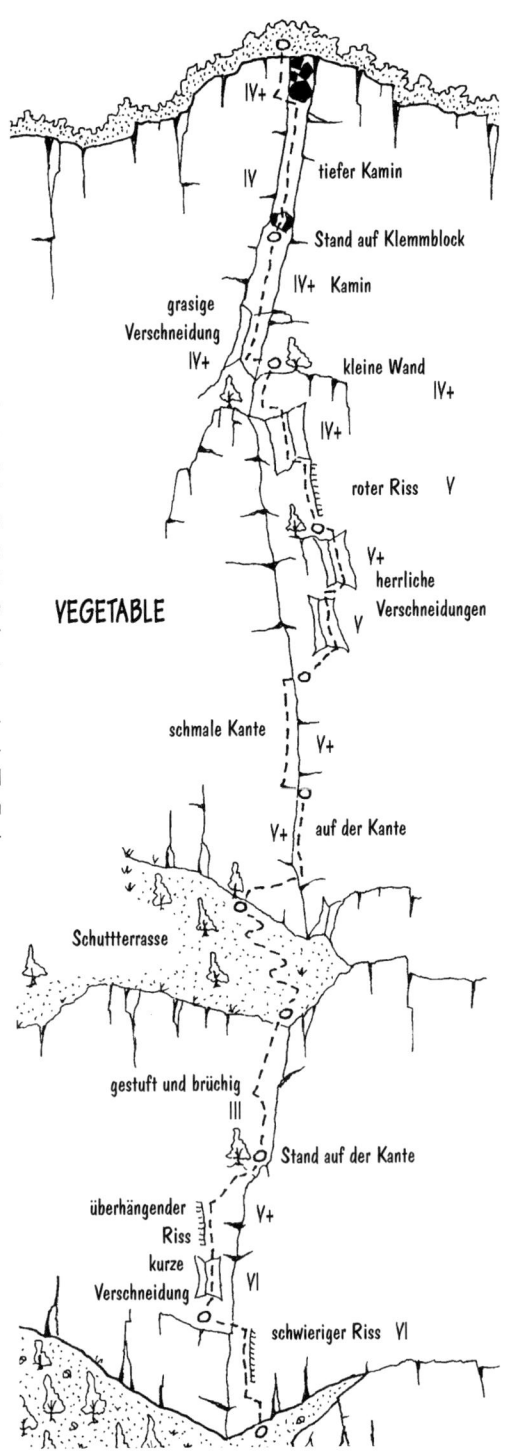

21 GRAN DIEDRO ✹✹
H. Holzer, A. Tscholl, R. Reali 1967
300 m. (8SL)
V+, VI/R4/III
Schwierige Route, die der geradlinigen, perfekten und breiten Verschneidung in der Südwand des Dain folgt. Sehr klassische alpine Kletterei in grasigem und brüchigem Fels.
Einstieg: fast in Falllinie der breiten Verschneidung, ca. 20 m rechts, bei seichten Rissen.

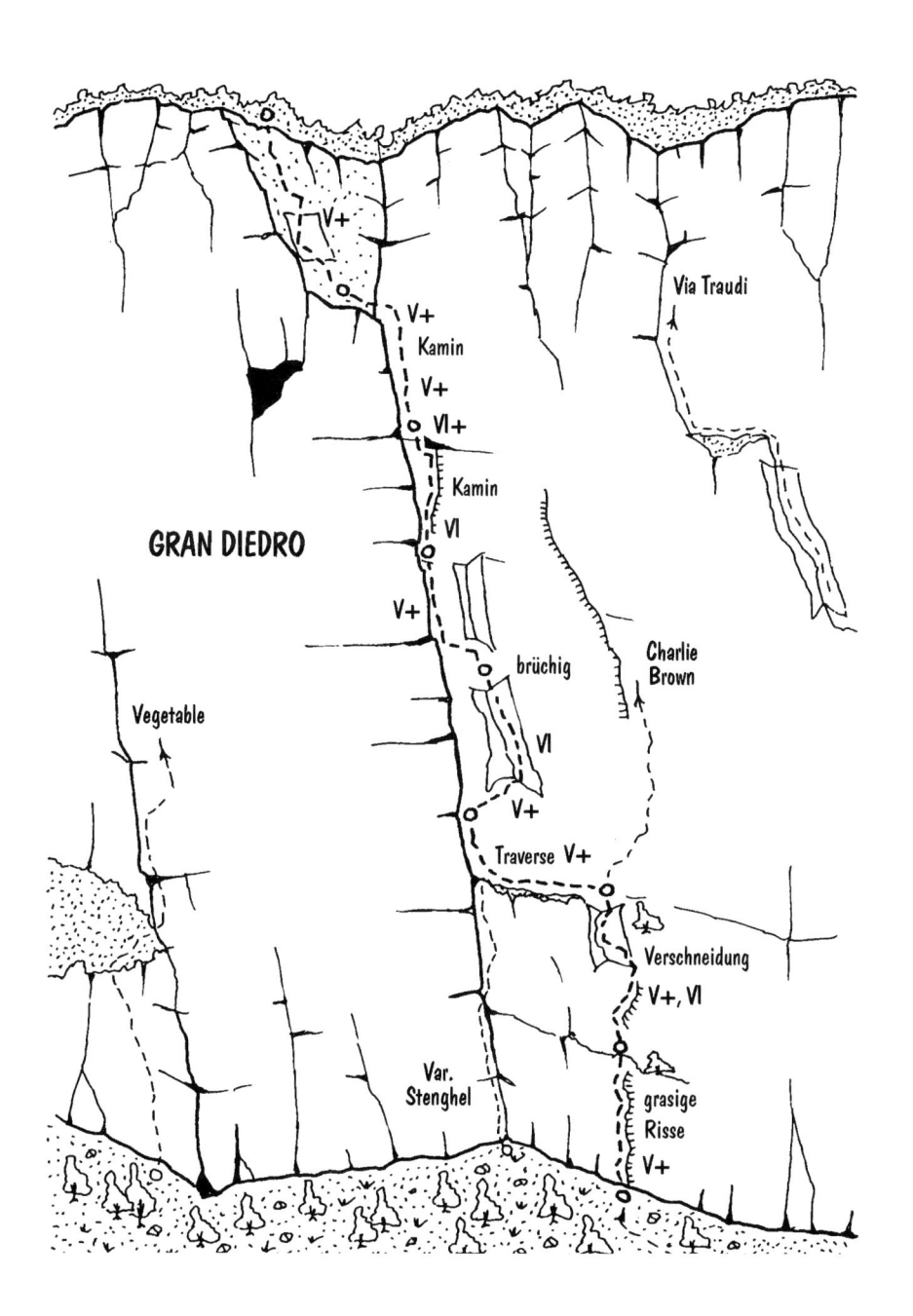

22 CHARLIE BROWN ✻✻✻✻

M. Pegoretti e compagno 1978
Variante di uscita diretta:
H. Grill, J. Blummel
300 m. (10SL)
VI, A1/R3/III

Die Route führt über die schöne, graue und plattige Wand rechts des Gran Diedro. Eine deutliche, sehr regelmäßige und gut sichtbare Verschneidung mit einem Abschlussdach teilt diese Plattenflucht in zwei Hälften und gibt die Linie der Route vor. Der aus alpinistischer Sicht sehr interessante Weg folgt im ersten Teil Rissen und grauen Platten, die teilweise auch grasbedeckt und brüchig sind. Nach der wunderschönen Verschneidung wird die Route viel schöner und auch schwieriger. Im allgemeinen ist die Felsqualität gut, im letzten kleinen Kamin sollte man wegen des losen Gesteins aber etwas vorsichtiger sein. Die Absicherung ist nicht die beste: eine kleine Auswahl an Klemmkeilen, Friends und Haken sollte mitgeführt werden. Das Topo bezieht sowohl die Originalroute als auch einige Varianten ein.

Einstieg: in Falllinie der Verschneidung

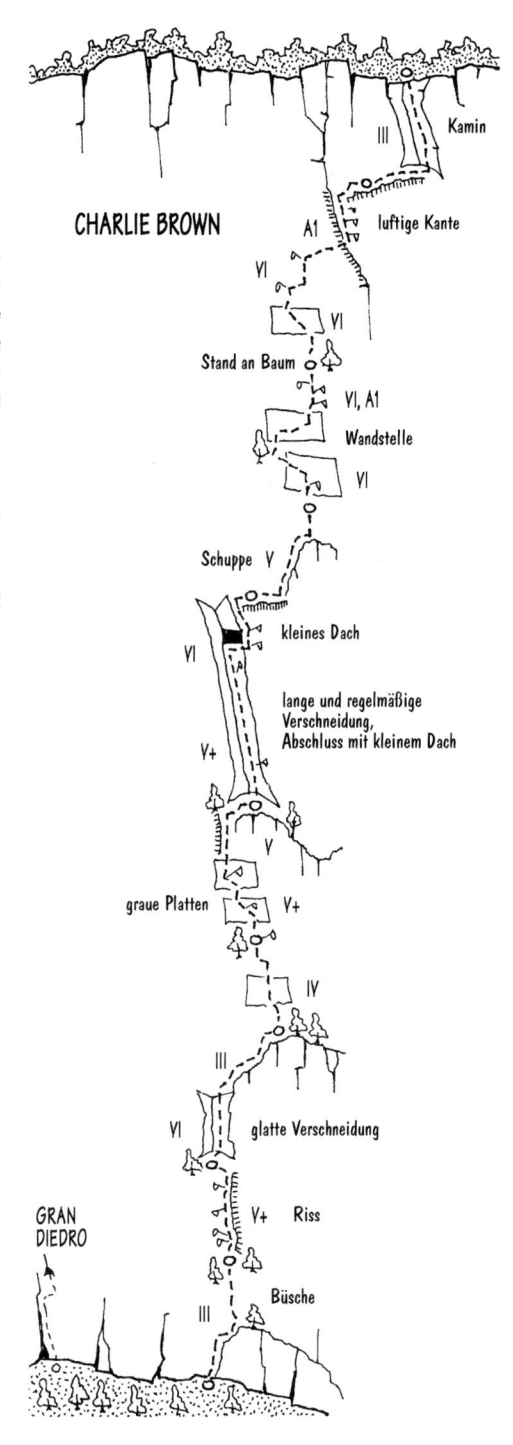

23 TRAUDI ☆☆
H. Holzer, R. Reali 1967
300 m. (8SL)
VI, A1/R3/III

Große Route entlang von Verschneidungen und brüchigen Kaminen, deshalb kaum oder gar nicht wiederholt. Die Linie ist logisch und elegant und folgt im oberen Teil einer markanten, sehr geradlinigen Verschneidung.

Zustieg: ein breiter Sockel mit grasigen Platten stützt die Wand des Dain. Bei einem einzelstehenden Pfeiler führt eine Rampe über diesen Sockel bis zu einem Kamin. Von hier führt ein Band dann nach links zu einer breiten Verschneidung, die von einer Folge von Dächern abgeschlossen wird. Einstieg bei einem grasigen Riss, der zur Verschneidung führt.

23a VARIANTE LILLI ☆☆
M. Pegoretti, E. Covi, M. Cagol, S. Zenatti 1985
150 m.
V+, VI/R3

Der Einstieg zu dieser Variante liegt direkt senkrecht unterhalb der breiten Verschneidung. Über Platten und grasige Risse erreicht man die Verschneidung und vermeidet dadurch den Rechtsschlenker. Direkter, aber schwieriger.

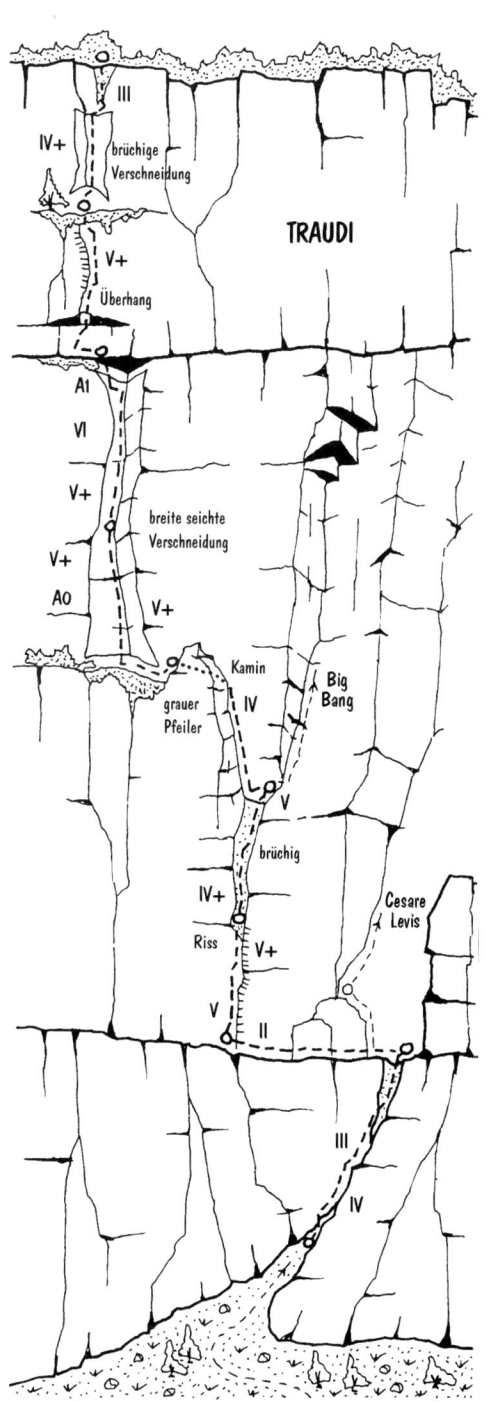

PIAN DELA PAIA

124

24 VIA DELL'ANGELO ✼✼✼✼
H. Grill, J. Blummel 2000
300 (11SL)
VI, A1/R3/III

Die wunderschöne, klassische Route folgt einer logischen, gewagten und doch verlockenden Linie entlang des Pfeilers, der zwischen der Wand mit der 'Via Traudi' und der rinnenartigen Verschneidung mit der 'Via Big Bang' empor geht. Die ersten Seillängen sind manchmal etwas brüchig, aber mit der Höhe wird auch der Fels deutlich besser. Die Passage in Höhe der Dächer der 'Via Big Bang' ist wirklich eindrucksvoll und die oberen Plattenbereiche sind äußerst schön. Die Absicherung ist im allgemeinen gut, auch an vielen Büschen und Sanduhren sind Schlingen zu finden. Dennoch sollte eine kleine Auswahl an Haken, Klemmkeilen und Friend nicht fehlen.

Zustieg: links vom Einstiegsriss von 'Big Bang' sieht man mit Büsche mit Schlingen.

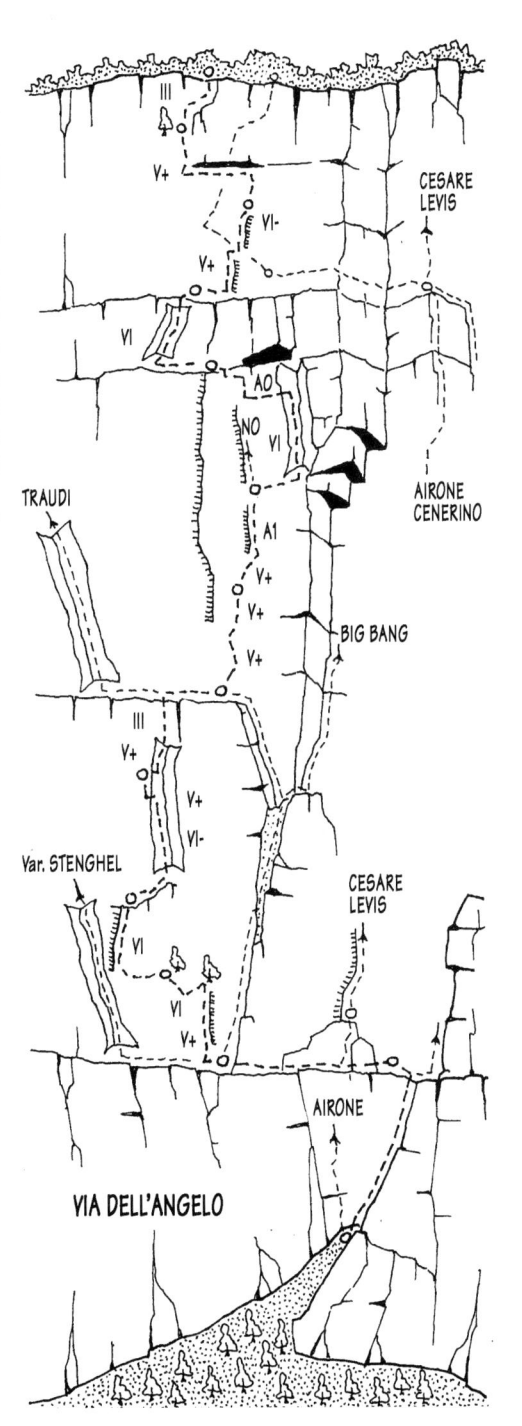

25 BIG BANG ✱✱✱
G. Stengel, A. Baldessarini 1980
300 m. (7SL)
V+, VI+/R4/III

Ernsthafte und extreme Route in brüchigem Gestein, mit prekärer Absicherung und in wildnishaftem und bedrückendem Ambiente. Die Erstbegeher schlugen nur wenige Haken und hinterließen damit hier eine der schwierigsten Routen im Tal. Die Linie folgt der Rinnenverschneidung, die von einer Reihe von Dächern abgeschlossen wird.

Zustieg: wie zur 'Via Traudi' und in dieser Route, nach dem Band, zwei SL hoch. Danach nicht links in den brüchigen Kamin, sondern rechts in die Verschneidung.

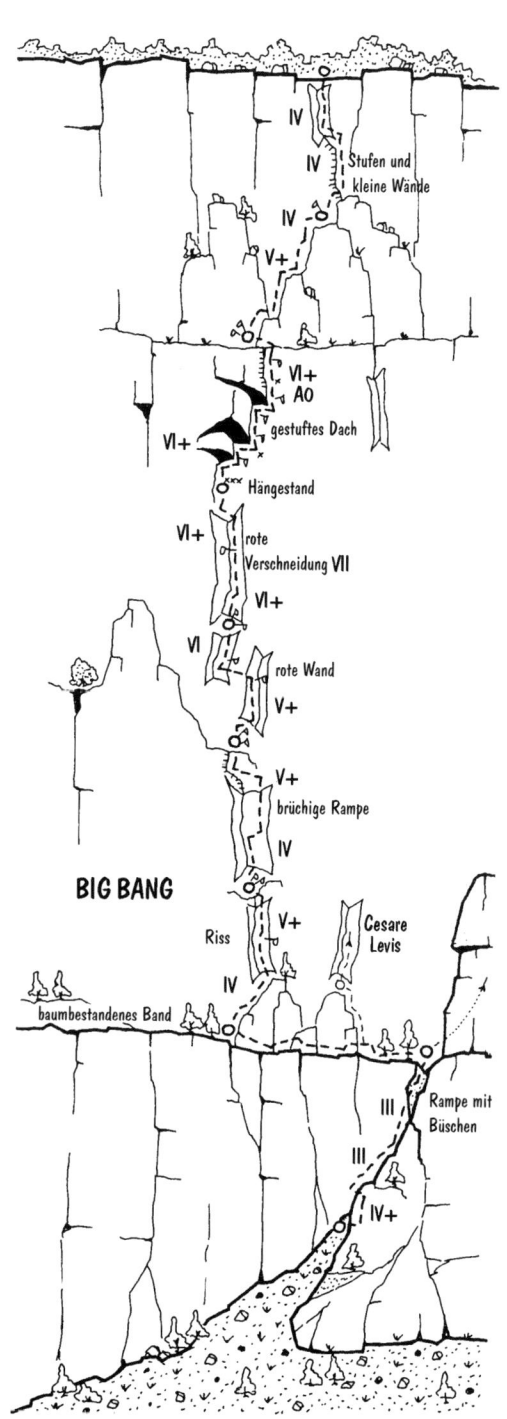

26 IL VOLO DELL'AIRONE CENERINO ✳✳✳✳
A. Zanetti, D. Filippi 2006
350 m. (11SL)
6c, 7a+, A0 (6b obl.)/S2/II

Diese Linie zieht über die elegante und scharfe graue Kante zwischen den Pfeilern namens 'Big Bang' und 'Manolo'. Die lohnende und elegante Route in gutem bis fantastischem Fels ist sehr gut mit Bohrhaken abgesichert. Die schwierigsten Passagen können A0 geklettert werden. Die Route ist den Fischreihern, die über den Fischzuchtbecken fliegen, gewidmet.

Ein wenig Geschichte: schon in den neunziger Jahren begannen Zanetti und Sebastiani mit der Erschließung dieser Route und erreichten den oberen Teil der Kante. Unbekannte Kletterer versahen dann die ersten beiden Seillängen des Sockels bis zum Beginn der Kante mit Haken. Nachdem wir dann die Route begangen und dabei die alten Haken ersetzt hatten, fügten wir die letzten Seillängen hinzu. Die Linie wurde somit in insgesamt drei Zeitfenstern erschlossen und weist deshalb unterschiedliche Arten der Absicherung auf.

Zustieg: über die deutlich sichtbare Rampe, die zu den Hauptrouten der Wand ('Cesare Levis', 'Kerouac' u.a.) führt. Der Einstieg befindet sich kurz vor der der senkrechten Wand, wo üblicherweise angeseilt wird, bei einer mit Bohrhaken abgesicherten Platte auf der linken Seite.

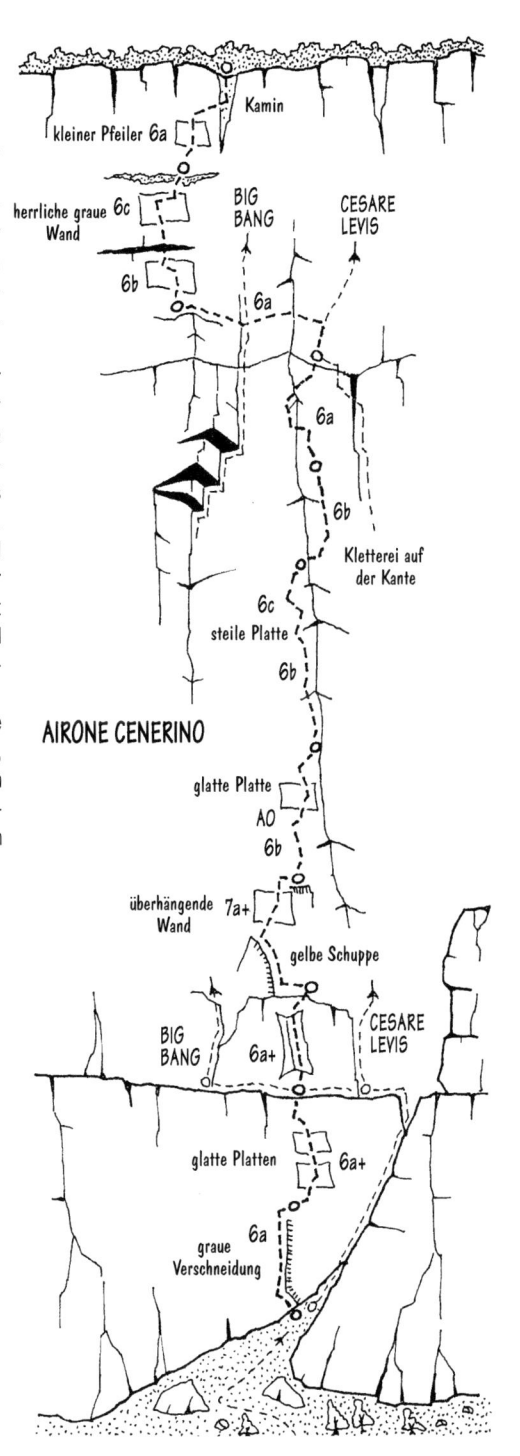

PIAN DELA PAIA

27 CESARE LEVIS ✺✺✺✺✺
M. Zanolla, G. Groaz, M. Furlani 1978
300 m. (8SL)
V+, VI/R3/III
Die fantastische Route trägt auch den Namen 'Diedro Manolo' und verläuft über eine unglaubliche Reihe von Rissen und Verschneidungen. Sehr empfehlenswerte Genusskletterei in gutem Fels und mit guter Absicherung.
Zustieg: wie bei 'Traudi' bis zum Band. Dann nach links queren und über eine kleine Platte. Einstieg bei einem großen Riss, der die roten Überhänge von einem schlanken grauen Pfeiler trennt.

27a VARIANTE DI USCITA ✺✺
G. Stenghel, R. Vettori, A. Baldessarini 1981
100 m.
V+/R3
Am Ende der 5. SL, unterhalb des Daches, statt nach links nach rechts aussteigen und über grasige Platten zum Wäldchen auf dem Gipfel.

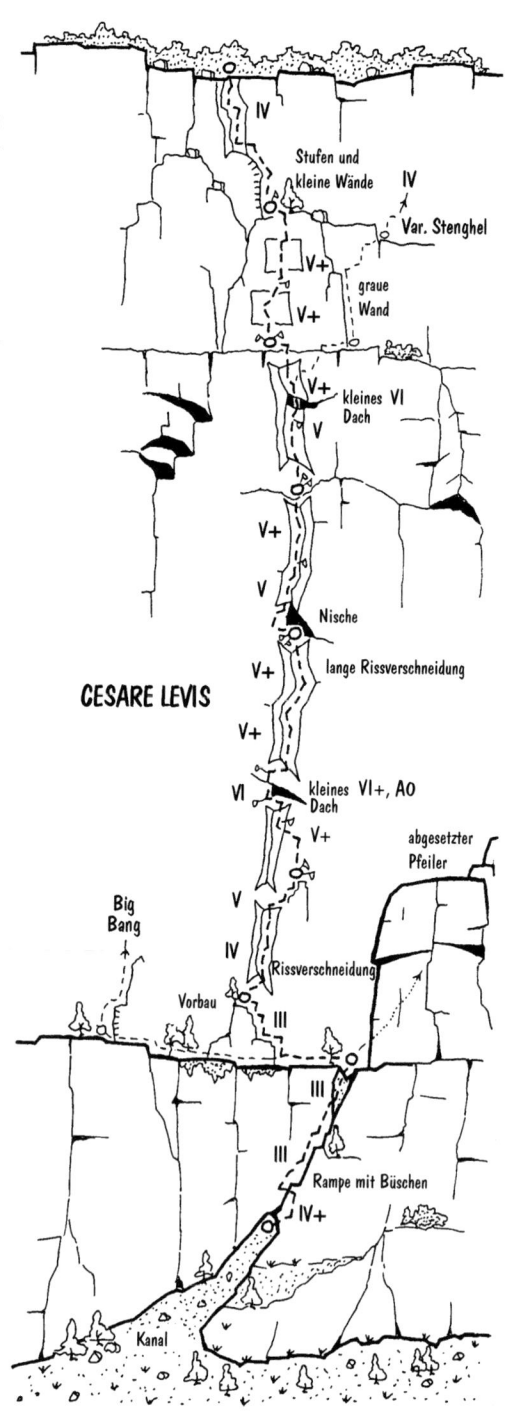

Simone Banal sulla "Cesare Levis"

28 LUNA DI MIELE ✸✸✸
M. Pegoretti, E. Covi 1980
300 m. (8SL)
VI, A1/R4/III

Schwierige Route entlang von Rissen und Verschneidungen, die zwischen der 'Via Cesar Levis' und der 'Via Kerouac' verläuft.

Zustieg: wie bei 'Traudi' zum Grasband, dann rechts in Richtung eines Kamins bei einem einem einzelstehenden Pfeiler. Einstieg links bei einer gelben, senkrechten Verschneidung.

29 KEROUAC ✸✸✸✸
G. Groaz, P. Baldo, L. Massarotto 1981
300 m. (7SL)
VI, A1/R3/III

Vorwiegend Risskletterei, schön, schwierig und mit einer technischen Passage in der 4. Seillänge.

Zustieg: wie bei 'Traudi' zum Grasband, dann rechts in Richtung eines Kamins bei einem einzelstehenden Pfeiler. Durch den Kamin und links auf eine deutlich sichtbare rote Rampe mit Riss.

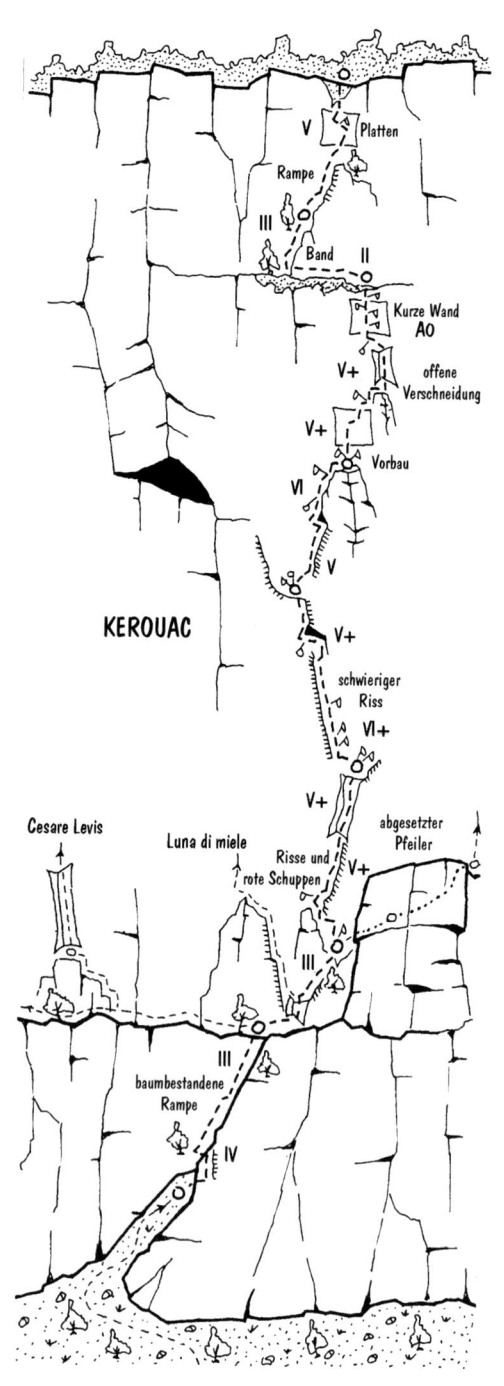

30 FACTOTUM ✸✸✸
M. Zanolla, A. Leviti 1978
300 m. (8SL)
VI, A1/R3/III

Die Schönheit dieser Route wird durch die besonders wildnishafte und eindrucksvolle Umgebung bestimmt. Die Linie folgt Verschneidungen und Rissen, die mal brüchig, mal wieder unglaublich fest sind.
Zustieg: wie bei 'Traudi', dann 2 SL durch den Kamin bei dem einzelstehenden Pfeiler. Bei einer Terrasse dann direkt in die Wand mit grauen und brüchigen Rissen einsteigen.

30a VARIANTE F.B. ✸✸
D. Filippi, C. Baratto. 1994
40 m.
V+, VI/R3

Nach der Seillänge mit den brüchigen Rissschuppen erreicht man mit dieser schwierigen, aber schönen Traverse die 'Via Zenatti'.

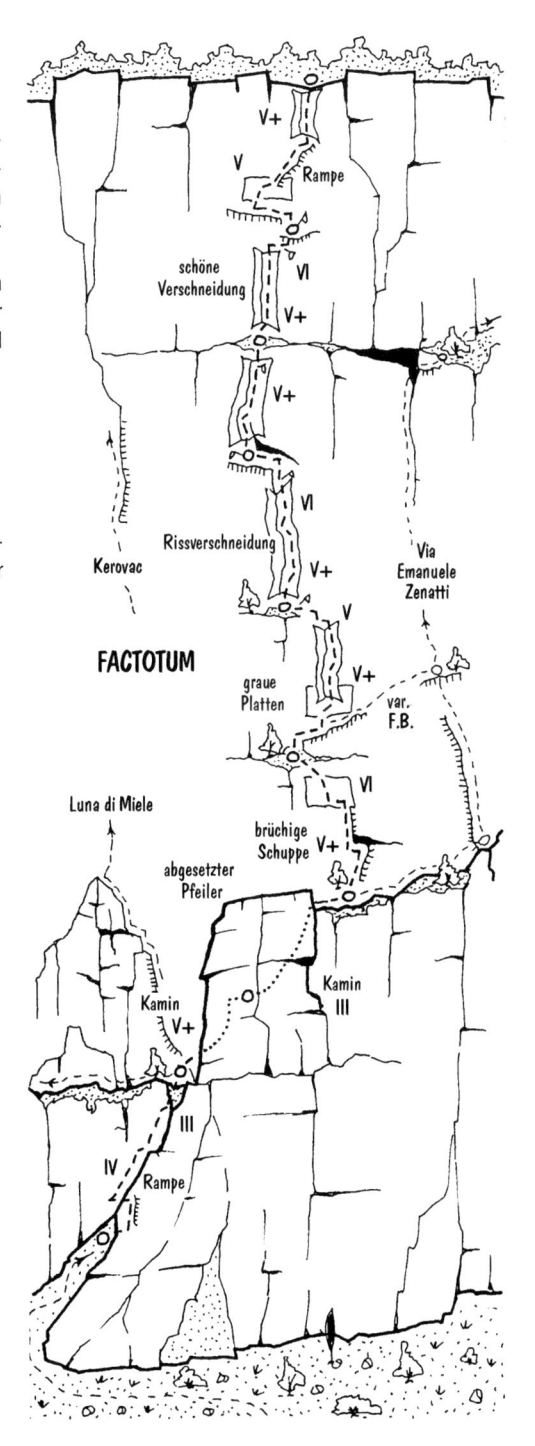

PIAN DELA PAIA

31 EMANUELE ZENATTI ❋❋❋
G. Stenghel, F. Zenatti 1981
300 m. (8SL)
V+,VI/R3/III

Außergewöhnlicher Weg über wunderschöne rote Verschneidungen. Die Kletterei im festen Fels ist recht athletisch, leider ist die Absicherung nicht gerade gut.

Zustieg: Wie bei 'Traudi' und 'Factotum' bis zur Terrasse, dann auf dem Band und der folgenden Rampe nach rechts queren und über einen Vorbau. Einstieg bei einem nach links führenden gelben Riss.

31a VARIANTE DI USCITA ❋❋❋❋
D. Filippi, S. Bazzanella 1999
40 m.
VI/R3

Unter dem Abschlussdach bis zu dessen Ende nach links queren und auf eine kleine Terrasse. Mit einer weiteren kurzen Traverse erreicht man die Verschneidungen der 'Via Factotum'.

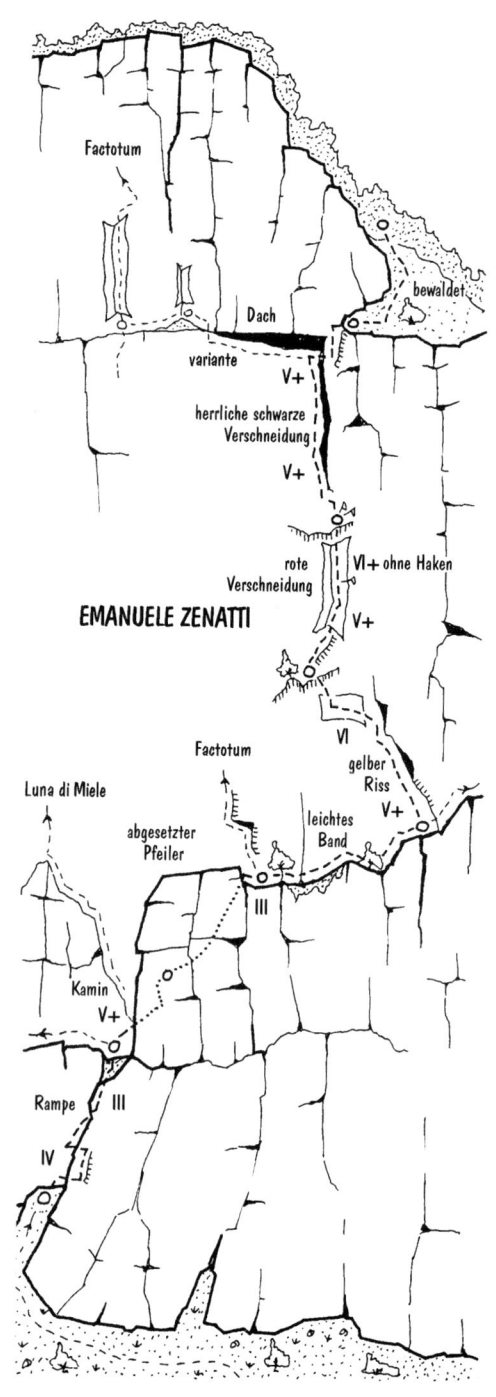

32 BALDO GROAZ ✻✻✻
G. Groaz, P. Baldo 1978
350 m. (9SL)
IV, V/R3/III

Leichte, typisch klassische Genusskletterei entlang von Kaminen, Verschneidungen und Rissen. Die leichteste Route der Wand ist ein perfekter Einstieg für die alpinen Routen im Sarcatal, sollte aber dennoch nicht unterschätzt werden. Vorsicht sollte man auch bei den Kaminen in den ersten Seillängen walten lassen: hier liegen große, wenig vertrauenerweckende Blöcke herum.

Zustieg: wie zu 'Traudi' und 'Emanuele Zenatti', dann noch weiter rechts (am Einstieg von 'Par Condicio' vorbei) queren. Einstieg bei einer grauen, rinnenartigen Verschneidung mit instabilen Blöcken.

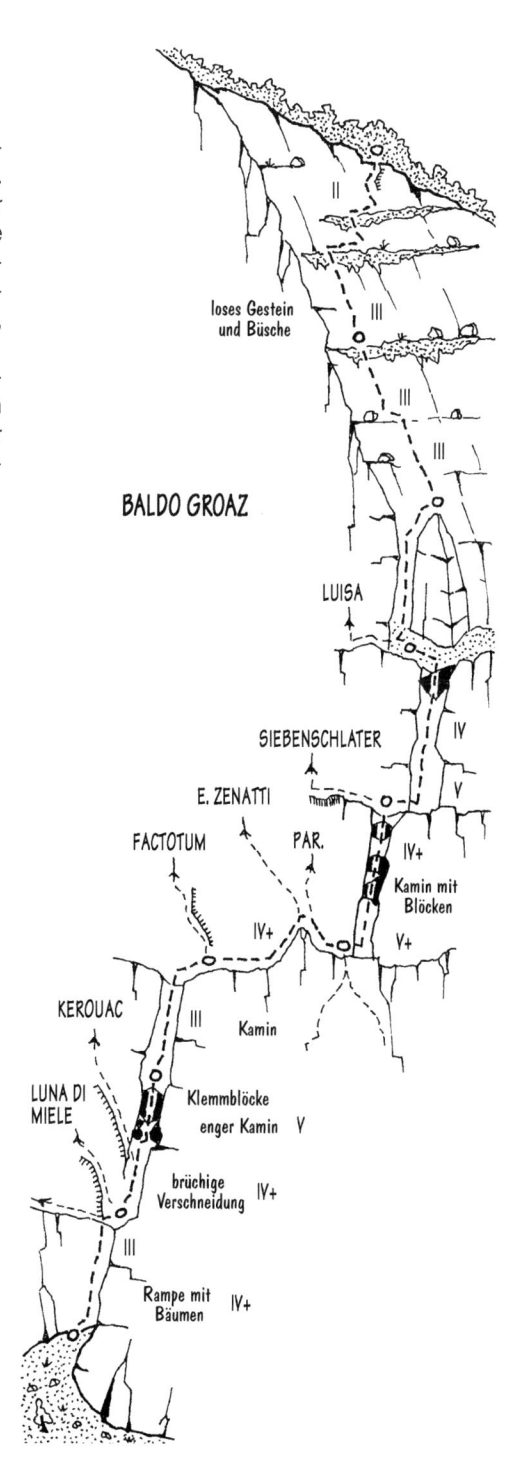

33 VIA LUISA ☆☆
F. Miori e D. Zampiccoli 1982
300 m. (9SL)
V+, VI/R3/III

Klassische alpine Kletterei mit meist gemäßigten Schwierigkeiten. Nur die erste und die sechste Seillänge fallen etwas aus dem Rahmen: in der ersten klettert man über heikle, weil brüchige Stellen. Die sechste Seillänge bietet wunderschöne, aber auch anhaltend schwierige Verschneidungskletterei in festem Gestein. Der Ausstieg aus dem Dach am Ende dieser Verschneidung ist die schwierigste Passage in der gesamten Route. Die 'Via Luisa' verläuft in den ersten Seillängen zwar eigenständig, benutzt dann aber den grauen Kamin der 'Via Baldo Groaz' und später auch die schöne rote Ausstiegsverschneidung der 'Via Siebenschläfer'. Insgesamt eine nicht sehr schöne, sehr alpine, klassische Route, die aber trotz des Entdeckungscharakters gewissen Genuss bieten kann.

Zustieg: wenige Meter unterhalb der großen Rampe, die zur 'Via Cesaris' und den anderen Routen führt, beginnt eine weitere baumbestandene Rampe. Diese führt zu einer markanten, brüchigen und mit Büschen bestandenen Rinnenverschneidung. Diese Verschneidung kann man auch daran erkennen, dass sie sehr deutlich die Platten mit der 'Via Parcondicio' vom großen einzelstehenden Pfeiler trennt.

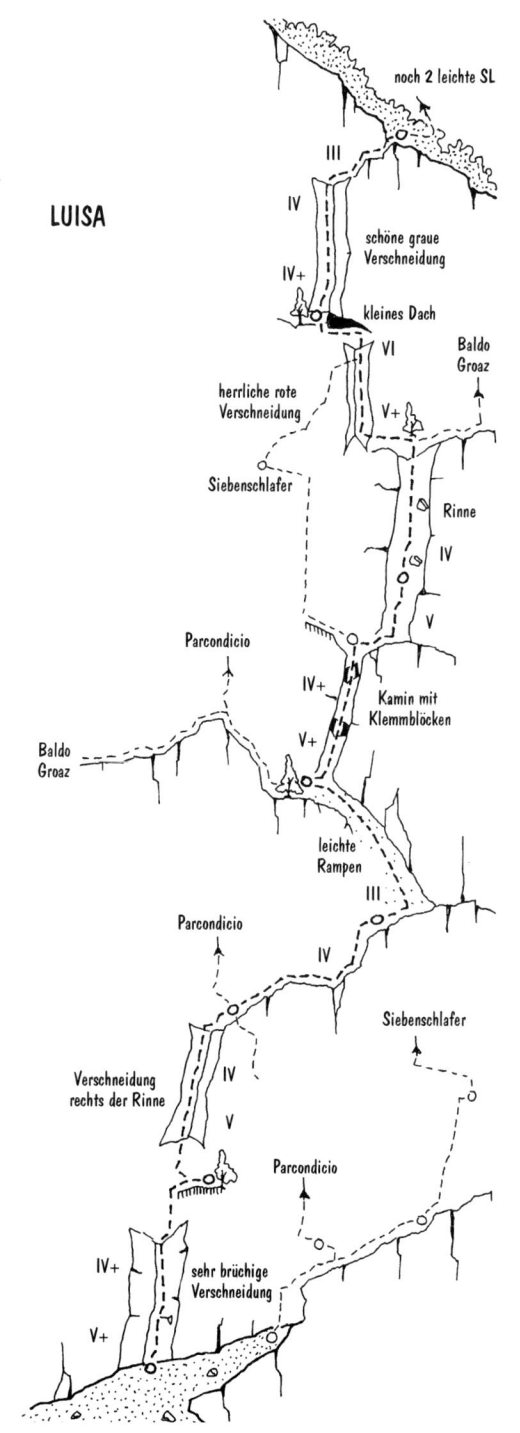

34 PAR CONDICIO ☼☼☼☼

M. Maceri, R. Cosmis 2000

300 m. (8SL)

VI+, A0/R1/III

Abwechslungsreiche und schöne Sportkletterroute mit teils sehr alpinem Charakter, die meist gut abgesichert in festem Fels verläuft. Ein Satz Klemmkeile kann nicht schaden...

Zustieg: bei der Rampe der 'Via Traudi' etwas abwärts und auf der folgenden Rampe empor. Einstieg rechts einer Grasrinne, in Falllinie zweier kleiner und charakteristischer Dächer („Par" steht angeschrieben).

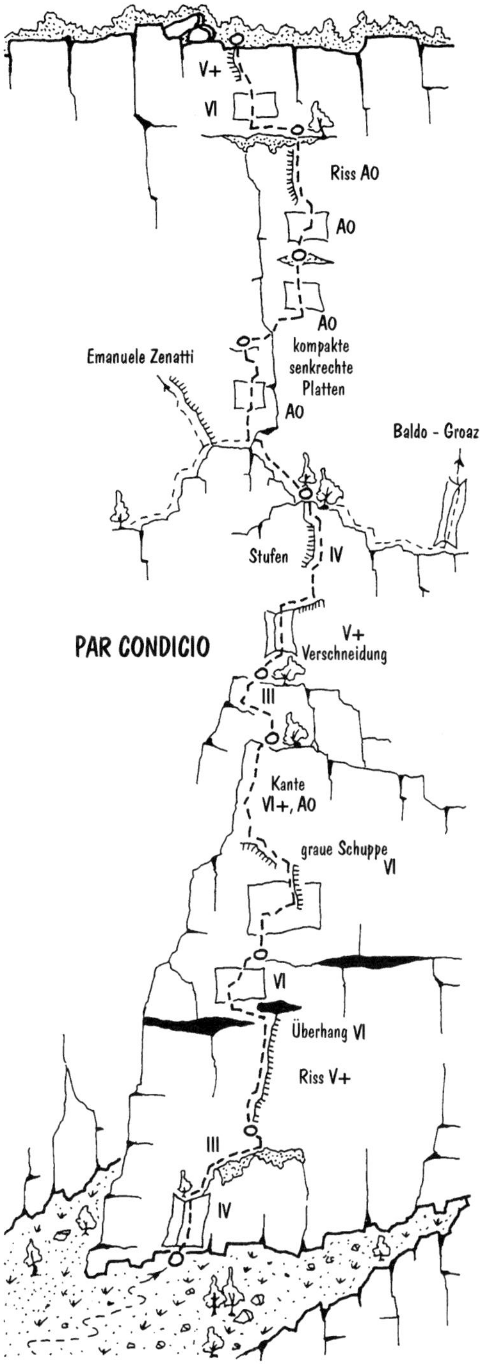

PIAN DELA PAIA

35 SIEBENSCHLAFER ✸✸✸✸
T. Zuech, M. Camper 1983
300 m (9SL)
V+, VI/R3/III

Die spektakuläre Linie ist einer der schönsten Wege im ganzen Sektor und zieht in fantastischer Kletterei über Risse und Verschneidungen in bestem Fels hoch. Es wurden wenige Haken belassen, aber die Absicherung mit Klemmkeilen und Friends ist sehr einfach.

Einige Passagen in den breiten Rissen (z.B. in der 4. und 8. SL) sind mit ihren ungewöhnlichen Körperklemmern sehr mühsam. Die Route verläuft mehr oder weniger parallel zu 'Parcondicio', einige Standplätze haben die Routen gemeinsam.

Einstieg: auf den ersten 10 Metern wie 'Par condicio', dann auf dem Band weiter bis zum Beginn einer deutlichen Verschneidung. Stand an einem Baum.

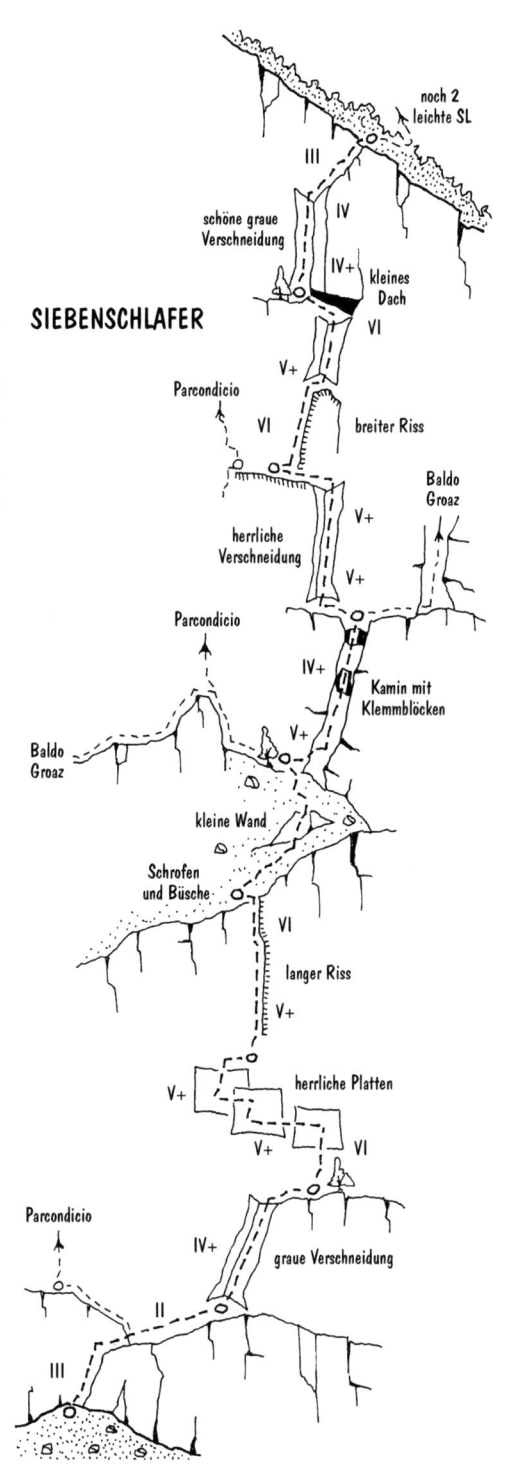

PIAN DELA PAIA

36 IMPRONTE DIGITALI ✤✤✤✤

M. Maceri, R. Cosmis, M. Zadra 2001
350 m. (11SL)
VI+, A0/R1/II

Schöne Route mit Sportkletttercharakter über sehr kompakte Platten. Einige grasige Passagen geben ihr dennoch einen alpinen Touch. In der Gesamtlänge sind auch die letzten vier Seillängen von 'Par condicio' mit eingeschlossen.

Zustieg: auf dem steilen Pfad, der durch den Wald führt, nicht zu weit hoch, sondern bald über das Geröllfeld queren (gelbe Markierungen und Steinmänner). Über diesen schrofigen und mit Büschen bestandenen Wandsockel erreicht man direkt den Einstieg der Route.

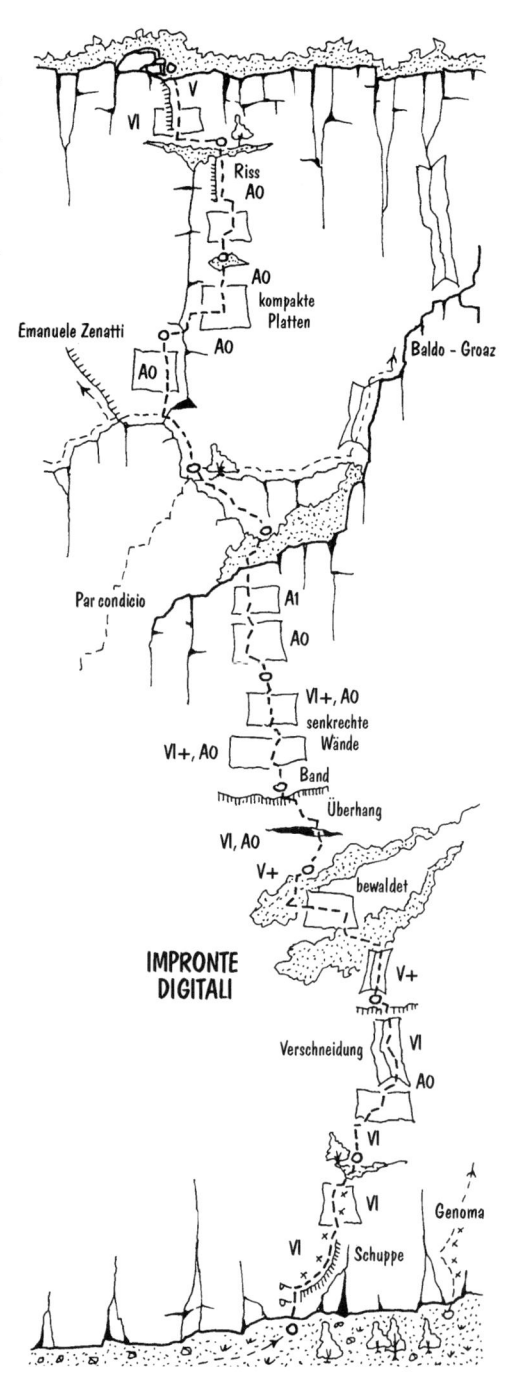

37 GENOMA ✻✻✻✻✻
M. Maceri, C. Zadra, A. Todesco, R. Lisciotto
2000
350 m. (11SL)
6b, A0 (6a obb)/S2/II

Diese wunderschöne Route führt in den ersten Seillängen über sehr kompakte Tropflochplatten und folgt dann sehr logisch einer Reihe von Verschneidungen und Rissen. Abwechslungsreiche Kletterei, gut, aber manchmal etwas weit, mit Bohr- und Normalhaken abgesichert. Friends mittlerer Größe sind empfehlenswert. Die Route endet bei der Kaminverschneidung der 'Via Baldo Groaz', über die man mit drei Seillängen leicht auf den Gipfel aussteigt. Dennoch ist hier wegen der instabilen Blöcke und vielen Büsche Vorsicht angebracht.

Einstieg: etwas rechts von 'Impronte Digitali'.

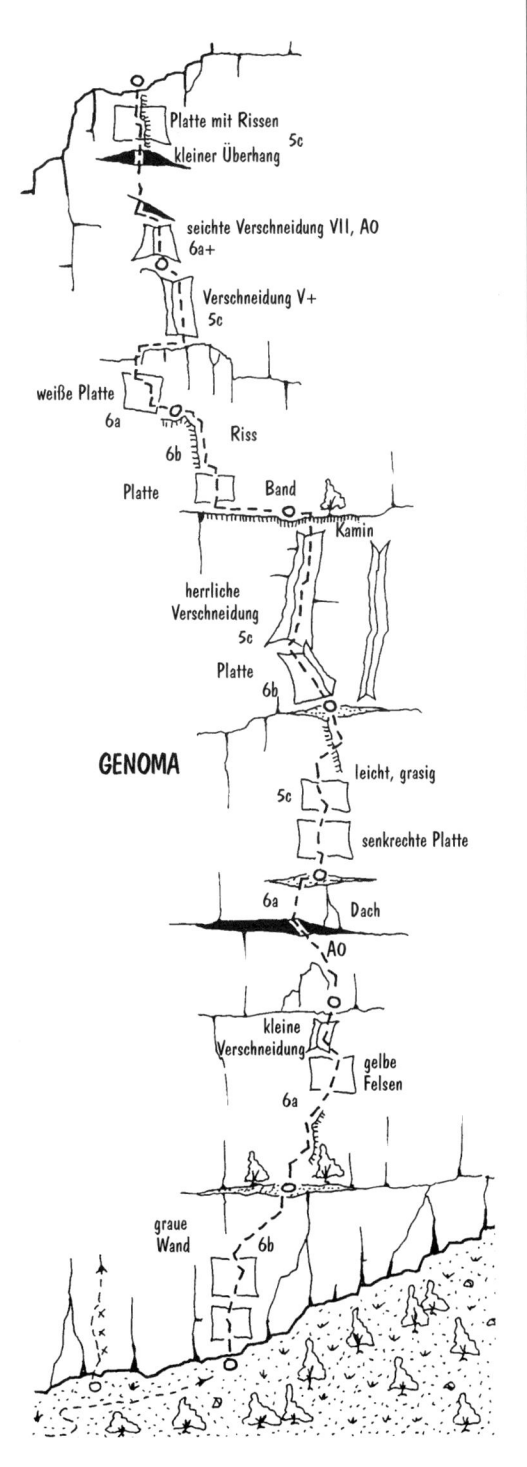

38 VIA DELLO SPIGOLO ✹✹✹✹

H. Grill, F. Kluckner, F. Heiss, L. Heiss 2005
350 m. (14SL)
V+, VI/R3/III

Logische, elegante und wunderschöne Alpinroute, die mit klassischer Kletterei über Verschneidungen, Risse und Platten aufwartet und sehr empfehlenswert ist. Im Allgemeinen ist die Absicherung mit Normalhaken gut. In der kompakten Platte der 4. SL sollte man vorsichtiger sein: die Hakenabstände sind etwas weit und Möglichkeiten für eine zusätzliche Absicherung gibt es nicht. Die Standplätze an Bäumen und Büschen sind gut, sollten aber manchmal zusätzlich abgesichert werden. Vorsicht bei einigen losen Blöcken im Verlauf der Route.

Einstieg: etwas rechts von 'Genoma'.

Weitere Routen:
A - MONICA GASPERINI: G. Stenghel und F. Sartori 1982. Logische Linie entlang von Rissen und grasigen kleinen Verschneidungen zwischen 'Via Holzer' und 'Via Vegetale'. 200m. IV+, V.
B - DONNA DEL MISTERO: D. Mabboni und Gef. Einstieg gleich rechts von 'Par condicio' über eine leichte, rechtsgeneigte Verschneidung. Die Route folgt seichten Rissen und führt zu einer bewaldeten Zone im oberen Bereich der Wand. Über einige gemeinsame Seillängen mit den Routen 'Baldo Groaz' und 'Luisa' und Verschneidungen empor. 250m. V+, VI.

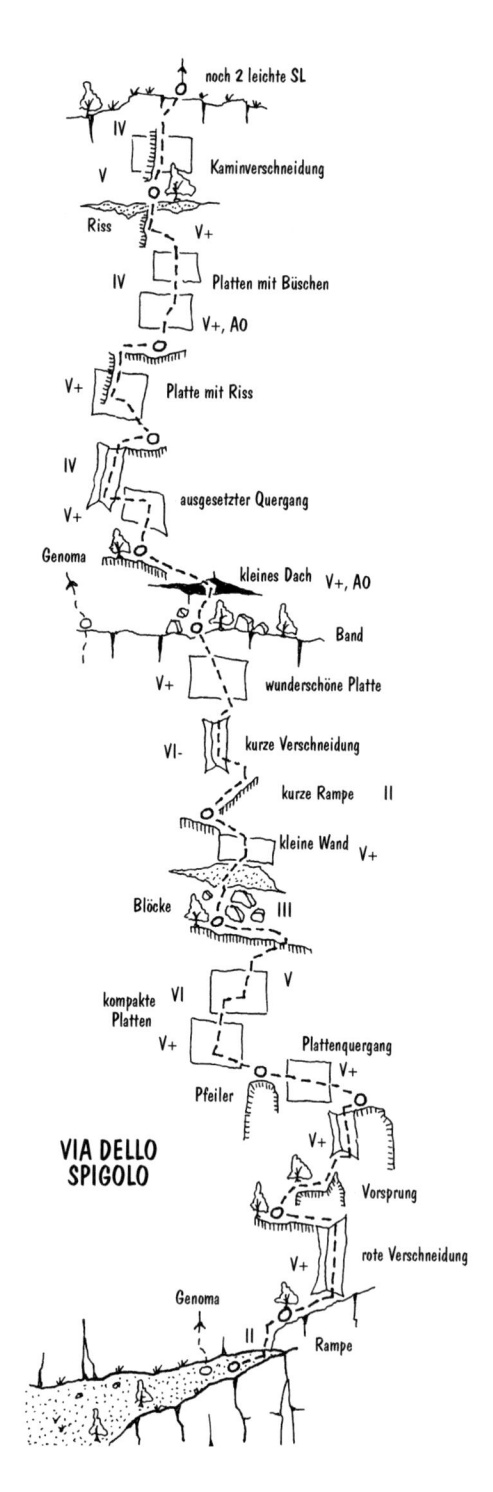

il Gelatiere

Caffè Gelateria Artigianale

piazza III Novembre
38062 Arco (TN)
tel. 0464.531541
ampio patio esterno

PARETE ZEBRATA
Sonnenplatte

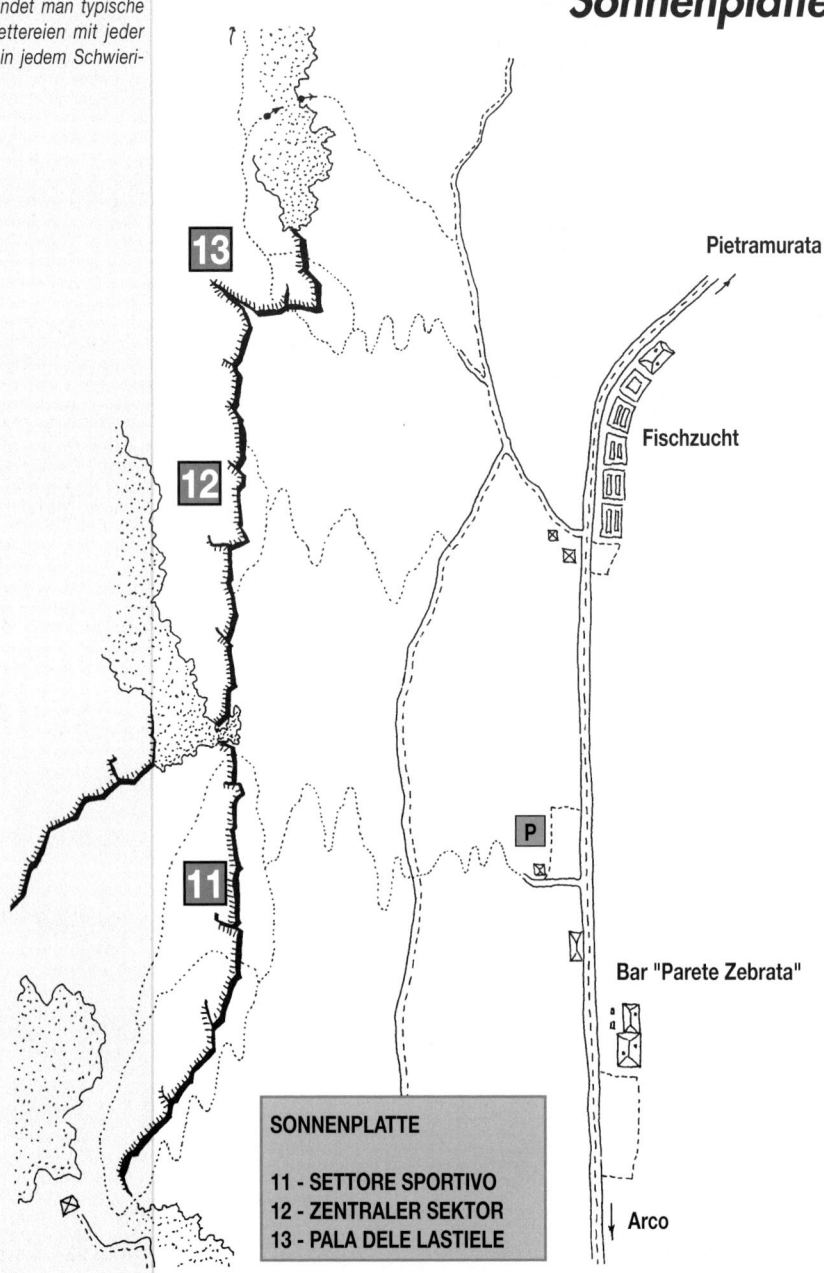

Der Name dieser Wand rührt von den grau-schwarzen Streifen her, die die riesigen Plattenfluchten durchziehen. In der durchschnittlich 60° steilen Wand findet man typische Reibungsklettereien mit jeder Länge und in jedem Schwierigkeitsgrad

Pietramurata

Fischzucht

P

Bar "Parete Zebrata"

Arco

SONNENPLATTE

11 - SETTORE SPORTIVO
12 - ZENTRALER SEKTOR
13 - PALA DELE LASTIELE

Mario Manica. 'Solaris' *(arch. Manica)*

PARETE ZEBRATA

11 SETTORE SPORTIVO

Parete Zebrata

Früher gab es hier nur alpine Routen mit spärlicher Absicherung und den logischen Folgen. Seit der Sektor aber plaisirmäßig eingebohrt wurde, verzeichnet er ein sehr hohes Besucheraufkommen. Auch der bequeme Zustieg ist ein großer Vorteil. Wegen der darüber liegenden Geröllfelder besteht aber nach wie vor ein sehr hohes Steinschlagrisiko. Die Zustiegswege und der Abstieg verlaufen in diesen Zonen mit sehr viel losem Gestein. Beim Abstieg lösen Kletterer immer wieder Steinschlag aus, der genau in die Kletterrouten fällt. Deshalb sollte man sehr früh in die Routen einsteigen, möglichst als erste Seilschaft. Genauso wichtig ist es, beim Ausstieg aus den Routen und beim Abstieg größtmögliche Vorsicht walten zu lassen.

Mit „46o parallello" erschloss Heinz Steinkotter im Jahre 1969 als Erster eine Route in diesem Bereich. Andrea Andreotti und Marcello Rossi gaben mit der Eröffnung der Route „Rita" den Anstoß zur Erschließung der gesamten Wand. In den vergangenen Jahren wurden alle Routen saniert und damit jedermann zugänglich gemacht. Wir möchten dennoch daran erinnern, dass A. Giovannetti in der 4. Seillänge der Route „Gabri-Camilla" nur einen einzigen Haken zur Absicherung verwendet hat. Heute findet man hier wenigstens zehn Haken!
Alle Routen sind schön, abwechslungsreich und mit eleganter Linienführung.

ZUSTIEG: 20 Min.
Vom Parkplatz (s. Zeichnung) auf bezeichnetem und bequemem Weg zum Wandfuß.

ABSTIEG: 40 Min.
Vom Ausstieg der Routen links auf einen Weg und durch die Geröllfelder bis zu einer Wasserleitung. Ab hier nicht auf dem Forstweg weiter, sondern scharf linkshaltend und auf dem Pfad über steile Geröllfelder weiter abwärts bis ins Tal.

#	Route	Länge		#	Route	Länge	
1	OPERA PRIMA	100 m.		13	VIA DEL 2 AGOSTO	250 m.	
2	VIA DELLE MIMOSE	120 m.		14	MON CHERY	300 m.	
3	DONNE IN CERCA DI GUAI	120 m.		15	ULTIMO TANGO	300 m.	
4	GINO GIANNA	150 m.		16	VIA DELL'AMICIZIA	350 m.	
5	TRENTO	180 m.		17	GABRI-CAMILLA	300 m.	
6	46° PARALLELO	180 m.		18	SOLARIS	300 m.	
7	MAN ILIA	180 m.		19	GIOCHI DI SILVIA	350 m.	
8	OLOCAUSTO	180 m.		20	SIMILAUN	350 m.	
9	D.C.P.E	180 m.		21	RITA	400 m.	
10	ARRIVEDERCI MARCO	200 m.		22	TERESA	400 m.	
11	CANE TRIPPA	200 m.		23	LUNA 85	400 m.	
12	SOUTH PARK	240 m.		24	CLAUDIA	400 m.	

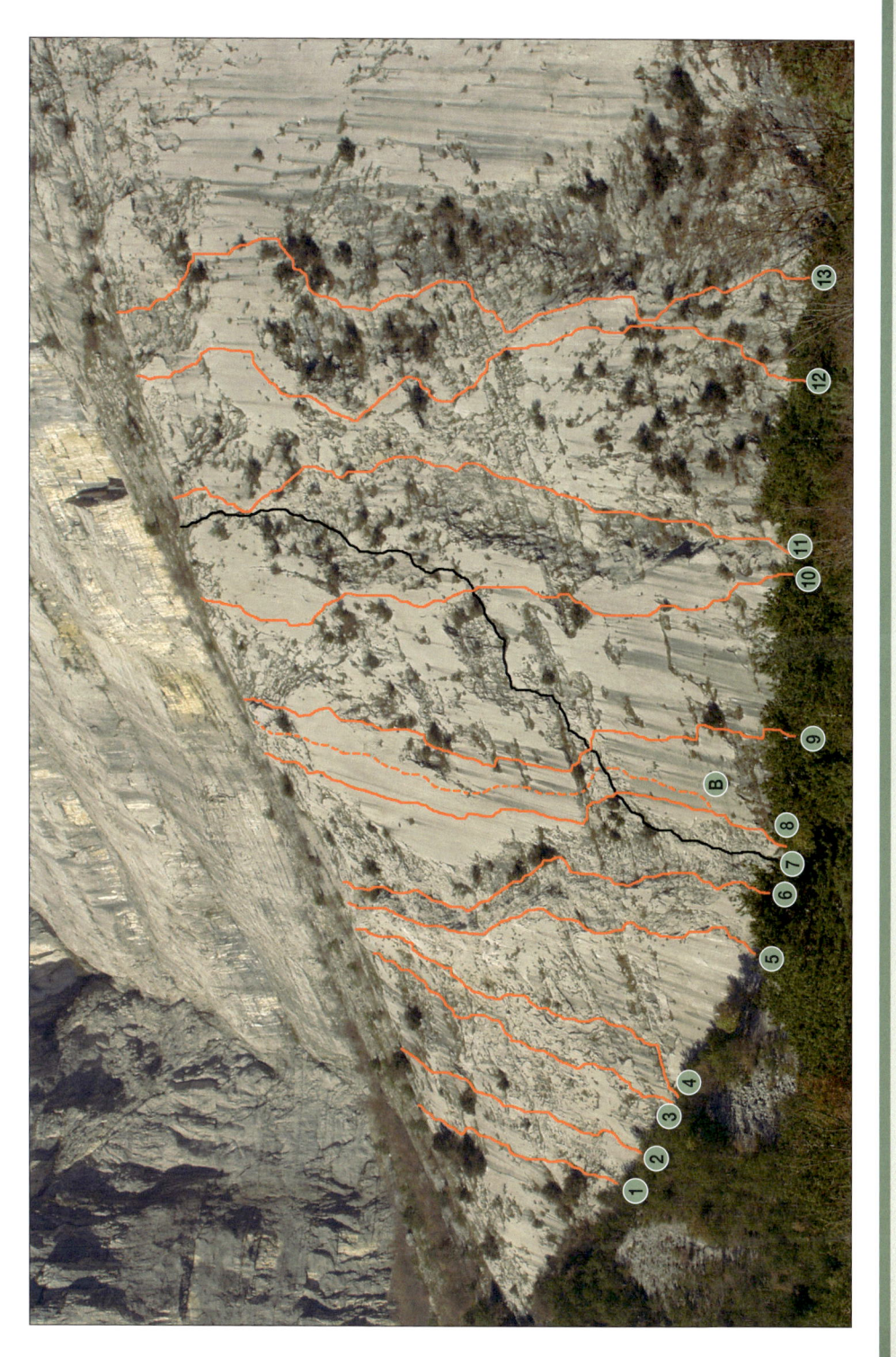

PARETE ZEBRATA

1 OPERA PRIMA ✸✸✸
100 m. (3SL).
5b/S3/I
Sehr kurze und leichte Kletterei und sehr gut für einen ersten Gesamteindruck in die Routen an der Parete Zebrata geeignet. Zum Einstieg steigt man das gesamte Geröllfeld hoch, fast bis zum Ende der eigentlichen Wand. Kurz vor großen Büschen sind die Klebehaken dann zu sehen.

2 VIA DELLE MIMOSE ✸✸✸
120 m. (3SL)
5b/S3/I
Die Route beginnt mit einer wunderschönen ausgeprägten Verschneidung und führt dann über leichtere Platten. Einstieg etwas rechts der Route „Opera Prima".

3 DONNE IN CERCA DI GUAI ✸✸✸
120 m. (3SL)
5b/S3/I
Zwischen den Klebehaken der Routen „Via delle Mimose" und „Gino-Gianna" sind Bohrhaken zu sehen. Über diese führt die Route (mit etwas weiten Hakenabständen) über Platten nach oben.

4 GINO GIANNA ✸✸✸
150 m. (4SL)
4c/S3/I
Die schöne Route beginnt mit einer charakteristischen Querung über eine glatte Platte. Einstieg etwas unterhalb von „Donne in cerca di guai" und ca. 50 m links von „46o parallelo".

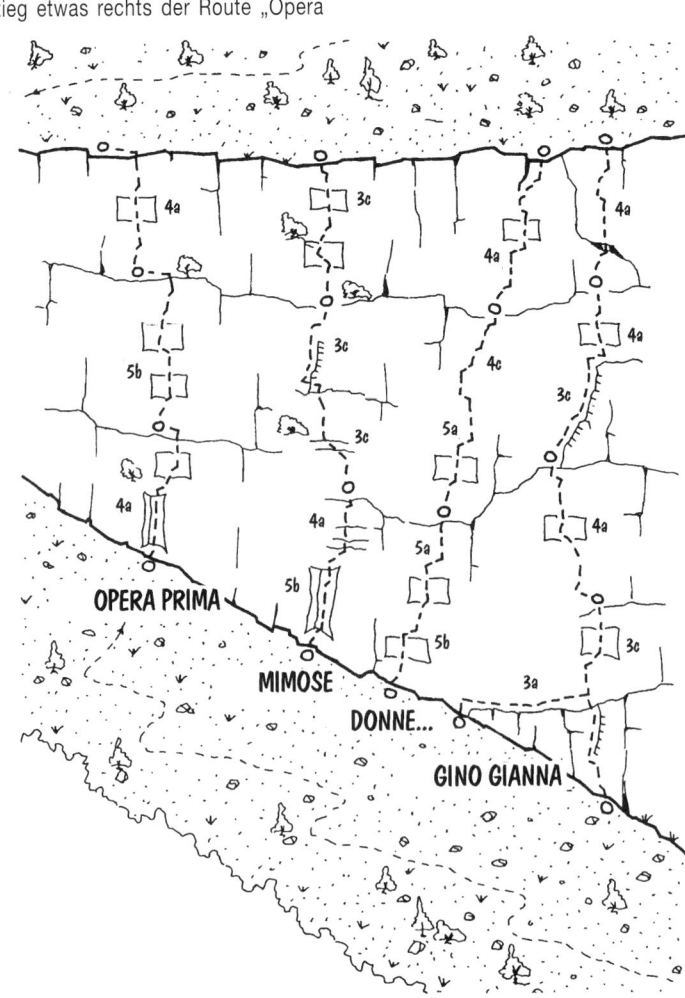

5 VIA TRENTO ✻✻✻
180 m. (5SL)
5a/S3/II

Zwei schöne Seillängen mit absoluter Reibungskletterei. Die <Route folgt den Platten links der deutlich sichtbaren und ausgeprägten Grasrinne der 'Via del 46° Parallelo'.

6 VIA DEL 46° PARALLELO ✻✻✻
H. Steinkotter 1969
180 m. (6SL)
4c/S3/II

Diese Route war nicht nur die erste an der Parete Zebrata, sondern sie ist auch eine der ältesten im ganzen Tal. Sie folgt der unverwechselbaren und gut erkennbaren grasigen Rinne, die den oberen Teil der Wand kennzeichnet. Diese Rinne ist ein sehr guter Bezugspunkt für die Lokalisierung der Einstiege der weiteren Routen.

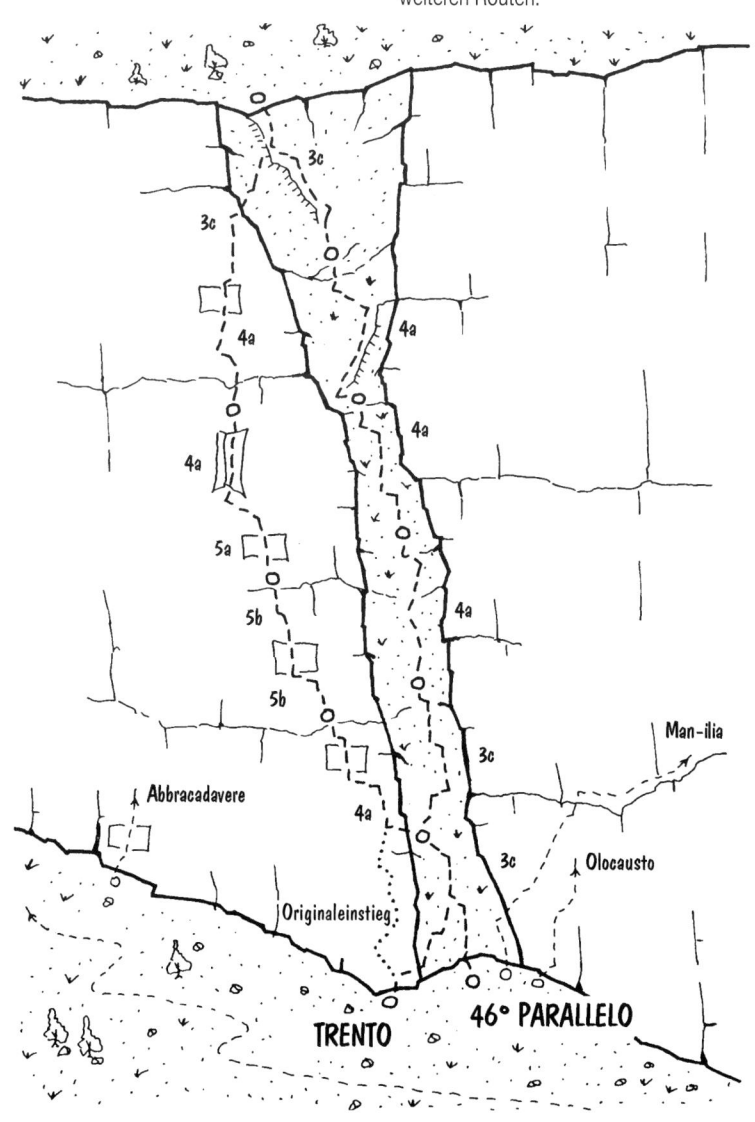

7 MAN ILIA ✱✱✱
200 m. (6SL)
4c/S3/II
Lange Querungen kennzeichnen diese Route. Vorsicht ist in den letzten Seillängen geboten: hier kreuzt sie andere Wege. Einstieg rechts der Rinne von „46o parallelo".

8 OLOCAUSTO ✱✱✱✱✱
180 m. (6SL)
7a (6b obl.)/S2/II
In dieser Route sind einige der schwierigsten Seillängen an der Parete Zebrata zu finden. Sie führt über den superglatten Plattenbereich rechts der „46o parallelo". Extreme und 'unbarmherzige' Reibungskletterei ist hier angesagt. Einstieg rechts von „Man-Ilia".

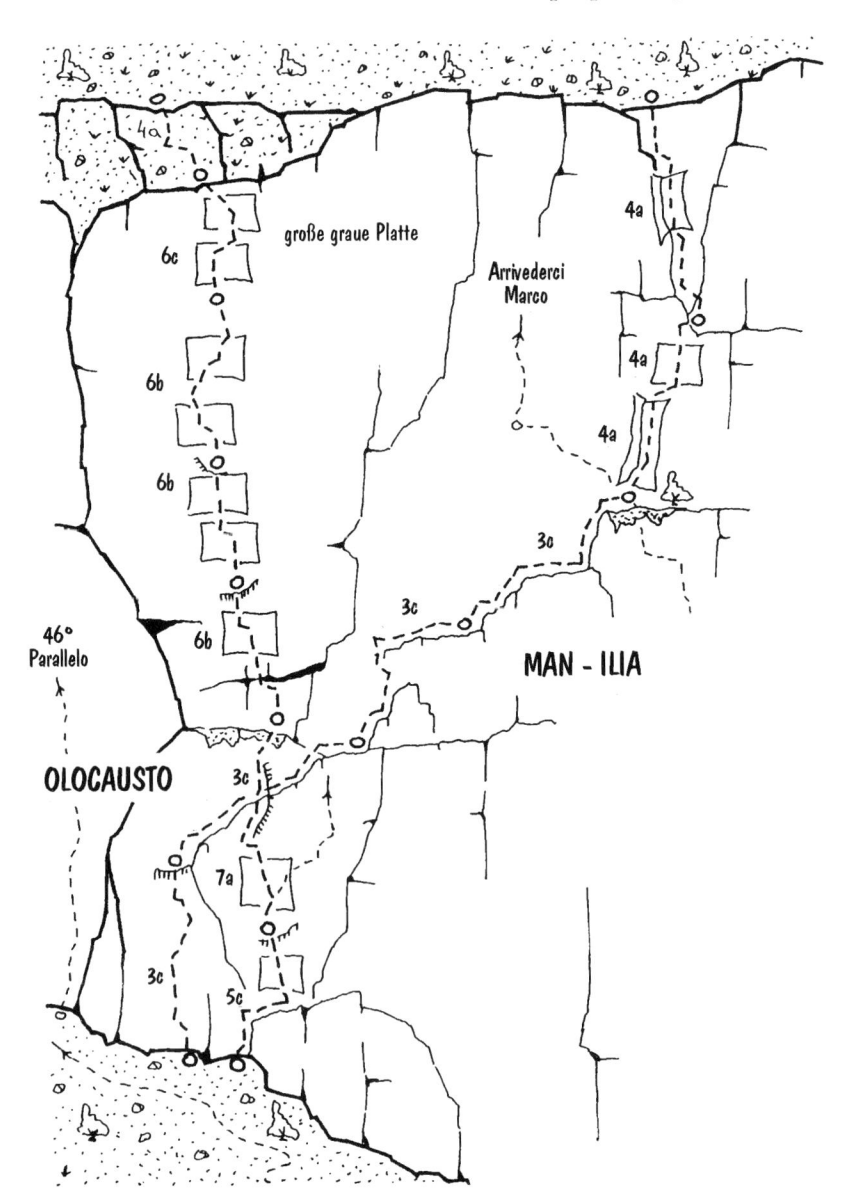

9 D.C.P.E. ✭✭✭✭✭
Federico e Tommy 2006
180 m. (6SL)
6c+, A0 (6b+ obl.)/S2/II

Schöne, schwierige und homogene Route, die sehr empfehlenswert ist. Die 3. und die 4. Seillänge z.B. sind wegen der ästhetischen Kletterei sehr spektakulär. Sehr charakteristisch für die Route sind die vielen auf Grund des weiten Hakenabstands obligatorischen Passagen. Die Platten weisen sehr oft auch Löcher und kleine Dellen auf, weshalb nicht ausschließlich Reibungskletterei angesagt ist, sondern auch viel Fingerkraft erforderlich ist. Einige Passagen, die wohl schwer frei zu klettern sind, überwindet man A0.. Anm.: D.C.P.E bedeutet DuodenoCefaloPancreasEctomia.

Einstieg: etwas rechts von 'Olocausto'

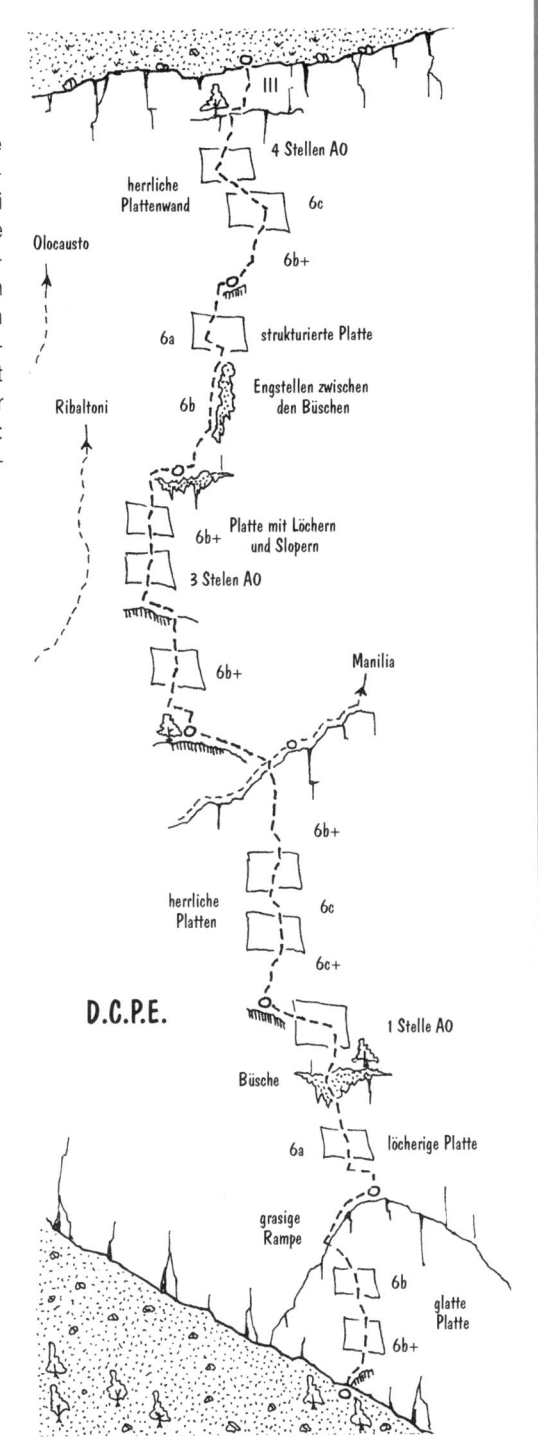

10 ARRIVEDERCI MARCO ✯✯✯✯
200 m. (8SL)
6c, A0 (6a obl.)/S2/II

Wunderschöne Route mit abwechslungsreicher Kletterei. Die erste Seillänge ist etwas erzwungen (einigen Stellen A0), dafür sind die Ausstiegslängen umso schöner, um nicht zu sagen fantastisch. Am Einstieg steht mit roter Farbe der Routenname angeschrieben.

11 CANE TRIPPA ✯✯✯
200 m. (7SL)
5c/S3/II

In der ersten Seillänge ist eine schwierige Reibungsstelle zu überwinden. Danach wird die Route leichter und abwechslungsreich. Einstieg etwas rechts von „Arrivederci Marco" und ca. 50 m links von „Due Agosto".

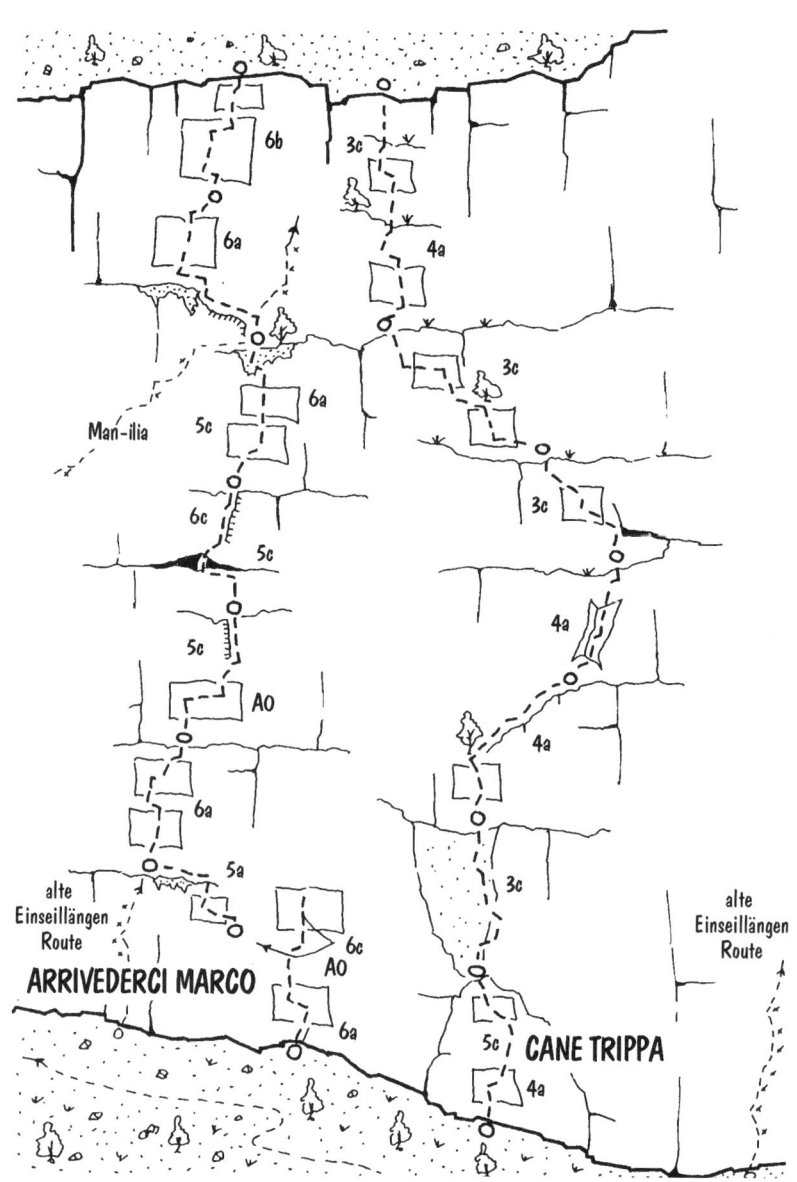

12 SOUTH PARK ✪✪✪
R. Galvagni, D. Filippi 2003
240 m. (8SL)
6b, 6c+, A0 (6b obl.)/S2/II

Schöne Linie über kompakte und vegetationslose Platten, zwischen 'Cane Trippa' und 'Due Agosto'. Sie weist deshalb auch eine ähnliche Charakteristik auf. In der ersten SL können einige schwierige Stellen auch A0 überwunden werden. Der mittlere Teil ist leicht und macht Spaß. Die letzten drei SL sind einfach perfekt!

Einstieg: Wenige Meter links von 'Due Agosto', Routenname angeschrieben.

Carlo Zortea *(M. Manica)*

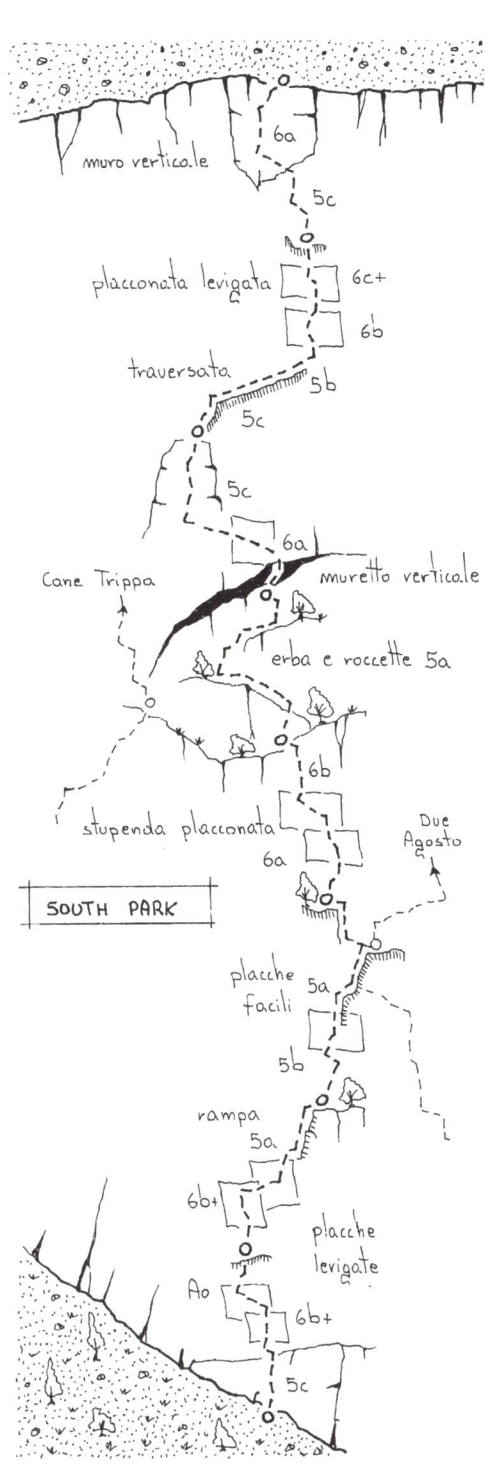

13 DUE AGOSTO ✸✸✸
250 m. (8SL)
6b+ (5c obl.)/S3/II

Es scheint fast unmöglich, die vorletzte Seillänge frei klettern zu können, so glatt sieht dieser plattige Abschnitt aus... Mit großer Überraschung stellt man dann aber fest, dass das Gestein besonders rau ist. Beinahe enthusiastisch klettert man dann über diese Stellen, die einem von unten fast unüberwindbar erschienen. Etwas rechts vom Einstieg bohrte U. Lombardo eine schwierige Variante ein. Diese überwindet einen markanten Überhang und führt zum zweiten Standplatz der „Due Agosto"(80 m, 6c+).

Anmerkung: Unterhalb dieses Überhangs steht eine Madonnenfigur, weshalb diese Route als Bezugspunkt für die Einstiege der weiteren Routen verwendet wird.

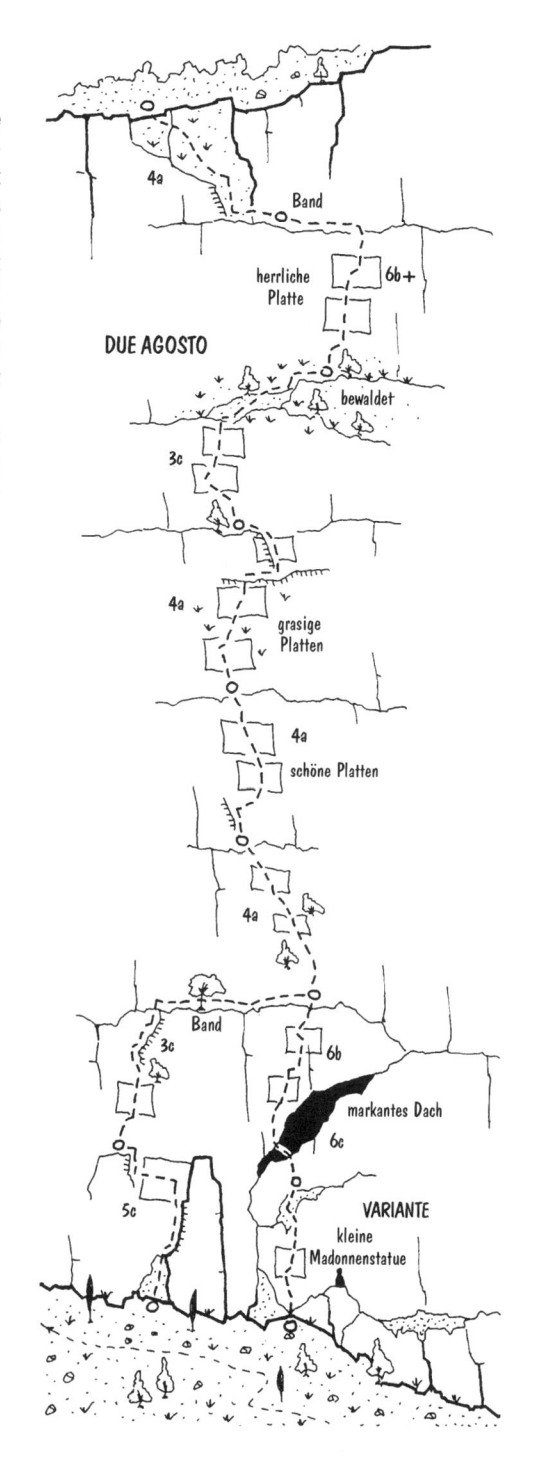

14 MON CHERI ✶✶✶✶✶
Primi salitori:?
300 m. (8SL)
6b+ (6a obl.)/S3/II

Sehr spektakulär und aufregend und sicherlich die schönste Route der ganzen Wand. Sie führt über eine kompakte Plattenzone.
Einstieg: In ca. 50 m Höhe erkennt man eine charakteristische schwarze Verschneidung. Senkrecht unterhalb dieser beginnt die Route (sie ist auch die nächste Route, die rechtshaltend auf „Due Agosto" folgt).

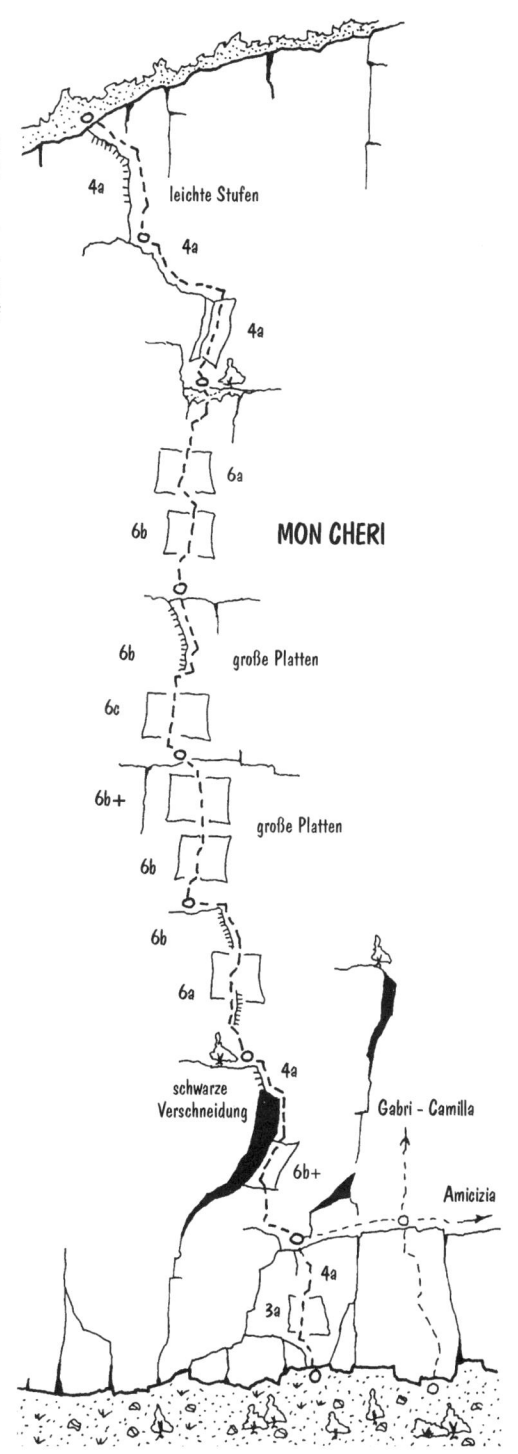

15 ULTIMO TANGO ✯✯✯✯✯

M. Rivadossi, R. Steinhilber, M. Reboldi, C. Tonini
2003
320 m. (9SL)
6b+, 6c+ (6b obl.)/S2/II

Wunderschöne Route, mit eine der schönsten und interessantesten in diesem Sektor. Die logische und elegante Linie ist nie erzwungen und führt über den engen Korridor zwischen der 'Via Mon Cherie' und der 'Via Gabri-Camilla'.
„Ein Tanz auf Reibungsplatten, immer auf der Suche nach den kletterbaren Stellen auf dem kompaktesten Wandbereich der Parete Zebrata. Man kann sie als schwierige Variante von 'Mon Cherie' ansehen, mit der sie die beiden Anfangs- und die Schlussseillänge gemeinsam hat. Sie wurde von unten mit der Steigleiter eingebohrt und es wurden gerade so viele 8mm-Haken gesetzt, wie für ein sicheres Klettern notwendig sind... 11 Expressschlingen reichen aus: nun tanzt mal schön!" (Beschreibung von M. Rivadossi).
Einstieg: über die ersten beiden SL von 'Mon Cherie' und dann rechtshaltend.

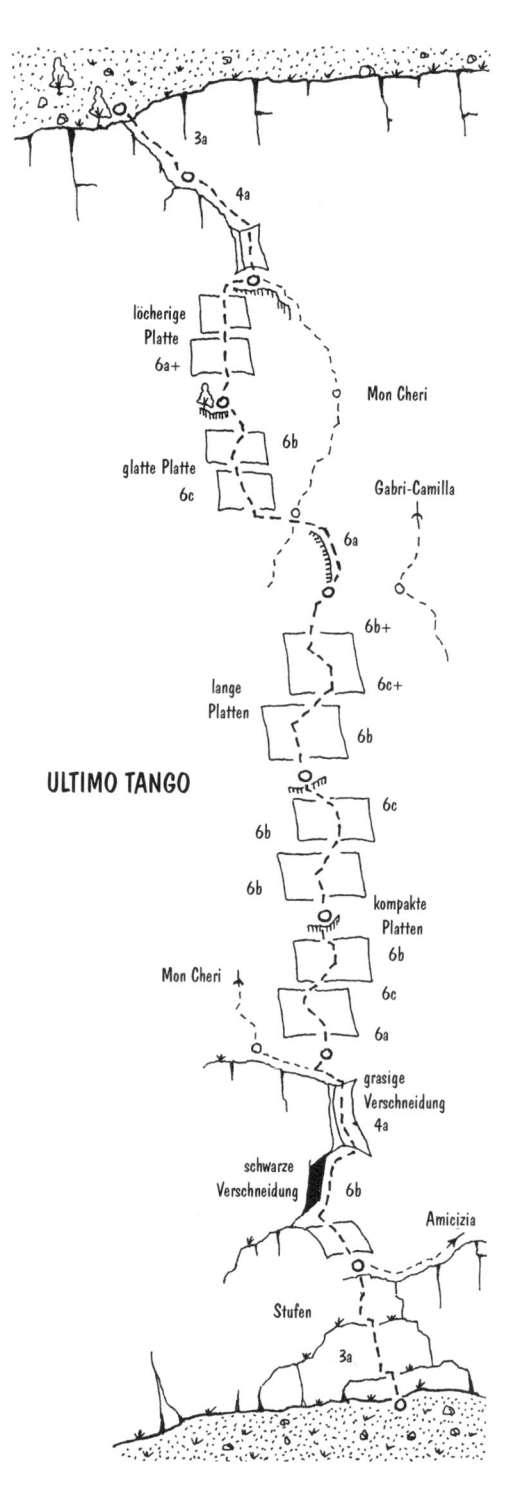

16 VIA DELL'AMICIZIA ✲✲✲
M. Furlani, T. Weiss 1978
350 m. (12SL)
6b (5c obl.)/S3/II

Diese schöne, logische Route wird ebenfalls oft geklettert. Die erste Seillänge beginnt gemeinsam mit „Mon Cherie", danach folgen eine lange Traverse nach rechts und immer kompakter werdende Plattenzonen. In der 7. Seillänge muss man mit einem Spaß machenden Pendelquergang nach links, um wieder leichtere plattige Abschnitte zu erreichen. In den folgenden Seillängen gibt es einige zwingend A0 zu kletternde Passagen, die wohl schwerlich irgendwann frei geklettert werden können.

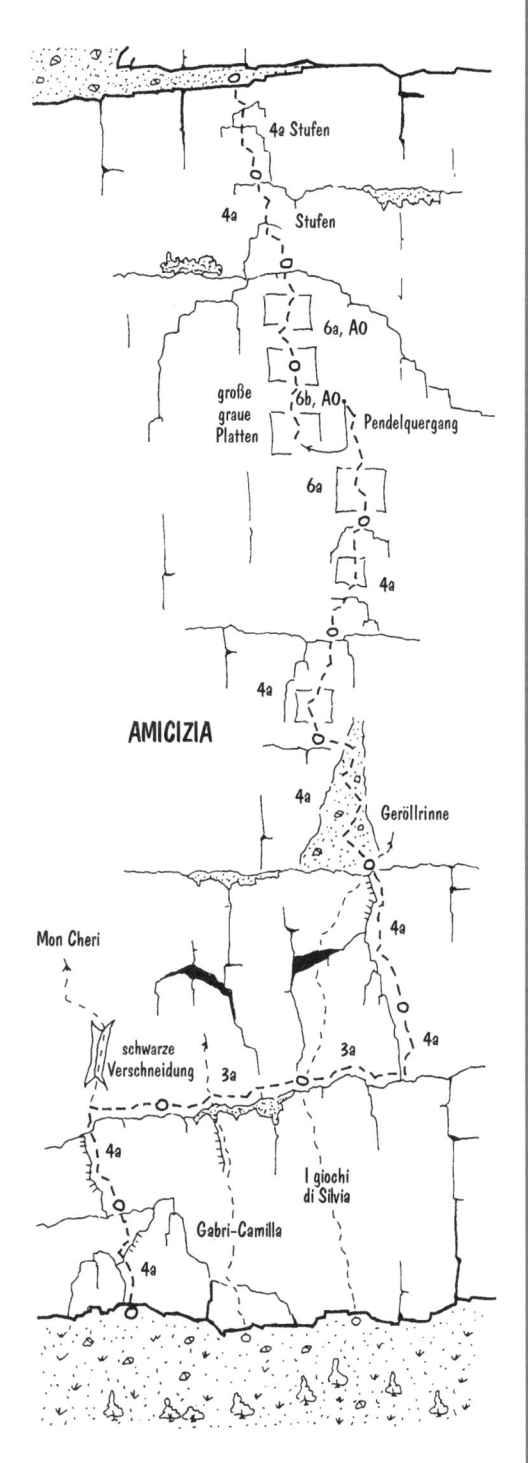

17 GABRI CAMILLA ✻✻✻✻✻
A. Giovanetti, M. Cagol 1979
300 m. (9SL)
6b (5c obl.)/S3/II

Vor der Sanierung war dies jahrelang ein wirkliches Testpiece für Reibungskletterei. Die weiße Platte in der 4. Seillänge wurde tatsächlich mit nur einem geschlagenen Haken abgesichert bzw. geklettert! Auch heute sind die Überbleibsel dieses Hakens in etwa ¾ Höhe dieser Seillänge noch zu sehen. Jetzt ist dieser Abschnitt auch fast A0 kletterbar.

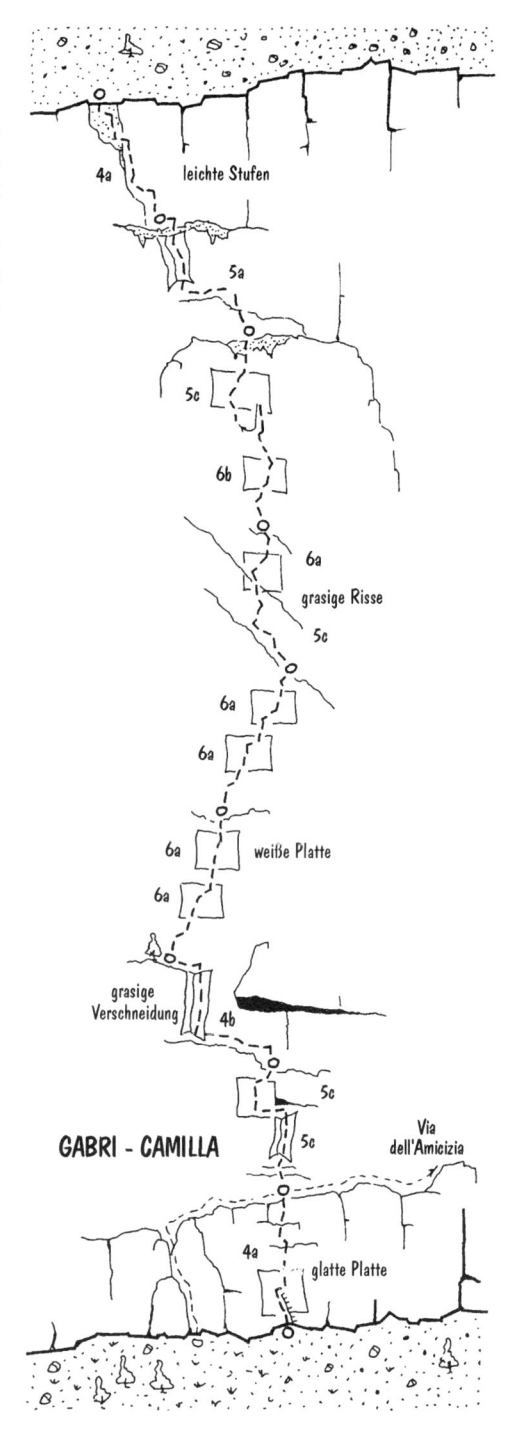

18 SOLARIS ✵✵✵✵✵
R. Galvagni, D. Filippi 2003
300 m. (9SL)
6b, 6c (6b obl.)/S2/II

Weitgehend parallel zur 'Via Amicizia' und links davon verläuft diese Route, eine der schönsten der Wand. Nach den ersten drei Seillängen, die durch senkrechte kleine Wände und Querungen sehr gegliedert sind, folgt eine lange Reihe sehr kompakter Platten. Die schwierigsten Passagen in der anhaltend schweren und prächtigen Route sind aber nie obligatorisch, die Absicherung ist immer perfekt (letzter Stand gemeinsam mit 'Amicizia').

Einstieg: zwischen 'Gabri-Camilla' und 'Giochi di Silvia', Routenname angeschrieben.

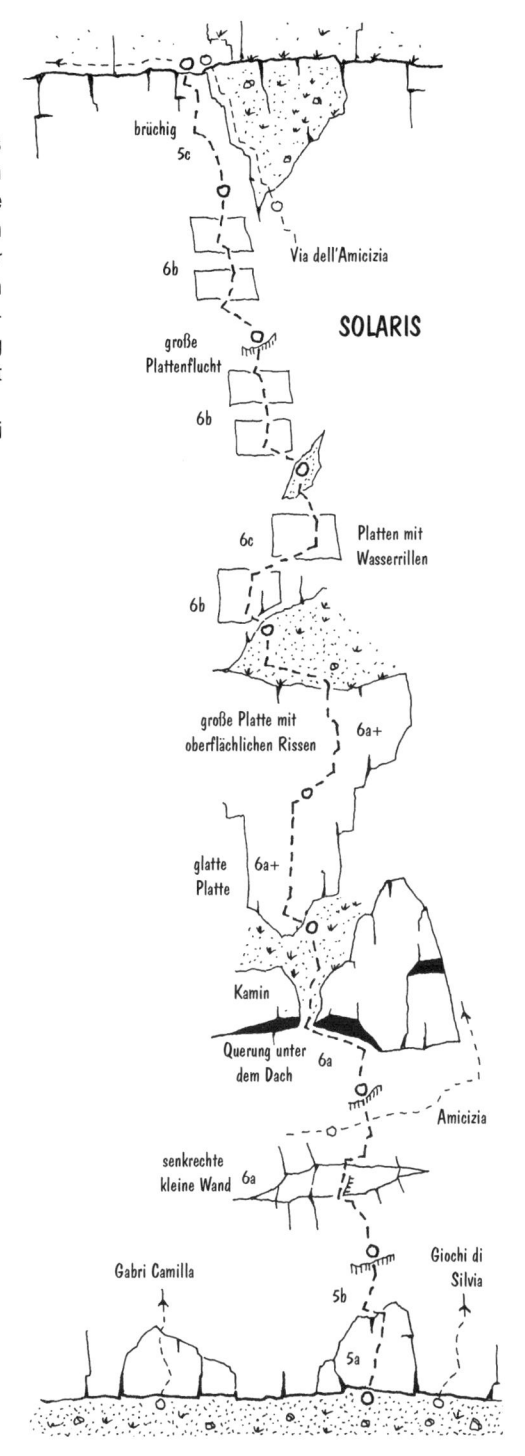

19 GIOCHI DI SILVIA ✱✱✱✱✱
Primi salitori:?
350 m. (12SL)
6b+ (6a obl.)/S3/II

Lange und schwere Route, ausgesprochen schwierige Reibungskletterei. In der dritten Seillänge ist ein Dach mit sehr athletischer Kletterei zu überwinden. Der Einstieg befindet sich rechts von „Gabri Camilla" und direkt senkrecht unterhalb dieses Daches. Achtung: in der 4. Seillänge ist ein „Verhauer" in die Route „Via dell'Amicizia" möglich.

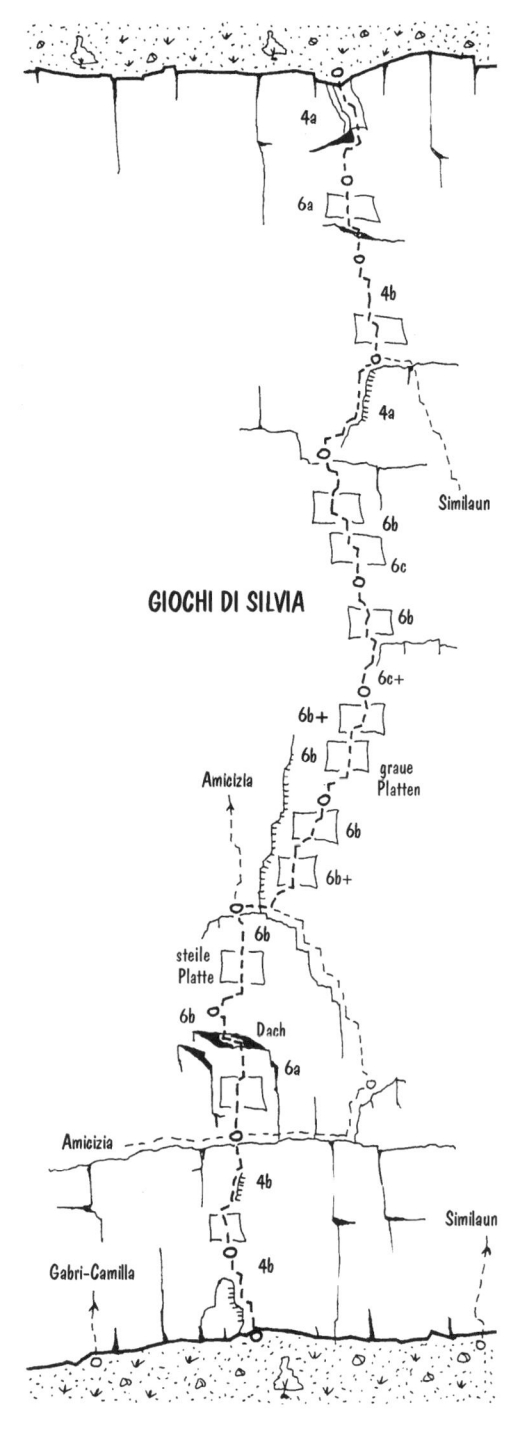

20 SIMILAUN ✼✼✼
A. Giovanetti, F. Stedile 1981
350 m. 10 L
6a (5c obl.)/S3/II

Der mittlere Bereich der Parete Zebrata wird durch eine weit ausgedehnte Plattenzone charakterisiert. Hier sind die interessantesten Routen wie z.B. „Mon Cheri" oder „Gabri Camilla" zu finden. Die „Similaun" führt in unterhaltsamer Kletterei und gemäßigten Schwierigkeiten durch den rechten Teil dieser riesigen Plattenflucht. In ca. 40 m Höhe vom Wandfuß erkennt man eine weiße, abgegrenzte, dreieckige Plattenzone in der Form eines Bügeleisens. Direkt unterhalb dieser beginnt die Route mit einem kleinen Riss.
Anmerkung: der Originaleinstieg erfolgte direkt über diese Platte. Heute benutzt man dagegen die Verschneidungen im linken Teil.

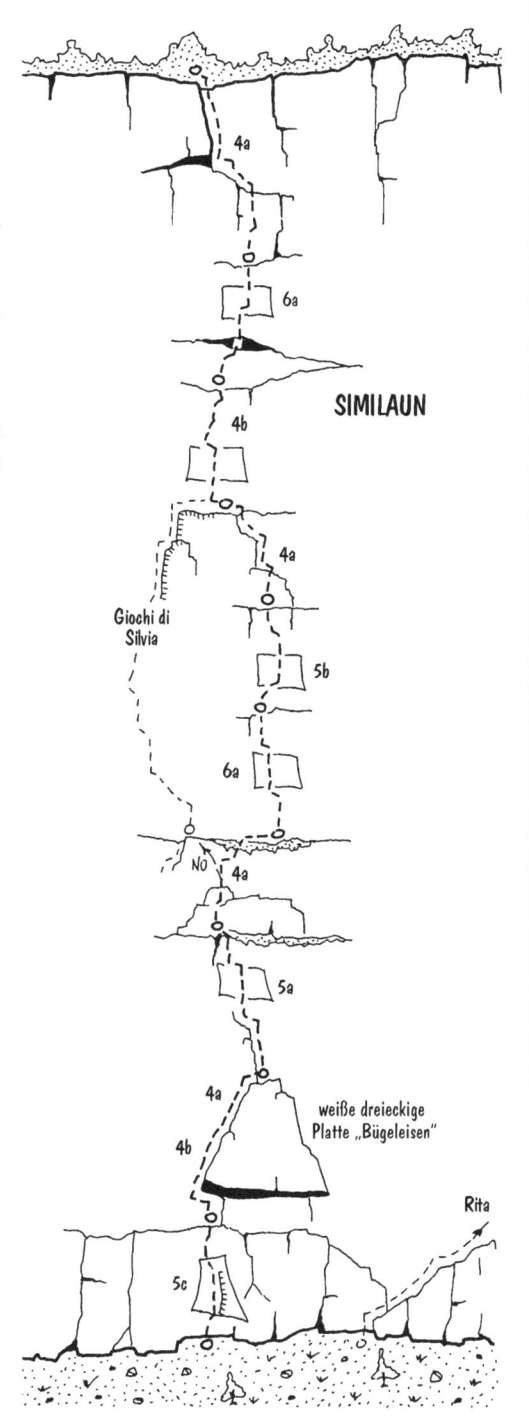

21 RITA ✶✶✶✶

A. Andreotti, M. Rossi 1971
400 m. (16SL)
5c/S3/II

Nach „46o parallelo" war dies die zweite Route, die in der Wand eröffnet wurde. Sehr logische Wegführung: von unten zielt sie genau auf den langen und markanten Kamin, der den oberen Bereich der Wand unterteilt. Leichte und abwechslungsreiche Kletterei. Die Seillängen im Kamin sind wirklich überwältigend. Einstieg wenig rechts von „Similaun".

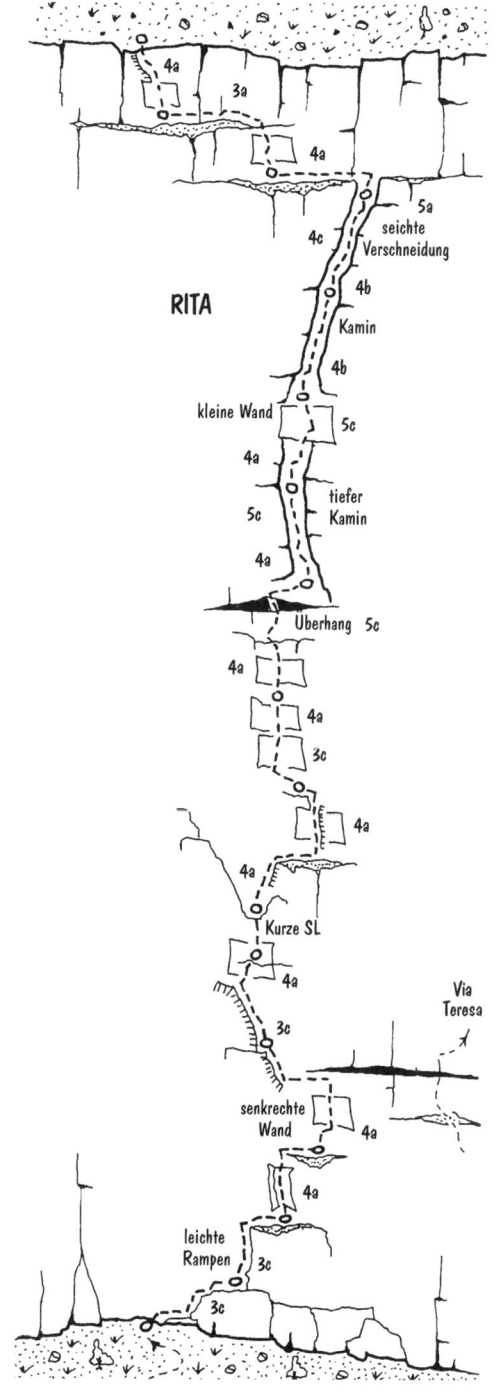

22 TERESA ✲✲✲✲
M. Furlani, R. Bassi 1979
400 m. (15SL)
5c/S3/II

Lange Route mit einigen spektakulären Querungen. Einstieg rechts von „Rita", am Ende einer großen Schuttrinne, die von den Wassermassen geformt wurde.

Anmerkung: wenig rechts vom Einstieg beginnt eine Variante der Route, die nach zwei Seillängen den dritten Standplatz der „Teresa" erreicht. Diese Variante heißt „Variante FG", wurde 1981 von F. Leoni und G. Barattoli erstbegangen und erreicht Schwierigkeiten bis 5c.

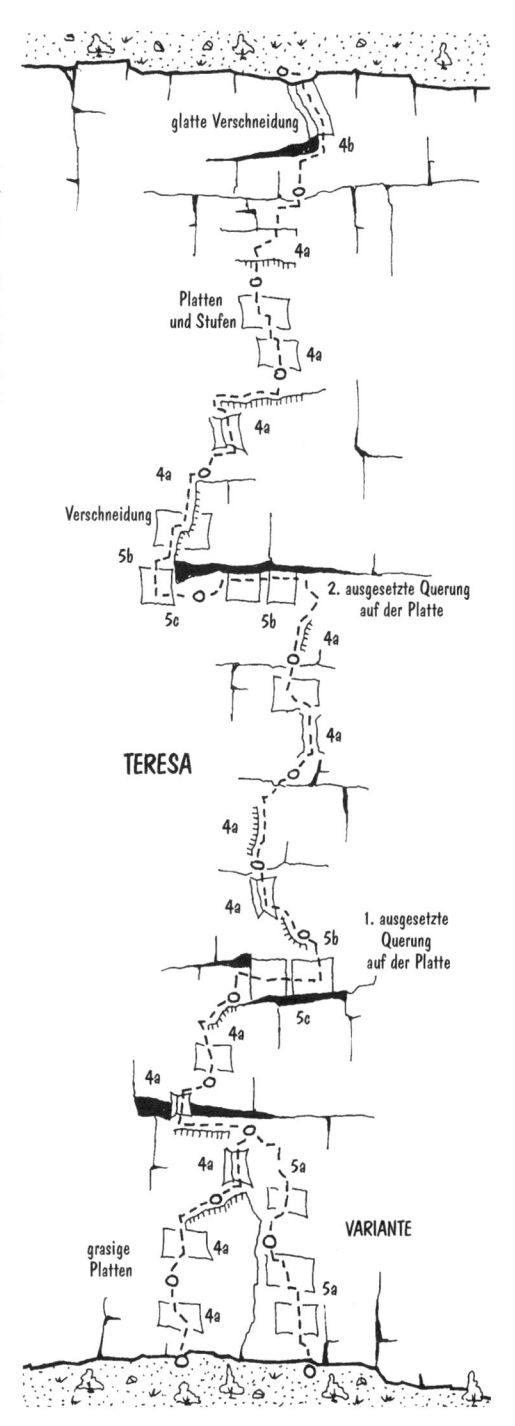

23 LUNA 85 ✻✻✻✻✻
M. Pegoretti, E. Covi 1985
400 m. (13SL)
6c (5c obl.)/S3/II
Zwischen den schönsten Linien der Wand klettert man hier auf sehr kompakten Platten. In der 9. Seillänge trifft man auf einen sehr glatte, aber kurze, nur 10 m lange Plattenstelle im Schwierigkeitsgrad 6c, der hier aber nicht obligatorisch ist.
Anmerkung: die Variante, die die erste Seillänge begradigt, heißt „Variant Full" und wurde von A. Tasmanni 1986 eingebohrt (Schwierigkeit bis 6c+).

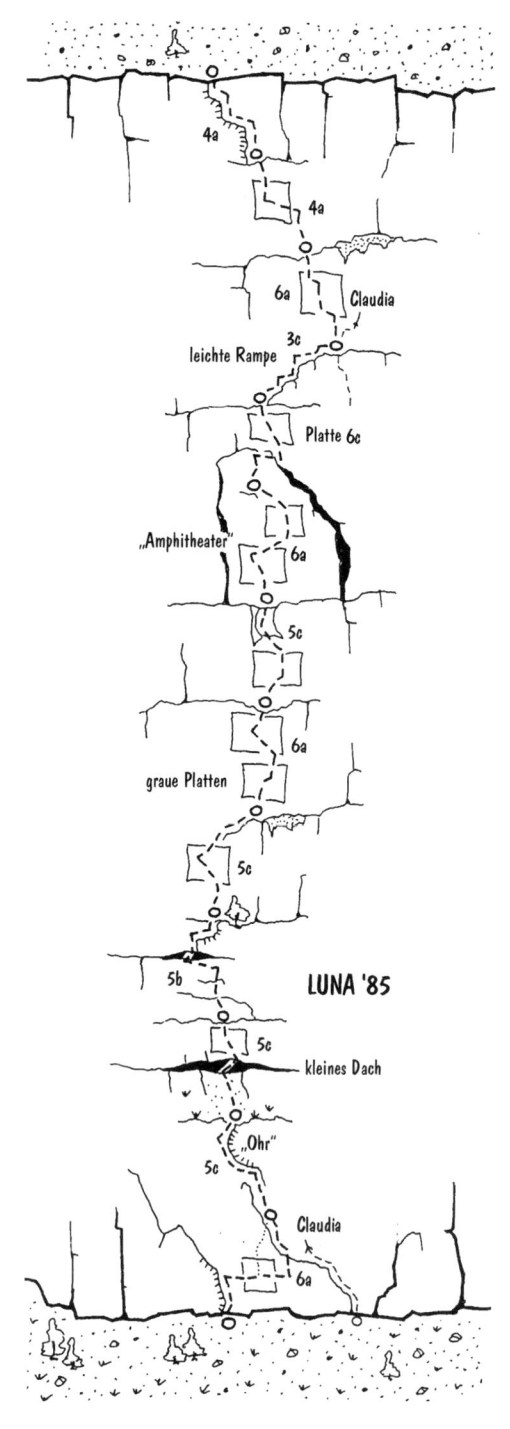

24 CLAUDIA ✯✯✯✯
R. Bertoldi, A. Bertoldi, R. Zeni, C. Colpo 1978
400 m. (14SL)
5a/S3/II

Ein weiterer Klassiker unter den Routen in dieser Wand. Konstante Schwierigkeiten und die Länge kennzeichnen diesen Weg. Einstieg rechts von „Luna 85" auf einer von den vielen Wiederholungen ziemlich abgespeckten Platte. Diese Route im äußersten rechten Wandbereich wurde als letzte mit Klebehaken saniert.

Anmerkung: die Route folgt in der 9. Seillänge nicht der ursprünglichen Wegführung, sondern in Wirklichkeit der Variante „Superclaudia", die von A. Andreotti und M. Rossi 1979 im Zuge einer der ersten Wiederholungen eingebohrt wurde. Der Originalweg führte nach rechts auf grasbewachsene Platten, weshalb er bald aufgegeben wurde. Eine weitere Variante („Oceano Sahariano", von R. Bassi und S. Fruet) beginnt ca. 30 m rechts des eigentlichen Einstiegs. Sie trifft in der 4. Seillänge wieder auf die Originalführe. Nach der 7. Seillänge (im mit Rissen durchzogenen plattigen Bereich) geht sie dann links weg und trifft weiter oben dann auf die „Superclaudia".

Weitere Routen:
A - ABBRACADAVERE: R.Bassi, 1982. Einseillängenroute mit nur 4 Haken, von R. Bassi 1982, während der goldenen Jahre der Sportkletterei im Sarcatal, von unten eingebohrt. 40 m. VII.

B – RIBALTONI: Nach der ersten Seillänge der „Olocausto" führt diese extreme Route nach rechts weg. Diffizile Reibungskletterei kennzeichnet diesen Weg. 150 m. 7a.

C - CARNEVALADA: M.Furlani und E.Piffer, 1979. Die Route geht mehr oder weniger parallel zu „Similaun" empor und ab und zu kreuzen sich die beiden Wege einander sogar. 350 m. V+

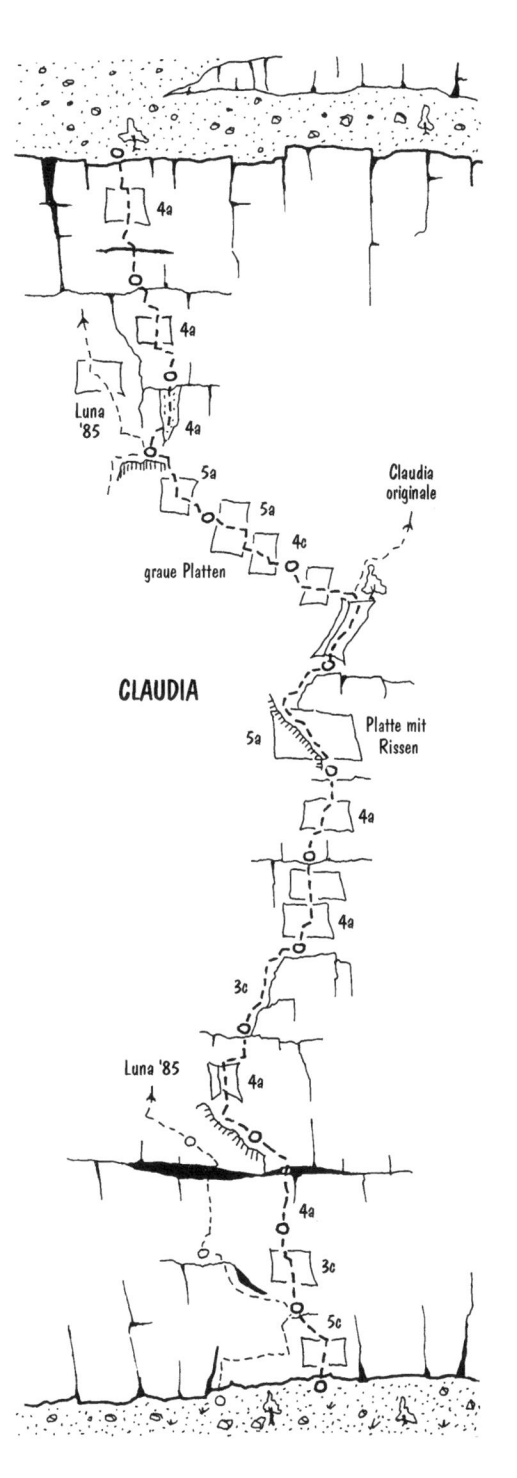

12 ZENTRALER SEKTOR

Parete Zebrata

Dieser Wandteil liegt zwischen der „Via Claudia" (letzte Route mit Klebehaken im Sportklettersektor) und dem „Pala delle Lastiele", dem senkrechten Vorbau, der die langen Plattenfluchten der Parete Zebrata nach Norden abschließt. Die hohe und sehr breite Wand wird durch die großen glatten Plattenbereiche gekennzeichnet. Diese Zonen sind oft von einzelnen, mit Büschen bestandenen Bereichen unterbrochen. Die alpinen Routen sind sehr anspruchsvoll und lang, die Sportkletterrouten dagegen leicht und ansprechend. Die „Via Miralda" und die „Via Pus" waren die ersten Wege, die in diesem Sektor begangen wurden. Danach geriet dieser Teil für lange Zeit in Vergessenheit. Durch die Eröffnung vieler sehr schöner neuer Wege in den vergangenen Jahren zieht es wieder mehr Kletterer in diesen immer noch etwas „wilden" Sektor.

ZUSTIEG: 30 Min.
Vom Parkplatz (s. Zeichnung) auf dem Wanderweg bis zur Forststraße. Auf dieser nun länger Richtung Norden und sobald die ersten Pfade im Wald sichtbar werden, auf einem von diesen links in Richtung Wandfuß.

ABSTIEG: 30 Min.
Normalerweise über die Routen abseilen.

25	MIRALDE	500 m.		35	ASPETTANDO DANIELE	350 m.	
26	OCEANO	500 m.		36	SINFONIA D'AUTUNNO	260 m.	
27	UN LUNGO FLASH	500 m.		37	ANNAMARIA	260 m.	
28	AUTOBAHN	400 m.		38	UN PESCE D'ACQUA DOLCE	180 m.	
29	PERLA BIANCA	450 m.		39	VIA DELLE GROSTE	140 m.	
30	QUADRIFOGLIO	420 m.		40	MILWAUKEE	280 m.	
31	SPINELO	220 m.		41	MAMMA DEL BEPI	400 m.	
32	GIORNATA GRIGIA	100 m.		42	GIGLIOLA	400 m.	
33	NOSTALGIA	500 m.		43	SAMARCANDA	300 m.	
34	ODISSEA	500 m.		44	RESENTIN	300 m.	

PARETE ZEBRATA - SETTORE CENTRALE

PARETE ZEBRATA

- Un lungo Flash
- Autobahn
- Perla Bianca
- Quadrifoglio
- Spinelo
- Giornata grigia
- Nostalgia
- Odissea
- Aspettando Daniele
- Sinfonia d'autunno
- Annamaria
- Pesce...
- Milwaukee
- Grigliola
- Mamma del Bepi
- Samarcanda
- Resentin

steiles Schotterfeld

Wanderweg zur Pala dele Lastiele

von der VIA CLAUDIA

Pfadspur im Wald

Forstwege

vom Parkplatz

PARETE ZEBRATA

25 VIA DELLE MIRALDE ✻✻
A. Andreotti, M. Rossi, G. Cantaloni 1972
500 m. (14SL)
IV+, V/R3/II

Absolute Entdeckerroute in durchschnittlichem Fels und mit keinerlei Absicherung: Die Linie verläuft in der Wand zwischen der 'Via Claudia' und der 'Via Oceano'. Jeder Meter muss praktisch entdeckt werden, denn es gibt keine logische Linie und die Platten sind voller Vegetation. Die wenigen Bezugspunkte dienen ebenfalls nicht als Hilfe und man klettert etwas „blind". Die einzige zwingende Passage ist eine brüchige Verschneidung etwa in der Wandmitte. Oberhalb des Waldes wird der Fels besser und bietet einige schöne, abwechslungsreiche Seillängen. Nur Kletterer mit Entdeckergeist werden sich in dieser Route wohl fühlen.

Einstieg: ca. 100m rechts der 'Via Claudia' und links von 'Oceano'.

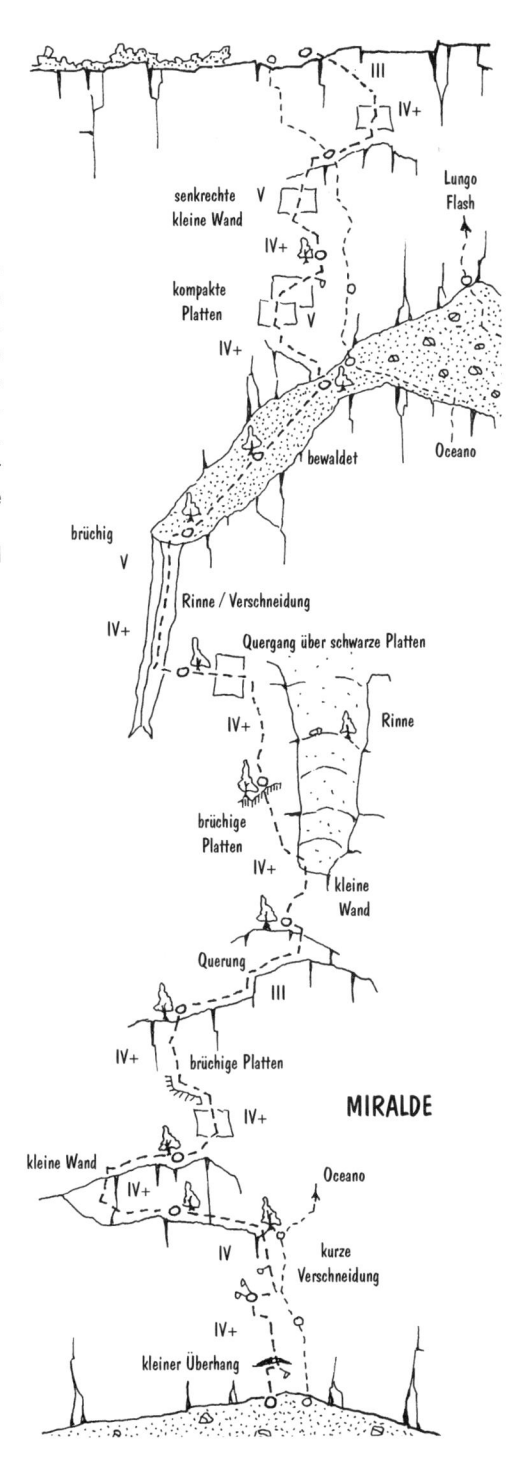

PARETE ZEBRATA

PARETE ZEBRATA

26 VIA OCEANO ✳✳✳

U. Lombardo, M. Miori, M. Franceschini, G. Pisoni
2000
500 m. (19SL)
7a, A0 (5c obl.)/S2/II

In dieser langen Route wechseln schöne und schwierige, plattige Abschnitte mit ziemlich uninteressanten Seillängen ab. Einige leichtere und grasige Wandbereiche sowie ein bewaldetes Band geben dem Ganzen einen etwas alpinen Touch. Die Orientierung wird durch einige rote Markierungen erleichtert. Die Standplätze sind für den Fall, dass abgeseilt werden muss, eingerichtet.

Einstieg: rechts von 'Claudia', Routenname angeschrieben.

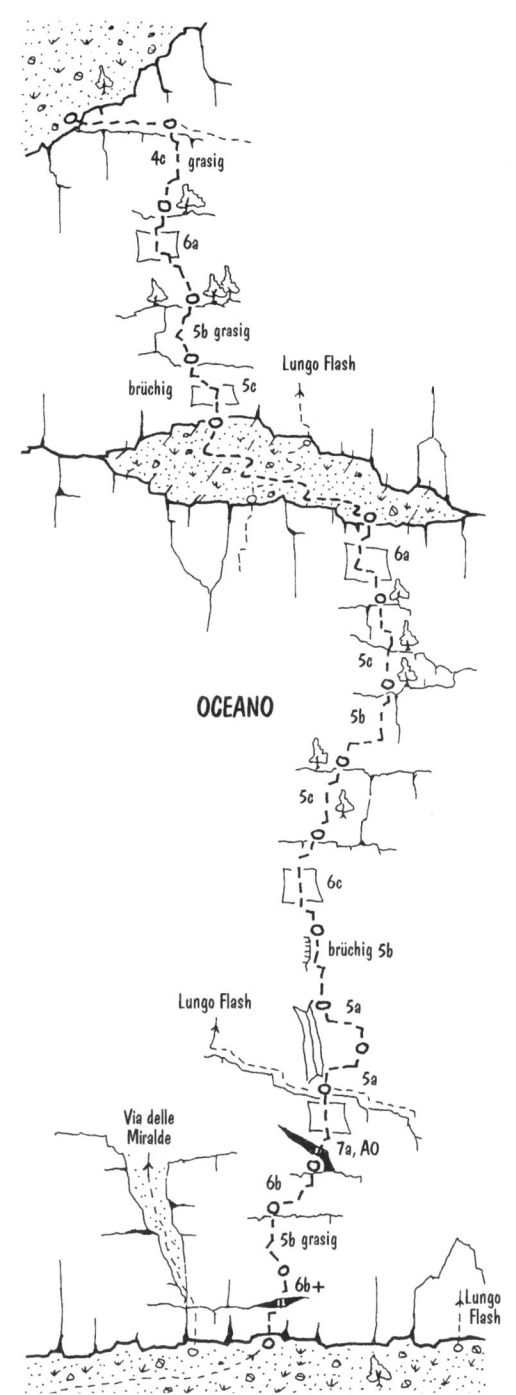

27 UN LUNGO FLASH ✵✵✵✵✵
A. Tamanini e Compagni 1989
500 m. (12SL)
VI+,VII+/R2/II

Super schöne Kletterei, halb alpin, halb sportklettertechnisch, mit geschlagenen Haken und Bohrhaken abgesichert. Die Linienführung wurde etwas erzwungen, ist aber dennoch logisch und elegant. Im oberen Teil ist die Umgebung der Route besonders schön und beeindruckend. Arturo Tamanini hat diese Route von unten eingerichtet. Ohne Akkubohrer, nur mit Hammer und Handbohrgerät und auf den unglaublich glatten Platten nur auf Reibung antretend, war dies eine riesige Leistung von ihm.

Einstieg: ca. 100 m rechts von 'Claudia'. Am Einstieg zu 'Oceano' vorbei und bis zu einer gut erkennbaren dreieckigen Plattenzone. Routenname angeschrieben.

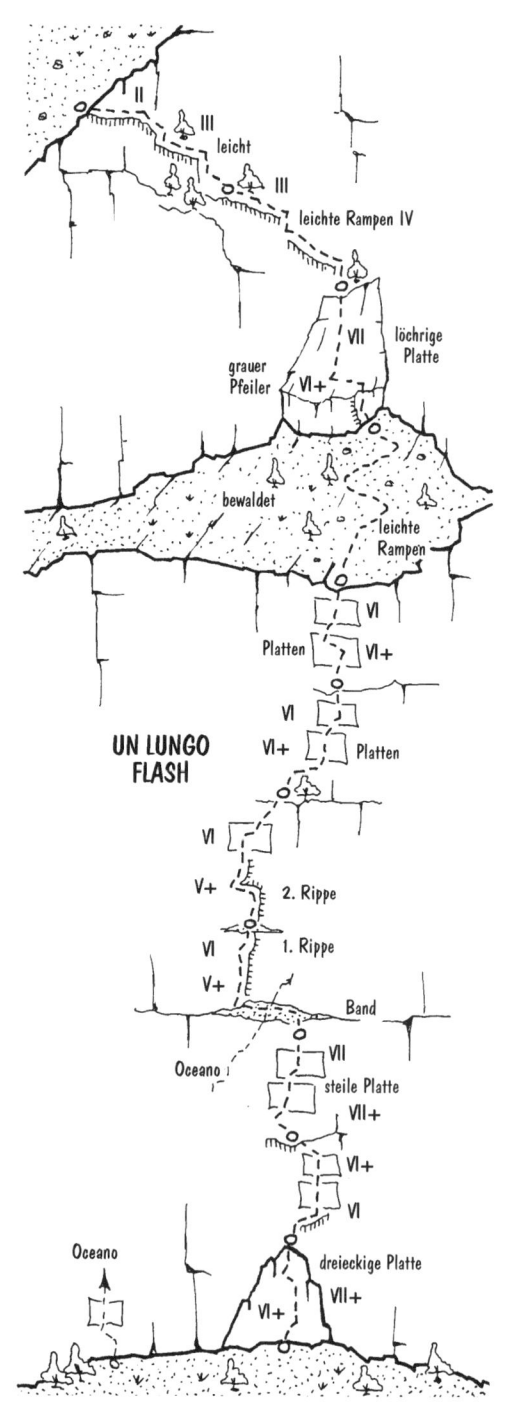

28 AUTOBAHN ❄❄❄❄
R. Galvagni, D. Filippi 2002
400 m (12SL)
6b, 6c, passi in A0 (6b obl.)/S2/II

Ein großer, dreieckig geformter Bereich in der Mitte der Wand hat als Spitze einen weißen Fleck (große abgebrochene Schuppe) und als Grundlinie eine schwarze, steile Wand mit einer dünnen, weißen Linie. Dieser Teil erinnert in der Tat an eine Autobahn und die Route verläuft genau über diese Platten. Die Route ist sehr spektakulär, die Schwierigkeiten in den Reibungsplatten sind außergewöhnlich homogen und hoch. Mindestens 16 Expressschlingen sind notwendig.

Einstieg: beim Einstieg der 'Via Claudia' auf Pfadspuren noch weiter rechts, an den Einstiegen von 'Oceano' und 'Un lungo Flash' vorbei bis zum grünen Autobahnsymbol.

Abstieg: Abseilen über die Route. Vorsicht nach der 2. Abseilstelle: nicht linkshaltend, sondern direkt entlang der Rinne, außerhalb derer dann der Stand zu finden ist.

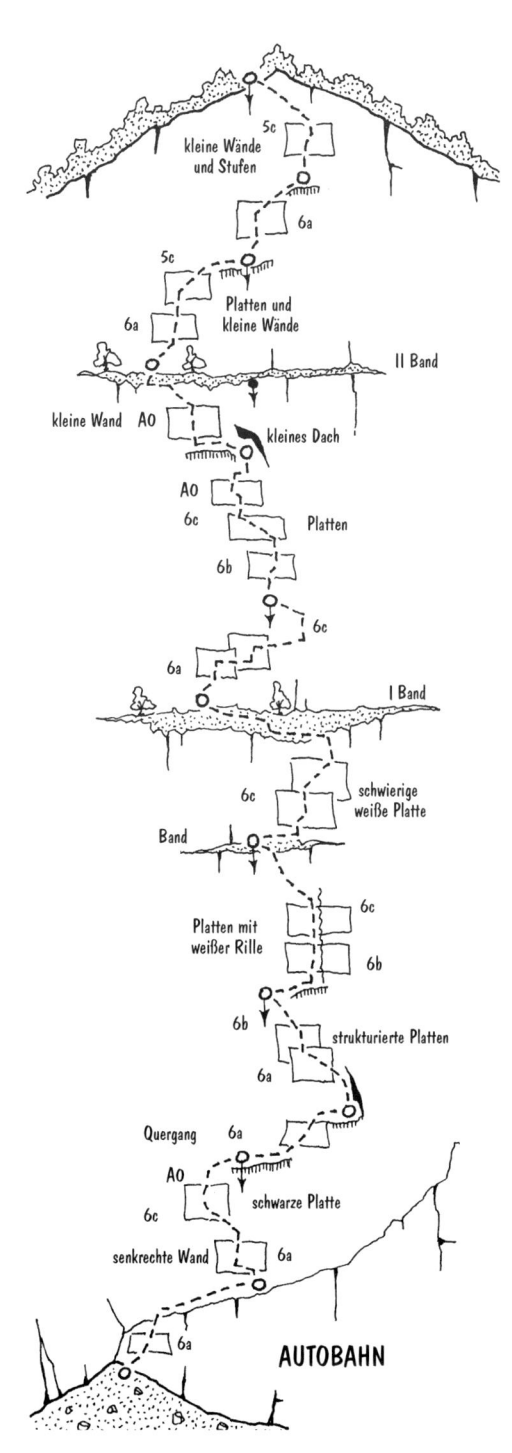

PARETE ZEBRATA

29 PERLA BIANCA ❄❄❄❄

M. Brighente, G. Bogoni, D. Dal Cere 2003
350 m. (11SL)
6a, 6b, passi in A0 (6a obl.)/S1/II

Wunderschöne Reibungskletterei über kompakte und perfekte Platten. Nur die ersten beiden Seillängen über grasige Platten und Rampen fallen etwas ab, aber dann wird man für alles entschädigt. Die Schwierigkeiten in diesem rauen Fels mit Wasserrillen und Auflegern sind anhaltend hoch, die Absicherung mit Bohrhaken ist perfekt.

Einstieg: etwas rechts von 'Autobahn', Routenname angeschrieben.
Abstieg: abseilen über die Route.

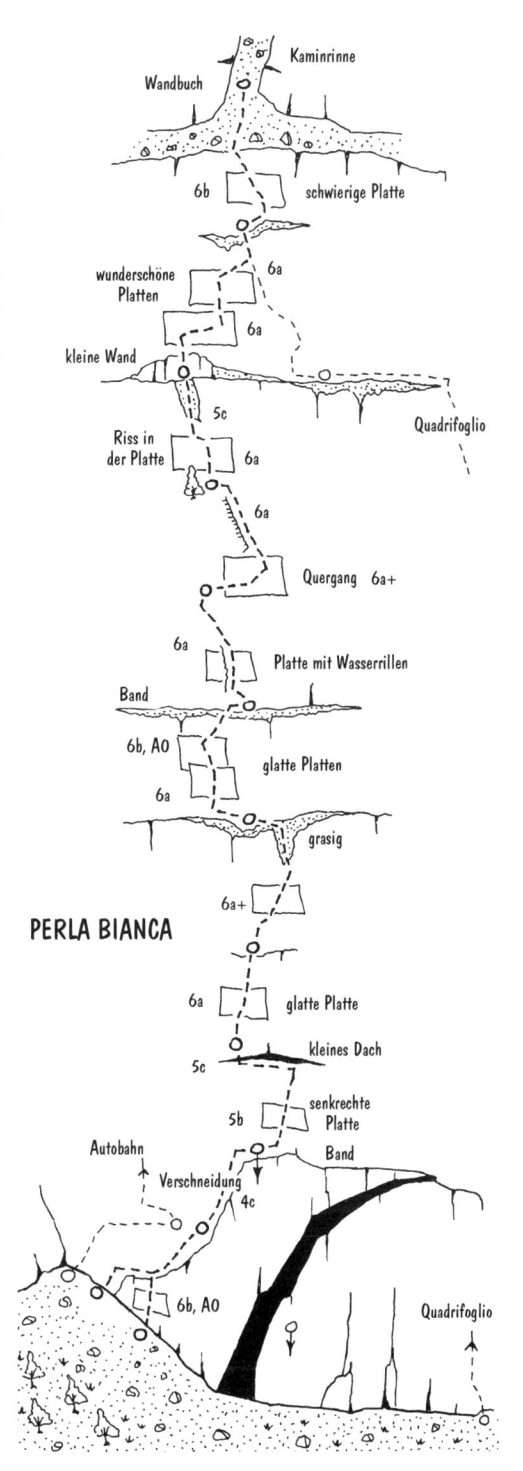

PARETE ZEBRATA

30 QUADRIFOGLIO ✽✽✽✽✽

M. Brighente, P. Bottegal, G. Bogoni, D. Dal Cere
2004
350 m. (12SL)
6b, 6c (6a obl.)/S1/II

Langer, schöner und abwechslungsreicher Weg, einer der interessantesten und lohnendsten in der Parete Zebrata. Sehr homogene Linie, die nur ab und zu von stufigem Gelände mit Büschen und Schrofen unterbrochen ist. Empfehlenswerte Kletterei mit sehr guter Absicherung und in festem Gestein.

Einstieg: vom Einstieg von 'Autobahn' und 'Perla Bianca' ca. 80 m absteigend dem Wandfuß folgen, Routenname angeschrieben.

Abstieg: abseilen über 'Perla Bianca'.

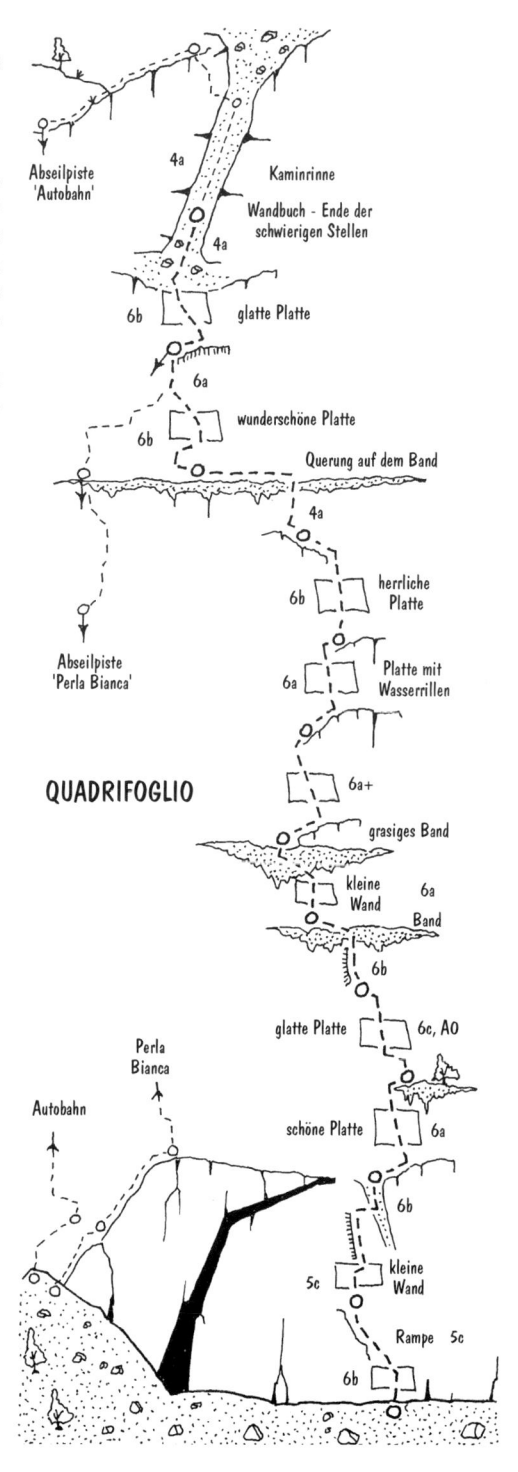

31 SPINELO ✰✰✰✰
M. Brighente, G. Bogoni, D. Dal Cere 2003
220 m. (7SL)
5c, 6a (6a obl.)/S1/II
Schöner, oft begangener Weg mit abwechslungsreicher und interessanter Kletterei. Er folgt einer Reihe von Platten, die inmitten der Vegetation liegen, das Gestein ist immer fest und die Absicherung sehr gut. Die Route ist wirklich empfehlenswert, auch wenn ab und zu Rinnen mit viel Bewuchs auftauchen. Die perfekten plattigen Abschnitte entschädigen aber dafür.
Einstieg: von 'Quadrifoglio' noch 50 m weiter, Routenname angeschrieben.
Abstieg: 5 mal über die Route abseilen. Die letzte Abseillänge führt nicht mehr über die Route.

31a VAR. PICCOLA GIULIA ✰✰✰
M. Brighente, P. Bottegal 2005
90 m. (3SL)
6b, A0 (6a obl.)/S1/II
Kurze Variante mit drei Seillangen, die die 'Via Spinelo' begradigt. Schwierige, reine Reibungskletterei mit einigen Passagen in A0.
Einstieg: 30 m rechts von 'Spinelo'.

31b VAR. VIA DEL TOPO ✰✰✰
M. Brighente, G. Bogoni 2005
120 m. (3SL)
6c (6a obl.)/S1/II
Schöne, interessante und dankbare Variante. Die 2. SL beginnt mit einer schwierigen Gleichgewichtspassage, dann folgt eine schöne Platte. Statt am Ende der Route abzuseilen, besser zum 4. Stand von 'Spinelo' queren und über diese Route aussteigen.
Einstieg: 50m rechts von 'Spinelo'.

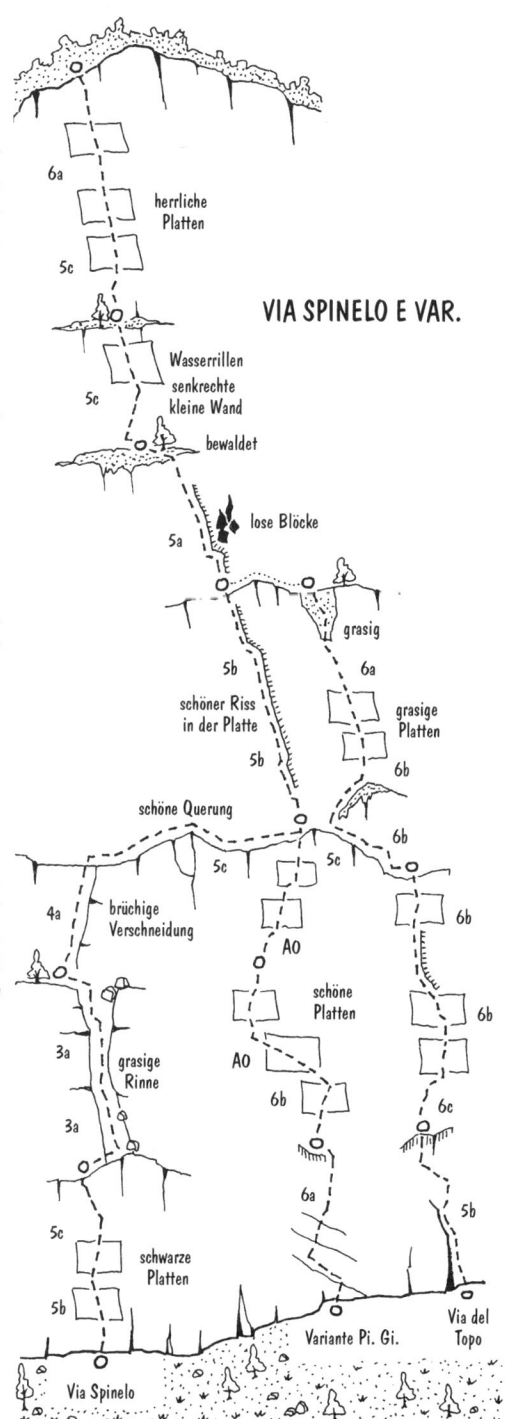

VIA SPINELO E VAR.

PARETE ZEBRATA

PARETE ZEBRATA

32 GIORNATA GRIGIA ✺✺✺✺✺
D. Filippi, S. Bazzanella 1998.
100 m. (3SL)
6b (6a obl.)/S2/I

Kurze, aber anstrengende Route. Extreme Reibungskletterei auf wunderschönen Platten. Einige Haken sind vielleicht etwas weit auseinander. Die Erschließer träumten wohl von den Granitwegen im Val di Mello...

Einstieg: etwas unterhalb der Einstiege von 'Nostalgia' und 'Odissea'. Die Wand formt hier ein kleines Dach, das vom Boden aus in die Höhe geht und einen charakteristischen Bogen macht.

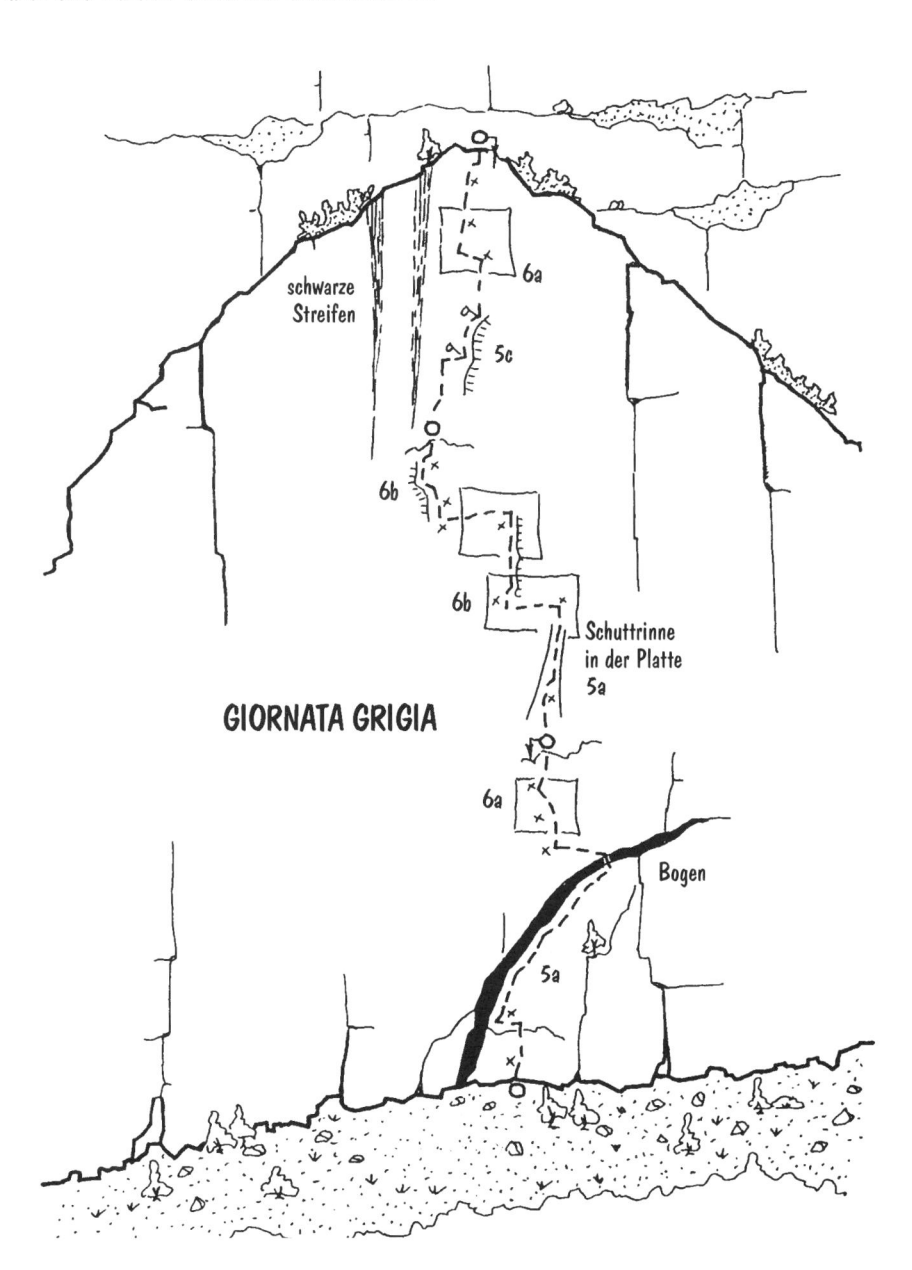

PARETE ZEBRATA

schwarze Streifen

6a
5c
6b
6b
Schuttrinne in der Platte
5a

GIORNATA GRIGIA

6a
Bogen
5a

33 NOSTALGIA ❄❄❄❄
D. Filippi, 1994
500 m. (14SL)
VI+, A2/R2/III

Nachdem die klassischen Routen alle mit Klebehaken saniert wurden, fällt einem bei dieser Route die Erinnerung an die „guten alten Zeiten" leicht.... Diese lange und sehr alpine Route führt durch einen kompakten, hoch oben liegenden Wandteil. Der gute Fels und die ausreichende Absicherung machen die Kletterei aber immer genussvoll. Passagen in mit Gras durchsetztem Fels, die frei kletterbar sind, wechseln mit sehr kompakten Platten, die für technische Kletterei eingerichtet wurden. Dennoch kann man hier sicherlich auch einige Abschnitte, sofern man möchte, frei klettern. Abstieg durch Abseilen über die Route an nur teilweise eingerichteten Standplätzen. Einige Schlingen/Reepschnüre können eventuell hilfreich sein.

Einstieg: Vom Parkplatz ist eine unverwechselbare, weiße Platte am rechten äußeren Ende der Wand gut zu sehen. Zunächst auf Wegen dort hin und bis in Falllinie dieser Platte. Bei dem großen Überhang in Form eines nach unten gedrehten Bogens, und ca. 50 m links einer Verschneidung, ist der Einstieg. Die Route beginnt mit einer schönen grauen Platte, eine Sanduhr dient zur Absicherung, dann folgen zwei geschlagene Haken.

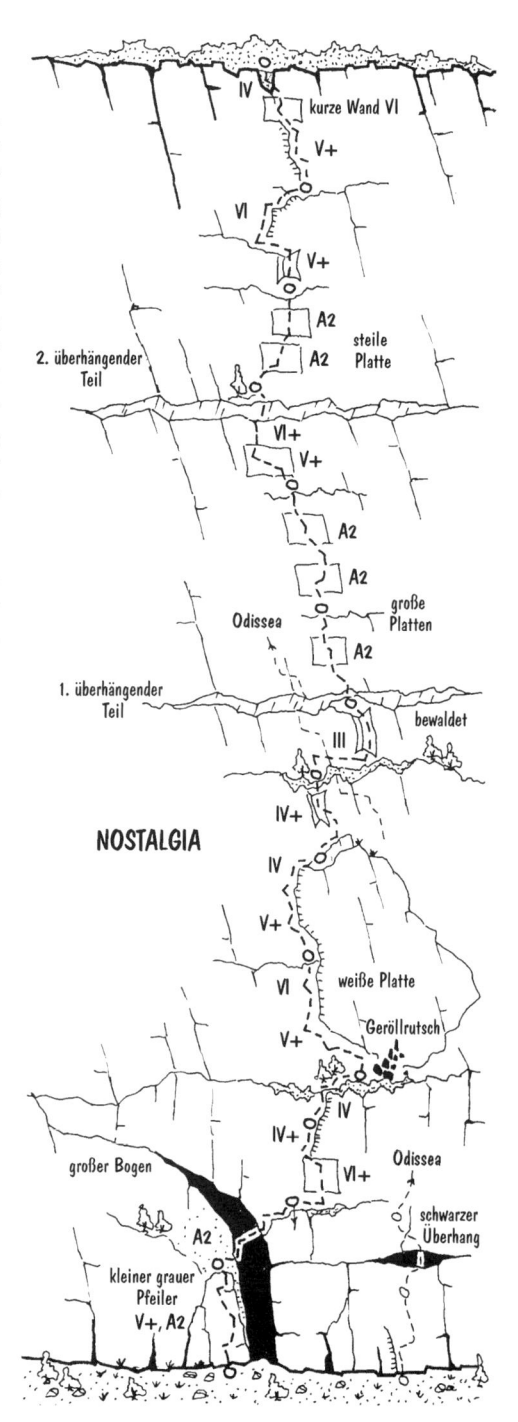

PARETE ZEBRATA

34 ODISSEA ✷✷✷✷✷
T. Quecchia, M. Rivadossi, A. Tonoli 1997
500 m. (15SL)
VII+, A3/R2/III

Diese wunderschöne Plattenroute ist sicherlich der schwierigste Anstieg in der ganzen Parete Zebrata. Gut mit Bohrhaken abgesicherte Passagen mit schwierigster Reibungskletterei wechseln mit klassischen Seillängen, in denen die Absicherung mit geschlagenen Haken oft auch noch weit auseinander liegt. Man beginnt mit einigen sehr schwierigen, frei kletterbaren Stellen und steigt dann abwechselnd mit Hilfe von Bohrhaken und Cliffs nach oben. Manchmal sind auch zwischen zwei Bohrhaken obligatorische technische Passagen zu finden: Ein Weiterkommen ist hier nur mit einem Cliff in kleinen, kaum erkennbaren Löchern möglich. Die Kletterei ist deshalb nicht unbedingt objektiv gefährlich, aber unglaublich grenzwertig. Obligatorische Ausrüstung: zwei Trittleitern und Cliffs in verschiedenen Größen. Empfehlenswert sind auch zwei so genannte Talons. Abstieg durch Abseilen über die Route (Material zur Verstärkung der Standplätze empfehlenswert). Erste Wiederholung durch D. Filippi und S. Scalet.

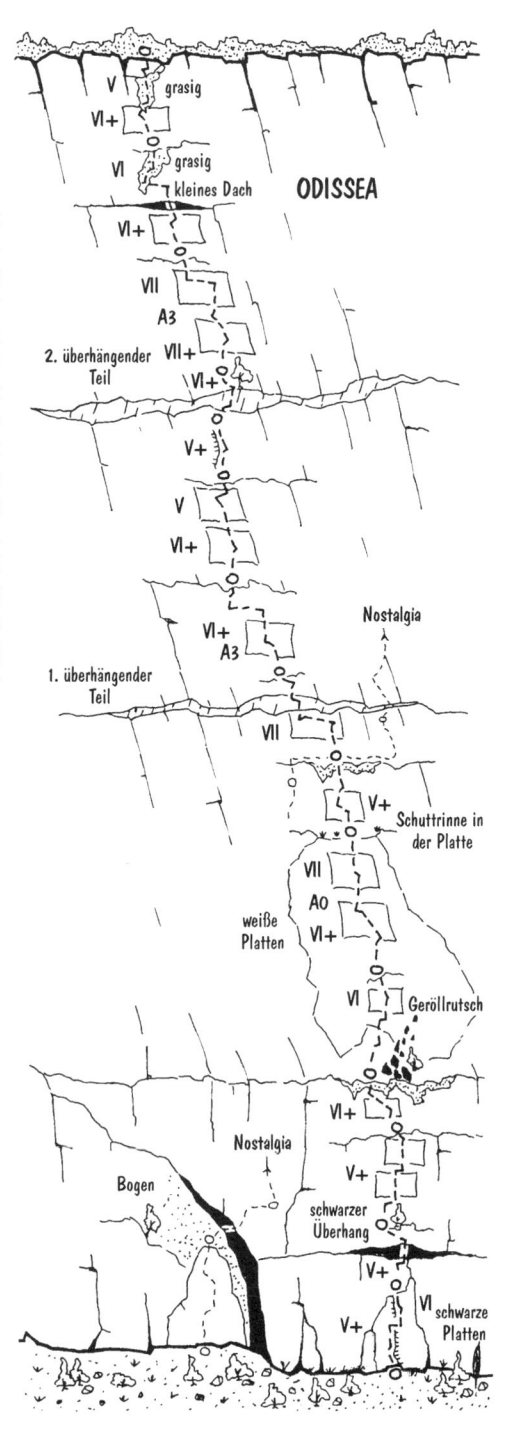

35 ASPETTANDO DANIELE ✤✤
M. Brighente, G. Bogoni, D. Dal Cere 2006
450 m. (14SL)
6a+, A0 (5c obl.)/S1/II

Route, in der Entdeckerqualitäten gefordert sind und das Klettern oft von der überreichlichen Vegetation gestört wird. Die Linie führt über sehr kompakte Platten mit fantastischen Wasserrillen und ist immer wieder von brüchigen und schrofigen Abschnitten unterbrochen. Die Ausstiegslängen verlaufen in einem einzigartigen Ambiente, ein insgesamt empfehlenswerter Weg mit ein bisschen von allem: zwingende Passagen in freier Kletterei, schrofige Platten, technisch zu kletternde Passagen und Grasrampen... Der überhängende Riss im oberen Teil der Route ist wirklich sehr schön.

Die Absicherung ist ausreichend und das Gestein meistens gut. Man seilt über die Route ab.

Zustieg: rechts von 'Odissea', bei einer Verschneidung, die von der Wand und einem angelehnten Vorbau geformt wird.

36 SINFONIA D'AUTUNNO ✱✱✱✱✱
D. Ballerini, G. Castellini, C. Stefani 1996
260 m. (7SL)
6b+ (5c obl.)/S2/II

Wunderschöne Route, nicht zu extrem und sehr abwechslungsreich. Die zweite Seillänge ist unglaublich ästhetisch! Abstieg durch Abseilen über die Route. Die vorletzte Abseillänge ist wegen des schrägen Routenverlaufs nicht unproblematisch, das Einhängen von Expressschlingen durch den Abseilersten ist empfehlenswert.

Einstieg: Der Wandfuß des zentralen Wandteils wird durch einen bewaldeten Vorbau gekennzeichnet und liegt ca. 150 m links von der Pala delle Lastiele (dem Wandrücken, der die Parete Zebrata nach Norden hin abschließt). Oberhalb dieses Vorbaus und auf seiner linken Seite beginnt die Route. Vom Parkplatz geht man am besten bis zur Pala delle Lastiele, kehrt dann etwas linkshaltend zurück und steigt den steilen Vorbau hoch. Die erste Route, auf die man trifft, heißt 'Annamaria', die zweite 'Sinfonia d'Autunno'.

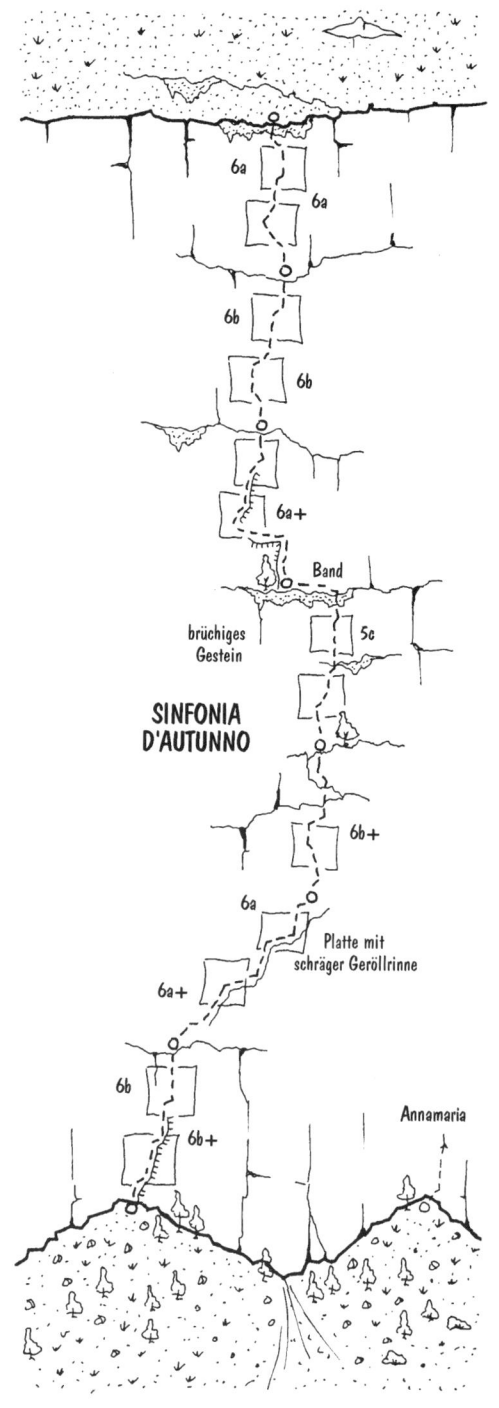

37 ANNAMARIA ✺✺✺
T. Quecchia, D. Ballerini, C. Stefani 1996
260 m. (6SL)
VII+, A0/R2/II

Schwierige Route, in der sich sportklettermäßig eingerichtete und ausgesprochen alpine Abschnitte abwechseln. Nach einigen Seillängen mit guter Absicherung folgt ein stark grasbewachsener Abschnitt, in dem ein senkrechter Wandbereich nur mit geschlagenen Haken abgesichert ist. Hier sind einige Klemmkeile hilfreich. Der Rest der Route verläuft über außergewöhnlich schöne Platten mit wunderschöner Reibungsklettterei. Abstieg durch Abseilen über die Route, Reepschnüre zur zusätzlichen Absicherung der Abseilstellen sind empfehlenswert.

Einstieg: wie zu 'Sinfonia d'Autunno', ca. 30 m rechts davon zunächst über eine schwierige, mit Bohrhaken abgesicherte Platte. Den ersten großen Busch umgeht man links.

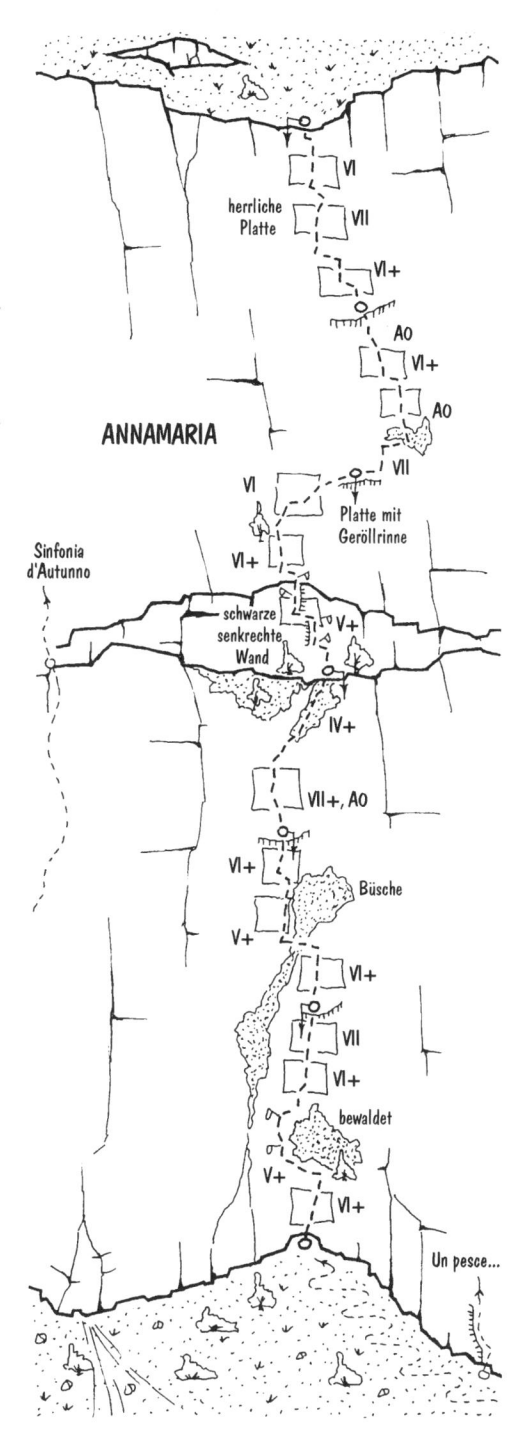

PARETE ZEBRATA

184

38 UN PESCE D'ACQUA DOLCE ☀☀
A. Damioli, 1997
180 m. (6SL)
6b (5c obl.)/S2/I
Kurze und leichte, sehr schöne Route. In der zweiten und dritten Seillänge führt sie über eine sehr steile und kompakte Platte.
Einstieg: zunächst bis zu Pala delle Lastiele und dann linkshaltend zurück in Richtung des bewaldeten Vorbaus, oberhalb dessen die Routen Nr. 26 und 27 beginnen. Direkt am Beginn der Rampe zum Vorbau folgt man zunächst einem Riss in der Einstiegsplatte.

38a LEON ☀
A. Damioli
100 m. (3SL)
6b+ (5c obl.)/S2/I
Kurze Route, deren erste Seillänge zusammen mit derjenigen von 'Un pesce d'acqua dolce' verläuft. Dann über einen rundlichen Pfeiler inmitten einer Plattenzone und schließlich über leichtere und grasbewachsene Platten zum Ausstieg.

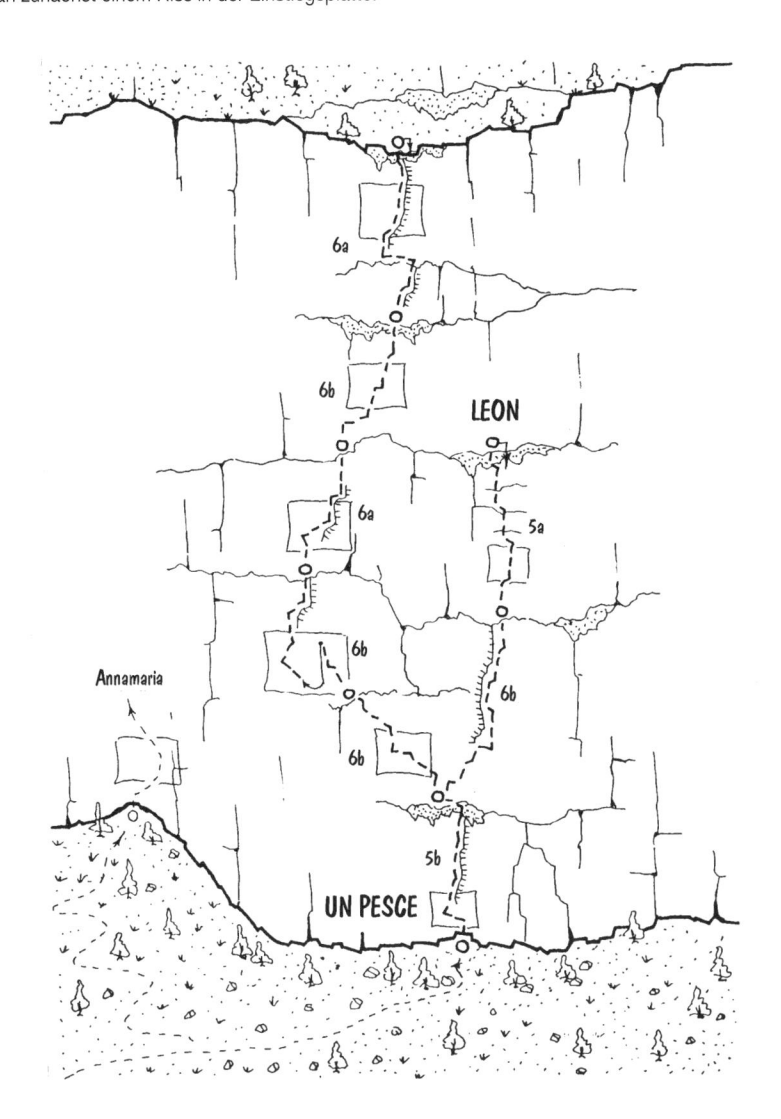

PARETE ZEBRATA

39 VIA DELLE GROSTE ✻✻✻
M. Brighente, G. Bogoni 2006
140 m. (5SL)
6b, 6c (6a obb)/S1/II
Schöne, kurze Route mit sehr technischen Reibungskletterpassagen, perfekt geeignet für einen halben Tag. Sehr guter Fels und gute Absicherung mit kurzen Hakenabständen.
Einstieg: etwas links von 'Milwaukee'.

40 MILWAUKEE ✻✻✻
A. Toni Zanetti e G. Bonvecchio 2004
280 m. (6SL)
6b+ (6b obl.)/S3/II
Empfehlenswerte, schöne Plattenroute. Die ersten drei Seillängen verlaufen auf glatten Platten mit Wasserrillen, die drei Ausstiegslängen sind jedoch weniger schön mit sehr leichter Kletterei auf vegetationsreichen Platten. Der Fels ist durchwegs fest, die Absicherung mit Bohrhaken bis auf die letzten Seillängen gut.
Einstieg: etwas links der breiten Rinnenverschneidung mit der 'Via Mamma del Bepi'.
Abstieg: Abseilen über die Route.

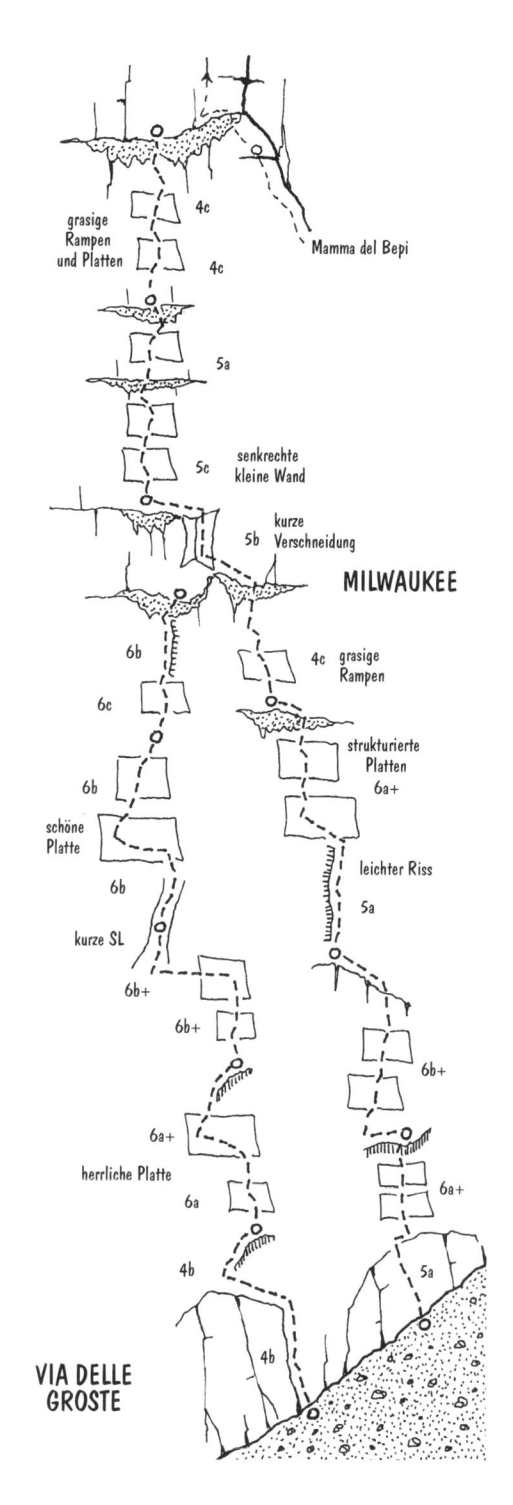

41 VIA MAMMA DEL BEPI ✻✻✻

G.Stenghel, W.Gobbi 1983
400 m. (10SL)
V+, VI, A1/R3/II

Kurz vor dem nördlichen Abschluss mit der Pala dele Lastiele läuft ein deutliches Riss- und Kaminsystem durch die gesamte Parete Zebrata. Zu Beginn von einer Reihe von Rampen und grasigen, geneigten Verschneidungen durchzogen, wechselt diese Route schnell ihr Gesicht, wird steiler und bald senkrecht. Dieser Abschnitt mit den tiefen Kaminen und den Abschlussverschneidungen scheint sehr abweisend, ist aber in der Tat am interessantesten. Die sehr klassische Kletterei ist von vielen vegetationsreichen Bereichen geprägt, die Absicherung heikel und kaum vorhanden. Dennoch fallen einige schöne Passagen ins Auge, wie z.B. die große Grotte in der 8. Seillänge. Die beiden Ausstiegslängen sind zwar schwieriger, aber das Gestein ist sauber und fest.
Einstieg: deutlich zu sehen, am Beginn der breiten Rinnenverschneidung.
Abstieg: vom letzten Stand erreicht man mit dreimaligem Abseilen an Bäumen (Schlingen) den letzten Stand der Route 'Milwaukee'. Von hier wiederum sechs Mal an eingerichteten Stand-/Abseilstellen abseilen.

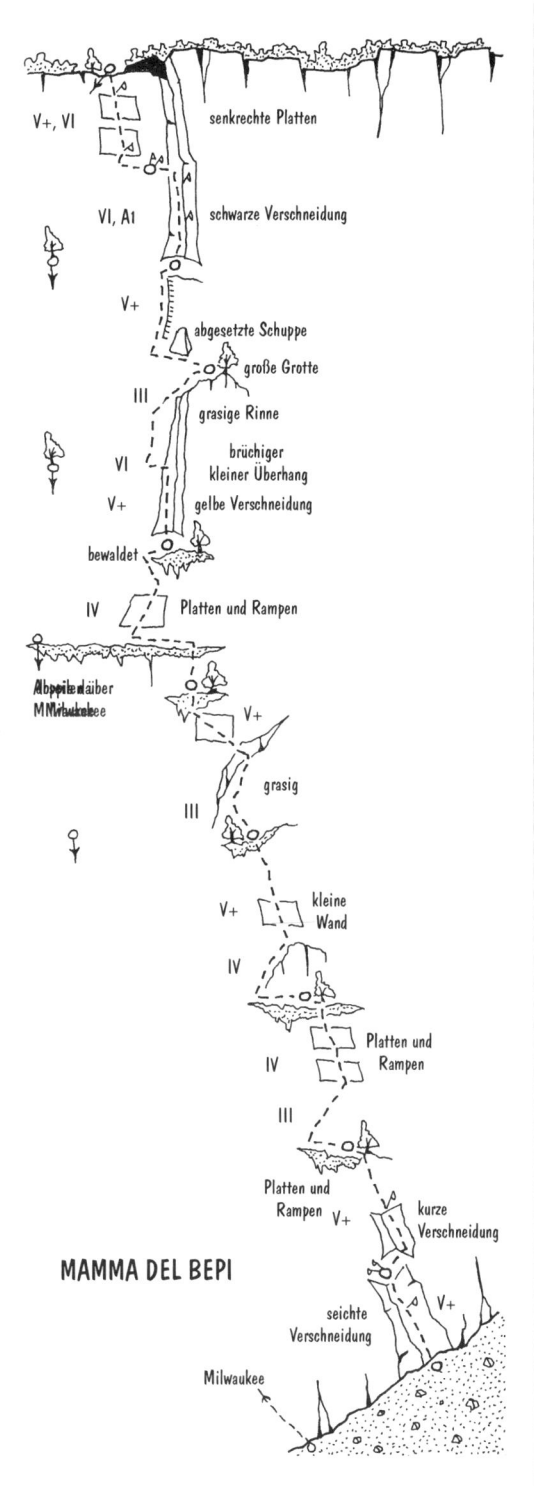

42 GIGLIOLA ❊❊❊
M. Giordani, F. Zenatti 1983
400 m. (12SL)
VI+, A1/R3/II

Langer und schwieriger Weg, der kaum (oder überhaupt keine) Wiederholer findet. Der Fels ist manchmal brüchig und die Absicherung schlecht. Die Route geht über den Wandbereich, der sich zwischen dem Wandrücken der Pala delle Lastiele und der 'Via Mamma del Bepi del Colodri' befindet (die 'Mamma' verläuft in dem sehr klar erkennbaren Riss- und Kaminsystem nach oben).

Einstieg: Wenig rechts von 'Mamma del Bepi del Colodri' über eine graue kleine Verschneidung direkt auf die Kante. Weiter oben dann in den schwierigen und brüchigen Plattenbereich.

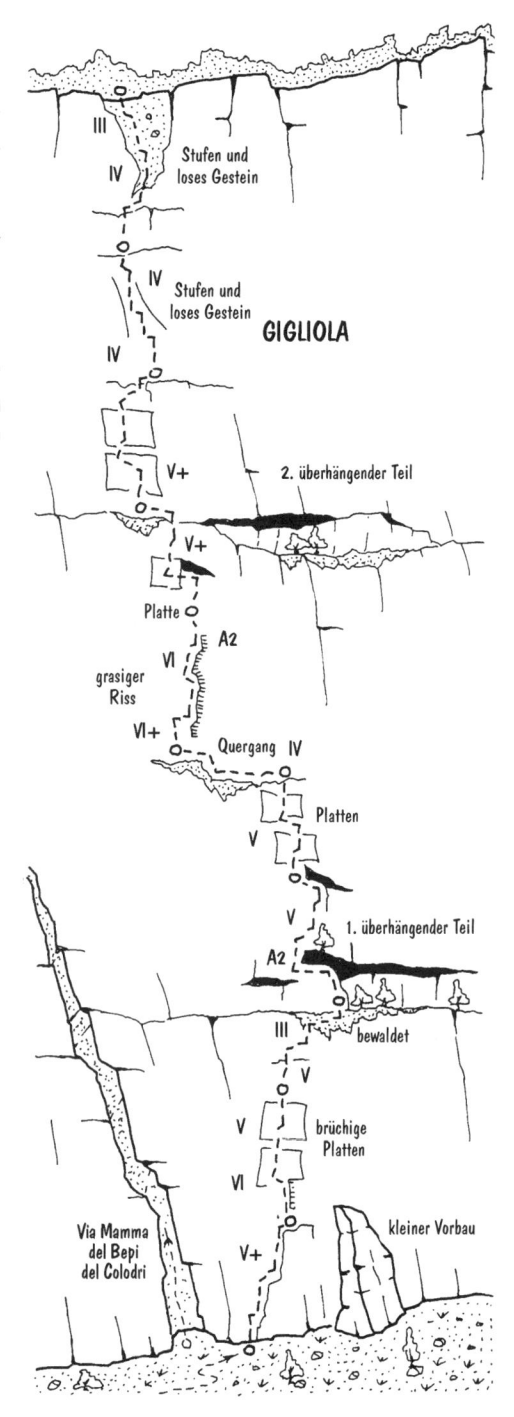

43 SAMARCANDA ❋❋❋❋

A. Toni Zanetti e G. Bonvecchio 2006
300 m. (8SL)
6c, A0 (6a obl.)/S2/II

Die Route verläuft über den steilsten Bereich der Parete Zebrata. Steile Platten- und senkrechte Wandkletterei herrscht hier vor. Der Fels ist einfach perfekt: glatt in den steilen Platten und mit vielen Leisten in den senkrechten Wandteilen. Am schönsten sind die Einstiegsverschneidung sowie die senkrechte Wand in der vorletzten Seillänge. Die Absicherung mit Bohrhaken ist perfekt und mehr als ausreichend. Fast alles kann frei geklettert werden, nur einige wenige und sehr kurze Passagen widerstehen bislang. Eventuell sind einige kleine Friends von Nutzen.

Einstieg: rechts von 'Mamma del Bepi', in der großen Verschneidung.
Abstieg: Abseilen über die Route.

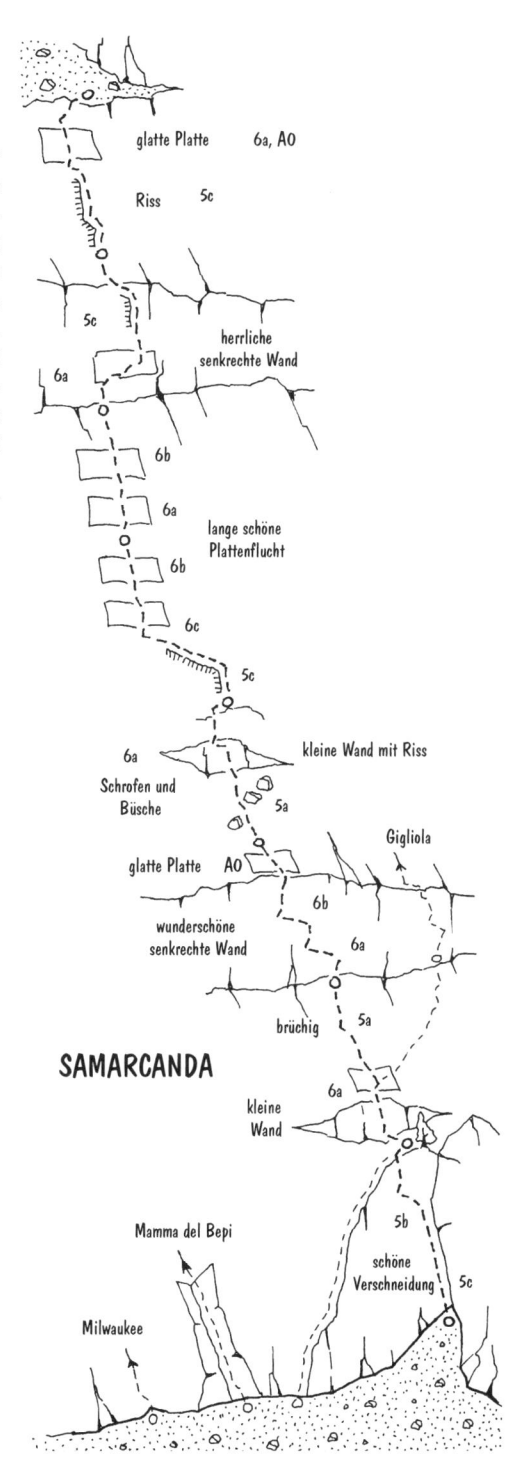

44 RESENTIN ✳✳

A. Toni Zanetti e G. Bonvecchio 2004
300 m. (6SL)
6b+, A1 cilff (6b, A1 cliff obl.)/S3/II

Die Route verläuft rechts der 'Via Gigliola', über eine oft unterbrochene und stufige Plattenflucht. Die Route ist etwas für Entdecker und durchwegs schwierig. Die glatten Plattenbereiche werden in schwieriger freier Kletterei und mit heiklen Passagen an Cliffs überwunden. Auch vegetationsreiche Verschneidungen und Risse erfordern viel Können und Vorsicht. Insgesamt eine Route mit einem gewissen Etwas (vor allem hinsichtlich der Schwierigkeiten der freien und technischen Kletterstellen), die einen sehr abweisenden Bereich der Wand überwindet. Die Hakenabstände sind zwar manchmal etwas weit, aber die Haken gut gebohrt und der Fels ist im Allgemeinen fest. Wiederholer können eventuell einige Friends mittlerer Größe einsetzen, unabdingbar sind Cliffs (für gebohrte 6mm-Löcher) und eine Trittleiter. Die Erstbegeher widmeten diese Route dem Alpinisten Arturo Tamanini.

Einstieg: rechts der 'Via Gigliola', nach dem Vorbau, Routenname angeschrieben.
Abstieg: abseilen über die Route

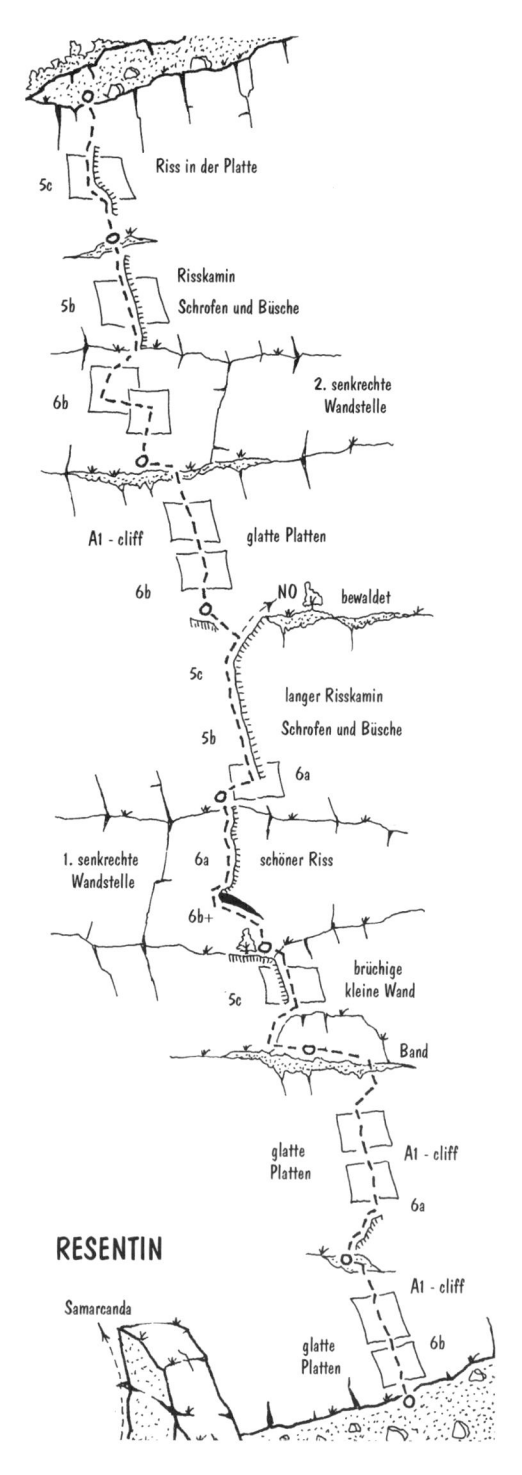

Weitere Routen:

A – GRANO SARACENO: R. Bassi und Gefährten. Einstieg rechts der 'Via Claudia' und dann über eine gut sichtbare und grasbewachsene Verschneidung. Vier Seillängen. Abstieg durch Abseilen über die Route. 150 m. V+, VI.

B – VIA PUS: G. Groaz und P. Baldo. Die lange und schwierige Route fordert ziemliche Entdeckerqualitäten. Zwischen den Routen 'Nostalgia' und 'Odissea' und unterhalb des bogenförmigen Überhangs führt eine Grasrampe zu einer kleinen, engen Rinne. Diese Rinne weitet sich weiter oben und schließt dann mit einem dreieckigen schwarzen Überhang. Durch diese Rinne ist auch der erste Teil der Route vorgegeben. Der zweite Teil verläuft dann diagonal nach links. Vom Überhang klettert man über grasige Platten zu einer kleinen senkrechten Wand, die sich direkt über einem weiteren, großen, schwarzen Überhang befindet. Dieser ist auch von ganz unten gut zu sehen. Ab hier folgt man dann verschiedenen gras- bzw. buschbewachsenen Bändern bis zum Geröllfeld, an dem alle anderen Routen der Parete Zebrata enden. 850m. IV+, V.

C – INNOMINATA: Erstbegeher unbekannt. Vom Einstieg der Routen 'Nostalgia' und 'Odissea' auf dem Schuttkegel weiter hoch bis zur großen Verschneidung, die den Wandteil begrenzt. Jetzt schwierig in die grasige Verschneidung, die schräg rechts hoch führt. Nach drei Seillängen erreicht man über grasbewachsene Platten und Büsche ein bequemes Band. Wenig links davon verläuft eine gut erkennbare Rinne (noch weiter links würde man den gemeinsamen 4. Standplatz der Routen 'Nostalgia' und 'Odissea' erreichen). In der Rinne nun weitere vier Seillängen hoch, bis diese in einem kleinen Wäldchen endet (unterhalb der überhängenden, waagrechten Zone, die den gesamten Wandbereich teilt). Es lohnt sich vor allem wegen des guten Gesteins, in dieser Route auf Entdeckerreise zu gehen. 300 m. IV+,V.

13 PALA DELE LASTIELE

Parete Zebrata

Als 'Pala dele Lastiele' wird der Gratrücken bezeichnet, der die lange Parete Zebrata in Richtung Norden abschließt. Eine einzige Wand, die nach Süden ausgerichtet und ca. 250 m hoch ist, ist hier zu finden.

Sie scheint für Kletterer wenig attraktiv zu sein, aber auf einem senkrechten und exponierten Pfeiler verlaufen doch einige sehr interessante Routen.

ZUSTIEG: 40 Min.
Vom Parkplatz zum Forstweg und in Richtung Norden darauf weiter, fast bis zum Wandfuß. Dann auf einen der vielen kleinen Pfade und bis unter die Wand.

ABSTIEG: 2 Std.
Vom höchsten Punkt des Gratrückens nordwärts durch dichten Wald (ca. 30 Min.), bis zur Forststraße auf der "Pian dela Paia" und darauf zurück ins Tal. Eine zweite und kürzere Möglichkeit gibt es auch: direkt nach dem Ausstieg aus den Routen in Richtung Tal absteigen, über sehr steile Wäldchen, Felsen und Schotterfelder. Dieser Abstieg ist schneller, aber gefährlicher und deshalb wird von ihm abgeraten.

45	EMODIALISI	350 m.	
46	BACI DI CARTA	200 m.	
47	PILASTRO OLIMPOS	250 m.	
48	ISOLA DI NAGUAL	250 m.	
49	IL GATTO NERO	200 m.	

PARETE ZEBRATA

45 EMODIALISI ❀❀❀

A. Toni Zanetti e G. Bonvecchio 2005
350 m. (9SL)
6b, 6c (6a obl.)/S3/II

Vor allem im oberen Bereich sehr schöne, abwechslungsreiche und empfehlenswerte Route. Mal sportklettermäßig, mal alpin orientiert, verläuft sie über kompakte Platten und kurze, leicht brüchige oder grasige Bereiche. Leider ist die Absicherung nicht sehr gut, oft werden Bohrhaken verwendet, aber auch Normalhaken sind zu finden und bei einigen Passagen sollte zusätzlich mit kleinen Keilen abgesichert werden. Alles in allem eine Route mit viel technisch anspruchsvoller, freier Kletterei.

Zustieg: wie bei 'Baci di Carta'. Wenige Meter rechts der großen Verschneidung, die durch das Aufeinandertreffen der beiden Wände Parete Zebrata und Pala dele Lastiele entsteht. Die ersten Haken sind sichtbar.

Abstieg: abseilen über die Route, 5 mal 55m, leicht und schnell.

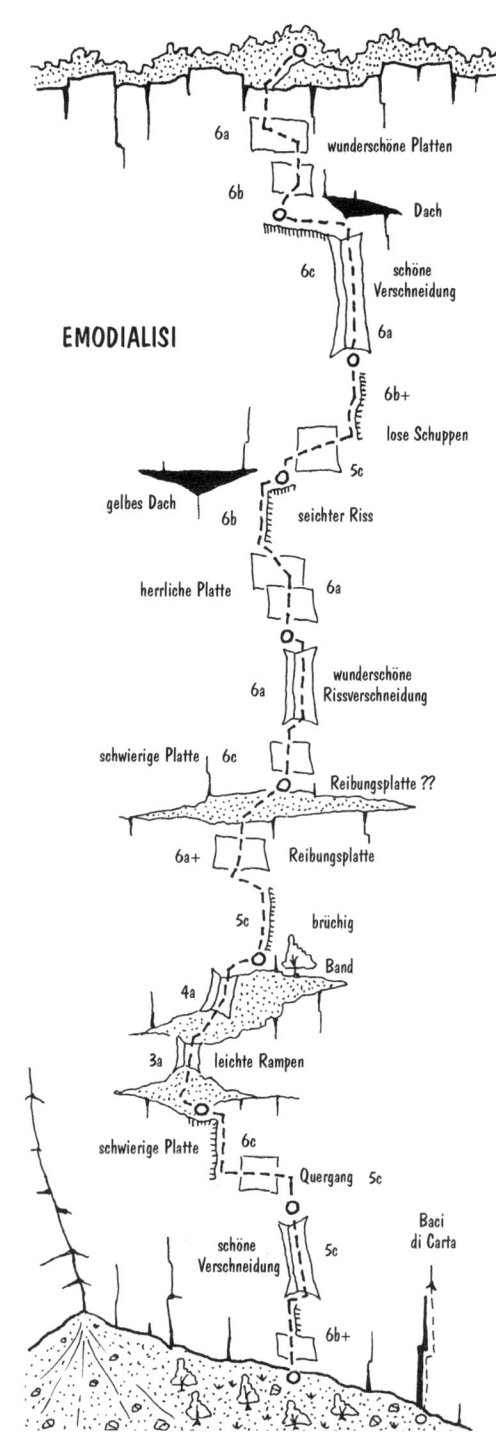

46 BACI DI CARTA ✱✱✱✱✱

M. Maceri, R. Comis, M. Zadra 1999
200 m. (6SL)
VI+, A0/R2/III

Die Linie verläuft über den steilsten und kompaktesten Teil der Wand und ist wegen des guten Gesteins und der sehr guten Absicherung unbedingt eine Wiederholung wert. Sehr abwechslungsreiche alpine Kletterei über Platten, Risse, Kamine und die typischen schrofigen Passagen.

Zustieg: auf einer Schotterrinne hoch bis zum Wandfuß und dem Beginn der großen Verschneidung, dann am Wandfuß entlang wieder absteigen. Am ersten Riss, auf den man trifft, ist der Einstieg. Dieser Riss wird von einem Dach abgeschlossen, Haken sind zu sehen.

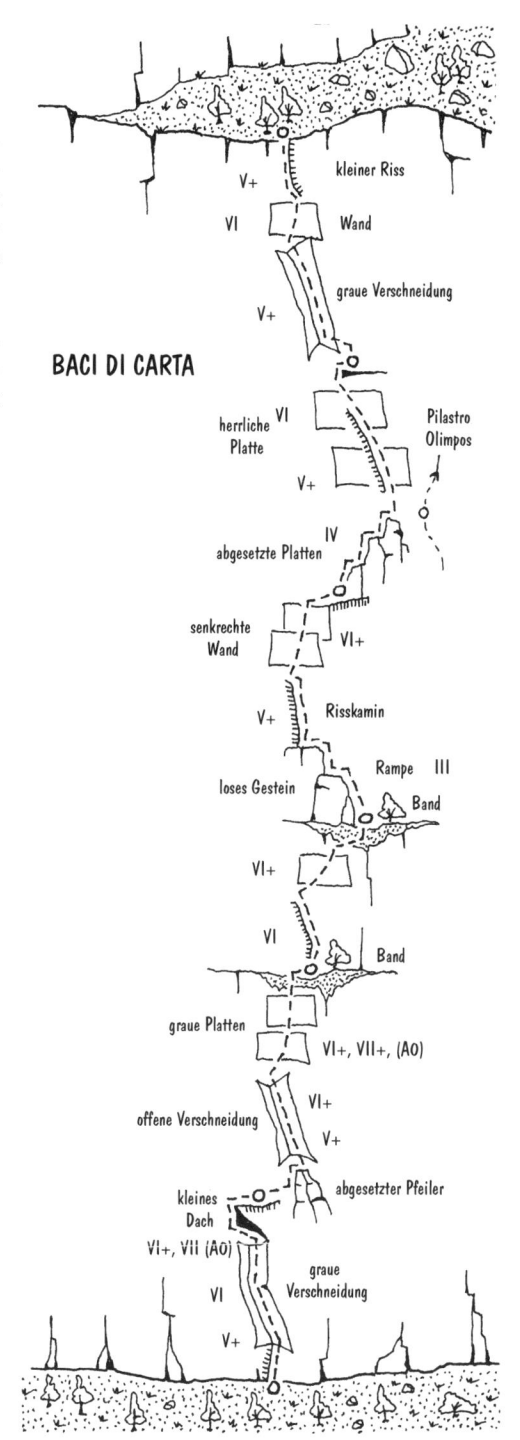

47 PILASTRO OLIMPOS ✻✻✻✻✻
G. Stenghel, G. Groaz, A. Baldessarini 1984
250 m. (8SL)
V+, VI+/R3/III

Die Erstbegeher nannten diese Route auch 'Pilastro maledetto' (verdammter Pfeiler), weil sie unzählige Versuche benötigten, bis ihnen der Durchstieg gelang. Später widmeten sie die Route der Göttin ('Dea') Fortuna. Die sehr abwechslungsreiche und interessante alpine Kletterei im mittleren Bereich wird etwas vermiest durch die Ein- und Ausstiegslängen mit brüchigem und grasbedecktem Fels. Normalhaken, Keile und Friends sollten unbedingt mitgeführt werden. Im Allgemeinen ist die Felsqualität aber gut. (Beschreibung von S. Scalet).

Zustieg: wie zu 'Baci di Scalet' und noch weiter am Wandfuß entlang abwärts bis zu einer breiten, markanten Verschneidung. Hier beginnt die Route 'Isola di Nagual'. Noch etwas weiter links und über Stufen zu einer kleinen, steilen und grasigen Rissverschneidung.

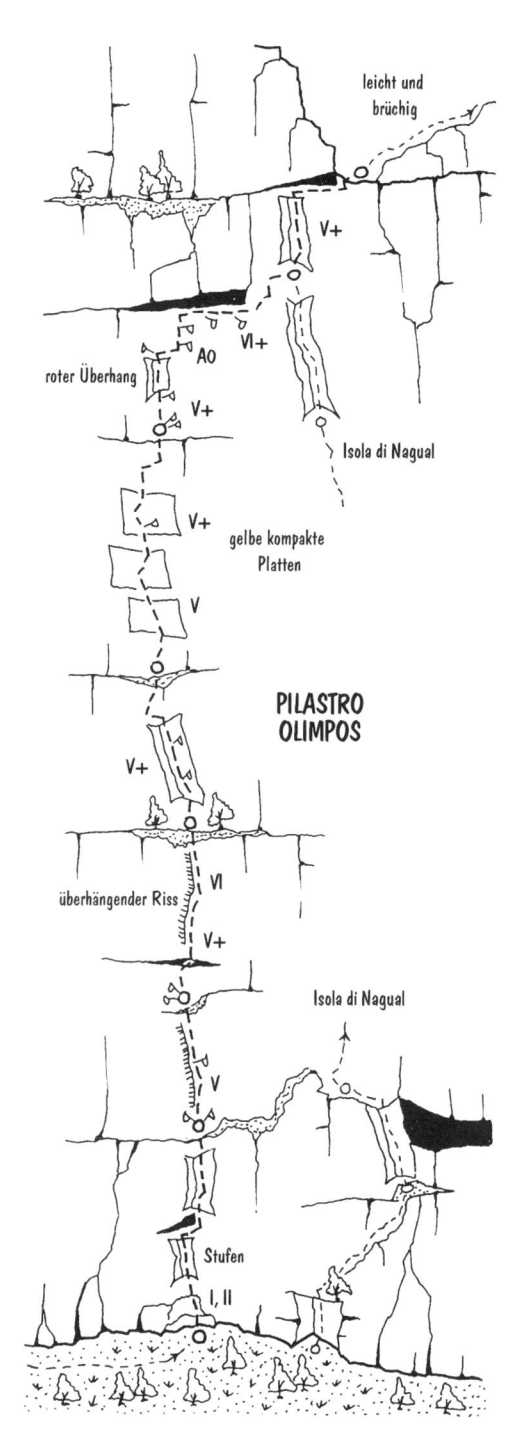

48 ISOLA DI NAGUAL ✶✶✶✶✶
F. Stedile, F. Giacomelli 1982
250 m. (10SL)
V+, VI/R3/III

Wunderschöne Route, exponiert und elegant, die viel Spaß macht: eine wahre Perle des Sarcatals. Klassische alpine Kletterei über kompakte und senkrechte Verschneidungen. Die Absicherung ist eher spärlich, aber in den Rissverschneidungen können perfekt sichere Klemmkeile gelegt werden. In der 5. SL macht einem eine technisch anspruchsvolle Platte etwas zu schaffen.

Zustieg: wie bei 'Baci di Scalet' und noch weiter am Wandfuß entlang und abwärts bis zu einer breiten, markanten Verschneidung. Hier beginnt die Route ('Nagual' steht angeschrieben). Man erklettert die kurze Verschneidung und steigt über gelbe, brüchige Felsen in Richtung einer Nische unterhalb eines Überhangs hoch (Schlingen sichtbar).

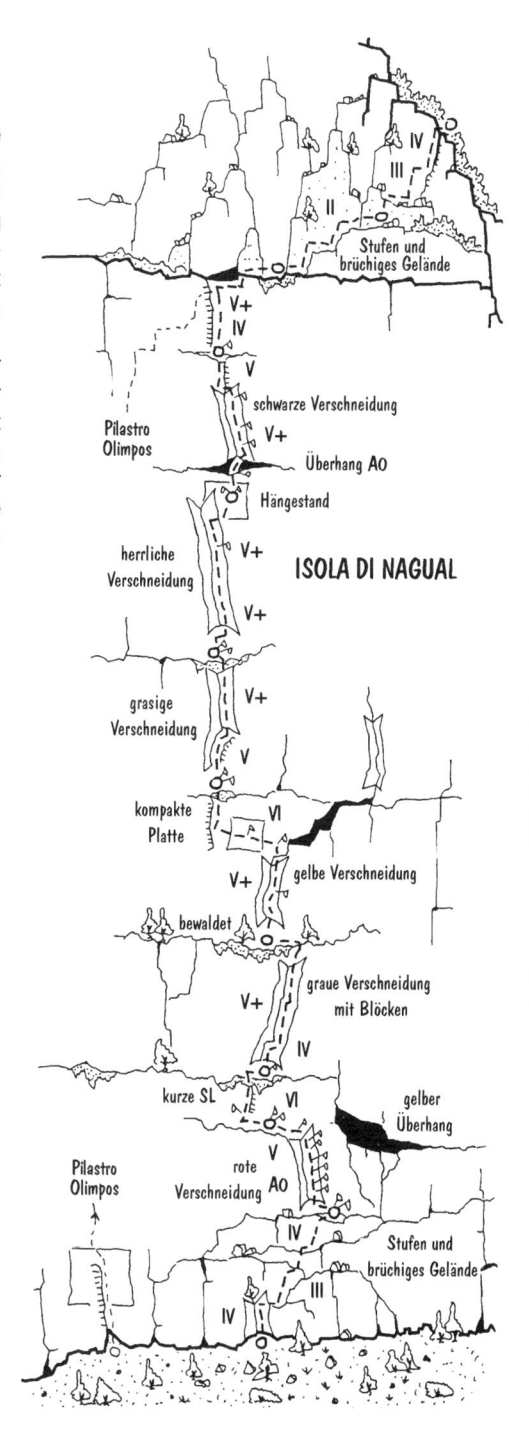

49 IL GATTO NERO ✹✹✹✹
I. Kovacs, G. Babcsan 2005
200 m. (7SL)
7a, 7b (7a obl.)/S4/III

Der schwierige Weg mit vielen obligatorischen Passagen führt über die letzten Plattenbereiche in der Wand. Das Gestein ist meist gut, aber die Absicherung unterschiedlich und weit auseinander. Genauere Informationen gibt es über diese Route nicht.

Einstieg: ca. 30m rechts von 'Isola di Nagual', über einen Pfeiler mit Büschen.

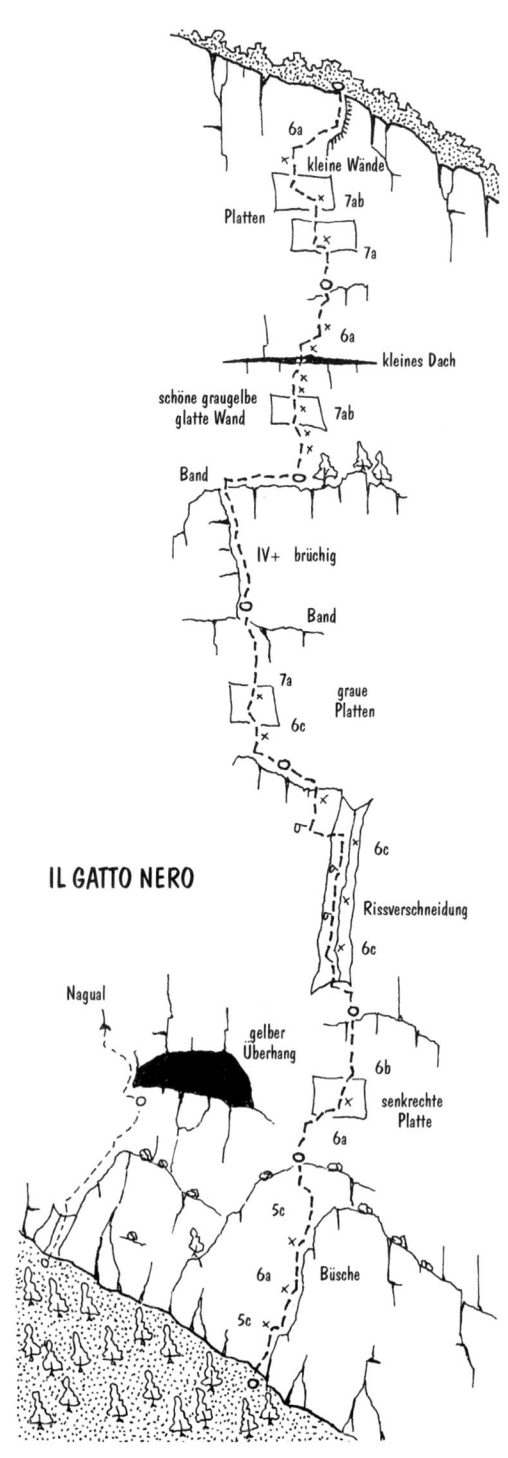

Weitere Routen:
A - ROBERTO TONSORI: G. Stenghel und G. Groaz 1983. Die logische Linie führt im unteren Bereich mit angenehmer Kletterei über seichte und feste Risse und im oberen Teil über brüchige und grasige Bereiche. Einstieg: rechts des Hauptpfeilers mit den interessantesten Routen wird die Wand flacher. Eine breite und steile Rinne führt kurz vor einem Vorbau an der Basis des Ostgrates nach oben. Über eine Rampe hier aufwärts.

B – VIA TE-HENUA: G. Stenghel und G. Groaz 1983. Die leichte Route führt mit etwas Entdeckergeist über den markanten, aber etwas schrofigen Südostpfeiler der Pala del Lastiele. In der Nähe des Pfeilerfußes erkennt man einen gelben, senkrechten Wandbereich. Hier steigt man über brüchigen und etwas grasbedeckten Fels ein, erklettert einen leichten Vorbau und erreicht ein langes Band, das links zu einem Kamin führt. Nun durch den Kamin und linkshaltend zum eigentlichen Pfeiler. Auf diesem über Felsaufschwünge und durch kurze bewaldete Zonen hoch und bis zum Gipfel der Pala. 250m. IV+,V.

C – VIA CHIARA: G. Emanuelli und A. Vecchi 1983. Die ziemlich uninteressante Route verläuft rechts des Südostpfeilers der Pala in einer schrofigen Rinne, in der sich Felsaufschwünge mit bewaldeten Bereichen abwechseln. 250. IV.

MONTE BRENTO

Zusammen mit dem Monte Casale formt der Monte Brento den langen Bergrücken, der das Sarcatal vom Val Lomasona, einem Seitental der Valli Giudicarie ('Judikarischen Täler'), trennt. Die breite, kompakte und beeindruckende Ostwand des Monte Brento fällt steil ins Tal ab. Ein breiter Wandbereich wird von einem absolut senkrechten Pfeiler gestützt und die außergewöhnlichen zentralen Überhänge werden von einer hohen, riesigen Wand flankiert. Klettertechnisch gesehen ist die Wand sehr schwierig und wegen des Steinschlags sehr gefährlich, aber nichtsdestotrotz wegen der vielfältigen Formen und Farben des Gesteins sehr attraktiv und schön.

Pietramurata

PARETE ZEBRATA Sektor. 11

Wasserleitung

bar Parete Zebrata

Arco

großer dreieckiger Felsblock

MONTE BRENTO

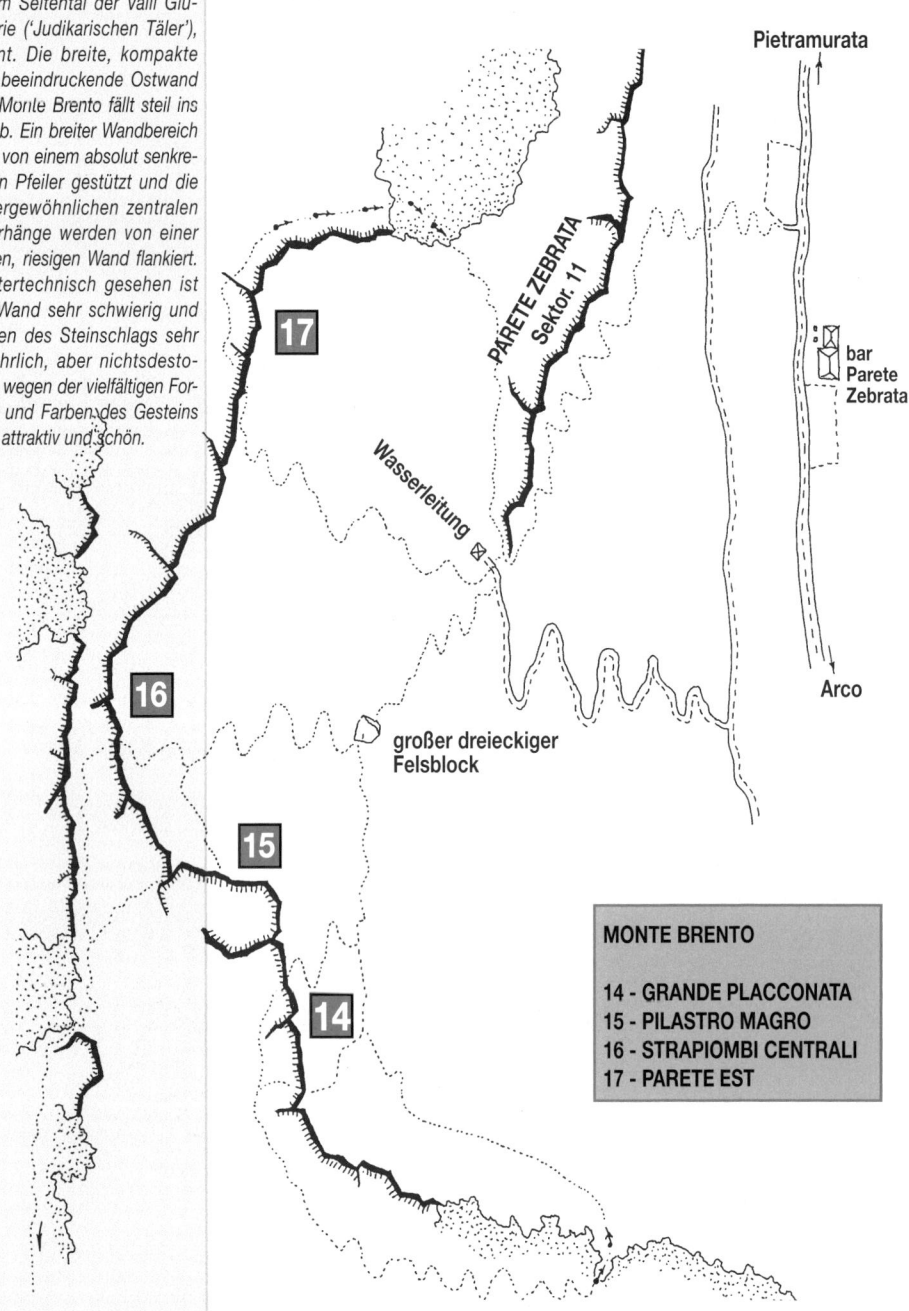

14 - GRANDE PLACCONATA
15 - PILASTRO MAGRO
16 - STRAPIOMBI CENTRALI
17 - PARETE EST

MONTE BRENTO

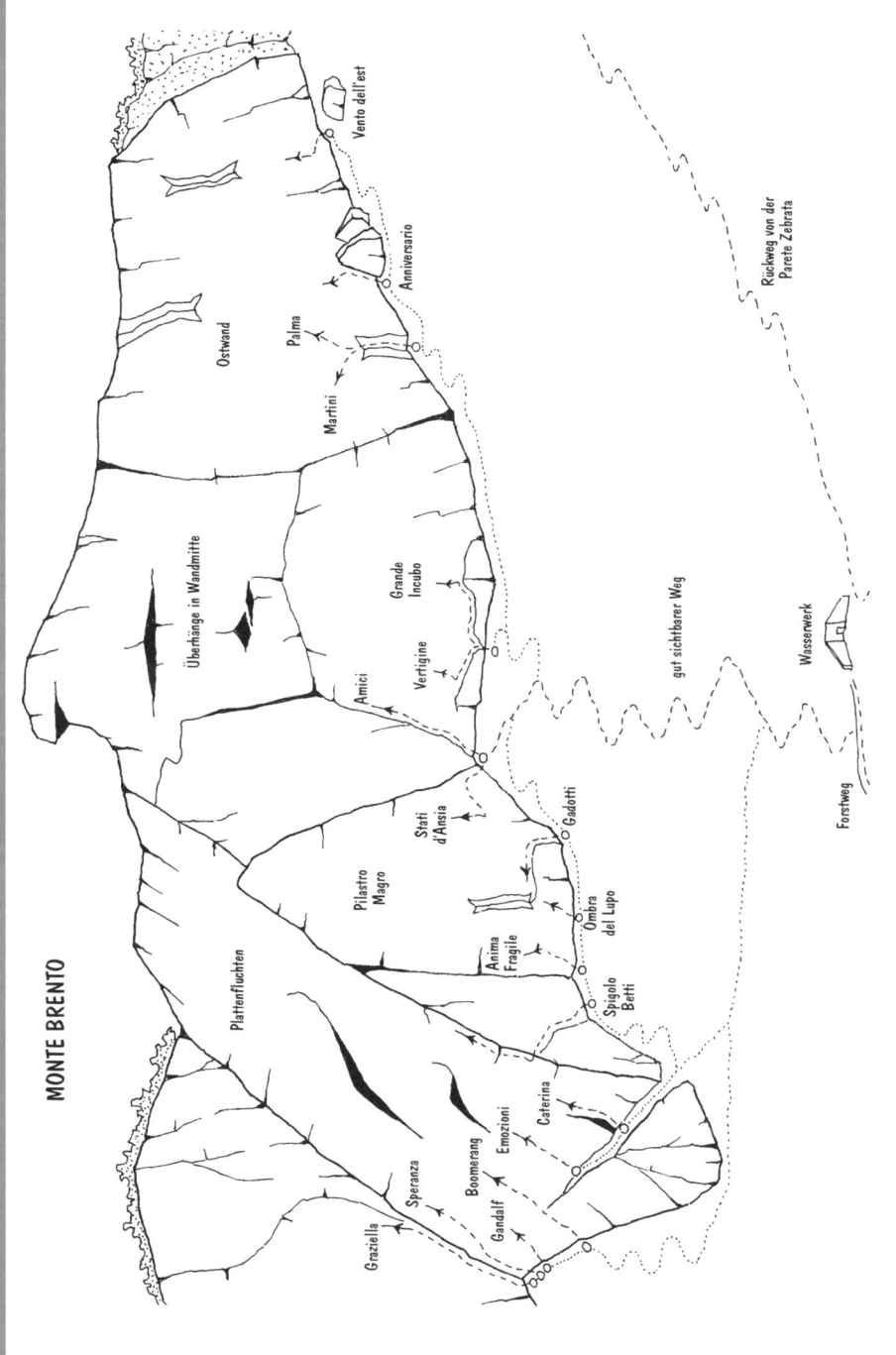

14 GRANDE PLACCONATA

Monte Brento

Die unendliche, riesige graue Wand aus Kalk ist über 1000 m hoch! Verschiedene Kletterwege führen durch sie, die alle sehr ernsthafte Unternehmungen sind und viel Ausdauer erfordern. Die Reibungskletterei ähnelt derjenigen an der Parete Zebrata. 'Graziella' von A. Andreotti und M. Rossi war die erste Route, die hier entstand. Sie verläuft über den linken Wandbereich und verlangte den Erstbegehern zwei volle Tage mit Verschneidungs- und Rissklettererei in manchmal extrem brüchigem Fels ab. Diese Route wurde bislang noch nicht wiederholt. Wie bei allen weiteren Sektoren dieser Wand ist auch hier definitiv alpine Kletterei angesagt: langer Zustieg, schwierige und komplexe Routen und ein genauso langer und ermüdender Abstieg.

ZUSTIEG: 1 Std. 30 Min.
Zunächst wie zum Sportklettersektor der Parete Zebrata, dann auf dem Schotterfeld bis zur Wasserleitung. Auf der Forststraße etwas abwärts und gleich darauf auf eine nach rechts führende Pfadspur und über die ermüdenden Schotterfelder aufwärts in Richtung Pilastro Mago. Hat man eine entsprechende Höhe erreicht, quert man fast eben zu den Plattenfluchten hinüber.

ABSTIEG: 2 Std. 30 Min.
Lang und schwierig. Vom Ausstieg der Routen durch kleine Wälder in Richtung Süden und ganz langsam an Höhe verlierend bis fast zur ebenen Zone bei der Cima alle Coste (1 Std.). Jetzt entweder noch weiter südlich bis zum 'Sentiero (Wanderweg) degli Scaloni' und dann ins Tal oder weiter nördlich bis zum Rand eines Felsaufschwungs. Dieser Aufschwung ist nichts anderes als die Fortsetzung der Grande Placconata, die nach Osten abfällt und sich mit der Cima alle Coste verbindet. Jetzt sucht man die einzige steile Grasrinne, die zu den Schotterfeldern am Wandfuß führt und steigt über sie ab.

1	VIA GRAZIELLA	1000 m.
2	VIA DELLA SPERANZA	900 m.
3	GANDALF IL MAGO	900 m.
4	VIA DEL BOOMERANG	1000 m.
5	EMOZIONI	600 m.
6	SPIGOLO BETTY	1300 m.

MONTE BRENTO

1 VIA GRAZIELLA ✹✹✹
A. Andreotti, M. Rossi 1971
1000 m. (35SL)
VI+,A2/R4/V

Die lange und schwierige Route fand bislang noch keine Wiederholer. Sie führt über den einfach riesigen Wandbereich rechts der eigentlichen Plattenfluchten. Nur richtige Entdeckernaturen werden sich in dieser grandiosen und drückenden Wildnis zurechtfinden.

Routenbeschreibung:
SL1: Drei oder vier SL über Risse und seichte Verschneidungen gerade hoch bis zu einem langen Band.
SL2: Auf dem Band bis ganz nach links zu einem Baum queren.
SL3: Über Platten und kleine Verschneidungen rechtshaltend in Richtung einer Rinne. Ca. 6 SL.
SL4: In der Rinne hoch, dann nach links zu einer Terrasse.
SL5: Linkshaltend 4 weitere SL über Bänder und Rinnen bis zu einer weiteren Terrasse am Fuße einer gelben Verschneidung.
SL6: In der sehr brüchigen Verschneidung hoch, dann 4 oder 5 SL über glatte Verschneidungen und Platten zu einer Terrasse unterhalb eines Überhangs (Biwak der Erstbegeher).
SL7: Von der Terrasse einige SL nach rechts bis zum Fuß einer langen, links aufwärts führenden Rampe.
SL8: Die gesamte Rampe hoch und nach 6 SL aus der Wand aussteigen.

Einstieg: Am linken Rand der Wand sieht man ein markantes, bogenförmiges Dach. Unterhalb einer senkrechten Linie zwischen diesem Dach und den schwarzen Wasserstreifen rechts davon führt eine seichte kleine Verschneidung nach oben. Hier ist der Einstieg.

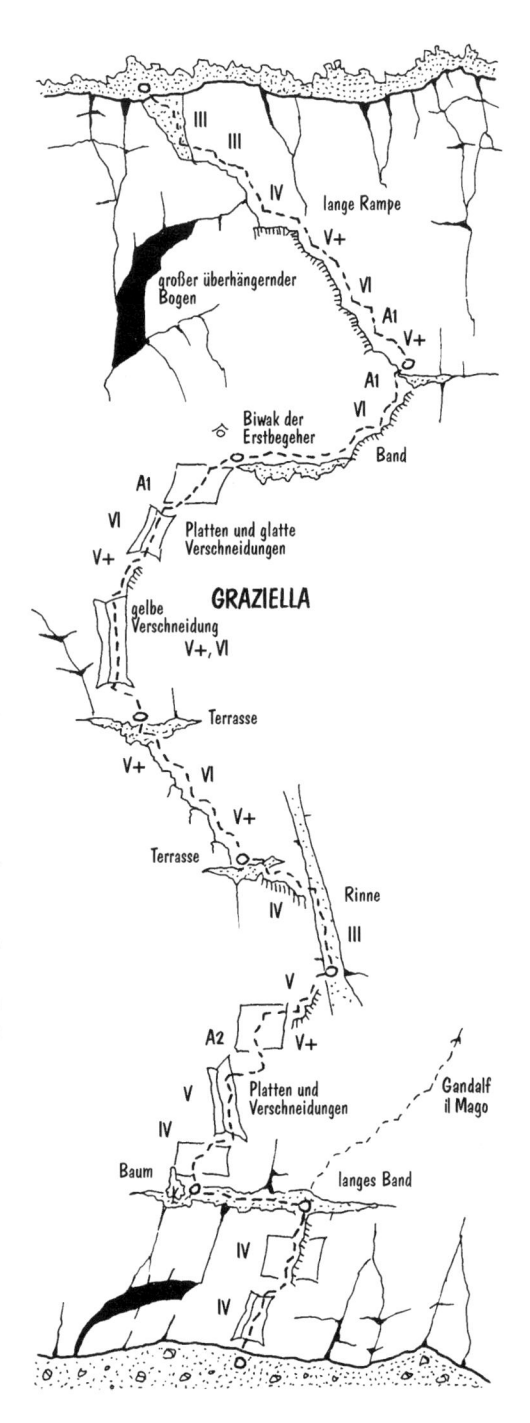

2 VIA DELLA SPERANZA ✯✯✯
H. Grill, F. Kluckner 2002
900 m. (18SL)
V+, VI, A1/R3/IV

Der grandiose Weg führt über den linken Bereich der Grande Placconata. Der breite Korridor zwischen der 'Via Graziella' und der 'Via del Boomerang' wird von kompakten und breiten Plattenbereichen gekennzeichnet, über die diese Route hoch geht. Überwiegend elegante und schöne Kletterei in meist festem Gestein (Infos H. Grill).

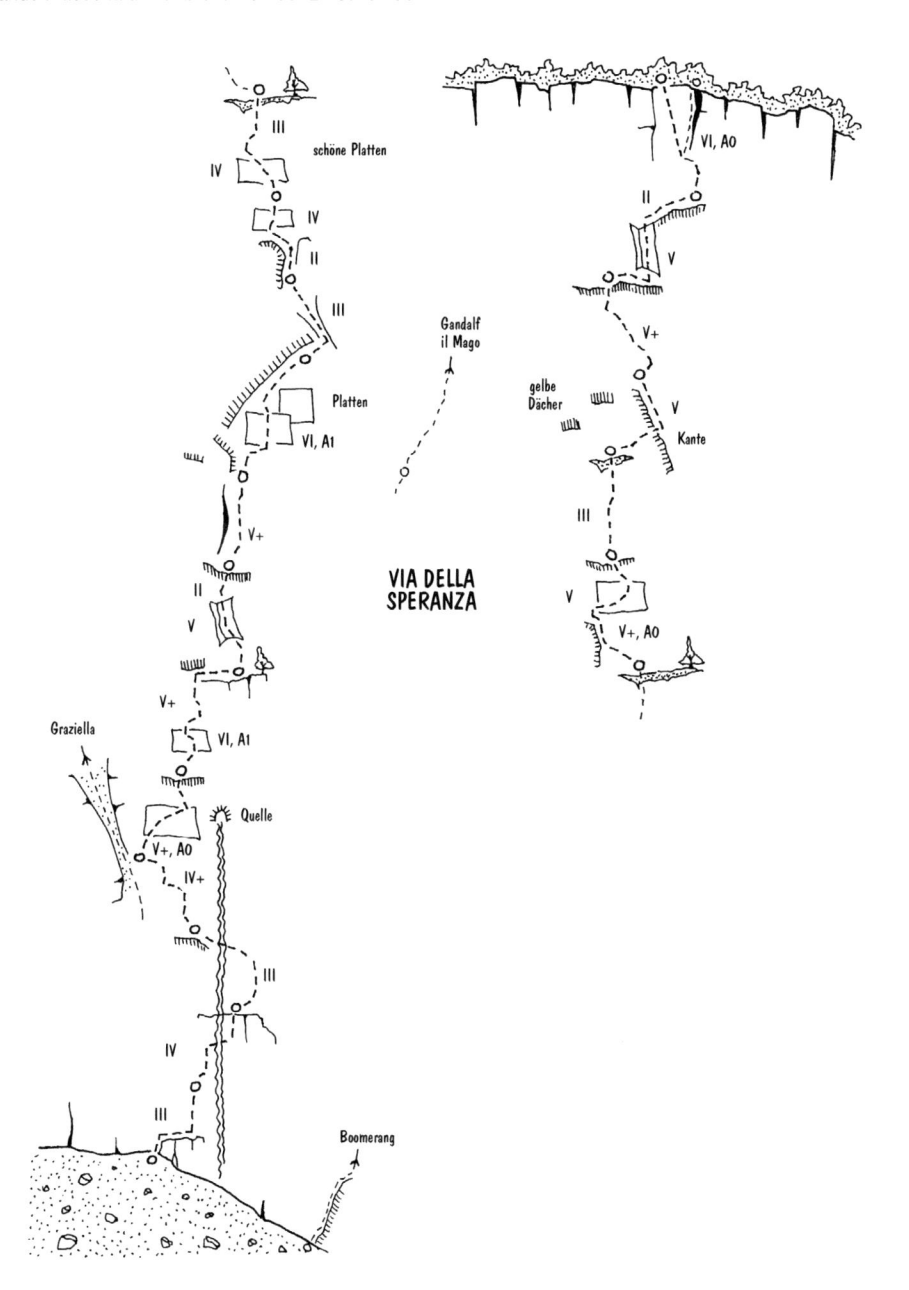

3 GANDALF IL MAGO ✯✯✯

D. Sebastiani, V. Chini, F. Leoni, M. Cagol
900 m. (20SL)
V+,A1/R3/IV

Äußerst schwierige Kletterei in traditionellem Stil, die über den steilsten und kompaktesten Bereich der Wand führt. Das Gestein ist überwiegend fest und die Route ist wegen der spärlichen Absicherung, der Orientierungsschwierigkeiten und Länge nur alpin sehr erfahrenen Kletterern zu empfehlen.

Zustieg: Wie bei 'Graziella', die ersten SL verlaufen gemeinsam. Während aber erstere Route bald nach links in leichteres Gelände führt, folgt 'Gandalf' direkt den großen, glatten Platten.

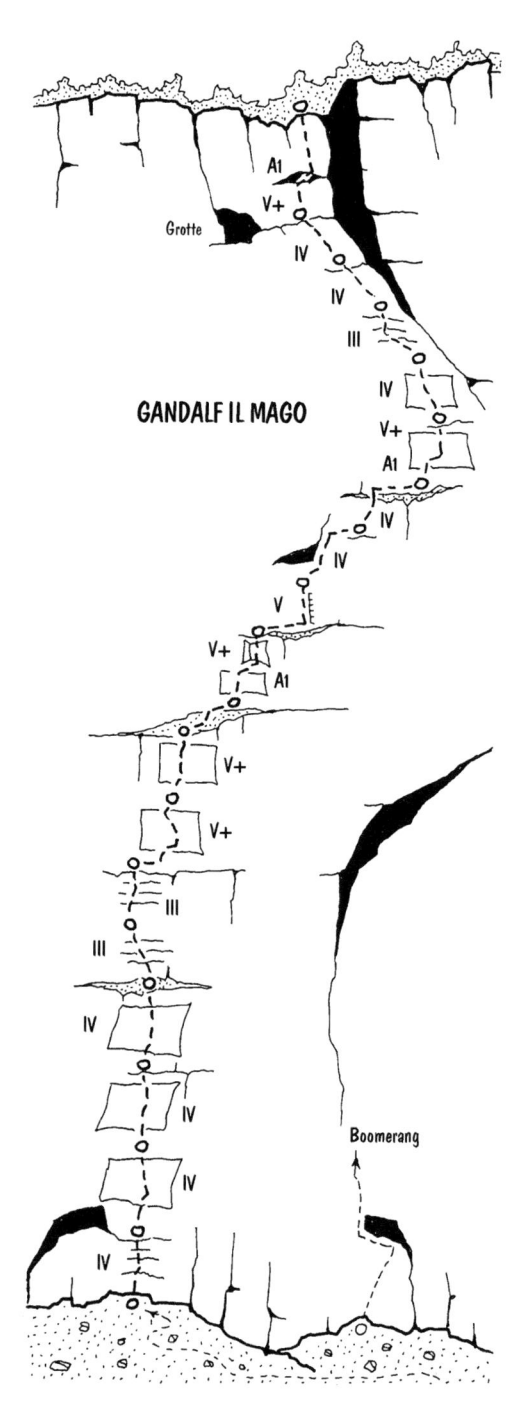

4 VIA DEL BOOMERANG ✻✻✻✻

M. Furlani, V. Chini, M. Degasperi, R. Mazzalai
1979
1000 m. (20SL)
IV,V+/R3/IV

Ein Klassiker und eine der berühmtesten Routen im Sarcatal, auch unter dem Namen 'Via della nuova generazione' bekannt. Die Linie verfolgt den logischen und leichtesten Weg über die großen Plattenfluchten.
Die Absicherung ist fast immer gut und das Gestein fest. Der Ausstieg ist aber schwierig zu finden: verschiedene Möglichkeiten bieten sich an, einen klaren, offensichtlichen Weg gibt es nicht und es besteht deshalb die Gefahr, dass man in sehr brüchiges Gelände gelangt. Äußerste Aufmerksamkeit ist deshalb beim Ausstieg aus der Wand vonnöten.

Zustieg: inmitten der großen Plattenflucht erkennt man das große, bogenförmige Dach. Unterhalb dessen ist ein weiteres, aber kleineres Dach in Form eines Ohres zu sehen. Der Einstieg erfolgt über glatte Platten in Richtung dieses kleinen Daches.

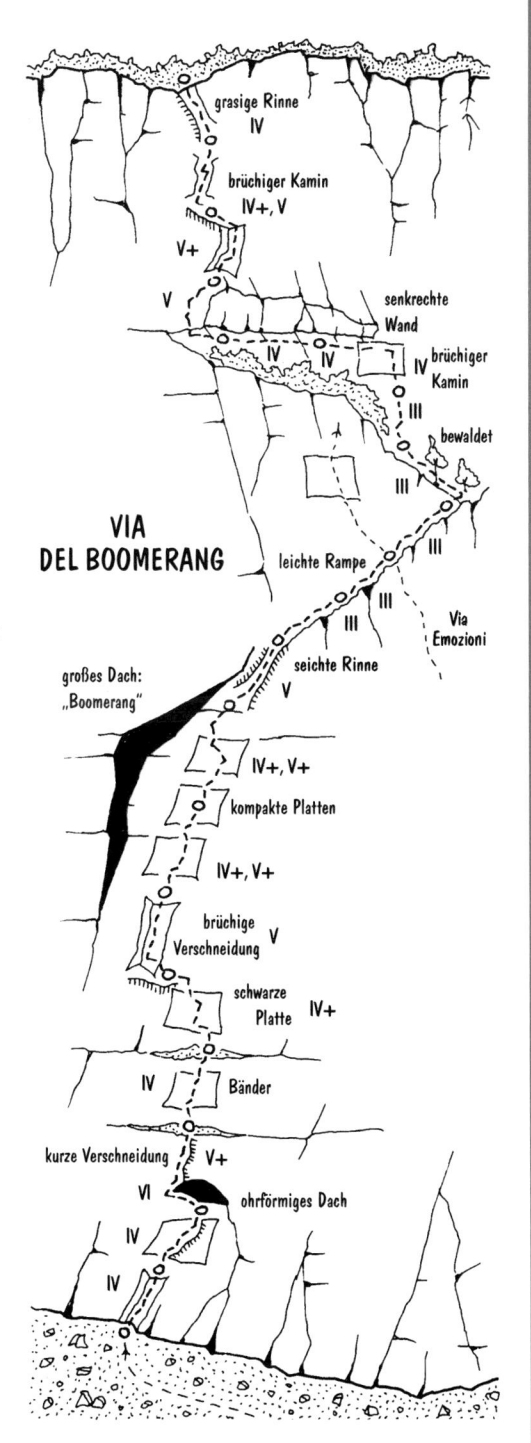

5 EMOZIONI ✯✯✯✯✯
A. Tamanini e compagni 1994
600 m. (16SL)
VII+,VIII/R1/IV

Die schöne und elegante Route führt über sehr glatte und kompakte Plattenzonen. Die typische Reibungskletterei ist manchmal sehr extrem und verlangt viel technisches Können und Erfahrung. Sogar ein Hauch von Sportkletterfeeling kommt hier wegen der guten Absicherung und des perfekten Gesteins auf. Aber der lange Zustieg, die insgesamt schwierige Kletterei und das nicht immer einfache Abseilen weisen eindeutig auf den alpinen Charakter der Route hin. Einige große Friends, ein Sortiment Klemmkeile und einige Haken sollten mitgeführt werden.
Zustieg: nicht klar ersichtlich. Vom Einstieg von 'Boomerang' nach rechts queren und über einen kleinen Vorbau. Bei einem Busch sind weiter oben die ersten Haken sichtbar.

6 SPIGOLO BETTY ✯✯✯✯
M. Rossi, G. Cantaloni 1975
1300 m. (35SL)
V+,VI,A1/R3/IV

Die lange Kante des Monte Brento teilt auf natürliche Weise die Plattenzone auf der linken vom Überhangbereich auf der rechten Wandseite. Über diese Kante führt diese unendlich lange Route hoch, wobei viel Spürsinn für die Wegfindung, viel alpine Erfahrung und noch mehr Wasservorrat nötig sind. Das erste Wanddrittel wird von einem Vorbau eingenommen, wo schon das Auffinden des Einstiegs Schwierigkeiten bereitet und die Felsqualität nicht die beste ist. Im mittleren Bereich kann man dann endlich klettern, die Stände an Bäumen sind gut und man erreicht relativ schnell den Biwakplatz der Erstbegeher. Von hier ist es auch möglich, weiter nach links zur 'Via del Boomerang' queren. Im letzten Wanddrittel mit dem manchmal etwas heiklen Fortkommen ist die Aussicht am schönsten und der bis dahin lange Anstieg zahlt sich endlich aus. Die Linie führt immer an der Kante entlang, am „Pilastro Magro" (Schmaler Pfeiler), den „Grandi Nicchie" (Großen Nischen) und verschiedenen Abgründen vorbei und dann in technischer Kletterei durch die beiden Austiegsseillängen. In dieser Route gibt es nur eines: pausenlos voran, wenn auch in langsamen Tempo, und das Ganze ca. 30

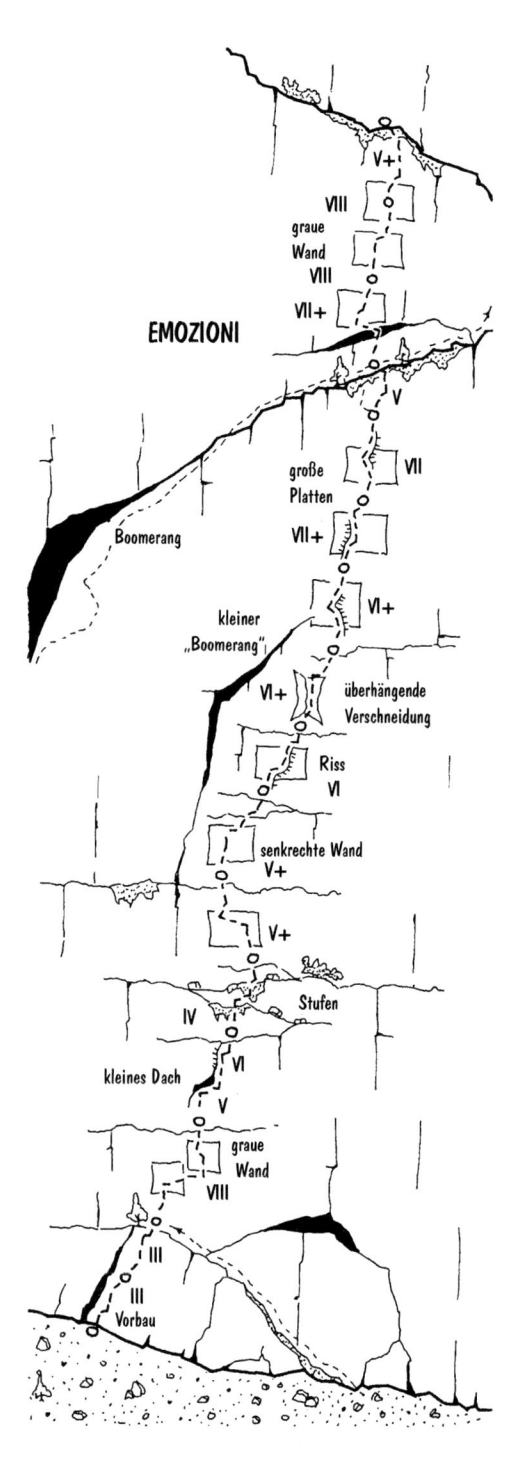

Seillängen lang. Mit einem Biwak sollte man rechnen, eventuell auch erst im Wald auf dem Gipfel, und vor allem, wenn die Tage kürzer werden (Beschreibung von F. Milani).
SL1: Durch Verschneidungen und über Geröllterrassen 3 oder 4 SL hoch bis zu einem langen Band, das unterhalb des schwarzen, giebelförmigen Wasserstreifens liegt.
SL2: So gut es geht auf den eigentlichen Grat. Wegen des brüchigen Gesteins ziemlich gefährliche Passage. Hier ist sehr viel alpine Erfahrung nötig, um den richtigen Weg zu finden.
SL3: Auf der Kante nun 6 bis 7 SL über die schwächsten Stellen aufwärts bis zu einer bequemen kleinen Terrasse in der Nähe der Kante. Biwakplatz der Erstbegeher.
SL4: Durch den Kamin, dann rechtshaltend 3 bis 4 SL über den Grat bis zu einem Einschnitt (bzw. Gipfel des Pilastro Magro).
SL5: Vom Einschnitt linkshaltend, über den brüchigen Grat 3 SL hoch bis zum Beginn einer Rinne.
SL6: In der Rinne 3 SL hoch bis zu einer großen, baumbestandenen Nische
SL7: Von der Nische 70 m durch die schwierige Schlussverschneidung.

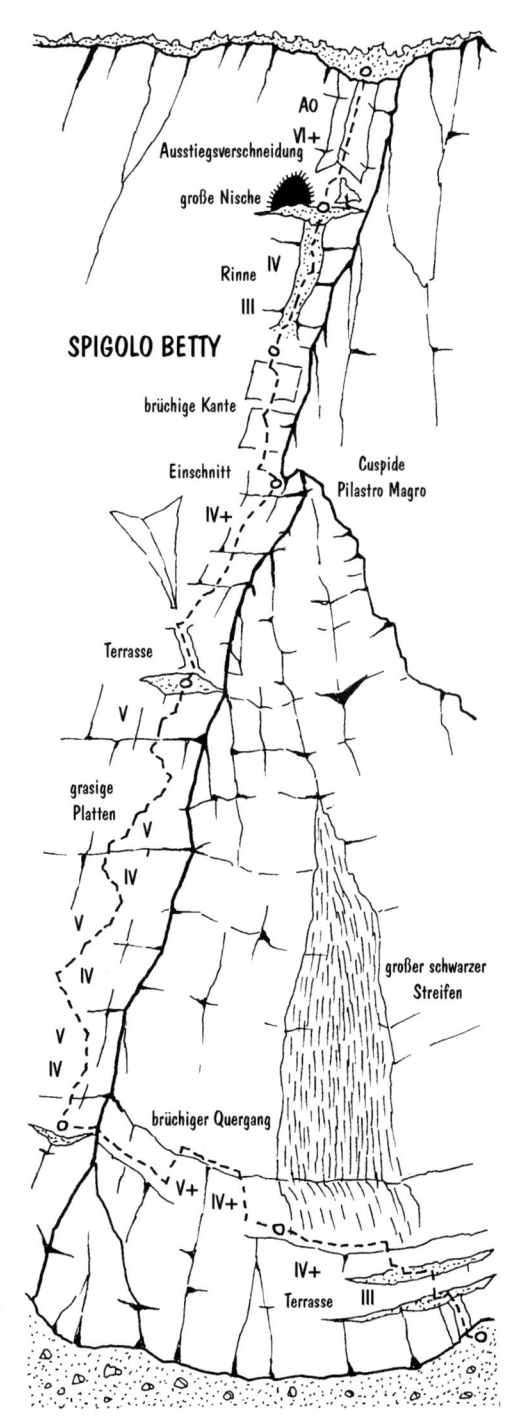

Weitere Routen:
A – VIA CATERINA: A. Tazzoli , solo, 1989
Die Route führt beinahe immer links der Kante („Spigolo Betty") und insgesamt ca. 1000 m aufwärts. Die Schwierigkeiten liegen meist zwischen IV und V, aber auch ein paar Ver- und VIIer-Stellen sowie eine A1-Passage sind zu meistern.

15 PILASTRO MAGRO

Monte Brento

Aus meiner Sicht ist dies der schönste und auch wildeste Winkel im ganzen Sarcatal. Von unten sieht der Pfeiler gedrungen und gar nicht schlank aus, aber vom großen Band der 'Via Vertigine' oder 'Via Steinkotter' aus erscheint er senkrecht und schmal. Von beiden Seiten wird der Pfeiler von großen schwarzen Streifen begrenzt, die nichts anderes als der Schlussteil zweier langer und tiefer Rinnen sind, über die aus dem oberen Wandbereich Schutt und Wasser „abgeladen" wird. Die Besonderheit der Wand liegt darin, dass sie eine wenig anziehende Wirkung hat, nur brüchige Rinnen, grasige Verschneidungen und abstoßende Überhänge scheint es hier zu geben. Aber genau hierin liegt ihre Magie, die sie im Übrigen mit dem nebenan liegenden überhängenden Massiv gemeinsam hat. Im Winter, erst recht mit einem Hauch von Schnee bedeckt, erscheint sie aus alpinistischer Sicht dagegen wie ein Wunder. Wer hier im Winter klettern kann, wird sicherlich eine seiner schönsten Erfahrungen im Sarcatal machen. Alle Routen sind wegen ihrer Länge, des manchmal brüchigen Gesteins und der mangelnden Rückzugsmöglichkeiten schwierig. Sie verschaffen aber große Befriedigung und sind deshalb sehr empfehlenswert.

ZUSTIEG: 1 Std. 30 Min.
Wie zum Sportklettersektor der Parete Zebrata und auf dem Schotterfeld bis zur Wasserleitung. Wenige Meter auf dem Forstweg abwärts und rechts auf einer Pfadspur über die Schotterfelder hoch. Jetzt wählt man die Spuren, die sich langsam dem Pfeiler nähern, steigt dann so weit wie möglich in Richtung der großen Rinne mit der 'Via degli Amici' hoch und quert dann zum Pfeilerfuß.

ABSTIEG: 3 Std.
Wenn möglich, über 'Stati d'ansia' abseilen, weil diese Abseilpiste die einfachste ist (einige Schlingen zur Verstärkung der Abseilstände sind empfehlenswert). Ansonsten über die jeweilige Aufstiegsroute abseilen, eventuell auch (lang und schwierig) über den Spigolo Betty. Eine weitere Möglichkeit ist der Ausstieg über den Spigolo Betty zum Gipfel.

7	VIA ANIMA FRAGILE	400 m.	
8	VIA GADOTTI	600 m.	
9	L'OMBRA DEL LUPO	600 m.	
10	STATI D'ANSIA	600 m.	

MONTE BRENTO

7 VIA ANIMA FRAGILE ✹✹✹
S. Banal, D. Filippi 2002
400 m (13SL)
6b, 6c, A0 (6a obl.)/S2/III

Es ist leicht zu erkennen, dass der Pilastro Magro auf seiner linken Seite von einem Grat gestützt wird. Dieser Grat mit Namen 'Pilastro Anoressico' weist in seiner unteren Hälfte ein deutlich sichtbares Riss-System auf, über das diese Route führt. Die Linienführung und die Schwierigkeiten sind als klassisch einzustufen, aber die Absicherung ist modern. Die gesamte Route wurde mit Bohrhaken versehen. Dennoch ist dieser Weg nicht zu unterschätzen: Das Terrain ist rau und wild, die Felsqualität lässt oft zu wünschen übrig und der Abstieg ist ziemlich lang.

Für Entdecker ist die Route in einer der schönsten und eindrucksvollsten Umgebungen des Sarcatals aber durchaus schön und empfehlenswert.

Zustieg: Vom Fuß des Pilastro Magro nach links queren und dort, wo der Wandfuß wieder nach unten führt, zu einer Verschneidung: Hier ist der Einstieg.

Abstieg: Die Route endet auf dem Spigolo Betty und man seilt über diesen 7 mal an eingerichteten Abseilstellen ab. Die erste Abseillänge reicht weit und lang nach links (Süden), alle anderen verlaufen ziemlich senkrecht. Auch ein Rückzug aus der Route ist möglich: vom 8. Standplatz erreicht man mit 5-maligem Abseilen (außerhalb der Route) wieder sehr schnell den Wandfuß.

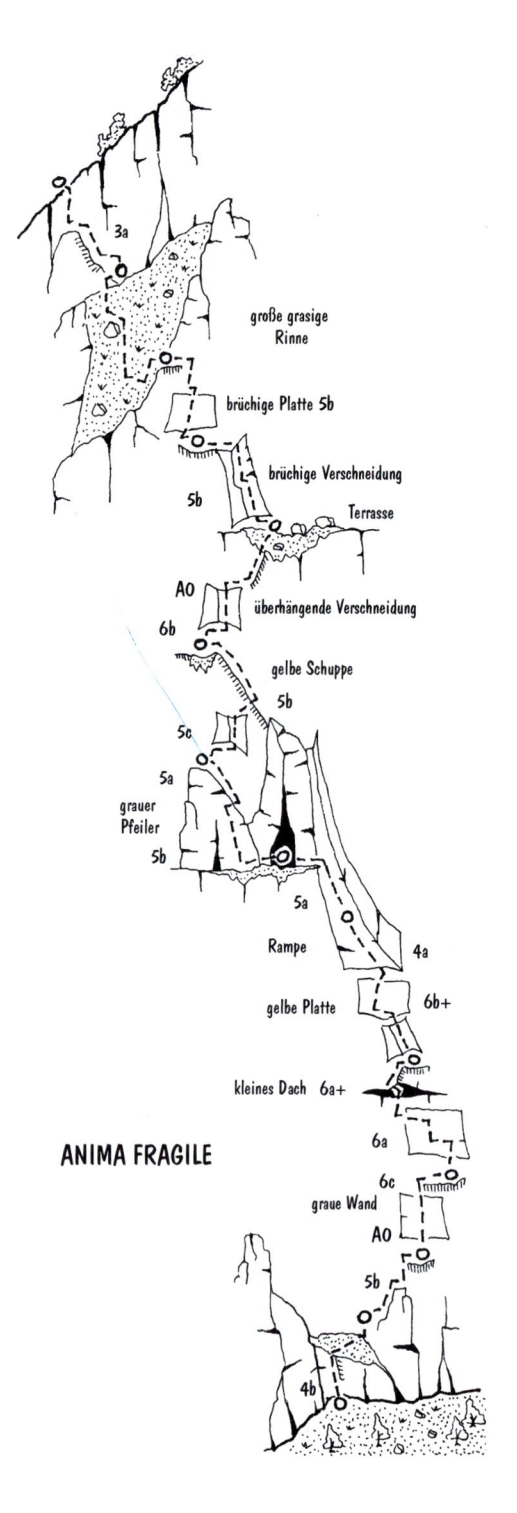

8 VIA GADOTTI ✻✻✻✻
M. Zanolla, G.Groaz 1978
600 m. (18SL)
V+,VI+/R4/IV

Der Weg führt durch eine logische Linie in der Wand, entlang von Verschneidungen und Rissen, und er hat große alpinhistorische Bedeutung. Der Aufstieg erweist sich als insgesamt schwierig, die Absicherung ist sehr heikel, die klettertechnischen Schwierigkeiten sind hoch und brüchige Zonen wechseln mit kompakteren und sehr schönen ab. Ein einzigartiges, wildes und einsames Ambiente trägt dazu bei, dass die Route nicht so selten begangen wird (viele Haken mitnehmen!).

Zustieg: inmitten der Wand führen einige Grasbänder in etwa 30 m Höhe zu einer ersten, markanten Verschneidung. Die Bänder erreicht man von rechts, genau da, wo die Wand eine deutliche Kante formt (alte Haken sichtbar). Sehr ungemütlich steigt man hinter einem großen Baum über eine sehr brüchige Kante hoch und quert dann linkshaltend etwas heikel über graue Wände zu den Grasbändern.

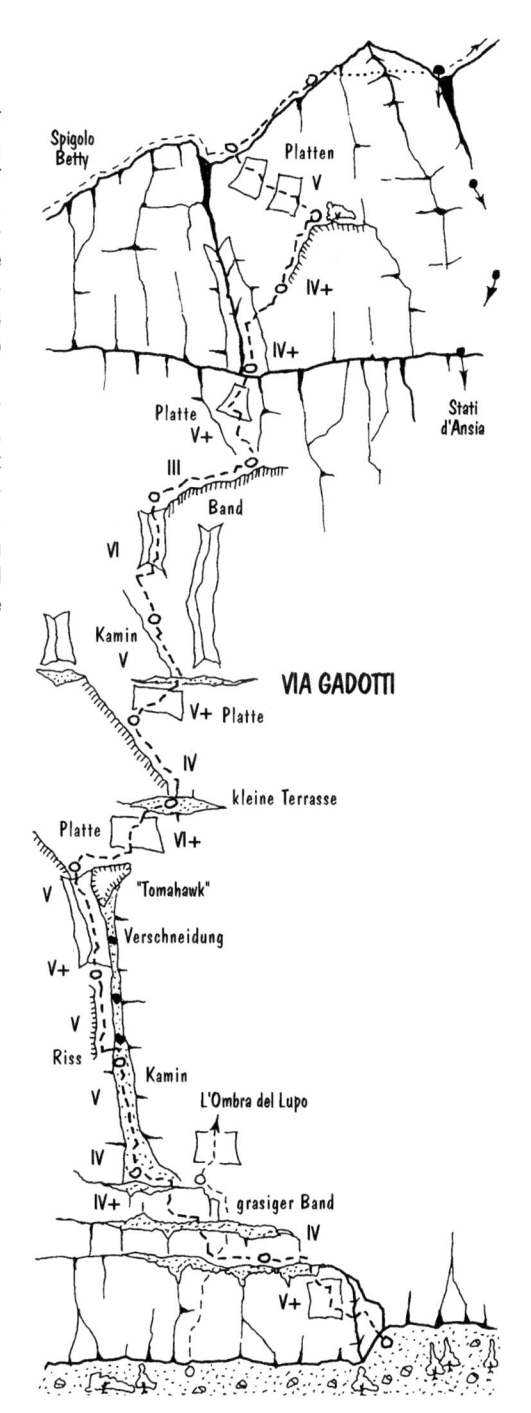

9 L'OMBRA DEL LUPO ✫✫✫✫
D. Filippi -in solitaria autoassicurato- 1996
600 m. (20SL)
VI+,A3/R3/IV

Der sehr ausgesetzte Aufstieg führt in vorwiegend technischer Kletterei über die direkteste Linie bis zum Gipfel und ähnelt deswegen fast einer „Direttisima", wie sie in den 60er Jahren in den Dolomiten üblich waren. Die durchgängig elegante Linie folgt immer den schwächsten, aber kompaktesten Stellen der Wand. Viele Normal- und Bohrhaken wurden in der Wand belassen, dennoch müssen einige Stellen für eine Wiederholung nochmals abgesichert werden. Immer wieder wechseln freie und technisch zu kletternde Passagen ab. Oft (und vor allem im stark überhängenden Bereich in Wandmitte) ist ein Weiterkommen nur technisch mit Cliffs in natürlichen und gebohrten Löchern möglich. Diese Passagen sind aber nicht sehr lang, und mit den vielen vorhanden Haken kommt man sogar einigermaßen schnell und sicher voran. Wer die Senkrechte liebt, gerne lang in der Wand ist und mit technischer Kletterei etwas anzufangen weiß, wird hier viel Vergnügen haben, zumal der Monte Brento mit seiner Atmosphäre und seinen Wänden landschaftlich äußerst reizvoll und beeindruckend ist.

Der zentrale Überhang wird von beiden Seiten von zwei grauen, sehr glatten und kompakten Plattenzonen eingeschlossen. Hier überwindet man in exponierter, technischer, aber gut abgesicherter Kletterei den schönsten Teil der Route. Viele Normalhaken, große Friends und drei Cliffs (z.B. „Grappling Hooks" von Black Diamond) sollten auf alle Fälle mitgeführt werden. Auch für eine eventuell notwendiges Biwak sollte man vorsorgen.

Zustieg: an der Wand linkshaltend entlang bis zu der Stelle, an der ein grasiger Vorbau sie begrenzt. Kurz vorher sind auf einer grauen Platte Haken zu sehen. Hier ist der Einstieg. Nicht weiter rechts einsteigen: hier beginnt ein Projekt, das mit schwarzen Bohrhakenplättchen eingebohrt wurde.

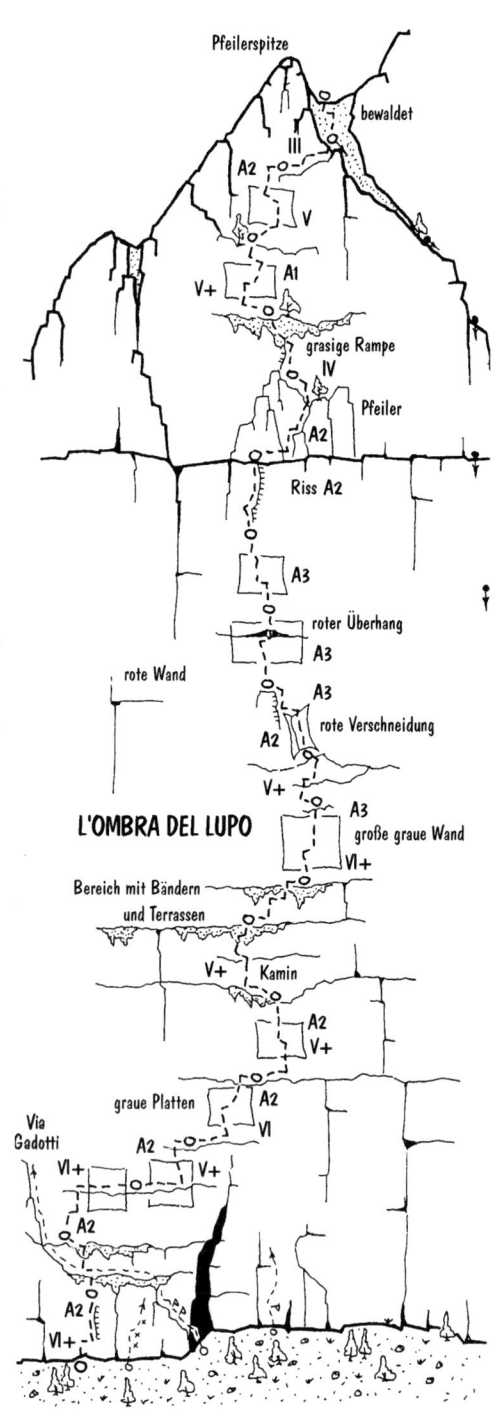

10 STATI D'ANSIA ✽✽✽✽✽
D. Filippi, A. Zanetti 1994
600 m. (18SL)
VI+,A2/R3/IV

Unglaublich ästhetische und wunderschöne Linie, logisch und voller Überraschungen. Mit einer schönen, langen Querung erreicht man die eigentliche Wand und vermeidet so einen, wegen seines brüchigen Gesteins, unmöglich zu ersteigenden Wandsockel. Am Ende der Traverse klettert man in Richtung eines schönen Pfeilers, der auf seiner rechten Seite von festen und kompakten Verschneidungen und Rissen begrenzt wird. Den letzten überhängenden Bereich ersteigt man zunächst über einen markanten Riss und dann in einer Seillänge mit spektakulärer, ausgesetzter technischer Kletterei. Dann folgen bis zum Kamm zwischen Gipfel und Spigolo Betty noch etliche Kamine, Rampen und kleine Wäldchen.

Zustieg: bis zum Fuß der großen rinnenartigen Verschneidung der 'Via degli Amici'. Hier beginnt ein deutlicher, grasiger Riss, der links aufwärts führt. Schwieriger Einstieg.

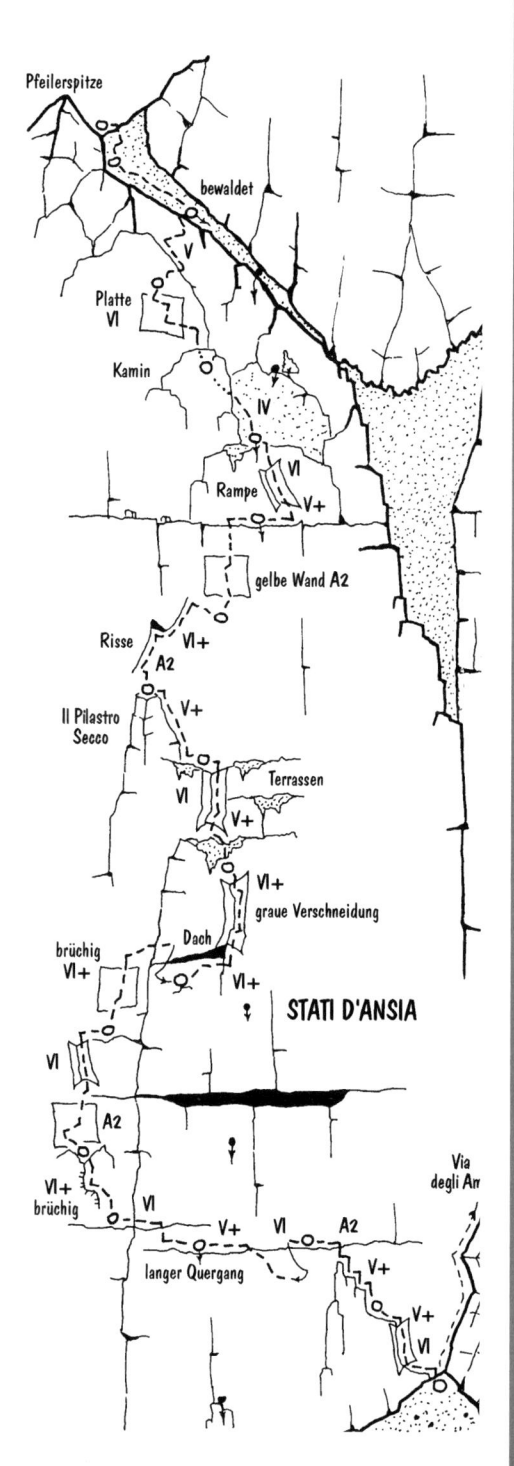

16 STRAPIOMBI CENTRALI

Monte Brento

Sicherlich die schönste Wand im Sarcatal! Unglaublich spektakulär und attraktiv, wenn sie von der Sonne beschienen wird, aber auch sehr drückend und wildnishaft, wenn sie durch die Winternebel kaum sichtbar ist. Ein Sockel mit grauen Plattenfluchten stützt den markanten und riesigen, überhängenden Wandbereich. Die vielen Überhänge sind kaum zählbar und weisen alle nur möglichen Formen, Farben und Größen auf. Angeführt von Heinz Steinkotter, erkundeten zu Beginn der 70er Jahre einige Seilschaften aus dem Trentino die Möglichkeit, einen neuen Weg durch diese Überhänge zu finden. Sie erreichten das große zentrale Band, biwakierten hier und begannen, einen langen und markanten Riss mit Haken zu versehen. Dieser Riss schien die beste und einfachste Möglichkeit, die darüber liegenden großen Überhänge zu erreichen. Zwischen der langen Verschneidung der 'Via degli Amici' und den ersten größeren Dächern der 'Via Vertigine' ist dieser Riss sehr gut zu sehen. Man kam nur langsam voran, weil man die Bohrlöcher von Hand setzte und musste immer wieder abseilen und mit Fixseilen wieder hoch klettern.

Die einzige Möglichkeit des Weiterkommens bestand darin, Haken zu setzen und die Steigleitern zu benutzen. Am Ende des Tages war man dann gerade mal vielleicht 30 Meter höher gekommen. Diese Belagerung dauerte eine ganze Klettersaison lang und schließlich gaben sie sich geschlagen. Zum langsamen Fortkommen kam nämlich nicht nur der im weiteren Verlauf sehr brüchige Fels, sondern auch die häufige Begehung der äußerst steinschlaggefährdeten Rinne im Wandsockel. Und so verzichtete man auf das „universo giallo", das gelbe Universum, wie Steinkotter die Route nannte. In der Zwischenzeit erkannte man aber, dass auf der linken Wandseite ein tiefer Kamin einen Zugang zum oberen Bereich der Wand bot. Es dauerte nicht lange, bis daran „gearbeitet" wurde. Und so enstand eine spektakuläre, fantastische, lange und schwierige Route in einer sehr beeindruckenden Umgebung. Die 'Via degli Amici' war geboren.

Seit einigen Jahren sieht man in dieser Wand nicht nur Alpinisten, sonder auch Basejumper, die hier jedes Wochenende ihrem Sport frönen und sich vom Gipfel aus ins Nichts stürzen.... Manche sagen, dass dieser Sprung einer der schönsten und sichersten auf der ganzen Welt sei, weil derart steile Wände sonst kaum zu finden sind. Was nur noch deutlicher vor Augen führt, wie stark diese Wand überhängt.

ZUSTIEG: 1 Std. 30 Min.
Wie zum Sportklettersektor der Parete Zebrata und auf dem Schotterfeld bis zur Wasserleitung. Wenige Meter auf dem Forstweg abwärts und rechts auf einer der Pfadspuren über die Schotterfelder hoch und bis zum grauen Wandsockel.

ABSTIEG: 1 Std. 30 Min.
Durch den steilen Wald hoch und bis zu einem Pfad am Fuße eines langen Felsriegels. Linkshaltend und eben auf dem Pfad weiter bis nach S. Giovanni, wo möglichst schon am Tag zuvor ein Auto geparkt werden sollte.

11	VIA DEGLI AMICI	1000 m.
12	VIA VERTIGINE	1000 m.
13	IL GRANDE INCUBO	1200 m.

MONTE BRENTO

11 VIA DEGLI AMICI ✹✹✹✹✹

G. Groaz, F. Gadotti,
G. Cantaloni, H. Steinkotter 1974
1000 m. (28SL)
VI, A2/R3/IV

Klassische **Route** entlang der logischsten Linie durch die Wand. Der Einstieg ist links auf dem Wandsockel, die Route führt durch die breite Rinne und im weiteren Verlauf mit mehreren Seillängen durch einen tiefen und üblen Kamin. Dann folgt der vielleicht schönste **Abschnitt** mit langen Traversen auf sehr kompakten Platten, bevor der Ausstieg in Richtung Spigolo **Betty** führt. Nur wer auch andere alpine Routen im Sarcatal kennt, sollte hier einsteigen, der komplexe und schwierige Weg fordert alles. Wegen des ab und zu brüchigen Gesteins und der oft heiklen Absicherung kommt man nur langsam voran. Deshalb und wegen der Länge sollte man sich sehr früh auf den Weg machen, wenn möglich sogar noch bei Dunkelheit und mit Stirnlampe.

Einstieg: sehr klar. Vom höchsten Punkt des dreieckigen Schotterfelds auf dem Wandsockel wenige Meter nach rechts queren zu einer leichteren Zone. Dann direkt durch die Rinne, immer auf der kompaktesten und sichersten Linie bleibend.

„Obwohl diese Route nicht die hohen Schwierigkeitsgrade der moderneren Sportkletterwege in dieser **Wand** erreicht (meist Schwierigkeiten um die VI, A1), so ist sie doch wegen der großen Länge (ca. 22 SL), der einsamen Umgebung und der heiklen Absicherung (immer noch die der Erstbegeher) eine insgesamt sehr schwierige Unternehmung. Wer sich aber gut vorbereitet und ein gutes Orientierungsvermögen besitzt, wird hier wie bei den schönsten klassischen Dolomitenrouten belohnt werden" (P. Piacini).

Franco Milani sulla "Via degli amici"

VIA DEGLI AMICI

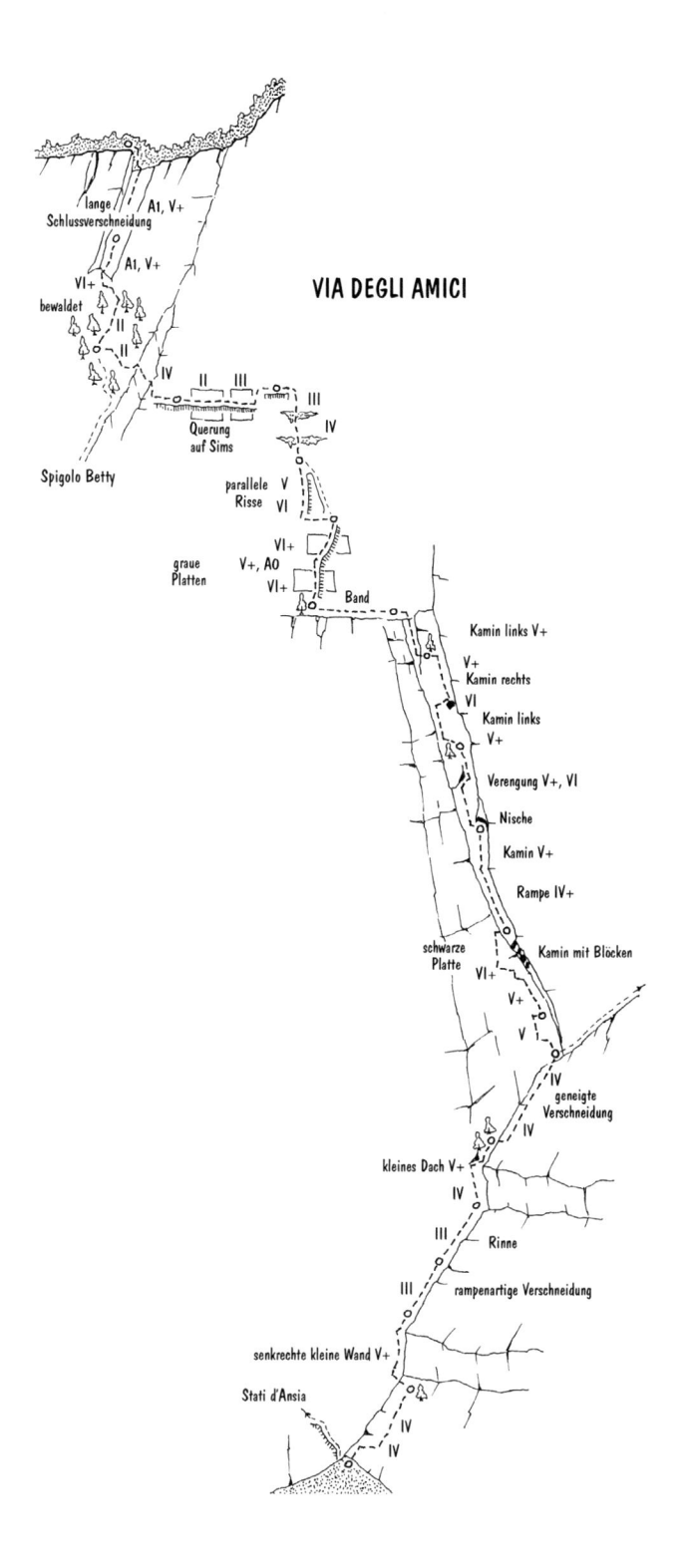

MONTE BRENTO

lange A1, V+
Schlussverschneidung
A1, V+
VI+
bewaldet
II
II
IV
II III
Querung III
auf Sims IV
Spigolo Betty
parallele V
Risse VI
VI+
graue V+, A0
Platten VI+ Band
Kamin links V+
V+
Kamin rechts
VI
Kamin links
V+
Verengung V+, VI
Nische
Kamin V+
Rampe IV+
schwarze Kamin mit Blöcken
Platte VI+
V+
V
IV
geneigte
Verschneidung
IV
kleines Dach V+
IV
III Rinne
III rampenartige Verschneidung
senkrechte kleine Wand V+
Stati d'Ansia
IV
IV

219

12 VIA VERTIGINE ✹✹✹✹✹

M. Furlani, D. Filippi, A. Andreotti
H. Steinkotter, F. Bertoni, G. Gottardi 1992
Prima rip. F. Leoni con D. Zampiccoli 1992
1000 m. (30SL)
VI, A2/R1/V

Die Ausgesetztheit und die Tiefe machen diese Route zu einem absolut spektakulären Erlebnis, zudem ist die Linienführung auch sehr logisch und elegant. Obwohl sie mitten durch die Überhänge führt, ist die Linie doch nicht senkrecht, sondern folgt den schwächeren Stellen der Wand. Die Route ist komplett mit Haken versehen, verlangt aber ein äußerst hohes Maß an Technik und Kraft bei den Trittleiterpassagen und ein Biwak sollte immer mit eingerechnet werden.

Eine wunderschöne, gut eingerichtete Route in solidem Fels für die Liebhaber technischer Kletterei, die durchaus auch noch viel Zeit lässt, um die einzigartige Umgebung und Aussicht zu genießen.

Wiederholer sollten den guten Biwakplatz auf dem Band nutzen und früh in die Route einsteigen. Viel Wasser, ein paar Normalhaken inkl. Handbohrer und ein paar V-Haken sollten ebenfalls dabei sein, Friends und Klemmkeile sind dagegen überflüssig. Alle Stände sind perfekt mit 2 oder 3 Bohrhaken ausgestattet. Zum Zeitrahmen: Für den Wandsockel sind ca. 3, für den Überhangbereich 12 und für den Abstieg 2 Stunden einzurechnen. Ein Auto, das im Ort S. Giovanni geparkt wird, erspart den Rückweg zu Fuß.

Zustieg: in der Mitte und am Fuße des grauen Wandsockels auf einer markanten, schräg nach links

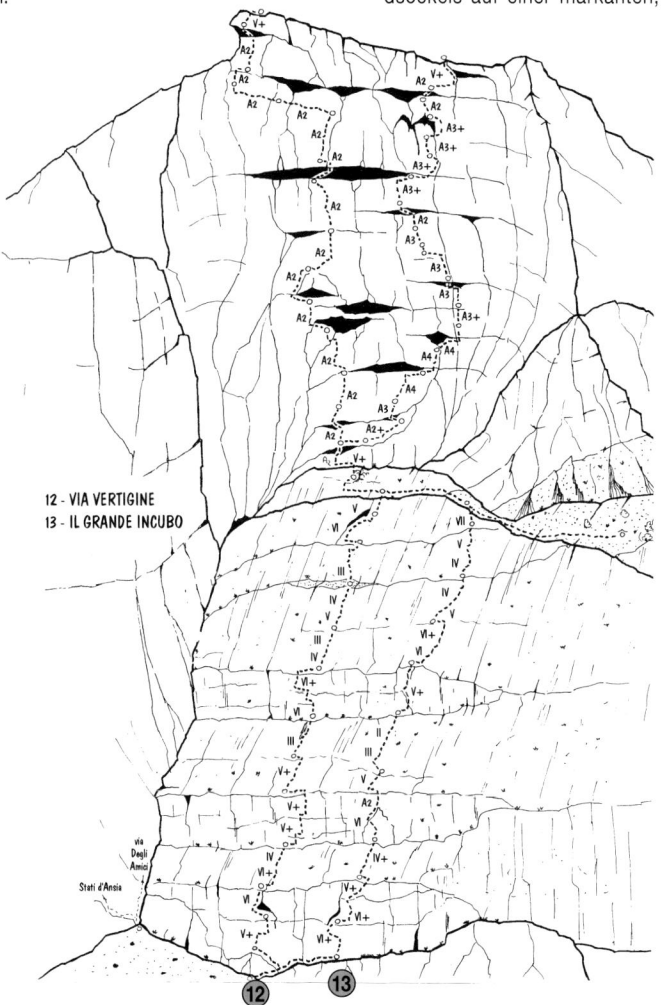

12 - VIA VERTIGINE
13 - IL GRANDE INCUBO

führenden Rampe hoch. Bei einer bequemen Terrasse weist eine Standplatzkette auf den Einstieg hin.

13 IL GRANDE INCUBO ✹✹✹✹✹
D. Filippi, A. Zanetti 1997
Prima rip. F. Leoni con M. Girardi 2000
1200 m. (32SL)
VI, A3, A4/R3/V

Grandiose, technische Kletterei, die der logischen Abfolge von Rissen und Verschneidungen rechts der Dächer und der 'Via Vertigine' folgt. Die Route ist sehr ausgesetzt, schwierig und quert nach der ersten gemeinsamen Seillänge mit der 'Vertigine' nach rechts in Richtung überhängender Simse. Dann führt sie senkrecht hoch zu einer großen Nische unterhalb eines Daches und über eine brüchige, gefährliche Passage zu einer Reihe von schönen Verschneidungen. Kompakte Platten, steile Dächer und überhängende Risse kennzeichnen den weiteren Weg zu den beiden riesigen, charakteristischen Grotten unterhalb des großen, letzten Daches: Dies ist sicherlich der schönste und lohnendste Teil der Route. Sehr exponiert und über weitere Überhänge und durch Verschneidungen erreicht man dann schließlich den Wald im Gipfelbereich.

Die Route ist durchgängig mit Normalhaken eingerichtet worden, gut 35 Tage Arbeit und 17 Biwaknächte in der Wand waren dafür notwendig. Man wollte möglichst wenige, von Hand gebohrte Löcher und Haken setzen und natürliche Risse und Löcher für das Anbringen der Haken nutzen, weswegen viel Zeit für das Suchen der möglichen Sicherungspunkte und das Putzen der Route nötig war. Ein großer Teil des Hakenmaterials wurde in der Route belassen. Wiederholer sollten am Besten auf dem großen Band biwakieren und die ersten 200 Meter der Route mit Fixseilen ausstatten. So ist einigermaßen gewährleistet, dass der Durchstieg mit maximal einem weiteren Biwak in den Überhängen erfolgen kann.

Zustieg: wie bei 'Vertigine', aber nicht auf die nach links, sondern auf die nach rechts führende Rampe bis zum einem horizontalen, grasigen Band und zu einem Stand mit 2 Normalhaken.

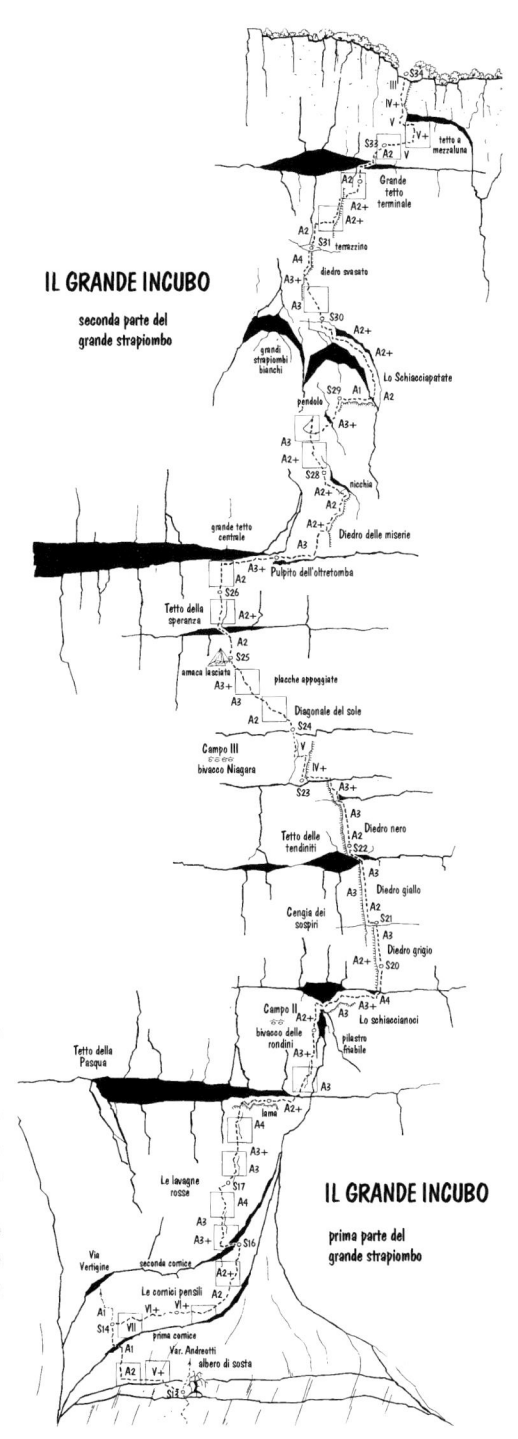

17 OSTWAND

Monte Brento

Die riesige Wand reicht vom großen Überhangbereich nordwärts und fällt dann schnell in Richtung der Parete Zebrata ab. Ein tiefer und markanter Riss teilt die Ostwand vom restlichen, überhängenden Bereich. Nur wenige Routen wurden in diesem extrem brüchigen und sehr ernsthaften Sektor eingerichtet, und nur Wenige hatten den Mut, diese technisch und physisch schwierigen Wege zu wiederholen. Nur die 'Via dell'Anniversario' macht eine Ausnahme: Hier findet man meist festen Fels.

ZUSTIEG: 1 Std. 30 Min.
Wie zum Sportklettersektor der Parete Zebrata, dann auf dem Schotterfeld hoch und bis zur Wasserleitung. Jetzt nicht direkt zur Wand, weil die steilen Schotterfelder sehr mühsam zu durchqueren sind, sondern zunächst zum Fuß des grauen Wandsockels und dann an der Wand entlang zu den diversen Einstiegen.

ABSTIEG: 3 Std.
Beide Möglichkeiten sind lang und beschwerlich.
SL1: Abseilen über die Nordostkante, die oberhalb der Parete Zebrata endet. Bei diesem Abstieg wechseln die vielen Abseillängen mit Passagen, in denen über brüchigen, grasigen Fels auch abgeklettert werden muss. Viele Abseilstände sind an Büschen und Bäumen und die meisten müssen zusätzlich mit Schlingen abgesichert werden. Empfohlener Abstieg.
SL2: Durch den Wald hoch und bis zu den Ausstiegen der Routen des Überhangbereichs queren. Nun entweder über den „Sentiero ((Wanderweg) degli Scaloni" ins Tal oder weiter nach S. Giovanni. Beide Möglichkeiten sind zwar sicherer, dauern aber einige Stunden länger (nicht empfehlenswert).

14	MARTINI STEDILE	900 m.
15	VIA PALMA	800 m.
16	VIA DELL'ANNIVERSARIO	800 m.
17	IL SOLE CALDISSIMO	600 m.
18	VENTO DELL'EST	450 m.

MONTE BRENTO

14 MARTINI STEDILE ❋
S. Martini, F. Stedile 1982
900 m. (25SL)
V+,VI/R4/IV

Es ist nicht bekannt, ob diese Route je wiederholt wurde. Vom Tal aus erscheint die Linie sehr logisch und attraktiv, sie führt aber durch einen fürchterlich brüchigen Bereich. Hier sollte man sich keinesfalls verirren. Weil der Weg sehr schwer zu finden ist, bleibt die Route ausschließlich wahren Abenteurern vorbehalten.

SL1: Durch die erste Verschneidung und über geneigte Platten weiter zu einer Verschneidung, die in eine Rinne übergeht.
SL2: Über grasige Platten in Richtung der schon von unten sichtbaren großen Grotte (10 SL).
SL3: Rechts an der Grotte vorbei und über Risse und durch brüchige Verschneidungen 4-5 SL bis zu einer schwierigen Verschneidung, die von einem Dach abgeschlossen wird.
SL4: Durch die Verschneidung und die folgende Verengung, dann rechtshaltend 3-4 SL über leichte Rampen und schließlich durch eine kompakte Verschneidung.
SL5: Einige SL über schmale Rinnen und Risse, dann durch eine weiße Verschneidung und links aus dieser heraus.

Zustieg: Am Wandfuß erkennt man einen großen, gelben und überhängenden Fleck. Rechts davon führt eine graue, deutliche Verschneidung zu den darüber liegenden Platten. Am Beginn dieser Verschneidung ist eine Erinnerungsplakette angebracht.

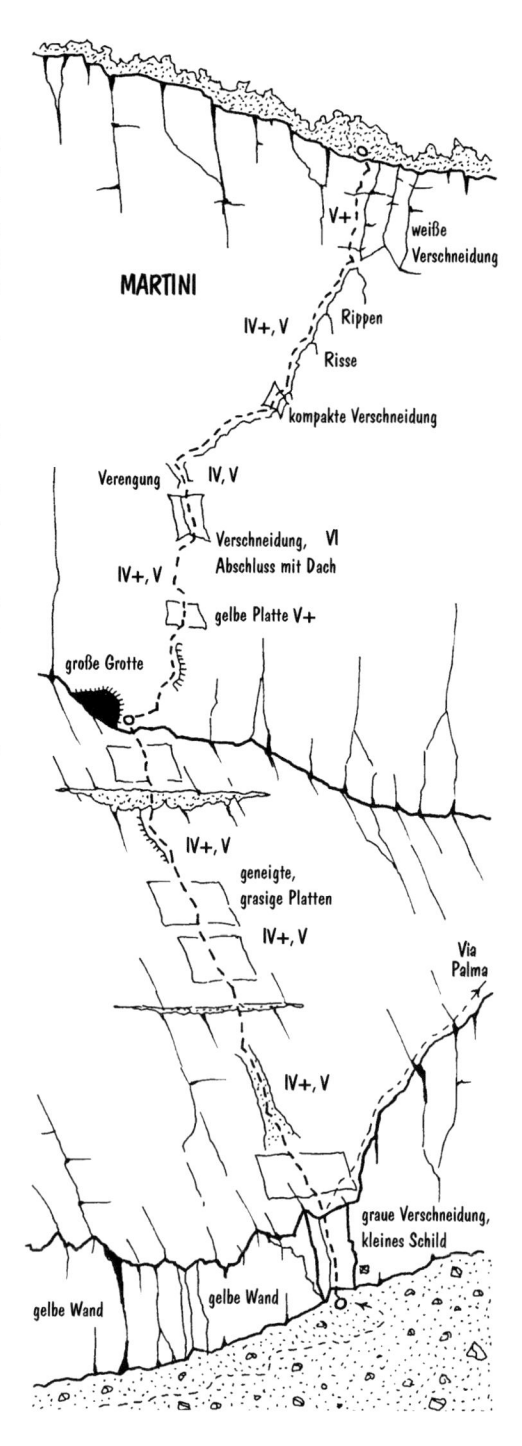

15 VIA PALMA ✱
G. Groaz, M. Zanolla, P. Baldo 1978
800 m. (20SL)
V+,VI/R4/IV

Über eine Reihe von Kaminen, Verschneidungen und Rissen führt diese Route in einer logischen Linie durch die Schwachstellen der Ostwand. Wie die ' Via Martini-Stedile' sollte auch dieser Weg echten Abenteurern vorbehalten bleiben.

SL1: Durch die erste Verschneidung und 300 m über grasige Platten und Stufen hoch in Richtung eines kleinen Waldes.

SL2: Vom Wald folgt man dann einer Reihe von Kaminen und erreicht eine Terrasse am Beginn einer großen, gelben und überhängenden Verschneidung ('via dell'Anniversario').

SL3: Nach rechts queren und weiter durch eine Reihe von Kaminen und Verschneidungen bis zu einer Terrasse unterhalb eines Daches. Am Dach rechts vorbei und durch einen Kamin zum Ausstieg.

Zustieg: wie zur 'Via Martini', Einstieg durch dieselbe Verschneidung und zu den Plattenbereichen. Jetzt nicht gerade hoch, sondern rechtshaltend in die ersten Kamine.

„Die Einstiegsverschneidung im V. Grad weist die höchsten Schwierigkeiten der gesamten, wenig wiederholten Route auf. Wichtiger ist es deshalb zu wissen, wie Standplätze eingerichtet werden, wie man sich in brüchigem Gelände fortbewegt, Steinschlag vermeidet und seine Sicherungen legt. Eine sehr gute physische Konstitution ist von Vorteil, da die Route über 800 m Kletterlänge und 500 m Höhenunterschied aufweist. Und schließlich sollte man nicht vergessen, dass der **Abstieg** sehr lang und ermüdend ist" *(P. Picarini, vermutlich zusammen mit C. Sommadossi erster Wiederholer).*

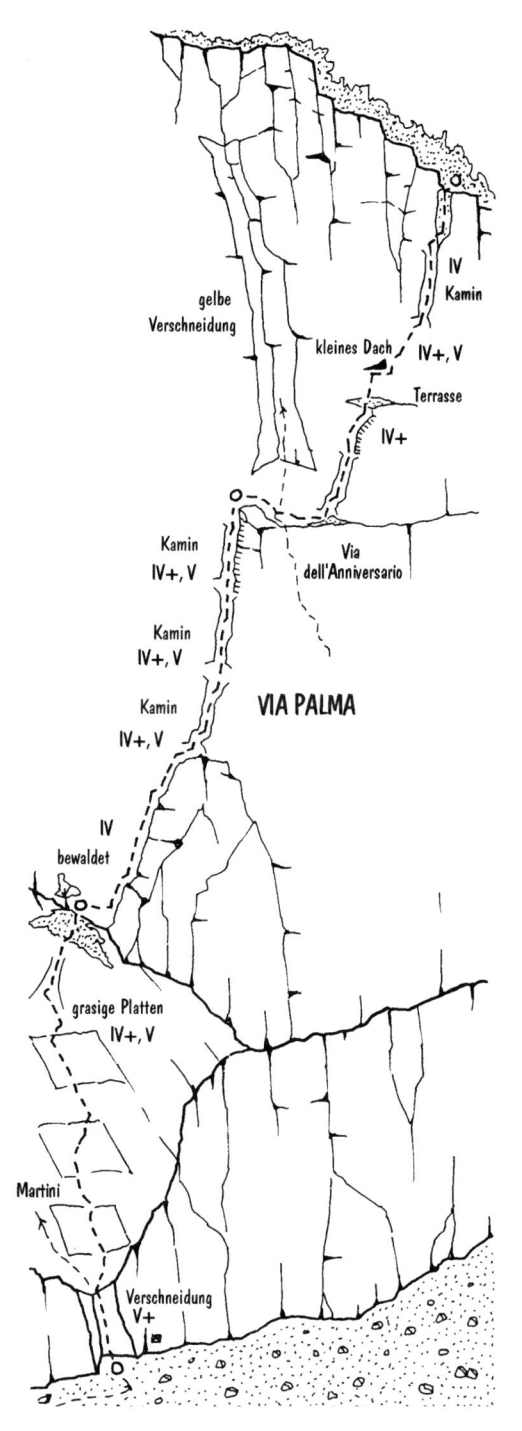

16 VIA DELL' ANNIVERSARIO ✻✻✻✻

M. Furlani, V. Chini, F. Corn 1983
800 m. (20SL)
VI+, A2/R3/IV

Eine herrliche, schmale, gelbe Verschneidung teilt den oberen Bereich der Ostwand des Monte Brento. Die schöne, elegante Route führt durch diesen Wandbereich, der hier vermutlich die beste Felsqualität aufweist.

Einstieg: Am Einstieg von 'Martini' und 'Palma' vorbei, am Wandfuß entlang und in einer Geröll-lrinne zwischen der Wand und den davor liegenden Pfeilern hoch. Der Einstieg ist bei mehreren grauen und brüchigen Rippen.

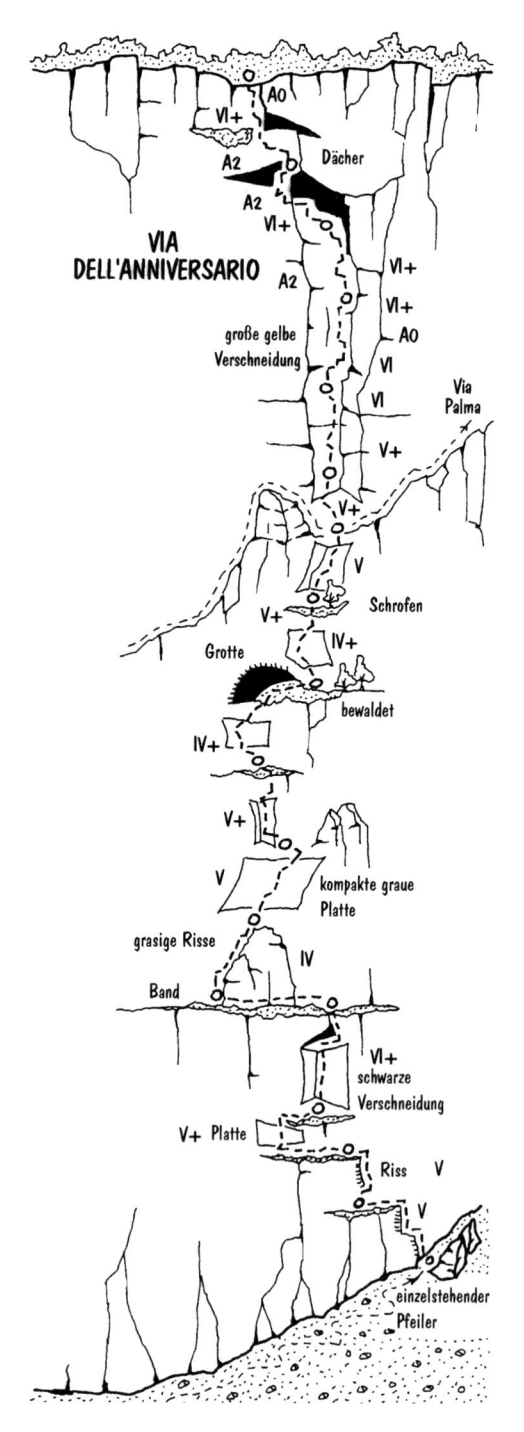

17 IL SOLE CALDISSIMO ✱✱✱
H. Grill, J. Blummel, F. Kluckner, F. Heiss 1998
600 m. (14SL)
VI, A1/R4/IV

Die Route ist eigentlich eine wichtige Variante der 'Via dell'Anniversario', auf Grund ihrer Länge und der allgemeinen Schwierigkeiten könnte sie aber auch als eigenständiger Weg betrachtet werden. In Höhe der großen Grotte (9-10 SL) führt sie nämlich nach links und in Richtung der großen, gelben Verschneidung, die die Wand teilt und schon vom Tal aus gut zu sehen ist. Nach dieser Verschneidung folgt die elegante und logische Linie einer Reihe von Rissen, Verschneidungen und Kaminen. Die alpine Route ist schwierig, der Fels manchmal brüchig und die Absicherung gerade ausreichend. Klemmkeile und Friends, Normalhaken und Hammer sollten mitgeführt werden. Ganz wichtig sind große Hexentrics (Info H. Grill).

18 VENTO DELL'EST ❊❊❊❊
F. Giacomelli, F. Stedile 1994
450 m. (12SL)
VI+, VII+, A1/R4/IV

Rechts der 'Via dell'Anniversario' führt diese extreme und gewagte Route durch Verschneidungen und über Risse durch die Wand. Mehrmals müssen schwierige und obligatorische Passagen mit Normalhaken bewältigt werden. Insgesamt wurden ca. 50 Haken in meist festem Gestein geschlagen und dort belassen. Wiederholer benötigen Klemmkeile und Friends (Info F. Giacomelli).
Zustieg: Am Einstieg der 'Via dell'Anniversario' vorbei und bis unterhalb markanter Verschneidungen. Einstieg bei einer kompakten grauen Platte.

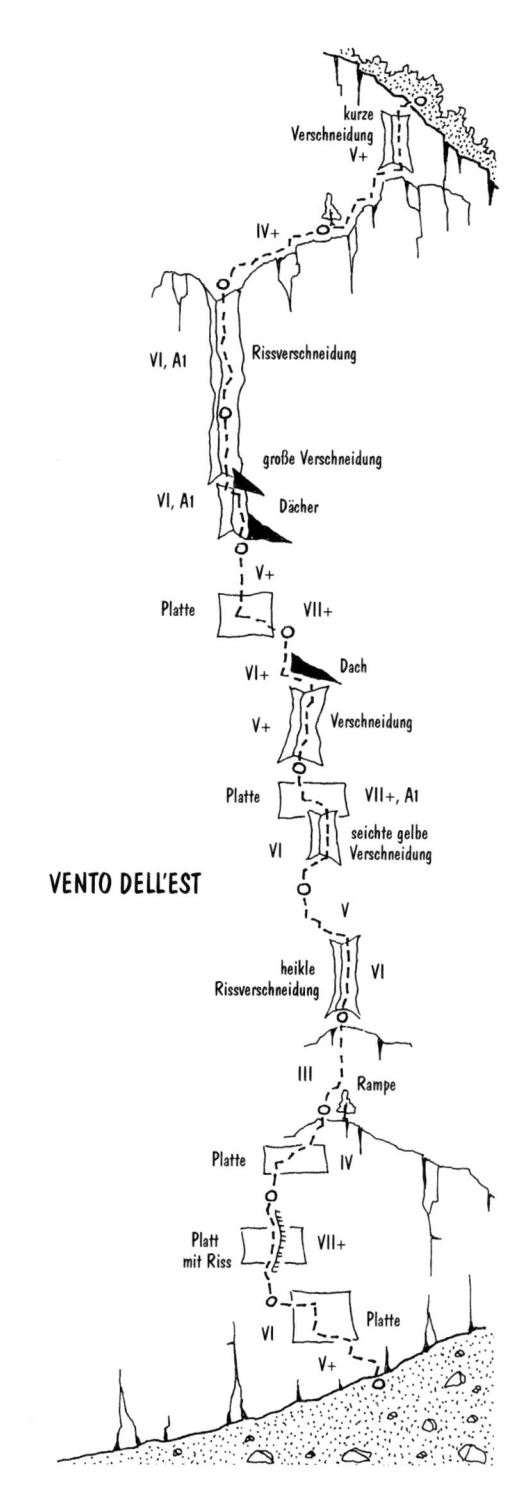

VENTO DELL'EST

Residence Villa Nicole

via Fossa Grande 8
ARCO

tel. +390464516398
fax +390464518421
info@villanicole.it
www.hotelpace.net

HOTEL PACE

via Vergolano 50
ARCO

tel. +390464516398
fax +390464518421
info@hotelpace.net
www.hotelpace.net

CIMA ALLE COSTE

Die Wand wird auch „Gran diedro di Dro" genannt und in der Tat sieht sie auch eher wie eine riesige Verschneidung (it. 'diedro') aus. Geformt wird sie von zwei Wandteilen: der hohen, senkrechten Südwand mit den berühmt- berüchtigten, brüchigen und extremen Routen und der Ostwand (auch Zentralen Wand), die viel zugänglicher und einfacher ist. Wegen der guten Felsqualität der Ostwand wurden in den letzten Jahren hier viele neue Routen eröffnet und im Sockelbereich entstanden viele Sportkletterwege. Der Sockel, auch „Lo Scudo" (der Schild) genannt, wird mittlerweile wegen der vielen Routen als eigenständiger Sektor betrachtet.

Ein langer und schmaler Grat, der an seiner Basis in einen Pfeiler übergeht, grenzt die Südwand im Osten ab. Dieser Pfeiler trägt den Namen „Guglia (Turm/Pfeiler) Solidarnosch" und an seiner ins Tal gerichteten Seite entstanden einige interessante Routen. Durch die große Verschneidung führt eine der ältesten Routen des Sarcatals (H. Steinkotter und Gef., 1966), die aber wegen des brüchigen, grasbedeckten Gesteins heute nur noch im unteren Teil begangen wird.

CIMA ALLE COSTE

18 - PARETE CENTRALE
19 - LO SCUDO
20 - SÜDWAND UND G. SOLIDARNOSCH

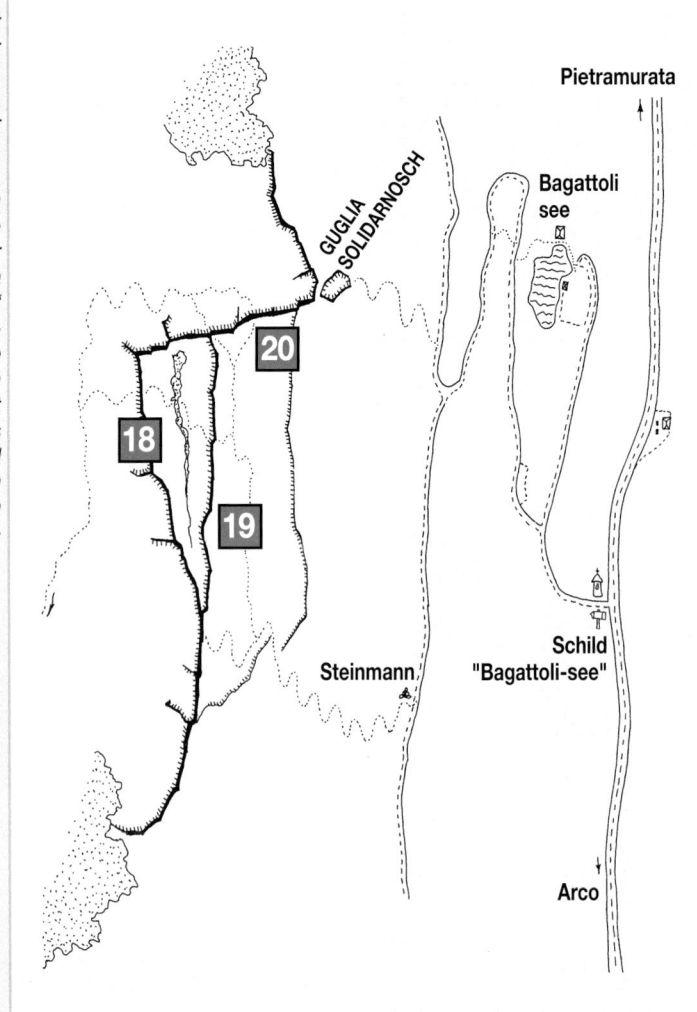

Cima alle Coste, Roly Galvagni *(M. Manica)*

CIMA ALLE COSTE

18 ZENTRALER SEKTOR

Cima alle Coste

Die sehr charakteristische Wand wird durch eine Reihe horizontaler Grasbänder in zwei Hälften geteilt. Der untere Teil (Lo Scudo), besteht aus einer 250 m hohen und glatten Wandtafel, in der typische Reibungskletterei gefragt ist. Der obere, 200 m hohe Teil ist viel steiler und gegliederter, athletische Kletterei in Rissen und Verschneidungen herrscht hier vor. Insofern weisen alle Routen hier in etwa die gleichen Charakteristika auf: im unteren Teil auf geneigten Platten und im oberen Bereich durch Verschneidungen und Risse.

ZUSTIEG: 1 Std.
Vom Parkplatz Richtung Wand und nach dem kleinen See auf einer Forststraße weiter. Am nächsten Abzweig links und nach einer steilen Rampe auf eine Pfadspur nach rechts. Mühsam auf dieser aufwärts bis zum Fuß eines breiten und langen Felsbandes. Über horizontale Bänder nun darüber hinweg und zum Wandfuß. Der Parkplatz ist Privatgelände, bitte am Kiosk um Erlaubnis fragen.

ABSTIEG: 2 Std.
In östlicher Richtung durch den Wald und auf einen ebenen Wanderweg, dem man nach Süden bis zu einem Grenzstein folgt. Auf einer Forststraße dann 600 m in Richtung Südwesten. Bei einer Kreuzung auf einem Bergrücken dann links abwärts in Richtung Dro (Wanderweg Nr. 425) und bis ins Tal.

#	Name	Höhe	
1	OASI DI PACE	600 m.	
2	SPECCHIO DI OSIRIDE	600 m.	
3	SOLE NASCENTE	600 m.	
4	DESTINAZIONE PARADISO	600 m.	
5	LA LUNA E I FALÒ	750 m.	
6	DIEDRO MARTINI	500 m.	
7	CLESSIDRA	500 m.	

CIMA ALLE COSTE

CIMA ALLE COSTE

1 OASI DI PACE ✸✸✸✸
M. Bozzetta, M. Furlani 1994
650 m. (23SL)
VII, A1/R3/III

Lange und schöne Route, die zunächst in Reibungskletterei über die schwierigen Platten führt und dann steiler und athletischer wird. Im oberen Bereich zielt die Linie auf eine Zone mit gelben Felsen, umgeht diese dann aber (logischerweise) links. Durchwegs fester Fels mit guter Absicherung.

Zustieg: Ein breiter Wandsockel, ca. 50 m hoch, lehnt sich an die eigentliche Wand. Zur Wand hin formt der Sockel leichte Grasrampen, über die man zum Einstieg bei einem Riss aufsteigt.

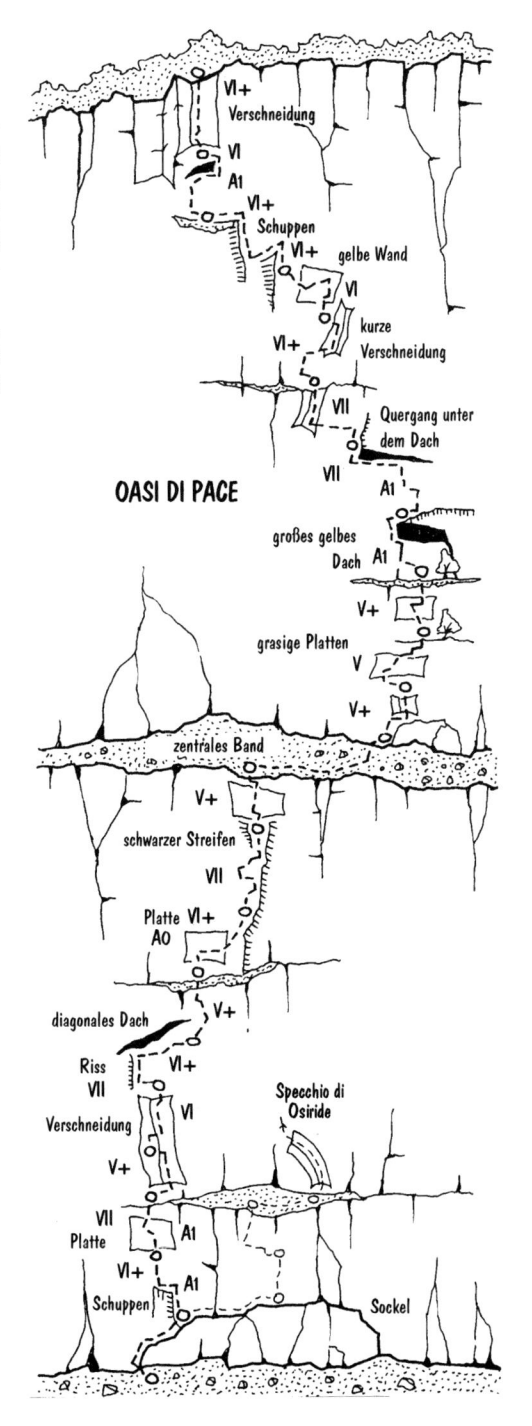

2 SPECCHIO DI OSIRIDE ✱✱✱
A. Zanetti, G. Dalfovo, C. Baratto 1993
600 m. (17SL)
VII, A1/R3/III

Die interessante Route verläuft über den linken Wandbereich. In der ersten Seillänge muss eine schwierige Platte erklettert werden, die zweite SL und die Querung auf dem Band verlaufen gemeinsam mit der Route 'Sole Nascente'. Ab der Grasterrasse folgt 'Specchio di Osiride' dann einer schwarzen, wenig ausgeprägten und überhängenden Verschneidung, während 'Sole Nascente' die Kante rechts umgeht und dann eine brüchige Platten erreicht.

Zustieg: wie bei 'Oasi di Pace' über die Rampen weiter aufwärts bis zum höchsten Punkt des Vorbaus. Einstieg (Ringhaken ist sichtbar) bei einem schwierigen Riss in der Platte.

2a VARIANTE GIOLEO ✱✱✱✱
M. Giordani, F. Leoni 1993
100 m. (3SL)
VI+

Nach dem Band und der überhängenden Verschneidung verläuft diese Variante über den schwierigen Korridor aus glatten Platten zwischen 'Specchio' und 'Sole'.

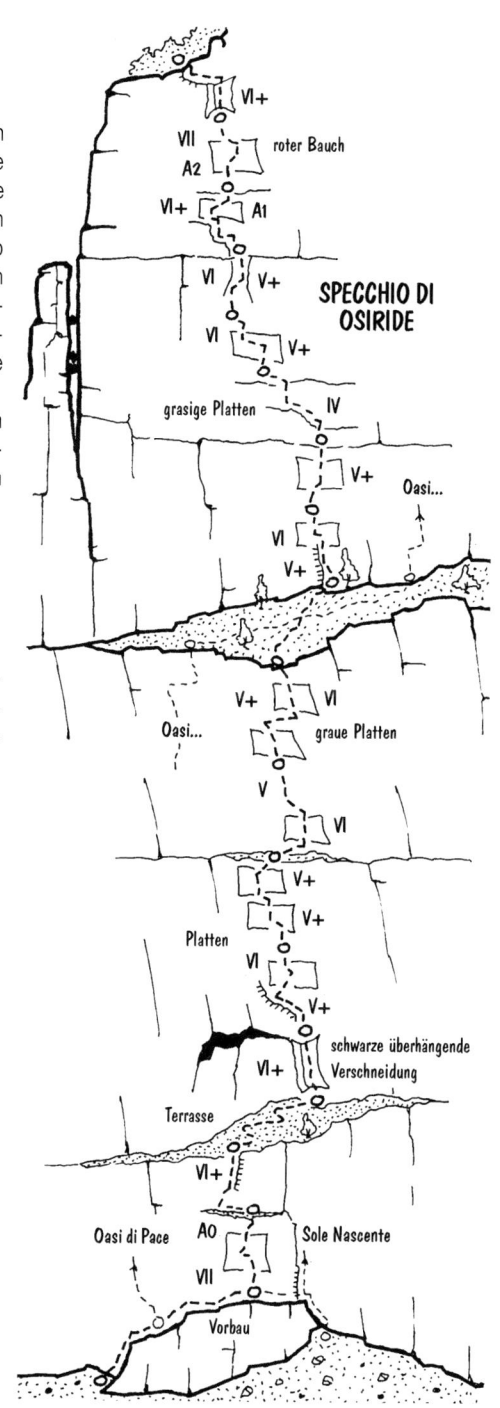

3 SOLE NASCENTE ❄❄❄❄
E. Salvaterra, A. Leviti 1980
600 m. (17SL)
VI+, A1/R4/III

Die aus alpinistischer Sicht historische Route wird wenig wiederholt. Nach den ersten Seillängen über kompakte, aber kaum abgesicherte Platten, führt die Linie in Richtung der gestuften, gelben Dächer in der Wandmitte. Einige sehr brüchige Passagen im oberen Wandbereich erfordern viel Erfahrung mit solchem Gelände.

Zustieg: wie bei den vorhergehenden Routen. Vom Einstieg von 'Specchio di Osiride' noch einige Meter rechts weiter und in einen senkrechten, schwierigen Riss.

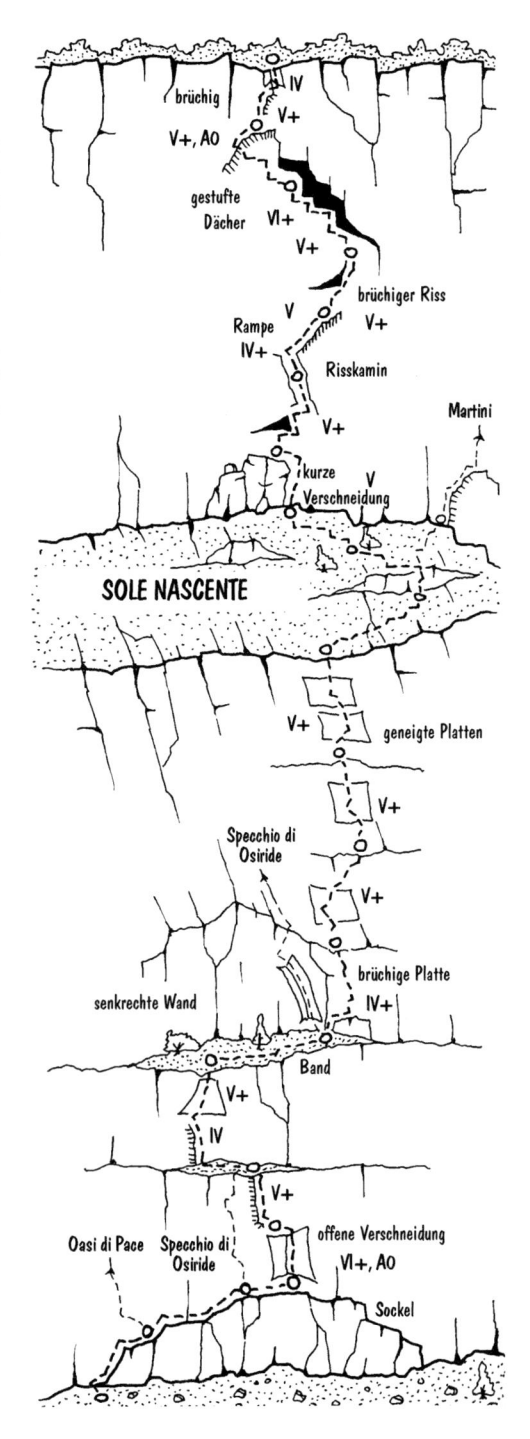

4 DESTINAZIONE PARADISO ✯✯✯✯✯
T. Quecchia, D. Ballerini, C. Stefani, F. Prati, F. Culazzu 1995
600 m. (16SL)
VII, A1/R1/III

Sicherlich die schönste der modernen Routen in dieser Wand. Der plattige Bereich des Sockels ist sportklettermäßig abgesichert, mit vielen Bohrhaken und perfekten Standplätzen, die gleichzeitig als Abseilstellen dienen. Deshalb könnte man den unteren Teil als eigenständige Route ansehen, in der nur Expressschlingen benötigt werden. Im oberen Teil benötigt man dagegen Klemmkeile und Friends für die Risspassagen, wobei die gebohrten Stände und das feste Gestein auch hier fast Sportkletterfeeling aufkommen lassen. Die Route sollte dennoch nicht unterbewertet werden: sie ist lang, in den Ausstiegslängen etwas brüchig und für die Querung der Bänder im Mittelteil benötigt man durchaus alpine Erfahrung.

Zustieg: etwa 50 m rechts der großen rinnenartigen Verschneidung formt ein an die Wand angelehnter kleiner Vorbau eine breite Verschneidung, nach der sich auch der erste Standplatz der Route befindet. Der Einstieg ist rechts unterhalb davon, Bohrhaken sind zu sehen, schwierige Einstiegspassage.

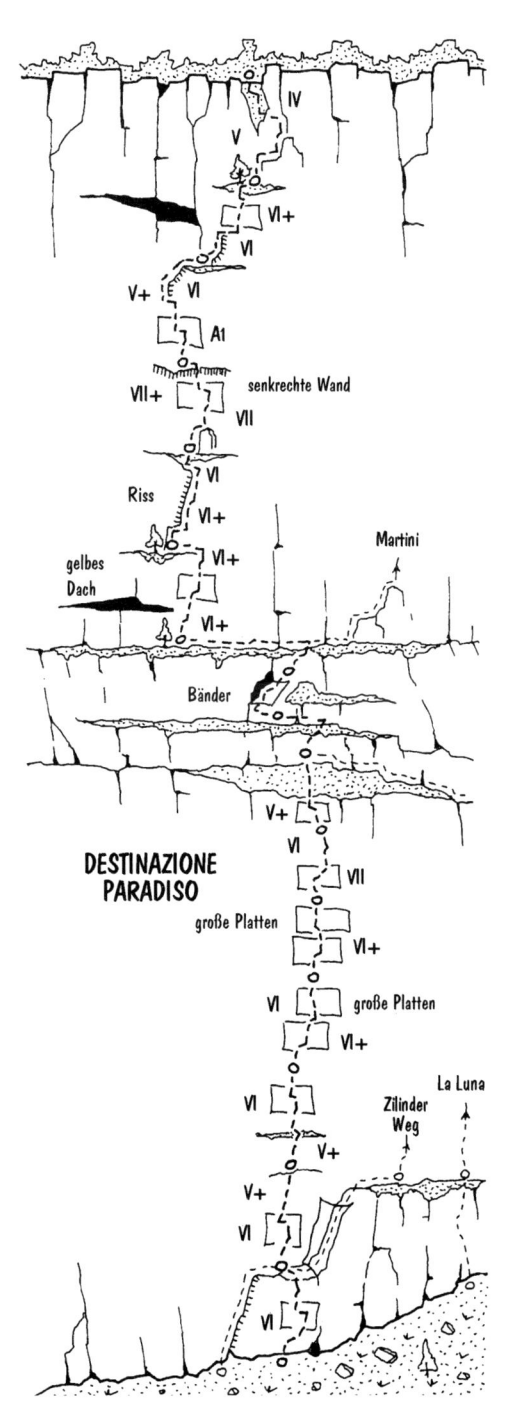

5 LA LUNA E I FALO' ✪✪✪✪✪
S. Scalet, M. Pegoretti, L.Turato, E. Covi 1998
750 m. (20SL)
VII, A1/R2/III

Route mit wechselndem Charakter: sportklettermäßig im ersten und alpin im zweiten Teil. Mit steigender Höhe wird sie immer schwieriger, durch die gute Absicherung mit Normal- und Bohrhaken klettert man aber immer gut abgesichert. Kleine und mittlere Friends, Klemmkeile und ein paar Haken sollten aber dennoch mitgeführt werden. Das Gestein ist im unteren Bereich sehr fest, im oberen Teil ist nur eine kurze Passage in der 10. SL etwas brüchiger (Beschreibung S. Scarlet).

Einstieg: etwas rechts von 'Destinazione Paradiso'

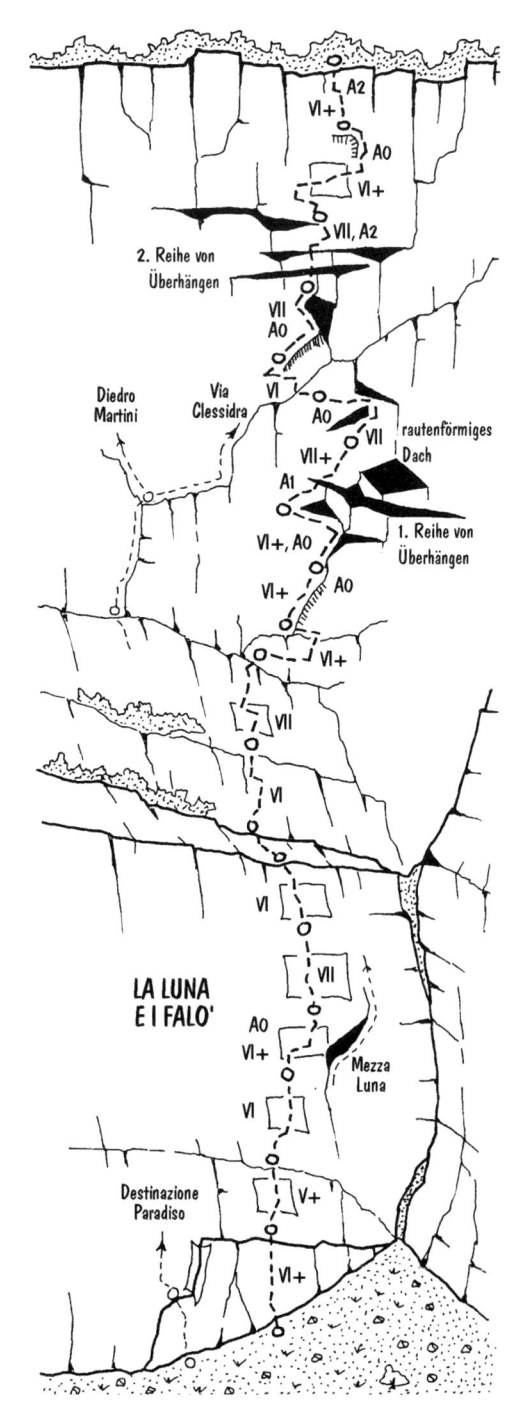

6 DIEDRO MARTINI ✻✻✻✻✻

S. Martini, M. Tranquillini, M. Protoni 1972
500 m. (16SL)
V+, VI/R3/III

Der große Klassiker in der Cima alle Coste folgt einer logischen, perfekten Reihe von Rissen und Verschneidungen im oberen Plattenbereich der Wand. Die Route scheint fast die natürliche Verlängerung der großen Verschneidung mit der 'Via Steinkotter' zu sein, ist aber in Wirklichkeit eine direkte Variante der letzteren. Weil der obere Teil der 'Steinkotter' aber nicht mehr geklettert wird, ist aus dem unteren Teil der logische und bequeme Zustieg zur 'Martini' geworden. Die begeisternde Linie verläuft meist in gutem Fels, die Absicherung ist zwar etwas heikel, aber in die kompakten Risse lassen sich perfekt viele Klemmkeile legen.

Einstieg: durch die große rinnenartige Verschneidung. Vorsicht wegen Steinschlags (vor allem nach starken Regenfällen).

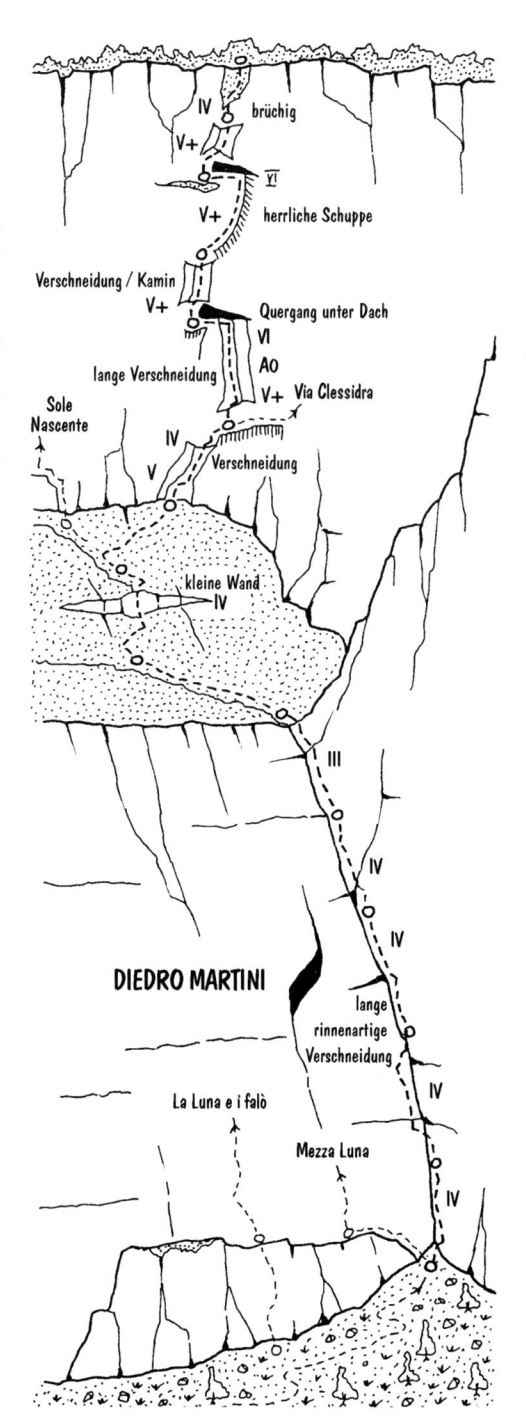

7 VIA DELLA CLESSIDRA ✯✯✯✯✯
M. Giordani, R. Manfrini 1985
500 m. (16SL)
V+, VI+/R4/III

Absolut logische Linie, die über die Wandmitte und dann schräg durch zwei überhängende Bereiche zieht und schließlich nach einer schwierigen Ausstiegsseillänge im Wald auf dem Gipfel endet. In den ersten Längen ist die Felsqualität noch durchschnittlich, aber dann ist das Gestein einfach perfekt. Viel alpine Erfahrung wird hier verlangt, da in der Route kaum Haken stecken und einige Passagen gar nicht abgesichert werden können.

Einstieg: zunächst durch die große Verschneidung/Rinne, dann eine Seillänge gemeinsam mit der Route 'Martini', dann rechtshaltend über Grasbänder.

Weitere Routen:
A - GIU' LE ZAMPE: M. Giordani, M. u. D. Mabboni 1995. Variante von 'Oasi di Pace'. Die Route führt vom Band in Wandmitte weg und folgt dann einem markanten Kamin im ganz linken Wandbereich. 300m. VI+, VII.

B - MUCCA PAZZA: D. Mabboni und M. Girardi 1996. Einstieg bei einer grauen Schuppe, zwischen 'Nuvole bianche' und ' Direttissima Giordani'. Die Route führt in schwierigster Kletterei und kaum abgesichert über die Platten und verläuft im oberen Bereich parallel und links zu 'Sole Nascente'. 600m. VI+,VII.

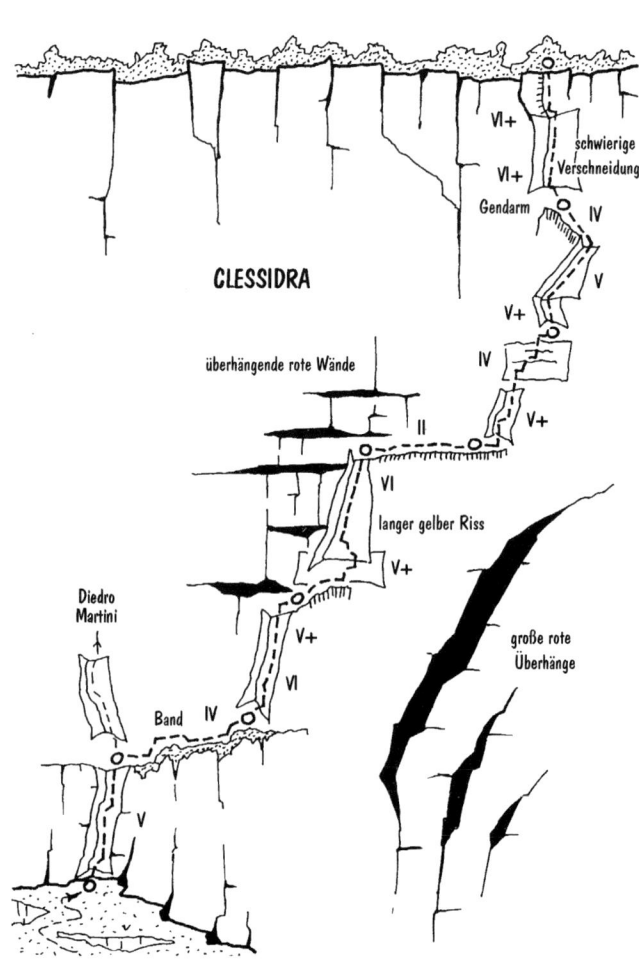

PIZZERIA PACE

In gemütlicher Umgebung könnt
Ihr hier leckere Pizza aus dem
Holzofen und viele andere
Gaumenfreuden genießen.
Lasst Euch von unserem Service
verwöhnen!

PIZZERIA PACE • VIA VERGOLANO, 42 • 38062 ARCO (TN)
tel. 0464519495

19 LO SCUDO

Cima alle Coste

In den letzten Jahren wurden diese grauen, kompakten Plattenfluchten immer öfter besucht und auch neue Routen wurden eingebohrt. Dieser Sektor besteht praktisch aus dem Wandsockel, der die Ostwand stützt, und hier herrscht eindeutig Reibungsletterei vor. Mittlerweile kann Lo Scudo auch fast als Klettergarten bezeichnet werden, denn der bequeme Zu- und Abstieg und die wunderschöne Umgebung sind eigentlich ein Merkmal dafür. Achtung auf Steinschlag, der wegen der darüber liegenden Bänder häufiger vorkommt.

ZUSTIEG: 1 Std.
Wie zur Parete Centrale

ABSTIEG: 1 Std.
Bei den Sportkletterrouten über die Routen abseilen; bei den alpinen Wegen auch über die Sportkletterrouten abseilen oder auf dem mittleren Band ganz nach rechts gehen und in der großen Verschneidung/Rinne abseilen.

8	PROFONDO BUSH	350 m.	
9	PASSEGGIATA DI PASQUA	300 m.	
10	DINO SOTTOVIA	300 m.	
11	VIA UMMAGUMMA	280 m.	
12	DIRETTISSIMA	300 m.	
13	VIA DELLE NUVOLE BIANCHE	300 m.	
14	TRANSEAMUS	300 m.	
15	VIA DI SESTO GRADO	300 m.	
16	ZILINDER WEG	280 m.	
17	VIA DELLA MEZZA LUNA	250 m.	

CIMA ALLE COSTE

8 PROFONDO BUSH ✺✺✺✺✺
A. Zanetti, C. Groaz 2004
350 m. (12SL)
6b, 6c (6b obl.)/S2/II
6b, 6c (6b obl.) / S2 / II

Wunderschöne, technisch anspruchsvolle und lohnende Route in sehr gutem Fels und mit perfekter Absicherung. Nach der ersten schönen und senkrechten Seillänge quert man eine leichtere Zone mit geneigtem Fels und Büschen. Dann folgt in der 5. SL eine schöne Platte und in der nächsten SL eine athletische Passage über ein kleines Dach. An sehr guten Griffen bewältigt man entschlossen und elegant diese Stelle. Dann folgen weitere SL in Plattengelände, sehr technisch und mit kleinen Leisten. Die härteste Passage der gesamten Route mit schwierigster Reibungskletterei befindet sich am Ende der 9. SL. Die Ausstiegslängen mit Rissen und Schuppen sind dann wieder leichter. Diese Route ist ein „Muss", denn eine solch schöne und lohnende Kletterei findet man selten.

Zustieg: ein grasiger Vorbau mit Felsblöcken schließt den Wandfuß des „Scudo" auf seiner linken Seite ab. Die ersten Bohrhaken sind in dessen untersten Bereich zu sehen.

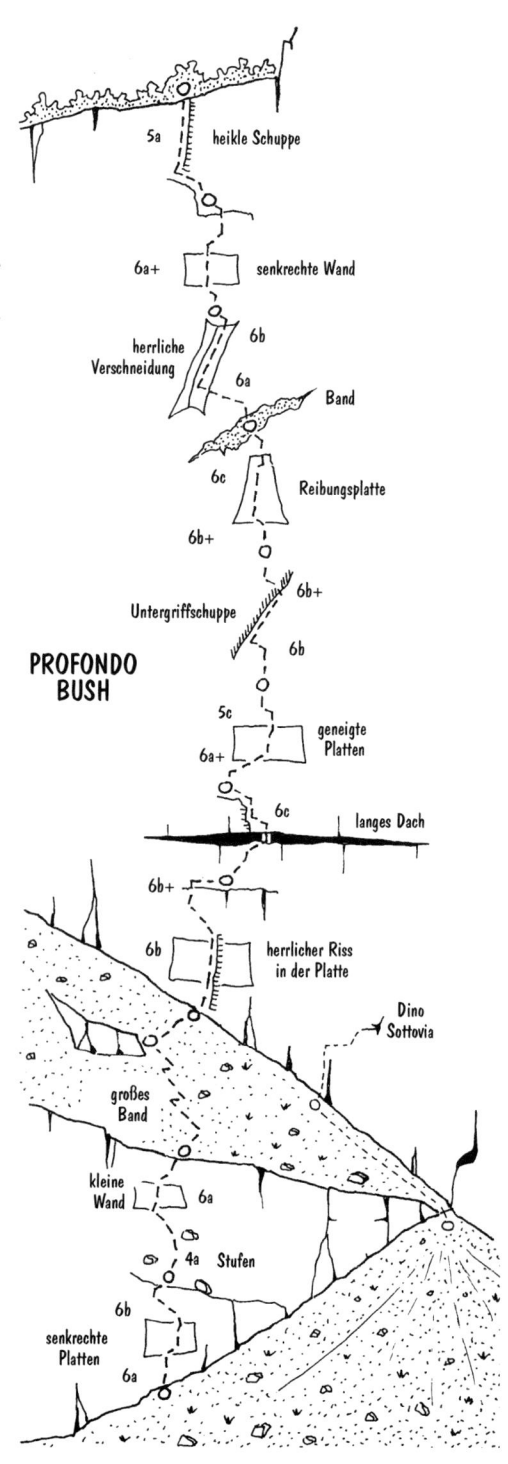

9 PASSEGGIATA DI PASQUA ✽✽✽
R. Goedeke, S. Hor 1985
300 m. (14SL)
IV+, V+/R3/II

Die Linie in meist festem Gestein verläuft über den linken Rand des „Scudo", ist etwas für Entdecker und/oder Liebhaber von Reibungskletterei, da sie schöne Plattenpassagen aufweist. Nur wenige Haken wurden belassen, die Stände befinden sich an Bäumen oder müssen mit Klemmkeilen eingerichtet werden.

Zustieg: ein grasiger Vorbau mit Felsblöcken schließt den Wandfuß des „Scudo" auf seiner linken Seite ab. Etwas links einer bugförmigen Verschneidung ist der Einstieg. Man folgt der Verschneidung ca. 150 m bis sie etwas flacher wird und klettert dann durch einen grasigen Kamin.

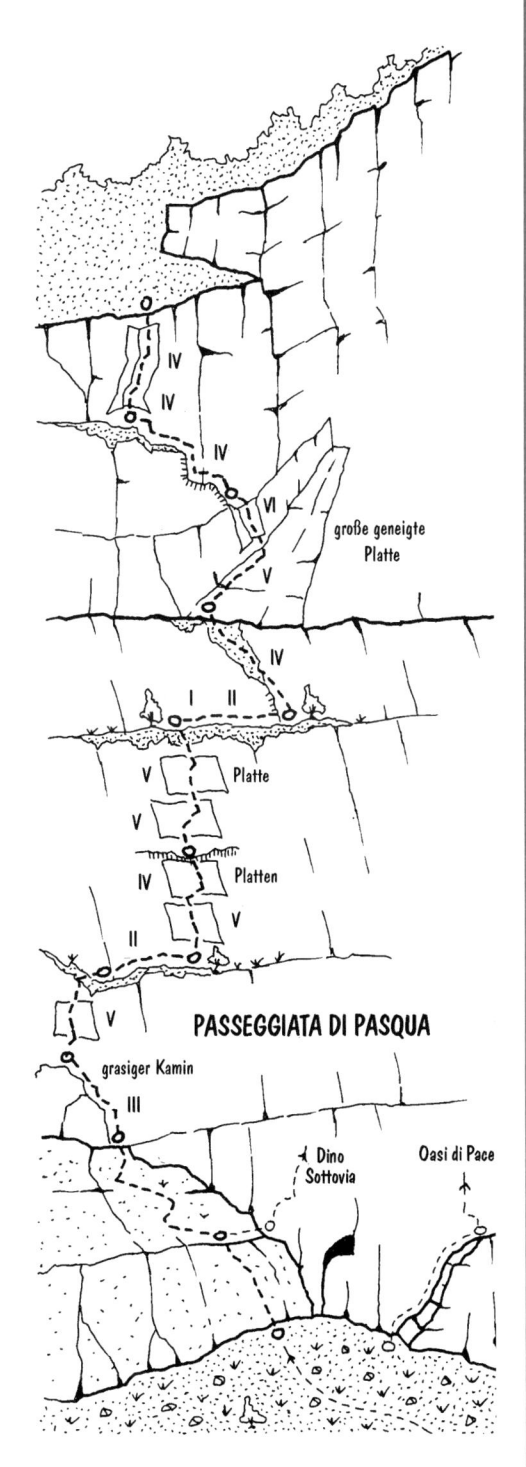

10 DINO SOTTOVIA ✯✯✯✯✯
C. Paris, M. Pegoretti, E. Degasperi 1981
300 m. (10SL)
V+, A0/R3/II

Die schöne, logische und elegante Route ist wegen der herrlichen Kletterei in festem Fels und mit guter Absicherung sehr empfehlenswert. Die Platte in der 4. SL wurde von den Erstbegehern ohne Absicherung durch Bohrhaken erstiegen. Nach dem großen Band in der Wandmitte folgt die Originalroute einem brüchigen, abweisenden Kamin. Dieser Ausstieg wird aber wegen seiner Gefährlichkeit schon lange nicht mehr begangen. Wenn man das Band erreicht hat, quert man nach rechts und seilt über 'La luna e i falò' ab. Die erste Abseilstelle ist auf einem Band, kurz bevor man die große Verschneidung/Rinne erreicht.

Zustieg: ein grasiger Vorbau mit Felsblöcken schließt den Wandfuß des „Scudo" auf seiner linken Seite ab. Etwas links einer bugförmigen Verschneidung ist der Einstieg. Nach ca. 60 m erreicht man einen Baum mit Schlingen. Rechts davon sieht man Haken, die in einem schmalen Riss stecken.

10a VARIANTE ZENGIO ✯✯✯✯
M. Giordani, F. Zenatti 1984
240 m. (5SL)
V+

Nach dem schönen Riss in der Platte der 3. SL quert man nicht rechts, sondern steigt gerade hoch in einen plattigen Bereich mit Rissen und seichten Verschneidungen. Diese Variante verbindet sich auf dem Band wider mit der Originalroute.

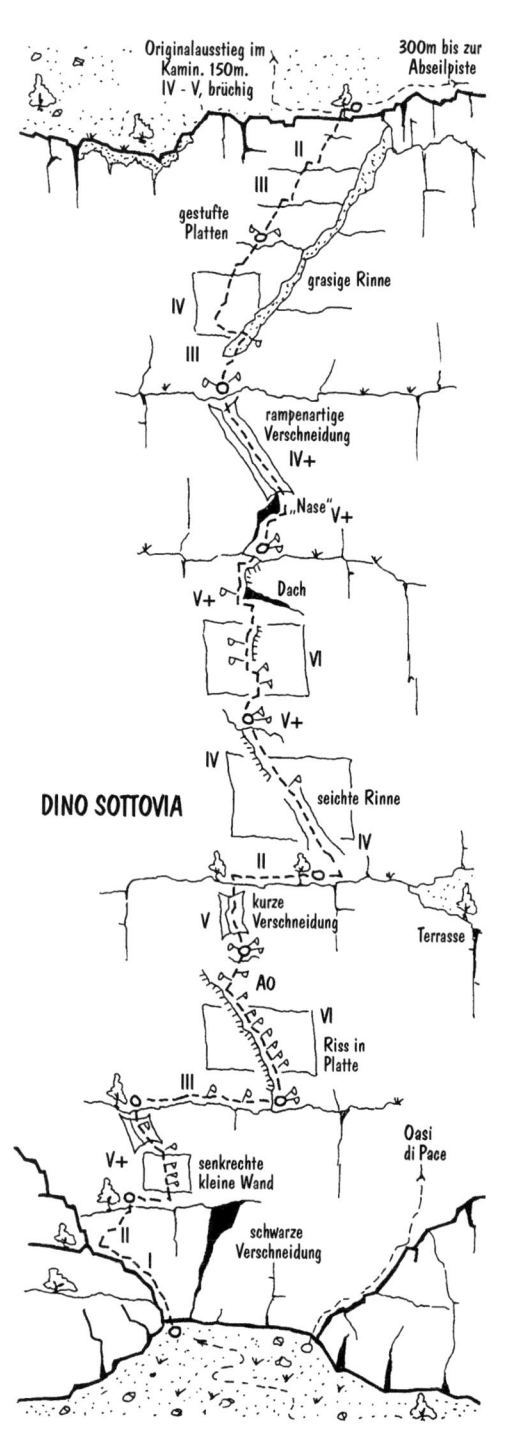

11 UMMAGUMMA ✸✸✸✸
G. Dalfovo, A. Conz 1996
280 m. (7SL)
7a (6a obl.)/S2/II

Schöne Sportkletterroute in perfektem Fels, durchgängig gut abgesichert, auch wenn in einigen wenigen Passagen die Bohrhaken etwas weit auseinander liegen. Die 7a-Stelle in der 2. Seillänge ist nicht obligatorisch.
Zustieg: am Wandfuß lehnt ein breiter, ca. 50 m hoher Sockel. Einstieg rechts davon über einen schrofigen kleinen Pfeiler.

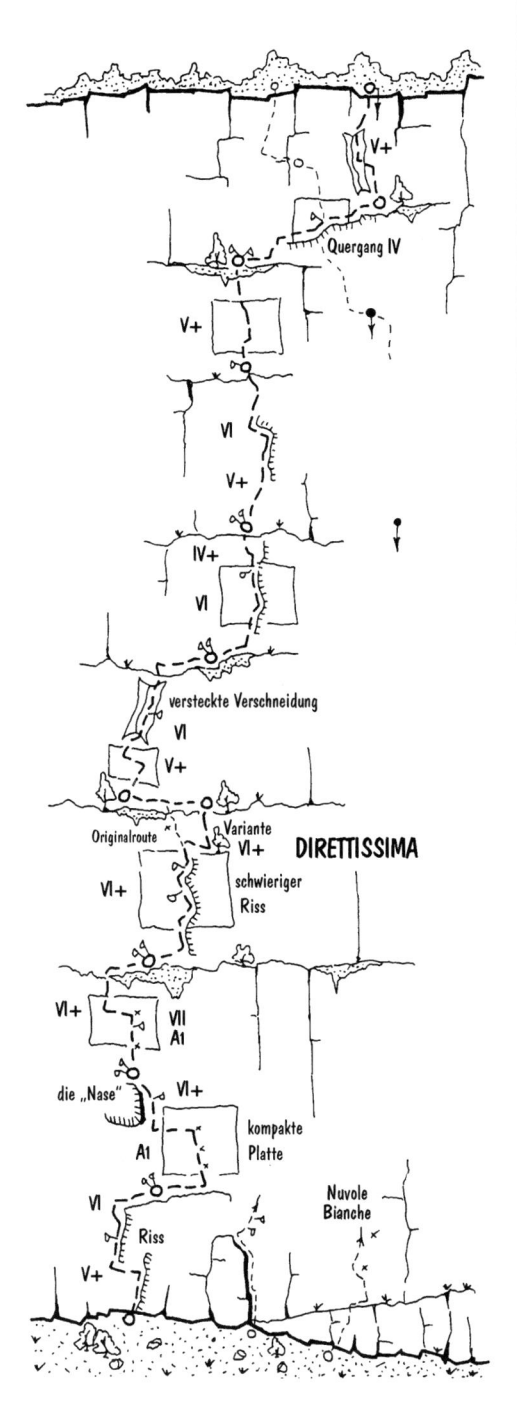

12 DIRETTISSIMA ✱✱✱✱✱
M. Giordani, F. Zenatti 1982
300 m. (11SL)
VI+, VII/R3/II
Äußerst lohnende Route, traditionell abgesichert, die durch die gesamte Plattenflucht führt und große Schwierigkeiten aufweist. Die Crux in der 3. SL ist eine Platte mit schwierigster Reibungskletterei, eventuell kann diese Stelle auch mit Hilfe eines Cliffs bewältigt werden. Diese Passage ist die schönste und schwierigste in der ganzen Route und ich wünsche mir, dass niemand mit einem Bohrer in der Hand dies verändert.
Abstieg durch Abseilen an einem Baum zum ersten Abseilstand von 'Nuvole bianche'.
Zustieg: wie bei 'Ummagumma'. Gleich rechts des breiten Sockels Einstieg bei einem grasigen kleinen Riss, in Falllinie eines kleinen, nasenförmigen Daches.

12a VARIANTE ORIGINALE ✱✱✱✱✱
M. Giordani, F. Zenatti 1982
100 m. (3SL)
VI+
Nach der 7. SL stiegen die Erstbegeher direkt in die sehr schwierigen Platten rechterhand ein. Schwierige Kletterei mit weiter Absicherung.

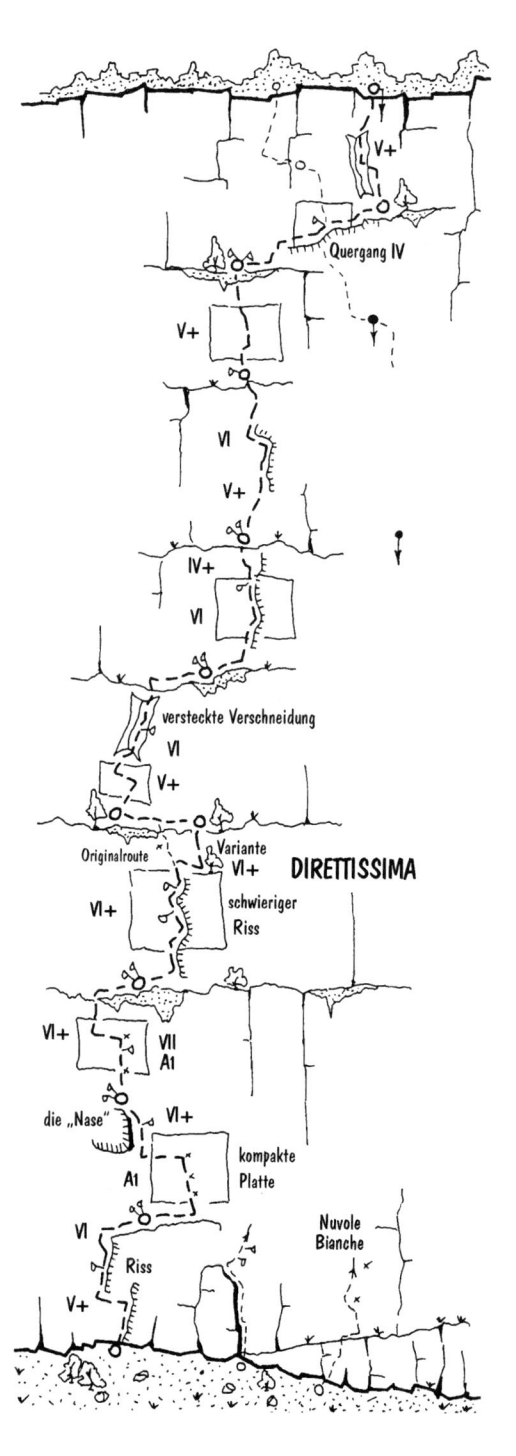

13 NUVOLE BIANCHE ✯✯✯✯✯
S. Bazzanella, D. Filippi, G. Francomanno 1994
300 m. (10SL)
6c (5c obl.)/S2/II

Dies war die erste Sportkletterroute in diesem Sektor und sie ist deshalb vielleicht auch die schönste. Die ersten Seillängen führen über die schwachen Stellen der steilen Anfangsplatten, der Fels ist fest und kompakt und die Absicherung gut. Die Route wurde vor kurzem komplett mit 10mm-Bohrhaken saniert.

Zustieg: wie zur 'Direttissima', Einstieg ca. 20 m rechts davon bei einem kurzen Sockel (schwarze Haken).

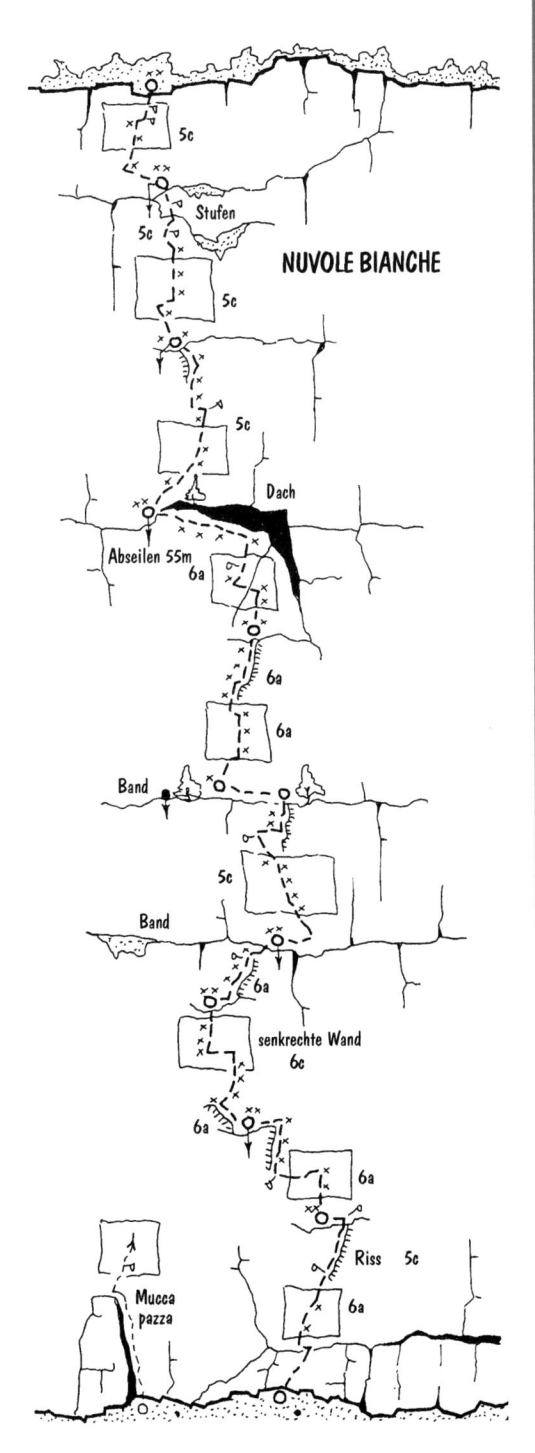

14 VIA TRANSEAMUS ✵✵✵✵✵
R. Galvagni, M. Maceri 2001
280 m (9SL)
6a, 6b (6a obl.)/S2/II

Eine der schönsten und interessantesten Sportkletterrouten in diesem Sektor mit anhaltend schwieriger, aber schöner und lohnender Kletterei. Die Platte in der 2. SL ist mit Eleganz und Technik zu überwinden. Fels und Absicherung sind durchwegs sehr gut, man seilt über die Routen ab.
Einstieg: zwischen 'Nuvole bianche' und 'Sesto Grado', ein blauer Haken weit oben weist den Weg.

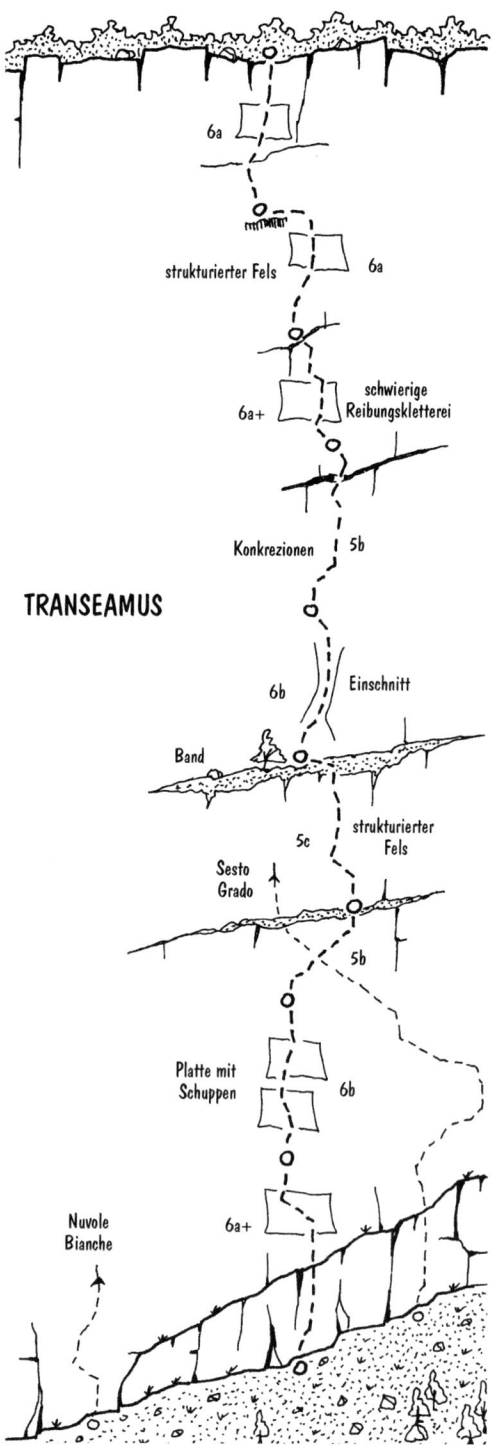

15 SESTO GRADO ✸✸✸✸
W. Schonauer, H. Long, K. Zehedner 1994
300 m. (9SL)
6a (5c obl.)/S2/II

Schöne, leichte und lohnende Route in festem Gestein. In der 2. SL quert man mit fantastischen Bewegungen eine schwarze Platte. Die Haken liegen etwas weit auseinander, deshalb sollte man den 6. Grad gut beherrschen.

Abstieg: vom letzten Standplatz 30m rechts queren bis zur Kette der Route 'Nuvole bianche'.

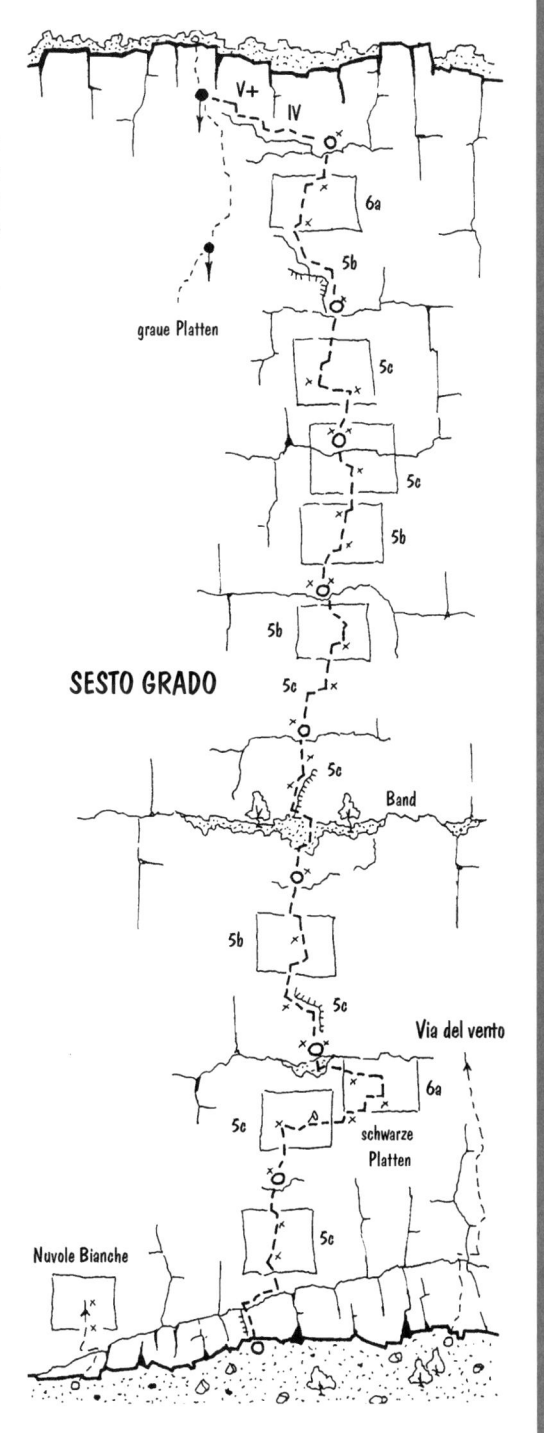

CIMA ALLE COSTE

16 ZILINDER WEG ✴✴✴✴✴
L. Reiser, H. Enthofer 1981
280 m. (8SL)
V+, VI/R3/II

Schöne Route im klassischen Alpinstil. Die Linie ist zwar logisch, aber schwierig nachvollziehbar. Lohnend und befriedigend bei dieser Route ist deshalb vor allem das Auffinden der Schwachstellen der Wand. Während der ersten Wiederholungen wurden in der Schlüsselseillänge Bohrhaken gesetzt und damit der Charakter dieses kleinen alpinistischen Meisterwerks zerstört.

Abstieg: vom letzten Stand nach rechts zur Kette von 'La luna e i falò' queren.

Einstieg: etwa 50 m links der großen Verschneidung/Rinne lehnt am Wandfuß ein kleiner Vorbau, der auf seiner linken Seite eine breite, geradlinige Verschneidung aufweist. Ein schmaler Riss führt zu dieser hin.

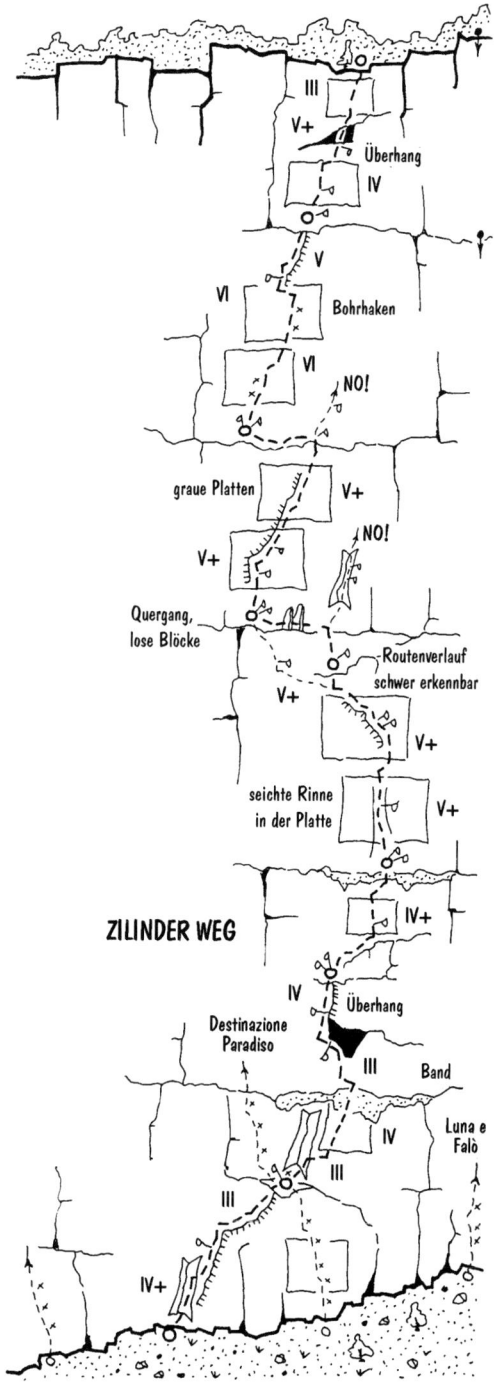

17 VIA DELLA MEZZA LUNA ✯✯✯✯✯
D. Filippi - in solitaria autoassicurato - 1993
250 m. (7SL)
VI+, A1/R3/II

Die klassische alpine Route führt direkt zum halbmondförmigen Überhang in der Wandmitte, wenige Meter von der großen Verschneidung/ Rinne entfernt. Diesen Überhang erklettert man technisch, während alle anderen Passagen meist schwierige Reibungskletterei aufweisen. Insgesamt eine zwar kurze, aber lohnende Route.

Abstieg: vom letzten Stand nach links zur Kette von 'La luna e i falò' queren.

CIMA ALLE COSTE

Topo labels: senkrechte Wand — A2 VI+ — V — IV+ — graue Platte — VI+ — V+ — halbmondförmiger Überhang — VI — A2 Pendelquergang — Überhang VI — V+ — IV — kompakte Platte — MEZZA LUNA — IV — seichte Rinne in der Platte — V+ — Canale Steinkotter

Weitere Routen:
C - MASSIMILIANO: G. Stenghel und A. Baldessari 1982. Auf der ganz linken Seite der Wand, nach einem breiten, schrofigen Sockel, ist eine markante und breite Verschneidung in einer senkrechten Plattenflucht zu sehen. 100 m. IV, V.

D - VIA DEL VENTO: I. Rabanser und S. Comploi 1987. Traditionell abgesicherte Route, jetzt überlagert von der Sportkletterroute 'Sesto Grado' und deshalb nicht mehr vorhanden. 250m. VI+.

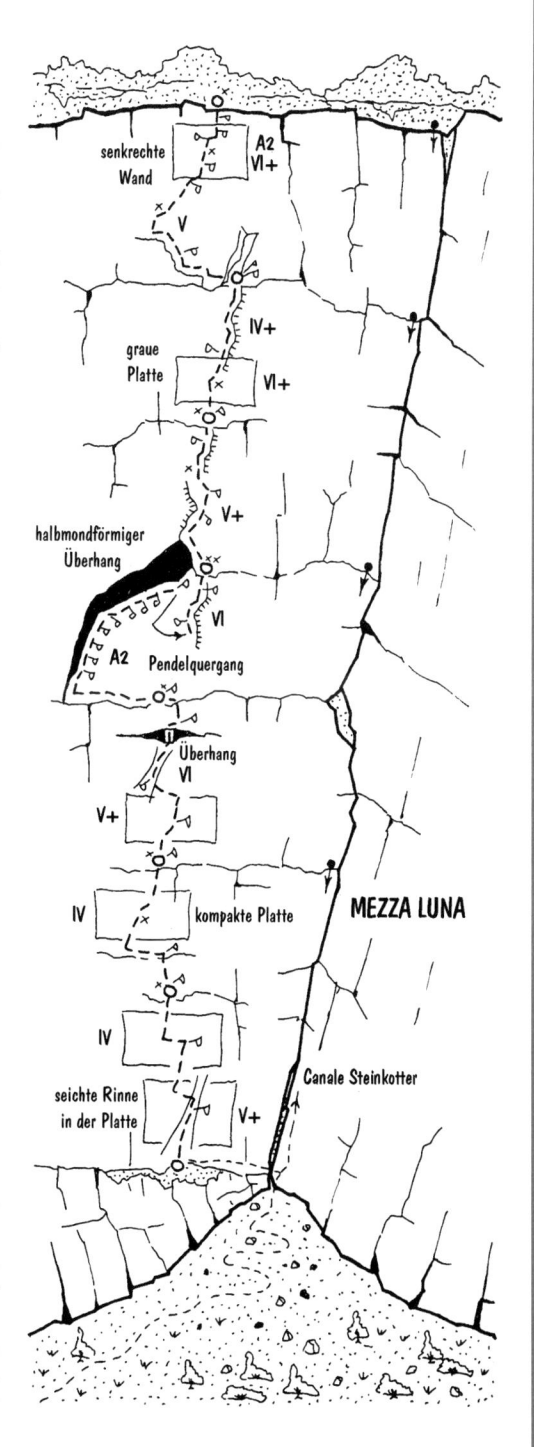

20 PARETE SUD

Cima alle Coste

Diese hohe, senkrechte und abweisende Wand bleibt ausschließlich den Abenteuer suchenden Alpinisten vorbehalten. Die einzige Schwachstelle im oberen Bereich erkannte die Seilschaft Steinkotter-Holzner-Messner, die 1966 als erste hier zugange war. In der brüchigen Wand verlaufen zwei der schwierigsten und meist gefürchteten Routen des Sarcatals: die 'Via Rinascita' und die 'Via Sodoma e Gomorrah'.

ZUSTIEG: 1 Std.
Wie zur Parete Centrale

ABSTIEG: 1 Std.
Wie zur Parete Centrale

18	STEINKOTTER	700 m.
19	VIA DELLA RINASCITA	650 m.
20	SODOMA E GOMORRAH	650 m.
21	VIA DEI TIPOGRAFI	300 m.
22	VIA MARINA	250 m.

CIMA ALLE COSTE

18 VIA STEINKOTTER ✵
H. Steinkotter, H. Holzer, R. Messner 1966
700 m. (20SL)
V+, VI/R3/IV

Entdeckerroute mit großer historischer Bedeutung. Dies war die erste Route in dieser Wand, sie folgt deshalb logischerweise den schwächsten Stellen. Nach der langen, großen Verschneidung/Rinne führt sie schräg nach rechts zu einer brüchigen, baumbestandenen Rampe. Über diese Rampe erreicht man den Ostgrat und quert auf einem Band in die Nordseite. Über brüchige Felsen erreicht man schließlich den Wald auf dem Gipfelplateau. Aus klettertechnischer Sicht hat die Route kaum eine Bedeutung, Haken sind praktisch kaum zu finden.

Einstieg: durch die große Verschneidung/Rinne aufwärts.

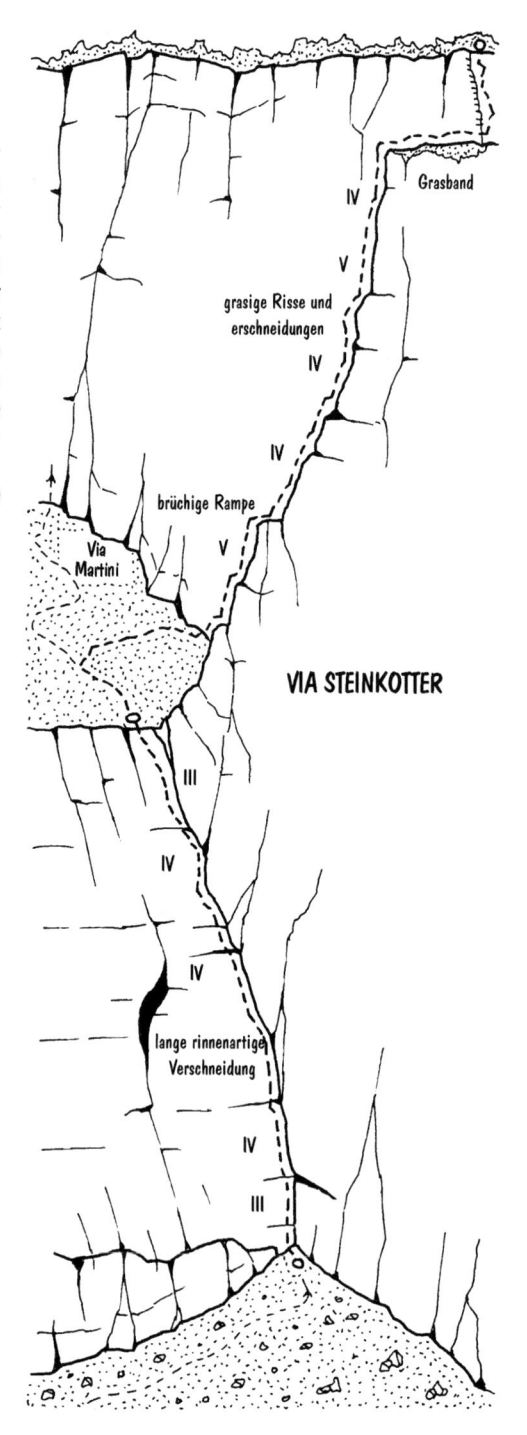

19 VIA DELLA RINASCITA ✵✵✵✵
M. Giordani, F. Zenatti 1983
650 m. (16SL)
VI+, VII/R4/IV

Eine der schwierigsten, ernsthaftesten und gefährlichsten Anstiege im Sarcatal. In der Mitte der Wand teilt eine senkrechte und deutliche Verschneidung zwei gelbe Dächer voneinander ab. Hierher führt diese Linie, und geht dann in Richtung des großen, waagrechten Daches an der Ostkante. Das Dach umgeht man links und steigt dann direkt hoch zum Gipfel. In der Route wechseln geneigte Platten mit überhängenden Rissen, brüchige Passagen mit unglaublich kompakten Stellen, die kaum abgesichert werden können. Nur erfahrene Alpinisten sollten deshalb hier einsteigen, zumal die bestehende Absicherung auch noch sehr heikel ist.

Einstieg: bei der großen Verschneidung/Rinne über Bänder und Stufen in Richtung Wandmitte, direkt unterhalb eines senkrechten Wandbereiches.

19a VARIANTE DEI 5
M. Giordani, F. Zenatti 1983
100 m. (3SL)
V, VI+

Einstiegsvariante zu 'Rinascita'. In der Mitte der großen Verschneidung/Rinne in Richtung der 'Via Rinascita' und der Verschneidung, die die beiden gelben Dächer voneinander trennt.

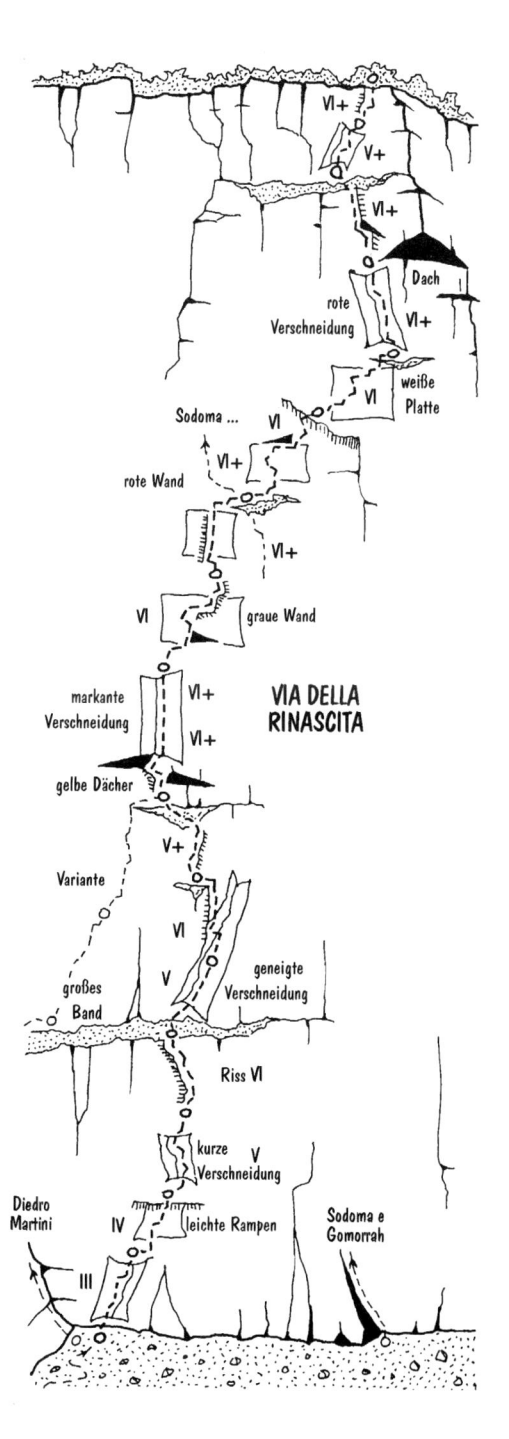

20 SODOMA E GOMORRAH ✯✯

L. Reiser, R. Sulzenbacher 1982
650 m. (16SL)
VI+,VII/R4/IV

Die Route verläuft parallel zu 'Rinascita' und weist deshalb ähnliche Merkmale auf. Unterhalb des Daches am Ostgrat folgt die Route einem Riss- und Verschneidungssystem. Äußerst schwierige Kletterei in meist brüchigem Fels mit sehr heikler Absicherung.

Einstieg: in Falllinie des großen Daches am Ostgrat, über eine leichte Rampe rechts einer deutlichen Kante.

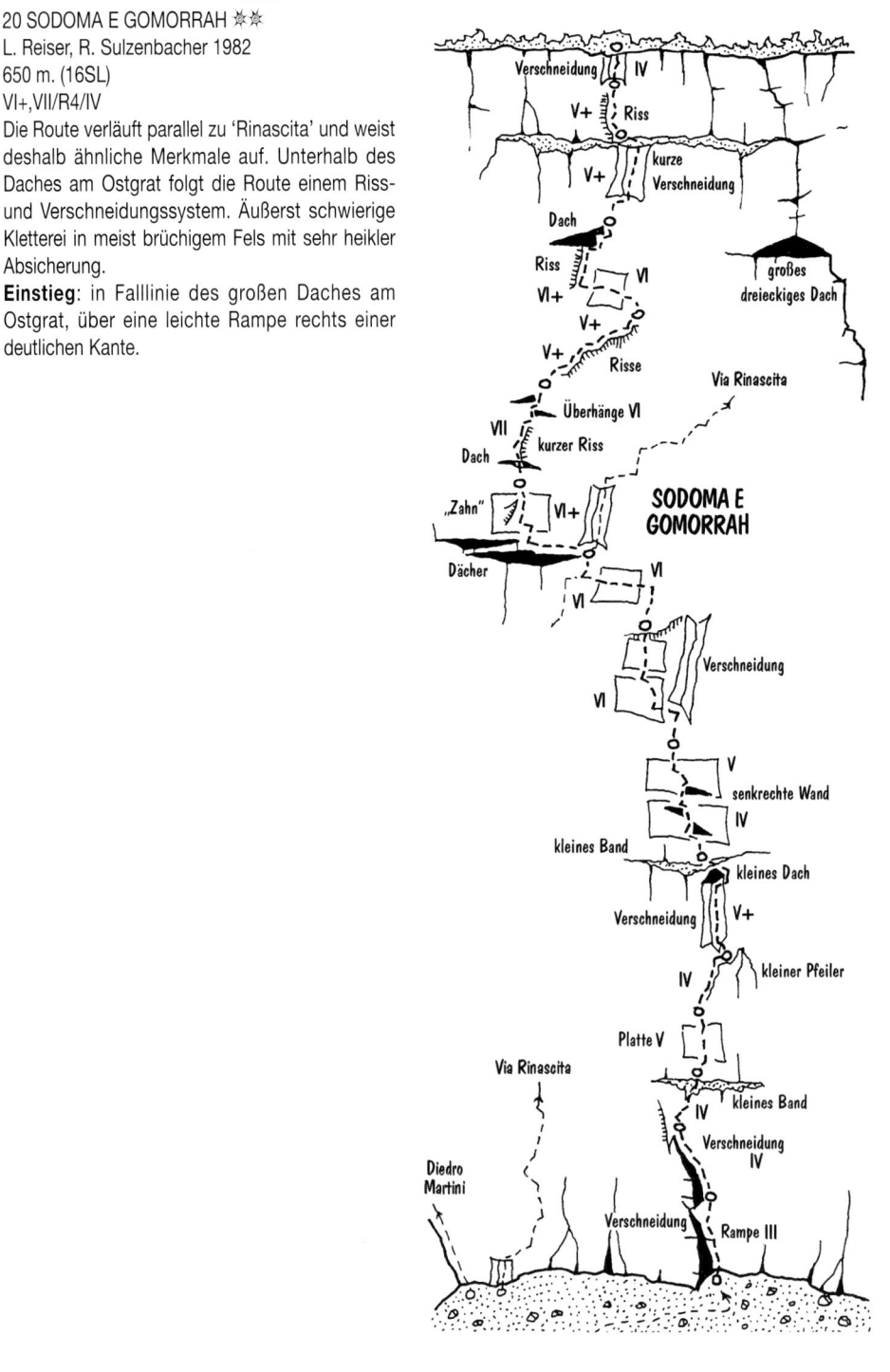

GUGLIA SOLIDARNOSCH

Am Fuß des Ostgrats zeichnet sich ein markanter Pfeiler schon von weitem deutlich ab. In Richtung der Geröllfelder der Südwand ist der Pfeiler uninteressant, weil schrofig und brüchig. Richtung Osten bzw. zum Tal hin jedoch weist er eine ca. 300 m hohe interessante Wand auf, durch die schon einige Routen führen.

ZUSTIEG: 1 Std. 30 Min.
Wie zur Parete Centrale zunächst auf einem Forstweg, dann in Richtung Pfeiler auf einem Pfad durch den Wald und auf Wegspuren über die Geröllfelder.

ABSTIEG: 1 Std.
Zuerst in den Kamin abseilen, dann über Schrofen zu den Geröllfeldern.

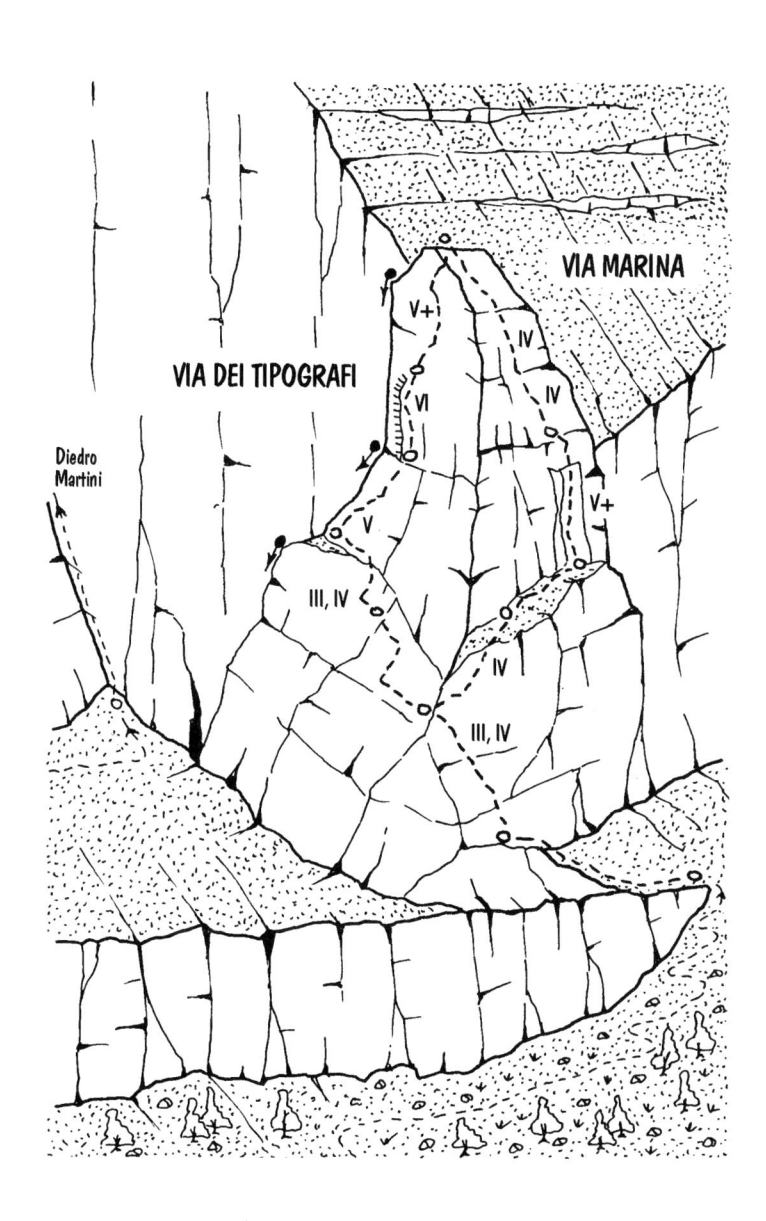

CIMA ALLE COSTE

CIMA ALLE COSTE

21 VIA DEI TIPOGRAFI ✻✻✻
A. Andreotti, D. Zenatti, G. Stenghel 1980
300 m. (8SL)
IV, V+/R3/II
Die Route verläuft über die schmale und senkrechte Südostkante des Pfeilers. Obwohl man bis zur Kante erst stufiges und schrofiges Gelände überwinden muss, lohnt die eigentliche Kletterei dann doch.
Einstieg: wie zur 'Via Marina' und am Fuß der Ostwand des Pfeilers weiter links queren. Zu einer Terrasse beim großen Kamin aufsteigen und hier in einen überhängenden Riss einsteigen. Später über steile Platten zum Gipfel.

22 VIA MARINA ✻✻✻
G. Stenghel, A. Baldessari 1981
250 m. (6SL)
IV, V+/R3/II
Die Route ist vor allem deswegen lohnend, weil die Umgebung sehr schön ist und weil sie auf einen richtigen Gipfel führt, was im Sarcatal sonst eigentlich nie der Fall ist. Der breite Nordgrat des Pfeilers gibt die Linie für diese Route vor.
SL1: Über Grasrampen und Stufen zu einem Band unterhalb der Ostwand.
SL2: Über leichte Rampen und kleine Wändchen wieder zurück in Richtung der Kante.
SL3: Noch weiter nach rechts queren. Stand unterhalb zweier deutlicher Risse.
SL4: Im rechten Riss hoch und über einen schwierigen Überhang.
SL5: Über Platten und Stufen bis zum Gipfel.
Einstieg: vom Tal aus erkennt man, dass der Pfeiler von einem breiten Sockel gestützt wird. Durch Wäldchen und über Geröllfelder erreicht man den ersten schrofigen Bereich und steigt dann dort in den Sockel ein, wo er kompakter und fester wird.

ARCO CAMPINGPLATZ

Der Campingplatz befindet sich am Fuße des Colodriberg, direkt am Fluss Sarca gelegen.

Ein idealer Platz für Spaziergänge in der Natur und unzählige Touren mit dem Fahrrad und Mountainbike. In unmittelbarer Nähe natürliche Kletterwände die man gut zu Fuß erreichen kann.

Ist in ein Sport – Touristenzentrum eingefügt das über Tennisplatz, Tischtennis, Olympisches Freibad + Schwimmbecken für Kinder, Bocciaplatz, Kletterhalle, Beach-Volleyplatz, Multifunktionaler Sportplatz (Fußball – Basketball – Volleyball) und Kinderspielplatz verfügt. Liegt inmitten eines Naturparks mit mediterranen Baumwuchs und bietet jeden Komfort eines Qualitätscampingplatzes. Die Standplätze sind alle nummeriert und abgegrenzt (ca. 70 qm.) mit Grasgrund. Alle Plätze haben kostenlosen Lichtanschluss. Es steht ein Minimarkt, eine Bar mit Frühstücksservice und eine Auswahl warmer Speisen, Safe, Minikühlschränke mit Schlüssel, Waschraum mit Waschmaschinen + Trockner und ein Bügelraum zur Verfügung. Ein Grillplatz und ein Camperservice gehört zur Ausstattung. Verfügt über neugebaute Sanitäranlagen mit kostenlosem Warmwasser, Entsorgung für Chemietoiletten, behindertengerechte Ausstattung der Sanitäranlagen. Die Bungalows + Kleinwohnungen sind Komfortabel ausgestattet. Sie haben 4 Schlafplätze, reservierten Parkplatz für das Auto, Küche mit Kühlschrank und Gasherd, Bad mit Dusche, Licht und Warmwasser, alles was man zum Kochen benötigt, Decken, Heizung, Radio und Safe.

Loc.Prabi • 38062 Arco (TN)
Tel. (+39) 0464 517491 • Fax (+39) 0464 515525
E-mail: arco@arcoturistica.com
http://www.arcoturistica.com/Italiano/Campeggio_Arco/campeggio_arco.htm

COSTE DELL'ANGLONE

Dies ist der lange Felsriegel zwischen der Cima alle Coste und der Felswand von Mandrea, der oberhalb der Orte Dro und Ceniga endet. Die Wand selbst ist nicht sehr hoch, oft brüchig und von Vegetation unterbrochen, weshalb sie auch aus alpinistischer Sicht nicht sehr interessant ist. Aber ihre Bedeutung für Sportkletterer hat sich sehr gewandelt. Senkrechte plattige Bereiche und überhängende kleine Wände sind über den ganzen Felsriegel verteilt.

COSTE DELL'ANGLONE

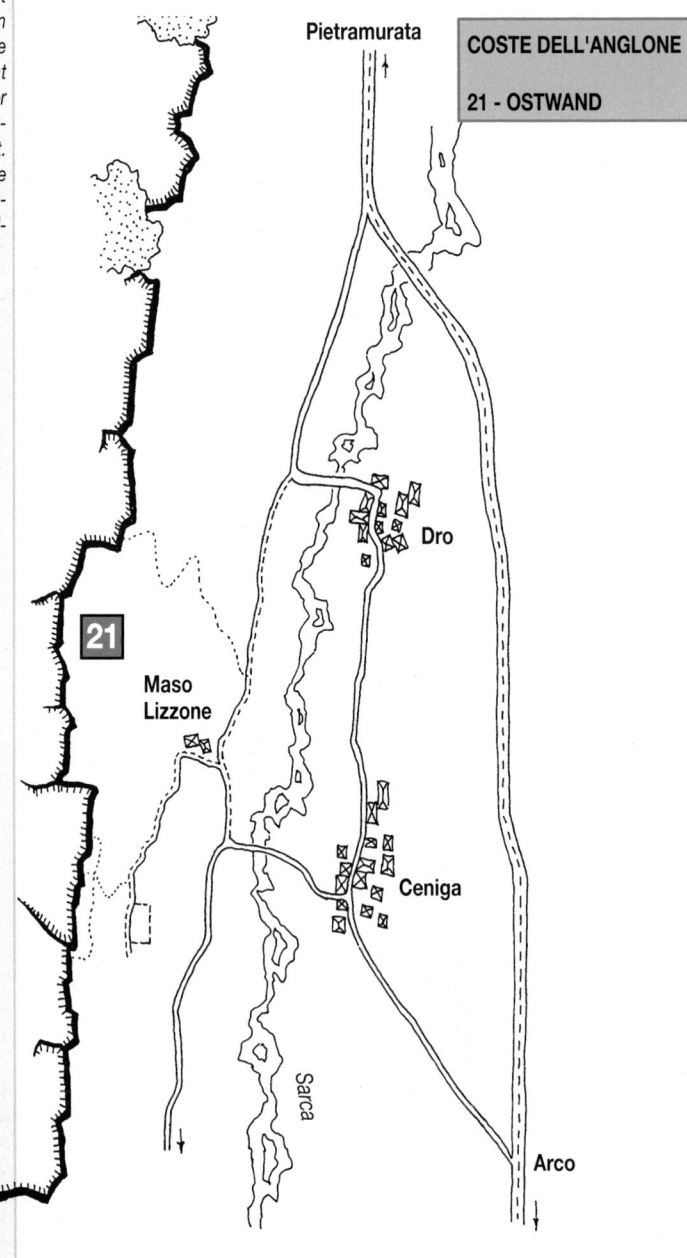

21 - OSTWAND

COSTE DELL'ANGLONE

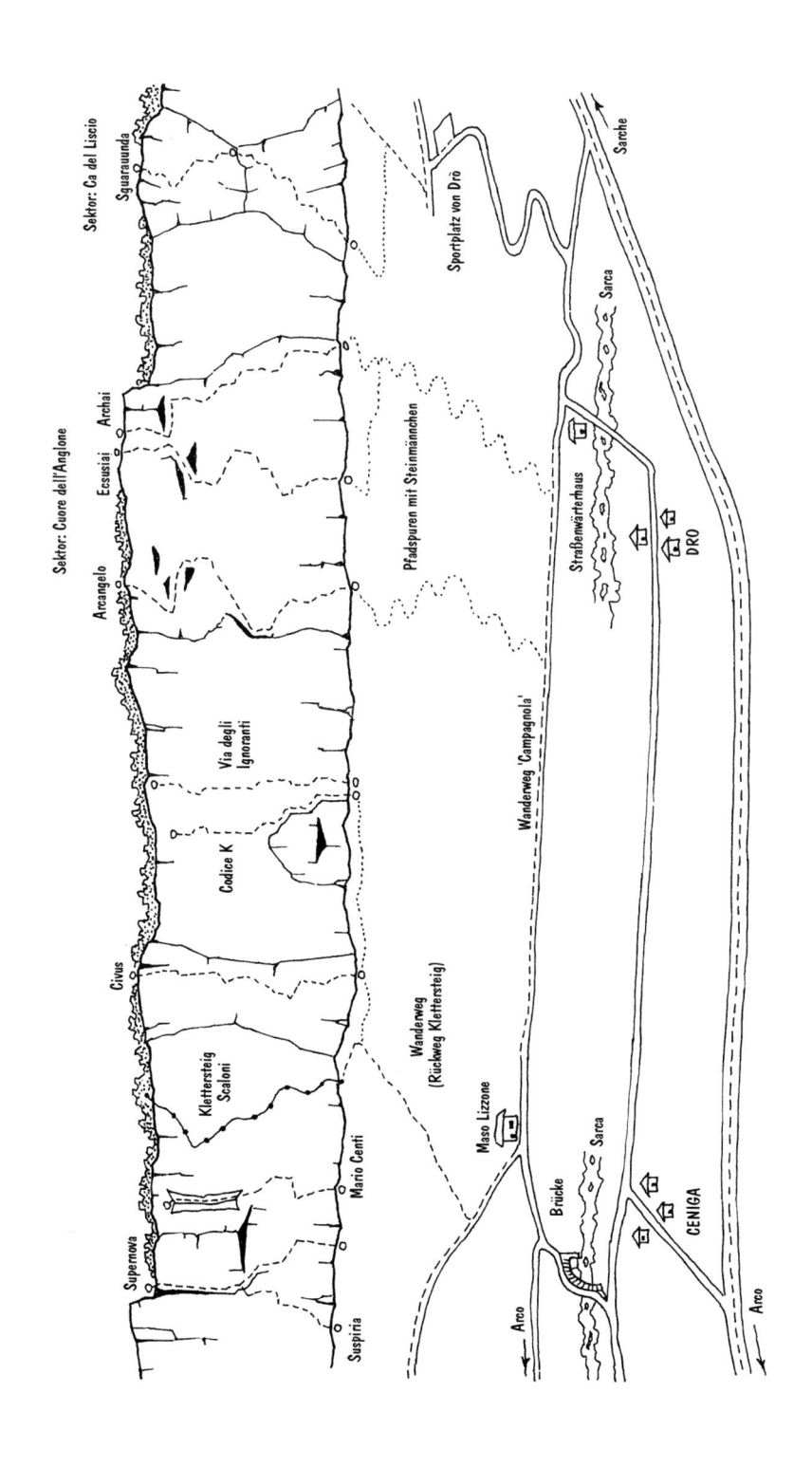

21 OSTWAND

Coste dell'Anglone

Schon in den 80erJahren fand Giuliano Stenghel als Erster die besten und logischsten Linien durch diese Wand (z.B. 'Supernova' oder 'Mario Centi'). Da keine weiteren klassischen Routen mehr möglich waren, geriet sie lange Zeit in Vergessenheit. Erst mit dem modernen Sportklettern entstanden unzählige weitere, lohnende und interessante Wege in dieser Wand, die sehr ruhig und landschaftlich schön gelegen ist.

ZUSTIEG: 30 Min.
In Ceniga oder in der Nähe der römischen Brücke parken und in Richtung Maso Lizzone laufen. Zu den Routen 1-3 von Maso Lizzone aus auf der kleinen Straße nach links und bis zu einer Lichtung. Dann durch den steilen Wald bis zum Wandfuß.
Zu den Routen 4-6 von Maso Lizzone aus auf den Wanderweg 'Sentiero degli Scaloni' und in der Nähe der Wand auf Pfadspuren zu den Einstiegen queren.

ABSTIEG: 45 Min.
Über den Wanderweg zurück ins Tal, manchmal kann man auch über die jeweilige Route abseilen.

1	SUSPIRIA	200 m.	
2	SUPERNOVA	200 m.	
3	MARIO CENTI	200 m.	
4	CLIVUS	350 m.	
5	CODICE KAPPA	180 m.	
6	LA VIA DEGLI IGNORANTI	180 m.	
7	ARCHANGELO	350 m.	
8	ECSUSIAI	350 m.	
9	ARCHAI	350 m.	
10	SGUARAUUNDA	300 m.	

COSTE DELL'ANGLONE

1 SUSPIRIA ☀

S. Bailoni, G. Cretti, L. Gelmini 1995
200 m. (6SL)
VI+, A1/R2/II

Die sehr eigenartige Route weist mal richtig alpine, dann wieder sportklettermäßige Passagen auf. Schrofige Bereiche wechseln mit kompakten, gut eingebohrten Platten und Rissverschneidungen, die komplett selbst abzusichern sind. Leider endet die Route dann auch noch in einer alten Route von G. Stenghel. Nur die 3. SL ist etwa interessanter, denn hier erklettert man in schwieriger Piaztechnik eine schöne Rissverschneidung, die mit Friends und Keilen abgesichert werden muss. Achtung: Manchmal liegen die Sicherungspunkte sehr weit auseinander.

Einstieg: direkt unterhalb der großen Verschneidung mit der 'Via Supernova'. Einstieg links eines Überhangs auf einer eingebohrten Platte.

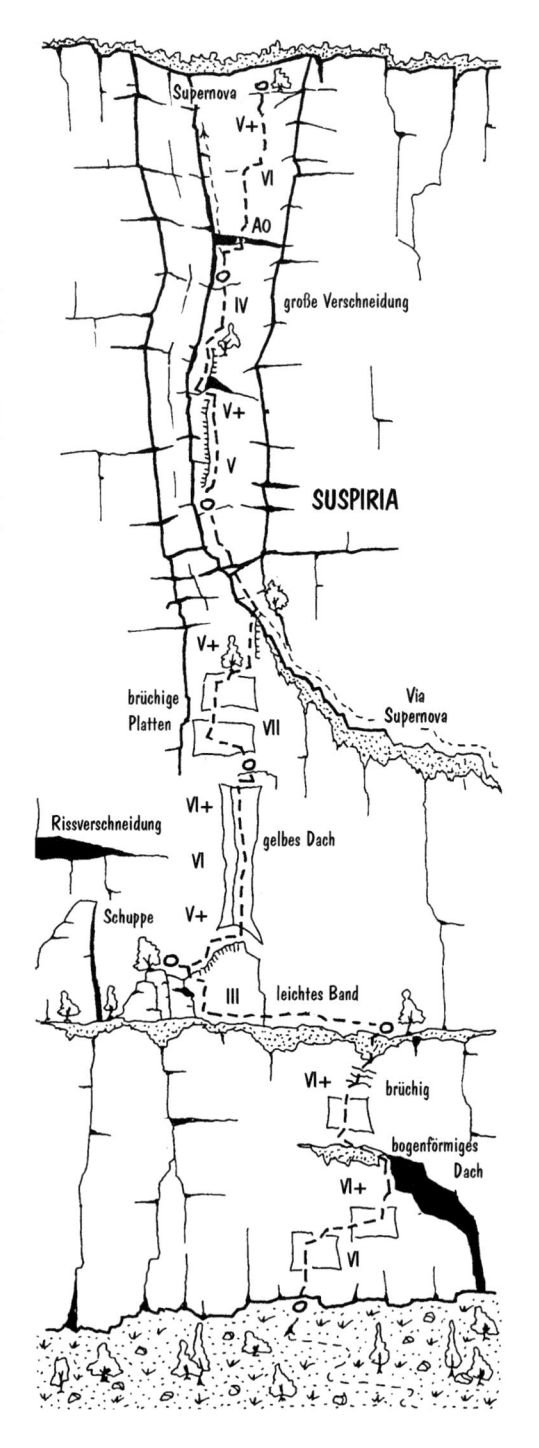

2 SUPERNOVA ✸✸✸
G. Stenghel, R. Vettori 1980
200 m. (6SL)
IV, V/R3/II

Die eleganteste und logischste Linie der Wand führt zu der großen, markanten, grauen Verschneidung in der oberen Wandmitte. Zuerst klettert man einige SL über grasigen Fels. Dann folgt die schöne und tiefe Verschneidung, die bald in eine Rinne übergeht. Hier ist ein Weiterkommen wegen der vielen kleinen Bäumchen und dornigen Büsche heutzutage nicht mehr möglich, weshalb man wieder abseilt.

Einstieg: Direkt unterhalb der Verschneidung rechts an der Wand entlang weiter, Einstieg beim ersten grasigen Riss, der zum darüber liegenden Band führt. In den schrägen Rissen in Richtung der Verschneidung hoch.

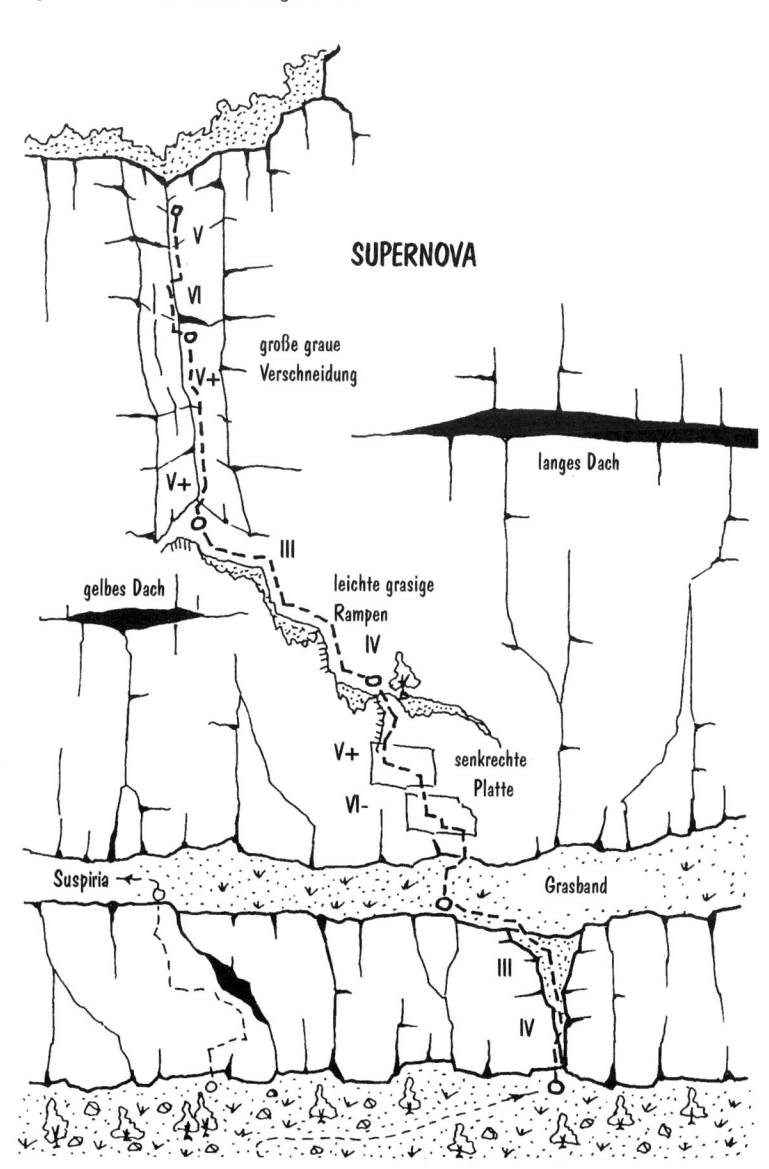

COSTE DELL'ANGLONE

3 MARIO CENTI ✸✸✸

G. Stenghel, A. Baldessarini, F. Sartori 1982
200 m. (5SL)
VI+/R3/II

Rechts der 'Via Supernova' und nach dem langen Dach verlaufen einige Verschneidungen parallel in der Wand. Die Route führt durch die schönste und markanteste und ist zwar kurz, aber sehr schwierig. Diese Verschneidung erreicht man nur über einen schrofigen Wandsockel. Die folgende Kletterei in bestem Fels ist sehr athletisch und schwierig, aber kaum abgesichert.

Einstieg: unterhalb der Verschneidung über den Wandsockel, indem man den besten und sichersten Weg wählt und bis zu einem kleinen Band. Jetzt nach rechts bis zum Beginn der Verschneidung.

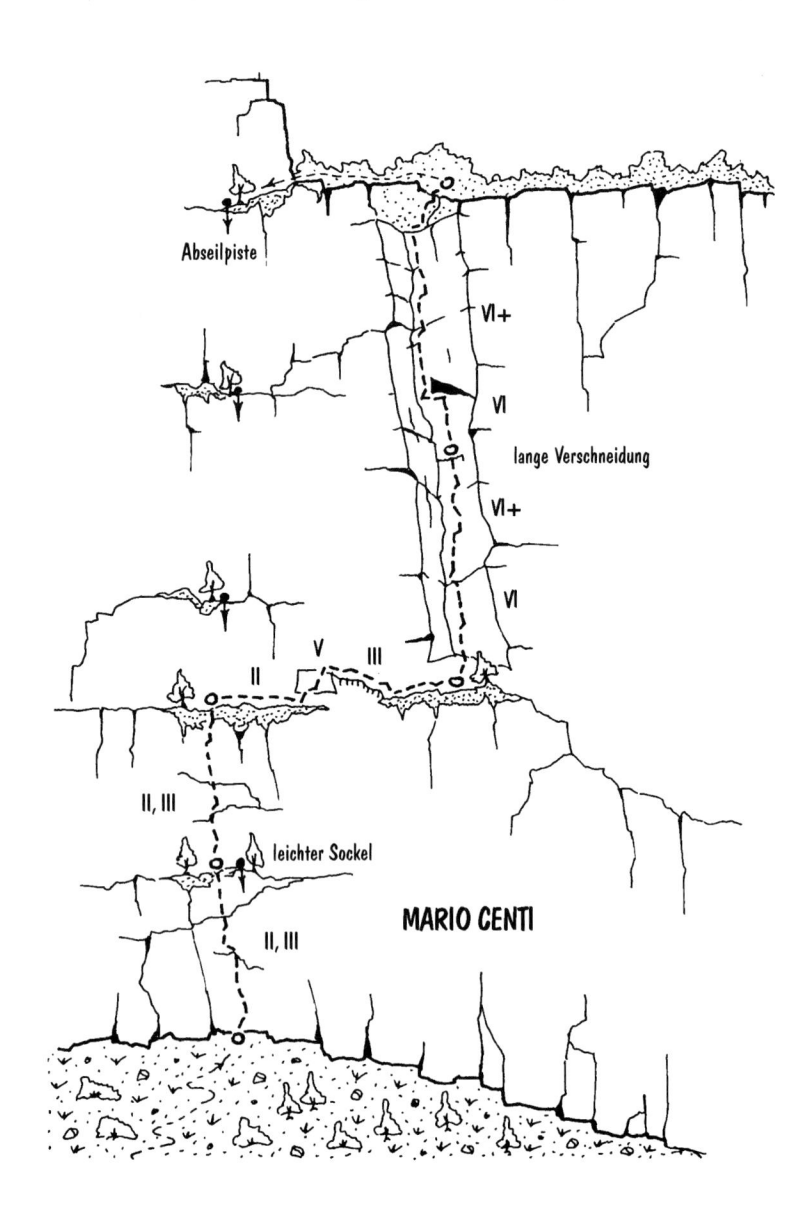

4 CLIVUS ❁❁

M. Brighente, G. Bogoni, D. Dal Cere 2005
350 m. (10SL)
5c, 6a con passi in A0 (5c obl.)/S1/II

Die alpine Route verläuft über einige wenig steile und mit viel Vegetation bedeckte Platten, weist aber auch Passagen in gutem Fels auf. Sie ist deswegen nicht gerade schön, aber die gute Absicherung und die Umgebung lohnen den Einstieg doch. Die letzten drei Seillängen durch Verschneidungen und Kamine sind sehr schön.

Einstieg: bei einem kleinen Überhang, Routenname angeschrieben.

Abstieg: im Wald weiter hoch und bald darauf auf eine Forststraße, hier links und an deren Ende auf einen Weg, der teils gesichert wieder zurück nach Maso Lizzone führt.

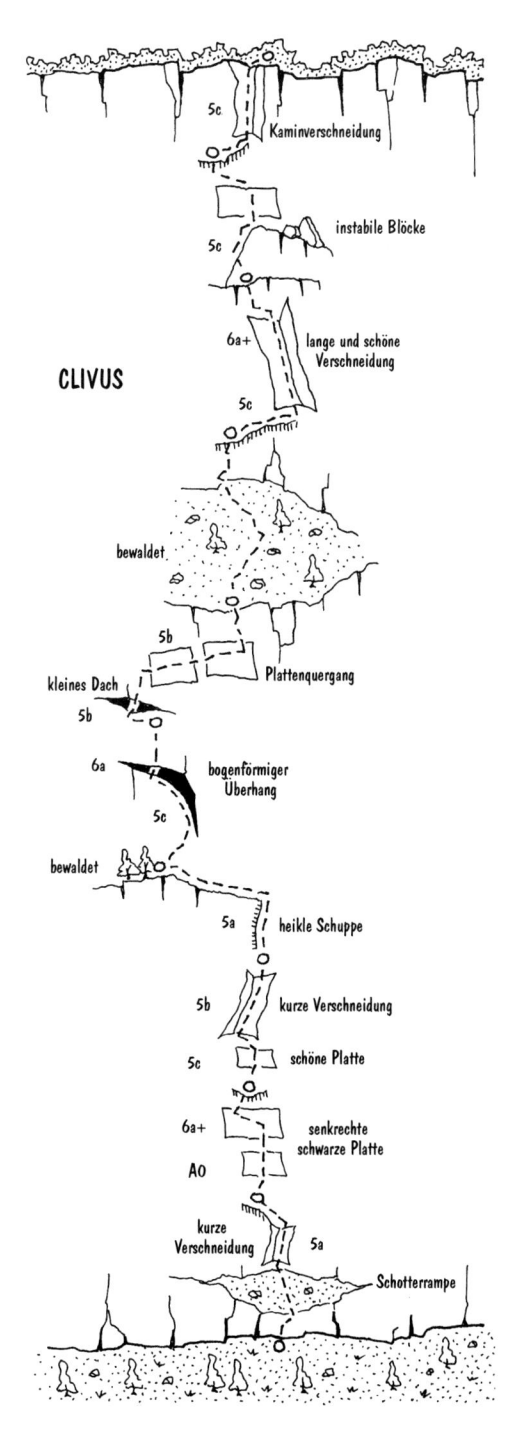

COSTE DELL'ANGLONE

CLIVUS

- 5c — Kaminverschneidung
- 5c — instabile Blöcke
- 6a+ — lange und schöne Verschneidung
- 5c
- bewaldet
- 5b — Plattenquergang
- kleines Dach / 5b
- 6a — bogenförmiger Überhang
- 5c
- bewaldet
- 5a — heikle Schuppe
- 5b — kurze Verschneidung
- 5c — schöne Platte
- 6a+ — senkrechte schwarze Platte
- A0
- kurze Verschneidung — 5a — Schotterrampe

COSTE DELL'ANGLONE

5 CODICE KAPPA ✭✭✭
M. Maceri, C. Zadra 2004
180 m. (8SL)
6b, 6c, A0 (6b obl.)/S1/II

Wunderschöne Kletterei über Platten, Überhänge, Verschneidungen und Risse in festem Fels, mit guter Absicherung und in ruhiger Umgebung.
Einstieg: über eine graue Platte am Fuß des großen roten Überhangs; Steinmännchen.
Abstieg: am besten zunächst ein Mal abseilen, dann auf dem Band zur 'Via degli Ignoranti' und über diese weiter abseilen.

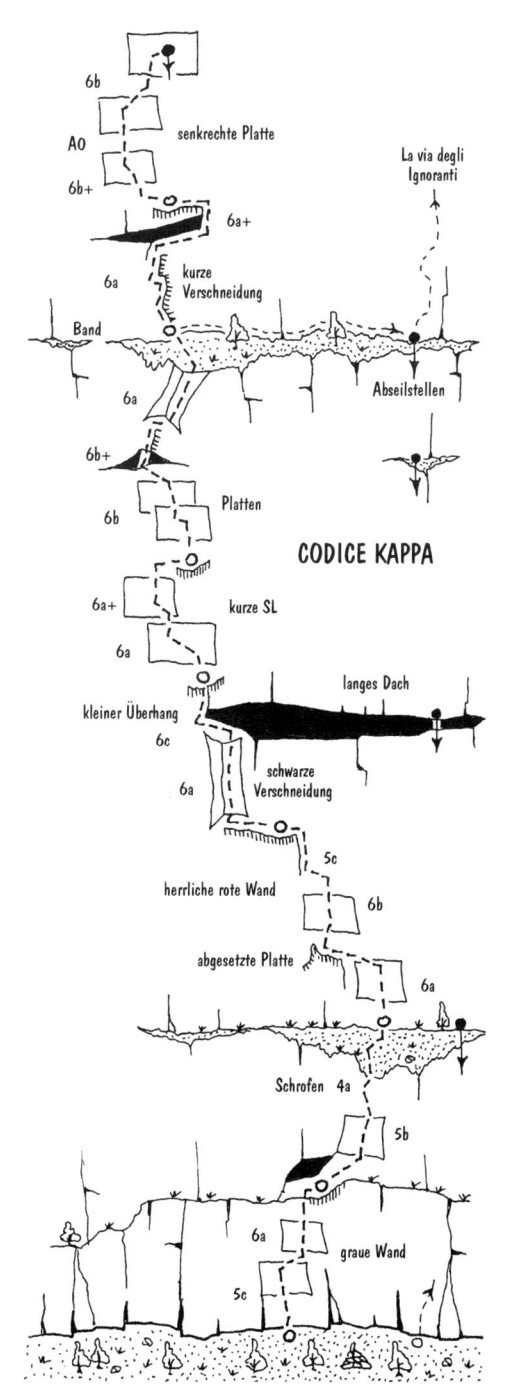

6 LA VIA DEGLI IGNORANTI ❋❋❋❋
M. Maceri, C. Zadra 2004
200 m. (8SL)
6b, 6c, passi in A0 (6b obl.)/S1/II

Stupenda arrampicata, divertente e di soddisfaAbsolut herrliche und lohnende Linie über Platten, Überhänge, Risse und Verschneidungen. Am schönsten sind die dritte Seillänge mit der überhängenden Wand und die fünfte mit der tiefen Verschneidung. Durchwegs gute Felsqualität und perfekte Absicherung.

Einstieg: wenig rechts der 'Via Codice Kappa'.
Abstieg: Abseilen über die Route, wobei manche Standplätze ausgelassen werden.

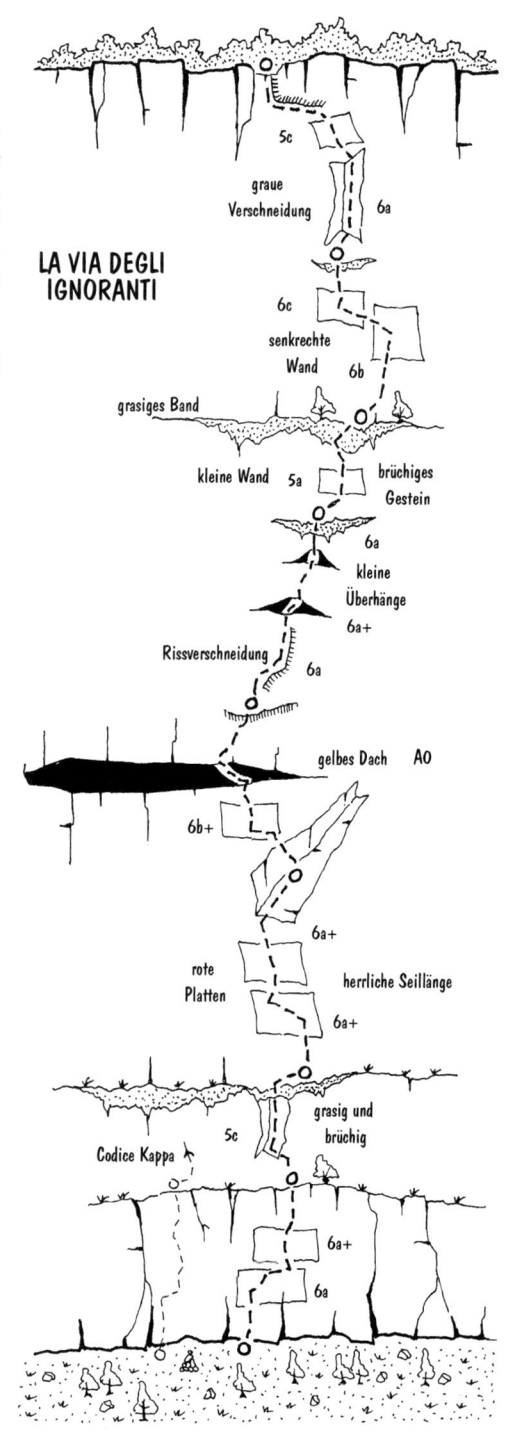

CUORE DELL'ANGLONE

Den schönsten und wichtigsten Sektor im langen Felsriegel des Anglone erkennt man gut an den vielen darüber liegenden Dächern und überhängenden gelben Platten. Alle Routen in diesem Sektor wurden von H. Grill und Gef. eröffnet, sie haben eine logische Linienführung und sind sehr lohnend.

ZUSTIEG: 30 Min.
Vom Parkplatz in Ceniga oder bei der römischen Brücke zunächst nach Maso Lizzone und dann weiter Richtung Wand. Steigspuren und Steinmännchen führen dann durch den Wald hoch bis zum Wandfuß.

ABSTIEG: 45 Min.
Vom Ausstieg der Routen im Wald weiter hoch und auf Steigspuren mit Steinmännchen bis zur Forststraße. Links auf dieser weiter und an deren Ende auf den Wanderweg, der zurück nach Maso Lizzone führt.

7 ARCHANGELO ✻✻✻✻✻
H. Grill, F. Kluckner, F. Heiss 2006
350 m. (11SL)
VI+, VII, A0/RS2/II

Eine der schönsten und herrlichsten Routen in der Umgebung von Arco und sehr empfehlenswert! Die Linie ist unglaublich logisch und bietet eine Reihe von spektakulären Seillängen. In den ersten Seillängen ist das Gestein noch etwas dreckig, aber schon bei den gelben Überhängen ist der Fels nur so übersät mit Sintern, Sanduhren und traumhaften Tropflöchern. Die Absicherung mit Normal- und Bohrhaken ist gut, aber nie plaisirmäßig, einige schwierige Passagen sind obligatorisch. Wiederholer benötigen nur Expressschlingen und einen Satz Friends. Achtet in den stark gegliederten Bereichen auf die Seilführung.
Einstieg: unterhalb einer deutlichen Verschneidung, Routenname angeschrieben.

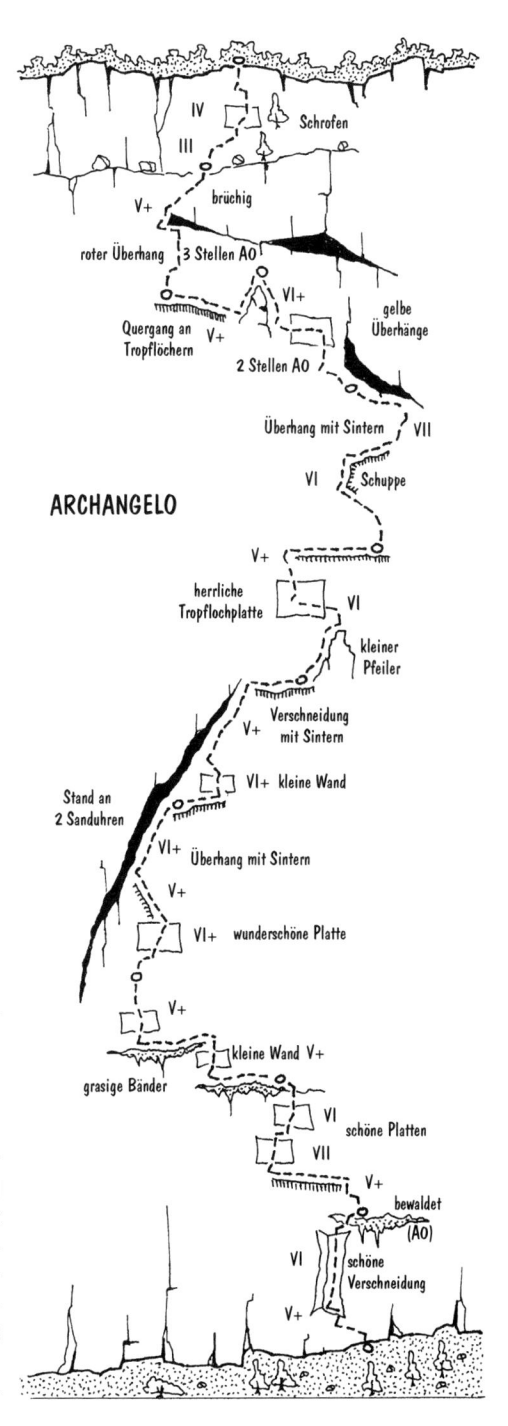

COSTE DELL'ANGLONE

8 ECSUSIAI ✹✹✹✹

H. Grill, F. Heiss, S. Konigseder 2006
350 m. (12SL)
VI, A0/RS2/II

Schöne Route mit logischer Linie in der stark gegliederten Wand. Der erste Teil führt über graue Platten und kleine Wäldchen zum zentralen, gelben Wandbereich mit kleinen Dächern und überhängenden Platten. In herrlicher Kletterei führt der Weg weiter durch den Dachgürtel und über die senkrechten und glatten Ausstiegsplatten. Zu Beginn ist der Fels noch etwas dreckig, aber ab Wandmitte perfekt. Die Absicherung mit Normal- und Bohrhaken ist zwar ausreichend, aber ein Satz Friends sollte mitgeführt werden. Es besteht die Möglichkeit, über die beiden letzten Seillängen von 'Archai' auszusteigen: sehr viel schönere Kletterei in sauberem Gestein.

Einstieg: Routenname angeschrieben

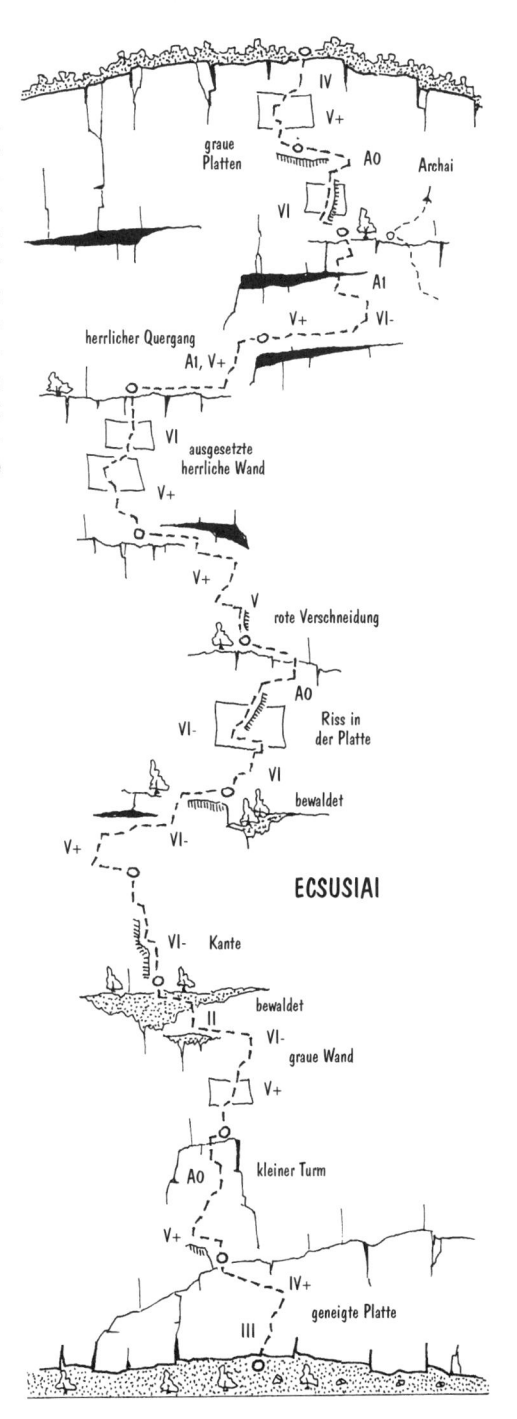

9 ARCHAI ✺✺✺
H. Grill, F. Heiss, S. Konigsedel 2006
350 m. (11SL)
VI+, A0/RS2/II

Schöne, lohnende und interessante Linie über graue, senkrechte Platten, aber auch schöne Risse und herrliche Schuppen. Weiter oben führen eine schwierige rote Verschneidung und ein ausgesetzter Quergang unterhalb eines Daches zu überhängenden gelben Wandbereichen. Die Ausstiegsplatte ist ebenfalls wunderschön. Die Route in meist festem Gestein ist mit Normal- und Bohrhaken abgesichert, aber für die Risse sind Friends nötig.

Einstieg: Routenname angeschrieben.

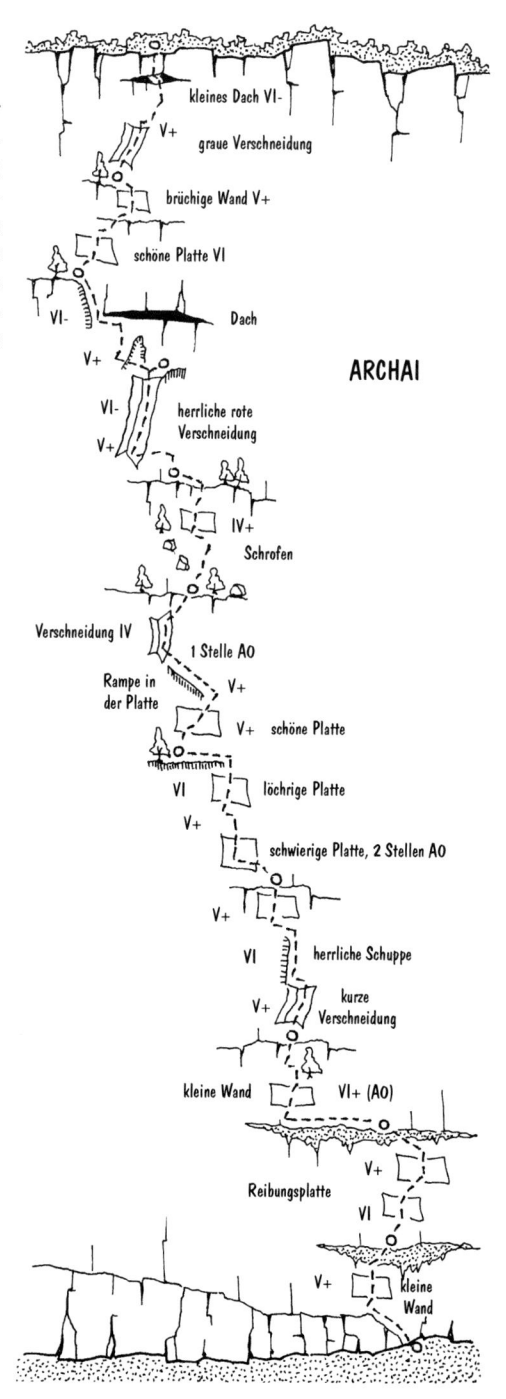

CA' DEL LISCIO

Die schöne Felswand sieht fast wie die Cima alle Coste aus, aber das Ganze en miniature: auf den breiten Wandfuß mit glatten, geneigten, grauen Platten folgt ein überhängender, gelber Wandbereich. Dieser Sektor schließt den langen Felsriegel des Anglone nach Norden ab und ist deutlich hinter dem kleinen Ort Dro zu erkennen.

ZUSTIEG: 30 Min.
Vom Parkplatz am Sportplatz von Dro auf die Forststraße und Richtung Arco. Am Kapitell rechts auf den Wanderweg („Sentiero degli Scaloni") und kurz darauf links auf einen deutlichen Pfad (gleicher Weg wie zum Klettergarten 'Pizzeria'). Jetzt lange bis unter die Wand queren und über einen steil aufsteigenden Wandsockel teilweise gesichert bis zur Wand.

ABSTIEG: 1 Std.
Vom Ausstieg der Routen durch den Wald aufwärts und bis zum Wanderweg, auf diesem nach rechts und dann zurück ins Tal.

10 SGUARAUUNDA ✲✲✲✲✲
R. Galvagni, D. Filippi 2006
300 m. (10SL)
6a, 6c (6a obl.)/S2/II

Wunderschöner Weg, sehr lohnend und abwechslungsreich. Nach den ersten beiden Seillängen über geneigte Platten führt die Route durch einen Bereich mit gelben Überhängen. In den Platten überwiegt Reibungskletterei, im oberen Bereich ist die Kletterei athletisch, aber es gibt gute Griffe. Das Gestein ist immer fest und die Absicherung gut, nur in der 4. SL sind die Haken etwas weit auseinander.
Einstieg: etwa in der Mitte der Wand, Routenname angeschrieben.

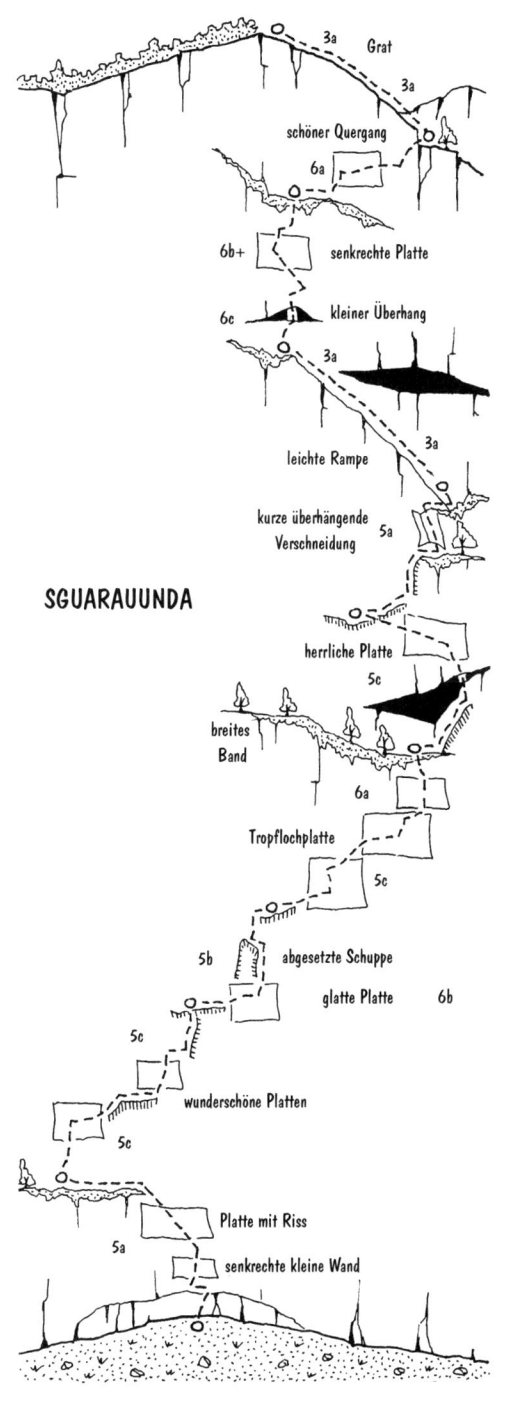

COSTE DELL'ANGLONE

SGUARAUUNDA

3a Grat
3a
schöner Quergang
6a
6b+
senkrechte Platte
6c
kleiner Überhang
3a
3a
leichte Rampe
kurze überhängende Verschneidung 5a
herrliche Platte
5c
breites Band
6a
Tropflochplatte
5c
5b
abgesetzte Schuppe
glatte Platte 6b
5c
wunderschöne Platten
5c
Platte mit Riss
5a
senkrechte kleine Wand

COSTE DELL'ANGLONE

Weitere Routen:
A- VIA DELLA LUCERTOLA: von M. Pegoretti und C. Paris. Alpine, mittlerweile in Vergessenheit geratene Route, die jedoch durchaus lohnend sein könnte. Sie verläuft über den Wandbereich links der 'Supernova'.
SL1: Über einen deutlichen Riss. V+
SL2: Rechts durch eine schöne Rissverschneidung. IV+, V*
SL3: 4 Meter nach rechts, direkt über einen Überhang, dann links zu einem Überhang und einer darauf folgenden Schuppe. Über diese zu einer Terrasse. V+, A1
SL4: 8 Meter links, dann gerade hoch und wieder links zu einem Baum. II,III
SL5-SL7: Gerade hoch über grasige kleine Wände und brüchigen Fels. IV, V

B - IL TAO E LA FISICA: S. Bailoni, G. Turco, M. Morelli 1995. Die Route führt ca. 500 m rechts der 'Supernova' über ein breites Band mit schwarzen, geneigten Platten, das, nur von zwei Bereichen mit gelben Überhängen unterbrochen, durch die gesamte Wand zieht. Der Fels ist gut, aber eine Absicherung ist kaum vorhanden.
Zustieg: Vom Parkplatz in Ceniga auf der „Strada delle Marocche" in Richtung Wand und Lizzone. Nach der Sarcabrücke rechts, nach Lizzone und noch 500 m weiter. Dann links, durch die Olivenhaine hoch und über das steile Geröllfeld zum Wandfuß. Ein in den Fels geritzter Pfeil weist auf den Einstieg hin.
SL1: Vom Einstieg in Richtung eines Feigenbaumes. Nach dem Überhang links.
SL2: Gerade hoch über zu einer gelben Wand, links daran vorbei und wieder rechts.
SL3: Rechtshaltend über leichten Fels, dann gerade hoch und über einen Überhang.
SL4: Gerade hoch über roten Fels und in einen Riss.
SL5: Über eine kleine Wand, durch eine Verschneidung und dann linkshaltend zu einem Baum.
SL6: Schräg rechtshaltend zu einem Baum, dann links durch eine Verschneidung.

Matteo Paoletto su "Sguarauunda"

MANDREA

Der lange, komplexe und gegliederte Felsgürtel ist nicht sehr hoch, weist aber eine unglaubliche Zahl von kleineren Wänden und Pfeilern jeglicher Form, Farbe und Größe auf, über die Routen in jeder Art und jedem Schwierigkeitsniveau verlaufen. Der Fels, die Natur und die Landschaft sind beeindruckend und auch im Sarcatal fast einmalig. Alle Routen sind wunderschön und lohnend, besonders die alpinen Routen gestatten wegen der relativ kurzen Länge vollen Genuss. Dieser Riegel teilt und schafft damit gleichzeitig auch zwei herrliche, grüne kleine Täler bzw. Orte: der obere und namensgebende heißt Mandrea und der untere Laghel. Der kleine nahe liegende Felsrücken des Colodri / Monte Colt und der Felsriegel namens Mandrea werden durch Laghel voneinander getrennt.

MANDREA

22 - I PILASTRI
23 - PARETE CENTRALE
24 - MANDREA NORDEN

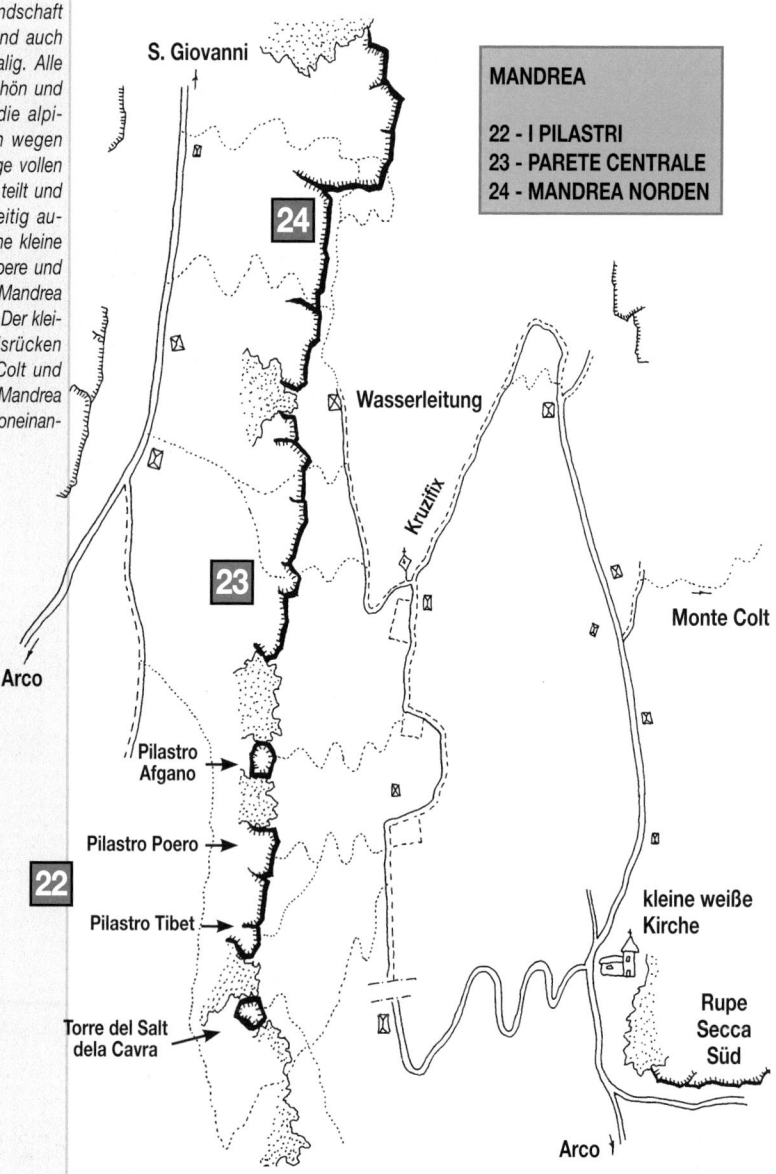

Simone Banal. "Fiore di corallo"

22 I PILASTRI

Mandrea

In Richtung Süden ist der lange Felsriegel von Mandrea zunehmend unterbrochen und wird zu einer langen Reihe von schönen, einzelstehenden Pfeilern. Viele herrliche Sportkletterrouten in bestem Fels wurden auf diesen schönen, senkrechten und kompakten Pfeilern eröffnet. Auch und gerade im Winter ist hier beste Klettersaison. Der erste Pfeiler aus südlicher Richtung heißt Torre del Salt dela Cavra. Ein sehr markantes Dach, das vom Parkplatz aus gerade so eben über den Baumgipfeln zu sehen ist, kennzeichnet diesen Pfeiler. Rechts davon liegen der Piastrino Tibet und der Pilastro Poero, die beide durch eine graue Felswand verbunden sind. Weiter nördlich ragt aus dem Wald der unverwechselbare Pilastro Afghano mit seinen kompakten grauen Wänden heraus.

ZUSTIEG: 30 Min.
Von Arco mit dem Auto nach Laghel und nach einer Kehre in den Olivenhainen, bei der kleinen Kirche, links auf eine steile, kleine Straße. Die Straße wird bald zu einem Schotterweg, kurz darauf parkt man bei einer Rechtskurve. Von hier auf Pfadspuren zum „Pilastrino Tibet" oder zum „Pilastro Poero". Zum „Torre del salt dela Cavra" auf der Straße zurück und bei einem Wegweiser des Alpenvereins auf den Wanderweg. Diesem folgt man bis zur ersten Abzweigung und steigt dann steil hoch in den Wald. Zum „Pilastro Afghano" geht man auf der Schotterstraße weiter, folgt dann bei einer Rechtskurve Pfadspuren in den Wald und steigt steil über Geröllfelder zum Fuß des Pfeilers hoch.

ABSTIEG: 20 Min.
Abseilen über die Routen

1	DIRETTA	70 m.
2	CAPRICORN DAY	70 m.
3	MONSUL	70 m.
4	IL POPOLO DEL SOLE	70 m.
5	FANTAGHIRO'	100 m.
6	MARAMAO	100 m.
7	SPIT TANARDO	100 m.
8	NESSUNO NASCE IMPARATO	120 m.
9	LE LUNE DI PAOLA	100 m.
10	LIBERTY	100 m.

MANDREA - I PILASTRI

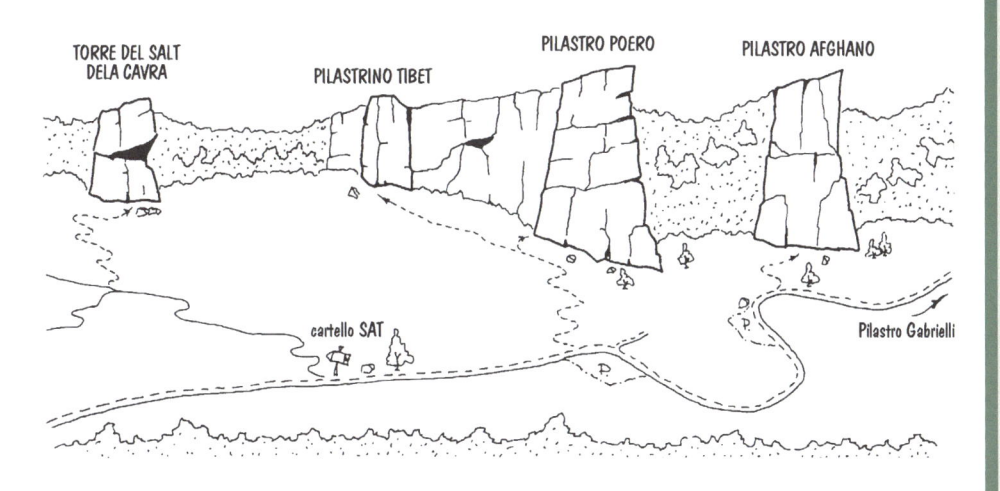

TORRE DEL SALT DELA CAVRA
PILASTRINO TIBET
PILASTRO POERO
PILASTRO AFGHANO
cartello SAT
Pilastro Gabrielli

MANDREA

1 DIRETTA ✻✻
U. Ischia, F. Calzà 1975
70 m. (2SL)
V, A2/R1/I
Kurze, technische Kletterei, die bestens als Einstieg in diese Art Klettern geeignet ist. Die Route folgt einer Risslinie an der Turmkante. Vorsicht: einige sehr alte Haken!
Einstieg: in Falllinie des großen Daches, Haken sind sichtbar.

2 CAPRICORN' DAY ✻✻✻✻
S. Bazzanella, D. Filippi 1999
70 m. (2SL)
VI, A2/R1/I
Das ca. 6 m überstehende Dach ist perfekt für das Training geeignet. Die 2. SL führt mit schönen Bewegungen über eine graue Platte. Mit der vorhergehenden Route gut an einem Tag zu schaffen.
Einstieg: in Falllinie des Daches.

3 MONSUL ✻✻✻✻✻
S. Bazzanella - in solitaria autoassicurata - 1995
70 m. (2SL)
6b+ (5c obl.)/S1/I
Schöne, logische und elegante Linie mit einer Einstiegsplatte, Rissen und einer langen Verschneidung, die sehr athletisch und lohnend ist.
Einstieg: auf der ganz linken Seite der Wand erkennt man die deutliche graue Verschneidung. Direkt unterhalb dieser steigt man über eine Platte ein (wenige Meter rechts davon steht „Il popolo del Sole" angeschrieben).

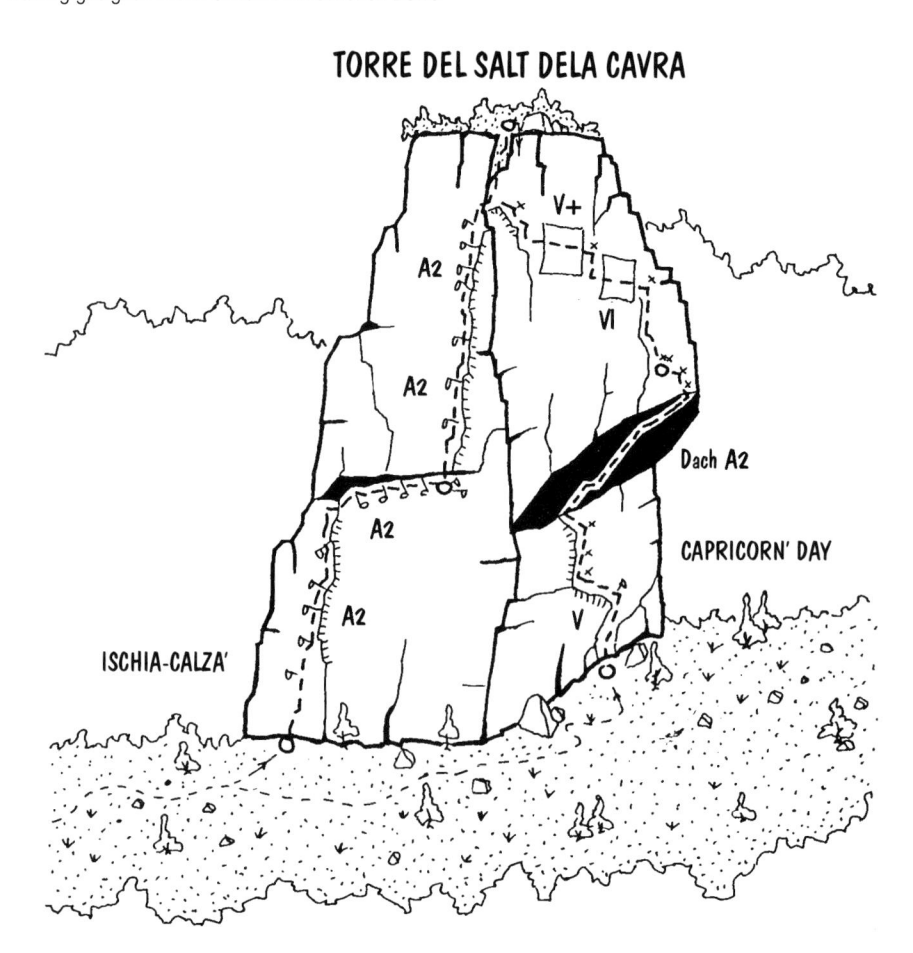

TORRE DEL SALT DELA CAVRA

4 IL POPOLO DEL SOLE ✼✼✼
S. Bailoni 1994
70 m. (3SL)
7b (6a obl.)/S1/I
Schwierige Reibungs- und Plattenkletterei. Die beiden ersten Seillängen sind sehr schön und lohnend, die dritte SL ist sehr technisch und ausdauernd.
Einstieg: auf der ganz linken Seite der Wand, Routenname angeschrieben.

5 FANTAGHIRO' ✼
Sicherlich die mysteriöseste Route im Sarcatal... Am Einstieg wurde ist ein sehr schönes Schildchen angebracht, was auch uns „verführte". Am Stand der 2. SL angelangt, fanden wir ein Wandbuch, in dem das Ende der Sicherungsarbeiten mit Datum fixiert war. Was wir aber vorfanden, war alles andere als eine fertig eingerichtete Route (so schien es uns zumindest). Denn die folgende überhängende Verschneidung konnten wir nur mit Hilfe der Klemmkeile und Haken, die wir zum Glück dabei hatten, überwinden. Dann führte uns eine leichte, mit Bohrhaken eingerichtete Seillänge bis zum Ausstieg in den Wald. Ich weiß bis heute nicht, ob noch eine weitere Absicherung erfolgte oder die Sicherungsarbeiten damit wirklich beendet waren. Wenn dem so ist, dann ist die Route wirklich ein „alternativer" Weg. Im Topo sind deshalb auch noch keine Schwierigkeitsgrade angegeben.
Beschreibung:
SL1: Senkrechte Platte, abgesichert mit Bohrhaken und Sanduhrschlingen. 30 m. 5c/6a.
SL2: Senkrechte, schwierige Tropflochplatte, kaum abgesichert (Normalhaken).30 m. VII+
SL3: Überhängende Verschneidung, Haken und Keile notwendig. 20 m. A2,A3
SL4: Leichte senkrechte Platte, viele Bohrhaken. 30 m. 5a

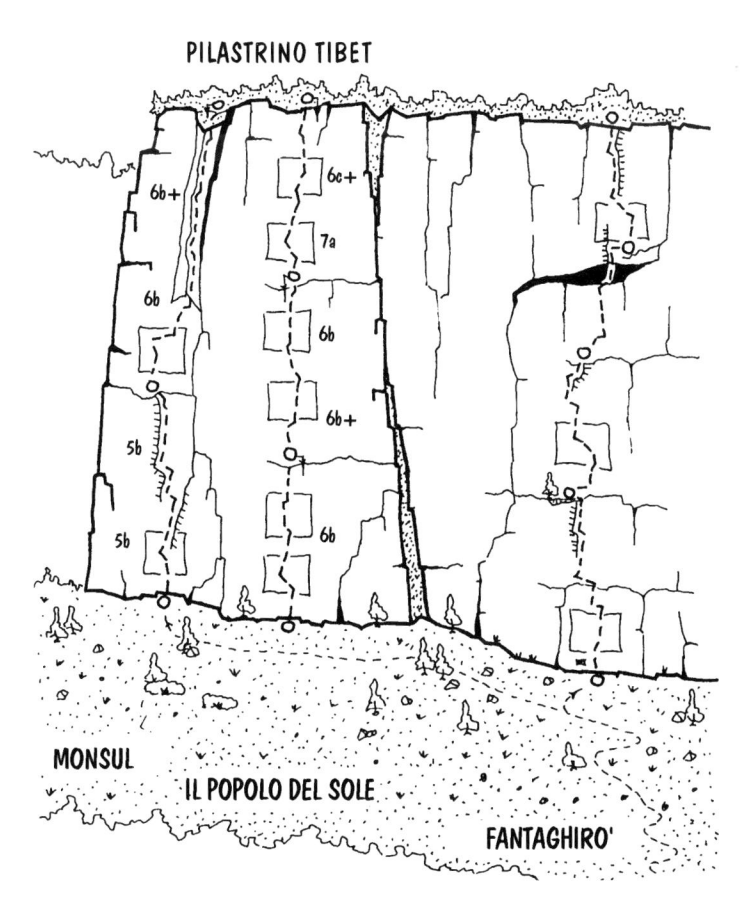

6 MARAMAO ✸✸✸✸
D. Sebastiani, F. Leoni
100 m. (4SL)
6c+ (6a obl.)/S2/I
IDie ursprünglich äußerst ernsthafte, beinahe alpine Route wurde von unten eröffnet, nur ganz wenige Haken konnten wegen des kompakten Gesteins gesetzt werden. Nach der umfassenden Sanierung mit Bohrhaken ist sie heute „nur" noch eine von vielen anderen Sportkletterrouten im Sarcatal.
Einstieg: auf der linken Seite des Pilastro Poero zunächst über einen grasigen, schrofigen Wandsockel bis zu einem kleinen Dach. Einstieg rechts des Daches in einen kleinen Riss.

7 SPIT TANARDO ✸✸✸
M. Faletti 1997
100 m. (4SL)
7a (6c obl.)/S2/I
Schwierige Route in zuerst etwas brüchigem, dann gutem Gestein. Manchmal etwas weite Hakenabstände.
Einstieg: wie bei 'Maramo' über den Wandsockel, am Einstieg vorbei und und abwärts bis unter die ersten Haken.

8 NESSUNO NASCE IMPARATO ✸✸✸✸
M. Faletti 1997
120 m. (6SL)
7c (7a obl.)/S2/I
Wie 'Spit Tanardo'.
Einstieg: am rechten Rand des Pfeilers.

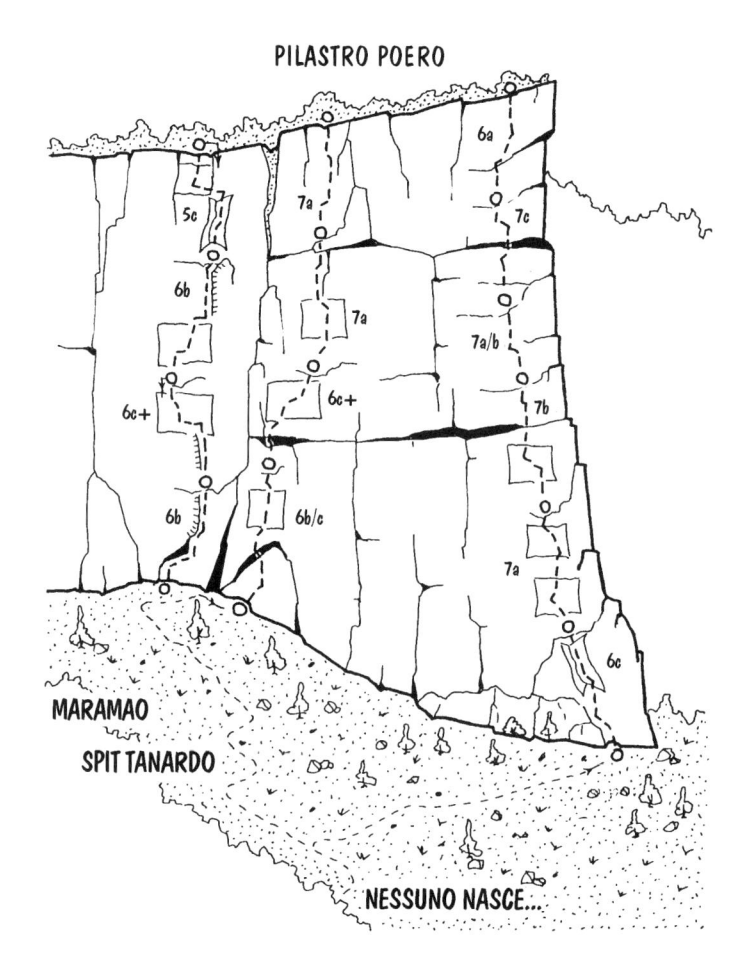

9 LE LUNE DI PAOLA ✻✻✻✻✻
R. Galvagni 1994
100 m. (5SL)
6c (6a obl.)/S1/I
Auch hier war Roland Galvagni am Werk: herrliche Platten-/Reibungskletterei, vor allem in der 1. und 3. Seillänge.
Einstieg: unmittelbar rechts einer Nische.

10 LIBERTY ✻✻✻
O. Oprandi e Compagni 1994
100 m. (4SL)
7b (6c obl.)/S1/I
Technisch sehr schwierige Plattenkletterei mit sehr entschlossen anzugehenden Passagen.
Einstieg: wenig rechts von 'Le lune di Paola'.

PILASTRO AFGHANO

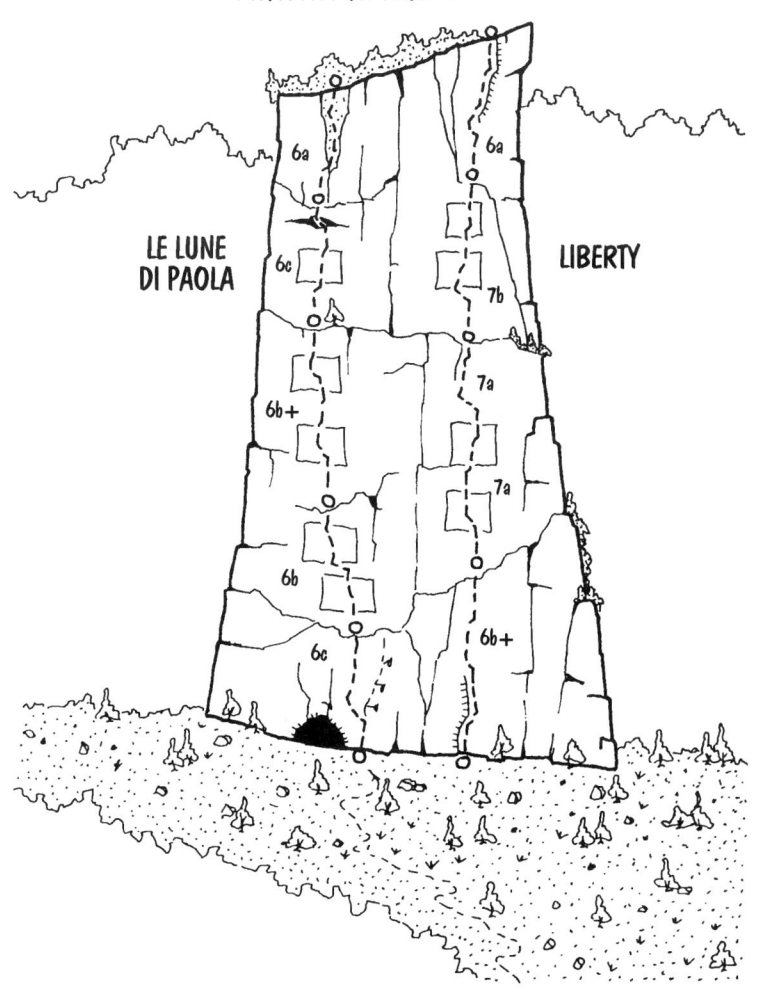

LE LUNE DI PAOLA   LIBERTY

23 ZENTRALER SEKTOR

Mandrea

Senkrechte Pfeiler, tiefe Kamine und breite Überhänge kennzeichnen diese herrliche Wand mit den vielen Farben und Formen. Die meisten der Routen sind als alpin zu bezeichnen, zwar nicht unbedingt wegen ihrer Länge, aber vor allem wegen ihrer generellen Schwierigkeiten, und verlaufen in meist festem Gestein durch Verschneidungen und Risse. Die erste in dieser Wand eröffnete Route war 'Via delle Fontane', die berühmteste ist sicherlich 'Pilastro Gabrielli'.

ZUSTIEG: 15 Min.
Von Arco mit dem Auto nach Laghel und nach einer Kehre in den Olivenhainen, bei der kleinen Kirche, links auf eine steile, kleine Straße. Die Straße wird bald zu einem Schotterweg, man fährt unterhalb der verschiedenen Pfeiler vorbei fast bis zum Ende bei einem Kruzifix und parkt auf der linken Seite. Bitte kein Privatgelände zuparken. Auf der Straße zu Fuß in Richtung der Felswände weiter und kurz durch den Wald zu den Einstiegen.

ABSTIEG: 1 Std. 30 Min.
Vom Ausstieg der Routen durch den Wald abwärts bis zu einer Asphaltstraße. Auf ihr in Richtung Süden bzw. Arco ca. 200m weiter. Jetzt links auf einen Pfad, der zu einer weiteren Abzweigung führt, hier wieder links und auf dem schönen Wanderweg bis zur Schotterstraße bzw. dem Parkplatz.

11	MOLLA TUTTO	200 m.	
12	GENGIZ KAHN	250 m.	
13	I MUST GO ON	250 m.	
14	ZERO NEGATIVO	350 m.	
15	PILASTRO GABRIELLI	250 m.	
16	BLACK HOLE	250 m.	
17	OMBRE ROSSE	300 m.	
18	VIA DELL'OBLIQUO	400 m.	
19	OXYGEN	300 m.	
20	EXCALIBUR	300 m.	
21	VIA DELLE FONTANE	300 m.	
22	PAGLIACCIO RIDI	300 m.	
23	ATTIMI DI LUCIDA FOLLIA	300 m.	
24	ROSMAU	350 m.	
25	SULLE ALI DELLA LIBELLULA	300 m.	

MANDREA - PARETE CENTRALE

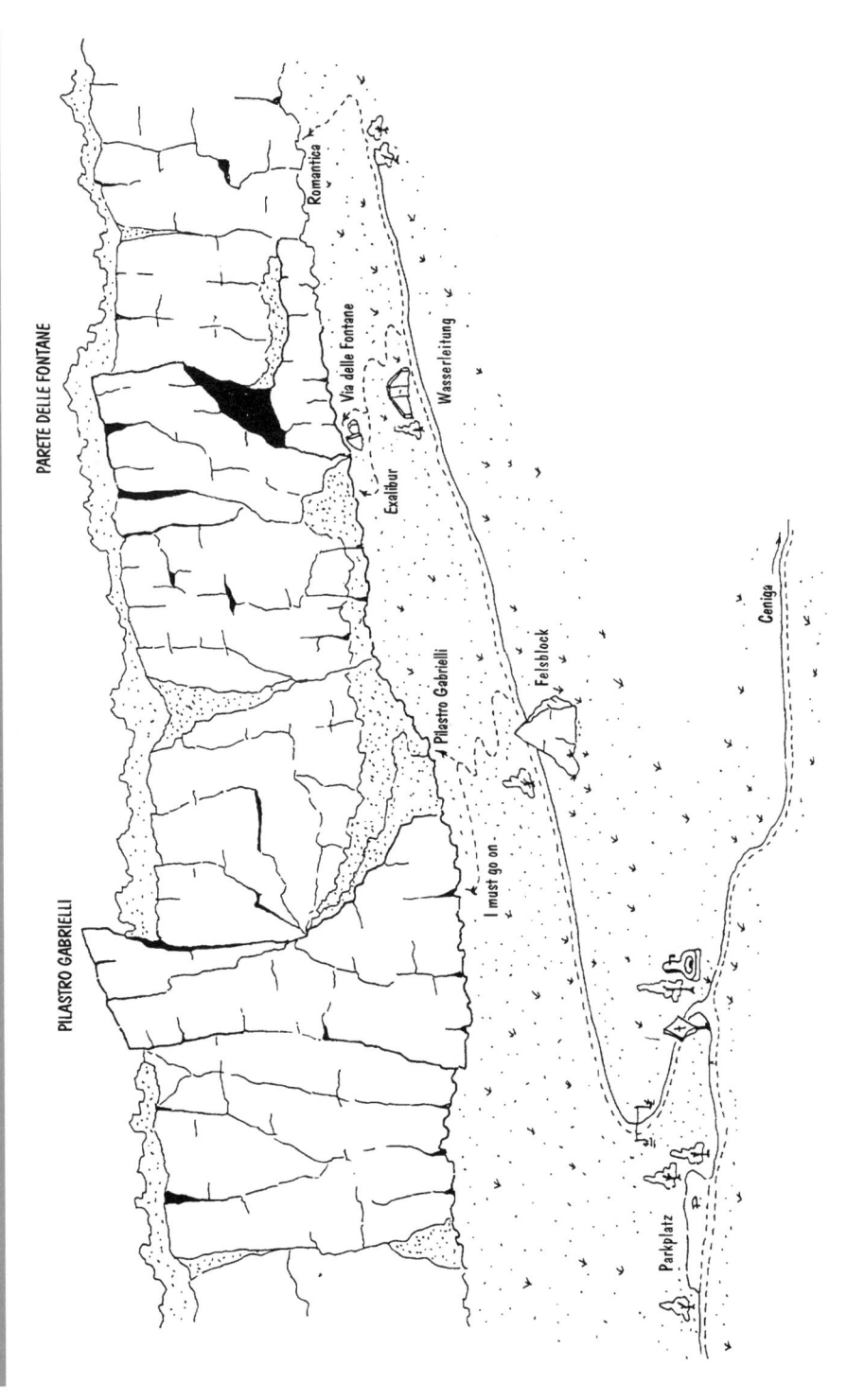

PARETE DELLE FONTANE

PILASTRO GABRIELLI

Romantica
Via delle Fontane
Exalibur
Wasserleitung
Pilastro Gabrielli
Felsblock
I must go on -
Ceniga
Parkplatz

MANDREA

MANDREA

11 MOLLA TUTTO ❄❄❄❄

G. Mantovani, M. Zanoni 2003
200 m. (6SL)
6c, A0 (6a obl.)/S1/II

Die schöne und lohnende Route führt durch die steilen, grauen Plattenwände links des Pilastro Gabrielli. Eine fast ununterbrochene Reihe von Rissen und Verschneidungen führt durch diesen Bereich. Eine sehr ausgesetzte und charakteristische A0- Passage, die wohl schwer frei zu klettern ist, kennzeichnet die 3. Seillänge, nach der man die Ausstiegsrisse erreicht. Die Absicherung und der Fels sind durchwegs perfekt. Vom Ausstieg quert man auf Pfadspuren nach rechts bis man das Ende der Felswand erreicht.

Einstieg: vom Parkplatz zum Einstieg der Route 'Pilastro Gabrielli' und links zum Wandfuß queren, an den Einstiegen zu weiteren Routen vorbei, über einen schrofigen Wandsockel hoch und leicht rechts queren bis zum kleinen Schild, das den Einstieg bezeichnet.

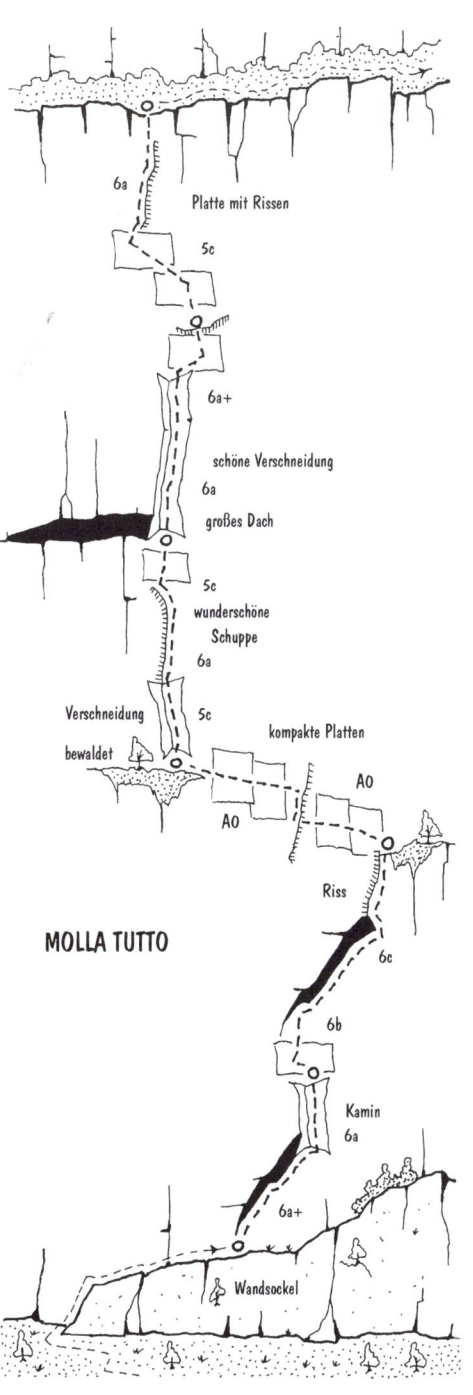

Sabrina Bazzanella

MANDREA

12 GENGHIZ KAHN ❄❄❄❄
M. Giordani, R. Manfrini, F. Zenatti 1985
250 m. (8SL)
VII,VIII/R3/III

Über die kompakte, senkrechte Wandtafel führt der erste Teil der schwierigen Route, die hier wegen der hohen Schwierigkeitsgrade und der Absicherung eher Sportklettercharakter hat. Die Hakenabstände sind aber eher weit und der Grad 7a sollte zwingend beherrscht werden, damit die Route ein Genuss wird. Der zweite Teil der Route verläuft über Risse, die den Pilastro Gabrielli links begrenzen, und ist mit den wenigen, geschlagenen Haken sehr alpin angehaucht. Wer alpin und sportklettermäßig erfahren ist, wird hier viel Freude haben.
Einstieg: in Falllinie des Pilastro Gabrielli. Die ersten Haken sind weiter oben zu sehen.

12a VARIANTE ZENATTI-CELVA ❄❄
F. Zenatti, L. Celva 1993
100 m.
7c+, 8a (7b obl.)/S2/II

„Diese Variante, die sehr ästhetisch und elegant ist, konnte ich als Erster frei begehen. Die Hakenabstände sind sehr nah, weshalb der Grad 8a nicht obligatorisch ist". (R. Larcher)

Eigentlich die logische Verlängerung der Einstiegslängen von 'Genghiz Khan', schwierig und gut abgesichert, bis zum Pfeilergipfel. Einstieg auch vom 1. Stand von 'Pilastro Gabrielli' möglich.

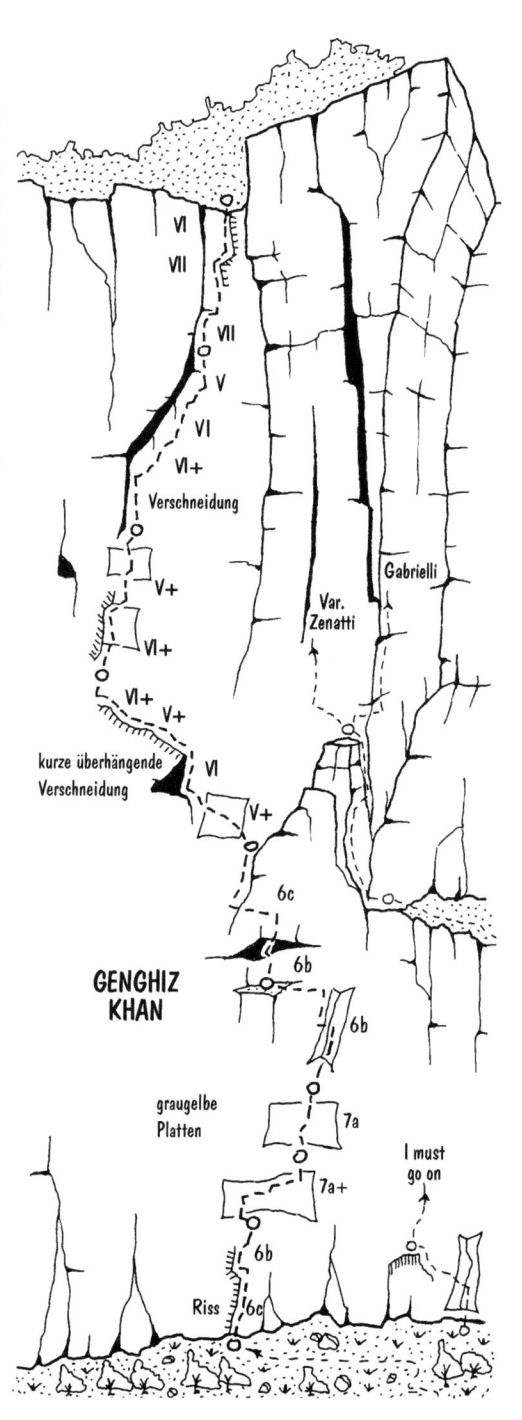

13 I MUST GO ON ✪✪✪✪✪
S. Scalet, M. Canteri 1995
250 m. (8SL)
VI+, A3+/R3/III

Sehr lohnende und herrliche Route mit freier und teils extrem technischer Kletterei. Die Schlüsselpassage mit einem brüchigen und überhängenden Riss ist in der 5. SL, hier sind viele Klemmkeile und Friends notwendig. In der vorletzten Seillänge fordert eine weitere technisch zu kletternde Passage eiserne Nerven und viel Erfahrung. Die Route in meist festem Fels ist ziemlich ausgesetzt, gut abgesichert und lohnt sich vor allem für die Liebhaber von Techno-Routen (1. Wiederholung: D. Fillippi und M. Loss in 8 Std.).

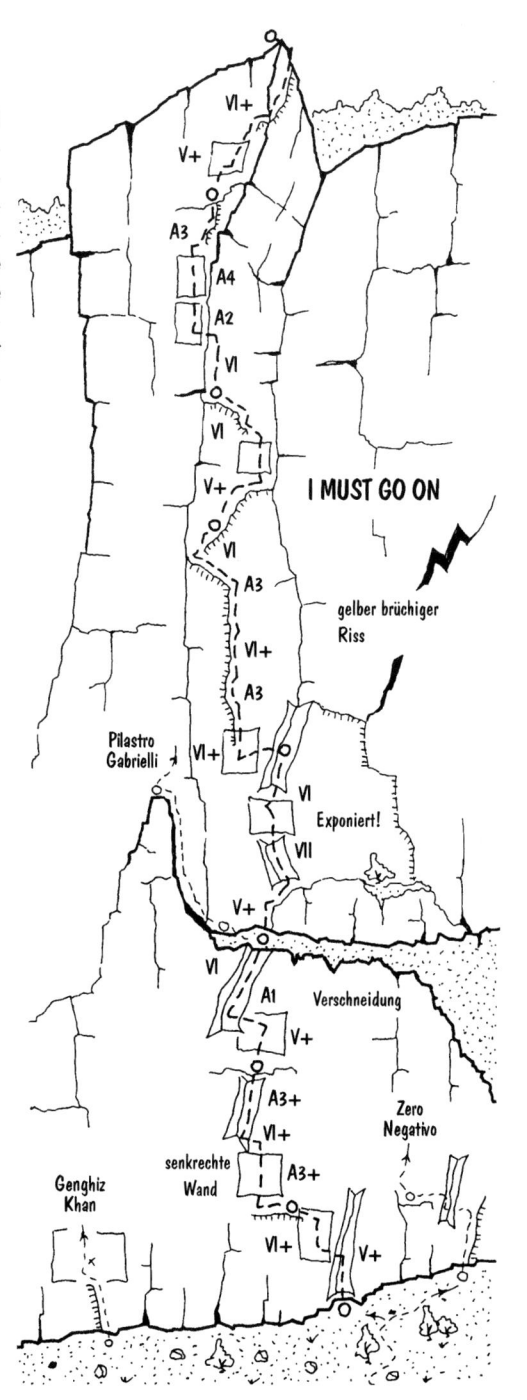

14 ZERO NEGATIVO ✶✶✶✶✶
S. Bazzanella, D. Filippi 1999
350 m. (12SL)
VII, A4/R3/III

Die spektakuläre Route führt mit einem herrlichen Quergang durch die große rote Plattenflucht. Die Linie folgt der schrägen Verschneidung zur roten Platte und dem breiten waagrechten Dach, meist herrscht technische Kletterei vor, aber auch schwierige, frei zu kletternde Passagen sind zu finden. Die lange Traverse unter dem Dach gelingt nur mit Cliffs in gebohrten Löchern, einige Haken machen die Passage aber sicherer. Nach dieser Querung verlaufen die wenigen restlichen Ausstiegslängen über grasbedeckte kurze Wände und durch Verschneidungen. Die graue Platte im ersten Teil der Route erklettert man technisch mit schönen Bewegungen an gebohrten Haken, aber auch schwierig mit sehr heiklen Passagen an Cliffs. Für die Dachtraverse benötigt man 4 bis 5 Cliffs für 6mm-Bohrlöcher und einige kleine Keile, die mit den Drahtschlingen um die Bohrhakenstifte gelegt werden können.

Einstieg: in Falllinie der Route 'Pilastro Gabrielli', wenig rechts von 'I must go on', bei einem Riss und einer roten Schuppe.

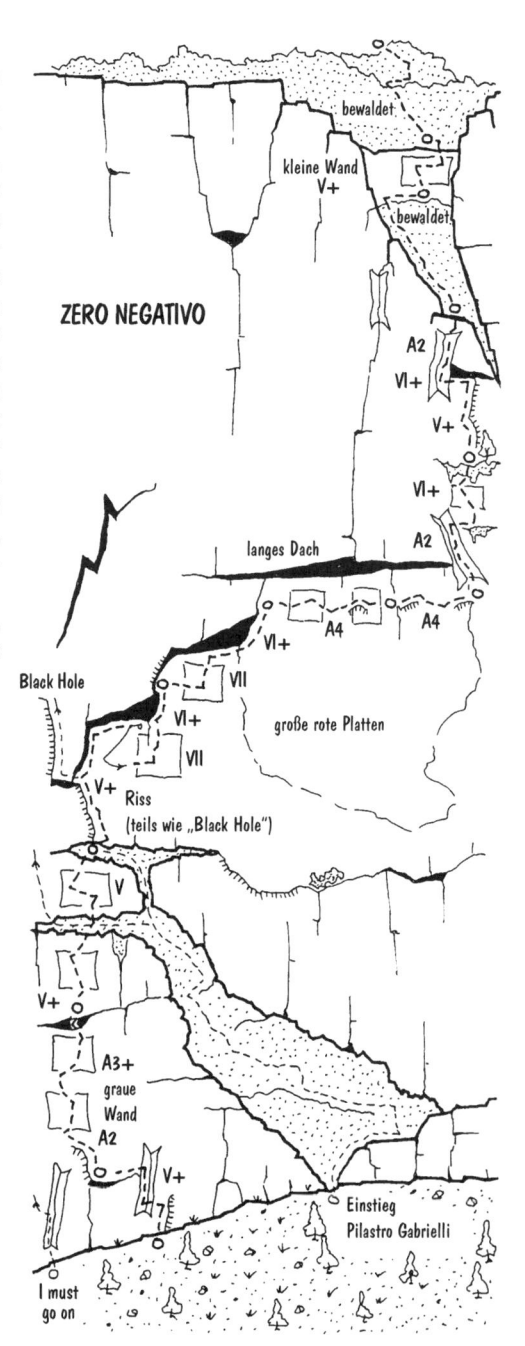

15 PILASTRO GABRIELLI ❀❀❀❀❀
G. Stenghel, G. Vaccari 1978
250 m. (5SL)
V+, VI/R3/III

Ein Klassiker, nicht nur dieser Wand, sondern des ganzen Tals. Eine unglaubliche Reihe von perfekten und schmalen Verschneidungen läuft an der Pfeilerkante entlang und genau darüber führt diese absolut logische Linie. Nach einem grasigen Sockel folgen die ersten beiden Seillängen, die immer noch etwas schrofig sind und Vorsicht erfordern. Danach wird das Gestein zwar viel fester, aber die unzähligen Wiederholer haben vor allem in den roten Verschneidungen den Fels glattpoliert. Deshalb und auch wegen der schlechten Absicherung ist diese Passage nicht unbedingt ein Genuss. Die letzte Verschneidung hingegen ist das genaue Gegenteil: griffiger Fels, athletische Kletterei, wunderschön und sehr lohnend.

Einstieg: Unterhalb des 'Pilastro Gabrielli' nach rechts bis zu einer Rampe queren. Über diese Grasrampe hoch und gleich darauf mit Hilfe eines Fixseils über eine kleine plattige Stelle. Jetzt über den ganzen Vorbau bis zu einer grauen Verschneidung (ca. 100 m) und dann links queren bis zu einer weiteren Rampe, die bis zur Pfeilerkante führt.

Elisa Erani

16 BLACK HOLE ✻✻✻✻✻
G. Stenghel, M. Giordani 1979
250 (7SL)
V+, VI/R3/III

Sehr lohnende Riss- und Verschneidungskletterei, die durch die deutlich sichtbare Verschneidung rechts des Pfeilers führt. Leider ist die Absicherung nicht gerade gut und der Fels etwas brüchig. Dennoch ist die Route wegen der daraus resultierenden alpinen Erfahrung sehr empfehlenswert. Die Schuppenpassagen in den ersten Seillängen sind einfach wunderschön.

Einstieg: wie bei 'Pilastro Gabrielli' über die Rampe und bis zu der grauen Verschneidung. Durch diese aufwärts (kurze Stelle V) und bis zu einem bequemen Band. Einstieg rechts bei einem herrlichen Riss.

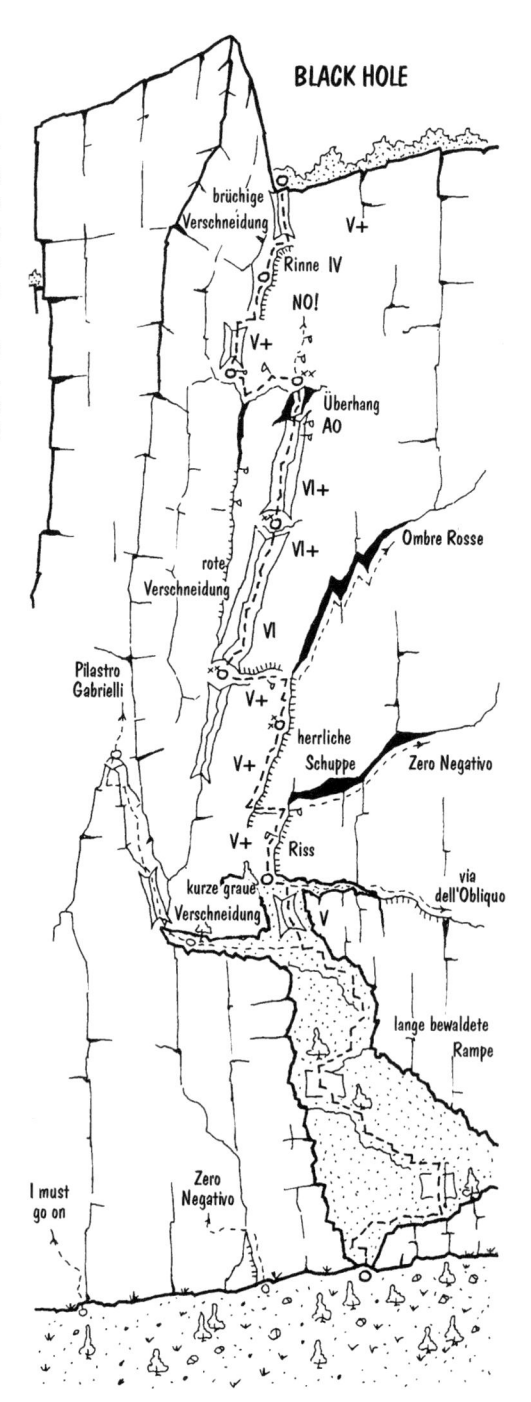

17 OMBRE ROSSE ✵✵✵✵✵
M. Giordani, G. Manica, R. Manfrini 1984
300 m. (8SL)
VI+, VII+/R3/III

Elegante, spektakuläre, aber auch sehr harte Route, die mit logischer Linienführung, freier Kletterei und wenigen Haken über die Platten rechts der 'Gabrielli' zieht. Einer ersten und schwierigen Verschneidung zur Wandmitte folgen eine spektakuläre Plattentraverse und weitere schwierige Verschneidungspassagen, bevor die Route etwas leichter wird. Nur in den letzten Seillängen ist der Fels etwas brüchig, zur zusätzlichen Absicherung benötigt man Klemmkeile und Friends.

Einstieg: wie bei 'Black Hole', erste SL gemeinsam, dann gerade hoch und durch eine überhängende Verschneidung.

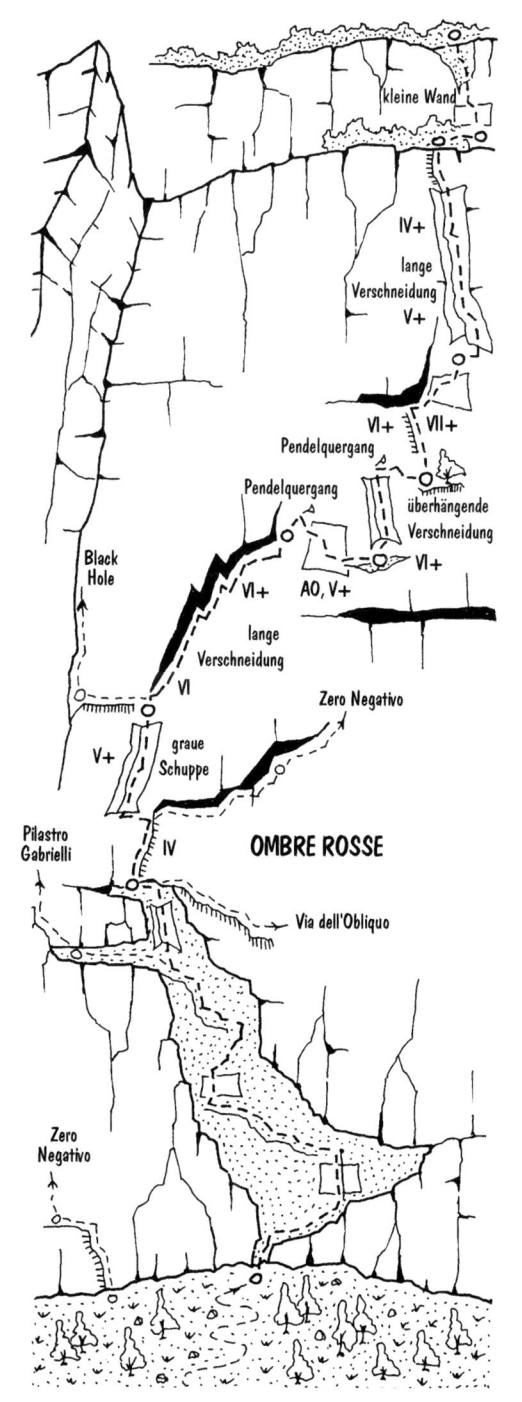

18 VIA DELL'OBLIQUO ❀❀❀❀
M. Giordani, F. Zenatti 1981
400 m. (10SL)
IV, V/R3/III

Die sehr eigene Linienführung kennzeichnet diese Route. Sie verläuft über einen langen, fast horizontalen Riss, der die Wand rechts des Pilastro Gabrielli, zwischen dem Grassockel und der riesigen gelben Wandtafel, teilt. Auch wenn viele grasige Abschnitte den Gesamteindruck etwas trüben, so lohnt allein die lange, spektakuläre und ausgesetzte Traverse doch eine Wiederholung.

Einstieg: wie bei 'Black Hole' zum bequemen Band. Über grasige Abschnitte und buschbestandene Bereiche queren, dann etwas absteigen und bis zum Einstieg bei einem schräg verlaufenden Riss.

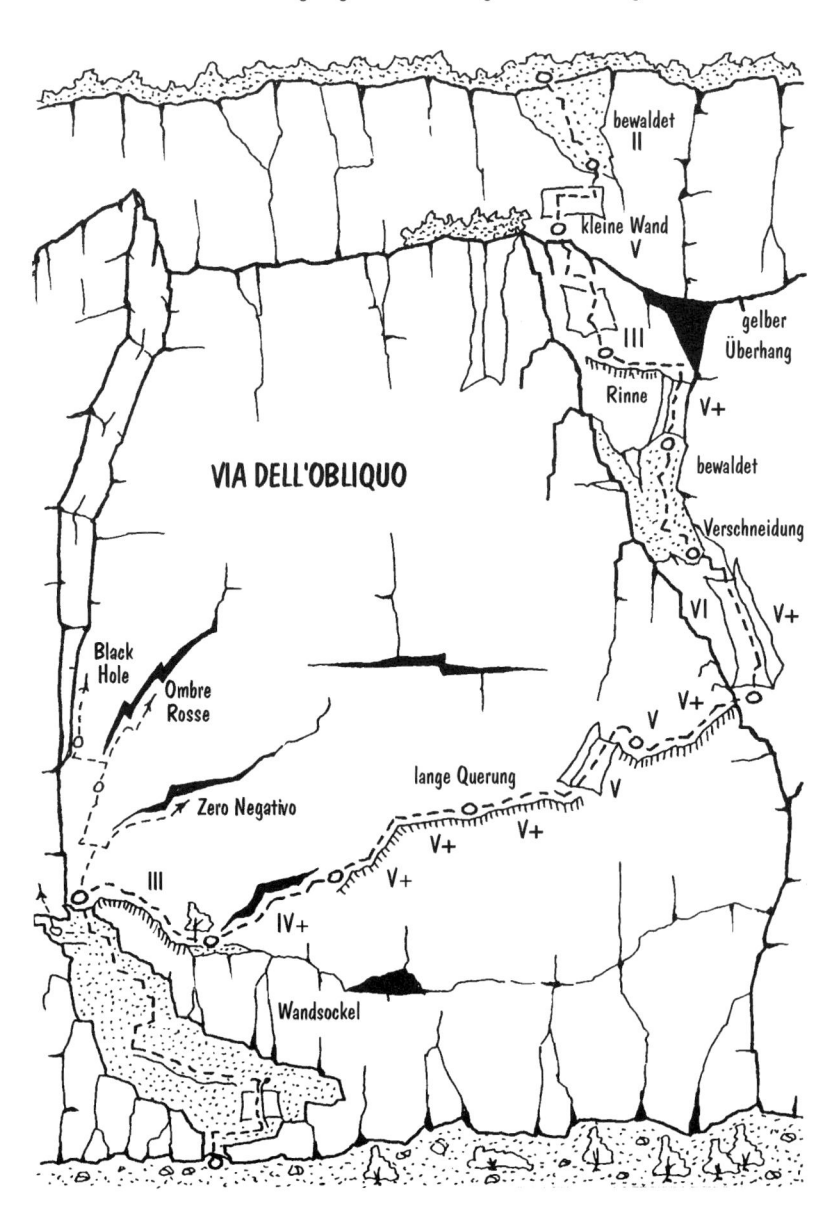

19 OXYGEN ✱✱✱✱✱
I. Maghella, D. Bonaglia 2004
300 m. (8SL)
6c, 7a, passi in A0 (6c obb.)/S2/II

Außergewöhnlich schöne Freikletterroute, sehr empfehlenswert, eine der schönsten im Sektor Mandrea. Sie verläuft meist über Platten, in denen auch oft wunderschöne Tropflöcher zu finden sind. Absolut herrlich sind die 4. und 5. Seillänge mit technisch schwieriger Reibungskletterei. In der 6. SL ist die Anfangspassage sehr hart, dann folgen viele Zangengriffe. Achtung: die Ausstiegs-seillänge mit dem überhängenden Riss ist nicht abgesichert. Wiederholer benötigen mindesten 17 Expressschlingen und einige mittlere bis große Friends. Ein Cliff kann in der ersten SL hilfreich sein.

Einstieg: etwa 50 m rechts von 'Pilastro Gabrielli', kleines Schild am Baum.

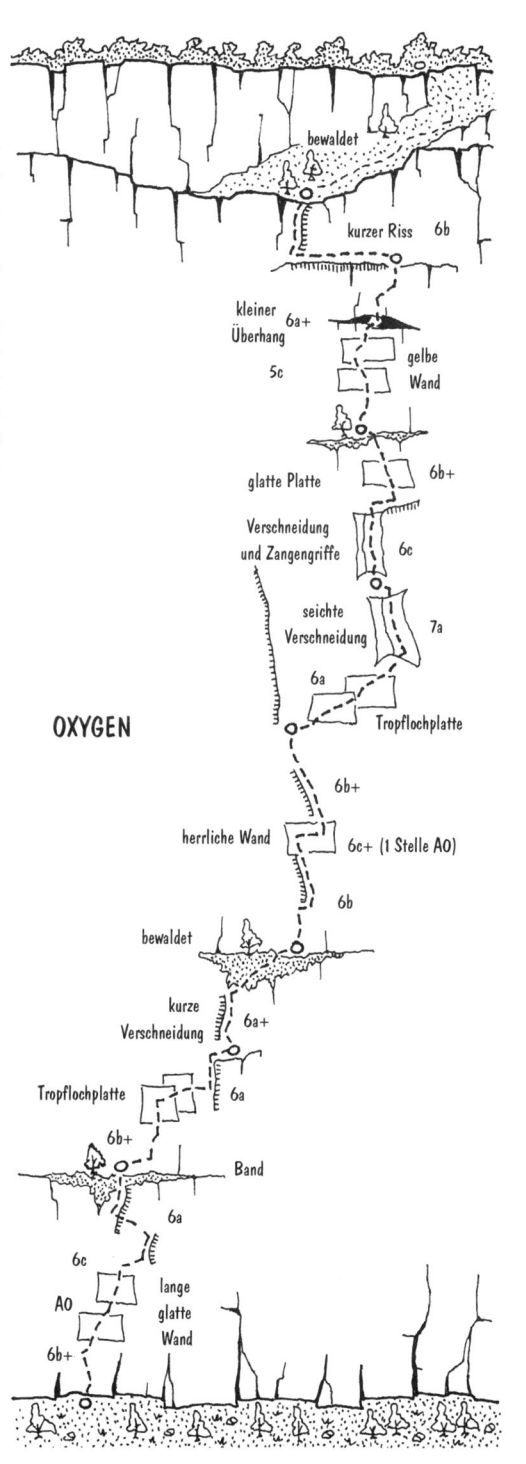

20 EXCALIBUR ✹✹✹✹✹
T. Quecchia, F. Prati 1992
300 m. (11SL)
VI+, A2/R3/III

Die schöne und lohnende Route folgt einem senkrechten Pfeiler rechts der Ausstiegsrinne der 'Via dell' Obliquo'. Die Absicherung mit Bohr- und Normalhaken ist zwar ausreichend, sollte aber noch mit Keilen oder Friends verbessert werden. Im Allgemeinen festes Gestein, manchmal sogar sehr schöner Tropflochfels.

Zustieg: unterhalb des dreieckigen Überhangs liegt hinter zwei großen Blöcken versteckt eine rote Verschneidung. Noch weiter links führt eine Grasrampe zu einem mit Bäumchen bestandenen Band. Auf diesem Band ganz nach links. Einstieg unterhalb eines kleinen Daches, das man dann rechts in Richtung großer Schuppen umgeht.

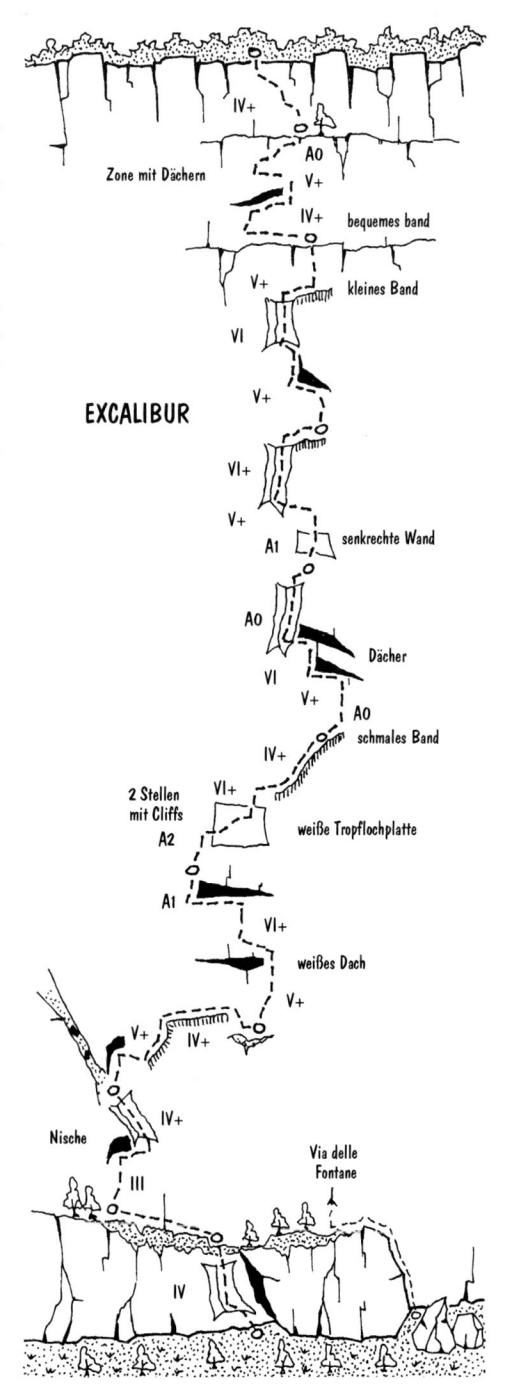

21 VIA DELLE FONTANE ✯✯✯✯✯
M. Ischia, U. Ischia, F. Calzà 1975
300 m. (8SL)
V+, A0/R3/III

Sehr klassische alpine Route, mit die älteste im Sarcatal. Sie führt durch einen von großen Blöcken verstellten Kamin, der nur im Ausstiegsbereich etwas brüchiger ist. Die Absicherung ist durchwegs gut. Meiner Meinung nach eine absolute Perle und wegen der Umgebung sehr empfehlenswert.
Einstieg: fast in Falllinie des dreieckigen Überhangs, aber etwas weiter links, in eine große rote Verschneidung.

21a VARIANTE KLIF KLOF ✯✯✯✯
S. Fruet, M. Cantaloni, C. Faes 1979
100 m.
V+, VI/R3

Logische und schöne Variante. Von der Terrasse am Beginn des Kamins links über einen markanten grauen Riss. Nach einer weiteren SL erreicht man über eine schöne Verschneidung eine bewaldete Terrasse. Hier etwas heikel nach rechts queren und wieder in die Originalroute. Guter Fels, schöne und lohnende Riss- und Verschneidungskletterei.

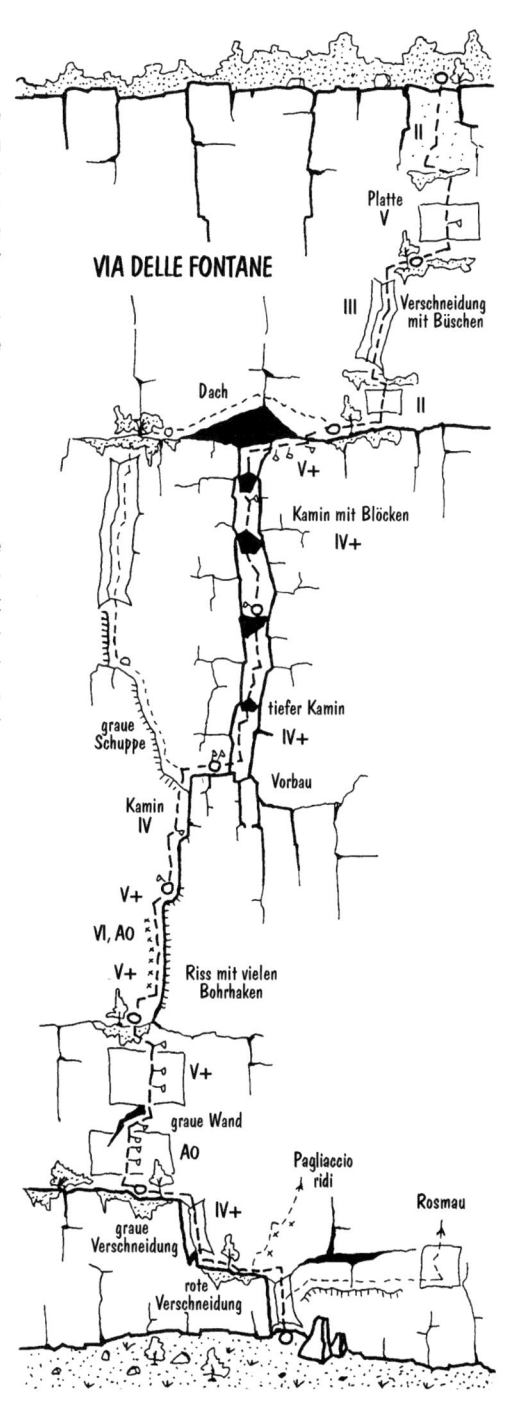

22 PAGLIACCIO RIDI ✻✻✻
M. Avanzini, I. Maghella, V. Pasquali 1996
300 m. (12SL)
6c, A0 (6a obl.)/S1/III

Die Sportkletterroute führt zu dem schönen grauen Pfeiler inmitten der Kamine der 'Via Klif Klof' und der 'Via delle Fontane'. Im unteren Teil herrscht schöne, genussvolle Plattenkletterei vor, weiter oben aber ist die Route viel schwieriger und teilweise nur A0 kletterbar. In den Ausstiegslängen etwas brüchiger Fels.

Einstieg: wie bei 'via delle Fontane'. Nach der roten Verschneidung direkt rechtshaltend in die Platten.

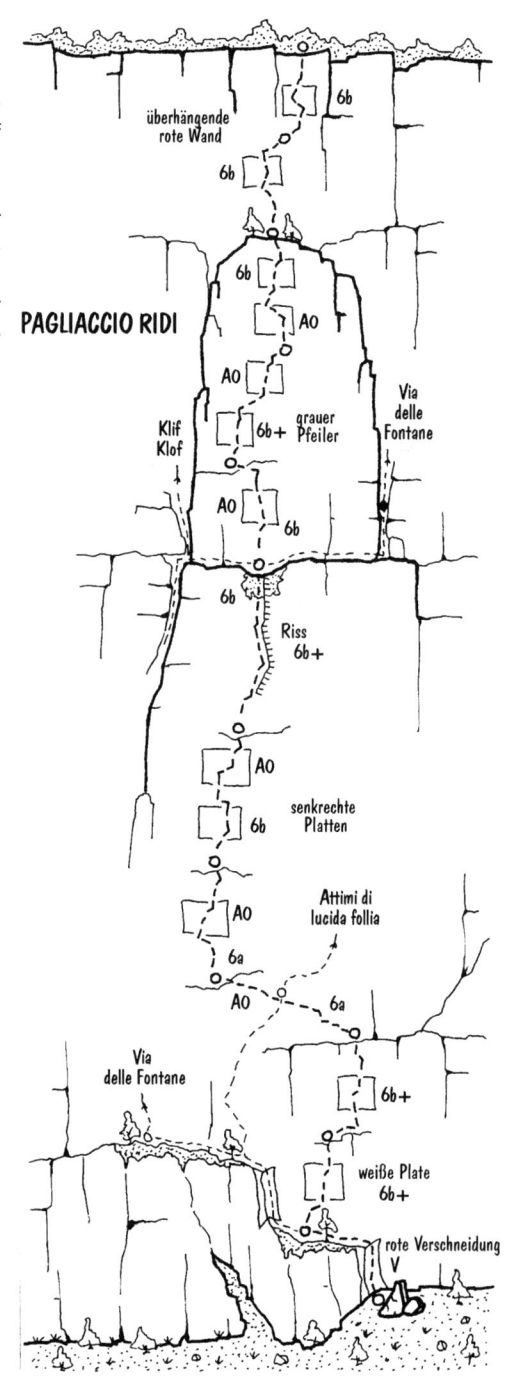

23 ATTIMI DI LUCIDA FOLLIA ✻✻✻✻
T. Quecchia, A. Tondi 1996
300 m. (12SL)
7a, A3 su cliff (6b obl.)/S3/III

Eine breite und markante Verschneidung teilt die graue, senkrechte Plattenzone, die zwischen dem dreieckigen Überhang und dem Kamin der 'Via delle Fontane' liegt. Die schwierige und Ausdauer fordernde Linie führt genau darüber hinweg. Nicht alles ist gut mit Haken abgesichert, deshalb sollten große Friends, ein Satz Keile und sogar ein paar Cliffs für die schwierigsten Stellen dabei sein, denn insbesondere die Platte in der 4. SL ist (vermutlich) nur technisch kletterbar.

Einstieg: etwas links der 'Via delle Fontane' über eine Platte, in eine Sanduhr ist ein Schlinge gefädelt. Die erste SL kann auch über die 'Fontane' umgangen werden.

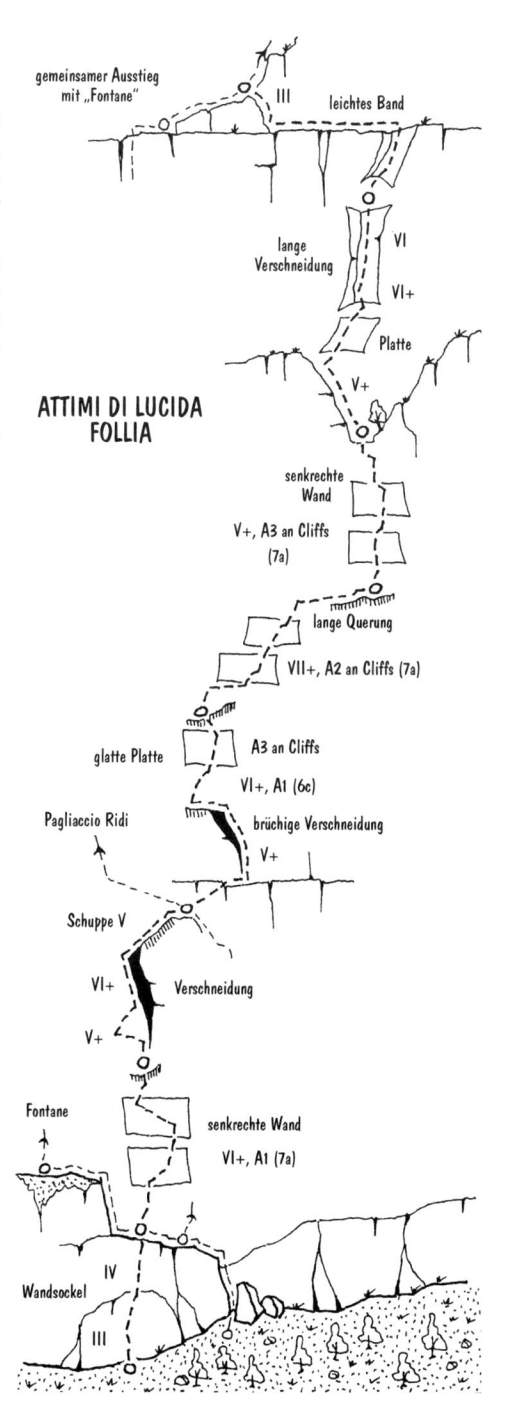

24 ROSMAU ✻✻✻✻✻

M. Giordani, R. Manfrini 1982

350 m. (10SL)

VI+, A1/R3/III

Sehr abwechslungsreiche und lohnende Route mit senkrechten Platten, etwas brüchigen Überhängen und tiefen Kaminen. Im linken Bereich des großen, dreieckigen Überhangs verlaufen viele Risse und überhängende Verschneidungen. Dies sind die Schlüsselstellen, denn die Haken sind oft nicht sicher und der Fels ist brüchig. Im Vergleich zum tiefen, leicht beängstigenden Kamin sind die Einstiegsplatten der reine Genuss.

Einstieg: unterhalb des Überhangs durch eine rote Verschneidung.

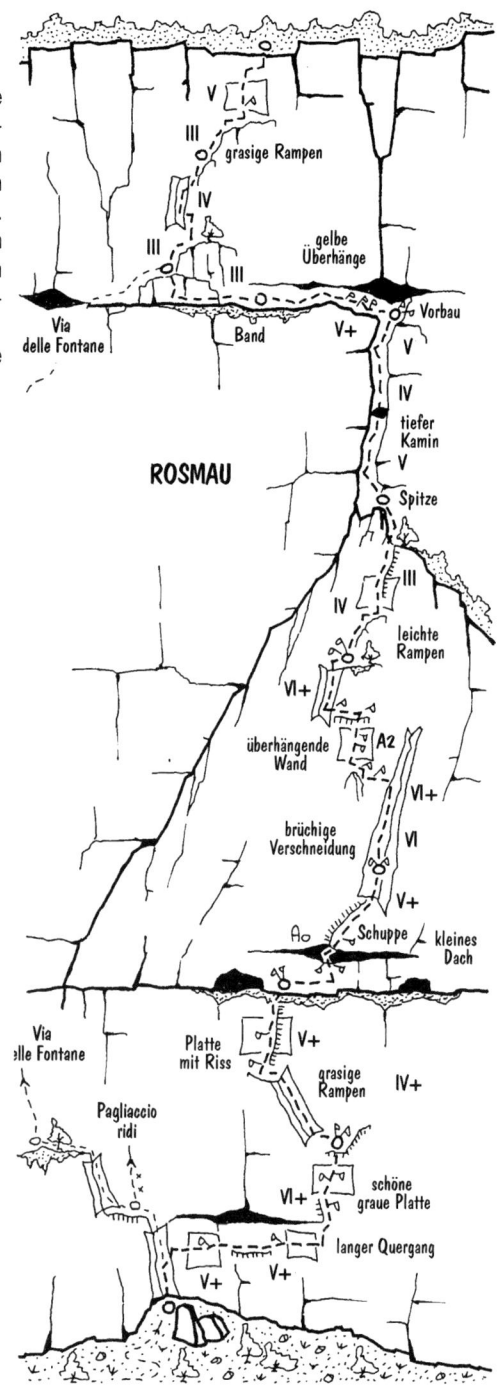

25 SULLE ALI DELLA LIBELLULA ✳✳✳
D. Filippi, S. Bazzanella, M. Paoletto 2006
300 m. (9SL)
A1, A2, IV+/R1/II

Techno-Freaks finden hier eine spektakuläre und ausgesetzte Route vor. Sie verläuft direkt über den dreieckigen Überhang zwischen der 'Via Fontane' und der 'Via Rosmau'. Die Route ist gut mit 8mm-Bohrhaken abgesichert, die Fortbewegung mit Trittleitern ist auch deshalb reines Vergnügen. Die ersten beiden SL führen über senkrechte Wandbereiche, nach weiteren drei SL erreicht man den großen Überhang mit einem sehr ungemütlichen Hängestand. Die zweite SL über diesen Überhang ist unglaublich exponiert und sehr ästhetisch. In teils freier Kletterei erreicht man dann den Ausstieg. Dieser letzte Teil ist aber sehr vegetationsreich und schrofig, weshalb man hier sehr vorsichtig klettern sollte.
Einstieg: wenige Meter rechts der 'Via delle Fontane'.

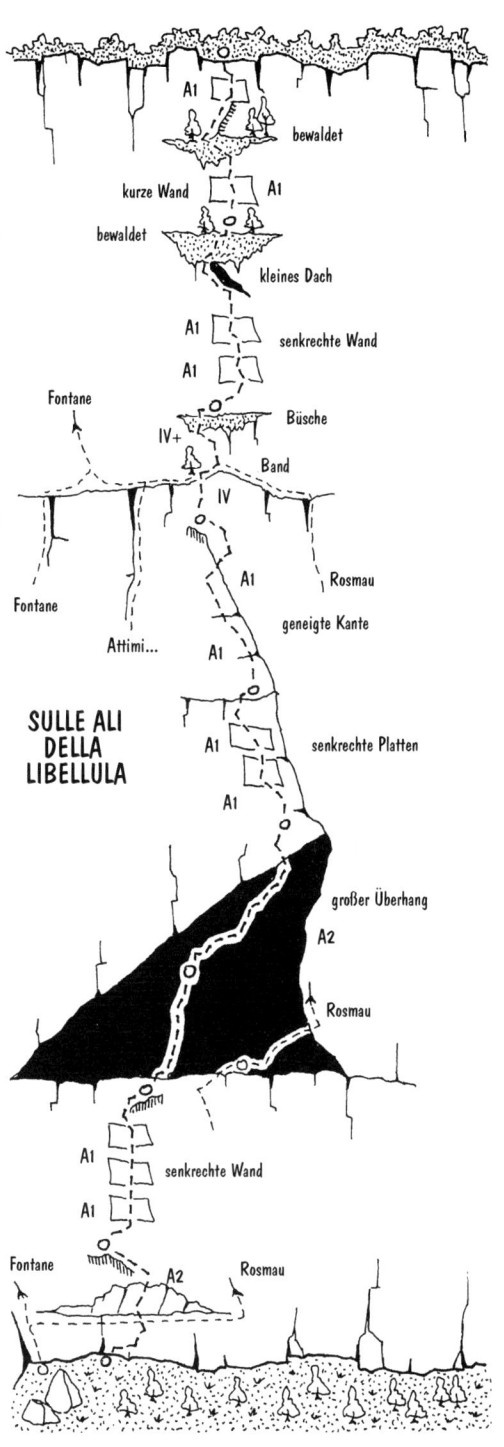

24 MANDREA NORDEN

Mandrea

Eine Reihe von schönen Sportkletterrouten verlaufen in der breiten Wand, die vom großen, dreieckigen Überhang mit der 'Via Rosmau' in Richtung Norden bis zu einem einzelstehenden Pfeiler reicht. Man klettert meist auf Platten, aber auch schrofige Abschnitte tauchen hin und wieder auf. Die Routen sind meist lang und gut abgesichert, das Ambiente ist einzigartig: Es herrscht eine fast biblische Ruhe. Auch über den Pfeiler verlaufen einige schöne Wege, die hier aber sehr alpin und schwierig sind.

ZUSTIEG: 30 Min.
Wie zur Parete Centrale. Bei der Schranke auf die kleine Straße, die unterhalb des Pilastro Gabrielli vorbei und bis zum Wasserwerk führt. Durch den Wald und auf Pfaden zu den verschiedenen Einstiegen.

ABSTIEG: 1 Std. 30 Min.
Wie bei der Parete Centrale

26	IL SOLCO DELLA PESCA	300 m.	
27	IL VOLO DELL'APE AZZURRA	300 m.	
28	ROMANTICA	300 m.	
29	SUDOMAGODO	350 m.	
30	ULTIMO REGNO	400 m.	
31	LE FIABE DI LAGHEL	350 m.	
32	EGO TRIP	300 m.	
33	CORRIDOIO NASCOSTO	300 m.	
34	NATARAJ	300 m.	
35	MOANA MON AMOUR	300 m.	
36	UOMINI NELLA NEBBIA	300 m.	
37	SOLEADO	350 m.	
38	FIORE DI CORALLO	350 m.	
39	VIA DEI NAUFRAGHI	400 m.	

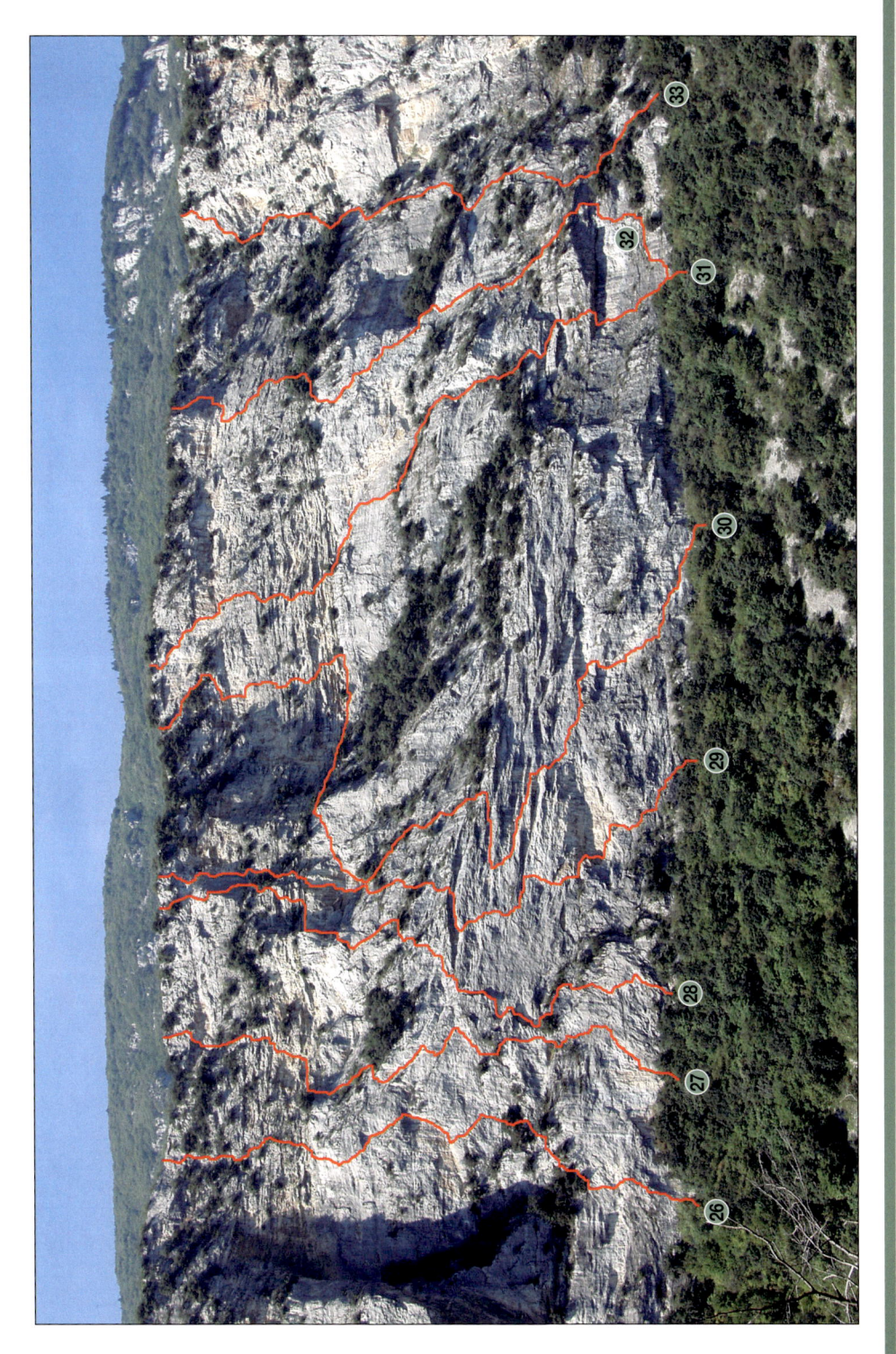

MANDREA

26 IL SOLCO DELLA PESCA ✺✺✺✺
I. Maghella, D. Bonaglia 2004
300 m. (9SL)
6b, 6c, A1 (6b+ obb. e A1 su cliff)/S3/II

Wunderschöne, abwechslungsreiche Route, die mal Sportklettercharakter hat und dann wieder sehr alpin ausgerichtet ist. Nach den beiden ersten Seillängen über senkrechte, kompakte Platten folgt eine fast ununterbrochene Reihe von Verschneidungen und feinen Rissen. Der Fels ist durchgehend fest, die Absicherung mit Bohr- und Normalhaken ausreichend. Einige kleine Friends und ein paar mittelgroße Klemmkeile werden eventuell benötigt. Auch ein Cliff zur Überwindung der schwierigen Stellen in der Einstiegsseillänge könnte hilfreich sein.

Zustieg: Nach dem Wasserwerk, etwas links der großen Grotte (kleines Hinweisschild am Fels).

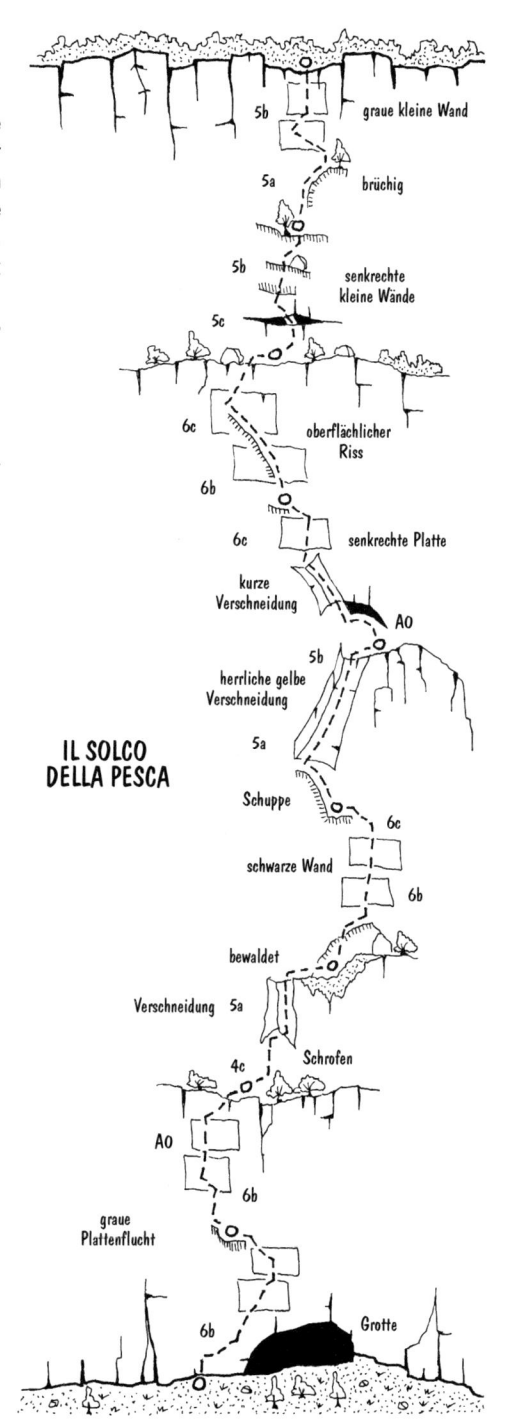

27 IL VOLO DELL'APE AZZURRA ✱✱✱
I. Maghella, D. Bonaglia 2005
300 m. (7SL)
6b, 7a, A0 (6b+ obb. e A1 su cliff)/S3/II

Die schwirigen Passagen mit freier und auch technischer Kletterei machen die Route zu einer ernsthaften Unternehmung. Fast alle Längen sind sehr schön, verlaufen in meist festem Gestein und sind ausreichend mit Normal- und Bohrhaken abgesichert. Eine sehr schwierige Stelle in der zweiten, senkrechten und plattigen SL kann entweder frei oder technisch überwunden werden. Für diese Passage sollte man Normalhaken, zwei Trittleitern und zwei Cliffs dabei haben. In der 6. SL klettert man durch eine gelbe Verschneidung mit instabilen Blöcken: Hier ist Vorsicht angebracht. Diese Seillänge ist zudem schlecht abgesichert und brüchig. Das Abschlussdach dagegen ist sehr athletisch und schön.

Einstieg: rechts der großen Grotte, kleines Hinweisschild am Fels.

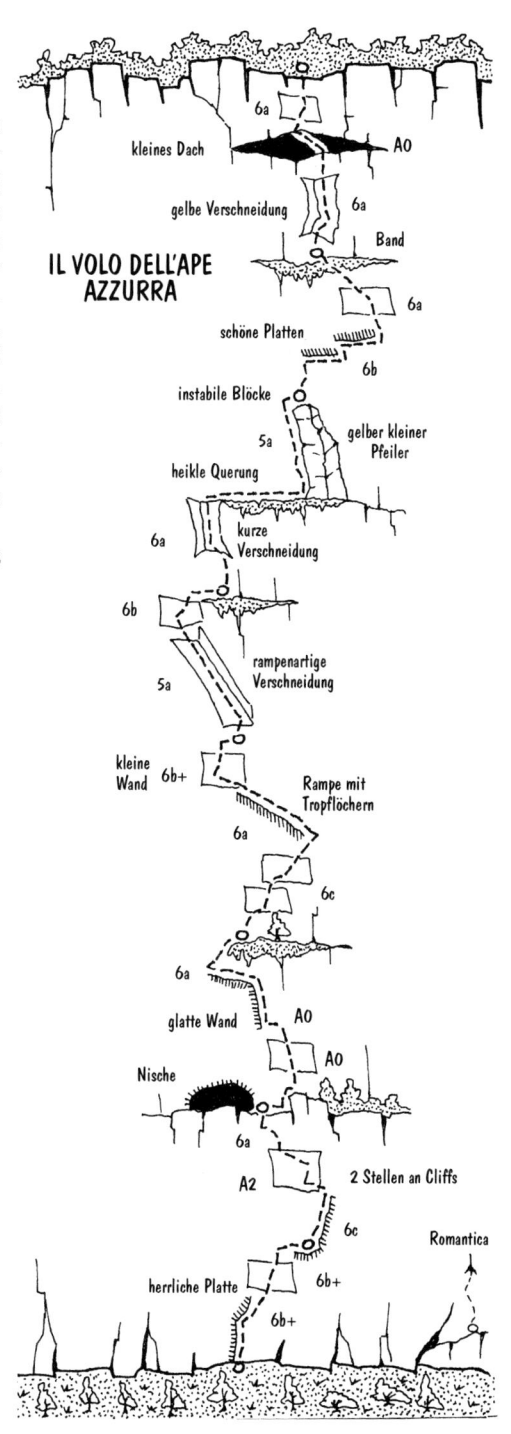

28 ROMANTICA ✱✱✱✱✱
D. Filippi 1999
300 m. (12SL)
6c (5c obl.)/S1/II

Wunderschöne Route, sehr abwechslungsreich und stark gegliedert, die einer schönen Linie von Verschneidungen, Rissen und Platten folgt. Die beiden Seillängen mit der ersten Verschneidung und der überhängenden Platte sind absolut außergewöhnlich. Weil die Route doch recht gut abgesichert ist und in festem Fels verläuft, zählt sie schon viele Wiederholungen.

Einstieg: vom Wasserwerk weiter in den Wald und kurz darauf links über einen kleinen Sockel hoch. Einstieg bei einem kleinen Überhang.

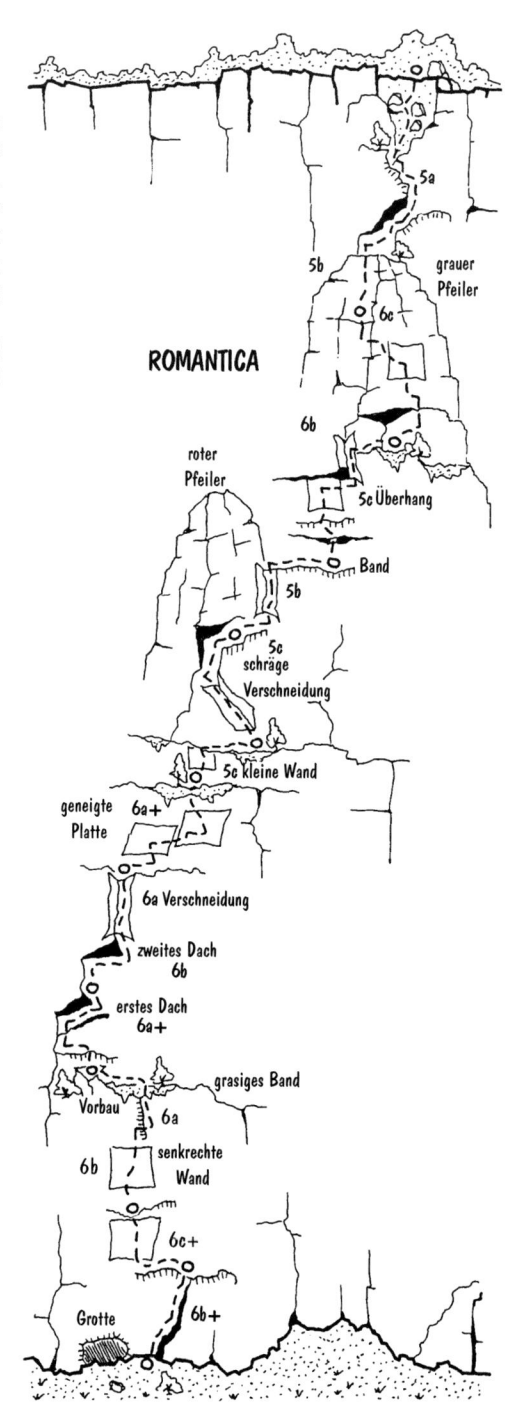

29 VIA SUDOMAGODO ✹✹✹✹
I. Maghella, M. Avanzini, D. Bonaglia 2003
300 m. (11SL)
6c, 7a (6c obb. o A1 su cliff)/S1/II

Die Route ist absolut lohnend, spektakulär und weist sehr homogene Schwierigkeiten auf. Sie wurde von unten eröffnet und folgt deshalb einer sehr logischen Linie. Die leichteren Passagen wurden mit Normalhaken abgesichert, ansonsten sind Bohrhaken in völlig ausreichender Anzahl zu finden. Die schwierigsten Stellen können technisch mit Cliffs in gebohrten Löchern überwunden werden.

Einstieg: kurz nach der 'Via Romantica, kleines Hinweisschild am Fels.

Samuele Mazzolini

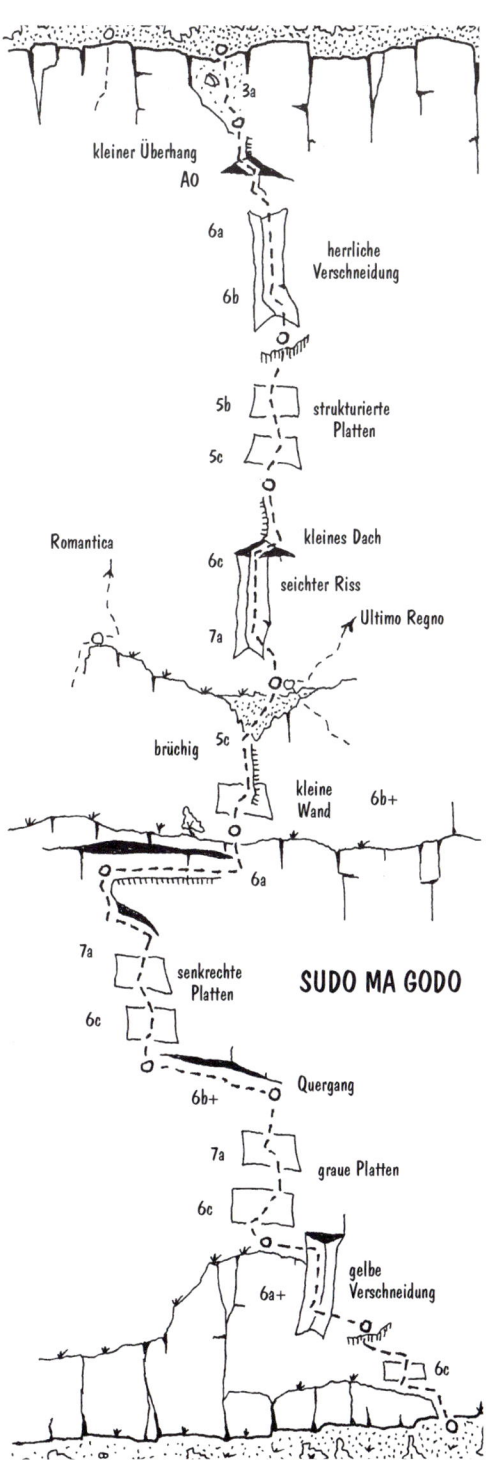

30 ULTIMO REGNO ✻✻✻
D. Filippi 2001
400 m. (16SL)
7a, A0 (6b+ obl.)/S2/II

Charakteristisch für die lohnende Route ist die Linienführung mit vielen langen Traversen, immer auf der Suche nach den Schwachstellen der Wand. Sehr zu empfehlen wegen des guten Gesteins, der sehr guten Absicherung und des wunderschönen Ambientes.

Einstieg: wie zur 'Via Romantica', dann am Wandfuß weiter bis zu einer deutlich sichtbaren kleinen Verschneidung (Haken).

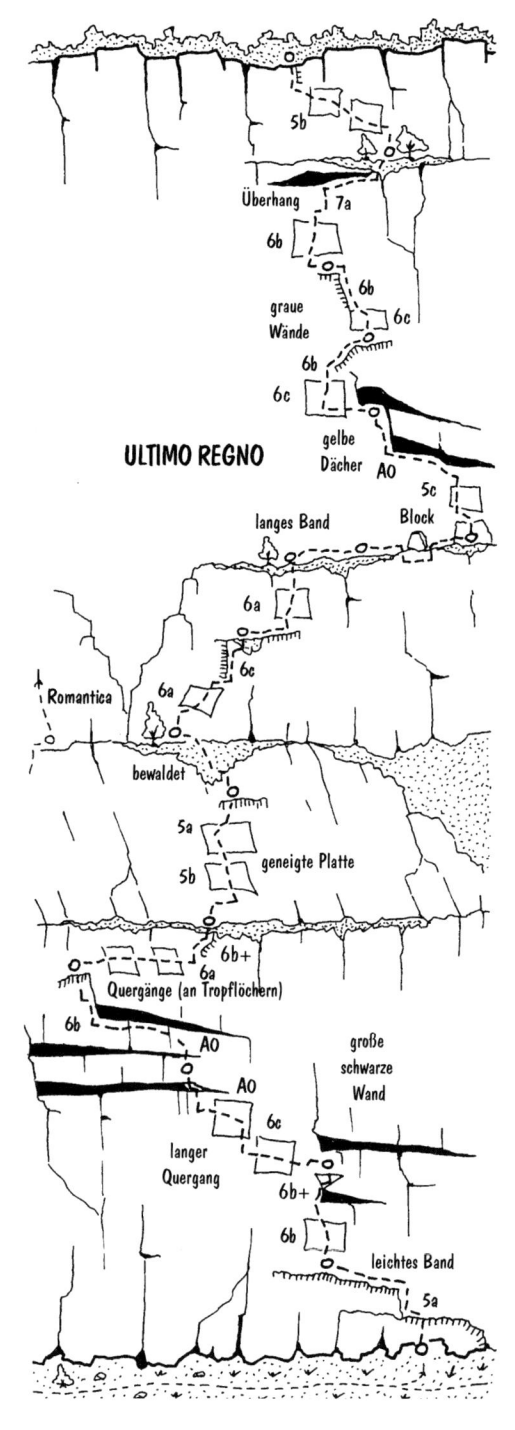

31 LE FIABE DI LAGHEL ✸✸✸

D. Filippi 2000
350 m. (11SL)
6c, A2 (6b obl.)/S2/II

Abwechslungsreiche, lohnende Kletterei. In der 3. SL überwindet man ein markantes Dach, hier werden zwei Trittleitern benötigt. Die Ausstiegslängen sind wegen der wunderschönen Umgebung einfach fantastisch, nur der Mittelteil der Route ist etwas grasig.

Einstieg: an der 'Via Romantica' und der 'Via Utimo Regno' vorbei und am Wandfuß entlang bis unterhalb eines großen Daches. Einstieg bei einer grauen Platte.

LE FIABE DI LAGHEL

Lorella Guasti

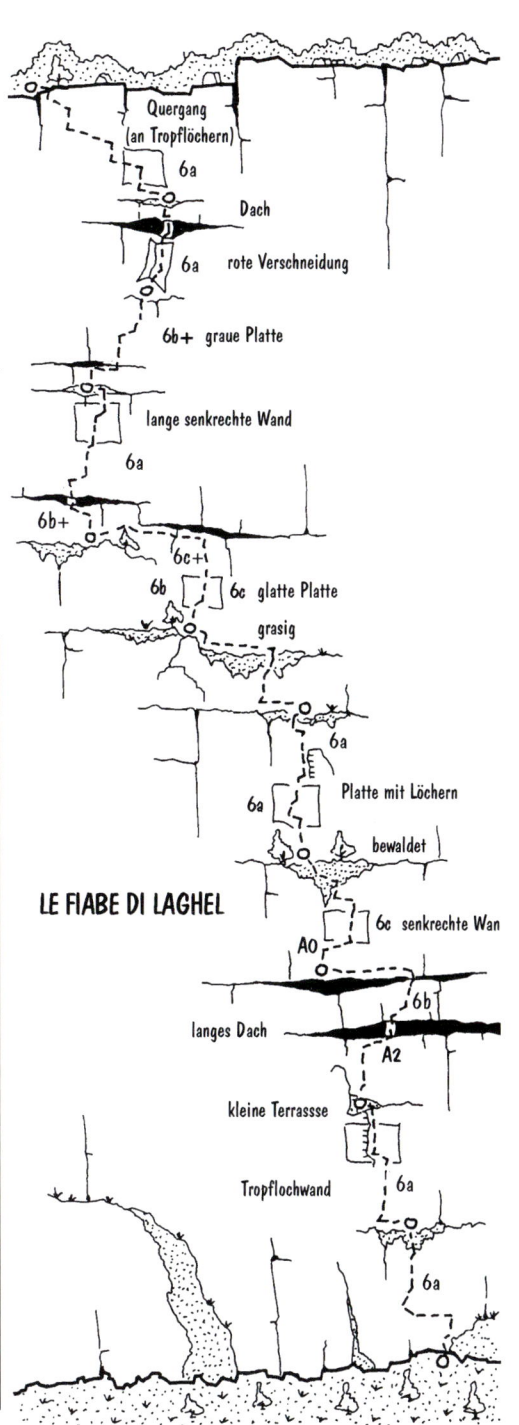

32 EGO TRIP ❋❋❋❋
D. Filippi 2004
300 m. (10SL)
6b+ (6a obl.)/S1/II

Der logische Weg verläuft über einen geneigteren Bereich der Wand, mit vielen grauen Platten. Alle Seillängen sind schön und lohnend, nur die dritte mit grasigen Stellen und einem schwierigen kleinen Überhang ist leicht ungemütlich. Aber der feste Fels und die gute Absicherung mit engen Abständen machen eine Wiederholung durchaus lohnend. Die vorletzte Seillänge mit der Platte ist wahrscheinlich die schönste im Gebiet von Mandrea.

Einstieg: gemeinsam mit 'Fiabe di Laghel', am 2. Bohrhaken rechts weg

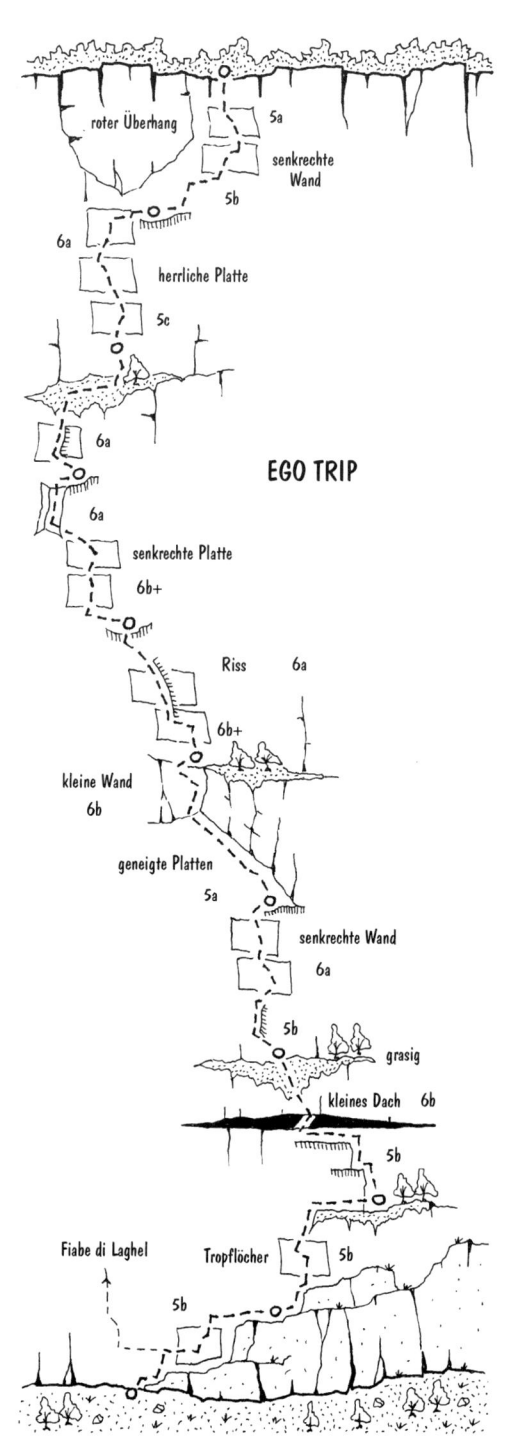

33 CORRIDOIO NASCOSTO ✸✸✸
D. Filippi 2006
300 m. (9SL)
6b, 6c (6a obl.)/S1/II

Zwischen 'Ego Trip' und 'Nataraj' ist die Wand mit sehr viel Vegetation bedeckt. Dennoch konnte hier eine weitere Linie gefunden werden, die zumeist über feste und kompakte Platten verläuft und nie besondere Schwierigkeiten aufweist. Wer mit einigen Büschen und ein paar lockeren Steinen leben kann, findet hier eine durchaus lohnende und schöne Route mit naher, guter Absicherung und einigen exponierten und schönen Passagen vor.
Einstieg: etwa 80 m nach 'Ego Trip', Routenname angeschrieben.

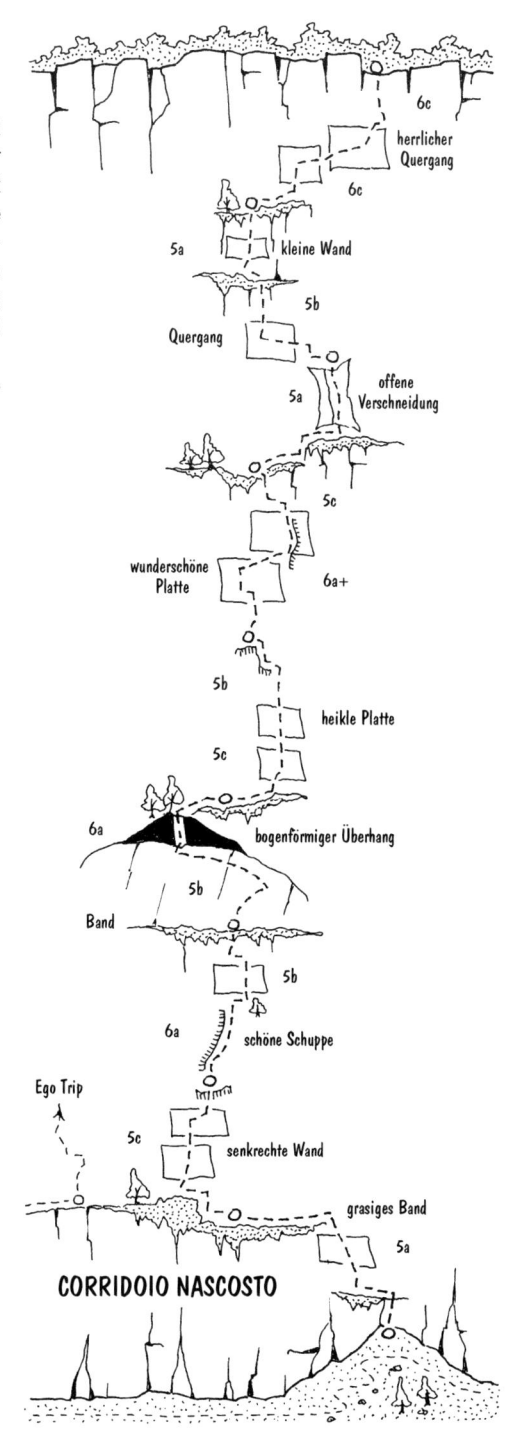

34 VIA NATARAJ ✻✻✻✻
D. Filippi 2003
300 m. (11SL)
6a, 6c (6a obl.)/S1/II

Klassische Verschneidungs- und Risskletterei, nie zu schwierig und immer gut abgesichert. Einige wenige und kurze Stellen können wegen der mangelnden Felsqualität etwas heikel sein. Die Seillängen im Mittelteil durch senkrechte und athletische Verschneidungen sind wunderschön.

Einstieg: wie bei 'Fiabe di Laghel' dem rot markierten Weg folgen. Wenn dieser steil abwärts geht, über einen kleinen Wandsockel bis zum Beginn einer deutlichen Verschneidung (Routenname angeschrieben).

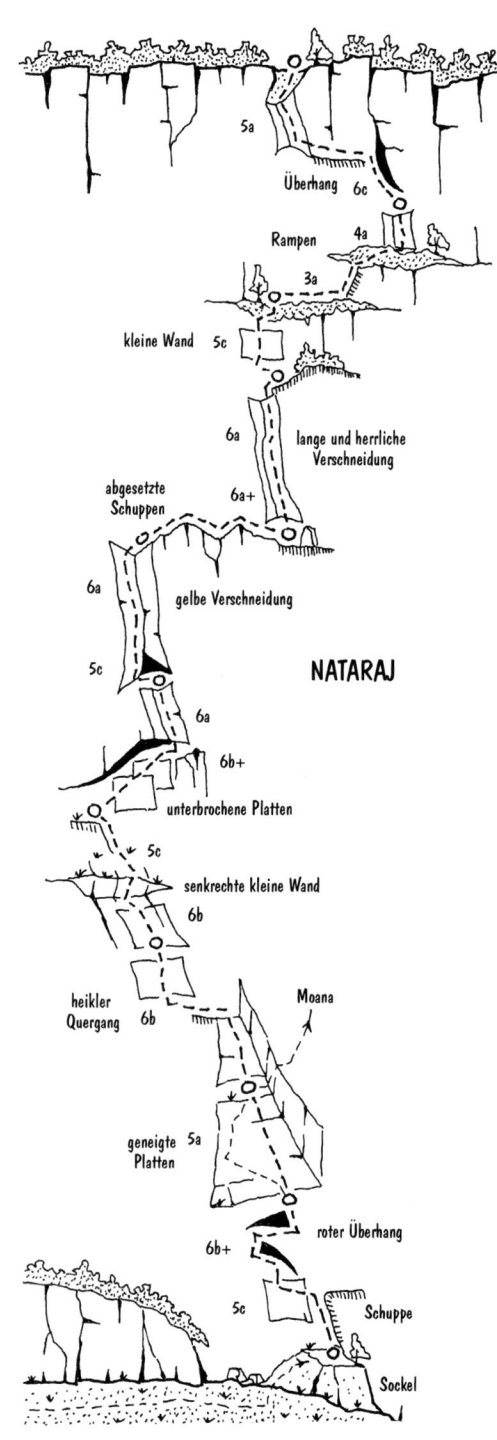

MANDREA

35 MOANA MON AMOUR ✹✹✹✹✹
R. Galvagni, D. Filippi 2004
300 m. (12SL)
6c, 7a, A0 (6b obl.)/S1/II

Die Route verläuft über den markanten, schlanken Pfeiler zwischen 'Nataraj' und 'Uomini della nebbia'. Wunderschöne Kletterei, meist über Platten, aber auch einige Verschneidungen und Risse tragen zur Schönheit der Route bei. Leider wird der Kletterrythmus im oberen Bereich durch etwas gestört, weil eine Seillänge fast durchgehend nur A0 geklettert werden kann.

Einstieg: gemeinsam mit 'Nataraj' und nach dem ersten Stand den roten Bohrhaken links auf die Platte folgen.

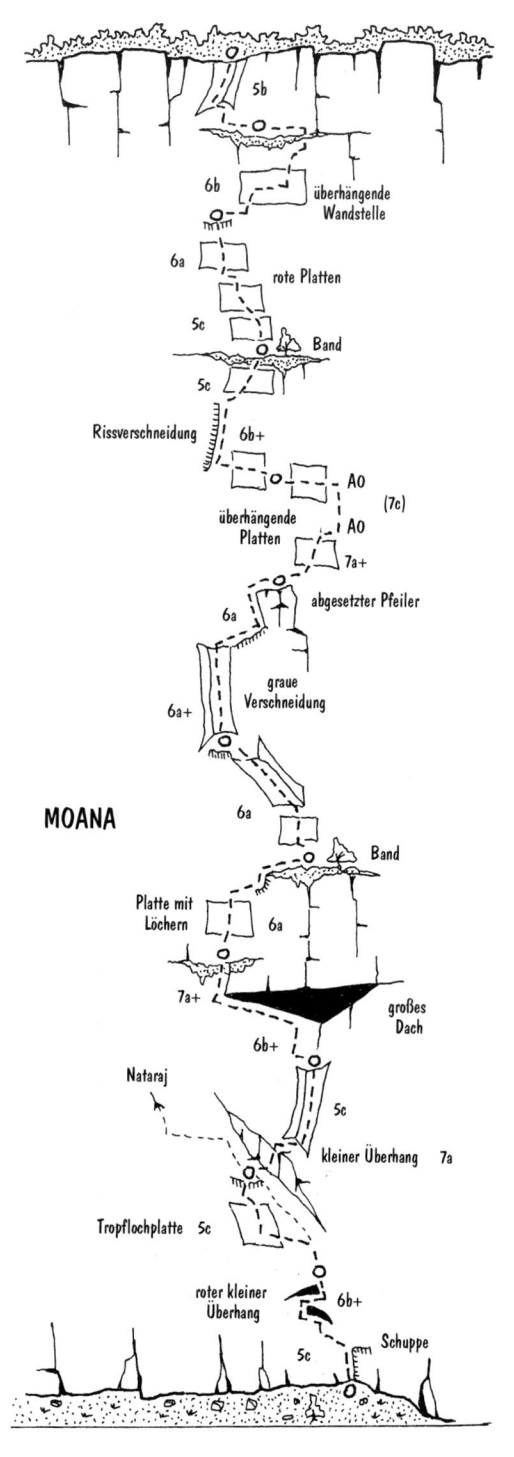

Samuele Mazzolini. "Moana"

Simone Banal. "Soleado"

36 UOMINI DELLA NEBBIA ✹✹✹✹
I. Maghella, M. Avanzini, D. Bonaglia 1998
300 m. (11SL)
6c, A1 (6b+ obl.)/S2/II

Schöne und lohnende Route über einen breiten Grat. Der Mittelteil ist einfach fantastisch, die roten Überhänge werden in sehr exponierter Kletterei überwunden. Absolut empfehlenswert.

Einstieg: Am Wandfuß entlang, bis dieser nach unten führt. Einstieg bei einer deutlich sichtbaren Verschneidung (Hinweisschild).

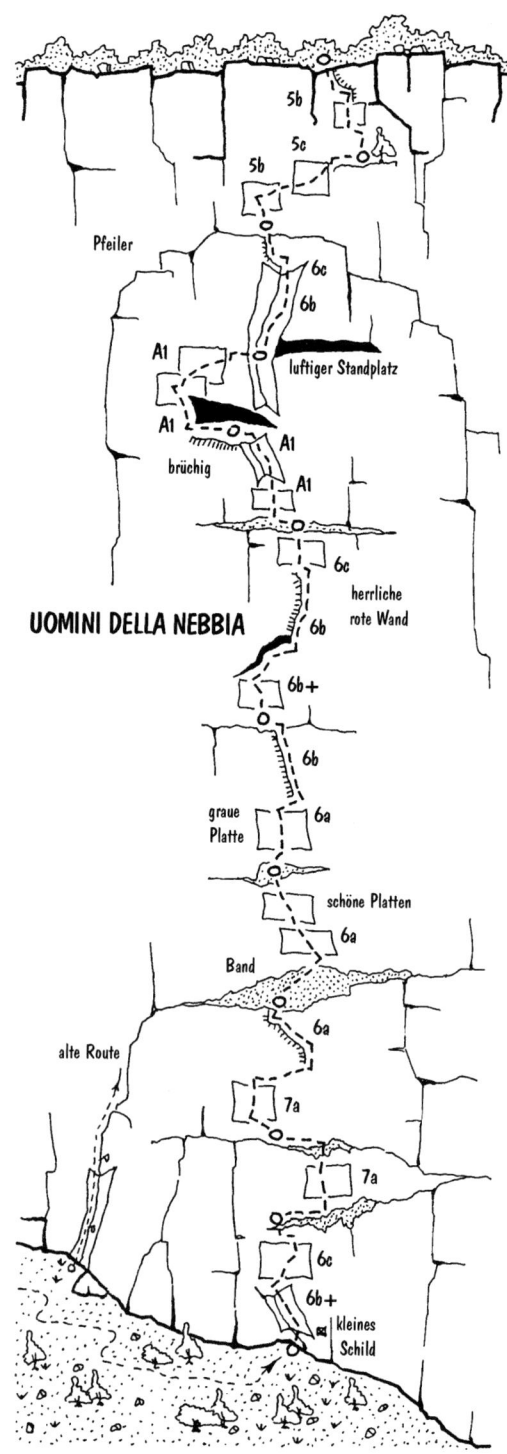

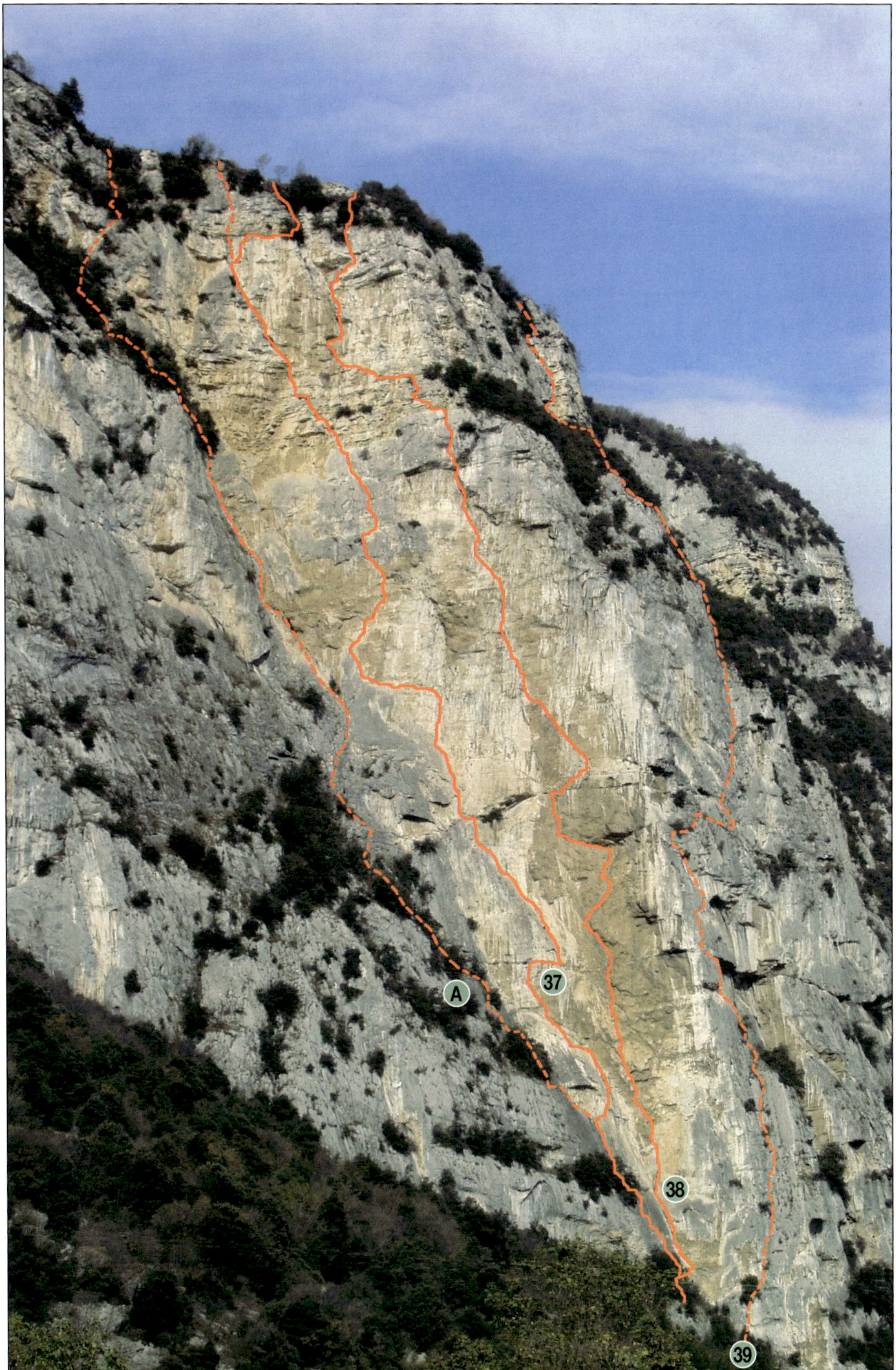
37
A
38
39

37 SOLEADO ✶✶✶✶✶
S. Banal, D. Filippi 2004
350 m. (14SL)
6c, 7a, A0 (6b obl.)/S2/II

Diese Route verläuft parallel zur fantastischen 'Fiore di Corallo' in der riesigen Wand, deren gelbe, überhängende Felsen kennzeichnend sind. Die Linie folgt einer fast unglaublichen, ununterbrochenen Reihe von Verschneidungen und Rissen, immer exponiert, sehr ausdauernd und athletisch, aber super schön! Gute Absicherung mit nahen Hakenabständen. Nur im Mittelteil ist eine Seillänge mit einem Überhang in brüchigem Fels zu finden, danach wird der Fels wieder gut und die Ausstiegslängen durch Verschneidungen und Risse versöhnen wieder. Wer noch Power hat, kann über eine schwere Variante aussteigen. 'Soleado' ist sicherlich eine der schönsten und interessantesten Routen im Gebiet von Mandrea.
Einstieg: gemeinsam mit 'Fiore di Corallo', am kleinen Baum links weg (Bohrhaken).

37a MIMOVARIANTE
S. Banal (Mimo) 2004
40 m. 7b+, 7c

Direkte Variante über einen athletischen und Ausdauer fordernden Überhang. Man umgeht dadurch die beiden letzten, leichten SL von 'Soleado'.

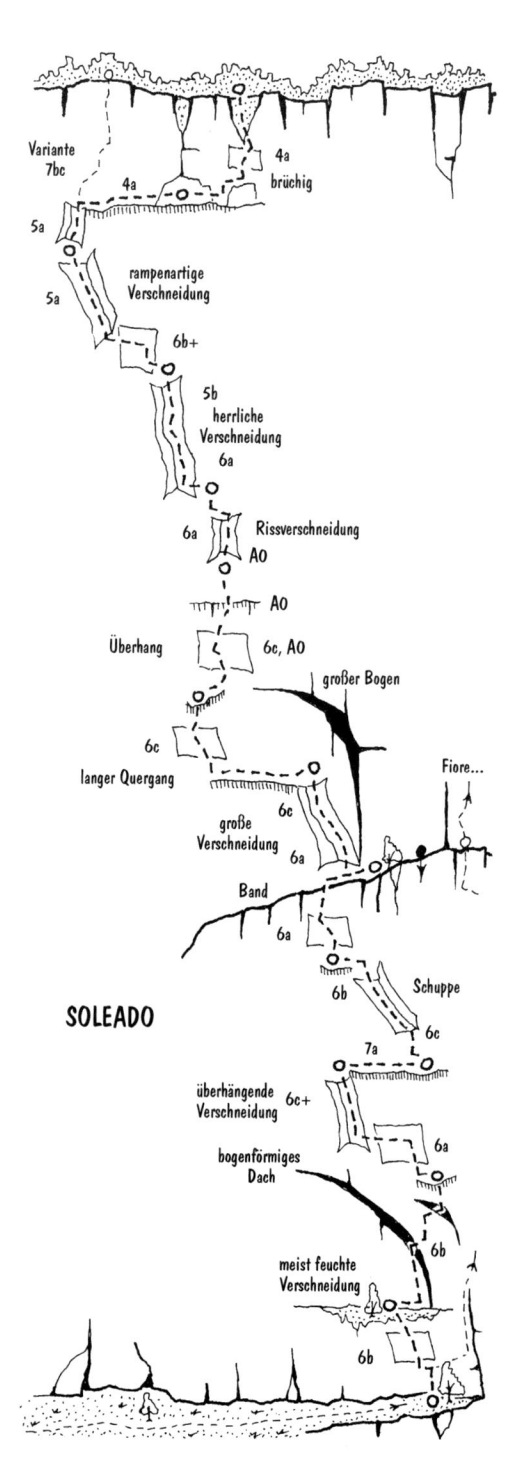

Elisa Erani, "Soleado"

38 FIORE DI CORALLO ✶✶✶✶✶
M. Giordani, F. Zenatti, G. Manica 1983
350 m. (10SL)
VI+, VII+/R4/III

Sicherlich eines der Meisterwerke im Sarcatal: fantastische Route über eine unglaubliche Reihe von Rissen und überhängenden Verschneidungen. Durchgängig festes Gestein, homogene und hohe Schwierigkeiten mit teils schlecht absicherbaren Passagen kennzeichnen diesen Weg (VI+ absolut obligatorisch).
Einstieg: am Wandfuß entlang und so weit wie möglich in Richtung Pfeiler. Über die Grasbänder dann zum Beginn der Verschneidung. Einstieg etwa 5 m unterhalb dieser, mit Hilfe eines Baums über eine schwarze Platte (Haken sichtbar).

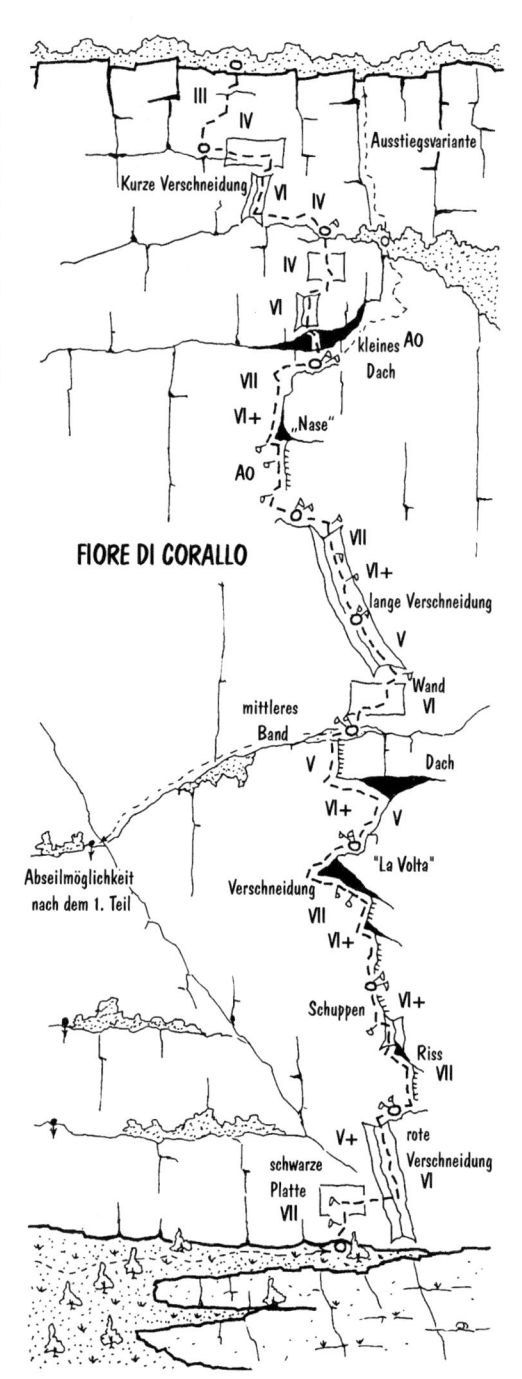

39 VIA DEI NAUFRAGHI ✻✻✻
D. Sebastiani, M. Cestari 1988
400 m. (16SL)
V+, VI+/R3/III

Aus alpinistischer Sicht ist diese Route ziemlich interessant. Sie führt zunächst in Richtung der großen Dächer und umgeht diese dann auf logische und elegante Weise. Eine Absicherung ist praktisch nicht vorhanden, der Fels ist aber gut. Der erste Teil der Route ist sehr abwechslungsreich, der zweite Teil nur für Entdecker lohnend, da er durch viele kleine Wäldchen und brüchige Zonen führt.

Einstieg: nach 'Fiore di Corallo' weiter abwärts. Durch eine breite Rinne auf die Gratkante.

Weitere Routen:
A – SPECCHIO DI NARCISIO: M. Pegoretti, E. Covi und M. Cagol 1983. Reine Entdeckerroute, die über die breite Verschneidung zwischen der Ostwand der Mandrea und der Südwand des Pfeilers führt. Im untersten und im obersten Bereich ist diese Verschneidung voller Vegetation, der Mittelteil ist ziemlich brüchig. Alpinistisch von geringem Interesse. 300 m. V+,VI.

MONTE COLT - S. PAOLO

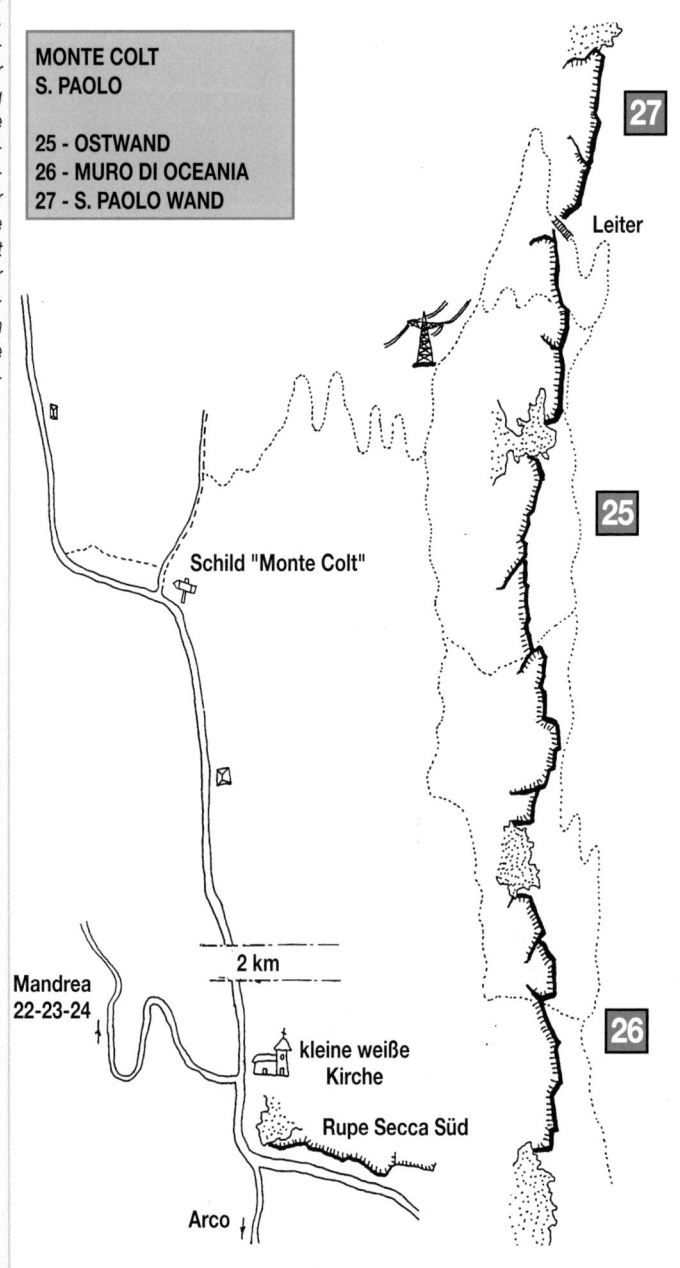

Ein kleiner felsiger Rücken verläuft zwischen dem langen Felsriegel der Madrea und dem Sarcatal. Die beiden größten Erhebungen dieses Rückens sind der Monte Colodri und der Monte Colt mit senkrechten und interessanten Felswänden. Der Monte Colt zeigt sich in Richtung Mandrea als bewaldeter Bergrücken, aber in Richtung Sarcatal fallen seine Wände steil in zwei Stufen ab, unterbrochen von einer breiten, ebenen und bewaldeten Zone. Der obere Abbruch wird als Parete Est (Ostwand) des Monte Colt bezeichnet. Der untere ist unter dem Namen Parete di San Paolo bekannt und hier wurden in den vergangenen Jahren viele neue Sportkletterrouten eingebohrt.

MONTE COLT
S. PAOLO

25 - OSTWAND
26 - MURO DI OCEANIA
27 - S. PAOLO WAND

Leiter

27

25

26

Schild "Monte Colt"

Mandrea
22-23-24

2 km

kleine weiße Kirche

Rupe Secca Süd

Arco

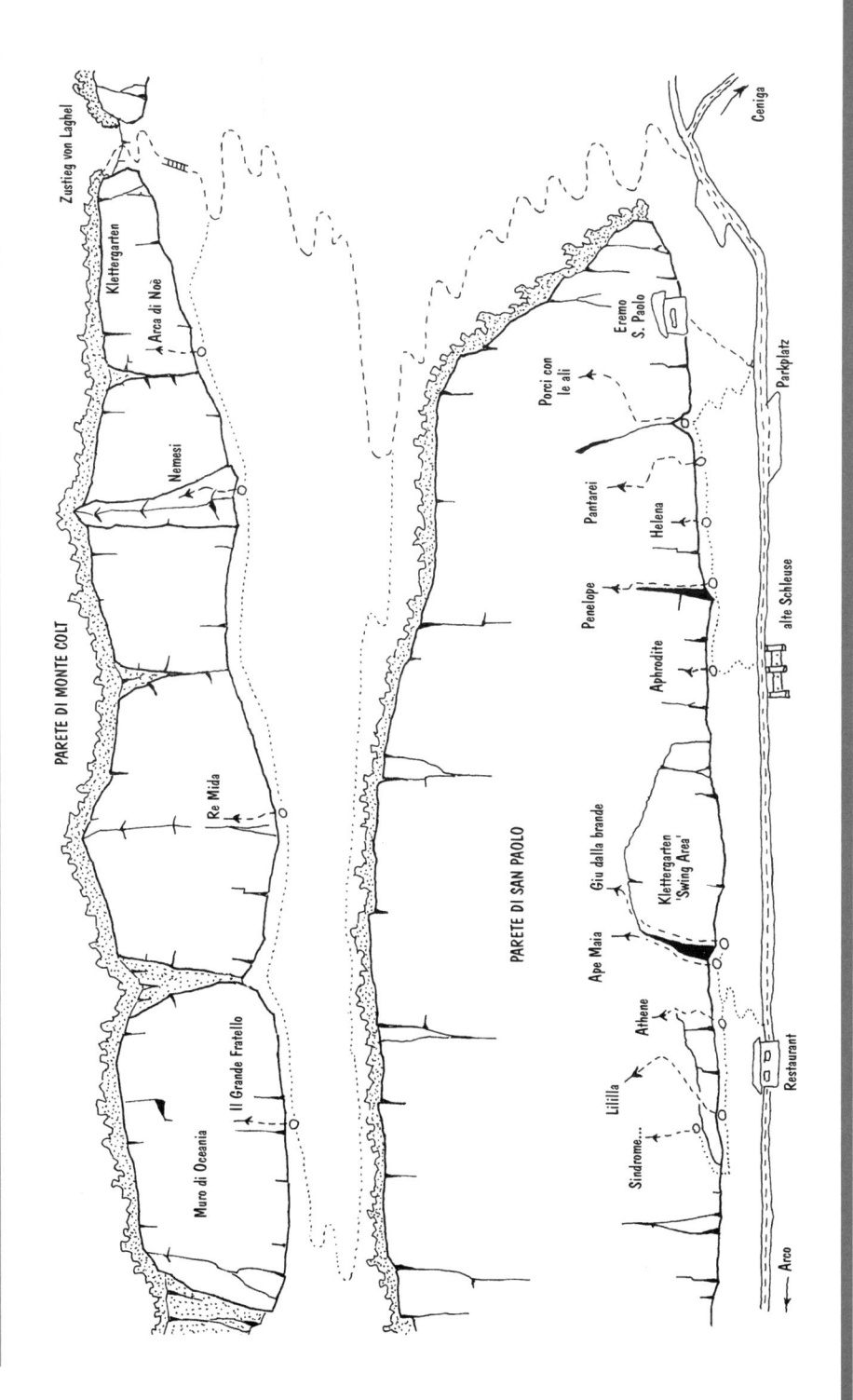

MONTE COLT - MONTE COLT WAND UND SAN PAOLO WAND

PARETE DI MONTE COLT

Zustieg von Laghel · Klettergarten · Arca di Noè · Nemesi · Re Mida · Il Grande Fratello · Muro di Oceania

PARETE DI SAN PAOLO

Eremo S. Paolo · Porci con le ali · Pantarei · Helena · Penelope · Aphrodite · Giu dalla brande · Klettergarten "Swing Area" · Ape Maia · Athene · Lililla · Sindrome...

Ceniga · Parkplatz · alte Schleuse · Restaurant · Arco

MONTE COLT - SAN PAOLO

25 OSTWAND

Monte Colt

Eigentlich ein großer Klettergarten mit Mehrseillängenrouten, die alle sehr schön, abwechslungsreich und lohnend sind. Das Gestein ist durchwegs fest, die Absicherung mit Bohrhaken immer bestens: in der Tat ein kleines Paradies, vor allem auch wegen seiner sehr ruhigen Lage und der Umgebung. Auch der bequeme Zu- und Abstieg tragen zur großen Beliebtheit dieses Klettergebietes bei, das vor allem in der Wintersaison einen Besuch lohnt. Als erster war hier (wieder einmal) G. Stenghel am Werk: Schon in den 80er Jahren eröffnete er hier interessante Routen. Dann geriet die Wand aber in Vergessenheit, bis die Sportkletterer sie und ihr Potenzial wieder entdeckten. In den letzten Jahren hat sich vor allem Giuseppe Mantovani um diesen Sektor verdient gemacht - nach viel Putzarbeit konnte er eine Reihe von kleinen „Juwelen" einbohren. Am Einstieg jeder Route wurde ein kleines Schild angebracht.

ZUSTIEG: 30 Min.
Von Arco in Richtung Laghel, bis man nach einer Kehre in den Olivenhainen eine Kreuzung bei einer kleinen, weißen Kirche erreicht. Geradeaus noch einige Kilometer weiter bis zu einem kleinen Parkplatz mit Hinweisschildern des Alpenvereins. Nun auf dem rot markierten Weg bis zum Wandfuß.

ABSTIEG: 15 Min.
Vom Ausstieg der Routen kurz durch den Wald und auf den Wanderweg, der zurück zum Parkplatz führt.

1	L'ARCA DI NOÈ	80 m.	
2	PERLA NERA	100 m.	
3	VENTO CALDO DEL SUD	120 m.	
4	ZIO PAPERONE	120 m.	
5	X FILES	120 m.	
6	SERPENTI	120 m.	
7	TREDICESIMA LUNA	120 m.	
8	NEMESI	120 m.	
9	BUONA NOTTE FIORELLINO	120 m.	
10	GRILLO	120 m.	
11	RE MIDA	150 m.	
12	NOVE DITA	120 m.	
13	LA CICOGNA	120 m.	
14	PASSEGGERI NEL TEMPO	120 m.	
15	AUSTRITALIA	120 m.	
16	VIA FLAVIA	150 m.	
17	VIA LATTEA	120 m.	

MONTE COLT - SAN PAOLO

1 L'ARCA DI NOÈ ✻✻✻
G. Mantovani 1995
80 m. (3SL)
7a (6a obl.)/S1/I
Die letzte Route links des Sektors mit den Einseillängenrouten. Einstieg bei einer schönen Verschneidung. Die Dachpassage in der 3. SL ist kurz und heftig.

2 PERLA NERA ✻✻✻✻✻
G. Mantovani 1998
100 m. (4SL)
6b (5c obl.)/S1/I
Dies ist die erste Route auf der rechten Seite nach dem Sektor mit den Einseillängenrouten. Schön, leicht und lohnend. Die graue Wand in der 2. SL ist wunderschön.

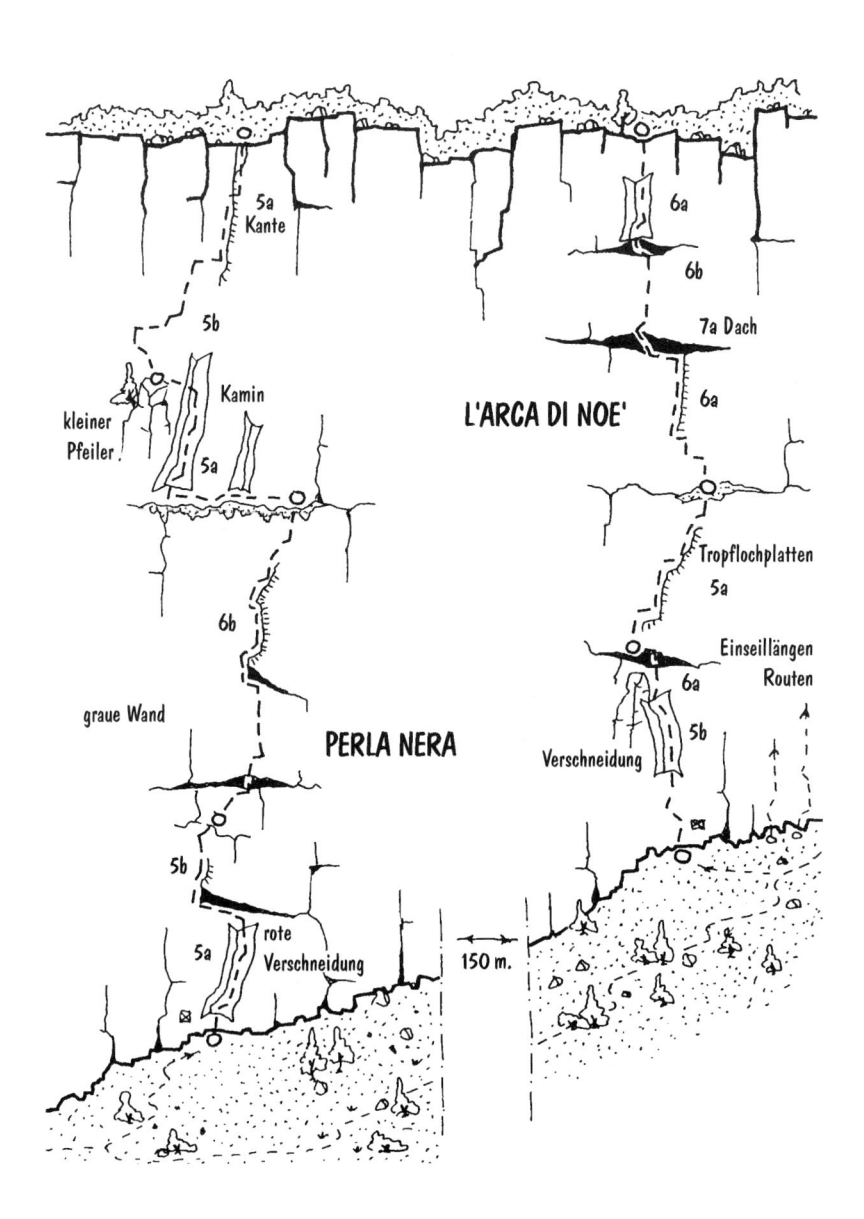

3 VENTO CALDO DEL SUD ✹✹✹
G. Mantovani 1995
120 m. (4SL)
6c (5c obl.)/S1/I

Eine der ersten Routen, die hier eröffnet wurde und wegen eines tiefen Kamins sehr charakteristisch. Die Ausstiegswand ist technisch sehr anspruchsvoll.

4 ZIO PAPERONE ✹✹✹
G. Mantovani 1997
120 m. (4SL)
6b+ (5c obl.)/S1/I

Der Einstieg ist zwar etwas brüchig, aber ansonsten ist die Route sehr schön. Die Ausstiegsseillänge ist fantastisch.
Einstieg wenig links von 'Vento caldo del Sud'.

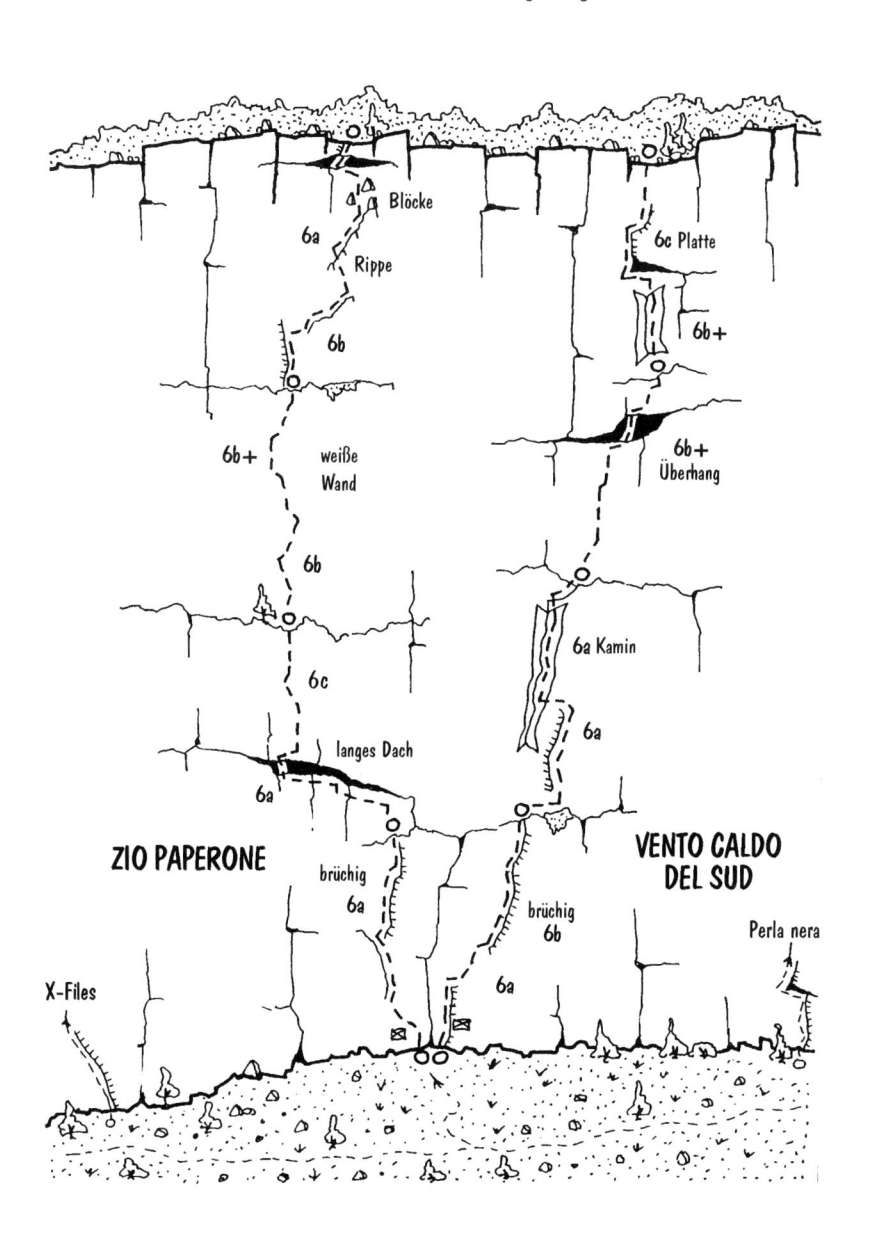

5 X FILES ✻✻✻
G. Mantovani 1996
120 m. (4SL)
6b+ (5c obl.)/S1/I
Auf einen schwierigen überhängenden Einstiegsriss folgt schöne und lohnende Wandkletterei. Viel Vergnügen bietet die Dachpassage in der Ausstiegslänge.

6 DUE SERPENTI ✻✻✻✻
?
120 m. (3SL)
6c (6b obl.)/S1/I
Schwierige Einstiegsplatte, dann begeisternde Kletterei über wunderschöne Tropflochplatten. Eine der schönsten Routen in diesem Sektor.

7 TREDICESIMA LUNA ✻✻✻✻✻
G. Mantovani 1996
120 m. (4SL)
6b (5c obl.)/S1/I
Mit eine der leichtesten und schönsten Routen hier, mit einer wunderschönen 2. SL und einer technisch sehr schwierigen Passage in der Ausstiegslänge.

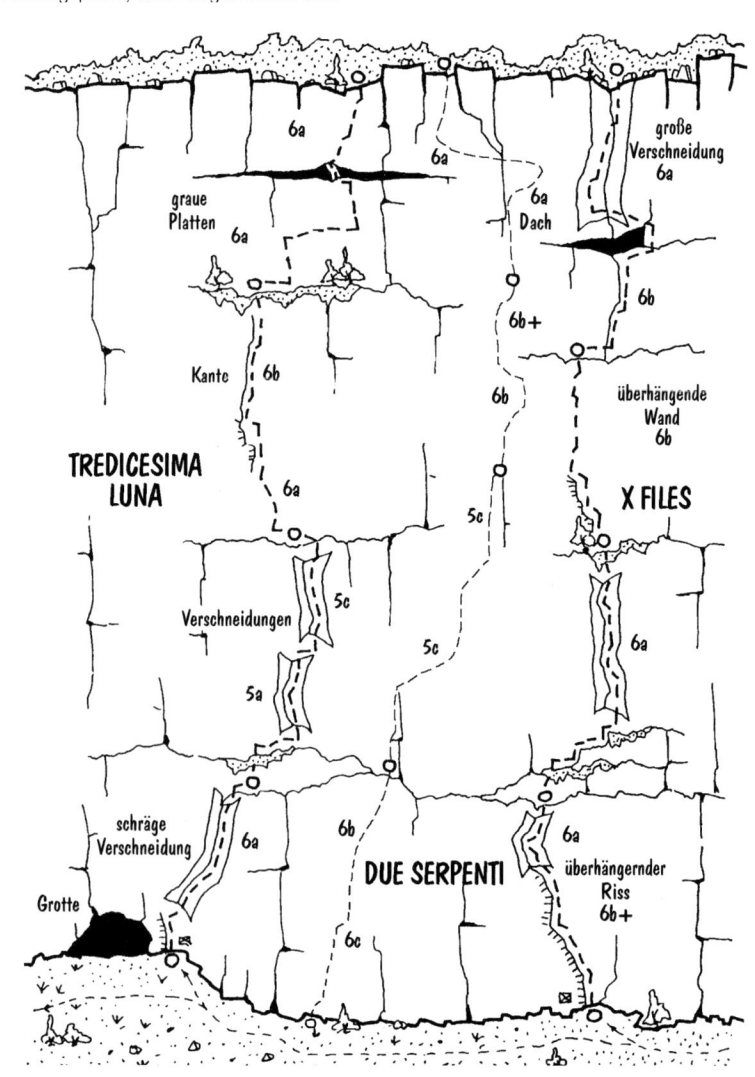

8 NEMESI ✲✲✲✲✲
G. Mantovani 1996
120 m. (4SL)
6c (5c obl.)/S1/I
Definitiv die schönste und spektakulärste Route der ganzen Wand. Sie verläuft über die Kante eines markanten und schlanken Pfeilers. Die 3. Seillänge bleibt unvergesslich...

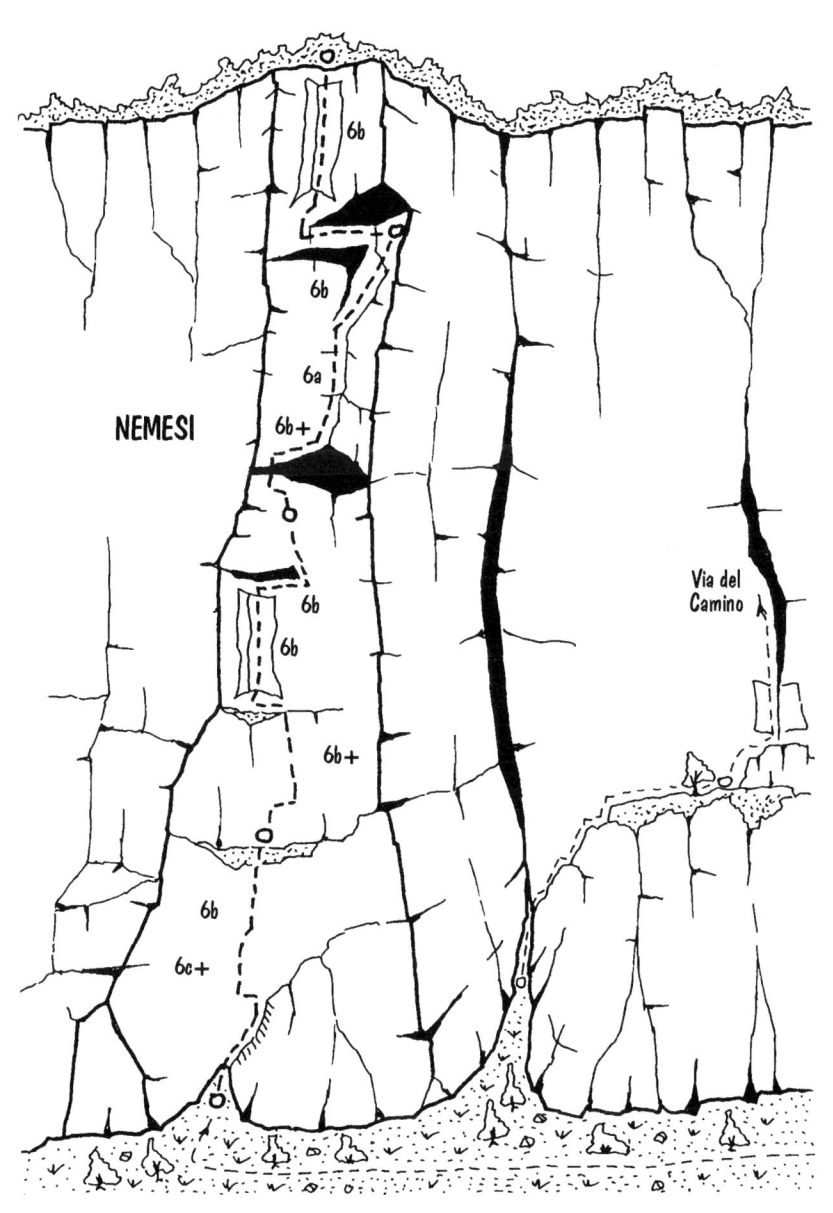

9 BUONA NOTTE FIORELLINO ✸✸
D. Mabboni 1998
120 m. (4SL)
7b (6c obl.)/S1/I
Schwierige Kletterei über senkrechte und überhängende Platten. In der 3. SL braucht man eine gehörige Portion Entschlossenheit und Elan.

10 GRILLO ✸✸
D. Depretto, M. Eisendle 1998
120 m. (4SL)
6c (6a obl.)/S1/I
Die Route ist sehr abwechslungsreich, führt aber durch etwas unsichere Bereiche. Die rote Schuppe in der 2. SL erfordert etwas Mut.

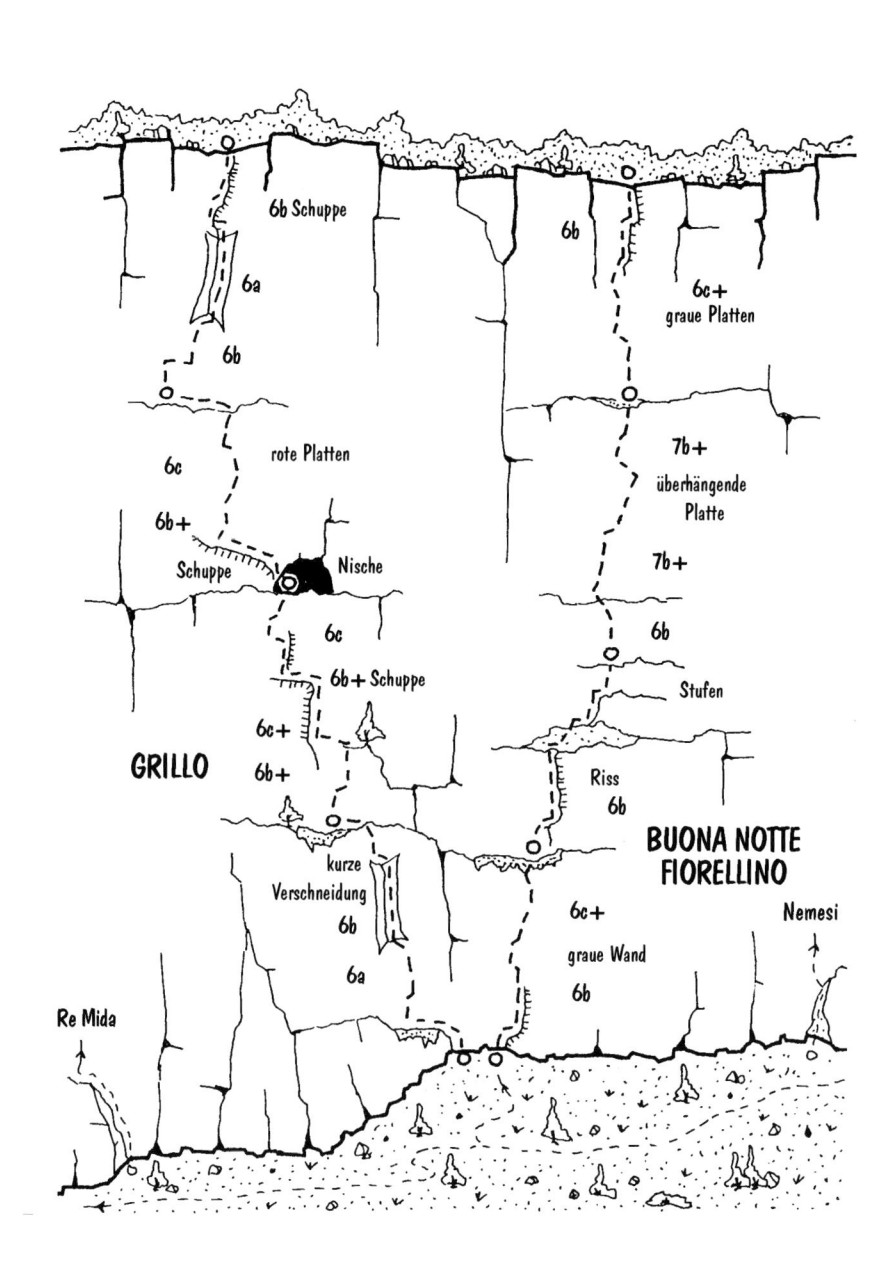

11 RE MIDA ❋❋❋
G. Mantovani 1996
150 m. (6SL)
7b (6b obl.)/S1/I

Schöne Route mit schwierigen Einzelstellen. Sie verläuft über den markanten roten Pfeiler in Wandmitte.

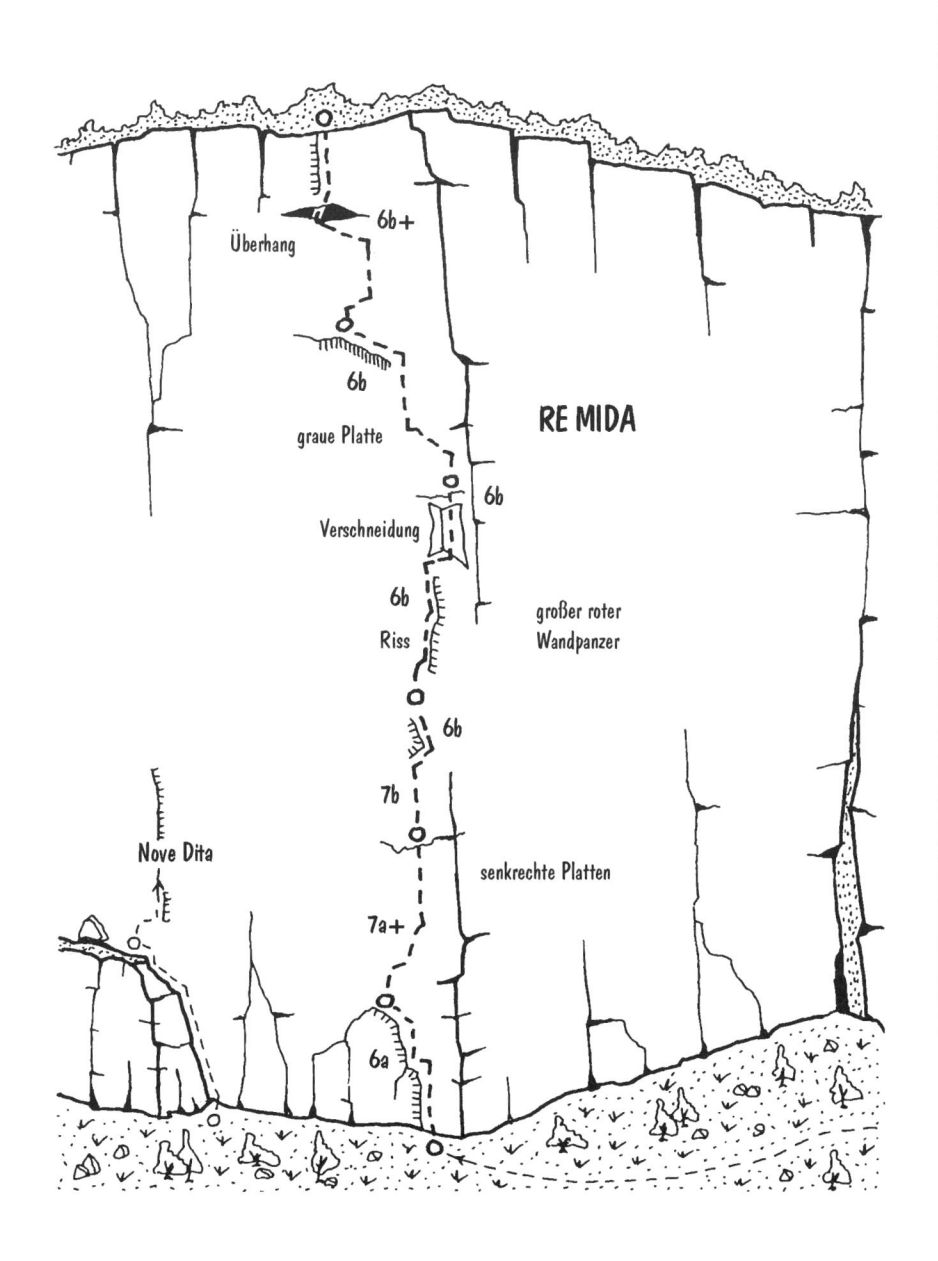

Überhang — 6b+
6b
graue Platte
6b
Verschneidung
6b
Riss
6b
7b
7a+
6a

RE MIDA

großer roter Wandpanzer

senkrechte Platten

Nove Dita

MONTE COLT - SAN PAOLO

12 NOVE DITA ✻
G. Mantovani 1997
120 m. (4SL)
7b (6b obl.)/S1/I
Unlohnende und nicht sehr homogene Route, sehr anstrengend ist der überhängende Riss in der 2. SL. Die Ausstiegsseillänge folgt einem alten, klassischen Weg.

13 LA CICOGNA ✻
N. Tarolli 1997
120 m. (4SL)
7b, A0 (6b obl.)/S1/I
Unlohnende und unhomogene Route mit einer sehr schwierigen und überhängenden Einstiegsplatte. Etwas weite Hakenabstände im restlichen Teil.

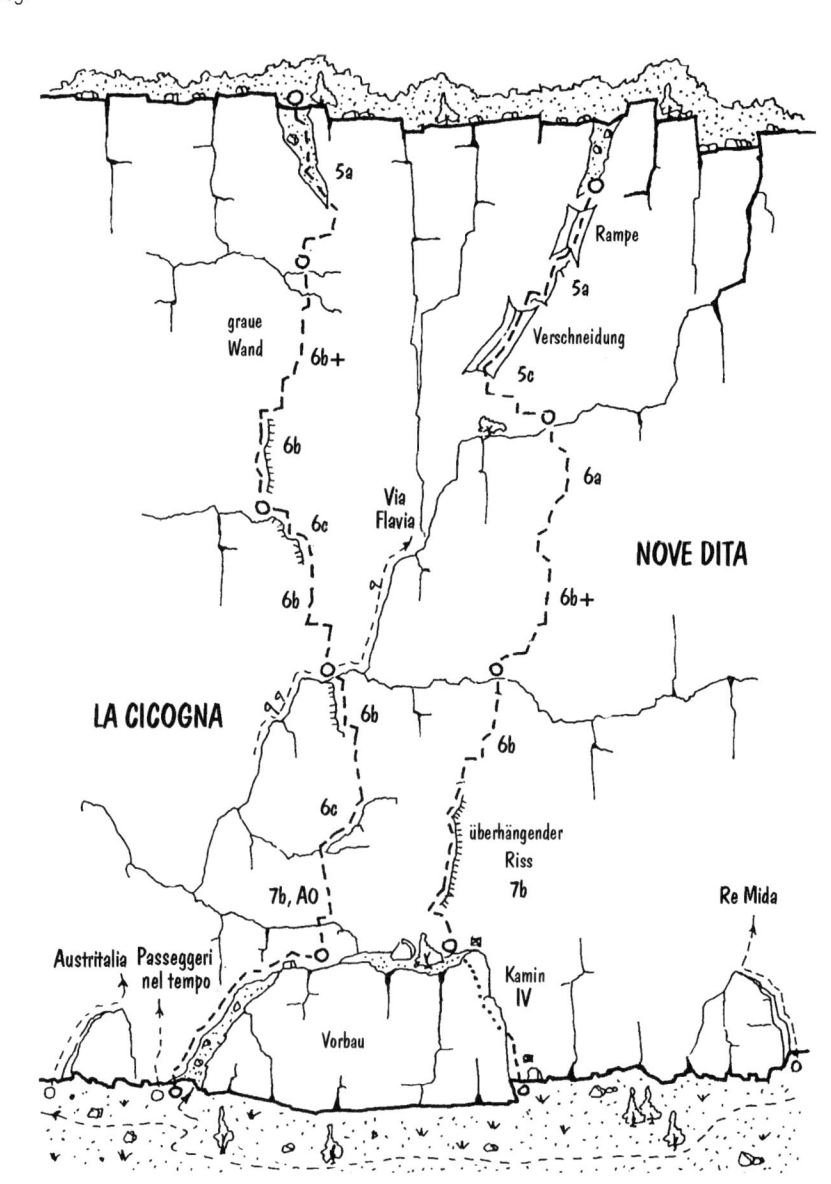

14 PASSEGGERI NEL TEMPO ✻✻✻
A. Mustoni, M. Panteghini 1996
120 m. (4SL)
7b (6b obl.)/S1/I

Schöne, lohnende Plattenkletterei. Die mittleren, senkrechten Seillängen sind einfach herrlich: technisch anspruchsvolle Wandkletterei ist hier angesagt.

15 AUSTRITALIA ✻
N. Tarolli 1997
120 m. (4SL)
7b (6b obl.)/S1/I

Wenig lohnende, unhomogene Route, die zumeist der alten, klassischen 'Via Diego Monelli' folgt. Schöne Platte in der Ausstiegsseillänge.

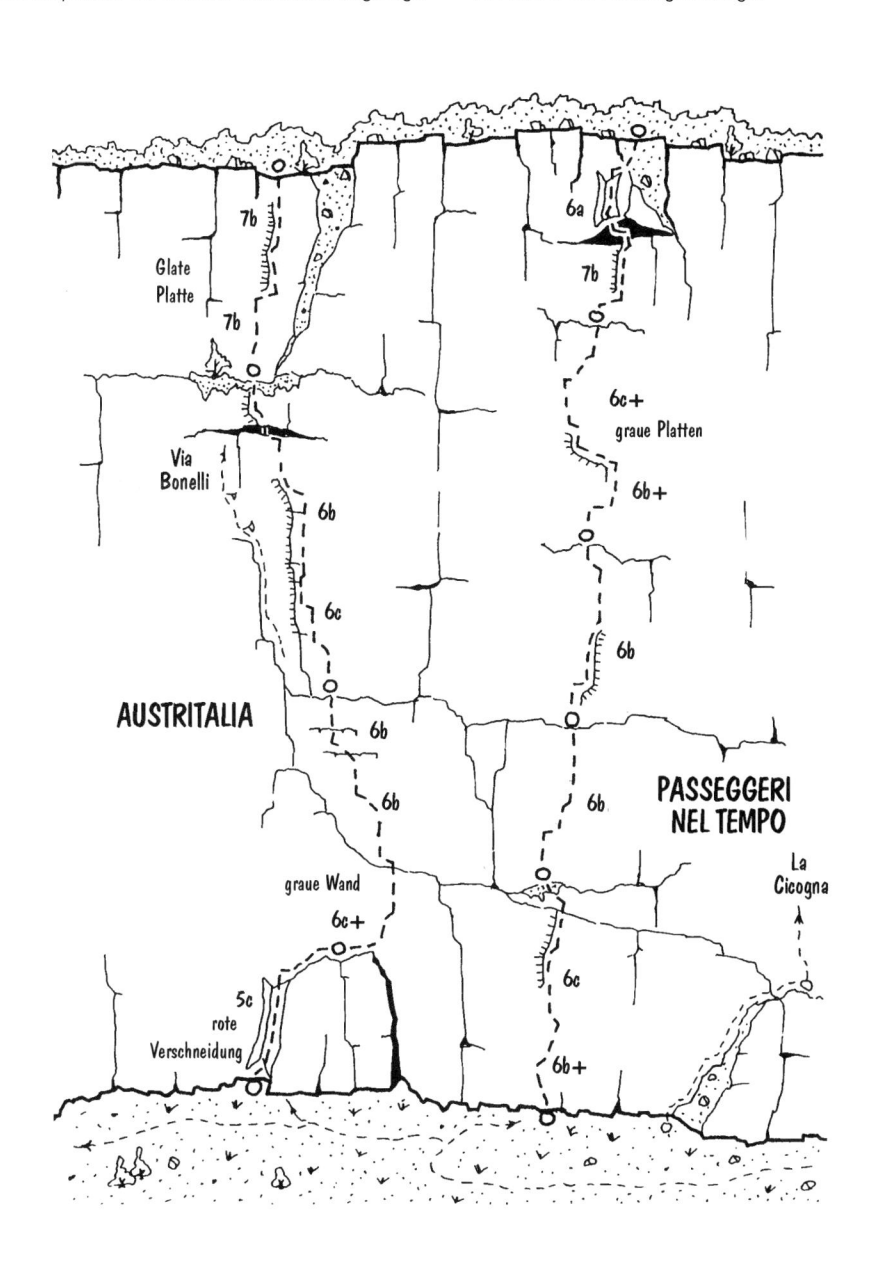

16 VIA FLAVIA ✪✪✪✪✪

D. Zampiccoli, F. Miori 1983
150 m. (5SL)
V+, VI/R3/I

Klassische alpine Riss- und Verschneidungskletterei in fantastischem Gestein, aber praktisch ohne Absicherung. Die 4. SL ist einfach herrlich. Absolut empfehlenswert.

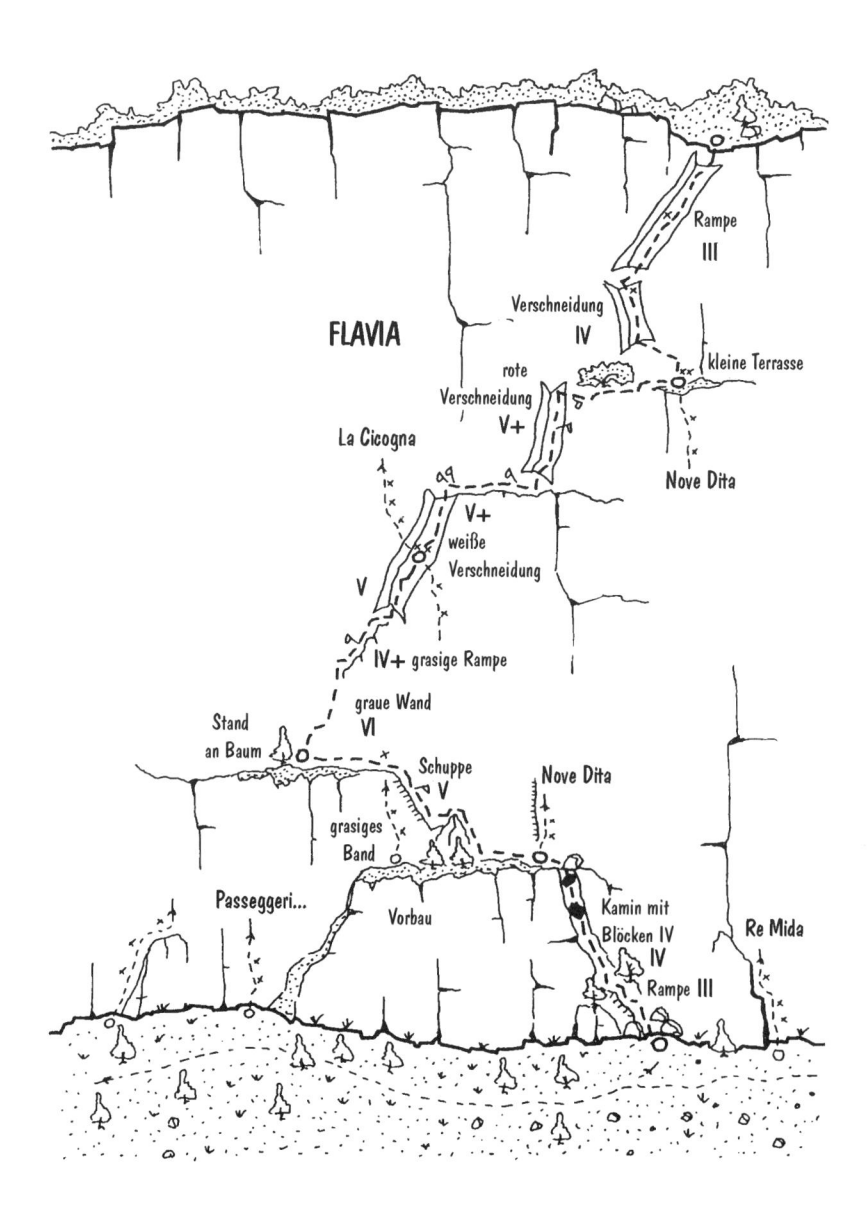

17 VIA LATTEA ✯✯✯✯✯
G. Mantovani 1998
120 m. (4SL)
6b (5c obl.)/S1/I

Schöne, leichte und lohnende Route mit einem wunderschönen, gutgriffigen Überhang in der 2. Seillänge.

Weitere Routen:
A – VIA DEL CAMINO: G. Stenghel und F. Sartori 1982. Einige tiefe Kamine führen rechts des Pfeilers (mit der Route 'Nemesi') durch die Wand. In schwieriger Kletterei führt der Weg durch den rechten Kamin, der ab und zu etwas grasig ist. 150 m. V+,VI.

B – DIEGO BONELLI: G. Stenghel und F. Sartori 1981. Durch die Risse links der Route 'Flavia'. Alte Haken sind sichtbar. 150 m. V+,VI.

C – VALZER LENTO: G. Stenghel und F. Sartori 1982. Im ganz rechten Wandteil, nach dem Sektor mit den Einseillängenrouten, führt dieser Weg über gelbe Schuppen hoch. 50 m. V+

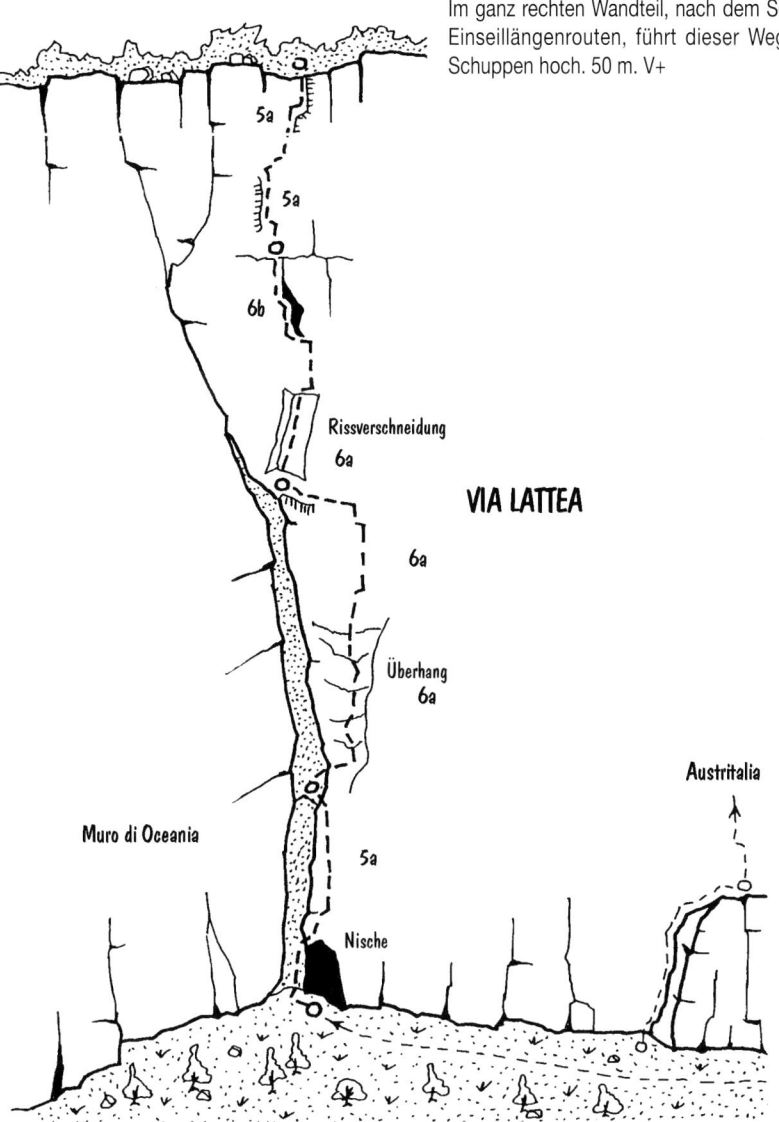

26 MURO DI OCEANIA

Monte Colt

In Richtung Süden ändert sich das Aussehen und die Beschaffenheit der breiten Ostwand des Monte Colt eindeutig. Während im nördlichen Bereich Risse und Verschneidungen vorherrschen, die auch ab und zu mit Vegetation bedeckt sind, erweist sich der südliche Teil als eine einzige, kompakte und überhängende Felsbastion. R. Galvagni nannte diese Wand 'Muro di Oceania', nachdem der dort eine fantastische Route gefunden hatte. In diesem Sektor werden immer noch neue Routen gefunden und eingebohrt.

ZUSTIEG: 30 Min.
Wie zur Ostwand des Monte Colt, dann weiter bis zum Wandfuß des kompakten Felsriegels queren.

ABSTIEG: 20 Min.
Wie bei den anderen Routen.

18	IL GRANDE FRATELLO VI GUARDA	150 m.	
19	IL DESTINO DEL LEONE	120 m.	
20	MAT E ROBYM	100 m.	

MONTE COLT - SAN PAOLO

18 IL GRANDE FRATELLO VI GUARDA ✻✻✻✻✻
R. Galvagni, M. Pfitscher 1996
150 m. (5SL)
6c+ (6a obl.)/S1/I
Perfekte, wunderschöne Plattenkletterei in fantastischem Gestein. Die Traverse in der 4. SL ist herrlich. Absolut empfehlenswert.

19 IL DESTINO DEL LEONE ✻✻✻✻
D. Mabboni 1997
120 m. (3SL)
7b+ (7a obl.)/S2/II
Eindeutig extreme Route über graue, senkrechte Platten. Technisch anspruchsvolle, aber elegante Kletterei in herrlichem Fels. Kreuzt die Route 'Il grande Fratello' in deren Mitte.

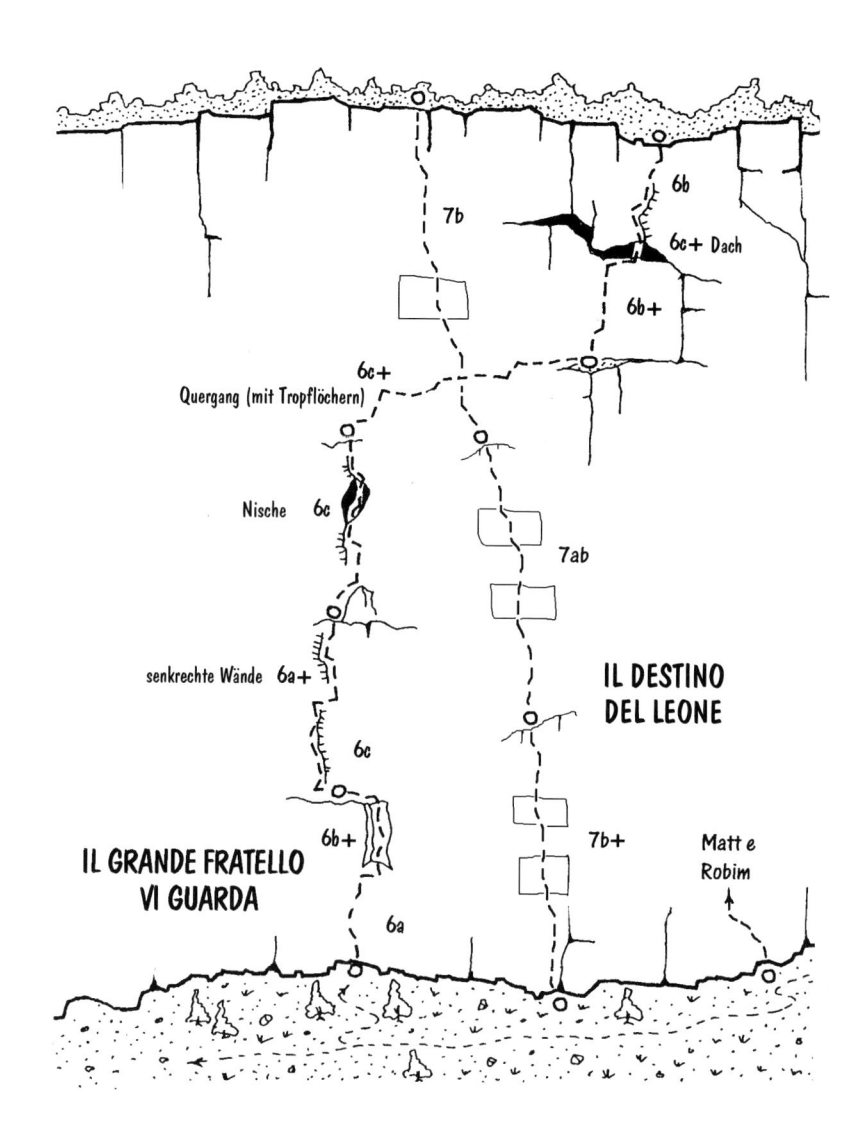

Mario Manica su "Il grande fratello vi guarda" *(arch. Manica)*

20 MAT E ROBYM ✽✽✽✽
R. Marchiori, M. Campolongo 2003
100 m. (4SL)
6b (6a+ obl.)/S1/II

Kurze, aber absolut schöne Route, die man geklettert haben sollte. Nach der ersten spektakulären Verschneidung folgt die Linie den kompakten, gestuften Plattenzonen. Die Absicherung mit Bohrhaken ist sehr gut, nahe Abstände machen die technisch anspruchsvolle Kletterei zum Genuss. Nur auf den ersten Metern ist der Fels etwas brüchig, hier sollte man etwas vorsichtiger sein. Über diese Route kann problemlos und schnell abgeseilt werden (zwei Mal). Der Ausstieg auf das Gipfelplateau empfiehlt sich nicht, denn diese (letzte) Seillänge führt durch sehr brüchiges und mit Büschen bestandenes Gelände.

Einstieg: nach der 'Via Lattea', bei einer deutlich sichtbaren roten Schuppe (Routenname angeschrieben).

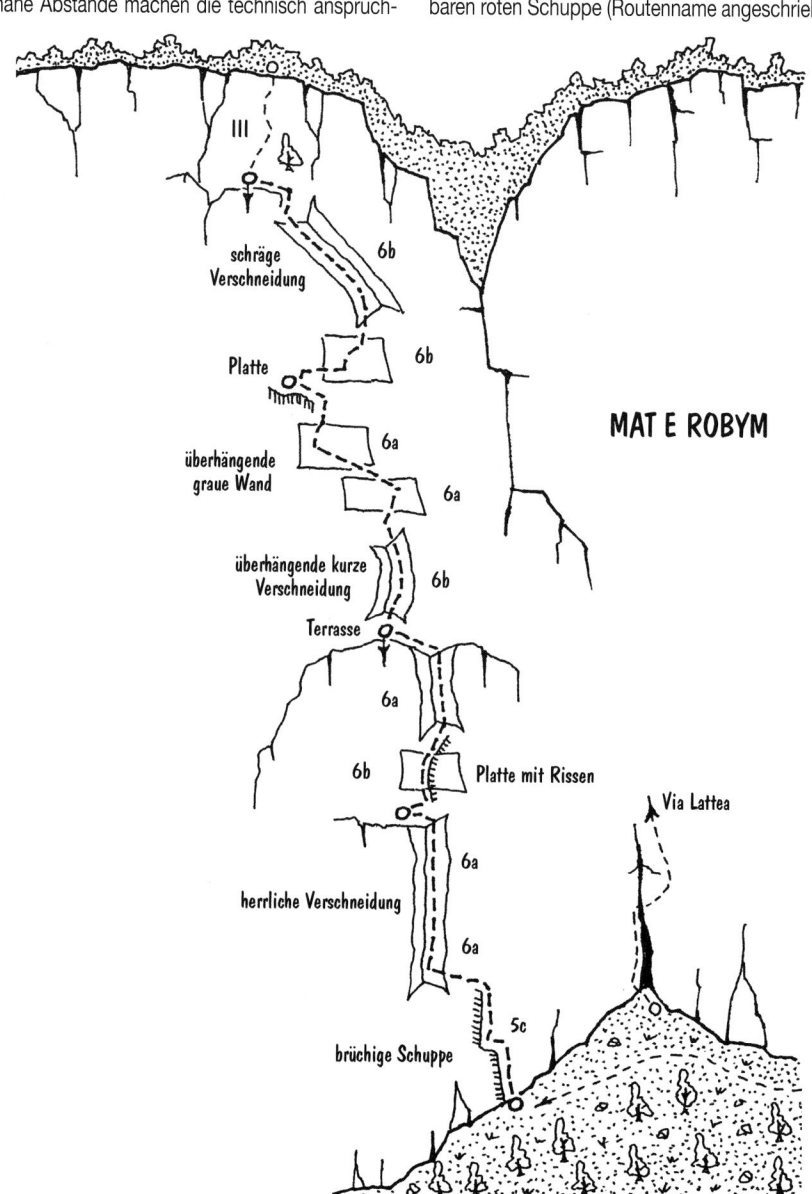

...dal 1956 alla ricerca del buon gusto antico

ristorante Alla Lega

Via Vergolano, 8 • Arco (Tn) • Tel. 0464516205 Fax 0464510896
Chiuso il mercoledì

27 SAN PAOLO WAND

Monte Colt - San Paolo

Die untere der beiden Felsstufen des Monte Colt wird gemeinhin als Parete di San Paolo bezeichnet. Sie ist nicht sehr hoch, aber sehr breit und schon in den 80er Jahren wurden hier zwei sehr schöne Klettergärten geschaffen: San Paolo und Swing Area, die beide mittlerweile eine gewisse Berühmtheit erlangt haben. Einige klassische, alpine Routen führen durch diese plattige und mit kleinen Wäldchen bestandenen Wand. In den letzten Jahren wurden auch verschiedene Sportkletterrouten eingebohrt, die alle sehr schön und lohnend sind.

ZUSTIEG: 15 Min.
Von Arco nach Ceniga und bei der Einsiedelei S. Eremo, kurz vor Ponte Romano, parken (am besten bei einer ehemaligen Schleuse).

ABSTIEG: 30 Min.
In den Wald, bald darauf auf einen Weg und rechts nach Ceniga. Dann auf der Asphaltstraße zum Parkplatz.

21	VIA ISCHIA CALZA'	250 m.
22	SINDROME DA MAKITA	200 m.
23	VIA LILILLA	300 m.
24	ATHENE	300 m.
25	APE MAIA	200 m.
26	GIU' DALLE BRANDE	250 m.
27	APHRODITE	250 m.
28	PENELOPE	200 m.
29	HELENA	200 m.
30	FESSURA DI HADES	200 m.
31	PANTAREI	180 m.
32	PORCI CON LE ALI	180 m.

MONTE COLT - SAN PAOLO

21 VIA ISCHIA CALZA' ※※
U. Ischia, F. Calzà 1971
250 m. (8SL)
V+, un tratto di VI/R3/II

Leider führt diese Route durch einige vegetationsreiche Zonen, aber dennoch weist sie viele schöne und interessante Passagen auf. Nach der ersten und schwierigen, weil kaum absicherbaren Verschneidung, folgt die Linie den schwachen Punkten in der Wand und führt über meist kompakte Platten und kleine Wände. Die wenigen Wiederholer finden kaum Haken vor und die Linie ist nicht einfach zu finden. Aber genau das macht die Route auch interessant und lohnend. Perfekt an einem milden Wintertag. Aber: wer auf elegantes, ästhetisches Klettern aus ist, sollte hier nicht einsteigen - die Route bleibt Entdeckern vorbehalten.

Zustieg: vom Ristorante Tipico hoch zum Wandfuß und an ihm ca. 300 m in Richtung Arco entlang. Eine Art kleine Wand führt zu einem langen, unterbrochenen Band. Auf diesem Band ganz nach rechts bis zu einer markanten Verschneidung.

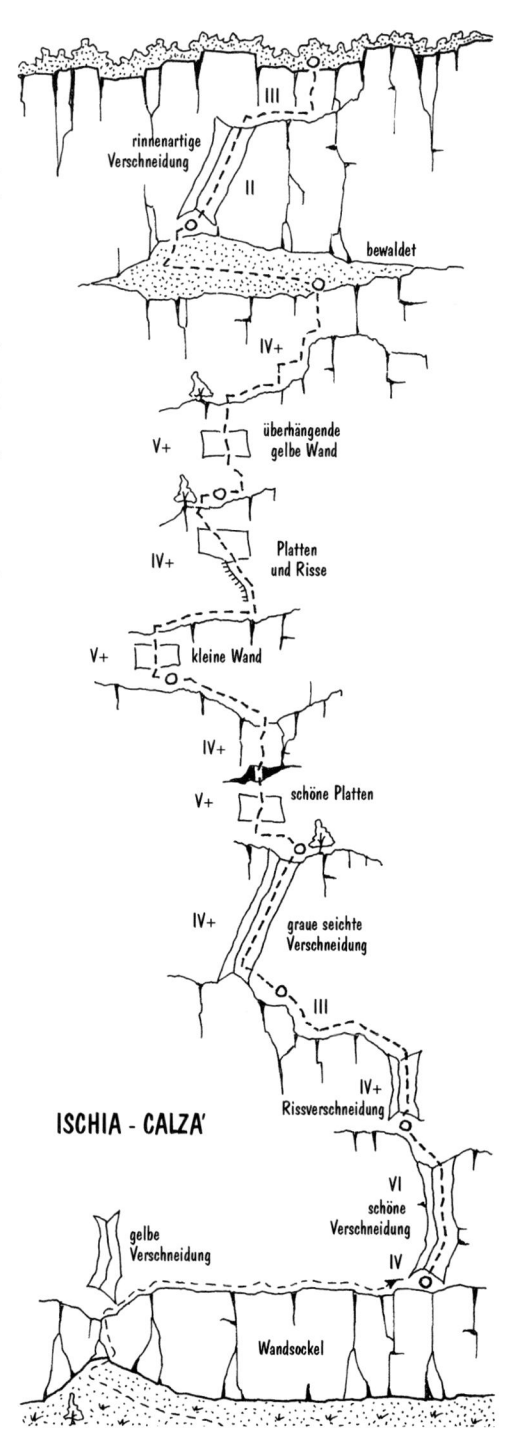

22 SINDROME DA MAKITA ✿✿✿
G. Mantovani, M. Zanoni 2005
200 m. (5SL)
6b+, 6c (6a obl.)/S1/II

Die schöne, lohnende Route führt in den beiden Einstiegslängen in schwieriger Kletterei über einen senkrechten und ausgesetzten Riss. Die 4. Seillänge ist sehr abwechslungsreich mit Riss, Überhang, Kamin und Platte. Obwohl die Absicherung mit Bohrhaken sehr gut ist, sollte man in manchen Bereichen wegen der mangelnden Felsqualität sehr vorsichtig sein. Der letzte Teil folgt der klassischen Route 'Lililla'.
Einstieg: von 'Ape Maia' ca. 100 m nach links queren. Dann über eine deutlich sichtbaren Rampe bzw. einen kleinen Vorbau.

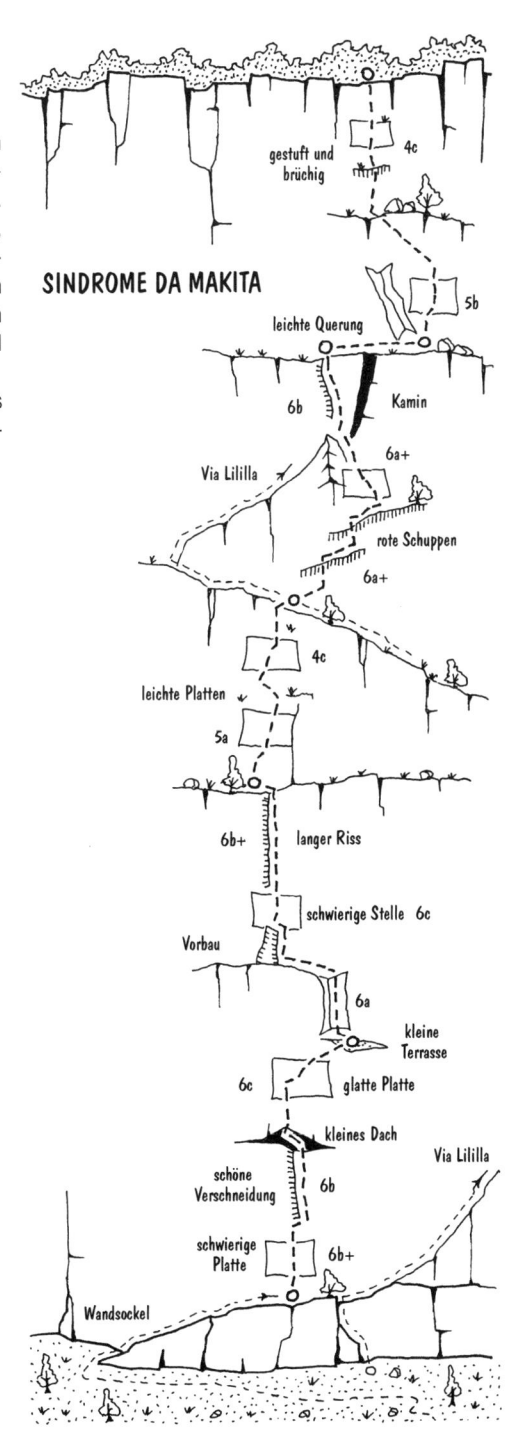

23 VIA LILILLA ✻✻✻

F. Miori, D. Zampiccoli 1982
300 m (7SL)
V+, 1 passo VII o A0/R3/II

Klassische, schöne und abwechslungsreiche Route. Kompakte Platten, schlecht absicherbare Kamine und brüchige Risse bieten zusammen mit etwas Vegetation einen interessante Mischung, die wohl nur die Liebhaber alpiner Kletterei ansprechen wird. Die logische Linie folgt eine Reihe von Rissen und Verschneidungen, der Fels ist meist gut, nur wenige Haken sind vorhanden und einige Standplätze müssen verstärkt werden. Vom Ristorante Tipico aus erkennt man sehr gut die graue Platte mit dem schrägen, nach rechts verlaufenden Riss, über den der erste Teil der Route führt.

Zustieg: vom Parkplatz bis zum Ristorante Tipico und durch den Wald in Richtung des schrägen Risses. Über einen kleinen Wandsockel zum Einstieg beim Riss. Achtung: Schwierige Einstiegspassage.

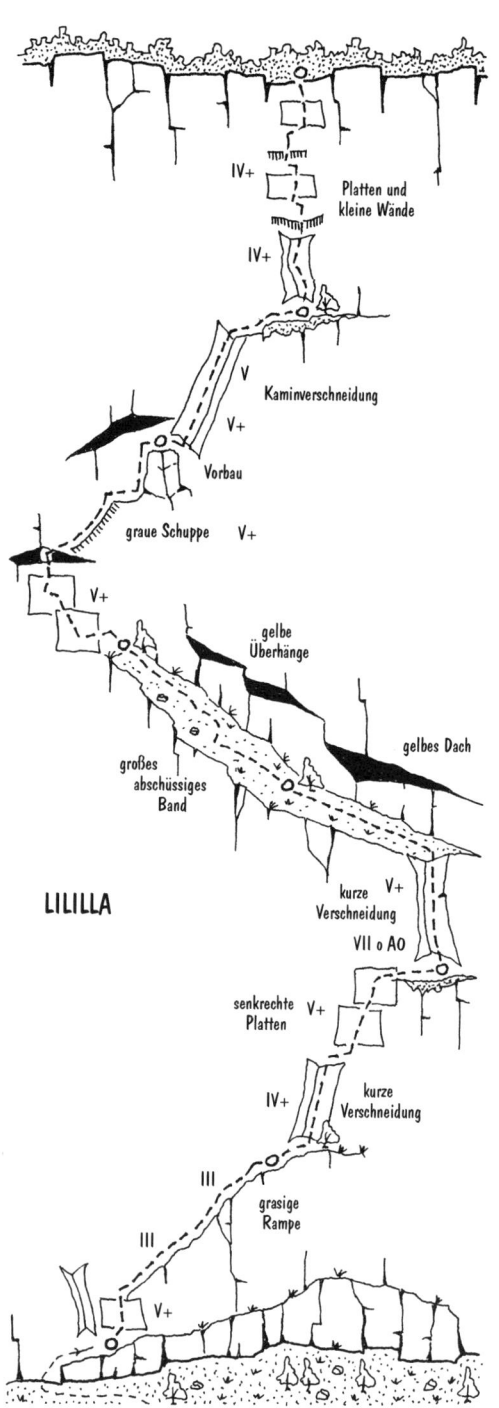

24 ATHENE ✯✯✯✯✯

H. Grill, F. Kluckner, F. Heiss 2006
300 m. (11SL)
VI+, VII+/R1/II

Die sicherlich schönste und lohnendste Route in der ganzen Wand führt meist über kompakte Platten mit bestem Fels. Eigentlich sind nur Expressschlingen nötig, denn sehr viele Normal- und einige Bohrhaken wurden zur Absicherung verwendet. Wer dennoch zusätzlich absichern möchte, kann ein paar kleine Friends mit nehmen. Die Schwierigkeiten sind sehr homogen, die vierte und die letzte Seillänge sind ausgesprochen schön. Empfehlenswerte Route für die Liebhaber klassischer, mit Normalhaken abgesicherter Wege.

Einstieg: gleich links von 'Ape Maia'. Routenname angeschrieben.

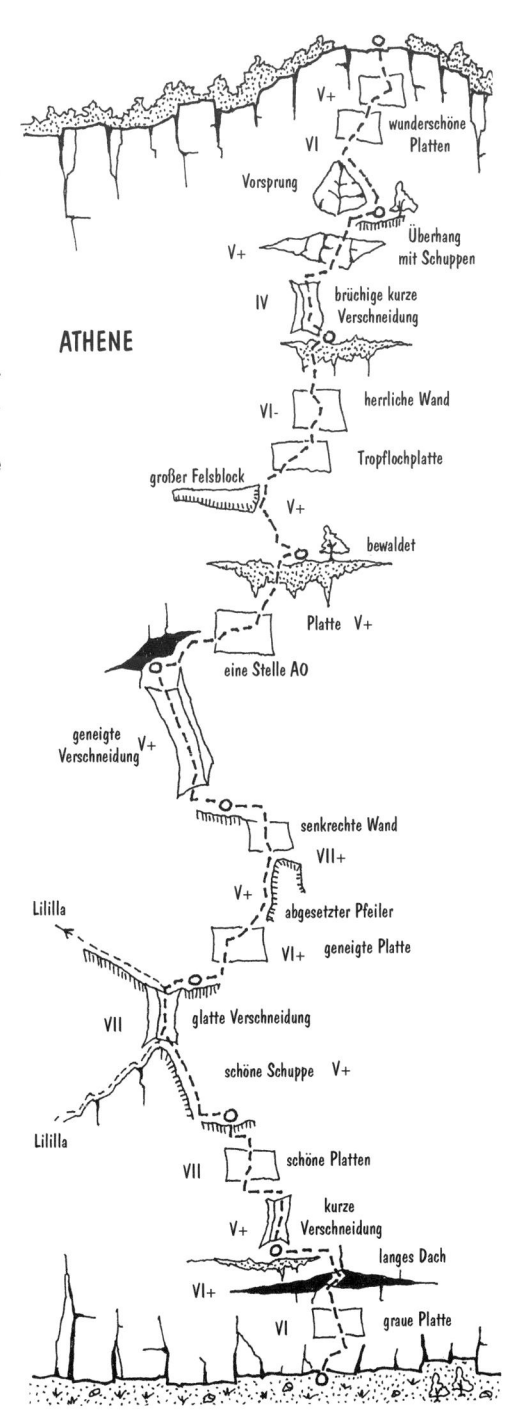

25 VIA APE MAIA ✴✴✴✴

G. Mantovani, M. Zanoni 2003
200 m. (7SL)
5c, 6b (6a obl.)/S1/II

Die schöne, lohnende Route folgt meist einem Riss- und Verschneidungssystem. In der 5. Seillänge ist eine technisch sehr anspruchsvolle, senkrechte Platte zu überwinden. Die Route ist komplett bestens mit Bohrhaken abgesichert.

Zustieg: vom Ristorante Tipico auf einer kleinen Straße in den Wald und bald auf dem Wanderweg weiter bis zur Wand. Der Einstieg ist wenige Meter weiter rechts (gleich darauf folgt der Klettergarten Swing Area).

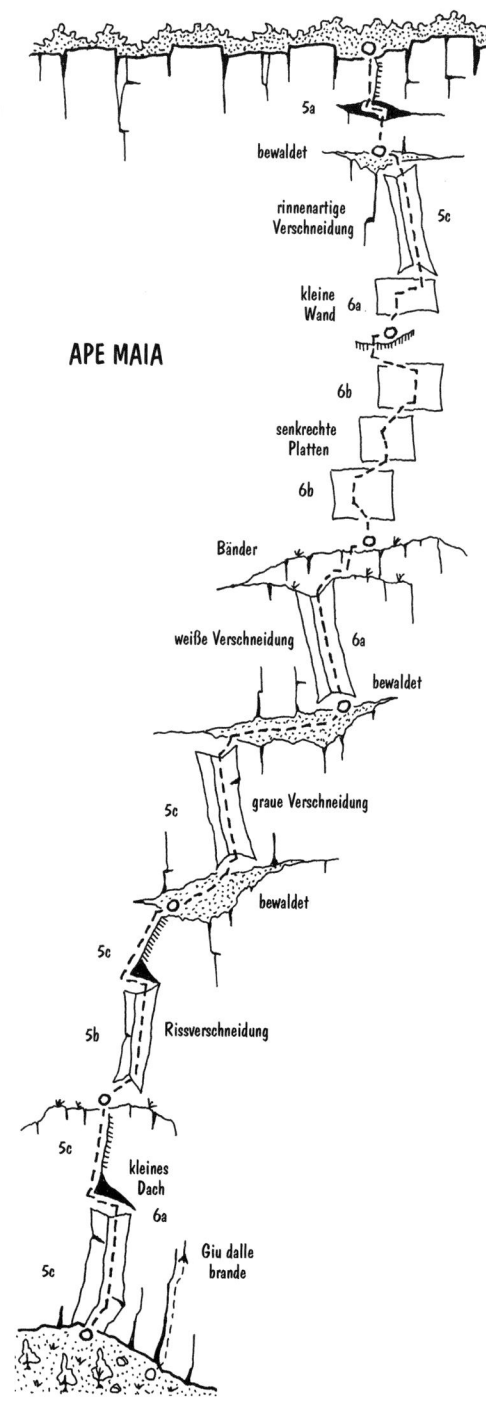

26 GIU' DALLE BRANDE ✯✯✯

G. Mantovani 2004
250 m. (7SL)
6a, 6b (6a obl.)/S1/II

Klassische, abwechslungsreiche Route durch Verschneidungen und Risse mit guter Absicherung und in bestem Fels. Eine lange Querung in Wandmitte kennzeichnet die Route und verleiht ihr auch etwas Erforscherhaftes. Die große Verschneidung in der 5. Seillänge ist sehr athletisch und ausdauernd, aber schön.
Einstieg: rechts von 'Ape Maia'.

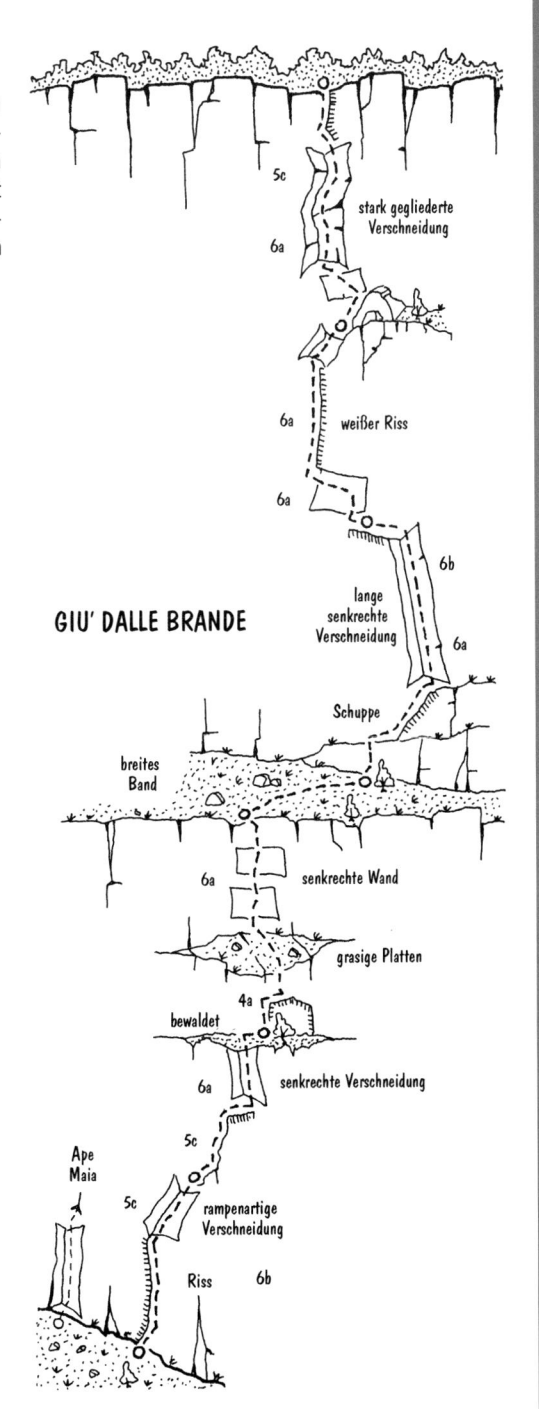

27 APHRODITE ✽✽✽

H. Grill, F. Kluckner, S. Konigsedel, F. Heiss 2006
250 m. (10SL)
V+, VI-/R1/II

Klassische Platten-, Riss- und Verschneidungskletterei mit einigen besonders schönen Seillängen, aber auch manchmal brüchigen Passagen. Insgesamt gesehen ist die Felsqualität aber gut. Absicherung meist mit Normalhaken, aber auch (ein paar wenigen) Bohrhaken. Wiederholer benötigen nur Expressschlingen.

Einstieg: Vom Parkplatz bei der ehemaligen Schleuse direkt in den Wald und hoch zum Wandfuß. Dann etwas links, der Routenname ist angeschrieben.

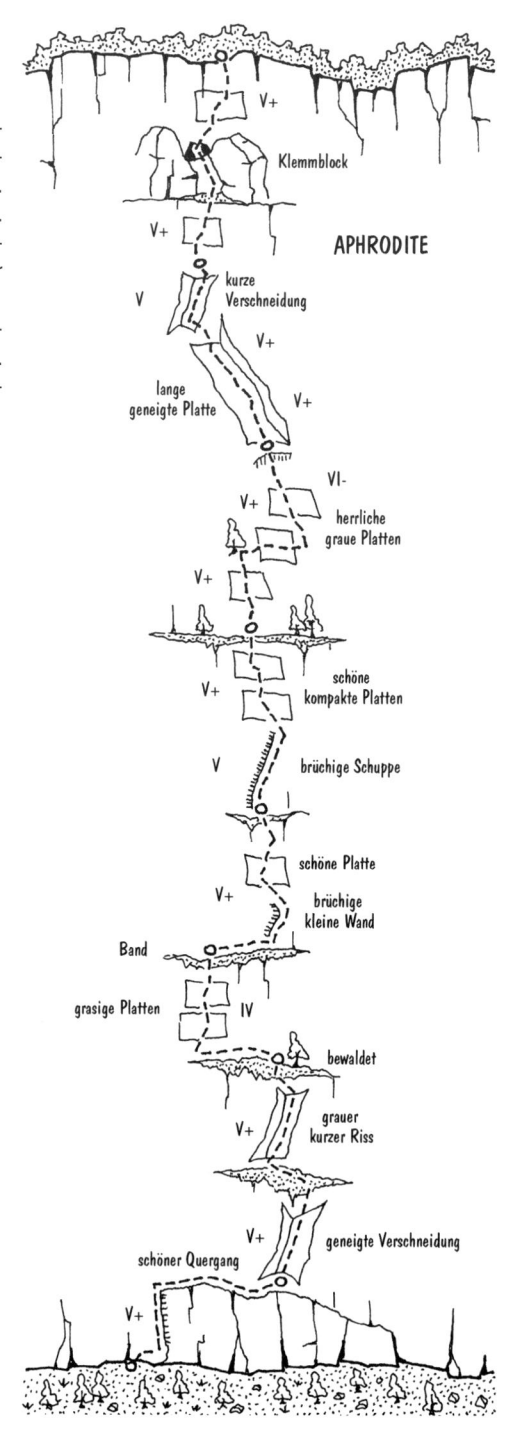

28 PENELOPE ❄❄❄❄

G. Mantovani 2004
200 m. (6SL)
6a, 6b+ (6a obl.)/S1/II

Eine lange und regelmäßige Verschneidung sowie eine überhängende und athletische Platte kennzeichnen diese schöne Route. Auch die sehr gute Absicherung und das feste Gestein tragen zum entspannten und abwechslungsreichen Klettern bei.

Einstieg: Von den Stufen, die zur Einsiedelei S. Eremo führen, in den Wald und auf einem deutlichen Pfad zum Wandfuß. Dann linkshaltend queren, ein Steinmännchen kennzeichnet den Einstieg von 'Pantarei'. Noch weiter links erreicht man die deutlich sichtbare, regelmäßige Verschneidung (kleines Schild am Einstieg).

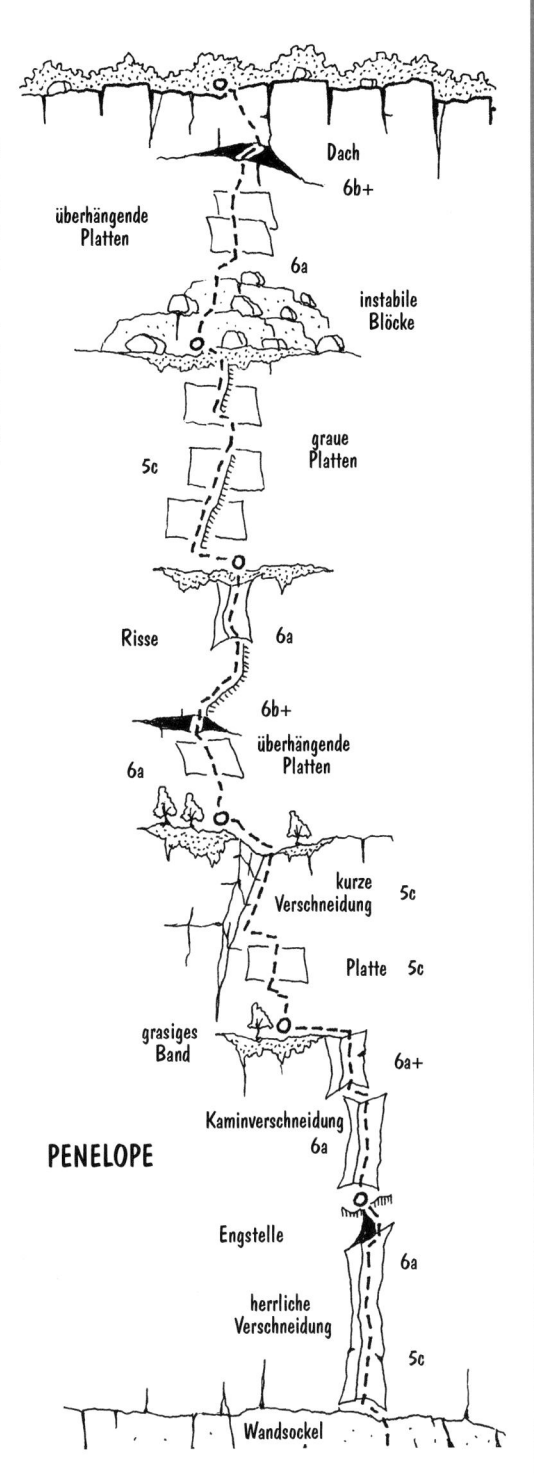

29 HELENA ✻✻✻✻
H. Grill, F. Kluckner, F. Heiss 2006
200 m. (9SL)
V+, VI/R1/II

Schöne, elegante und genussvolle Kletterei in bestem Fels, meist über Platten. Die schönsten Kletterstellen sind eindeutig die überhängenden, aber gutgriffigen Passagen. Sehr gute Absicherung mit Normal- und Bohrhaken, weswegen Wiederholer nur Expressschlingen benötigen. Die Ausstiegsseillänge ist einfach herrlich.
Einstieg: etwas rechts von 'Penelope'

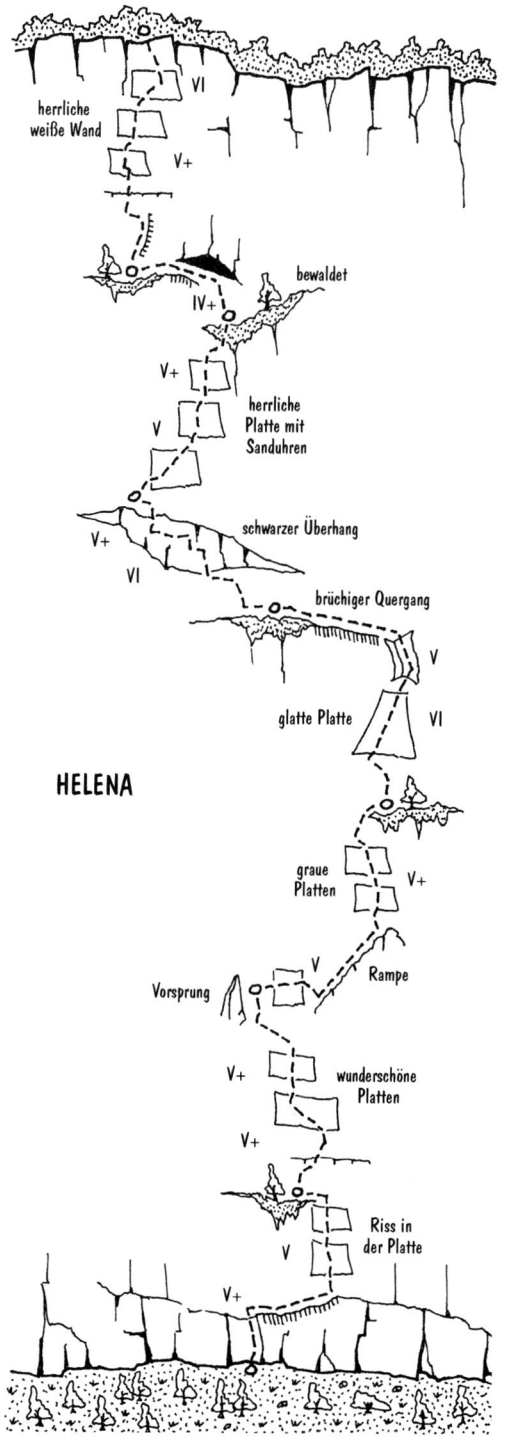

30 FESSURA DI HADES ✹✹✹
H. Grill, F. Kluckner, G. Maichl 2006
200 m. (6SL)
VI+, VII+, A2/R1/II

Kurze und schwierige Route, aus alpinistischer Sicht sehr interessant und lohnend. Sie verläuft zunächst über schöne, gut abgesicherte Platten. Der überhängende Riss in der 4. SL ist sehr schwierig und anstrengend und wird teils technisch, teils frei geklettert (eine Trittleiter ist nützlich). Die Haken in dieser Seillänge liegen weit auseinander, Friends, mittlere und große Hexentrics sind zur zusätzlichen Absicherung notwendig. In den Ausstiegslängen ist das Gestein teilweise etwas brüchig, hier sollte man vorsichtiger sein.
Einstieg: wie zu 'Helena'

30a VARIANTE FUGA DA HADES ✹✹✹
H. Grill, S. Grill 2006
120 m. (4SL)
V+, A0

Der schwierige überhängende Riss wird bei dieser Variante mit einem großen Bogen links umgangen. Die Route wird dadurch homogener und angenehmer.

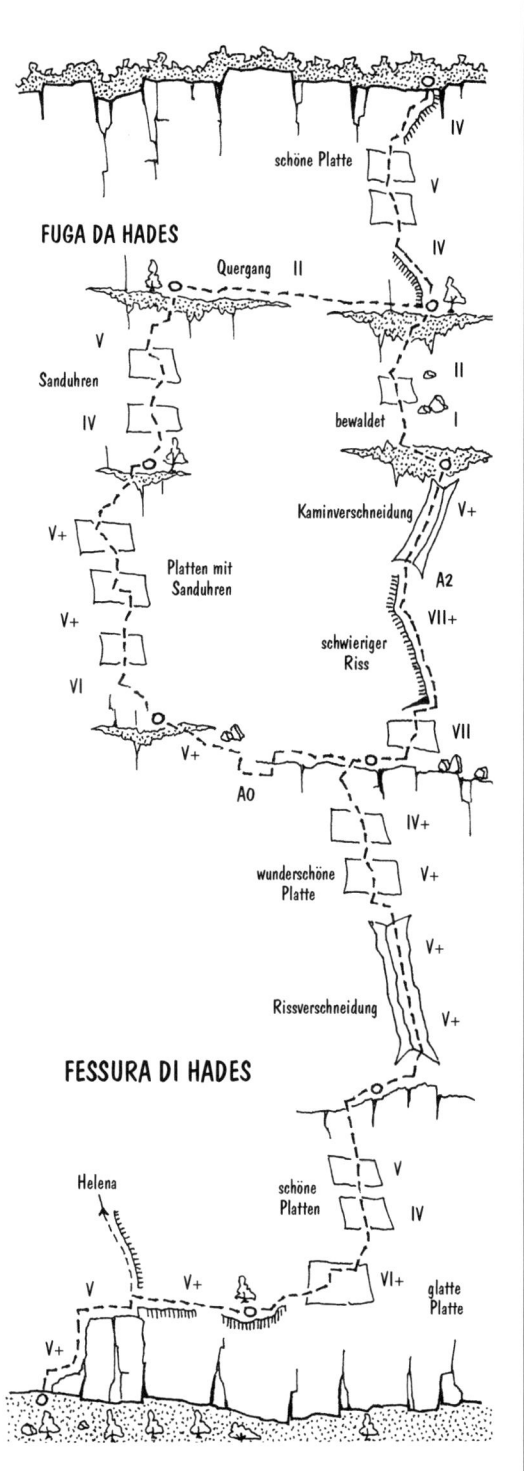

31 PANTAREI ✱✱✱✱✱
R. Galvagni, D. Filippi 2004
180 m. (6SL)
6a, 6b+ (5c obl.)/S1/II

Die Route führt durch einen Bereich mit kurzen, kompakten Wänden und Verschneidungen ohne jegliche Vegetation. Die zweite Seillänge mit der überhängenden Verschneidung und der graue Ausstiegspfeiler sind besonders schön. Die Absicherung ist ebenso wie der Fels perfekt.

Zustieg: Von den Stufen, die zur Einsiedelei S. Eremo führen, in den Wald und auf einem deutlichen Pfad zum Wandfuß. Dann linkshaltend queren, ein Steinmännchen kennzeichnet den Einstieg (Routenname angeschrieben).

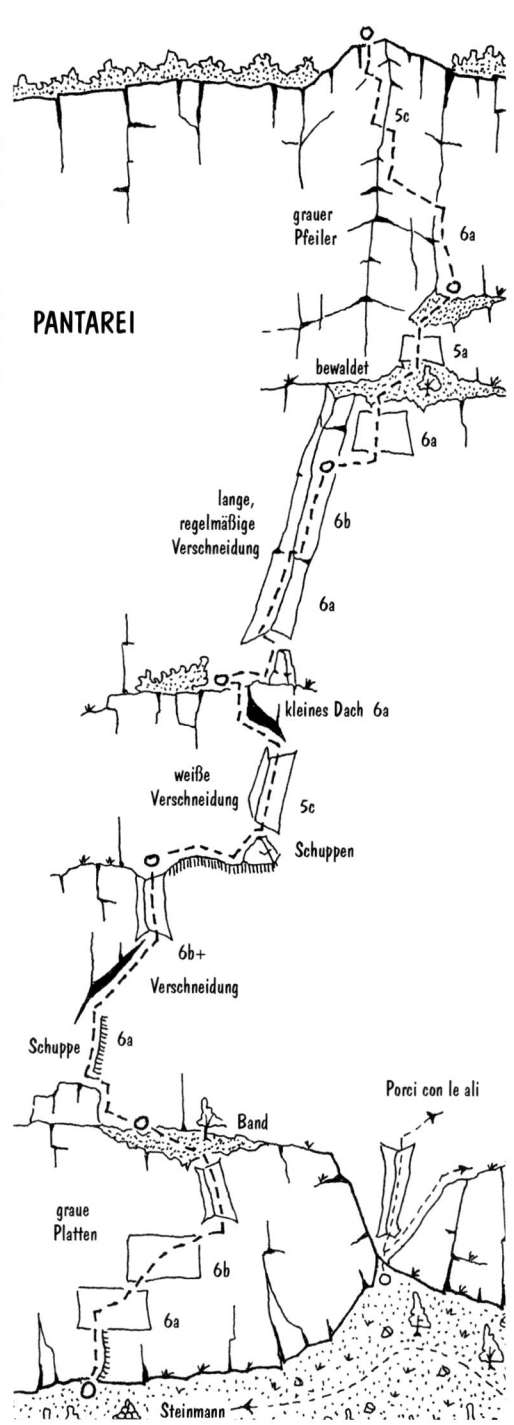

32 PORCI CON LE ALI ✻✻✻
R. Galvagni, D. Filippi 2004
180 m. (6SL)
6a (5c obl.)/S1/II

Die schöne, leichte und lohnende Route führt über Platten, durch Verschneidungen und Risse. Der feste Fels, die sehr gute Absicherung und die mäßigen Schwierigkeiten machen aus der Route eine perfekte Halbtagestour. Die letzte Seillänge mit einem luftigen und schmalen Pfeiler ist besonders schön.

Einstieg: Von den Stufen, die zur Einsiedelei S. Eremo führen, in den Wald und auf einem deutlichen Pfad zum Wandfuß. Schließlich durch eine Rinne zum Einstieg.

MONTE COLODRI

Der Monte Colodri liegt nördlich oberhalb von Arco, ist stark gegliedert und vielschichtig und bietet eine unglaublich hohe Zahl von Routen. Fast alle Kletterstilrichtungen sind hier anzutreffen: Klassische Riss- und Verschneidungskletterei, Sportkletterrouten über sehr kompakte Platten und auch schwierige technische Routen über ausgeprägte Dächern. Schon in den 70er Jahren war der Colodri ein Anziehungspunkt für Alpinisten, die hier die markantesten Linien durch die großen Verschneidungen (wie z.B. 'Via Bertamini' und 'Via Barbara') klettern konnten. Seit damals entstehen Jahr für Jahr viele neue Routen an diesem Massiv, ohne Anzeichen dafür, dass die Erschließung irgendwann aufhören könnte.

Eigentlich besteht der Monte Colodri aus zwei Massiven, nämlich dem Colodri und der Rupe Secca, wobei ersterer wegen seiner Erscheinung und seiner Ausmaße viel bedeutender ist. Der Colodri fällt nach Süden mit einer abweisenden und überhängenden Wand ab. In Richtung Osten sind die Felswände hoch und breit und von tausenden von Rissen durchzogen. Nordwärts kennzeichnet ein schlanker, perfekt geformter Pfeiler die hohe Wand.

Die Rupe Secca scheint hingegen wie eine kleinere Variante des Colodri. In Richtung Osten beherrscht eine dunkle, senkrechte Wand mit den schönsten Sportkletterrouten des Sarcatals das Bild. Nach Süden sind die Wände nicht sehr hoch, aber auch hier gibt es Routen, die wunderschön sind. Zwischen Rupe Secca und Colodri führt ein leichter und schöner Klettersteig direkt auf den Gipfel des Monte Colodri.

MONTE COLODRI

28 - SÜDWAND
29 - OSTWAND
30 - ZANZARA PFEILER
31 - RUPE SECCA OST
32 - RUPE SECCA SÜD

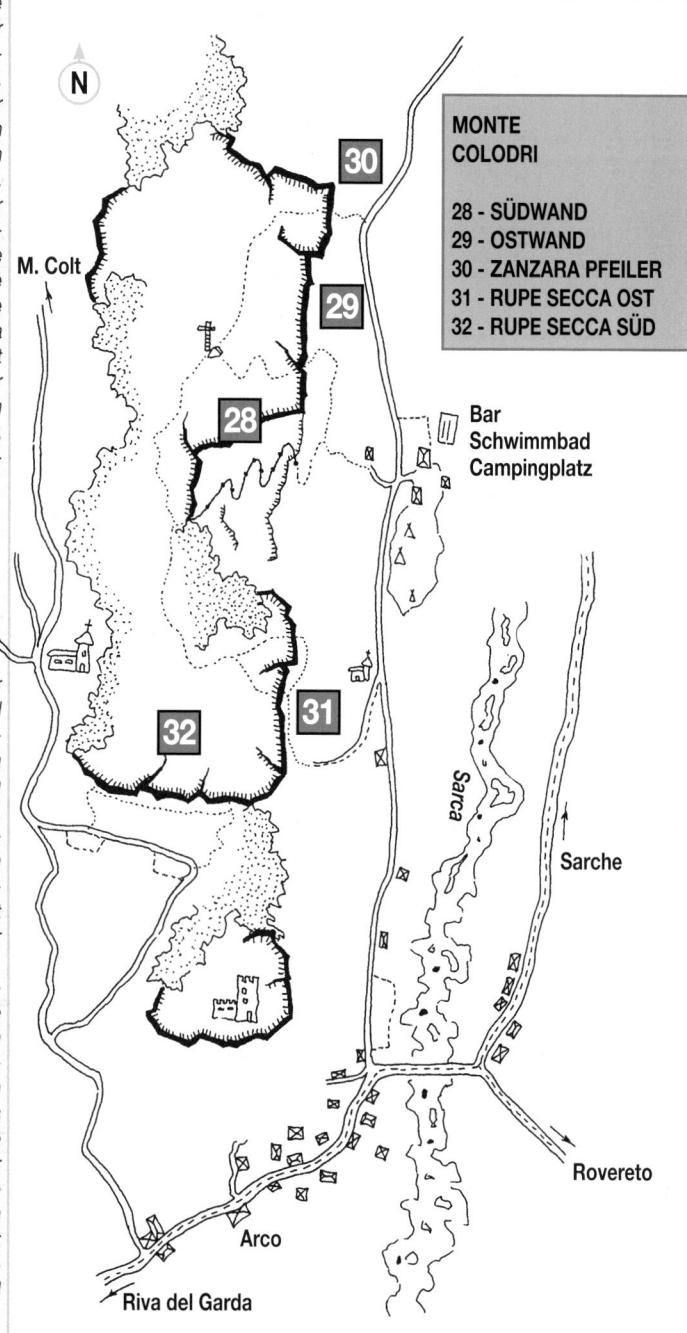

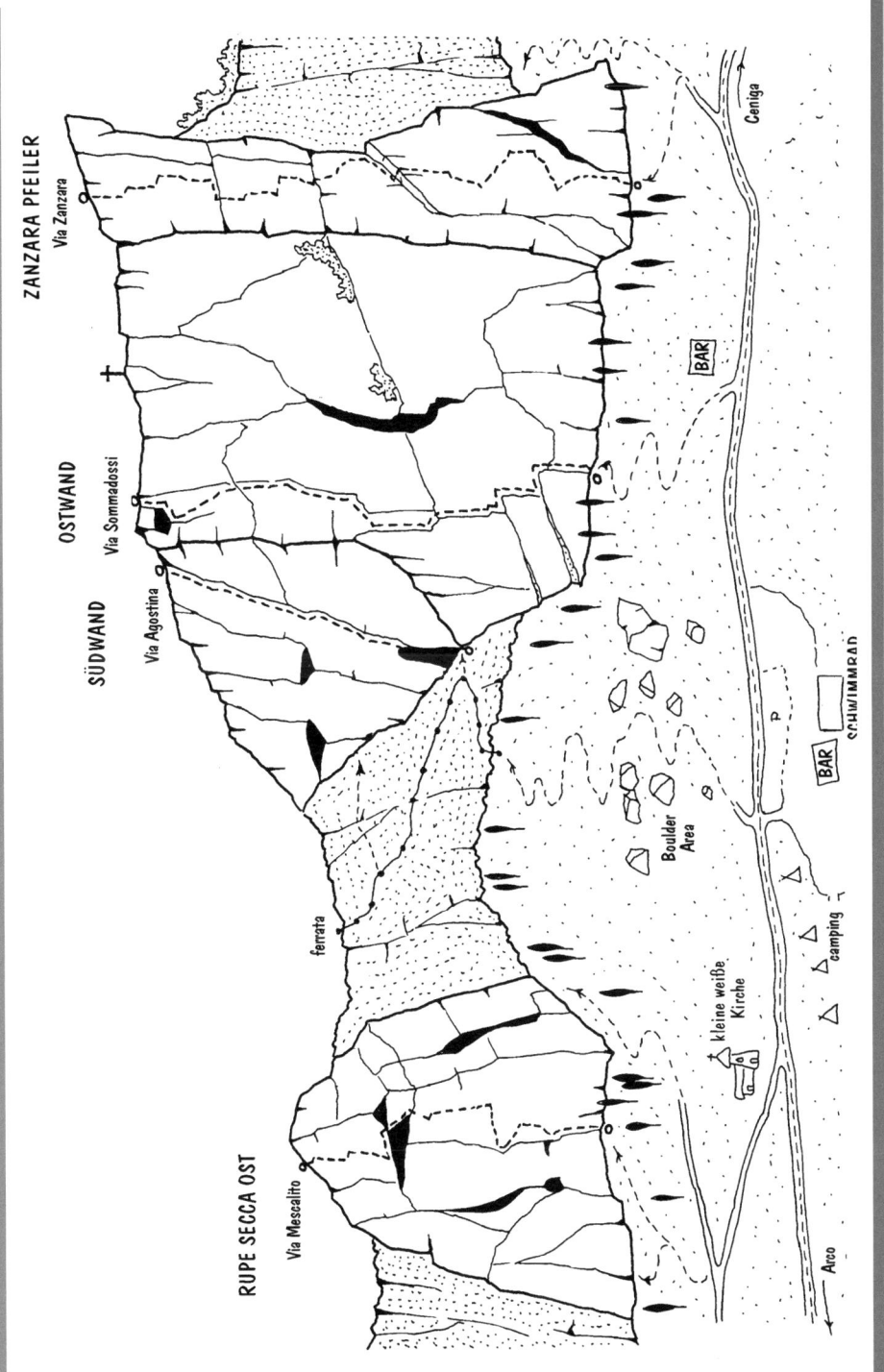

MONTE COLODRI

ZANZARA PFEILER — Via Zanzara

OSTWAND — Via Sommadossi

SÜDWAND — Via Agostina

ferrata

RUPE SECCA OST — Via Mescalito

kleine weiße Kirche

Boulder Area

camping

BAR

SCHWIMMBAD

BAR

Arco

Ceniga

MONTE COLODRI

28 SÜDWAND

Monte Colodri

Die überhängende und sehr abweisende Wand ist von Rissen und Verschneidungen durchzogen, die manchmal auch von ausgeprägten Überhängen und Dächern abgeschlossen werden. Diese Südwand liegt oberhalb des Klettersteigs, der auf den Gipfel des Monte Colodri führt. Alle Routen in dieser Wand sind schwierig und begeistern dennoch wegen ihrer Mischung aus freier und technischer Kletterei. Am besten klettert man hier während der Wintermonate, das heißt, wenn normalerweise keine Klettersteiggeher unterwegs sind. Denn wegen der wenigen Begehungen liegen in den Routen noch viele lose Steine, die herunterfallen könnten.

ZUSTIEG: 30 Min.
Vom Parkplatz am Freibad zum Klettersteig (Via Ferrata). Bei der ersten großen Kehre in Wandnähe verlässt man diesen und geht auf Pfadspuren direkt bis unterhalb der großen Überhänge.

ABSTIEG: 1 Std.
Vom Ausstieg der Routen auf direktem Weg zum Gipfelkreuz. Auf dem markierten Weg zur Via Ferrata und dann ins Tal.

#	Name	Länge	
1	PRIMI SOGNI	180 m.	
2	BIG LOVE	90 m.	
3	MAGIC TRIP	200 m.	
4	SOTTO VUOTO	170 m.	
5	DECIMA SINFONIA	200 m.	
6	POMI COTI	200 m.	
7	CHARLIE CHAPLIN	180 m.	
8	VIA DEL BEPI	180 m.	
9	AGOSTINA	220 m.	

MONTE COLODRI

1 PRIMI SOGNI ✸✸✸
D. Mabboni 2000
180 m. (5SL)
5c, 6a (5c obl.)/S2/II

Abwechslungsreiche, originelle und genussvolle Route, die nach zwei Seillängen mit Plattenkletterei durch eine graue und gegliederte Verschneidung führt. Die Absicherung mit Bohrhaken ist perfekt und man klettert meist in festem Gestein. In der 3. SL sind eventuell ein paar kleine Friends für eine heikle, brüchige Schuppe nötig. In der Ausstiegslänge liegen einige lose Steine: bitte keinen Steinschlag verursachen (der Klettersteig liegt genau unterhalb).

Einstieg: man verlässt den Klettersteig an der ersten großen Kehre und geht direkt zum Fuß der geneigten Platten (Bohrhaken am Einstieg).

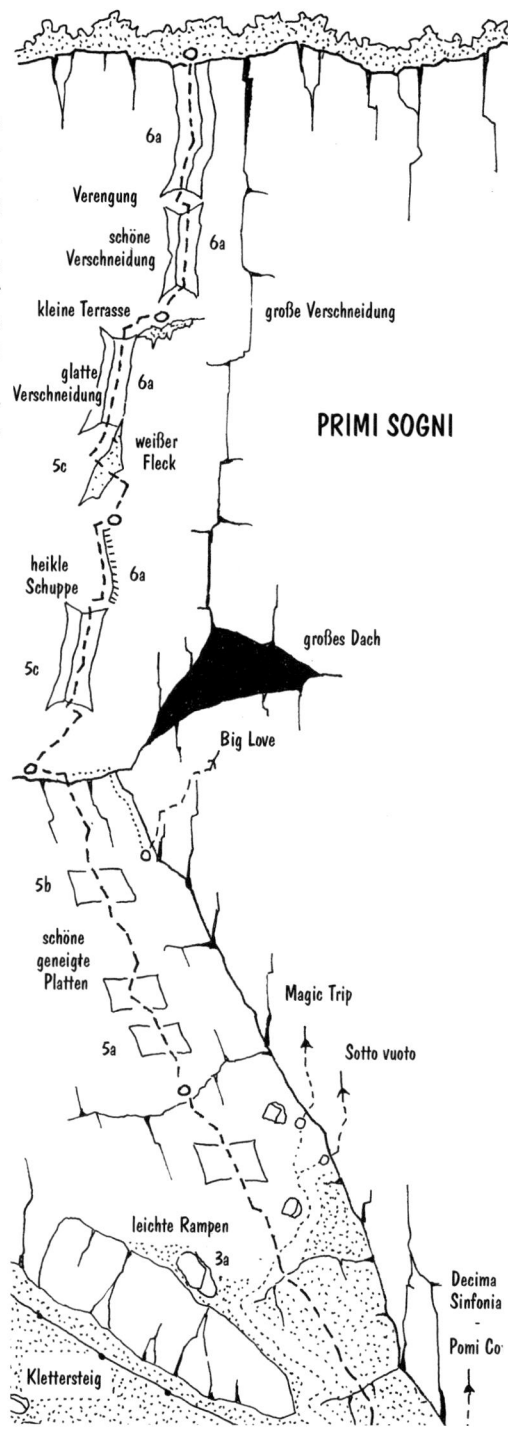

2 BIG LOVE ✸✸✸✸
M. Giordani, F. Zenatti 1981
90 m (3SL)
VI+, A2/R3/II

Die Linie führt über das große Dach im ganz linken Wandbereich. Kurz, aber wegen der extremen Freikletterpassagen und der heiklen, prekären technischen Kletterei sehr anstrengend. Festes Gestein, ausreichende Absicherung.

Einstieg: Auf dem Klettersteig fast ganz bis zum Ende. In Höhe des großen Daches, bei einem Felspfeiler, steigt man dann rechts auf ein Felsband, das in Richtung des Daches führt. Wegen einiger schwieriger Stellen sollte man sich schon hier anseilen. Am Ende quert man ziemlich heikel über brüchigen Fels bis zu einem kleinen Baum, von dem eine kurze Strecke bis zum Beginn des Überhangs abgeseilt wird.3

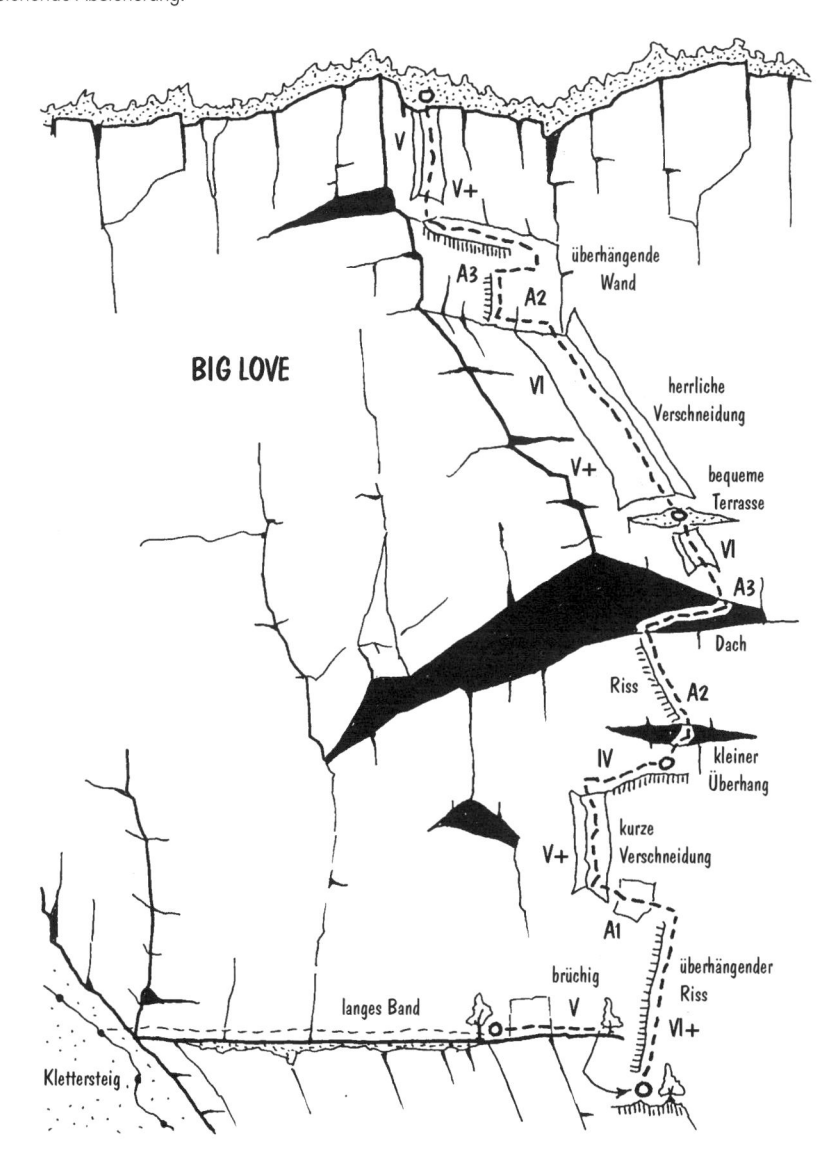

MAGIC TRIP ✶✶✶✶✶
M. Pegoretti, A. Andreotti 1985
180 m. (6SL)
VI+, VII, A3/R4/III

Technische Kletterei, sehr schwierig und anstrengend, aber auch sehr lohnend. Die Linie hängt stark über, ist wenig abgesichert und folgt vom Einstieg bis zum Gipfel fast ununterbrochen einem Riss. Die technischen Schwierigkeiten sind zwar nicht sehr hoch, aber sehr homogen und kraftraubend. Das Gestein ist fast durchgängig fest und kompakt, nur in der dritten Seillänge ist etwas Vorsicht angebracht. Alle Standplätze sind mit Normal- und/oder Bohrhaken eingerichtet. Die Absicherung erfolgt meist mit Normalhaken und Klemmkeilen, nur in wenigen Passagen sind Cliffs unumgänglich. Wiederholer benötigen eine große Auswahl an Klemmkeilen mittlerer Größe, kleine Friends, ca. 10 unterschiedliche Normalhaken und ein paar mittlere und große Cliffs (1. Wh. Dez. 2003, Samu, Gigi und Diego in 9 Stunden).

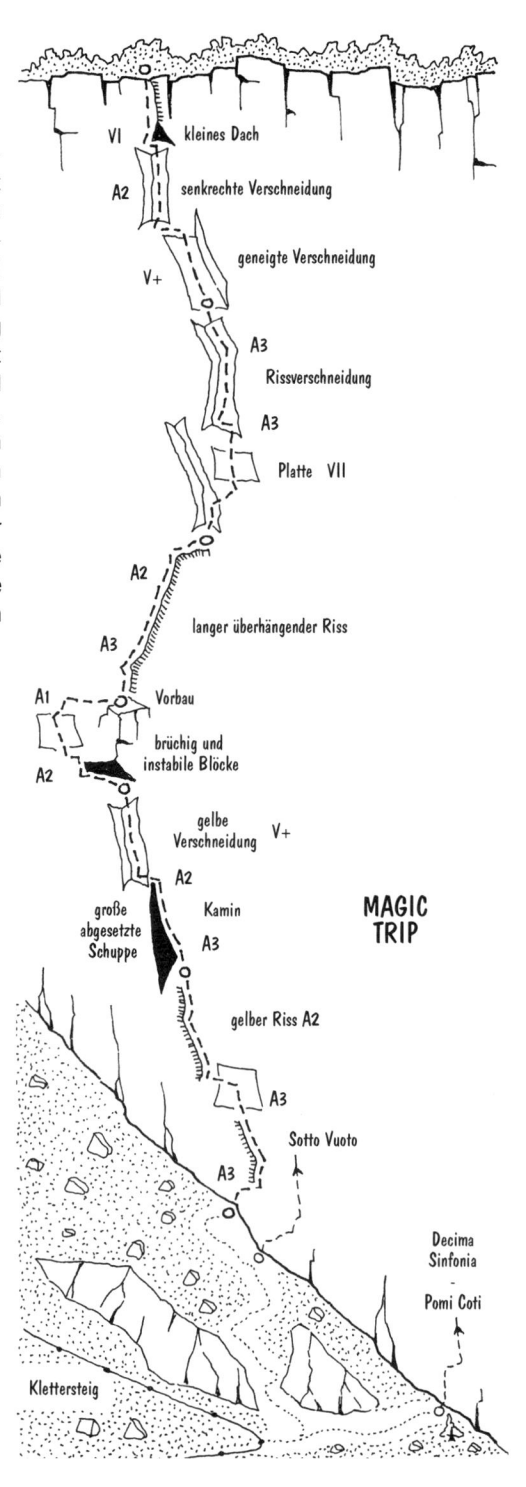

Diego Filippi su "Magic Trip"

Samuele Mazzolini su "Sottovuoto"

4 SOTTO VUOTO ✳✳✳✳✳

P. Calzà 2002
150 m. (5SL)
6c, 7b (6c obl.)/S2/II

Die Route verläuft durch stark überhängende Verschneidungen und Risse und wurde zunächst technisch geklettert. Nachdem sie mit Bohrhaken saniert wurde, ist aus ihr eine der schönsten und spektakulärsten Routen im Gebiet von Arco geworden. Der Fels ist durchwegs perfekt und die Absicherung sehr gut. Die manchmal etwas weiteren Hakenabstände machen viele der schwierigeren Passagen gleichzeitig obligatorisch. Überhängende, athletische Ausdauerkletterei mit Rissen und Sintern.

Einstieg: man verlässt den Klettersteig bei der ersten großen Kehre und steigt kurz darauf über einen brüchigen Wandsockel hoch und weiter in Richtung eines großen Feigenbaums am Wandfuß. Der Standplatz mit Bohrhaken und der alte Stand mit Normalhaken sind sichtbar.

Luca Giupponi (M. Manica)

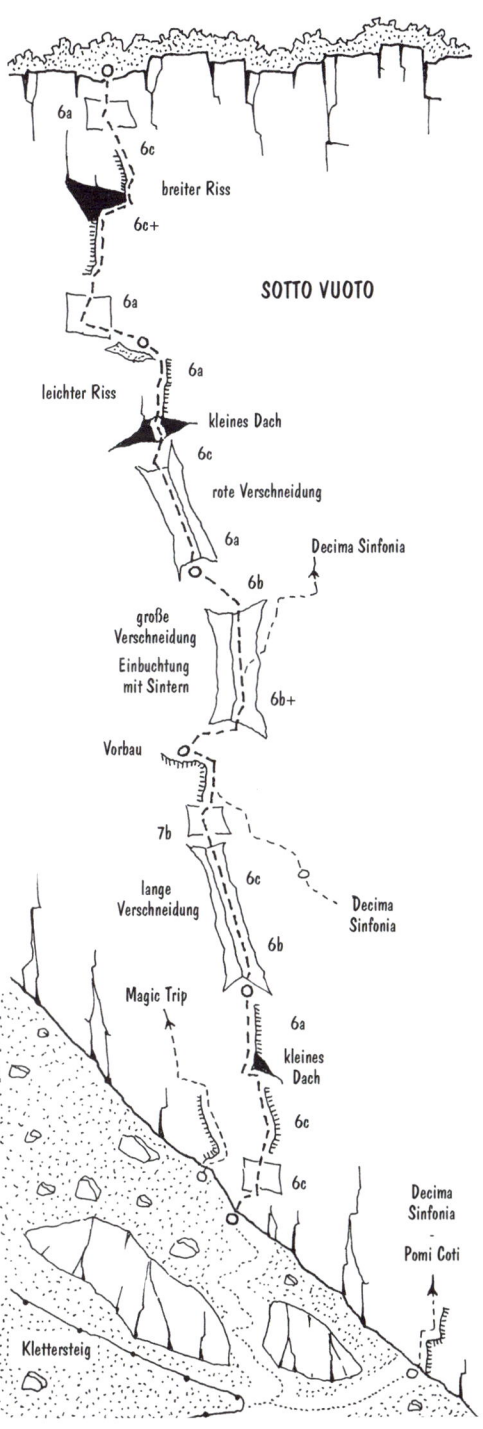

5 LA DECIMA SINFONIA ✻✻✻✻✻
T. Nannuzzi, M. Marsigli 1982
200 m. (5SL)
VI+, A4/R4/III

Diese Linie ist ein klettertechnisches Meisterwerk. Die Erstbegehern gelang es, die rote, überhängende Südwand des Colodri zu durchsteigen, ohne gebohrte Haken zu setzen, nicht einmal an den Standplätzen. Einige Jahre später wurde die Linie mit einigen Varianten begradigt, aber glücklicherweise blieb die Schlüsselseillänge unverändert. Erst später wurde ein Teil dieser Seillänge mit Bohrhaken versehen, weil die Route 'Sottovuoto' sie kreuzt. 'La decima Sinfinia' folgt auf den ersten Seillängen den Rissen und Verschneidungen, die schräg von rechts nach links, zur Wandmitte hin, verlaufen. Mit zwei weiteren Seillängen schwieriger technischer Kletterei überwindet man dann den Überhang und kreuzt die Bohrhaken der 'Via Sottovuoto', bevor man in leichterer Kletterei aus der Route aussteigt.

Einstieg: man verlässt den Klettersteig bei der ersten großen Kehre und geht dann zum Wandfuß. Hinter einem großen Feigenbaum ist eine deutliche Rissverschneidung mit den ersten Haken zu sehen.

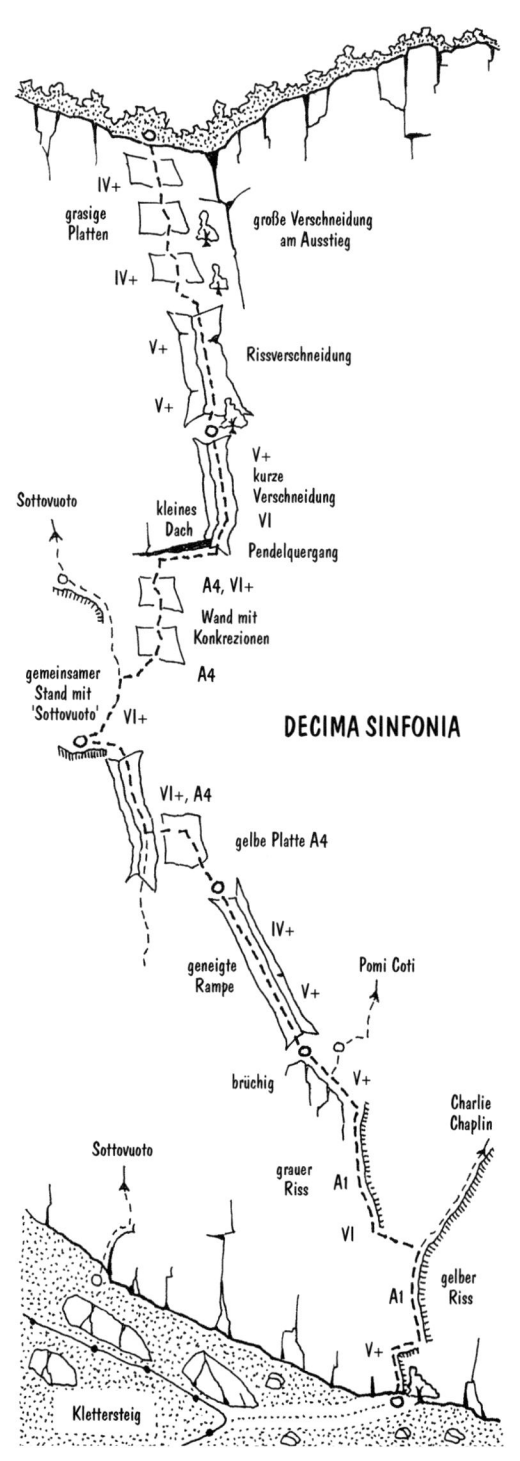

6 POMI COTI ✹✹✹✹
D. Filippi, A. Zanetti 2006
200 m. (6SL)
VII, A2, A3/R3/II

Technische, schöne und sehr exponierte Kletterei über das markanteste Dach der Südwand. Die erste Seillänge verläuft gemeinsam mit der 'Via Decima Sinfonia', dann führt die Linie direkt zum großen Dach. Man bewegt sich meist an geschlagenen und gebohrten Haken sowie Cliffs fort und kaum an Klemmkeilen oder Friends. Für die technischen Passagen mit Cliffs wurden meist 10mm-Löcher gebohrt, für die Traverse unter dem Dach benötigt auch der Nachsteiger zwei Cliffs (bei der Erstbegehung wurden 2 so genannte „Grappling Hooks" von Black Diamond verwendet). Alle Standplätze sind gebohrt, die Felsqualität ist sehr gut. Es werden einige Normalhaken, vier Cliffs und mindestens 15 Expressschlingen benötigt, für die ersten beiden SL zusätzlich einige Friends und Klemmkeile mittlerer Größe. Die Schlüsselpassage ist in der Mitte der 4. SL: frei geklettert sehr schwierig oder technisch sehr heikel an Cliffs. Achtung: nach dem Dach ist ein Rückzug durch Abseilen sehr problematisch.

Einstieg: man verlässt den Klettersteig bei der ersten großen Kehre und geht dann zum Wandfuß. Hinter einem großen Feigenbaum ist eine deutliche Rissverschneidung mit den ersten Haken von 'Sinfonia' zu sehen.

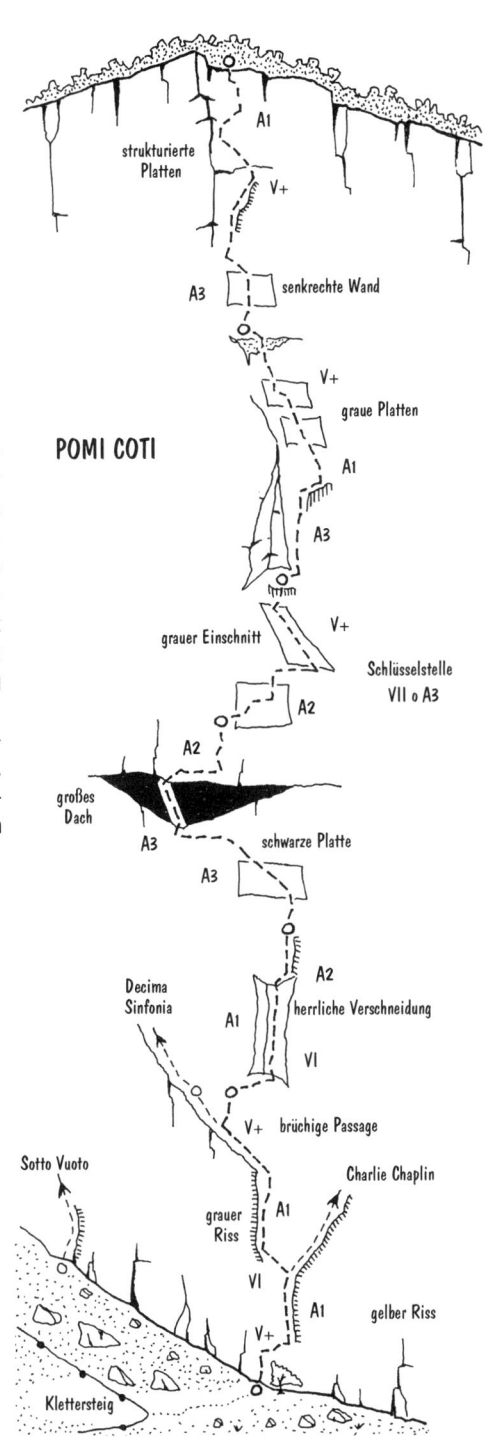

Matteo Paoletto. "Pomi cotti"

7 CHARLIE CHAPLIN ✻✻✻✻
M. Giordani, F. Zenatti 1984
180 m. (6SL)
VI+, VII/R3/II

Schwierige Freikletterroute mit nicht absicherbaren brüchigen Passagen. Im ersten Teil durch gelbe, brüchige Risse, weiter oben folgt eine schöne, senkrechte und ausgesetzte Verschneidung.

Einstieg: man verlässt den Klettersteig bei der ersten großen Kehre und geht dann zum Wandfuß. Hinter einem großen Feigenbaum ist eine deutliche Rissverschneidung mit den ersten Haken von 'Sinfonia' zu sehen. Hier einsteigen und nach ca. 15 m, bei einem kleinen Baum, rechtshaltend über die roten Schuppen weiter.

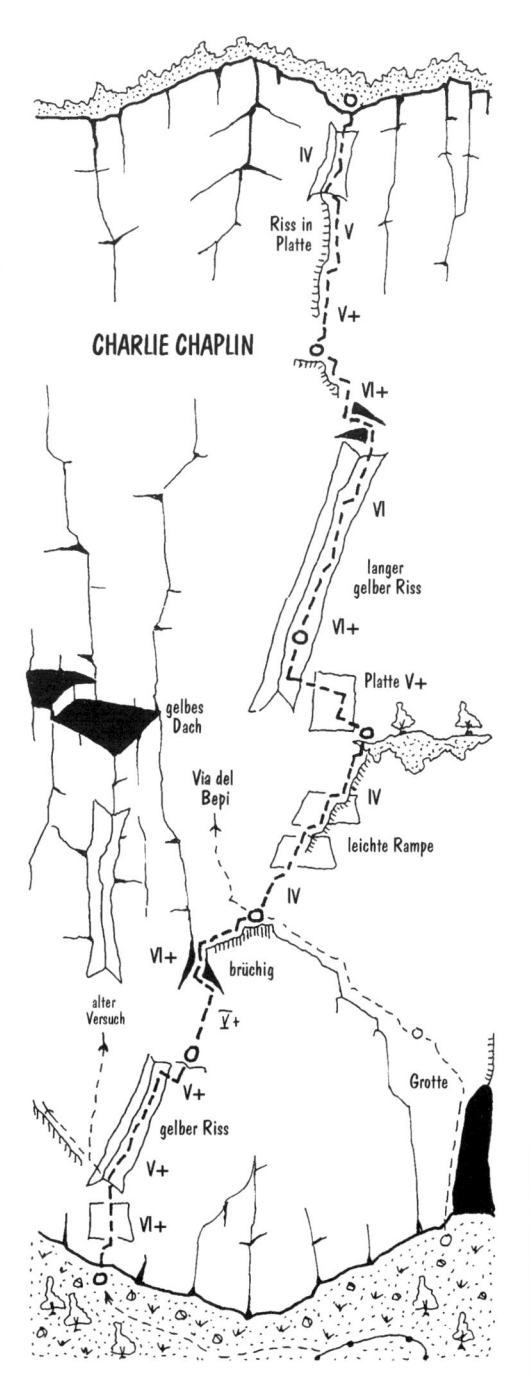

8 VIA DEL BEPI ✰✰✰✰✰
E. Salvaterra, A. Leviti 1980
180 m. (7SL)
VI+, A1/R3/II

Vielleicht die logischste und attraktivste Linie der ganzen Wand. Nach den ersten Rissen folgt sie einer tiefen, sehr deutlichen Verschneidung. Die Absicherung in der athletischen Route in solidem Gestein ist mäßig.

Einstieg: man verlässt den Klettersteig bei der ersten großen Kehre und folgt dann Pfadspuren zur großen Grotte. Einstieg beim linken Pfeiler (alte Haken).

8a VARIANTE DI USCITA ✰✰✰
M. Pegoretti e Compagno 1986
80 m.
VI+, A1/R3

Unterhalb des letzten Daches folgt man nicht dem linken Ausstieg, sondern klettert schwieriger über den rechten Riss. Mit Friends und Klemmkeilen lassen sich die überhängenden Risse leicht absichern.

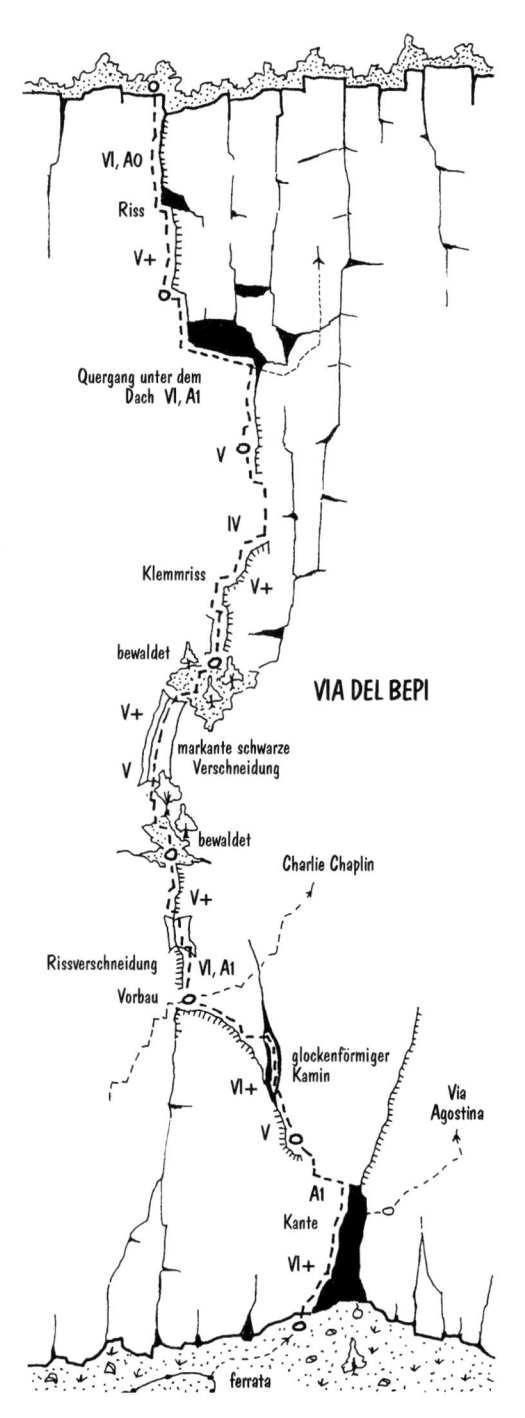

9 AGOSTINA ✻✻✻✻✻

G. Stenghel, G. Vaccari 1976
220 m. (7SL)
VI+, A1/R3/II

Absolut logische Linie mit schwieriger, aber genussvoller und sehr befriedigender freier Kletterei. Sie folgt dem markanten Riss, der von der Grotte schräg nach oben führt, und weist ab und zu etwas brüchige Passagen auf (vor allem in der 1. SL). Die Standplätze sind zwar gebohrt, aber ansonsten ist die Absicherung sehr mäßig.
Einstieg: wie bei 'Bepi' bis zur großen Grotte. Im Innern der Grotte dann auf der rechten Seite durch brüchige Risse aufwärts.

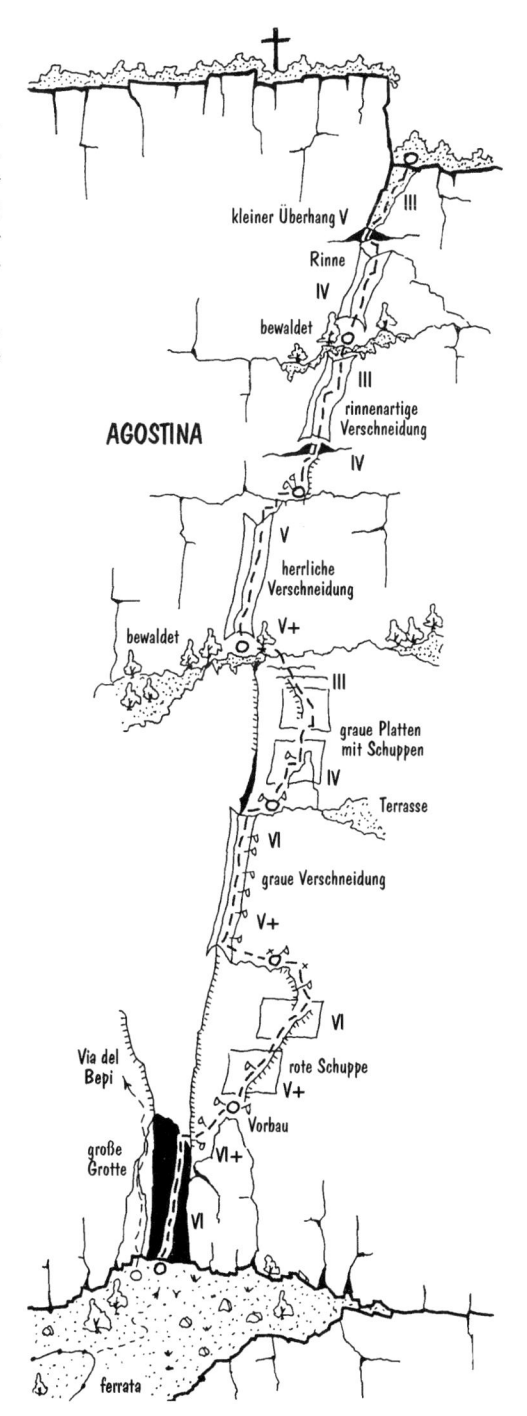

29 OSTWAND

Monte Colodri

Die große, kompakte, senkrechte und sonnige Felswand ist von einer Unzahl von Verschneidungen und Rissen durchzogen und durch alle führen Kletterrouten mit zahllosen Varianten. In allen Seillängen und an den Standplätzen wurden teilweise Bohrhaken gesetzt, dennoch muss daran erinnert werden, dass es sich hier um klassische alpine Routen handelt und ein Satz Klemmkeile und einige Friends notwendig sind. Gelbe und überhängende Wandbereiche kennzeichnen die untere Hälfte des Massivs, der obere graue Teil scheint dagegen sehr glatt. Wegen der außergewöhnlichen Routen und des fantastischen Gesteins wird diese Wand seit jeher sehr gut besucht. Hier ist vor allem athletische Piazkletterei in den vielen Verschneidungen sowie Rissklettterei angesagt, wobei durch die vielen Begehungen der Fels schon gelitten hat. Einige der Routen sind mittlerweile ziemlich speckig und deshalb nicht unbedingt genussvoll zu klettern. Dies trifft vor allem auf die Klassiker wie 'Somadossi' oder 'White Crack' zu. Aber bei den etwas unbekannteren und deshalb weniger begangenen Wegen ist das Gestein noch in Ordnung und einer genussvollen, schönen Tour steht nichts entgegen.

ZUSTIEG: 20 Min.
Vom Parkplatz am Schwimmbad aus erkennt man leicht einen grauen, dreieckigen Vorbau am Wandfuß, inmitten der gelben Überhänge. Verschiedene Routen beginnen am höchsten Punkt dieses Vorbaus, den man entweder über die Verschneidung von rechts (abgespeckt und nicht empfehlenswert) oder über eine Rampe von links (leicht und schön) erreicht.

ABSTIEG: 1 Std.
Vom Ausstieg der Routen zum Gipfelkreuz. Von hier auf markiertem Weg zum Klettersteig und zurück ins Tal.

10	LUCA SGANZINI	200 m.
11	WHITE CRACK	300 m.
12	BRUNELLO SOMMADOSSI	300 m.
13	GURU BASSI	300 m.
14	RENATA ROSSI	300 m.
15	KATIA MONTE	400 m.
16	LUIGI DEGASPERI	270 m.

MONTE COLODRI

10 LUCA SGANZINI ✵✵✵✵✵
E. Salvaterra, A. Leviti 1979
200 m. (5SL)
VI+, A3/R3/II

Aus alpinistischer Sicht ist dies sicherlich eine der interessantesten Routen am Colodri. Eine Reihe von Verschneidungen und Rissen gibt die logische Linie vor und wegen der wenigen Begehungen blieb ihr eine gewisse Faszination erhalten. Die einzelnen Seillängen unterscheiden sich deutlich voneinander, sind aber alle sehr schön. Nur in den beiden ersten Seillängen ist der Fels etwas brüchig, die 3. SL führt durch eine Grotte und die Ausstiegsverschneidungen bieten herrliche technische Kletterei. Die Route bietet also von allem etwas und der Genuss ist deshalb umso größer.

Nach der 5. SL quert man leicht absteigend nach links zum Stand der 'Via Agostina'. Dann entweder weiter über diese Route hoch oder über sie abseilen.

Zustieg: Am Wandfuß erkennt man gut einen grauen, dreieckigen Vorbau zwischen den gelben Überhängen. Über die linke Rampe erreicht man leicht eine senkrechte Wandstelle mit Haken. Über den darüber liegenden Riss klettert man dann linkshaltend in Richtung einer deutlich sichtbaren Verschneidung.

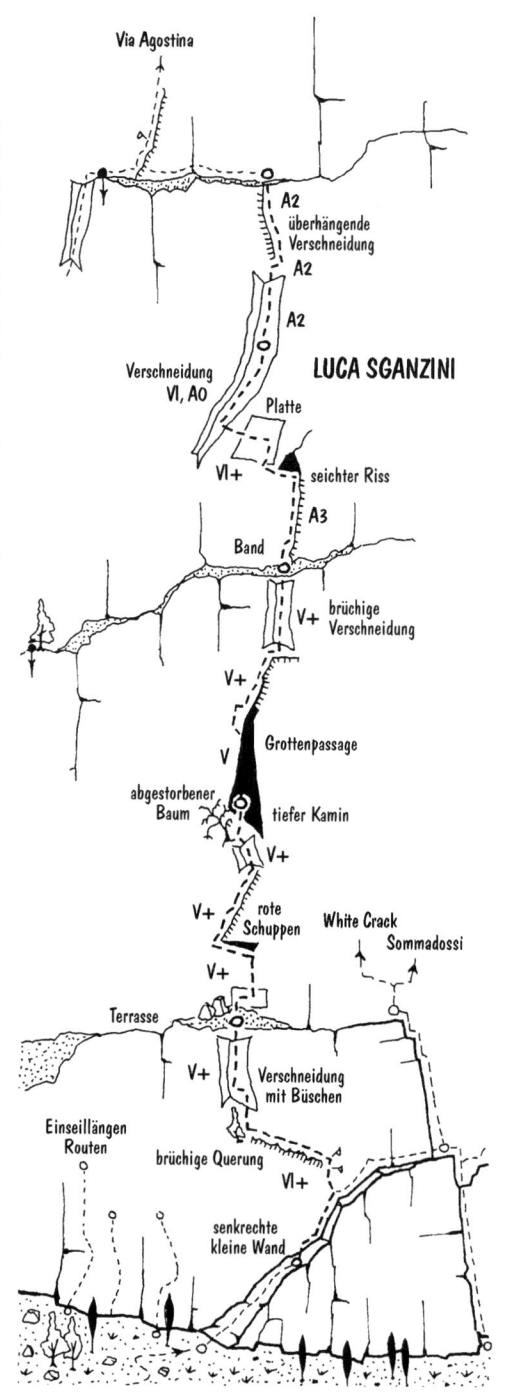

11 WHITE CRACK ✻✻✻
R. Bassi, L. Giacomelli 1979
300 m. (9SL)
VI+, VII/R2/II

Ausdauernde und homogene Riss- und Verschneidungskletterei, oft wiederholt, deshalb manchmal etwas abgespeckt, und mit einigen nicht abgesicherten Passagen. Im mittleren Teil der Route klettert man durch die vielleicht schönste, regelmäßigste und perfekteste Verschneidung im ganzen Colodri-Massiv. Die Route endet nach dieser Verschneidung im Wald. Hier gibt es zwei Möglichkeiten: entweder nach links zu den Ausstiegsrissen der 'Via Agostini' oder mit einer etwas ungemütlichen Traverse nach rechts zu den Verschneidungen der 'Via Sommadossi'.

Zustieg: vom höchsten Punkt des dreieckigen Vorbaus weiter über den einzelstehenden Pfeiler (2. SL der 'Sommadossi'). Vom Standplatz mit den großen Blöcken dann linkshaltend höher und in Richtung der roten Verschneidung (nicht den Bohrhaken rechts zur 'Sommadossi' folgen).

11a VARIANTE DIRETTA DEI BOLOGNESI ✻✻✻
T. Nannuzzi, A. Corticelli 1982
50 m.
VI+, A3/R3

Vom kleinen Wald am Ende der schwierigeren Passagen nicht nach links queren, sondern gerade hoch über einen überhängenden Riss. Kurze, sehr schwere, aber interessante Variante, Erfahrung beim Haken setzen und Klemmkeile legen ist Voraussetzung.

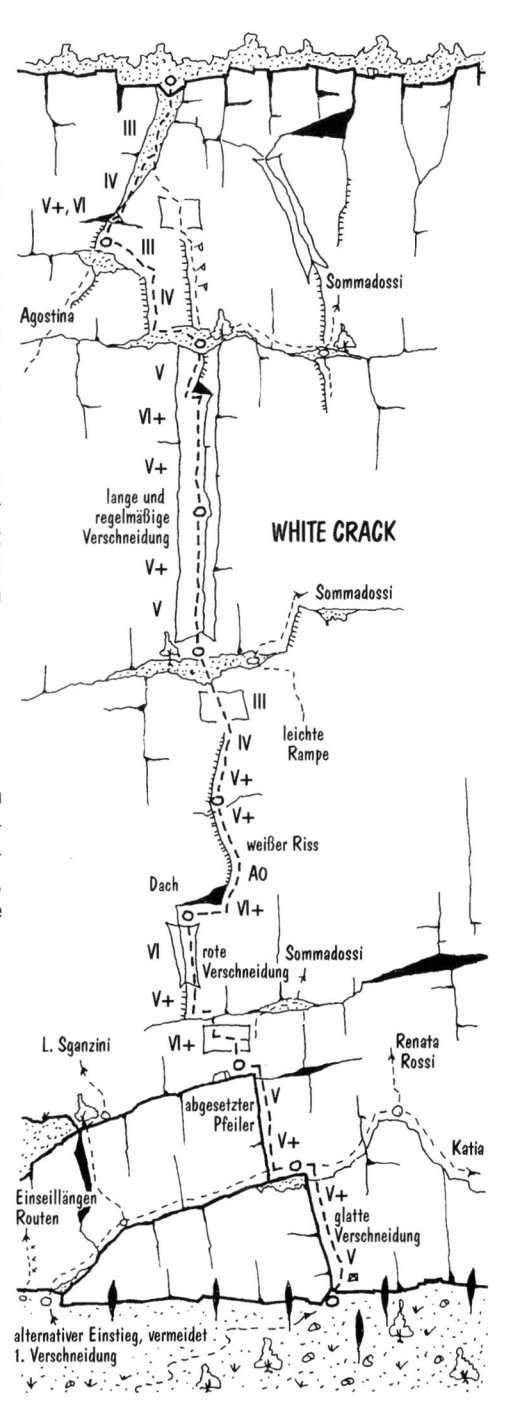

12 VIA BRUNELLO SOMMADOSSI ❊❊❊
U. Ischia, M. Ischia 1975
300 m. (10SL)
VI+, VII/R2/II
DER Klassiker am Colodri, eine der ersten Routen, die hier eröffnet wurden und auch eine der schönsten. Durch die vielen Begehungen ist der Fels aber leider etwas abgespeckt und die Kletterei nicht mehr so schön. Die Linie führt durch eine schöne Reihe von Verschneidungen ungefähr dort, wo Süd- und Ostwand aufeinander treffen.
Zustieg: Am Wandfuß erkennt man leicht einen grauen, dreieckigen Vorbau zwischen den gelben Überhängen. Einstieg (kleines Schild) bei der rechten, abgespeckten Verschneidung. Den höchsten Punkt dieses Vorbaus erreicht man leichter über die Rampe auf der linken Seite.

12a VARIANTE MANOLO ❊❊
M. Zanolla e Compagno 1978
40 m. VII/R3
In der vierten Seillänge folgt die Route linkshaltend einigen Rissen in einer Platte. Diese Variante hier folgt aber der Verschneidung geradeaus höher bis zu ihrem Ende. Schwierig, kaum abgesichert, brüchiger Fels.

12b VARIANTE GIORDANI ❊❊❊
M. Giordani, A. Baldessarini, F. Piccolroaz 1980
80 m VI+/R3
Sehr schwierige elegante Ausstiegsvariante, die aber kaum abgesichert ist. Nach der 8. SL folgt die Originallinie einer breiten und deutlichen Verschneidung. Diese Variante führt dagegen durch den schwierigen Riss, der rechtshaltend nach oben geht.

12c VARIANTE FERRARI-DALPONTE ❊❊❊❊
D. Ferrari, F. Dal ponte 1976
50 m. V+, VI/R1
Im Laufe der Jahre hat diese Variante praktisch den Originalausstieg ersetzt. Unterhalb des großen, dreieckigen Dachs folgt man nicht dem leichten Ausstiegsweg nach links, sondern einer senkrechten Verschneidung, die direkt unter das Dach führt. Vom Stand unterhalb des Daches quert man ausgesetzt nach rechts und steigt durch eine leichte Verschneidung aus der Wand aus.

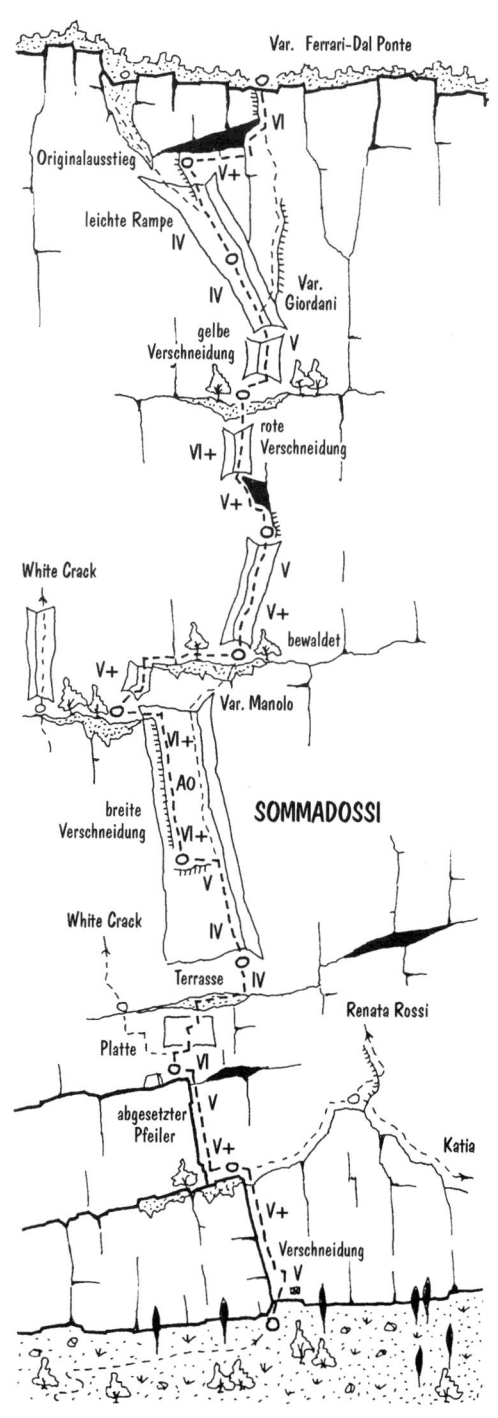

13 GURU BASSI ✳✳✳✳

R. Larcher, D. Bonvecchio 1994
300 m. (8SL)
7c+, 8a (7c+ obl.)/S2/II

„D. Bonvecchio und ich haben diese Route Roberto Bassi gewidmet. Dies war die letzte logische und unabhängige Linie, die in dieser Wand voller Routen noch übrig geblieben war. Die hohen Schwierigkeiten können etwas abgemildert werden, wenn man die harte 1. SL vermeidet. Schon allein die herrliche, ausgesetzte Kante in der 4. SL verdient eine Wiederholung" (R. Larcher).

Zustieg: wie bei 'Sommadossi'. Einstieg über die rote Wand.

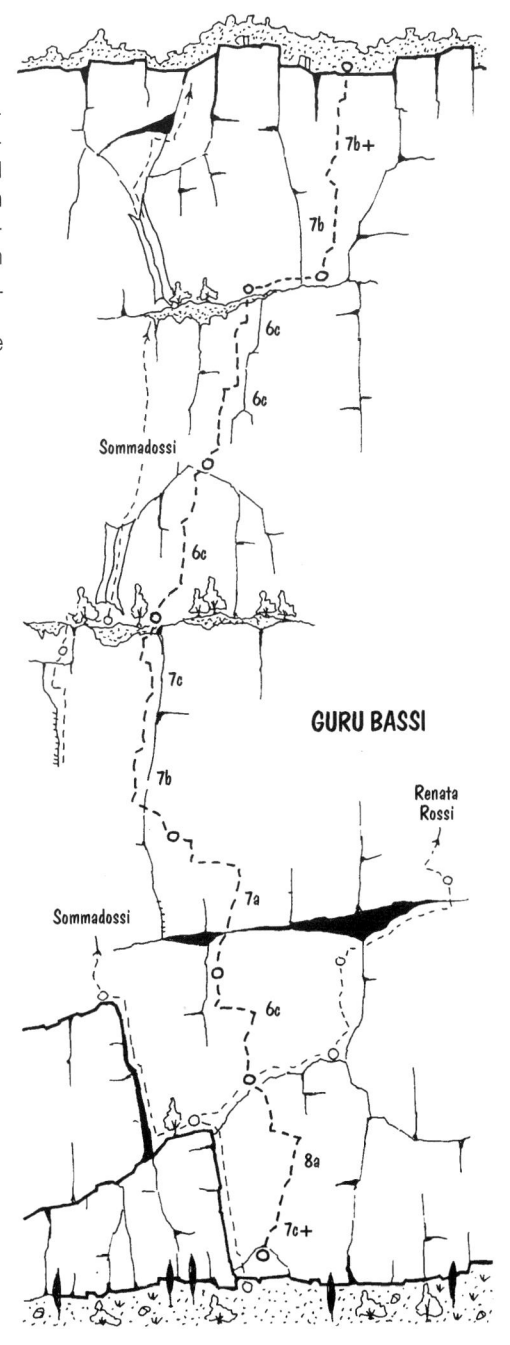

14 RENATA ROSSI ❊❊❊

M. Furlani, E. Piffer, R. Bassi, L. Giacomelli 1979
300 m. (9SL)
V+, VI+/R2/II

Ein weiterer Klassiker hier, der Renata Rossi, der ersten weiblichen Bergführerin Italiens gewidmet ist. Leider ist auch hier durch die vielen Begehungen der Fels ziemlich abgespeckt, was das Klettern nicht nur weniger schön, sondern sogar unsicher macht. Die Passage mit der roten Schuppe in der 3. SL ist dennoch wunderschön.

14a VARIANTE GULLIVER ❊❊❊

M. Preti e compagni
100 m.
V+, VI+/R3

Diese Variante könnte man auch als Verbindungsweg von der 'Renata Rossi' zur 'Sommadossi' betrachten. Nach der 5. SL klettert man nicht gerade weiter durch die Verschneidung, sondern quert nach links auf eine löchrige Platte unterhalb eines Risses. Diesem Riss folgt man auf zwei Seillängen und quert dann wieder nach links bis zur breiten Verschneidung der 'Sommadossi'.

14b VAR. SPECCHIO DELLE MIE BRAME ❊❊❊

R. Bassi, H. Mariacher 1982
60 m
VII/S3

Kurze Variante, aber mit großer historischer Bedeutung. Dies war die erste, von oben und speziell für das Sportklettern eingebohrte Platte. Nach der 6. SL quert man aus der Verschneidung rechts heraus in Richtung eines Busches. Dann immer über die fantastische Platte gerade hoch, bis man wieder auf die Originalroute trifft.

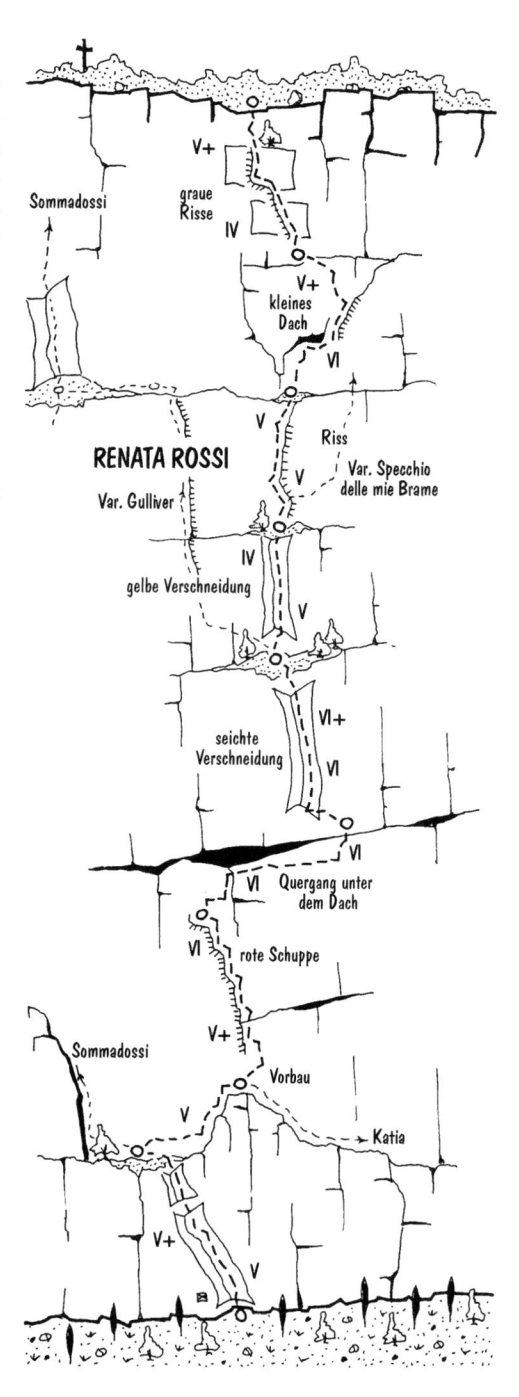

15 KATIA MONTE ✵✵✵✵
G. Stenghel, F. Monte 1976
400 m. (12SL)
V+, VI+, A0/R2/II

Aus alpinistischer und ästhetischer Sicht ist dies einer der interessantesten Wege am Colodri. Eine lange und stark gegliederte Route, die mit vielen langen Traversen die Verschneidungen und Risse miteinander verbindet. Das Gestein ist noch immer sehr rau (vor allem in den herrlichen Ausstiegsrissen), weil die Route wenig begangen wurde. Absolut empfehlenswert.

Zustieg: wie zu 'Sommadossi' und 'Renata Rossi'. Vom kleinen Vorbau dann etwas absteigen und auf einem bequemen Band nach rechts queren.

15a VARIANTE DELLE ROSTE ✵
R. Bassi, S. Fruet 1979
70 m.
V+/R3

Eine Verbindungsvariante, die von der 8. SL der 'Via Katia' nach links zur 'Renata Rossi' quert. Teilweise grasige Platten- und Risskletterei.

Wichtige und schwierige Variante, alpinistisch sehr interessant und schön. Einstieg wie bei 'Bertamini', dann linkshaltend über Risse und Verschneidungen zur 6. SL der 'Katia'. Einstieg: Nach der ersten kleinen Plattenstelle der 'Bertamini' folgt man der Hakenreihe, die linkshaltend über ein kleines Dach führt. Nach dem Dach quert man dann links zu einer deutlichen Verschneidung.

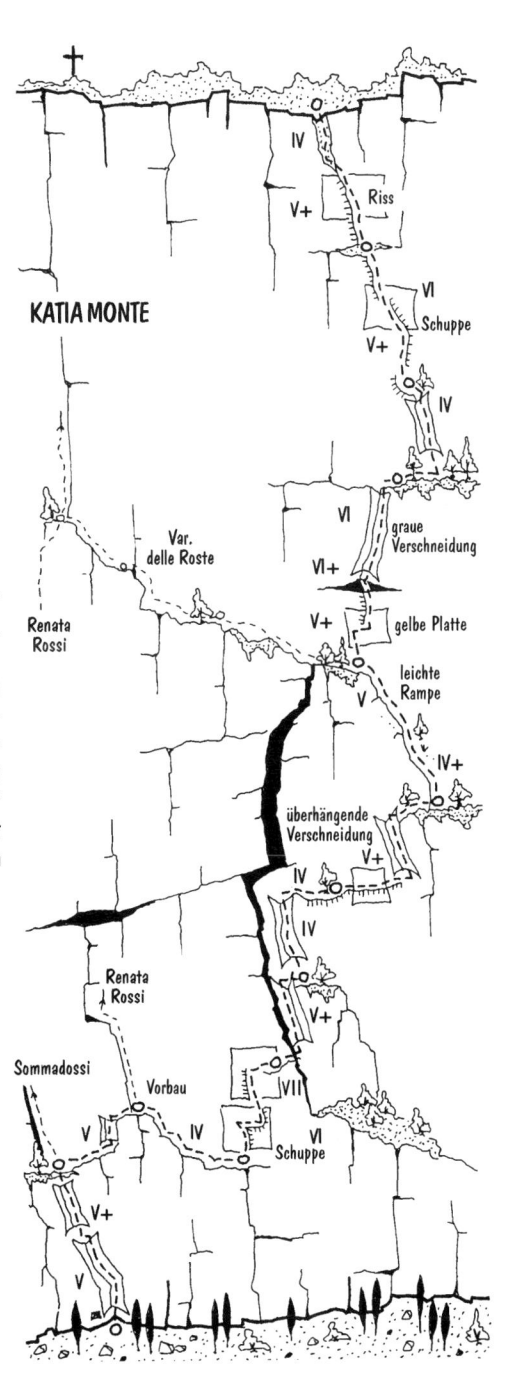

15b VARIANTE GROAZ ❊❊❊❊
G. Groaz, R. Segalla 1976
160 m. VI+, A1/R3/II
Wichtige und schwierige Variante, alpinistisch sehr interessant und schön. Einstieg wie bei 'Bertamini', dann linkshaltend über Risse und Verschneidungen zur 6. SL der 'Katia'. Einstieg: Nach der ersten kleinen Plattenstelle der 'Bertamini' folgt man der Hakenreihe, die linkshaltend über ein kleines Dach führt. Nach dem Dach quert man dann links zu einer deutlichen Verschneidung.

15c VARIANTE INVOLUTION ❊❊❊❊
M. Giordani, R. Manfrini 1987
150 m.
7a (6c obl.)/S2/II
Schwierige, eher sportklettertechnische Route, die zum großen Teil mit 8mm-Bohrhaken eingerichtet wurde. Leider sind mittlerweile die Haken ganz schön alt und weisen zudem großen Abstände auf, einige Haken und ein Satz Klemmkeile sollten deshalb mitgeführt werden. Die Linie führt über senkrechte, sehr kompakte Platten. Einstieg: nach der ersten kurzen Plattenpassage der 'Bertamini' linkshaltend über ein kleines Dach.

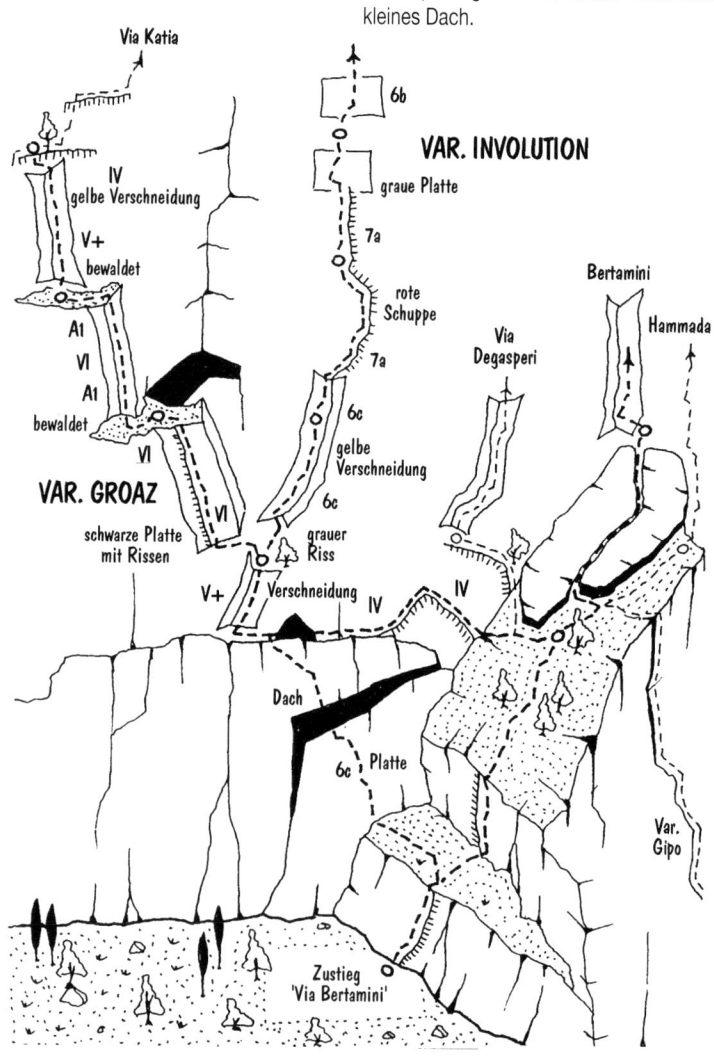

16 LUIGI DEGASPERI ✪✪✪✪✪
R. Bassi, S. Fruet, C. Faes, M. Degasperi 1980
270 m. (9SL)
VI+, A2/R3/II

Die Route wird wenig wiederholt, muss zum großen Teil selbständig abgesichert werden und ist deshalb aus alpinistischer Sicht sehr interessant. Eine Reihe von Verschneidungen und Rissen kennzeichnet die roten Wandbereiche zwischen der 'Via Groaz' und den Einstiegsrissen der 'Via Bertamini'. Der erste Teil der Linie führt durch diese Rissreihe; nach dem großen, mit Bäumen bestandenen Band folgt sie einer langen grauen Verschneidung. Schließlich erreicht man über einen leichten, grasigen Bereich die Ausstiegsrisse der 'Via Katia'.

Zustieg: von der Einstiegsverschneidung der 'Sommadossi' am Wandfuß ca. 100 m rechts entlang. Die Wand wird zu einer Art Verschneidung und führt bergab. Hier zunächst über eine kleine Platte (Einstieg 'Bertamini'), dann einen kleinen Überhang mit Riss. Auf der leichten Rampe hoch bis zum Stand an einem Baum (1. SL der 'via Bertamini'). Dann linkshaltend über eine stumpfe Kante hoch.

16a VARIANTE GIPU' ✪✪✪
E. Salvaterra, C. Gipponi 1980
80 m. V+,VI/R3

Sehr schöne Variante, die die Route interessanter macht. Vom Einstieg der 'Bertamini' noch etwas weiter abwärts bis zu einer deutlichen gelben Verschneidung (ebenfalls Einstieg von 'DDT' und 'Festival'). Durch die Verschneidung hoch und auf der Rampe linkshaltend zum ersten Stand. Eine schöne Schuppe und Risse führen dann weiter zur großen Rampe und dem eigentlichen Einstieg der 'Degasperi'.

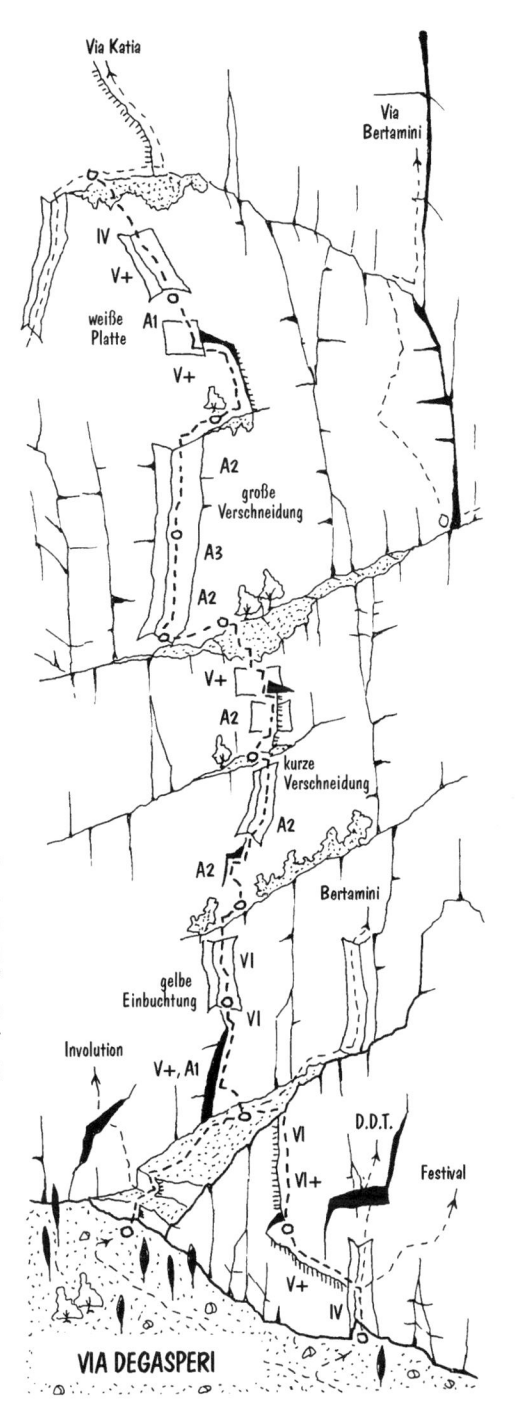

VIA DEGASPERI

30 ZANZARA PFEILER

Monte Colodri

Ein herrlicher, schlanker Pfeiler grenzt den Monte Colodri in Richtung Norden ab. Wegen der sehr regelmäßigen Linien und der rechteckigen Form passt der Begriff „Pfeiler" hier perfekt. Schon in den 70er Jahren wurden hier die ersten Routen durch Verschneidungen und Risse begangen. Aber erst mit der 'Via Zanzara' wurde das wirkliche Potenzial dieser Wand entdeckt. Lange Jahre war dieses Meisterwerk von Manolo und Roberto Bassi aus freiklettertechnischer Sicht das Maß aller Dinge. Viele wunderschöne, elegante und absolut empfehlenswerte Routen in allen Stilrichtungen wurden danach hier eröffnet.

ZUSTIEG: 10 Min.
Vom Parkplatz am Schwimmbad auf der Straße ca. 200 m in Richtung Norden weiter. Direkt unterhalb des Pfeilers dann auf einer kleinen Straße und durch den Wald hoch zum Wandfuß.

ABSTIEG: 1 Std.
Vom Ausstieg der Routen zum Gipfelkreuz. Von hier auf markiertem Weg zum Klettersteig und zurück ins Tal.

17	UMBERTA BERTAMINI	350 m.
18	BARBARA	350 m.
19	HAMMADA	300 m.
20	DDT	350 m.
21	FESTIVAL	300 m.
22	ZANZARA	300 m.
23	DIEDRO ROSI	180 m.
24	VERTICAL TRASH	300 m.
25	LIBERTA DI SOGNARE	300 m.
26	LUIGI MICHELUZZI	300 m.

MONTE COLODRI

17 UMBERTA BERTAMINI ✹✹✹
U. Ischia, M. Ischia, G. Emanuelli, F. Calzà 1972
350 m. (11SL)
V+, VI/R2/II

Die leichteste Route in dieser Wand und dementsprechend oft wiederholt und abgespeckt. Die Linie folgt der regelmäßigen und breiten Verschneidung, die vom eigentlichen Pfeiler und der Ostwand geformt wird. Besonders schwierig und anstrengend ist vor allem die erste Seillänge mit einem sehr engen und abgespeckten Kamin.
Einstieg: vom Pfeilerfuß nach links und auf steilen Pfadspuren hoch zu einer kleinen Platte mit Riss. Routenname angeschrieben.

17a VARIANTE CENTRALE ✹✹
L. Calderan, S. Scalet, L. Puiatti 1979
90 m. VI+/R3

Für Alpinisten ist diese kaum mit Haken abgesicherte, schwierige und etwas brüchige Variante sehr interessant. Nach der langen Linkstraverse führt die Originalroute über leichte, grasige Platten. Diese Variante folgt jedoch den gelben und überhängenden Rissen auf der rechten Seite der Verschneidung. In schwierigster Kletterei überwindet man den mittleren Riss bis zu einem Stand unter dem Dach. Dann quert man rechtshaltend in den fast waagrechten Riss, der den oberen Teil des Pfeilers teilt und erreicht dadurch die 'Via Barbara' und weitere Routen.

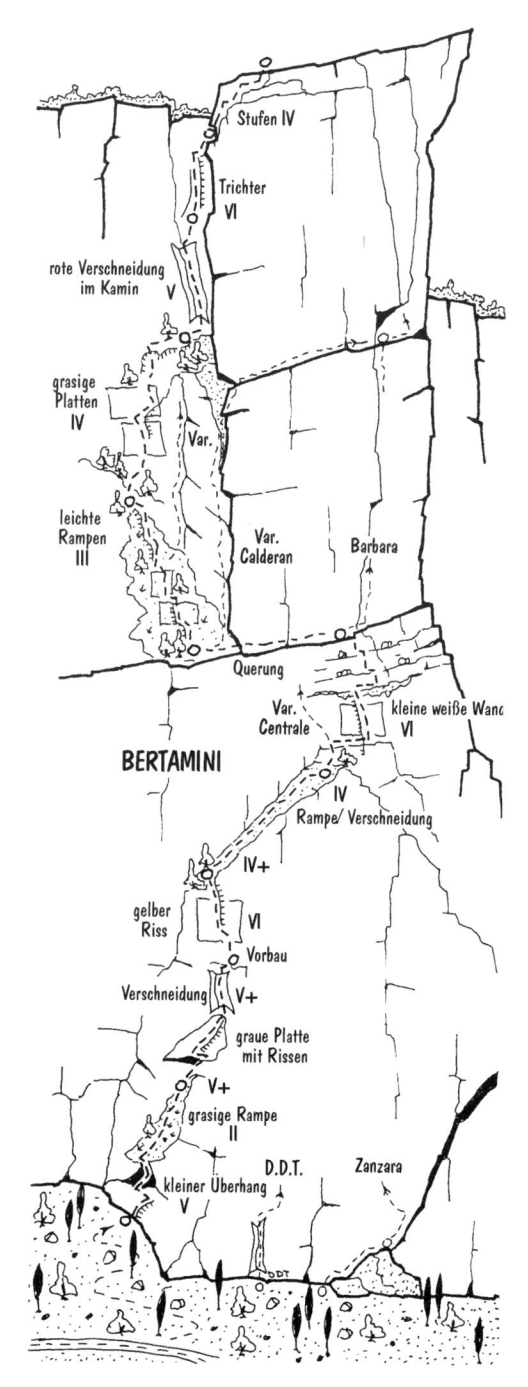

18 BARBARA ✭✭✭✭
U. Ischia, M. Ischia 1972
300 m. (10SL)
V+, VI/R2/II

Ein klassischer, eleganter und historischer Weg in dieser Wand, der aber eigentlich eine Variante der 'Via Bertamini' ist, denn die ersten fünf Seillängen verlaufen gemeinsam und er wurde auch erst später eröffnet. Nach dem großen Band führt die 'Bertamini' nicht links weiter, sondern direkt in eine lange, perfekte, rote Verschneidung. Leider ist auch hier die Felsqualität mittlerweile wegen der vielen Wiederholungen eher schlecht und sicheres Steigen fast nicht mehr möglich.
Einstieg: wie 'Bertamini'

18a VARIANTE DALLAGO ✭
W. Dallago, F. Miori 1981
80 m. IV/R3

Verbindungsweg zwischen 'Barbara' und 'Micheluzzi'. Vom Stand der 'Barbara' am Beginn der roten Verschneidung quert man rechtshaltend über Bänder zum Stand der 'Micheluzzi' am Fuß einer großen Verschneidung.

18b VARIANTE DEI TRE MOSCHETTIERI ✭✭
R. Bassi, S. Fruet, F. Toldo 1980
120 m. VI, A1/R3

Wegen der nicht vorhandenen Absicherung könnte diese Variante für Alpinisten interessant sein. Sie wurde bislang aber nicht oder kaum wiederholt. Vom Stand der 'Barbara' über der großen Verschneidung ca. 20 m rechtshaltend queren und bei einem Baum Stand machen. Dann folgt man einer langen, grauen Verschneidung, die nach drei Seillängen zum Ausstieg führt.

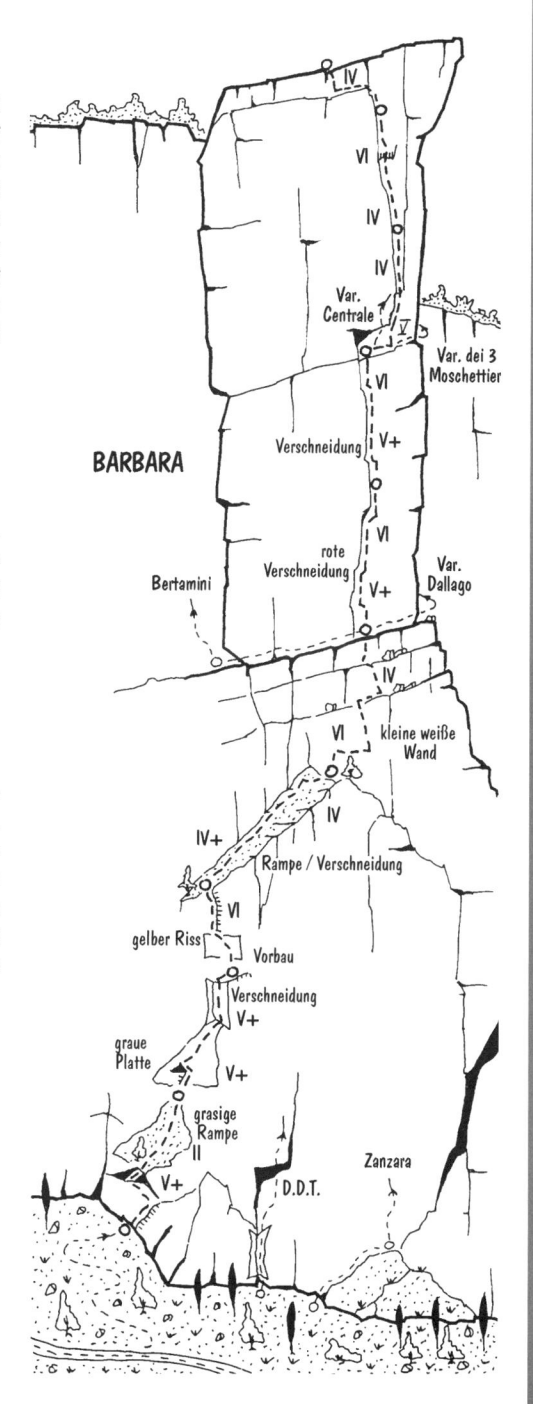

19 HAMMADA ✻✻✻

H. Gargitter, C. Obrist 1995
300 m. (10SL)
7c+, 8a (7c obl.)/S2/II

Diese extreme Freikletterroute auf der linken Seite des Pfeilers ist perfekt mit 10mm-Bohrhaken ausgerüstet. Im oberen Bereich verläuft sie ein Stück gemeinsam mit 'DDT'.
Einstieg: wie 'Bertamini'.

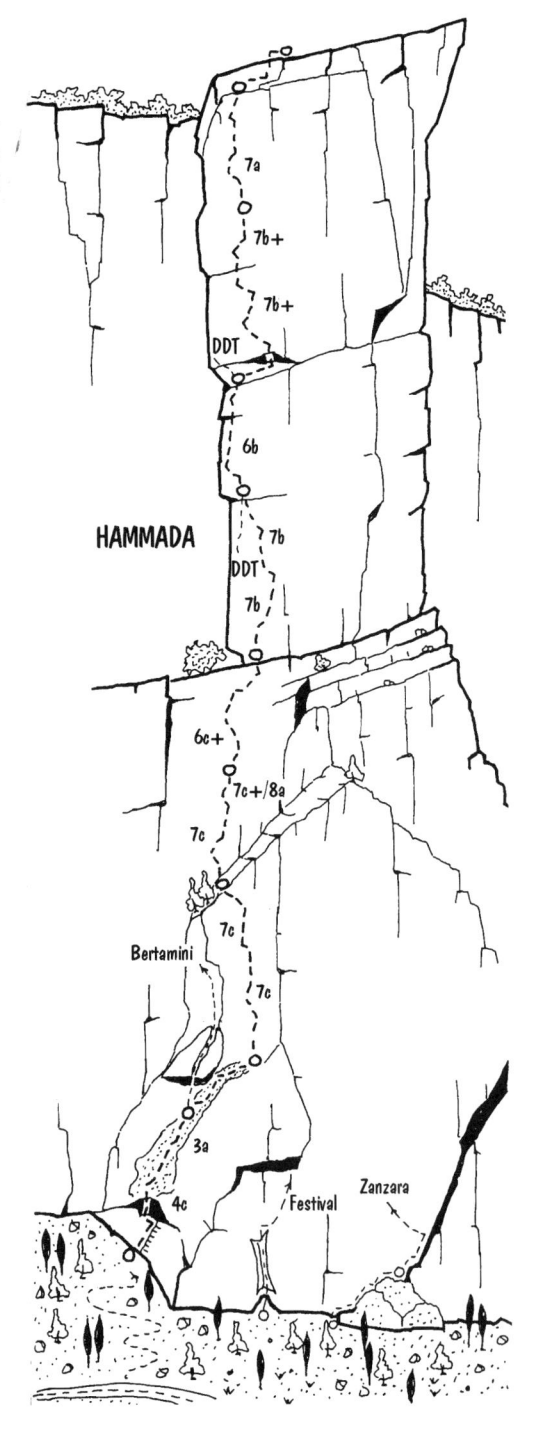

MONTE COLODRI

20 VIA DDT ✻✻✻✻✻
U. Marampon e Compagni. 1987
350 m. (11SL)
A1, A2/R2/II

U. Marampon hat diese Route in seinem typischen Stil eröffnet und eingerichtet, nämlich mit Bohrhaken, die oft etwas weit voneinander entfernt sind. Sehr ausgesetzt führt die Linie in schwieriger Kletterei über die Pfeilerkante und sollte wegen ihrer Länge und der weiten Absicherung nicht unterschätzt werden. Wer technische Kletterei liebt, ist hier genau richtig.

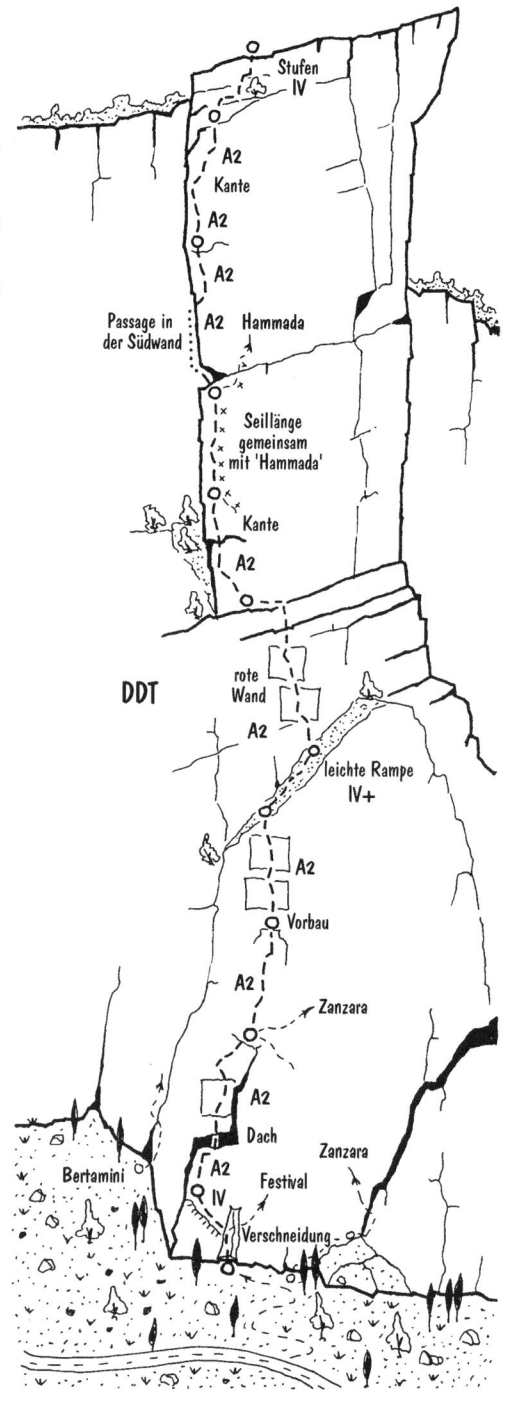

21 FESTIVAL ✸✸✸
C. Remy, Y. Remy 1993
300 m. (10SL)
7c, A0 (6c obl.)/S2/II

Klassische und berühmte Route, die von zwei sehr bekannten Kletterern von oben eingebohrt wurde. Dies war vermutlich einer der ersten Versuche, den Sportkletterstil von den kleinen Felsen an die hohen Wände zu übertragen. Nicht zuletzt deshalb ist diese Linie auch ein Symbol für das Sportklettern im Sarcatal. Die logische und elegante Linienführung durch die Plattenfluchten trägt zur Schönheit dieser Route bei. Im unteren Teil ist das Gestein mittlerweile zwar schon etwas glatt, aber in den Ausstiegslängen immer noch sehr rau. Die Route wurde mittlerweile saniert, hat aber ihre Charakteristik behalten.

Einstieg: ein großer, mit Gras und Büschen bedeckter Felssockel liegt am Pfeilerfuß an. Auf der linken Seite steigt man über eine breite Verschneidung ein.

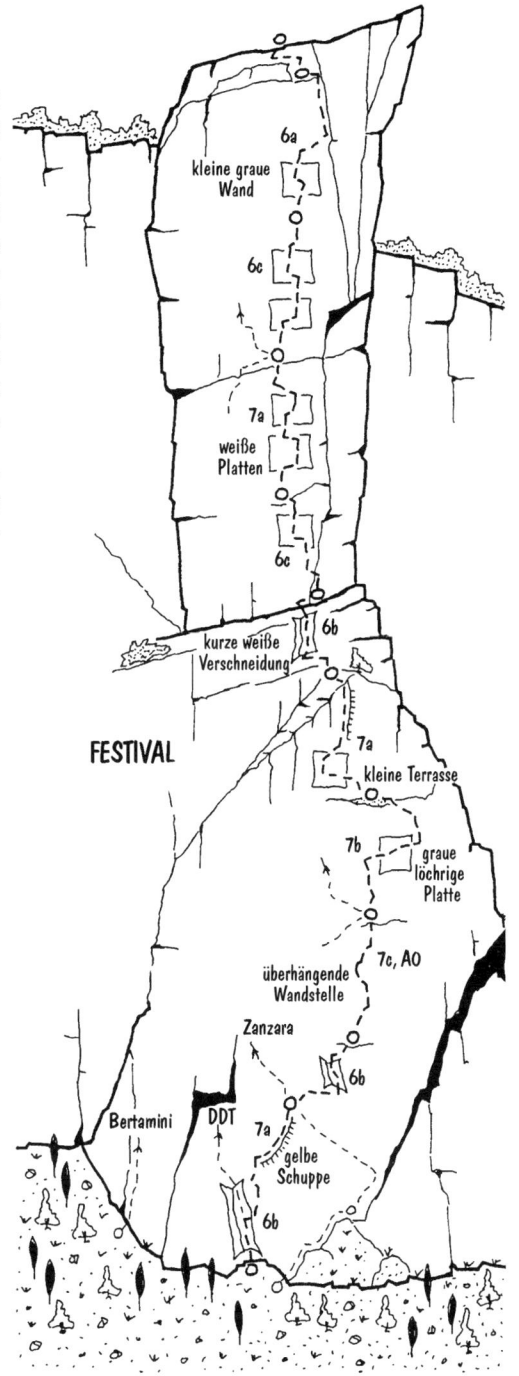

22 ZANZARA ✸✸✸✸
M. Zanolla, R. Bassi 1983
300 m. (14SL)
7a (6c obl.)/S2/II

Itinerario storico e famoso, chiodato dall'alto da due grandi geni dell'arrampicata. Rappresenta forse uno dei primi tentativi di spostare l'arrampicata sportiva dalle piccole falesie alle grandi pareti. Per questo è uno dei simboli dell'arrampicata sportiva in valle del Sarca. Segue, attraverso le grandi placconate, una linea logica ed elegante. L'arrampicata è stupenda lungo tutto il percorso, la roccia purtroppo è un po' levigata nella prima parte mentre è più ruvida nei tiri finali. Recentemente la vecchia chiodatura è stata rinnovata, senza però alterare le caratteristiche della via.

Attacco: alla base del pilastro, si appoggia alla parete un grande zoccolone di rocce rotte con erbe e arbusti. A sinistra, questo zoccolone, forma contro la parete un ampio e solido diedro: attaccare per questo.

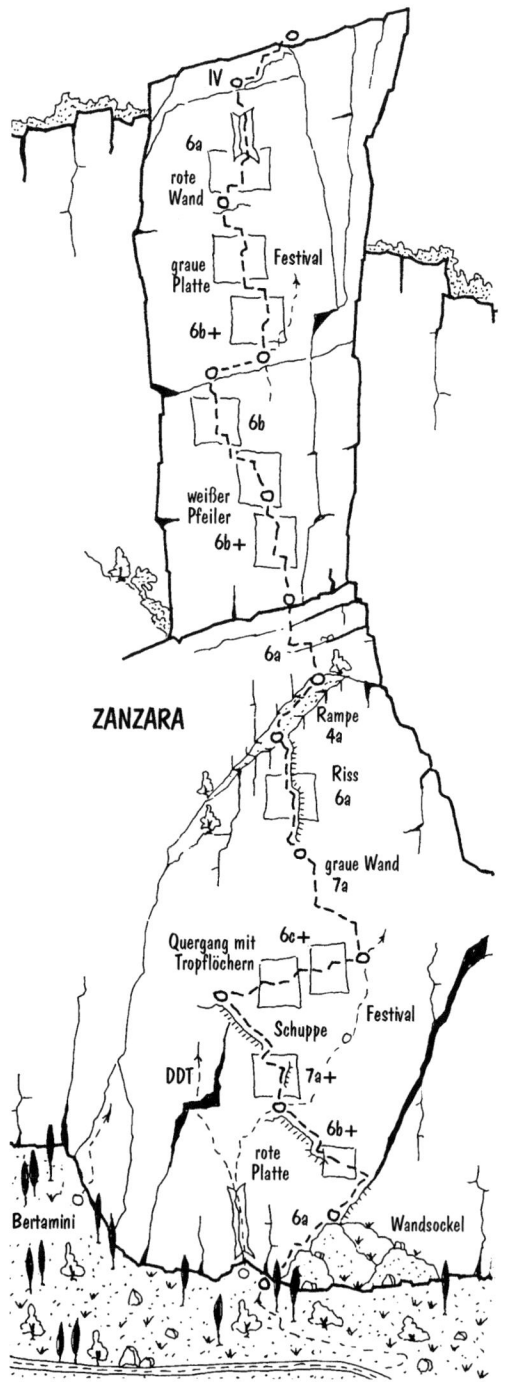

23 DIEDRO ROSI ✵✵✵✵✵
M. Giordani, F. Piccolroaz 1980
180 m (5SL)
VI+, A3/R4/II

Wer alpines und technisches Klettern mag, wird in dieser wunderschönen und auch interessanten Route sehr viel Spaß haben. Die Route folgt einem deutlichen, schrägen Riss, der die Platten am Wandfuß teilt. Extreme, frei kletterbare Passagen wechseln mit mit delikaten, technisch zu kletternden Stellen an unsicheren Haken. Das perfekte Gestein und die einfachen Möglichkeiten, Zwischensicherungen zu legen, gestatten aber eine schnelle, sichere und damit genussvolle Fortbewegung. Für den Abstieg quert man etwas nach rechts bis zu einem Standplatz mit Kette und seilt dann drei Mal leicht und schnell ab.

Einstieg: vom Wandfuß so gut es geht über den gras- und buschbedeckten Felssockel bis zum ersten Stand von 'Zanzara', dann rechts in den Riss und später durch die Verschneidung.

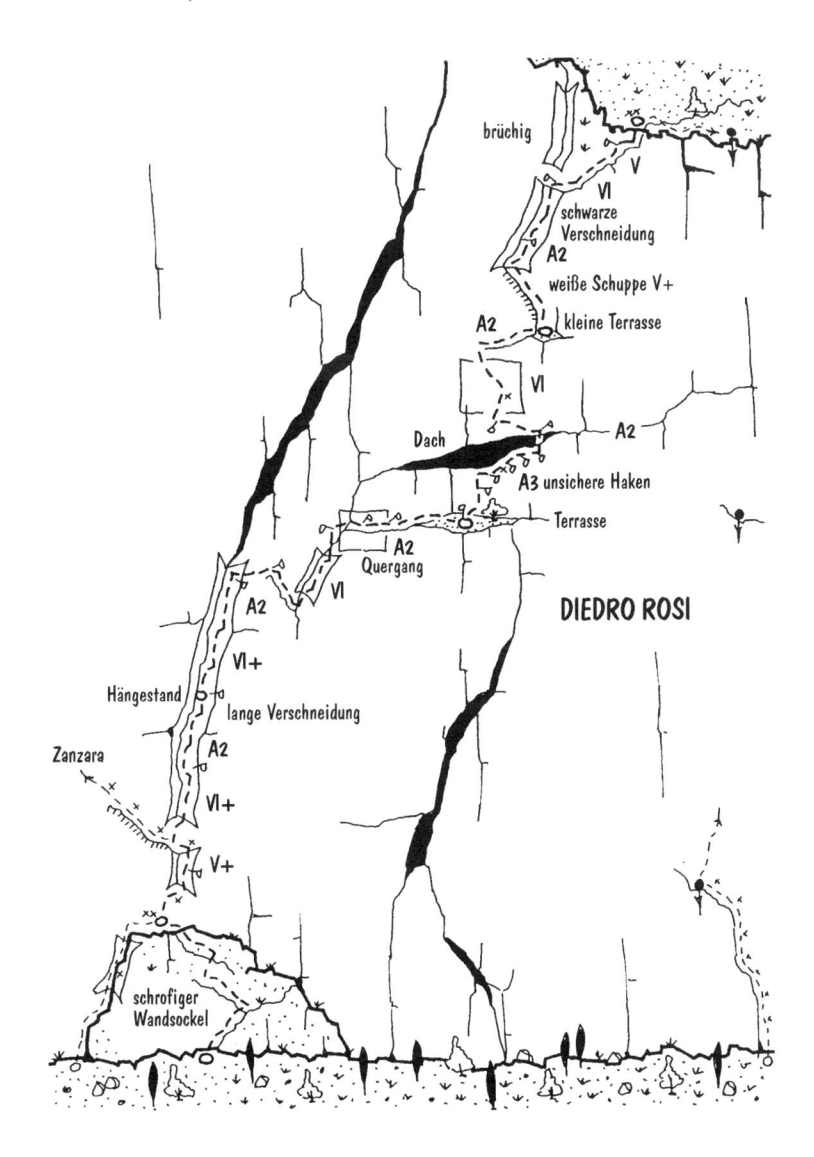

24 VERTICAL TRASH ❊❊❊
S. Banal, D. Filippi 2002
300 m (12SL)
A1, A2, V+/R1/II

Eigentlich eine typische Route der 60er Jahre, als mit einer so genannten „Direttissima" der kürzeste Weg durch die Wände gesucht wurde und deshalb fast nur technisch an 6mm oder 8mm-Haken geklettert wurde. Zunächst führt die Linie über senkrechte, graue Platten und folgt dann im Mittelteil sehr ästhetisch der überhängenden Pfeilerkante. Schließlich überwindet die Route dann mitten in der Nordwand die überhängende weiße „Nase" mit Namen 'Becco del Colodri'. In der langen und schwierigen Route sollte die Fortbewegung mit Trittleitern beherrscht werden. Ein Handbohrer und verschiedene Haken sind Teil der Ausrüstung, denn einige der 6mm-Haken könnten ausgebrochen sein. Ein Rückzug ist immer möglich, da über die Standplätze der nahen 'Red Aragosta' abgeseilt werden kann. Vom Gipfel steigt man am besten über den Klettersteig wieder ab (1. Wh. G. Bressan u. Gef. 2004).

Einstieg: wie bei 'Zanzara', denn rechts queren und über eine grasige Rampe, die in eine Verschneidung übergeht (die Rampe befindet sich in Falllinie einer markanten, überhängenden, halbmondförmigen Verschneidung).

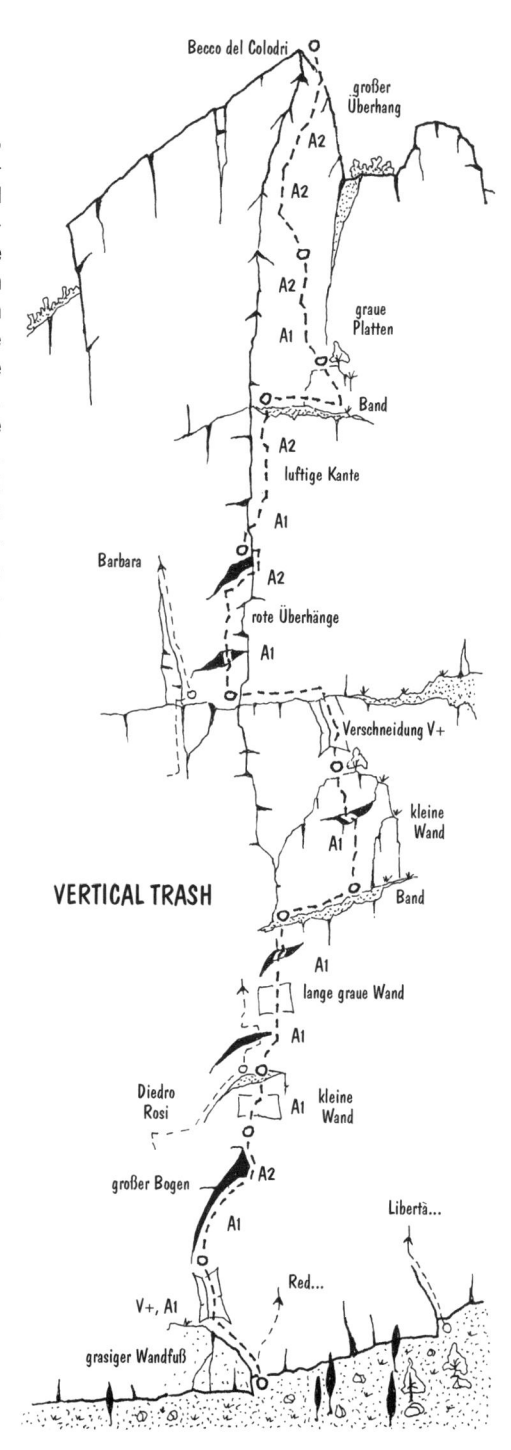

25 LIBERTA DI SOGNARE ❊❊
S. Bailoni, E. Mazzarini, M. Santi 2000
300 m. (11SL)
VII+, A3+/R3/II

Sehr komplexe und anstrengende Route mit logischer Linienführung, aber schlechter Absicherung. Wäre letztere besser, dann wäre auch die Route wunderschön und empfehlenswert. Die Kletterei ist sehr abwechslungsreich: Risse (manchmal etwas grasig und brüchig) wechseln mit Tropflochplatten und kompakten glatten Wandstellen. Die sehr glatten Platten in Routenmitte können sowohl frei und äußerst schwierig oder auch technisch mit Hilfe von Cliffs geklettert werden. Wiederholer benötigen mittlere und große Friends, einen Satz Klemmkeile (Stopper), Trittleitern, Hammer und einige Haken.

Zustieg: eine grasige Rampe führt von rechts zur Wand und bis unterhalb einer gut sichtbaren Reihe von Rissen und Verschneidungen.

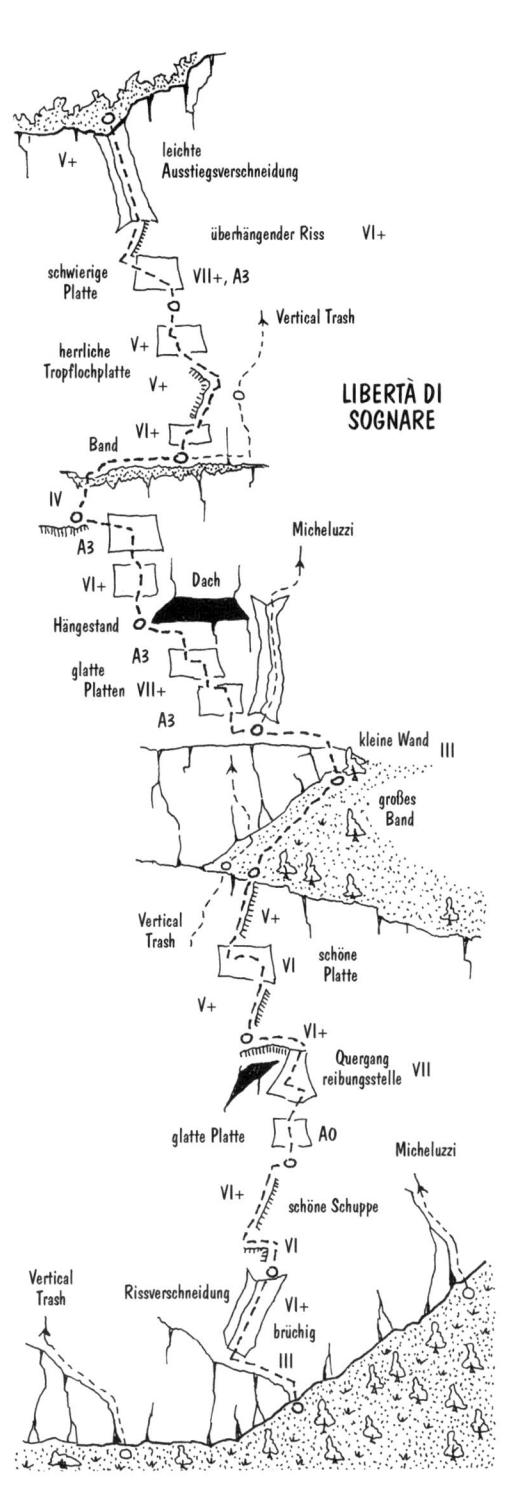

26 LUIGI MICHELUZZI ✯✯✯✯✯
G. Stenghel, F. Monte, G. Vaccari 1976
300 m. (10SL)
VI, A2/R3/II

Sehr abwechslungsreiche und stark gegliederte Route, die entlang von Rissen und Verschneidungen über die Nordwand des Pilastro Zanzara führt. Eine große, graue Verschneidung in der oberen Hälfte der Wand gibt die Linie vor. Die ersten vier Seillängen verlaufen über teilweise brüchige und grasige Felsen. Dann steigt man über mit Büschen bestandene Wiesen weiter, was dem Aufstieg fast etwas Romantisches und Entdeckerhaftes verschafft. Die große Verschneidung bietet herrliche, technische Genusskletterei. Die Ausstiegslängen wiederum sind absolut charakteristisch für das Klettern im Sarcatal. Die Route ist wegen ihrer Schönheit einmalig und deshalb absolut empfehlenswert.

Zustieg: vom Fuß des Pfeilers auf einer Pfadspur über die Geröllfelder rechtshaltend hoch und bis in Falllinie eines rautenförmiges Daches. Einstieg bei einem grasigen Riss, der weiter oben in eine Verschneidung übergeht.

Weitere Routen:
A – PERDUTA GENTE: G. Stenghel und F. Sartori 1976. Die Route führt in wenig interessanter Kletterei durch die leichte und brüchige Fels- und Graszone rechts der 'Via Micheluzzi'. 250m. IV+,V.

www.versantesud.it

VERSANTE SUD

MONTE COLODRI

Ivo Rabanser
Orietta Bonaldo

DOLOMITEN: ROUTEN UND ERLEBNISSE
50 ausgewählte und erzählte Tourenvorschläge

50 ausgewählte Routen, repräsentativ für die Vielfalt der Dolomiten, aus klettertechnischer und historischer Sicht minutiös dokumentiert, mit Skizzen, Bildern und den neuesten Informationen. Die großen Klassiker fehlen natürlich nicht. Neuentdeckungen von zu Unrecht vernachlässigten Routen wurden ebenso wie gänzlich unbekannte Wege aufgenommen. Alle können sämtliche Modeerscheinungen überdauern und sind lohnende Ziele für gut vorbereitete und anspruchsvolle Alpinisten.
Jede Route wird von einer Erzählung begleitet, denn wie ein Kunstwerk bedarf auch ein klassischer Kletterweg einer Interpretation. Eine Route lebt nicht zuletzt durch die Ereignisse, die mit ihr verbunden sind, und sie wird dadurch einzigartig.

31 RUPE SECCA OST

Monte Colodri

Die schöne, kompakte Felswand weist für das Klettern eine sehr günstige Struktur auf und die Felsqualität ist sehr gut und deshalb gibt es hier eine beinahe unglaubliche Anzahl von Routen. In dieser Wand sind vielleicht die schönsten Sportkletterrouten des Sarcatals zu finden, aber auch viele andere Stilrichtungen des Kletterns gibt es hier: künstliche Routen und Routen für Anfänger, klassische Wege und traditionelle, wenig bekannte oder vergessene Routen wie z.B. 'Follie di Holliwood'. Es sei auch daran erinnert, dass hier Renzo Vettori und Renato Bernhard schon im Jahr 1982 die Route 'Mescalito' eröffneten, was sicherlich ein Meilenstein in der Sportklettergeschichte des Sarcatals war.

ZUSTIEG: 10 Min.
Vom Parkplatz am Schwimmbad in Richtung Arco. Nach ca. 200 m, bei einer kleinen Kirche, nach rechts auf eine kleine Straße, die kurz darauf zu einem Pfad und der Wand führt.

ABSTIEG: 1 Std.
Vom Ausstieg der Routen auf Pfadspuren Richtung Monte Colodri, bis man auf den markierten Wanderweg trifft, und dann über den Klettersteig zurück ins Tal.

27	CINQUE STAGIONI	180 m.	
28	TOTEM E TABU'	180 m.	
29	STYRIA	200 m.	
30	EMILIANA	200 m.	
31	TYSZKIEWICZ	220 m.	
32	BLACK MACIGNO	240 m.	
33	PAN	240 m.	
34	MESCALITO	260 m.	
35	ZODIAC WALL	260 m.	
36	PASSI FALSI	240 m.	
37	STENICO	180 m.	
38	CISMON 93	250 m.	
39	RICCI E CAPRICCI	150 m.	
40	ASPETTANDO MARTINO	180 m.	

MONTE COLODRI

27 CINQUE STAGIONI ✲✲✲
Ufficio Guide Alpine Arco 2000
180 m. (8SL)
5c (5a obl.)/S1/I

Schöne, charakteristische Genusskletterroute, die durch einen anscheinend brüchigen Bereich führt. Dem ist aber nicht so, denn der Fels ist sehr kompakt und wurde geputzt. Die Ausstiegswand ist sehr athletisch, hier wurden sogar künstliche Griffe hinzugefügt. Nach dem Ausstieg aus der Route lohnt es sich, noch eine Route der Südwand „dranzuhängen". Abstieg entweder über den Klettersteig oder durch Abseilen über 'Totem e tabù'.

Einstieg: am Wandfuß linkshaltend bis zu einer grauen geneigten Platte, die ersten Haken sind zu sehen.

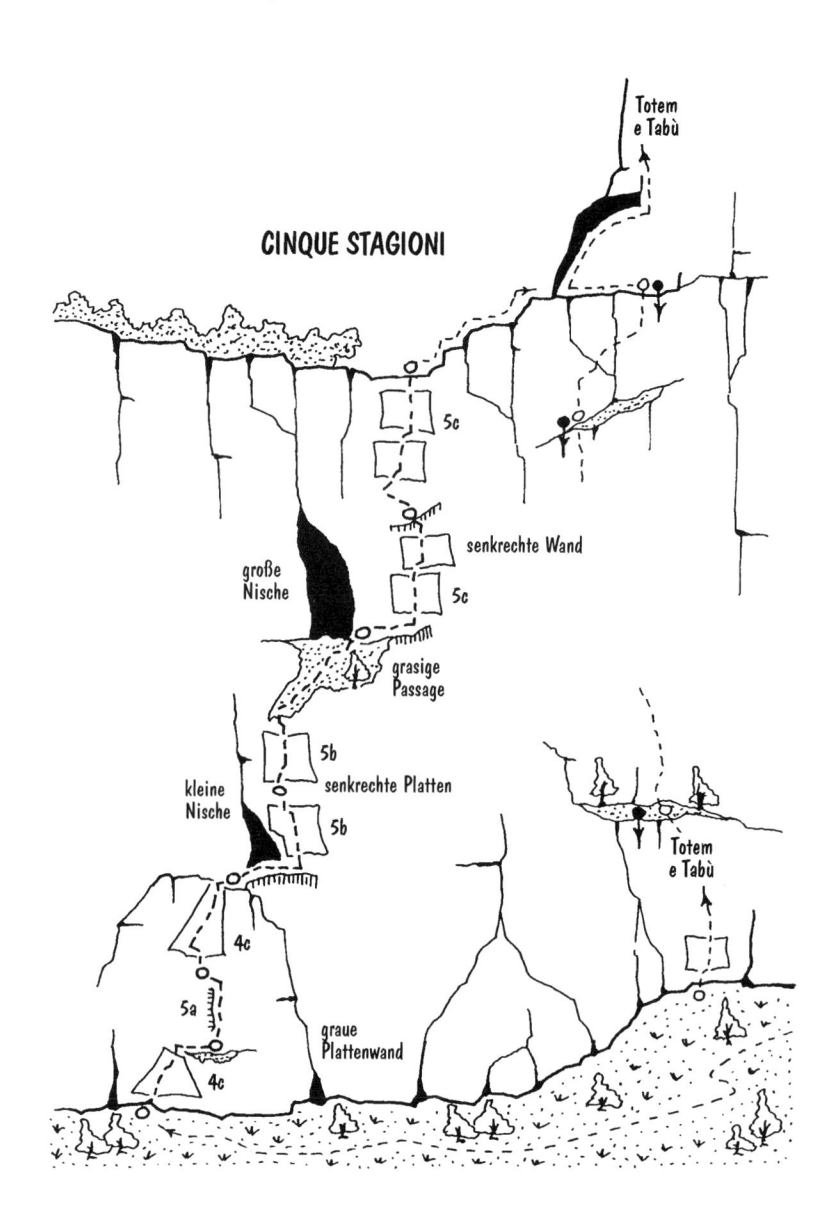

28 TOTEM E TABU' ✯✯✯✯✯
Roly Galvagni 2000
180 m (7SL)
7a (6b obl.)/S2/II

Herrliche Route in fantastischem Fels, wieder einmal perfekt von R. Galvagni eingerichtet. Zunächst führt die Linie über leicht geneigte Platten, dann fordert die Kletterei in den senkrechten, kompakten Platten aber Ausdauer und Technik.
Einstieg: am Wandfuß links, und nach einem kurzen Abstieg weiter bis zu einer Platte mit sehr auffälligen Konkrezionen, die ersten Haken sind zu sehen.

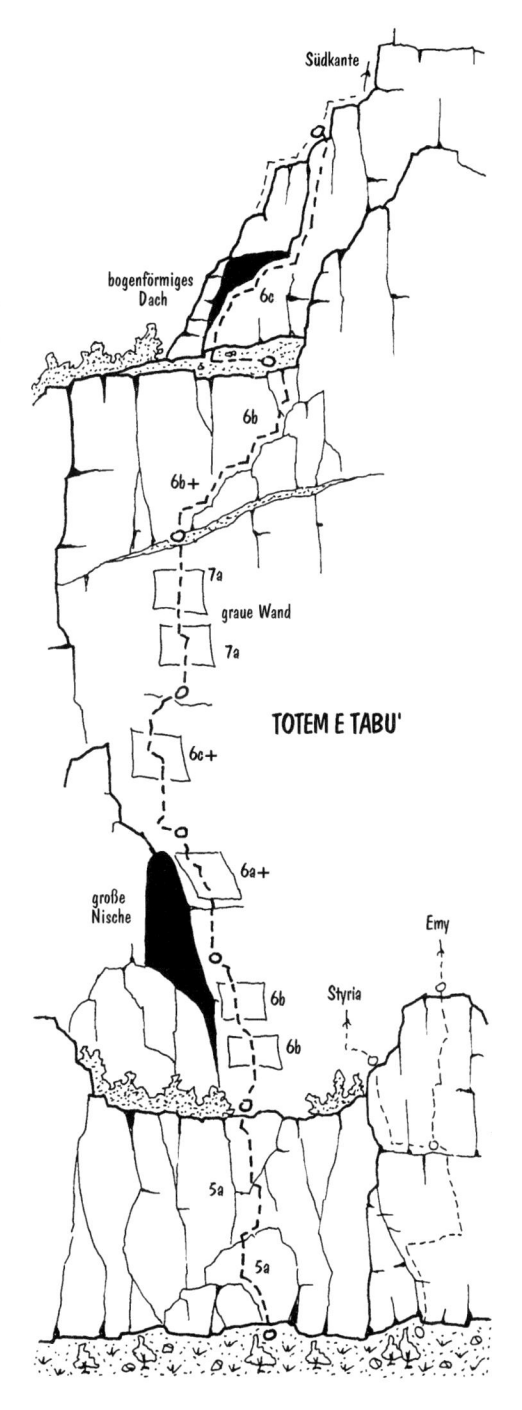

29 STYRIA ✸✸✸✸
H. Gregoritsch, G. Hubmann 1994
200 m. (7SL)
7a (6b obl.)/S2/II

Genussvolle Plattenkletterei mit herrlichen, technisch anspruchsvollen Passagen. Die 5. SL mit einem gutgriffigen Überhang ist wunderschön. Die Ausstiegswand erfordert viel Kraft und Entscheidungsfreude. Man kann zwar über die Route abseilen, dies ist aber ziemlich kompliziert. Besser ist der Abstieg über den Klettersteig oder durch Abseilen über 'Totem e Tabù'. Charakteristisch ist die Absicherung der Route: man benutzte geklebte U-Haken, die sonst nur im Klettergarten verwendet wurden.

Einstieg: am Beginn einer breiten, grauen Verschneidung mit sehr glatten Wänden.

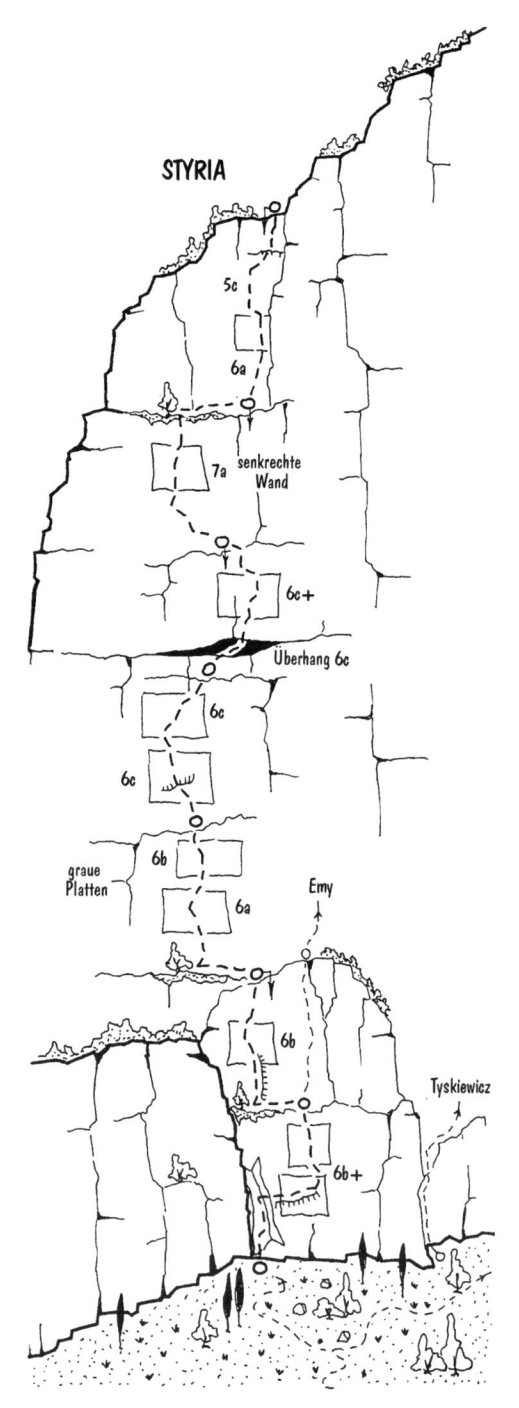

30 EMILIANA ❋❋❋

H. Gregoritsch, G. Hubmann 1995
200 m. (6SL)
7b (6c obl.)/S3/II

Schwierige, ausdauernde, technisch anspruchsvolle Plattenkletterei. Die Haken in den letzten beiden Seillängen liegen etwas weit auseinander, deshalb könnten ein paar Klemmkeile hilfreich sein. Wie bei 'Styria' war die Absicherung mit den Klebehaken etwas Neues.
Einstieg: wie 'Styria', die erste SL verläuft gemeinsam.

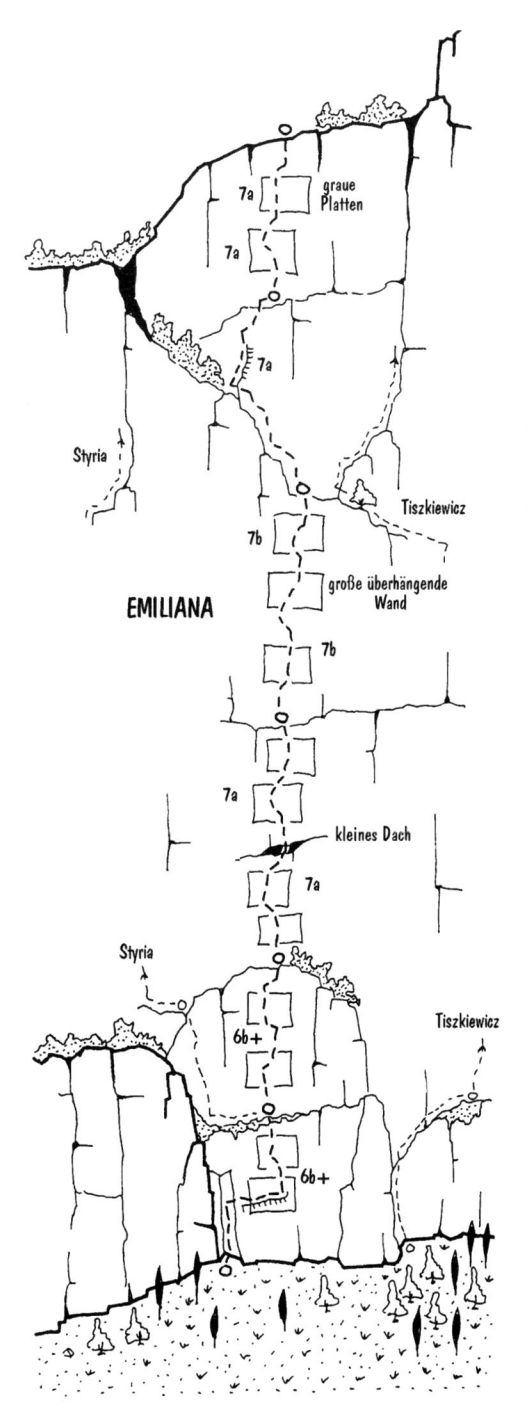

31 TYSZKIEWICZ ❋❋❋❋
G. Groaz, R. Segalla 1976
220 m. (7SL)
VI+, VII+/R1/II

Sehr klassische, wunderschöne Route entlang von Verschneidungen und Rissen, die teils mit Bohrhaken abgesichert ist. Ab und zu können Klemmkeile und Friends nötig werden. Die Erstbegeher fanden in der Nische die Inschrift „Tyskiewicz 1804", vielleicht ein früherer Versuch...?

Einstieg: Von der breiten Verschneidung mit der 'Via Styria' nach rechts queren, in den Wald und in der ersten Verschneidung, auf die man trifft, hoch (auf der grauen Wand daneben sind viele Zeichen zu sehen). Noch etwas weiter rechts führt eine Einstiegsvariante von R. Galvagni über eine graue Kante hoch.

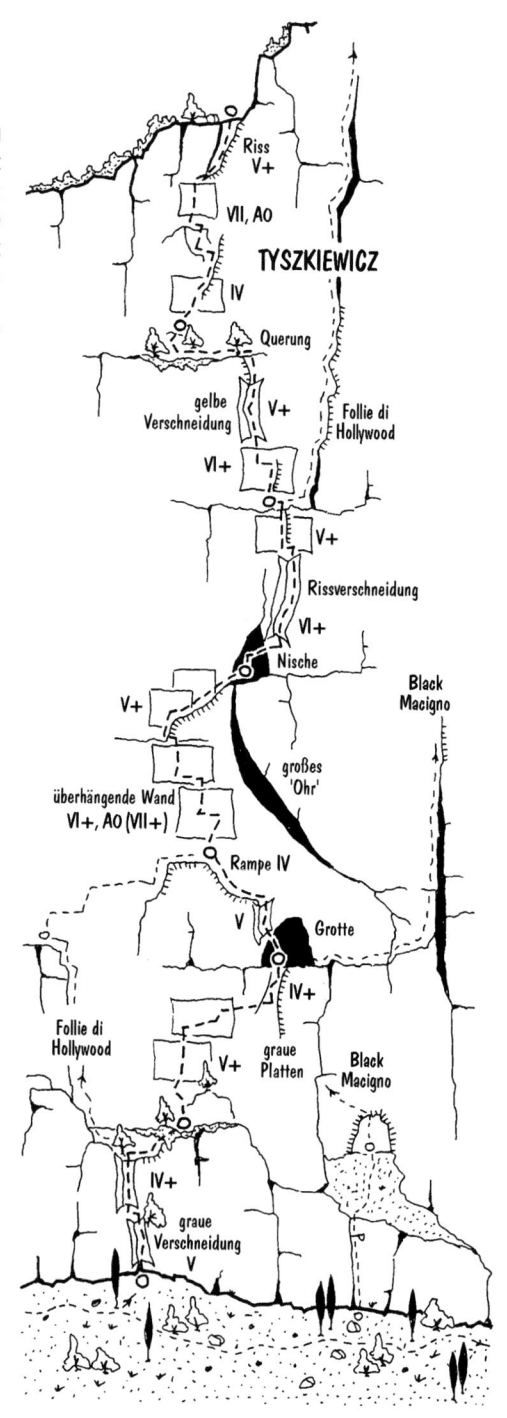

32 BLACK MACIGNO ✱✱✱✱✱
M. Pegoretti, P. Piacini 1982
240 m. (8SL)
VI+, A3/R3/II

Schwierige, meist technische Route, die selbst abgesichert werden muss. Die lange und perfekte Verschneidung im Mittelteil ist das Prunkstück dieser Route, die vor allem aus alpinistischer Sicht sehr interessant ist.

Einstieg: ca. 10 m rechts von 'Tyskiewicz'. Ein Riss verläuft durch die graue Platte, weiter oben ist ein Haken zu sehen.

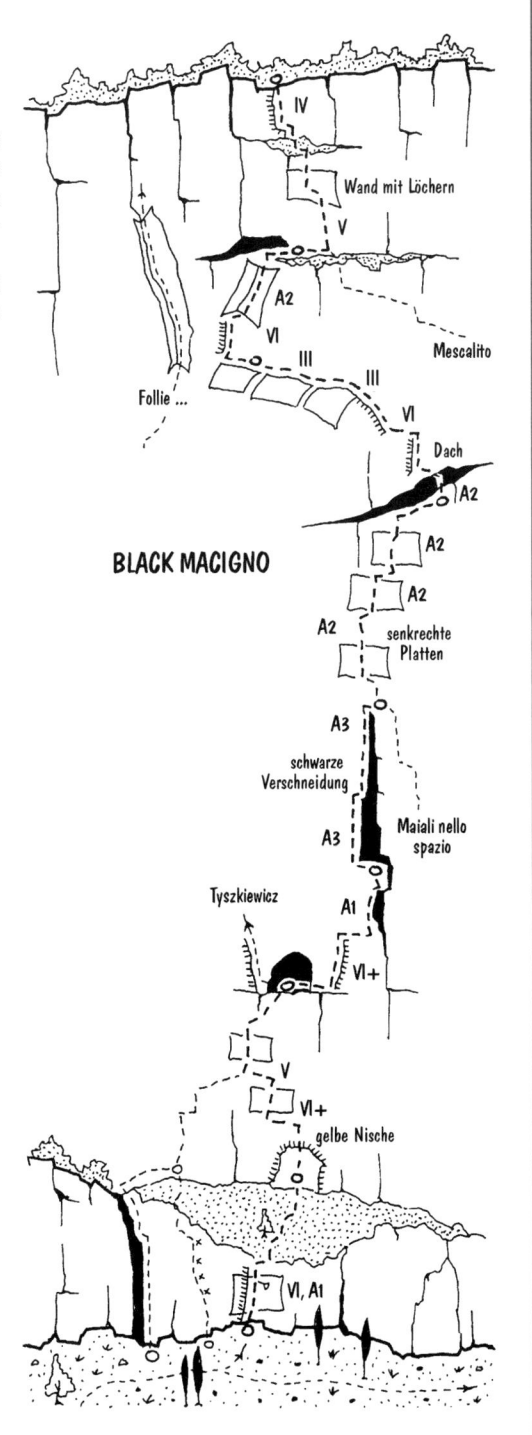

33 PAN ✹✹✹

Chris, David, Pete e Toni 2003
240 m. (8SL)
7a, 7b (6c obl.)/S1/II

Die Route verläuft links von 'Mescalito' über schöne, senkrechte und exponierte Platten. Nach den ersten beiden eigenständigen Seillängen folgt sie meist den beiden Routen 'Maiali nello Spazio' und 'Black Macigno'.

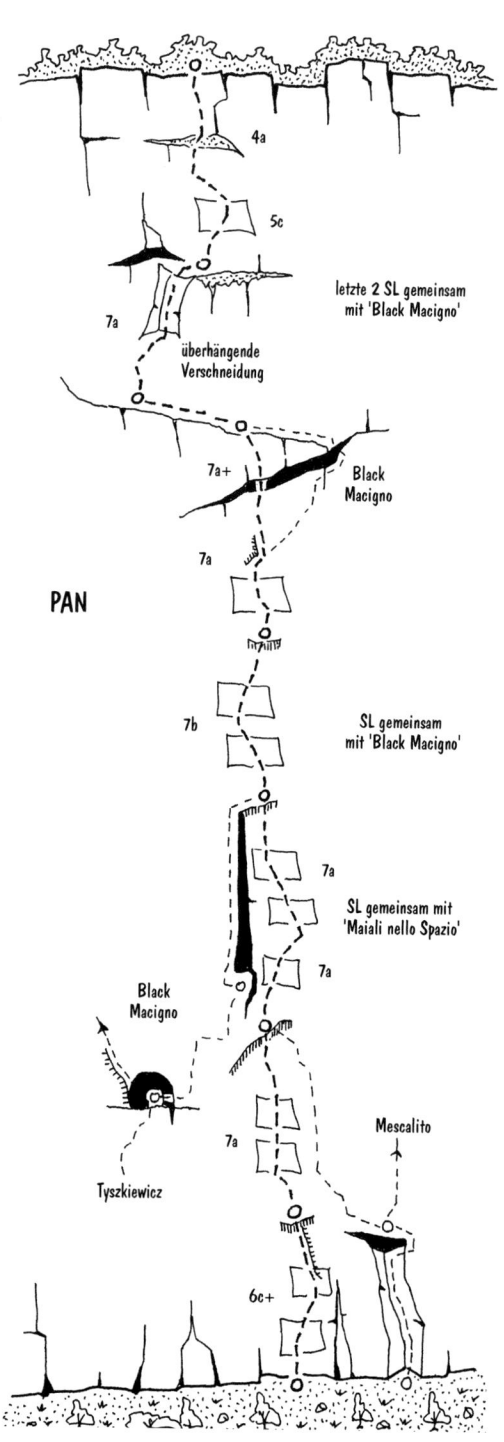

34 MESCALITO ✯✯✯✯✯
R. Vettori, R. Bernard 1982
260 m. (9SL)
VII, A0/R1/II

Herrlicher, wunderbarer Aufstieg, sicherlich einer der schönsten im ganzen Sarcatal. Die Route wurde von unten eröffnet und ist in der Tat ein Meisterwerk. Mittlerweile wurden an den Standplätzen und in den einzelnen Seillängen einige zusätzliche Bohrhaken gesetzt. Mit beispielhafter Logik führt der Weg durch die glatte zentrale Wand der Rupe Secca. Eigentlich scheint es unmöglich, diese Platten durchsteigen zu können, ohne auf zu hohe Schwierigkeiten zu stoßen. Das Gestein ist durchwegs perfekt, die Absicherung erfolgt mit Normal- und Bohrhaken. Für die erste Seillänge benötigt man einige Friends und für den Schlussteil einige (Reepschnur-)Schlingen für Sanduhren und kleine Bäume. Für die damalige Zeit, mit diesen Schwierigkeiten und der geringen Absicherung war diese Route sicherlich ein weiter Schritt nach vorne, und das vermutlich nicht nur im Sarcatal.

Zustieg: vom Einstieg von 'Tyskiewicz' rechtshaltend auf einem Pfad durch den Wald und bis zur nächsten deutlichen Verschneidung.

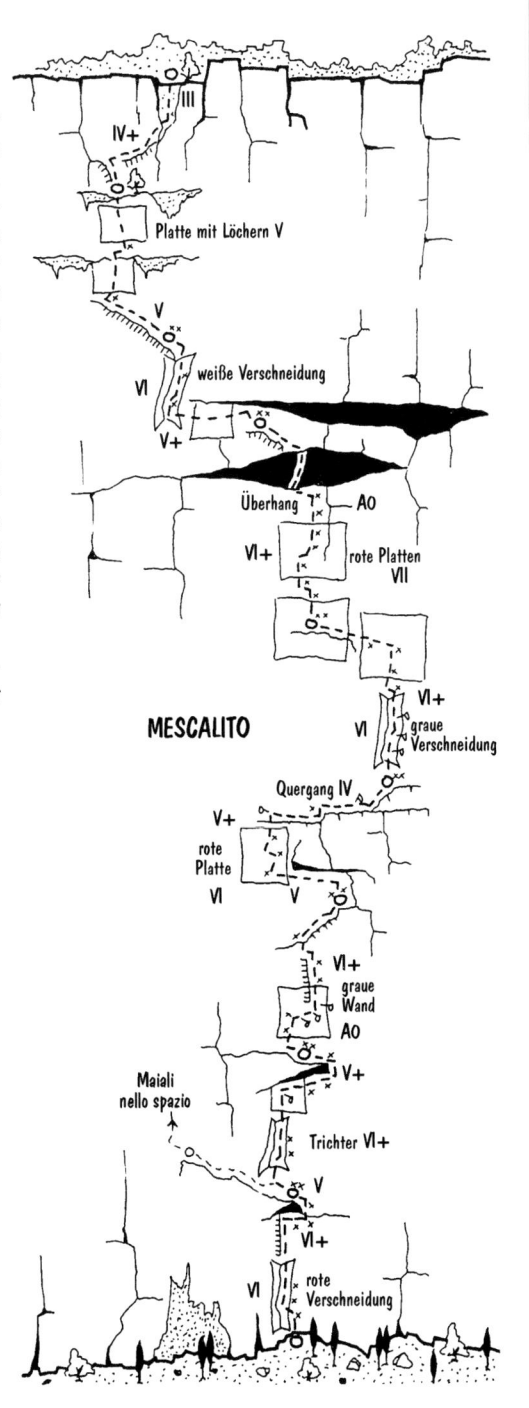

35 ZODIAC WALL ✱✱✱✱✱
I. Rabanser, A. Andreotti, M. Furlani, 2003
260 m. (9SL)
VII, A3/R3/II

Anhaltend schwere, aber wunderschöne Route in bestem Gestein, wobei immer wieder zwischen freier und künstlicher Kletterei gewechselt wird. Sie verläuft zunächst über die schwarzen, glatten Platten zwischen 'Mescalito' und 'Passi Falsi' und führt im oberen Teil dann direkt über die gelben Überhänge und die herrlichen Ausstiegsplatten. Viel Erfahrung mit Trittleitern und Cliffs ist erforderlich. Wiederholer benötigen einige Haken, Hammer und, wie erwähnt, verschiedene Cliffs (darunter auch so genannte Talons).

Einstieg: zum Einstieg von 'Mescalito' und weiter zu einer charakteristischen, grauen, wenig ansprechenden Verschneidung.

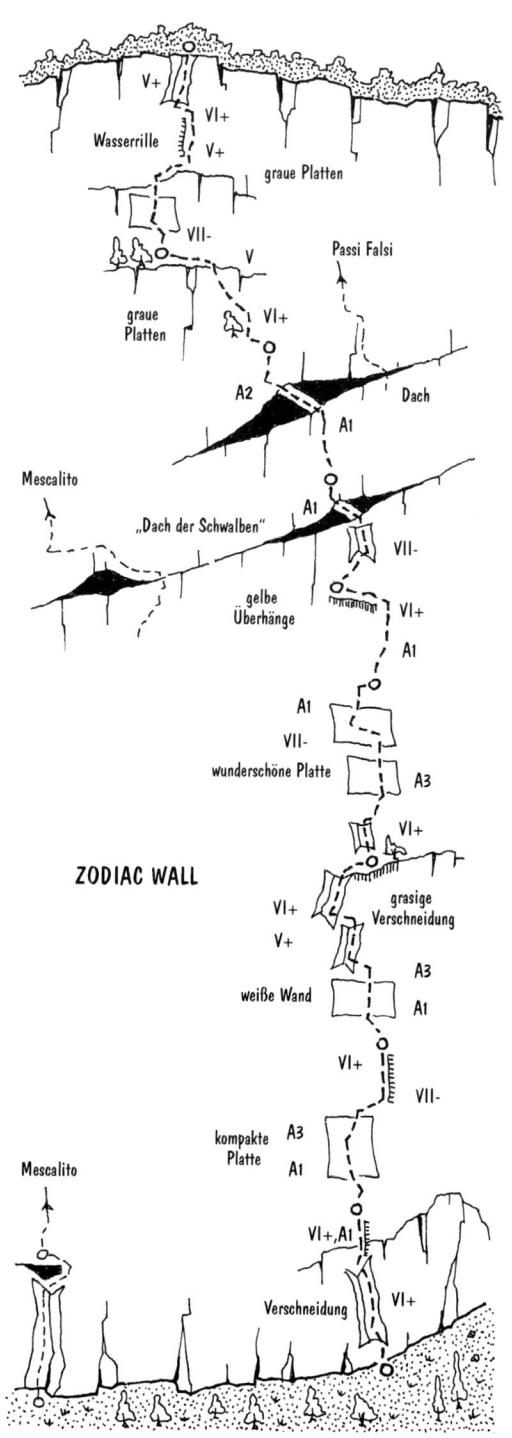

36 PASSI FALSI ❀❀❀❀

P. Calzà 1996
240 m. (7SL)
7a (6b obl.)/S2/II

Herrliche Sportkletterroute über sehr kompakte Platten. Anhaltend schwierige und schöne Kletterei; insbesondere die 5. SL mit der gelben, gutgriffigen Wand bietet vollsten Genuss. Die 7a-Traverse über den Dächern kann auch A0 geklettert werden, der Stand danach ist unglaublich ausgesetzt. Auch die sehr strukturierte Ausstiegsplatte bietet wunderschöne Kletterzüge.

Einstieg: Bei der Verschneidung mit der 'Via Mescalito' noch weiter rechts queren und auf den Weg, der bald darauf aufwärts führt. An der Wand entlang und bis zu einer grauen Platte (die neuen Bohrhaken der Route 'Ricci e Capricci' und die alten der Route 'Cismon '93' sind sichtbar). Noch ein wenig weiter hoch und auf ein Band, das links in die Wand geht.

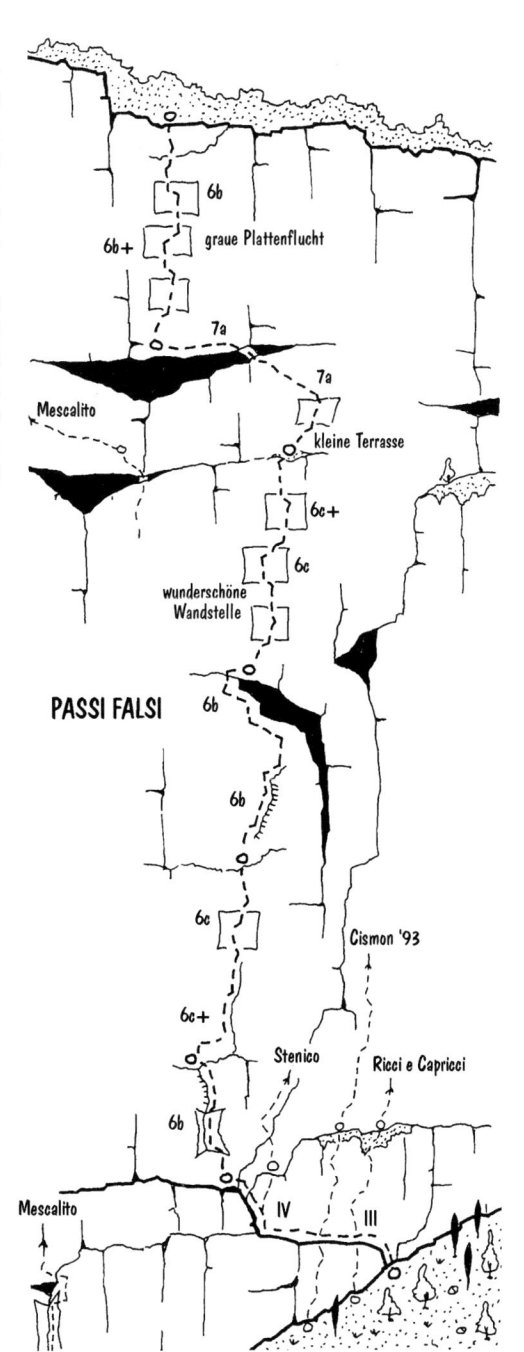

37 MARINO STENICO ❋❋❋
G. Stenghel, G. Vaccari, R. Vettori 1978
180 m. (5SL)
VI+, A0/R1/II

Die historische Route folgt der perfekten Verschneidung im rechten Wandteil. Sehr athletische und ausdauernde Verschneidungskletterei, leider ist der Fels durch die vielen Begehungen schon etwas abgespeckt. Der Überhang in der 4. SL ist zwar anstrengend, aber die Griffe sind gut. Einige große Klemmkeile und Friends können in der Ausstiegsverschneidung nützlich sein. Nach dem Ausstieg quert man auf dem mit Bäumen bestandenen Band nach rechts, auf- und absteigend erreicht man dann den Klettersteig. Auf diesem Band bleibt man besser angeseilt und benutzt die Bäumchen zur Absicherung beim gleichzeitigen Gehen am Seil.

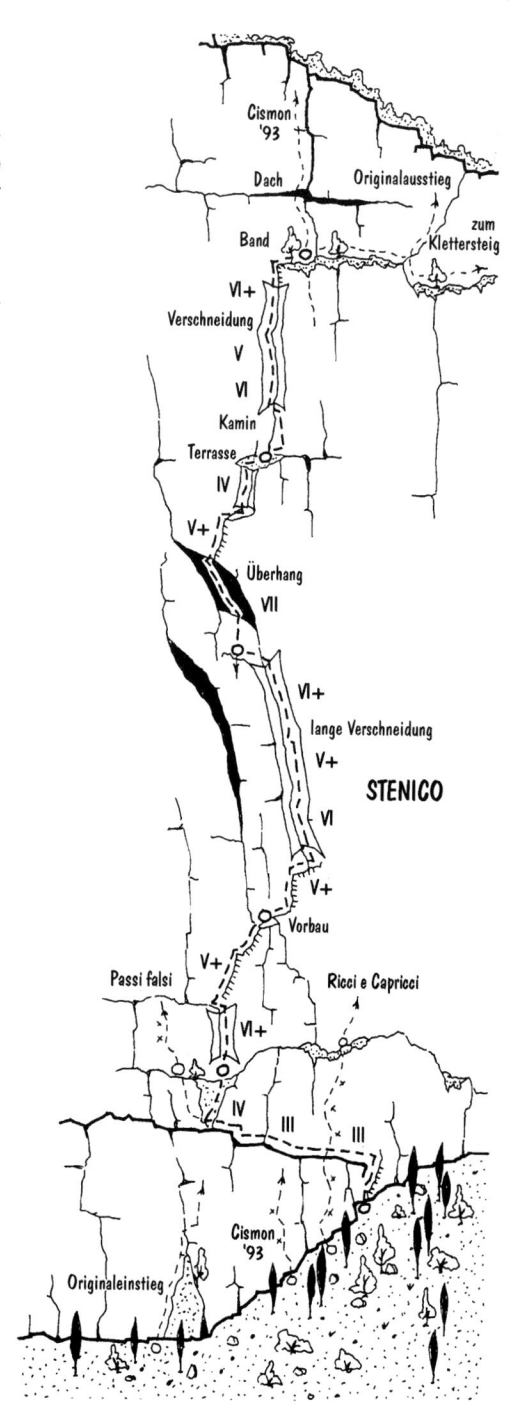

38 CISMON '93 ✹✹✹✹
U. Marampon 1993
250 m (7SL)
A1, A2/R2/II

Freunde technischer Kletterei werden diese Route (im typischen Stil von U. Marampon) genießen können. Die Linie führt sehr ästhetisch und exponiert in bestem Fels über den schmalen Pfeiler rechts der 'Via Stenico' und ist komplett mit gebohrten Haken eingerichtet. Aber oft liegen die Haken weit auseinander und eine „Verlängerung" (Clipstick o.ä.) ist empfehlenswert, damit man in manchen Passagen etwas schneller vorankommt. Eine perfekte Route für kurze, kalte Wintertage.
Einstieg: wie zu 'Passi Falsi'. Auf der grauen Platte sind die gebohrten Haken zu sehen.

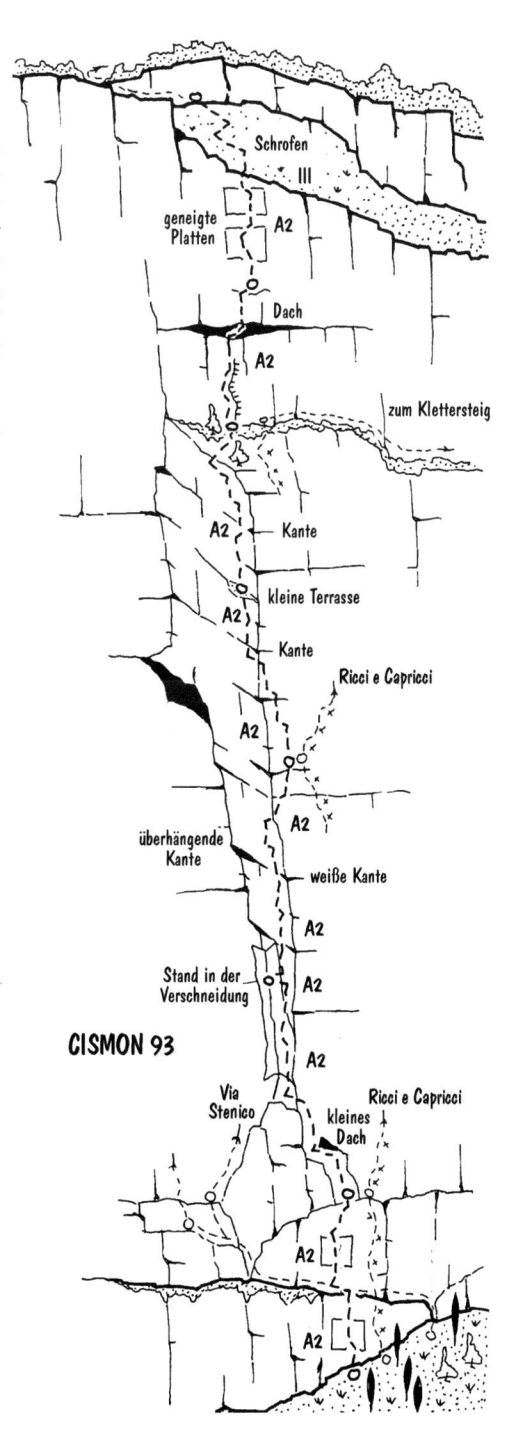

39 RICCI E CAPRICCI ✹✹✹
P. Calzà, E. Parisi 1992
150 m (5SL)
7a (6c obl.)/S2/II

Schöne, genussvolle Sportkletterroute, die rechts von 'Cismon `93' durch die graue, kompakte Wand führt. Abstieg durch Abseilen über die Route oder wie bei 'Stenico' zum Klettersteig.
Einstieg: wie bei 'Passi Falsi', dann über die graue Platte mit den gebohrten Haken.

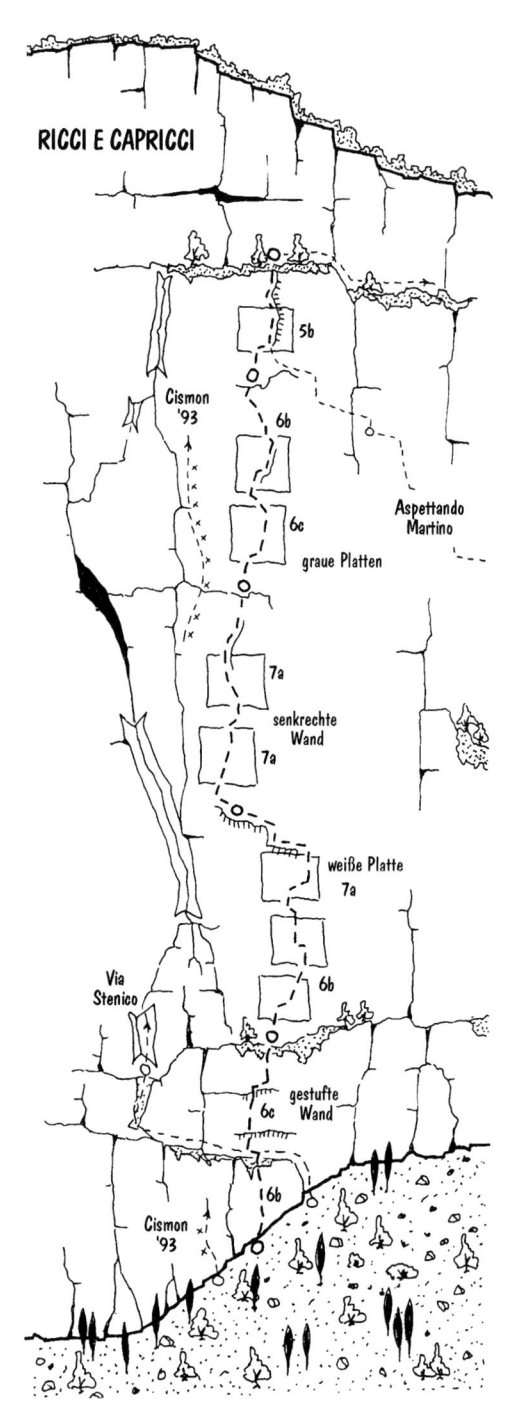

40 ASPETTANDO MARTINO ❉❉❉❉
Ufficio Guide Alpine Arco 1998
180 m. (6SL)
5c (5a obl.)/S2/I

Schöne, lohnende und leichte Route, die sehr stark gegliedert einem System von Verschneidungen und Bändern im rechten Wandbereich folgt.
Einstieg: wie bei 'Passi Falsi', dann auf dem Pfad weiter bis zu einer Geröllterrasse. Einstieg über eine grasige Rampe.

Weitere Routen:
A – FOLLIE DI HOLLIWOOD: G. Stenghel und F. Nicolini 1983. Eigentlich eine schwierigere Variante der 'Tyskiewicz'. Die Route wäre zwar aus alpinistischer Sicht sehr interessant, wird aber kaum oder gar nicht begangen, denn die legendäre Schuppe mit dem bezeichnenden Namen „Lama di Ghigliottina" („Schuppe der Guillotine") muss benutzt werden. Und sie ist nicht gerade stabil... 150m. VI+

B – MAIALI NELLO SPAZIO: D. Mabboni und M. Mabboni 1987. Kurze, äußerst schwierige Variante mit sehr weiter Absicherung, vor allem in der Ausstiegslänge. Nach der 1. SL von 'Mescalito' führt sie schräg nach links zum 4. Standplatz von 'Black Macigno'. 80m. 7b+

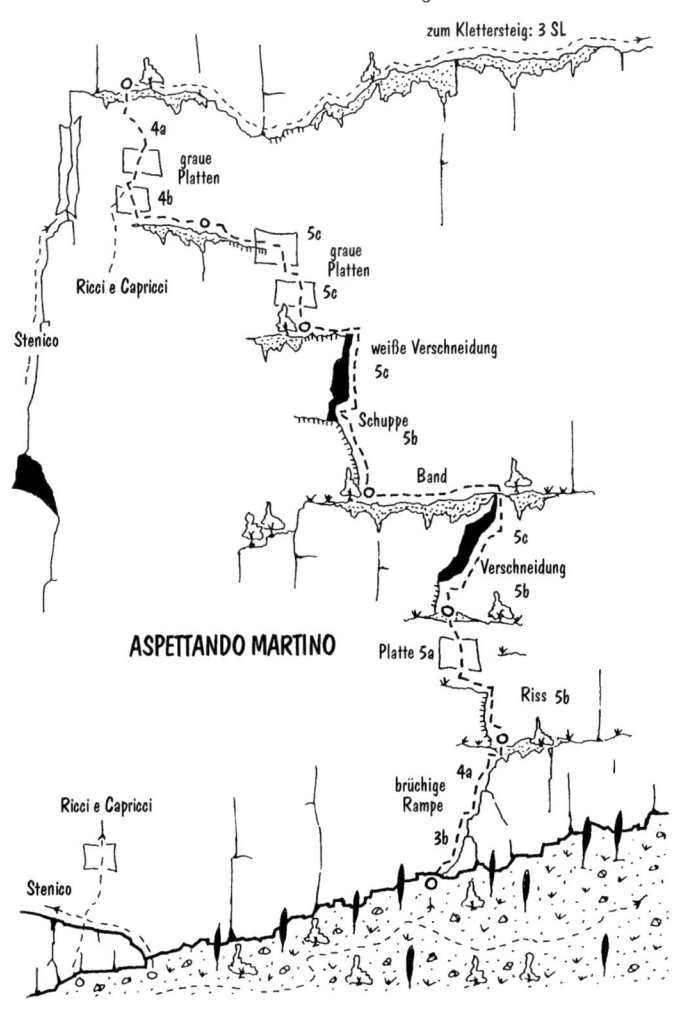

32 RUPE SECCA SÜD

Monte Colodri

Die Felswand mit schönen und lohnenden Routen ist nicht nicht sehr hoch und liegt oberhalb eines ruhigen Olivenhaines. Im linken Sektor befinden sich vor allem meist leichtere Sportkletterrouten, während im rechten Sektor klassische alpine Wege, teils mit, aber auch ohne Absicherung, vorherrschend sind. Die „unberührten" Routen, d.h. die ohne Absicherung, sind auch die (aus alpinistischer Sicht) interessantesten, denn sie sind nicht gerade leicht und ohne alpine Erfahrung „geht hier nichts".

ZUSTIEG: 10 Min.
Von Arco Richtung Laghel und nach einer Linkskehre in den Olivenhainen am Straßenrand parken (Achtung: Privatgelände!) Die Wand ist von hier aus gut sichtbar. Zum „Sportklettersektor" folgt man dem Sträßchen zum linken Rand der Felswand, steigt dann über die Mauer und weiter hoch zum Wandfuß. Zum „Alpinen Sektor" geht man auf der kleinen Straße wieder etwas bergab bzw. zurück. Am Ende der Mauer führt ein Pfad durch den Olivenhain zum Wandfuß.

ABSTIEG: 10 Min.
Meist durch Abseilen über die Routen. Bei den alpinen Routen quert man am besten zum rechten Ende der Wand und seilt ebenfalls über eine der Routen ab.

41	IL CAPRONE BEATO	100 m.	
42	VIA CRUCIS	100 m.	
43	BRAVI MA LENTI	100 m.	
44	GLI ANTENATI	100 m.	
45	DURAZZIK PARK	120 m.	
46	MARCELLA	120 m.	
47	BAULENI VILLAGE	120 m.	
48	GIGI IL MUSICO	80 m.	
49	PASSEGGIATA NEL GRIGIO	80 m.	
50	DIRETTA GOBBI	80 m.	
51	FESSURA DEL BONJO	80 m.	
52	SPIGOLO SUD	80 m.	

MONTE COLODRI - RUPE SECCA

41 IL CAPRONE BEATO ✴✴✴✴
100 m. (4SL)
6b (5c obl.)/S1/I
Leicht und lohnend, mit sehr schönen Ausstiegslängen in stark strukturiertem Fels. Einstieg am ganz linken Wandbereich. Leichter und schneller Abstieg durch Abseilen über die Route (am besten seilt man hierüber auch nach dem Ausstieg aus den anderen Routen ab).

42 VIA CRUCIS ✴✴✴
100 m. (4SL)
6c (5c obl

Technisch schwierige Kletterei, vor allem in der geneigten Platte der 3. Seillänge. Einstieg rechts von 'Caprone beato', worüber am besten auch der Abstieg durch Abseilen erfolgt.

43 BRAVI MA LENTI ✴✴✴
100 m. (4SL)
6b+ (5c obl.)/S1/I
Schöne, ausdauernde Plattenkletterei in sehr strukturiertem Gestein. Abstieg durch Abseilen über 'Caprone Beato'.

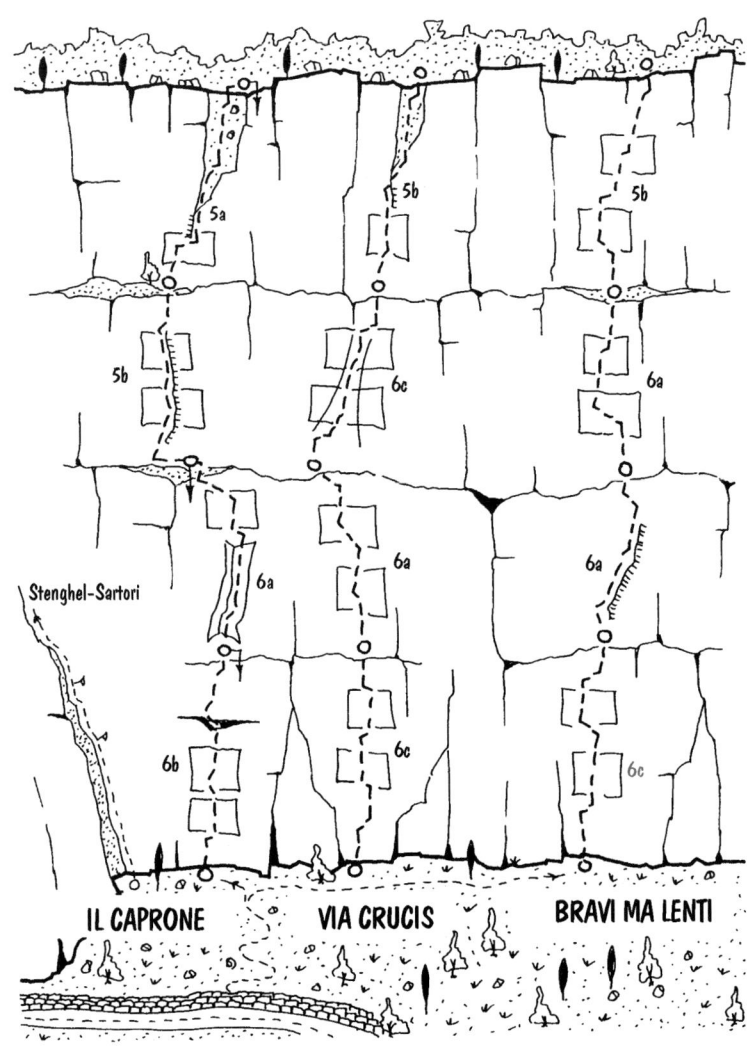

44 GLI ANTENATI ❊❊❊
100 m. (3SL)
6b (5c obl.)/S1/I
Sehr schöne Route mit lohnenden Verschneidungspassagen. Einstieg bei einer markanten Verschneidung, Abstieg schnell und leicht durch Abseilen.

45 DURAZZIK PARK ❊❊❊
120 m. (4SL)
7a (6b obl.)/S1/I
Die erste Seillänge ist sehr schwierig und technisch anspruchsvoll, dann folgen Platten bis zu einer mit Bäumen bestandenen Terrasse. Auch die folgende Seillänge bietet herrliche Plattenkletterei. Einstieg bei einer gelben Schuppe. Abstieg durch Abseilen über 'Gli antenati' weiter links.

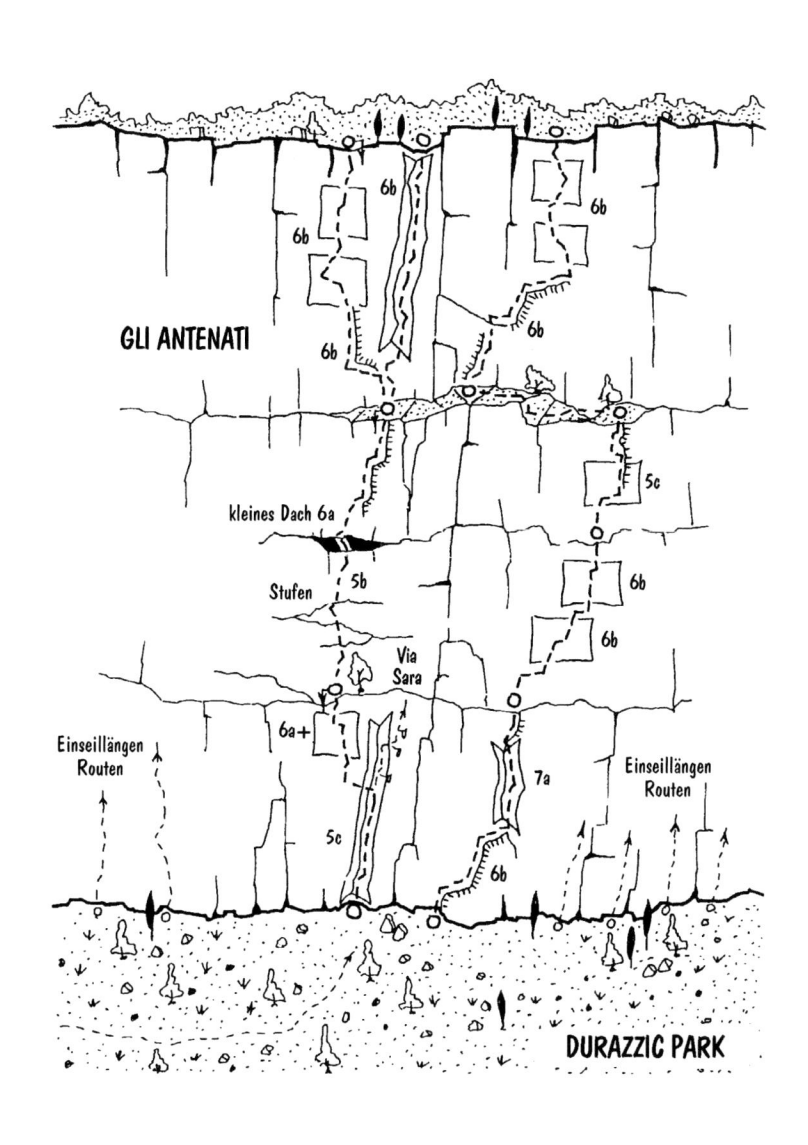

46 MARCELLA ✮✮✮✮✮
G. Stenghel, G. Emanuelli, A. Vecchi 1983
120 m. (5SL)
V+, VI/R3/I

Kurze, aber fantastische und äußerst lohnende Alpinroute. Sie folgt einem logischen Riss- und Verschneidungssystem, das ab und zu von etwas Vegetation bedeckt ist.
Der zweite Stand muss an zwei Sanduhren eingerichtet werden. Zum Abstieg quert man nach rechts zum Wandende. Dort ist eine Abseilstelle eingerichtet.

47 BAULENI VILLAGE ✮✮✮✮✮
G. Stenghel 1983
120 m. (5SL)
V+, VI/R3/I

Wunderschöne Alpinroute, ein richtiges kleines Juwel! In der 3. SL folgt man einem anstrengenden Riss in einer Platte, der mit Klemmkeilen und Friends abgesichert werden muss. Auch die Ausstiegslänge in einer kompakten Platte ist herrlich. Abstieg wie bei 'Marcella'.

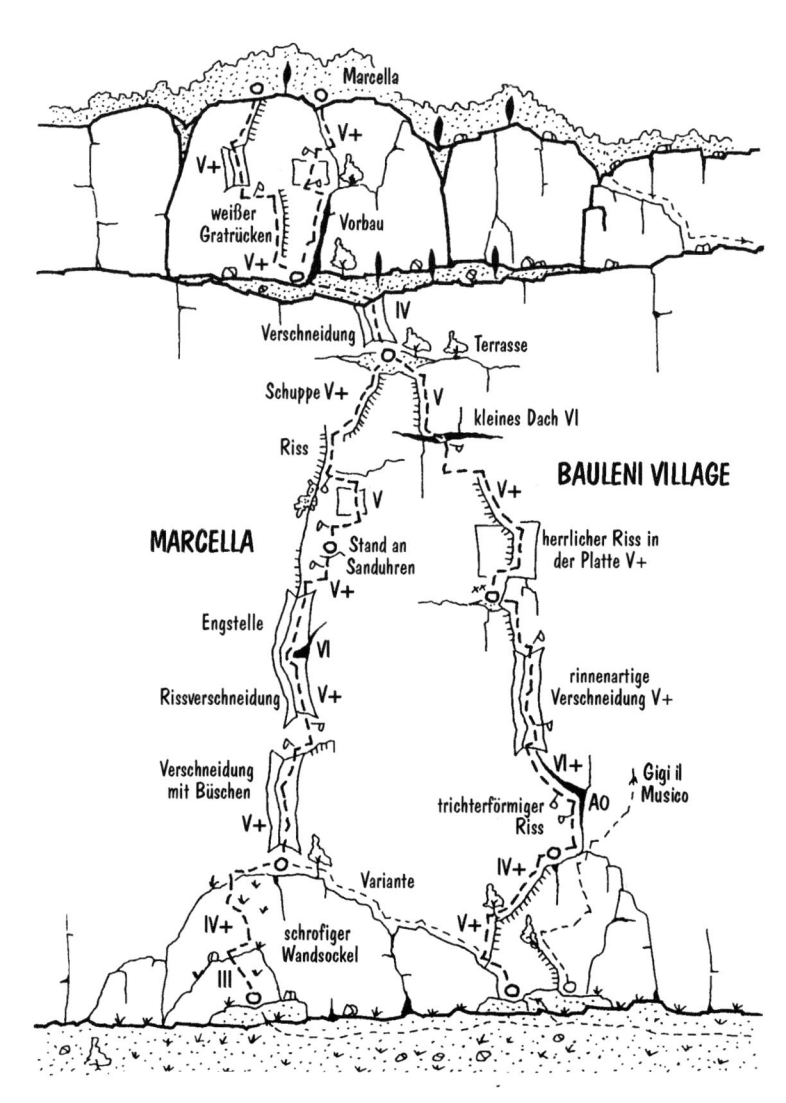

48 GIGI IL MUSICO ✭✭✭✭✭
80 m. (2SL)
VI+, A0/R2/I
Schöne Route, trotz der Kürze lohnend. Die Risse müssen zusätzlich selbst abgesichert werden.

49 PASSEGGIATA NEL GRIGIO ✭✭✭
A. Leviti, G. Mattioli 1983
80 m. (3SL)
7a (6c obl.)/S2/I
Zu Beginn der Sportkletterei im Sarcatal wurde diese Plattenroute eingerichtet.

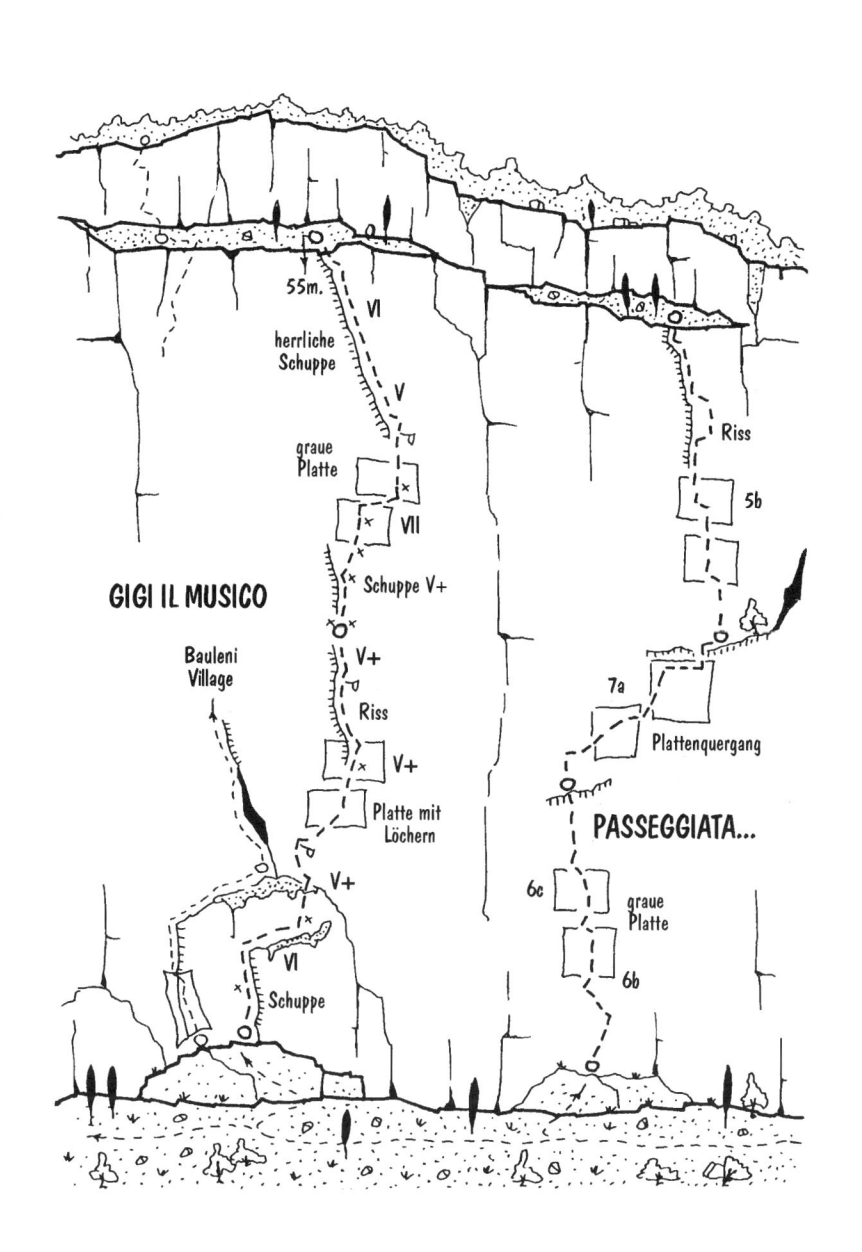

50 DIRETTA GOBBI ✳✳✳
80 m. (3SL)
5c/S1/I
Lohnende Route mit herrlichen Piazpassagen, auch die „umgedrehte" Schuppe in der 3. SL ist wunderschön.

51 FESSURA DEL BONJO ✳✳✳
80 m. (3SL)
5c/S1/I
Allein der Riss in der 2. SL lohnt schon eine Begehung: er erinnert mehr an Granit denn an das hier übliche Kalkgestein...

52 SPIGOLO SUD ✳✳✳
80 m. (3SL)
5a/S1/I
Leichte, ausgesetzte Kletterei an der Pfeilerkante. Schöne, lohnen(de...)

Weitere Routen:
A – VIA STENGHEL: G. Stenghel und F. Sartori 1982. Wenig links von 'CapronBeato' folgt die Linie einer grasigen und mit Büschen bestandenen Verschneidung bzw. einem Kamin.
B – VIA SARA: F. Miori und G. Morghen 1981. Einige Meter gemeinsam mit 'Antenati', dann rechtshaltend alten Haken folgen. Durch grasige Risse weiter zu einem Überhang, rechts an diesem vorbei und durch eine lange Rissverschneidung zum Ausstieg (letzte SL von 'Antenati').

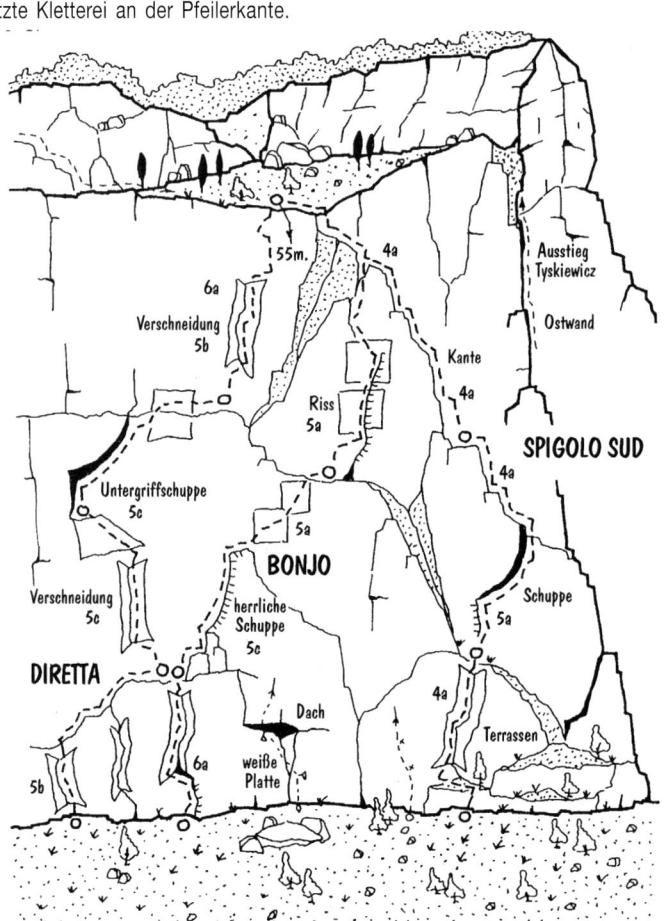

Mario Manica
Antonella Cicogna
Davide Negretti

FALESIE DI ARCO
**80 proposte in
Valle del Sarca,
Trento, Rovereto,
Valli Giudicarie,
Dolomiti di Brenta**

Guida indispensabile per un luogo indispensabile. Cosa sarebbe oggi l'arrampicata europea senza le falesie che sono nate e cresciute tra il lago di Garda e la valle del Sarca?

Maja Vidmar, Zacha, 7c+, Laghel (ph. Damiano Levati)

VERSANTE SUD

RUPE DI SANTA MASSENZA

Dieser Kletterführer sollte sich eigentlich auf die Wände zwischen Sarche und Arco beschränken und keine weiteren Gebiete beinhalten. Nun aber liegt der See von Santa Massenza zum einen nur wenig außerhalb dieser Zone und zum andern gibt es an den Felsen oberhalb des Sees wirklich schöne Mehrseillängenrouten. Hier werden erst einmal nur die schönsten vorgestellt, vielleicht folgen die restlichen in einer der nächsten Ausgaben.

Die Felswand mit dem Namen Rupe di Santa Massenza liegt oberhalb des beschaulichen und schönen Ortes Fraveggio, ist ca. 200 m hoch, senkrecht und durchzogen von Rissen und Verschneidungen. Entlang eines der zentralen Riss- und Verschneidungssysteme führt die 'Via Yeti', die von den Südtirolern Zuech und Brugger im Jahr 1982 eröffnet wurde. Rechts und links davon wurden die folgenden beschriebenen Wege eingebohrt. Sie führen meistens über lange und herrliche Platten

ZUSTIEG: 20 Min.
Über Vezzano erreicht man Fraveggio und parkt in der Nähe der Kirche. Dann zu Fuß weiter in Richtung Santa Massenza, an der Kreuzung rechts (Schilder 'Sentiero Scal'), bis nach einem Weinberg eine Trockenmauer an die Straße grenzt. Etwa 100 m weiter erkennt man rechterhand einen Pfad, der durch eine kleine Geröllhalde führt. Diesem folgt man nordwärts bis zum Wandfuß und der Route 'Dorian Grey'. Der Einstieg liegt in Falllinie eines markanten Pfeilers, über den auch die 2. SL verläuft. Der Einstieg zu 'Piccolo Principe' ist 50m weiter links, man erreicht diesen über ein kurzes, rampenartiges Band.

Roland Galvagni su Dorian Gray. *(M. Manica)*

1 IL PICCOLO PRINCIPE ✹✹✹✹✹
R. Galvagni 1999
180 m. (6SL)
6c, 7a (6b obl.)/S1/II

Die Linie folgt den objektiv sichersten und schönsten Bereichen der Wand. Meist festes Gestein, ein sehr ruhiges und schönes Ambiente und die abwechslungsreiche Kletterei garantieren einen lohnenden Aufstieg. Nur in der 3. SL ist der Fels etwas brüchig, hier sollte man vorsichtiger sein. Die oberen Seillängen führen über senkrechte, technisch anspruchsvolle Wände, in der Ausstiegslänge ist eine Schuppe einfach herrlich zu klettern. Wiederholer benötigen mindestens 14 Expressschlingen.

Abstieg: nach dem Ausstieg ca. 20 m links und auf einem großen Band rechts aufwärts. Man erreicht einen ebenen Pfad, folgt diesem bis zum Wanderweg und steigt auf diesem in ca. 15 Min. bis zum Wandfuß ab.

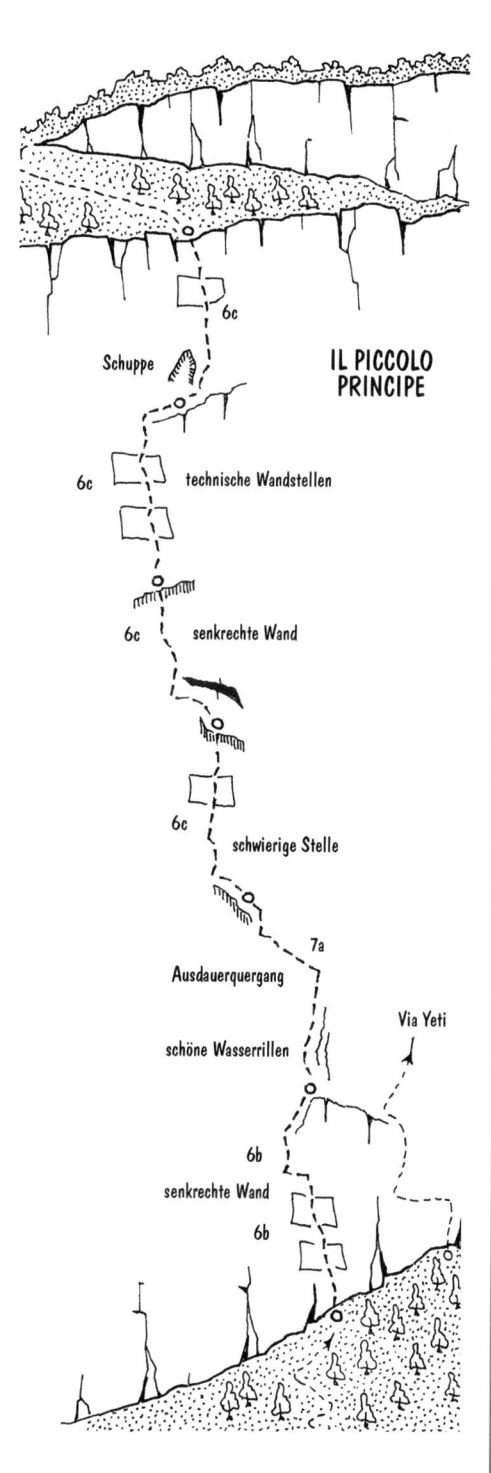

2 DORIAN GRAY ✯✯✯✯✯

R. Galvagni e compagni 2000
200 m. (8SL)
6c, 7a+ (6b obl.)/S1/II

Sehr abwechslungsreiche, interessante Linie mit Platten und Pfeilern, kleinen Dächern und Überhängen. Sie folgt zunächst einem schönen Pfeiler, der unterhalb mehrerer Dächer liegt. Nach dem Band führt die Route senkrecht hoch, dann leicht schräg linkshaltend durch den am wenigsten überhängenden Bereich. Die letzte Rechtstraverse und der Ausstieg sind ziemlich ausgesetzt. Material: mindestens 16 Expressschlingen. Die herrliche Wand erinnert manchmal an Massone, ist aber viel abgelegener und ruhiger.

Abstieg: vom letzten Standplatz mit Hilfe der Fixseile höher und auf einer Pfadspur linkshaltend, an Büschen und kleinen Wänden vorbei bis zu einem gelb markierten Pfad. Dieser führt wiederum zum Wanderweg bzw. zum Wandfuß.

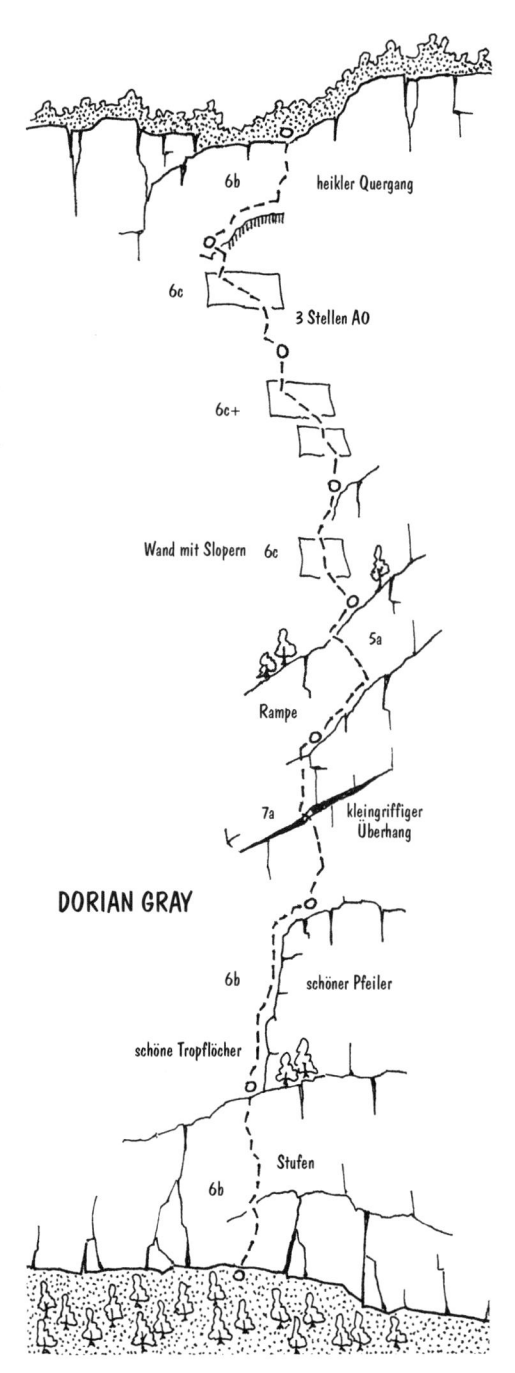

Lebe..
und versuche zu verstehen, was Leben bedeutet.

Kümmere dich nicht um Tod,
Paradies und Hölle.

Bleibe einfach in Kontakt mit dem Leben, das in dir tanzt,
das durch dich atmet,
das in dir lebt.

Um das Leben kennen zu lernen, musst du dich selbst besser kennen lernen;
wenn dich deine Befürchtungen zu weit entfernt haben:
kehre heim.

Denk immer daran, dass dein ganzes Leben lang alles so wertvoll ist,
verpasse nicht einen einzigen Augenblick.
Genieße jeden einzelnen Moment, denn jeder ist eine Kostprobe der Existenz.

Respektiere das Leben, verehre es:
es gibt nichts Heiligeres, nichts Göttlicheres.

Das Leben besteht nicht aus großen Dingen, sondern aus sehr kleinen.
Wenn einmal die so genannten großen Dinge interessant sind, dann wirst du das Leben verloren haben.

Das Leben besteht aus den Schlucken einer Tasse Tee...
dem Gespräch unter Freunden,
Spaziergängen am Morgen, nur so, nur um des Gehens willen,
ohne Bestimmung, ohne Ziel...
an jedem Punkt zur Umkehr bereit.
Bereite ein Essen für jemand, den du liebst;
koche etwas für dich selbst, weil du auch deinen Körper magst;
wasche die Wäsche, kehre den Boden, gieße die Blumen im Garten
-kleine Dinge, ganz kleine Dinge-
...grüße einen Fremden.

Wer einen Fremden grüßen kann,
kann auch zu einer Blume „Hallo" sagen,
kann auch zu einem Baum „Hallo" sagen,
kann den Vögeln ein Lied singen.
Die Vögel singen jeden Tag...
und du hast dir nie die Mühe gemacht, ihnen dafür etwas zurückzugeben.

Osho

Ich widme diese Arbeit meinem Meister Osho,
seiner Sicht der Dinge, seiner Arbeit und den Seinen.
Sw. Prem Ojas

VERSANTE SUD
CLIMBING AND MOUNTAINEERING GUIDEBOOKS

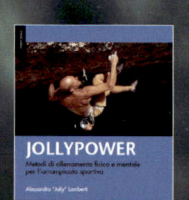

guidebooks   literature   climbing manuals   climbing yearbook

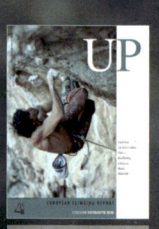

EDIZIONI VERSANTE SUD
www.versantesud.it